Gerhard Schätzlein, Ingo Freiherr von Berchem

Die Adelsfamilie von Stein und Ostheim v. d. Rhön

Einblicke in die Entwicklung einer fränkisch-thüringischen Kleinstadt im Zusammenleben ihrer Bewohner mit den adeligen Ganerben vom Mittelalter bis ins 19. Jahrhundert

2008
Eigenverlag

ISBN 3 – 9811225 – 4 - 2

1. Auflage 2008

© Gerhard Schätzlein

   Ingo Freiherr von Berchem

Satz und Gestaltung: Gerhard Schätzlein

Druck:
Richard Mack, Druckerei GmbH & Co KG
Friedenstr. 9
97638 Mellrichstadt

Inhaltsverzeichnis

	Inhaltsverzeichnis	3
	Vorwort	5
	Grußwort	7
1.	Ritterschaft und Adel	8
2.	Die ersten Generationen der Familie	14
3.	Die von Steins in der Fehdezeit	38
4.	Die Entstehung der Reichsritterschaft	56
5.	Die Familie von Stein zu Ostheim und die Lichtenburg	68
6.	Hertnid von Stein, der bekannteste Spross der Familie	77
7.	Die zwei wichtigsten Adelsfamilien in Ostheim	89
7.1	Die Familie von der Tann in Ostheim	90
7.2	Die Steins zu Ostheim	103
7.3	Die Steins zu Nordheim in Ostheim	125
7.4	Die Linie der Steins zu Ostheim in Völkershausen bis zu ihrem Aussterben	128
8.	Die Adelshöfe in Ostheim	164
8.1	Der Alttannische oder Voitische Hof	171
8.2	Untermarschalkischer Hof (die Münz / das Altensteinsche Schloss)	175
8.3	Das Hansteinische Schloss	189
8.4	Die Kemenate am Rathaus	197
8.5	Das Steinische Schlösschen	210
8.6	Die Behausung am Kirchberg	224
8.7	Der bibrisch- tannische Hof am Großen Stein	228
8.8	Der Rosenauische Hof (Gelbes oder Oberes Schloss) der von Steins zu Nordheim	243

8.9	Der Heldrittsche Hof	250
8.10	Der alte Fronhof, das Weyhersche Stiftshaus	257
8.11	Der Buttlarsche Hof	262
8.12	Die Mühlen des Ostheimer Adels	276
8.13	Besitzungen, Zehnt, Zinsen, Abgaben und Rechte – die Lebensgrundlagen des Adels	299
9.	Die von Steins und die Kirche	327
10.	Die Ganerben erstreben „Herrschaftsrechte" in Ostheim	343
11.	Weitere interessante Familienmitglieder, die mit Ostheim verbunden waren	358
12.	Die Reichsritterschaft im 17. und 18. Jahrhundert	366
13.	Ende des von-Stein'schen Engagements in Ostheim	383
	Archivbezeichnungen	396
.	Literaturverzeichnis	399
.	Die Autoren	408

Vorwort

Ein Nachklang zur 1200-Jahr-Feier der Stadt Ostheim im Jahre 2004 ist dieses Buch, das auf die Bitte von Bürgermeister Adolf Büttner an Hans Dietrich Freiherrn von Stein zu Völkershausen zurückgeht. Intensive Vorarbeiten im Stein'schen Archiv, in den Staatsarchiven in Würzburg, Meiningen und Coburg, sowie die freundliche Unterstützung durch Frau Körner, Dürrenmungenau, der Witwe Dr. Hans Körners, die sein leider unvollendetes Hauptwerk über die Familie von der Tann zur Verfügung stellte, brachten ungeheuer viele, auch neue, bisher unausgewertete Dokumente ans Licht, kosteten aber doch auch mehrere Jahre an Vorbereitungszeit. Das Werk wertet zusätzlich alle erreichbare Literatur zum Thema Ostheim und Adel in der Region aus. Wertvolle Hinweise bekamen wir von Pfarrer Karl Zeitel, Urspringen und Herrn Walter Jahn, Ostheim. Von vielen Seiten erreichten uns darüber hinaus interessante Tipps und Ratschläge.

Durch neue Ansätze kann die Arbeit Ergebnisse vorweisen, die weit über die bisherige Literatur hinausgehen. So konnte sowohl die Person des Stammesgründers Siegfried von Stein als auch die seiner Nachkommen neu beleuchtet werden. Ein sehr großer Schritt vorwärts gelang in der Erforschung der Besitzer der Adelsschlösser in Ostheim. Bei nahezu allen Adelssitzen konnten die Besitzverhältnisse bis ins 14./15. Jahrhundert aufgeklärt oder wenigstens Möglichkeiten aufgezeigt werden.

Zu einem neuen Verständnis des späten Mittelalters und der beginnenden Neuzeit helfen die vielfältigen über die Textinformation hinausgehenden Listen, Grafiken, Bilder und Aufstellungen, die jeweils zum Thema neu gefertigt wurden.

Ein großes Anliegen war dabei, geschichtliches Werden über das geschriebene Wort hinaus optisch sichtbar zu machen und zu erläutern. Dazu gehören einmal viele historische Fotos, die uns Frau Elfriede Herda, Ostheim dankenswerterweise zur Verfügung gestellt hat. Selbst gefertigte Fotos zeigen auf, was von der Geschichte Ostheims heute noch zu sehen ist. Weitere Bilder versuchen historische Epochen und Geschehnisse zu erläutern und sichtbar zu machen.

Ein besonderer Gewinn sind die Bilder von Peter Klier, die helfen, die früheren Zeiten, so wie sie gewesen sein könnten, ins Licht zu setzen. Auch die Skizze von Emil Hanisch zum Voitischen Hof weist in die gleiche Richtung.

Im Besitz der Familie von Stein ist auch eine Sammlung von Fotos und den dazugehörigen Erläuterungen zu den Besitzungen und den Personen der Familie von Stein, zusammengetragen vom sehr geschichtsinteressierten Großvater Hans Dietrichs, Baron Ernst von Stein. Sie können die Geschichte Ostheims und der Familie von Stein genauso erläutern wie manche Informationen aus dem Internet und von vielen Mithelfern und Informanten zu Einzelthemen, wie Hermann Leichts Hinweise zu Bastheim.

Die Besitzgeschichte der Ostheimer Adelsschlösser verlief nie vollkommen linear. In keinem Fall verblieb ein Adelsschloss im Besitz einer einzigen Adelsfamilie. Oft wurden sie über die Töchter an eine andere Adelsfamilie vererbt, öfters auch verkauft. Durch Stammtafeln werden diese Entwicklungen zusätzlich transparent gemacht.

Zwei Autoren mit unterschiedlichen Ansätzen zur Erläuterung längst vergangener Vorgänge waren in diesem Buch am Werk. Jeder ist bei seinem Grundansatz geblieben, ohne die andersartigen Sichtweisen des Partners zu missachten. Deshalb kann aber jeder nur für die von ihm geschriebenen Kapitel die volle Verantwortung übernehmen. Neben der anderen Art des Schreibens ist durch die geringen äußeren Unterschiede, die wir bewusst gelassen haben, festzustellen, wer was geschrieben hat. Dabei hat der erstgenannte Autor natürlich die meiste Arbeit der Recherche und des Schreibens geleistet. Herausgekommen ist nach unserer Sicht ein faszinierender Blick (siehe das nachstehende Bild) auf die Geschichte einer kleinen Stadt im Widerstreit zwischen den adeligen Ganerben und dem im Werden begriffenen sächsischen Staat wie auch zwischen der spät entstandenen Stadt und den auf ihren Rechten pochenden Adeligen.

Einen weiteren Einblick erlauben die vorhandenen Unterlagen in zwei Bereiche:

Das sind zum Einen die Probleme und Anliegen der freien und reichsunmittelbaren Ritterschaft in Franken, im Ritterort Rhön und Werra, im ständigen Kampf mit den werdenden Staatsgebilden in Würzburg und in Sachsen um ihre Selbständigkeit ringend und in ihrer Problematik der engen Bindung an den Kaiser trotz unterschiedlicher Konfession, in der Verstrickung in die Kriege dieses Kaisers trotz unterschiedlicher Interessenslage, den Dreißigjährigen Krieg, die Türkenkriege und den Siebenjährigen Krieg.

Durch all diese Verknüpfungen bietet dieses neue Buch interessante Informationen, die weit über Ostheim hinausweisen und dadurch allgemeine Auskünfte über Fragen zur Vergangenheit fast aller Orte in der Region geben können.

Der zweite Bereich sind Einblicke in das dörfliche und später kleinstädtische Leben in Ostheim. Wir können in Teilbereichen aufzeigen, wie die Bürger und die Adeligen früher wohnten, sich einrichteten, ihre Landwirtschaft organisierten, was sie anbauten, wie sie feierten oder auch ihr Verhältnis zur Kirche gestalteten.

Der neue Ansatz der Verbindung von historisch gesicherter Information mit vielfältig aufbereiteter Erläuterung durch Grafik, Bild, Skizze und Liste bietet dem Leser optimale Information zu den angesprochenen Themen.

Bitte sagen Sie es weiter, wenn Ihnen das Buch gefallen hat, und sagen Sie uns, wenn Sie Fehler oder sonstige Kritikpunkte gefunden haben. Bei der Vielzahl an Quellenangaben werden Fehler nicht auszuschließen sein. Wir wünschen Ihnen ein fruchtbares Lesevergnügen.

ABBILDUNG 1: BLICK AUF DAS ZENTRUM OSTHEIMS IM SPÄTMITTELALTER. PHANTASIEVOLLES AQUARELL PETER KLIERS

Grußwort

Mein Großvater Ernst Freiherr von Stein (1879 – 1968) hätte eine sehr große Freude an diesem Buch, und er würde diese gerne mit seinem Großneffen Dr. Hans Körner (1923 – 2000) teilen. Schließlich haben sich beide Persönlichkeiten in langjähriger Detailarbeit um die Basisdaten zu der vorliegenden Arbeit verdient gemacht. Freude auch deshalb, weil die vielen guten Gespräche mit Herrn Gerhard Schätzlein diesen offenbar so positiv beeinflusst haben, dass er sich über viele Jahre der Mühe des Quellenstudiums unterzog und so mit Zähigkeit, Kreativität und Begeisterung zu diesem Ergebnis gelangte. Eine sehr wesentliche Stütze war ihm dabei Ingo Freiherr von Berchem, dessen umfangreiche Beiträge dieses Buch zu einem abgerundeten Ganzen werden ließen.

All dieser Einsatz wäre nicht möglich gewesen, wenn nicht über sieben Jahrhunderte hinweg Umsicht, Tatkraft und auch Glück bei der Bewahrung der vielen Urkunden und weiterer Dokumente eine sehr wesentliche Rolle gespielt hätten. Nicht nur im 30-jährigen Krieg und späteren Auseinandersetzungen sondern zuletzt im Frühjahr 1945, als es meiner Tante Herta Freifrau von Stein (1893 – 1974) gelang auf einem Fuhrwerk die wesentlichen Archivalien aus Nordheim in Thüringen nach Völkershausen in Bayern zu schaffen – sie wären durch die Wirren bei Kriegsende und die Enteignung 1945 – 1949 sicher verloren gegangen, woran auch die Wiedervereinigung 1989 und der erfolgte Rückerwerb unseres Eigentums im Jahre 1996 nichts hätten ändern können.

Ich wünsche im Namen unserer Gesamtfamilie allen Lesern erbauliche Stunden. Historisch Interessierte werden zahlreiche neue und vielleicht auch überraschende Erkenntnisse zu regionalen Ereignissen, und darüber hinaus, finden. Und wer in diesem Bereich nicht gerade ein Experte ist, möge sich von der Vielfalt des Geschehens und dem Einsatz einer Familie für ihre Heimat beeindrucken lassen.

Im Mai 2008

Hans-Dietrich Freiherr von Stein

1. Ritterschaft und Adel

Die Zeit der Erstnennung der von Steins

Das ausgehende 13. Jahrhundert stand unter keinem guten Stern. Die erfolglos zu Ende gegangenen Kreuzzüge hatten eine Periode der Unsicherheit eingeleitet. Die Christenheit hatte keines ihrer Ziele erreicht: Das Heilige Land war wieder in den Händen des Islam. Die Kreuzzüge hatten den Gegensatz zwischen Christen und Moslems bis zur Todfeindschaft verschärft, - eine wunderliche Parallele zur heutigen Zeit. Auch das bis dahin weitgehend friedliche Zusammenleben zwischen Christen und Juden in Europa war hasserfüllten Pogromen gewichen. Statt das oströmisch-byzantinische Reich im Kampf gegen die Türken zu unterstützen – ein wichtiges Ziel der ersten Kreuzzüge – trugen diese mit der Erstürmung von Konstantinopel im Jahre 1203 durch ein Kreuzfahrerheer als vollkommene Pervertierung des Kreuzzugsgedankens zum Zusammenbruch der byzantinischen Macht bei.

Die Feindschaft der europäischen Herrscher untereinander verschärfte sich im Laufe der Kreuzzüge immer mehr, gipfelnd in der Gefangennahme des Kreuzfahrers Richard Löwenherz durch den deutschen König.

Die allermeisten Kreuzfahrer kostete der Zug ins Heilige Land auch das Leben. Bis zu 80 Prozent der Kreuzzügler starben auf den bewaffneten Wallfahrten. Ein großer Teil des Lehnsadels war als Folge der Kreuzzüge verarmt. Um ihren Zug ins Heilige Land finanzieren zu können, hatten nämlich viele Adelige in der Hoffnung auf Beute und Gewinn Güter verkauft oder beliehen. Falls sie zurückkamen, oft genug nur mit dem nackten Leben davongekommen, drückten diese Schulden, die man häufig nur durch Fehden, Raub und Brandschatzung, diesmal bei den eigenen Nachbarn, tilgen konnte.

ABBILDUNG 1: RITTER BEREIT ZUM TURNIER (MANESSISCHE LIEDERHANDSCHRIFT)

Es war eine unruhige Zeit, in der das Adelsgeschlecht der Steins von Nord- und Ostheim das Licht der Geschichte erblickte. Füßlein[1] kennzeichnet diese Zeit als eine der trübsten Epochen, welche die deutsche Geschichte kennt. „Und schwerlich hat des Reiches, des kaiserlosen, zerrüttende Not in einem anderen Teile des Vaterlandes stärkeren Ausdruck gefunden als in Franken und seinem nordöstlichen Nachbarlande Thüringen." Das Deutsche Reich wurde von schwachen Königen regiert, die immer mehr zum Spielball der Fürsten, besonders der sie wählenden Kurfürsten wurden und immer noch ihr Ziel darin sahen, römischer Kaiser zu werden. Rudolf von Habsburg kam 1273, im Jahr der Ersterwähnung eines von Stein, auf den Königsthron. Damit und wegen des Streits um die Oberherrschaft in den geistlichen Fürstentümern entstanden immer wieder Auseinandersetzungen mit den Päpsten, die seit 1309 in Avignon residierten. So wurden in wechselnden Koalitionen, oft auch durch Bestechung, Könige gewählt und Gegenkönige gekürt, die ohne Hausmacht in immer größere Abhängigkeit von ihren Wählern gerieten und an sie immer mehr königliche Befugnisse abtreten mussten.

Die schwache Zentralmacht beförderte die Auseinandersetzungen zwischen den sich herausbildenden Territorialmächten, in unserer Region zwischen dem Bistum Würzburg, der Abtei Fulda und

den Grafen von Henneberg. Unter dem Jammer der allgemeinen Fried- und Rechtlosigkeit hatte hier niemand schwerer zu leiden als die Grafen von Henneberg. Noch unter den letzten Staufern wie unter dem thüringischen und holländischen Königtum[2] das mächtigste Geschlecht zwischen Rhön und Thüringerwald, das wiederholt selbst die Hand nach der deutschen Königskrone ausstrecken durfte, hatten sie durch mehrfache Erbteilungen, zuletzt 1274, ihre Kraft so geschwächt, dass sie sich den sie umgebenden Feinden gegenüber alleine nicht zu behaupten vermochten.
Zwei Ereignisse, die im Zusammenhang miteinander standen, kennzeichnen die Zeit des hohen Mittelalters und den Stil der Auseinandersetzungen.

- Albrecht von Hohenlohe hatte Gisela, die Schwester des Grafen Hermann von Henneberg, zur Ehe genommen, die versprochene Mitgift jedoch nicht bekommen, da Gisela nach kurzer Zeit kinderlos gestorben war. Nun forderte Albrecht 1265 Graf Hermann vor das Frankengericht des Bischofs Ihering.[3] Von Albrecht beschuldigt, er habe einen Vertrag nicht eingehalten, bezichtigte Graf Hermann in jäher Wut ihn der Lüge, schlug ihn ins Gesicht und flüchtete über den Main nach Kitzingen. Eine nochmalige Vorladung schlug er aus. Vielmehr sammelte er, unter Bruch des Landfriedens, eine Schar von Kriegern und verwüstete das Gebiet der Herren von Hohenlohe mit Brand und Mord.
- Nach Bischof Iherings Tode (Anfang 1266) waren in Doppelwahl vom Kapitel der ältere Bruder des Grafen Hermann, Berthold von Henneberg, Kanonikus zu Würzburg, und Boppo von Trimberg zu Bischöfen erhoben worden. Während Berthold in Mainz seine Bestätigung erbat und erhielt, wandte Boppo sich nach Rom; das Kapitel aber wählte bis zum Austrag der Sache den Domdechanten Berthold von Sternberg zum Stifts- und Kapitelspfleger. Der Henneberger glaubte, dass seine Sache viel zu gut stehe, als dass er sie noch einmal einer Entscheidung anvertrauen wollte, deren Ausgang für ihn nicht kalkulierbar war. Eine Streitmacht, die sein Bruder Hermann eben im Begriffe stand, gegen Hohenlohe ins Feld zu führen, schien ihm das geeignetste Werkzeug, um den Widerstand der Minderheit im Kapitel zu brechen und einen päpstlichen Machtspruch überflüssig zu machen. Auf der anderen Seite ergab sich die Zusammenstellung der Parteien von selbst: Die Hohenlohes führten die Sache des Stiftes, das außerdem in der Bürgerschaft von Würzburg einen ungewöhnlich willigen Bundesgenossen fand. Immerhin muss die angriffslustige Stimmung der Grafen erst in letzter Stunde in Würzburg bekannt geworden sein, denn noch am 6. August 1266 versicherte man sich dort in aller Hast des Beistandes der beiden Engelharde von Weinsberg. Bereits zwei Tage später kam es bei Kitzingen zum entscheidenden Kampf, der mit einer Niederlage der Henneberger endete.

Ganz bestimmt waren Verwandte des ersten sicher bekannten Stammvaters von Stein, Siegfried, wenn nicht gar er selbst, auf Seiten des siegreichen Stiftspflegers und seit 1268 erwählten Bischofs Berthold von Sternberg in diese Auseinandersetzungen verwickelt. Dafür spricht, dass Siegfrieds (Stief-)Bruder Kisiling wenige Jahre später, 1273, als Vogt dieses Bischofs in dem zwischen dem Stift und den Hennebergern umstrittenen Mellrichstadt amtierte[4] und Siegfried selbst dem Bruder 1280 oder früher in diesem Amt nachfolgte.[5] Dafür spricht auch, dass ein Verwandter, Dietrich Kisling, bis 1266 Domherr zu Würzburg, wahrscheinlich in der Schlacht bei Kitzingen gefallen war.[6]
Schon seit dem frühen Mittelalter wurden solche Auseinandersetzungen nicht mehr mit Volksheeren geführt. Die Entwicklung seit der Zeit Karls des Großen hatte zu ausgebildeten Kriegern zu Pferd geführt, die für ihre Dienste von ihren Herren mit Gütern belehnt wurden. Ein solcher Dienstmann oder Ministeriale konnte ein alteingesessener Grundherr oder später so genannter Edelfreier sein[7] oder „war ein ‚Unfreier', der zwar durch seinen ehrenvollen Dienst eine freie Stellung erlangte als der normale Leibeigene, die Wurzel aber war die gleiche; der Ministeriale (Dienstmann der ursprünglich aus der fränkischen Adelsschicht entstammenden Edelfreien) stieg nur dadurch empor, dass er einen anderen Beruf ausübte, nämlich das Kriegshandwerk, oder aber im Verwaltungsdienst und Hofdienst tätig wurde."[8] Ein solcher Reiter war kostspielig, er musste lange geübt haben, er brauchte Pferde und Bedienung. Wer ihn aufbot, musste ihm auch etwas bieten - aus dem Reiter wurde der Ritter. Der kriegerische Beruf verschmolz freie Herren und ursprünglich unfreie Ministerialen zu einer neuen Gruppe, die nach französischem Vorbild in ganz Europa einen eigenen Ehren-

und Sittenkodex, ihre eigene Sprache und Lebenskultur entwickelte. Sie bildete seit dem 12. Jahrhundert bereits einen eigenen Stand, die Ritterschaft, die sich auch durch Heiraten streng von den bürgerlichen Ständen abgrenzte. Der Aufstieg eines Leibeigenen[9] zum Ministerialen hing jedoch stark von Eignung, Tüchtigkeit und Leistung des einzelnen Mannes ab[10]. Im 11. Jahrhundert wird die Ministerialität als Berufsstand erkennbar[11]. Dieser Dienstadel bildete im Laufe der Zeit eine stark differenzierte Oberschicht mit geburtsständischem Einschlag[12] innerhalb der unfreien Hofbediensteten. Die Herkunft und Entwicklung der Ritterschaft noch zu Beginn des 13. Jahrhunderts ersehen wir aus der Urkunde, in der Otto der Jüngere, Graf von Botenlauben, der geistlich werden wollte, im Dezember 1230 für 4300 Mark Silber die Schlösser Hiltenburg und Lichtenberg verkaufte.[13] In den Verkauf eingeschlossen waren neben anderen Gütern Ritterbürtige (homines militaris condicionis), die Graf Otto und dessen Gemahlin Adelheid der Würzburger Kirche zum Marschallsamte übergaben. Namentlich aufgezählt sind dabei etwa 50 Männer, Frauen und Kinder, die also, obzwar ritterbürtig, „leibeigen" waren. Unter diesen leibeigenen Ritterbürtigen finden sich später bekannte Adelsgeschlechter wie die „von Ostheim" bzw. „Schenk von Ostheim", „von Streu" und „von Erthal". Bei „Albert v. Bercham" wird nur die Hälfte seiner Kinder mitverkauft. Wahrscheinlich war die Frau Besitz eines anderen Edlen, die Kinder wurden deshalb einfach geteilt.

Die Zwischenstellung zwischen leibeigenem Dienstknecht und seinem Aufstieg in den Ritterstand zeigt sich augenfällig bei der Familie von Habesberg.[14] Einerseits werden etwa 20 Männer, Frauen und Kinder, alle genannt „von Habechesberc", verkauft, andererseits steht unter den Zeugen eines Nachtrags der Urkunde einer dieser verkauften Leibeigenen, nämlich „Hartmann de Habesberc".

In einer Tauschurkunde zwischen Graf Poppo von Henneberg und Bischof Gottfried von Würzburg im Jahr 1185 urkundet Volknand von Nordheim unter den Edlen, Helmbrich von Nordheim unter den Ministerialen. Den Stand der Edlen können wir beispielsweise in einer Urkunde des Bischofs Otto von 1219 erfassen. Dort werden Wickerus de Rodehausen, Boppo de Trimpergk, Albertus de Hiltenberg und Heinricus de Sternberg als „Edle" bezeichnet (nobilis oder nobilis et ingenuus vir).[15]

Die Ausbildung zum Ritter

Um Ritter zu werden, musste der Sohn eines Adligen eine lange Ausbildung durchlaufen. Bereits im Alter von sieben Jahren trat er als Page in den Hofdienst eines Fürsten. Mit 14 bis 16 Jahren wurde er dann in den Rang eines Knappen erhoben und musste das Kriegshandwerk und die Kunst der Jagd erlernen. Außerdem hatte er seinen Herrn auf Feldzügen zu begleiten, wo er ihm die Lanze und seinen Schild trug und ihm beim Anlegen der Rüstung behilflich war. Nach der Ausbildung wurde dem Knappen in einer heiligen Zeremonie, der so genannten „Schwertleite", das Ritterschwert umgelegt. Ab dem 12. Jahrhundert nannte man diese Erhebung in den Ritterstand auch den Ritterschlag. Mit ihm bekam der junge Ritter das Recht, Lehen zu erhalten und im Turnier mitzukämpfen.

Die Schwertleite und der Ritterschlag

Die Schwertleite oder der Ritterschlag war für einen Mann im Mittelalter einer der wahrscheinlich bedeutendsten Ereignisse, die ihm widerfahren konnten. Sie brachten nicht nur höheres Ansehen, sondern waren auch mit vielen Privilegien verbunden.

Zu Beginn der Entstehung des Ritterstandes bestand die Schwertleite lediglich aus der Übergabe der Waffen durch eine dem zukünftigen Ritter nahe stehende Person. An Ritterhöfen und auf Burgen wurde den zukünftigen Rittern das Standesbewusstsein eingeprägt, um sich durch einen Reichtum an menschlichen Tugenden von den anderen Menschen abzuheben können. Innere und äußere Zucht wurden streng gefordert. Mit dem Eintritt in das 16. Lebensjahr wurde der Knabe oder Page zum Knappen ernannt. Später wurde die Bezeichnung Junker (Jungherr)[16] üblicher. Der Knappe folgte fortan bewaffnet seinem Ritter und Lehrmeister zu allen Aktivitäten. Durch den Akt der Schwertleite wurde der Knappe, der im Allgemeinen das 21. Lebensjahr erreicht hatte, zum Ritter erhoben.

Eine weitere Möglichkeit, den Knappen zum Ritter zu ernennen, bestand im sogenannten „Ritterschlag". Es werden zwei Formen dieses Vorgangs in der Literatur genannt: Bei der älteren Form wird der Knappe mit der Handkante auf die Schulter geschlagen. Dies sollte der letzte Schlag sein, den der neue Ritter ohne Gegenwehr zu ertragen hatte. Bei der jüngeren Form wurde der Knappe durch eine Schwertberührung auf der linken Schulter durch einen anderen Ritter in den neuen Stand gehoben. Oft wurden junge Männer vor Schlachten zu Rittern ernannt, um dadurch eine höhere Motivation zu erreichen. Es kam auch vor, dass nach erfolgreichem Verlauf eines Kampfes dem Mann der Ritterschlag als Anerkennung und Würdigung seiner Verdienste erteilt wurde. Im Laufe der Zeit löste der Ritterschlag die Schwertleite mehr und mehr ab. Er wurde in der Regel durch den Fürsten erteilt, in dessen Dienst der Knappe stand.

So müsste auch der Werdegang des jungen Siegfried ausgesehen haben. Die erhaltenen Urkunden zeigen aber, dass er bereits 1273 „großjährig" war und seine Vermögensgeschäfte allein führen konnte, aber sich erst 20 Jahre später Ritter nannte. Er wäre dann mit etwa 40 Jahren Ritter geworden, nachdem er bereits lange Jahre, seit 1280 oder früher, dem Bischof als wichtiger Helfer gedient hatte. Dies wäre jedoch kein Einzelfall, denn „im 12. und erst recht im 13. Jahrhundert war die Rüstung so umfangreich und kostspielig und die mit der Zeremonie verbundenen Fest-lichkeiten so aufwendig geworden, daß man dazu neigte, die Zeremonie hinauszuschieben, bis sich Gelegenheit fände, auf dem Schlachtfeld, nach einer Heldentat oder anläßlich eines Sieges zum Ritter geschlagen zu werden.[17]

Die Rüstung

Als Rüstung oder Harnisch bezeichnet man allgemein die Schutzkleidung der Krieger gegen die Waffeneinwirkungen der Gegner.

Besonders im mittelalterlichen Rittertum wurde die Rüstung populär und diente neben ihrer Schutzfunktion auch zur Repräsentation. Je höher die adelige Abstammung, desto wertvoller war in der Regel auch die Ausstattung des Ritters.

Um die Rüstung überhaupt „anziehen" und sich darin auch genügend bewegen zu können, bestand sie aus vielen Einzelteilen, die dem Krieger in einer bestimmten Reihenfolge, über- und aneinander befestigt, angelegt werden mussten. So zum Beispiel Brustpanzer, Plattenschurz mit Bauchreifen, Schwebescheibe (Schutz für seitliche Brust und Achsel), Achsel (Schulterpanzer), Armkachel (um den Ellenbogen), Unterarmröhre, Handschuhstulp, Handdecke, Beintasche (auch Tassette genannt, angehängt an den Plattenschurz, um die Gehfreiheit zu gewährleisten),

ABBILDUNG 2: SCHWERTLEITE

Diechling (für den Oberschenkel), Kniekachel, Beinröhre (Unterschenkel) und Eisenschuh mit Sporn, zuweilen auch mit absteckbarem Schnabel.

Zur ritterlichen Aufmachung zählten neben den vielen Teilen einer Rüstung noch der Helm mit Nasenschirm oder Visier, das Kettenhemd und der Schild.

Die ritterlichen Tugenden

Um als Ritter erfolgreich zu sein, brauchte man vor allem Kraft, Mut und Geschicklichkeit. Die Ritter wurden einer langen militärischen Ausbildung unterzogen, denn man benötigte viel Übung, um in voller Rüstung reiten zu können und dabei noch mit einer 4 bis 6 Meter langen Lanze genau zu treffen. Der Kampf war die Hauptaufgabe eines Ritters. Tapferkeit, Standhaftigkeit, Ehre und Treue waren deshalb seine obersten Werte. Jedoch sollten sich die Ritter auch dem Schutz der Schwachen und Unterdrückten widmen. Dieses Ritterbild wurde im Minnesang und in Heldenliedern zum Ausdruck gebracht. Die Ritter hielten sich jedoch immer weniger an diese Ideale, wie wir noch sehen werden[18]. Allzu oft raubten, mordeten und brandschatzten sie, um ihren eigenen Wohlstand zu mehren.

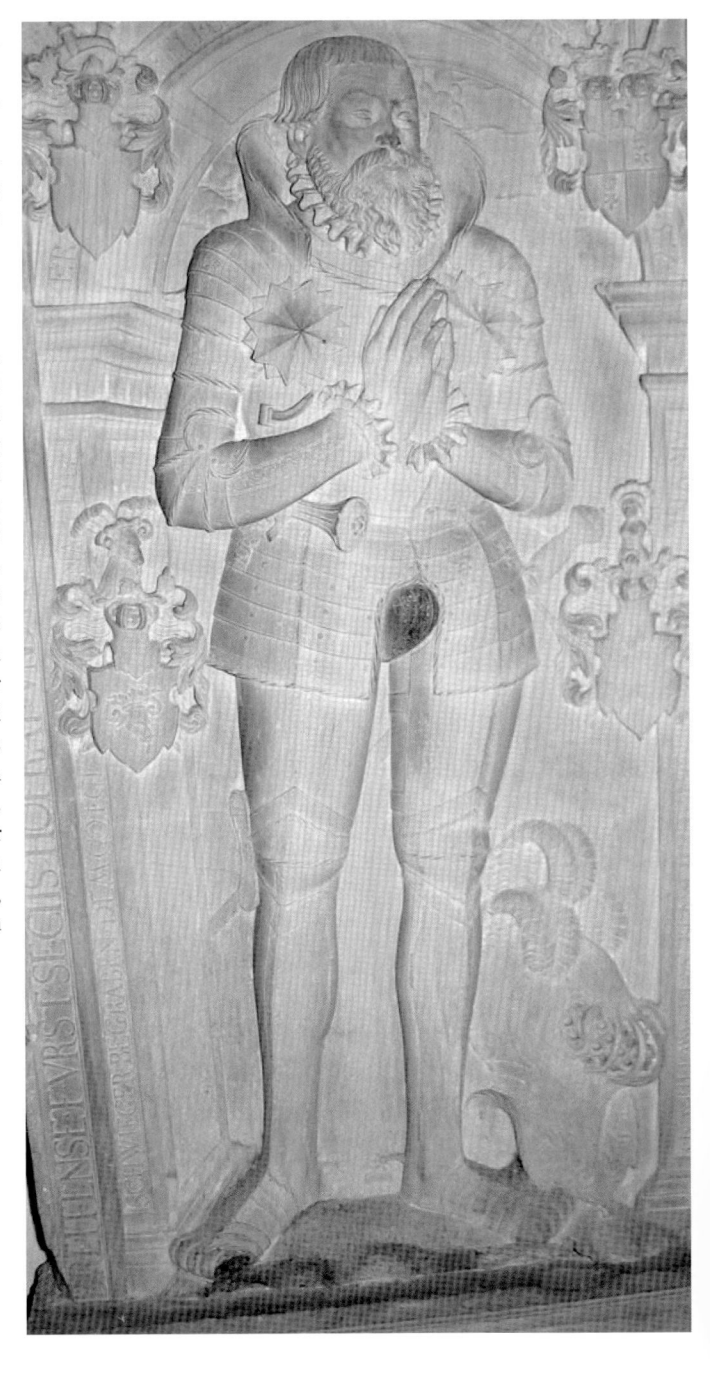

ABBILDUNG 3: HANS VEIT VON OBERNITZ IN RITTERRÜSTUNG. GRABSTEIN IN DER KIRCHE IN OSTHEIM

[1] Wilhelm. Füßlein: Berthold der Siebte, Graf von Henneberg, Altenburg 1905, erweiterter Nachdruck hg. v. Eckart Henning, Köln 1983, S. 1.
[2] Heinrich Raspe von Thüringen (Mai 1246 – Febr. 1247); Wilhelm von Holland (Nov. 1248 – Jan. 1256).
[3] Lorenz Fries, Chronik der Bischöfe von Würzburg 742 – 1495 (Hrgg. Ulrich Wagner et al.). Fontes Herbipolenses. 2. Bd. Würzburg, 1994, S. 171 f.; vgl. Füßlein S. 4.
[4] Bayerisches. Staatsarchiv Coburg (StACo), Landesarchiv Urk, Lok. EV 1 Nr. 104; Abschrift im Archiv von Stein Völkershausen (AV): Urkunde (U) 1.
[5] Karl Schöppach / Ludwig Bechstein / Georg Brückner (Bearbb.). Hennebergisches Urkundenbuch (HUB). Meiningen, 1842 - 1877. Bd. V, CCCCIX; Wilhelm Engel, Urkundenregesten vor dem Jahre 1400, Würzburg, 1958, S. 21 f. (Nr. 30): Sigfried von Stein, advocatus, ist an erster Stelle Zeuge bei einer Schlichtung zu Mellrichstadt.
[6] Fries II, S. 193 ff.: Bei der Wiederbesetzung der durch die Schlacht bei Kitzingen erledigten 13 Präbenden (Domherrnstellen) bekam der Sohn eines Wolflin jene des Dietrich Kisling.
[7] vgl. Kapitel 8.13 „Besitzungen, Zehnt, Zinsen, Abgaben und Rechte – die Lebensgrundlagen des Adels" zu diesem Thema.
[8] Manfred Tischler: Die Leibeigenschaft im Hochstift Würzburg .vom 13. bis zum beginnenden 19. Jahrhundert, Würzburg 1963.. S. 24
[9] Paul Sörgel: Der Ritterkanton an der Baunach in den Haßbergen, Hofheim i. Ufr., 1992, S. 11; nach Tischler (S. 52) kommt der Begriff ‚leibseygenschaft' erstmals im Weistum der Herrschaft Rieneck 1380 (in J. Grimm: ‚Weisthümer', 2. Aufl., unveränderter fotomechanischer Nachdruck der 1. Aufl. von 1840 – 1878, Darmstadt, 1957) vor.
[10] Sörgel, S. 11; vgl. Tischler, S. 24.
[11] O. Meyer, In der Harmonie von Kirche und Reich. In: Peter Kolb / Ernst-Günter Krenig (Hrgg.). Unterfränkische Geschichte. Band 1. Würzburg, 1989. S. 205 – 253. Hier: S. 241.
[12] Bosl Karl, Die Reichsministerialität der Salier und Staufer. Ein Beitrag zur Geschichte des hochmittelalterlichen Volkes, Staates und Reiches, Bd. 2, Stuttgart 1951, S. 606.
[13] Johann Adolph von Schultes. Diplomatische Geschichte des Gräflichen Hauses Henneberg. Hildburghausen, 1788 / 1791. Bd. I, S.89 ff. (U XIII); Dobenecker Regesta Diplomatica Necnon Epistolaria Historiae Thuringiae, 4 Bde., Jena 1896 – 1939. Hier: 3. Bd., S. 29 f. (Nr. 139).
[14] Nach Heinrich Wagner, Mellrichstadt (Historischer Atlas von Bayern (HAB), Franken I / 29). München, 1992, S. 148 ist das Dynastengeschlecht „von Habesberg" eine Nebenlinie der Henneberger. Die Verkauften waren dann möglicherweise Dienstleute dieser Habesberger.
[15] Reinhold W. F. Heusinger und Gerwin K. Solf, Die Grafen von Wildberg und ihre Wappengenossen, sowie die Dynasten von Thundorf und Tannroda, Quellensammlung zu den Geschlechtern Wildberg, Thundorf, Hiltenburg, Alfeld und Tannroda., Bad Königshofen, 1998, S. 97 f. (Nr. 164).
[16] In lateinischen Urkunden ist die Bezeichnung „armiger" (Waffenträger) üblich.
[17] Gina Fasoli, Grundzüge einer Geschichte des Rittertums; in Arno Borst (Hg.): Das Rittertum im Mittelalter. Darmstadt, 1976, S. 206.
[18] vgl. Kapitel 2 und besonders 3.

2. Die ersten Generationen der Familie

Siegfried vom Stein, der Stammvater
Seine Herkunft

Die Frage nach der Herkunft der Familie von Stein ist mit vielen Fragezeichen versehen. Zu ungewöhnlich wäre es, dass gegen Ende des 13. Jahrhunderts ein Ministerialengeschlecht aus dem Nichts auftaucht, ohne Herkunftssage, ohne Stammburg, wo andere Geschlechter schon sehr früh bezeugt sind, so die von Ebersteins 1168, die von Bibras bereits 1151 und die Marschalks 1141. Die von der Tanns sehen ihren Stammvater Simon zwar erst 1235 erwähnt, führen aber, wie Karl August Eckardt[1] ausführt, die Wurzeln ihres Geschlechts bis ins 8. Jahrhundert auf die Erminolde zurück. Eckardt sieht in Erminold I., 783 bezeugt, den Stammvater vieler Rhöner Geschlechter. Dessen Nachkomme in der 11. Generation ist demnach der um 1130 gestorbene Erminold v. Schlitz, von dem in der 15. Generation die von Tannes, von Görtz's, von Schenkenwalds, von Heusenstamms, von Blankenwalds, von Fischbergs und von Tanns mit Simon von Tann abstammen. Dessen Enkel Simon und Heinrich nannten sich dann als erste „von der Tann".

Georg Brückner, einen der Herausgeber des Hennebergischen Urkundenbuchs, hat das späte Erscheinen der Familie von Stein bereits 1866 nicht ruhen lassen. Er glaubte, die Stammburg gefunden zu haben und schrieb:[2] „Uebrigens deuten Sage und Vornamen (Eberhard und Siegfried) darauf hin, dass die Freiherrn von Stein zu Nordheim ihren ursprünglichen Stammsitz auf dem Schlosse »zum Stein« im Darmstädtischen (zwischen der Bergstrasse und Worms) gehabt haben und von da zu Anfang des 13. Jahrhunderts in das Würzburgische und weiter in das Hennebergische übergegangen sind." Tatsächlich finden sich auch heute noch nahe Nordheim, einem Dorf in der Oberrheinischen Tiefebene, die Reste der Burg Stein im Steiner Wald. Nach einer Information des Vereins für Heimatgeschichte Nordheim war die Burg aus einem römischen Burgus aus dem 4. Jahrhundert entstanden, der Zentrum eines Ortes wurde. Dieser Ort Stein habe 995 von Kaiser Otto III. das Marktrecht erhalten. Der Ort sei spurlos verschwunden, die Burg sei erst 1232 als Aufenthaltsort des Bischofs Heinrich II. von Worms erwähnt.[3]

ABBILDUNG 1: RÖMISCHE GRUNDMAUERN DER BURG STEIN BEI NORDHEIM AM RHEIN NAHE BIBLIS

Im fränkisch-thüringischen Raum, und das ist ein Problem, wenn man die Herkunft der Familie von Stein klären will, gibt es mehrere Geschlechter, die sich „von Stein" nennen. Mit den Steins von Liebenstein, so der Chronist und Archivar unseres Geschlechts Dr. Körner, haben unsere Steins nichts zu tun; eine Verwandtschaft mit den Steins zu Altenstein und den Steins zu Lichtenstein, beide im Raum Ebern, sei jedoch nicht unwahrscheinlich. Sehr oft nennen sich besonders die Steins zu Altenstein nur „von Stein", so in der großen Einung (Vereinigung, Bund) von 1402, als 106 Ritter und Knechte aus dem ganzen Hochstift einen Vertrag auf 3 Jahre schließen.[4] Unter den Genannten sind zwei Steins: Ulrich vom Steine und Hans vom Stein. Die beiden gehören wegen des Vornamens Ulrich, der bei den Steins zu Ost- und Nordheim nicht auftaucht, wohl eher zu den Steins von Altenstein. Der Vorname Hans erscheint zwar auch bei der Familie von Stein zu Ostheim, allerdings erst zwischen 1415 und 1426. 1423 wird ein Hans vom Stein in einer weiteren Einung „zu Altenstein" genannt[5], andererseits aber in einem Schied auch Hans von Stein zu Ostheim[6]. Sicher zu weit geht Hans-Peter Baum, der in seiner vierbändigen Habilitationsschrift die Steins zu Ost- oder Nordheim als eigenständige Familie überhaupt nicht kennt, sondern sie unter der Familie von Stein zu Altenstein subsummiert.[7] Dr. Wagner sieht ebenfalls einen Zusammenhang der Steins zu Ostheim und Nordheim mit den Steins zu Altenstein bzw. Lichtenstein, dazu noch eine Verwandtschaft mit der Familie von Bibra aufgrund der nahe beieinander liegenden Besitzungen.[8]

Eine nachweisbare Verwandtschaft der Steins bestand jedenfalls zur Familie Kiseling, deren Vertreter Friedrich 1232 in der Gefolgschaft des Bischofs Hermann von Lobdeburg urkundete. Ein Theodericus Kiseling bezeugte 1221 die Schenkung der Vogtei über die Pfarrei Walldorf und deren Güter an den dortigen Pfarrer. Bereits 1185 beurkundeten die Ministerialen Konrad Kiseling und seine Söhne Gottfried und Konrad einen Tausch zwischen Poppo von Henneberg und seinem Verwandten Albert von Hiltenburg und eine Schenkung Poppos an das Kloster Veßra.[9] Zweimal, 1273 und 1296, bezeichnet ein Kiseling, Vogt von Mellrichstadt, Siegfried I. als seinen Bruder. Hans Körner schreibt: Die Familie von Stein (zu Nord- und Ostheim) „ist eines Stammes mit dem Adelsgeschlecht Kyseling und führt wie dieses als Wappen in Silber einen schwarzen Schrägbalken."[10] Während Körner den ersten Nachweis für dieses gemeinsame Stammwappen 1317 für die Familie von Stein, 1339 für den Stamm Kyseling belegt findet[11], ist Dr. Wagner der Ansicht, dass es sich bei der „Verschiedenheit der Wappen" eher nur um Stiefbrüder handeln könne.[12]

ABBILDUNG 2:
WAPPEN DER FAMILIE VON STEIN ZU NORDHEIM UND OSTHEIM AUS SIEBMACHERS WAPPENBUCH

Mysteriös ist jedoch diese Verwandtschaft schon und mit dem „Stiefbruder" sicher leichter zu erklären.

Andererseits finden sich genügend Beispiele, wie sich auch in unserer nächsten Umgebung Namen verändern. „Dass Brüder verschieden heißen, ist ungemein häufig." kommentiert Eckhardt.[13] Der Minnesänger Otto von Bodenlauben war ein Graf von Henneberg, nannte sich jedoch, nachdem er seinen Sitz auf die Burg Bodenlaube verlegt hatte, nach dieser Burg. Albert von der Kere nannte sich, als er Ruppers von den Hennebergern zu Lehen empfing, „de Franckenberg"[14]. Weitere Zweige der Henneberger nannten sich (Grafen) von Lichtenberg, Irmelshausen, Frankenstein und Wasungen.[15] Wer aber hätte bei den Brüdern Kiseling/Siegfried seinen Namen gewechselt? Doch nicht die früher bezeugten Kiselings? So könnte also Siegfried seinen Namen geändert haben. Überdies weist noch ein weiteres Indiz auf die „Neuentstehung" des Namens von Stein hin: In der Ersterwähnung heißt es „*Kisiling, Vogt von Mellrichstadt, und sein Bruder Sifrid genannt von Stein*"[16]. Dies und der Nichtbesitz eines eigenen Siegels[17] gibt der Neuentstehungsthese einiges Gewicht. Schließlich wäre auch noch auf die sprachliche und sachliche Nähe der Namen „Stein" und „Kiesel" (Kiseling bedeutet „Kieselstein") zu verweisen. Eine noch gänzlich ungeklärte Beziehung zwischen den Kiselings und den Steins kommt in einer Urkunde von 1301[18] vor, als König Albrecht die Irrungen zwischen seinem Schwiegersohn Markgraf Hermann von Brandenburg und Bischof Manegold von Würzburg schlichtet. Ritter Götz von dem Steine, vielleicht ein Bruder von Siegfried, gerade wegen der Nähe zu einem Kiseling, wird darin mit dem Bischof versöhnt: Er tritt den Zehnten zu Nordheim im Grabfeld an den Bischof gegen den Kaufpreis ab, den Heinrich von Rannenberg, Domherr zu Würzburg, an Friedrich Kyseling dafür gezahlt hatte; bis zur Zahlung dieser Summe behält der Ritter den Zehnten. – Friedrich Kyseling hat also den Zehnten verkauft, Götz hat ebenfalls Anspruch darauf. Er behält ihn, bis die bisherige Kaufsumme auch an ihn ausgezahlt ist. Hier scheint also auch gemeinsamer Besitz zwischen den beiden Geschlechtern bestanden zu haben, noch dazu an einem Ort, der bereits in der nächsten Generation als Stammsitz eines Zweiges der Familie von Stein dokumentiert ist.

Des Weiteren finden sich vor dem 1273 sicher bezeugten Siegfried auch frühere, jedoch nicht einzuordnende Vertreter „von Stein". So kennen Müller und Binder noch einen Kaspar von Stein, der 1256 ebenfalls Vogt zu Mellrichstadt gewesen sei und der nach Müller seinen Sitz zu Ruppers beim Hermannsfelder See gehabt haben soll. Ruppers wurde jedoch erst 1393 durch Heintz den Älteren von Stein erworben.[19] Wagner hält eine Verwandtschaft mit dem 1220 und 1231 erwähnten Domkanoniker Sifridus de Lapide (lapis, lapidis = (lat.) der Stein) für möglich.[20] Nicht ausgeschlossen halte ich auch eine verwandtschaftliche Beziehung Siegfrieds I. mit den 1206 als Zeugen vorkommenden Marquardus de Lapide und seinem Bruder Heinrich, besonders auch, weil der Name Heinrich bereits in der nächsten Generation unserer Familie wieder auftaucht, (wobei allerdings der in dieser Urkunde als Schenker zu Wülflingen bei Haßfurt vorkommende Hildebrand von Stein sowie seine zu Ebern sitzenden Brüder Tegeno und Hartmud mit Sicherheit zu den Steins von Altenstein bzw. zu Lichtenstein zählen).[21]

Die Ersterwähnung Siegfrieds von Stein und gleichzeitig die erste sichere urkundliche Erwähnung der Familie von Stein erfolgte 1273, als Kisiling, Vogt von Mellrichstadt, und sein Bruder Sifrid gen. von Stein dem Kloster Sonnefeld den Zehnten von Vurwinsdorf (Wüstung Firbelsdorf bei Coburg) verleihen. Die Schenker hängen das Siegel der Stadt Mellrichstadt in Ermangelung eines eigenen an.[22]

Doch ist es wenig wahrscheinlich, dass diese Schenkung im Umkreis von Coburg mit Siegfrieds zweiter Heirat zusammenhing, wie Körner annimmt, da diese erst nach 1300 erfolgte. Allerdings weist sie auf gemeinsames Erbteil, vielleicht sogar auch Herkunft der beiden Brüder aus dem westlichen Oberfranken hin, wo auch die Steins von Altenstein beheimatet waren. Nach 1273 muss Siegfried zum ersten Mal geheiratet haben. Von dieser Ehe wissen wir nichts, nur, dass daraus ein Sohn Siegfried (II.) entsprang. Über den Zeitpunkt der zweiten Heirat sind wir auch nicht informiert. Als am 23. September 1308 Graf Berthold von Henneberg dem Amtmann Siegfried von Stein sein Eigengut zu Stedtlingen versetzt, gibt er dies ihm und seinen Erben, die er mit Christine von Schaumberg hatte.[23] Von großer Bedeutung für seine weitere Entwicklung war jedenfalls Siegfrieds zweite Verheiratung mit dieser Christine, die dem weitverzweigten und einflussreichen Geschlecht der Herren von Schaumberg entstammte. Sie war die Tochter Heinrichs IV. Voit von Schaumberg, eines fuldischen Erbburgmannes zu Saaleck bei Hammelburg[24], der Herr auf

ABBILDUNG 3: BURG SCHAUMBURG BEI SCHALKAU, KREIS SONNEBERG, STAMMSITZ DES GESCHLECHTS VON SCHAUMBERG, AUS DEM DIE FRAU SIEGFRIEDS VON STEIN KOMMT.

Mittelwasungen und Buch am Forst zwischen Lichtenfels und Coburg war.[25] Die Stammburg der Schaumbergs war die Schaumburg oberhalb von Schalkau westlich von Sonneberg.
Christines Bruder Eberhard vereinigte sich am 5. Dezember 1300 mit Dompropst, Dechant und Kapitel des Bistums Würzburg zu einem gegenseitigen Schutz- und Trutzbündnis.[26] Auch hierin zeigen sich Parallelen: Die Herkunft aus dem coburgisch-oberfränkischen Raum und die starke Bindung an den Bischof von Würzburg. Nicht von ungefähr kommt daher die Annahme Dr. Körners einer Herkunft der Steins aus diesem Raum. Die gemeinsamen Besitzungen der Kiselinge und der Steins müssen ja irgendwoher gekommen sein. Bis gegen 1700 hatten die Steins noch erheblichen Streubesitz, die sog. Baunachlehen, d. h. Lehen am Fluss Baunach, als Söhne- und Töchterlehen von Fulda, genau in der Gegend, wo auch die Stammburgen der Steins zu Altenstein und von Lichtenstein lagen.

Das Burggrafenamt

Ein weiterer wichtiger Schritt zum Aufstieg des steinischen Geschlechtes war die Verleihung des Amt des Vizeburggrafen von Würzburg[27], das ihm die Grafen von Henneberg als Burggrafen weiter vergaben.
Im Investiturstreit zwischen Kaiser und Papst und den daraus folgenden Kämpfen König Heinrichs IV. mit seinem Gegenkönig Rudolf von Rheinfelden war der Stammvater der Henneberger, Poppo der Starke, 1078 in der Schlacht bei Mellrichstadt für Kaiser Heinrich gefallen. Seit 1087 nachweisbar[28] wurden die Henneberger als treue Anhänger des Kaisers mit der Stiftsvogtei belehnt, ein Amt, das als Reichslehen die weitgehende Gerichtsbarkeit über das Stift Würzburg beinhaltete. Später wurde dieses Amt Burggrafenamt genannt, Vogtei- und Burggrafenamt wurden Synonyma.[29] Aufgrund dieses Reichsamtes konnten die Grafen von Henneberg den zweiköpfigen schwarzen Adler, den Reichsadler, im Wappen führen.
Die Henneberger übten dieses Amt bis um das Jahr 1230 aus. Als sie nach heftigen Auseinandersetzungen mit den Bischöfen Otto und Hermann von Lobdeburg auf wichtige Bestandteile des Burggrafenamtes verzichten mussten, gaben sie das seines Sinnes beraubte Amt für sich auf und verliehen es weiter, vielleicht schon zu diesem Zeitpunkt an die Familie von Stein.[30] Vizeburggrafen waren schon im 12. Jahrhundert aufgetreten, nämlich ein Billung 1104 als vicedominus (Stellvertreter), ein zweiter Billung, wahrscheinlich sein Verwandter, 1137 – 1180 als scultetus (Schultheiß), sowie ein Ekkehardus comes als scultetus von 1184 – 1194.[31] Doch amtierten zur gleichen Zeit immer noch die Henneberger selbst als Burggrafen.
Im Jahr 1220 nach dem Tod des Burggrafen Berthold von Henneberg hatte Bischof Otto von Lobdeburg versucht, die Nachfolge des Grafen Poppo VII. in die Lehen des Verstorbenen zu verhindern. Obwohl der Henneberger 1223 auf Mellrichstadt und Meiningen verzichtet hatte, musste der 1225 erwählte Bischof Hermann von Lobdeburg in seiner Wahlkapitulation versprechen, Meiningen und Mellrichstadt gegen alle Ansprüche der Henneberger zu verteidigen, wohl weil Graf Poppo immer noch keine Ruhe gab. Erst 1230 verzichtete Poppo entgültig auf diese beiden wichtigen Orte und auf Stockheim. 1240 trat Graf Poppo von Henneberg letztmalig als Burggraf in Erscheinung. Es ist anzunehmen, dass damit das Ende der hennebergischen Burggrafschaft erreicht war.[32]
Ab diesem Zeitpunkt schweigen alle urkundlichen Nachrichten über das Burggrafentum bis zum Auftritt der Familie von Stein 1308/1317. Nachzuweisen ist die Verleihung dieses Amtes erst wieder seit 1317, als Graf Berthold von Henneberg die von Steins mit den zum Burggrafenamt zu Würzburg gehörenden Gütern belehnt,[33] wobei bereits eine Urkunde aus dem Jahr 1308 auf eine Verbindung der Familie von Stein mit dem Burggrafenamt hindeutet, als die Würzburger Bürger Heinz, Tyrolf und Konrad, Söhne und Erben von Marquart und Konrad genannt Weibeler Besitz in einer zum Amt des Burggrafen gehörigen Gasse in Würzburg an den Ritter Sigfried von Stein verkaufen.[34] Auch in der Urkunde von 1317 geschieht die Verleihung an die drei Söhne Siegfrieds in all die Güter, die bereits ihr Vater Siegfried innehatte. Danach gilt als sicher, dass bereits Siegfried I. von Stein Inhaber des Burggrafenamts war, ohne dass eine Beleihung bekannt ist. Andererseits ist es wenig wahrscheinlich, dass die mit dem Amt verbundenen Lehen und Gerechtigkeiten zu diesem Zeitpunkt neu geschaffen wurden. In irgendeiner Weise muss das Burggrafenamt nach 1240 weitergeführt worden sein, vielleicht auch durch die Vorfahren Siegfrieds. Möglicherweise ist sowohl die Vogtei der Steins über Mellrichstadt, als auch deren Vize-Burggrafenamt bis auf die Niederlage

der Henneberger zurückzuführen. Verstärkt wird diese Annahme dadurch, dass die Familie von Stein im fast erblichen Besitz der Vogtei von Mellrichstadt, dieser vorher als Amtslehen zum Burggrafenamt gehörigen hennebergischen Besitzung, zu finden ist[35]. Mit dem Burggrafenamt werden aber weiterhin die Grafen von Henneberg-Schleusingen belehnt.

Aufgaben und Rechte des Burggrafen

Wie noch 1348 bei der Verleihung der Burggrafschaft und des Marschallamtes durch den Würzburger Bischof Albrecht II. von Hohenlohe an Graf Johann I. von Henneberg ausgeführt wurde, war damit die Berechtigung verbunden, „in sämmtlichen Stiftslanden die hohe und niedere Gerichtsbarkeit auszuüben"[36], wenn dies auch zu diesem Zeitpunkt nicht mehr der Wirklichkeit entsprach. Schon 1230 waren ja dem Burggrafenamt die politischen Einflussmöglichkeiten auf die Geschicke des Hochstifts entzogen worden. Auch war, wie nachfolgend erkennbar, der Gerichtsvorsitz beim Brückengericht an den Schultheiß von Würzburg übergegangen.

Ursprünglich führte der Burggraf den Vorsitz im Brückengericht an der Mainbrücke. Über die Aufgaben eines Burggrafen zitiert Schultes den Schwabenspiegel:[37]

> ➢ „Der Burggraf ... soll richten über Meß und Maß, da man Trinken mit giebt, und über alles Meß und über alle unrechte Gewicht, was man mit der Wage wiegt und was zu Hauth und Haare gehet und über allen unrechten Kauf des Leibes Nahrung heißet –
> ➢ Den Ban[n] hat der Burggraf vom König und das Gericht vom Herrn des Landes –
> ➢ Er soll richten alle Frevel und Wunden und Schwerdzücken und um heimsuchen und was Frevel und Unzucht ist."

Das Brückengericht

Schultes beschreibt das Brückengericht folgendermaßen:[38] „In den ältesten Zeiten war es gebräuchlich, daß die allgemeinen Gerichte auf öffentlichen Plätzen gehalten wurden, wo das Volk einen freyen Zugang hatte, dahero man auch die Brücken über große Flüsse zu dieser Absicht zu erwählen pflegte. ... Unter selbige gehöret nun auch das hier vorkommende *Brückengericht* zu Würzburg, welches jenseits des Maynflußes gehalten wurde und nicht nur das höchste Gericht sondern auch die Appellations-Instanz der umliegenden Gerichtshöfe in- und außerhalb des Würzburgischen Gebiethes ausmachte. Es war daßelbe mit neun Schöppen und einem Centgrafen besetzt. Letzterer führte das Praesidium und war von dem Grafen von Henneberg abhängig, weil selbigen, seit den ältesten Zeiten, das Burggrafenamt zu Würzburg zugehörte ... In der (1447.) vom Bischof Gottfried gemachten *Bruckengerichtsordnung*, heißet es unter andern: ‚Vnser Lanndgericht, das

ABBILDUNG 4: HALSGERICHT IM MITTELALTER

Bruekengericht zu Würzburg genanndt, sollen, wie von Alter herkommen die *Newn Schöpfen*, so ye zu Zeitten an vnsern Statgericht zu Würzburg sitzen – neben vnserm Schulthesen – besitzen. Item vf dem Tage so das Lantrecht ist – so sollen sich die Schöpfen sammeln vnd das Lanndgericht *jhenseit Mewns an der Brucken* besitzen. – Item wo einem an andern Gerichten wißentlich Recht versaget wurd, der mocht sein Recht am Bruckengericht fordern etc. --"

1534 waren aber alle richterlichen Funktionen des Burggrafen weitgehend erloschen. Der Zentgraf saß nun nicht mehr dem Gericht vor, sondern wohnte ihm nur bei. Den Vorsitz führte nun der Schultheiß von Würzburg. Die Steins mussten es zufrieden sein, von allen Geldbußen ihren Anteil zu erhalten.

„Auf der Brücke versammelten sich einst, gewöhnlich einmal in jedem Monat, an einem Mittwoch, nach gemeinsam genossener Morgensuppe und einem Morgentrunke, Vormittags um 11 Uhr, die Mitglieder des Brückengerichts, bestehend aus einem Schultheißen, einem Centgrafen und mehreren Schöppen und entschieden über die Rechtshändel der vorgeladenen Parteien.", so beschreibt Heffner das Brückengericht. [39]

ABBILDUNG 5: STRAFRECHT IM MITTELALTER

Auch wenn die politische Wirkungsmöglichkeit des (Vize-)Burggrafenamtes nach 1230 nicht mehr sehr groß war, so waren doch die damit verbundenen Lehen, Zinsen und Einnahmen nicht zu verachten. Für einen Anteil dieses Amtes zahlte 1393 Siegfried von Stein seinem Vetter Heinz von Stein zu Nordheim „tzwentzig malter getreidez, daz waz halb weizsz vnd halb korn Ostheymer mazsez"[40]. Heinz hatte diesen Anteil von seinem Onkel, dem Würzburger Domherrn Heinrich vom Stein, geerbt. 1377 war Siegfried der Anteil seiner Vettern Heinz, Eberhard und Hans von Stein zu Nordheim 150 Pfund Heller wert gewesen.[41]

Durch diesen Zukauf erhielt Siegfried allein die gesamten mit dem Burggrafenamt verbundenen Lehen, Zehnten und Zinsen. Dies waren: $^2/_3$ des Zehnten zu Hendungen, 4 Joch Weinberge zu Unsleben, der ganze Zehnt zu Häselrieth bei Hildburghausen, Güter in Oberelsbach, die Vogtei zu Roda, (sicher das Turmgut bei Hermannsfeld, das seitdem im Besitz der Familie war, ebenso wie ein Fischteich dort, der mitverliehen wurde), und ein Hof zu Wolfhalmshusen (wahrscheinlich Wolfmannshausen).[42] . Der Originaltext

ABBILDUNG 6: AXT MIT RICHTBLOCK

lautet: „Tres partes decime in Hentingen, Totam decimam in Heselrieth, Quatuor jugera vinearum in Vsleyben, Bona quedam in superiori Elspe, aduocatiam ville Rode prope Hermannsfelt, Locum piscine ibidem, Et vnum mansum in Wolfhalmshusen."

Zusätzlich brachte dieses Amt weitere, nicht unbeträchtliche Einnahmen:
Im Kopialbuch der Familie von Stein findet sich aus dem Jahr 1534 eine Aufstellung über die Einnahmequellen in Würzburg. Wir vergleichen diese mit einer hennebergischen Aufstellung von 1456. Die Erläuterungen zu den beiden Aufstellungen werden anschließend aufgeführt.

Zugehorunge des Gravenampts zu Würtzburgk[43] das man nennet das Centgreuenampt 1534	Gerechtsame und Zugehörungen des Hennebergischen Burggrafenamtes zu Würzburg 1456
1. *Item ein Zentgreff soll zunechst an einem Schultheßen (Schultheiß, Bürgermeister) sitzen und alle freuel und getzwenk (Gezänk), was man do einem Schultheßen theilet, das theilet man einem Greuen (Grafen) den drittenteil als viel ohne alle einsprache.*	fast wörtliche Übereinstimmung
2. *Item ob sich begebe, das einer den andern kempflich an das Gericht hiesche (heische, fordere), der Kampf mag nicht vollführt werden, an einen Greuen von der vom Stein wegen und welcher unter den zweien obleith (unterliegt), was er anhat, ist des Greuen.*	fast wörtliche Übereinstimmung
3. *Item von allen gesalzen Fischen aus einer jeden Thonne einen Fisch ohngeuerde und was dürrer Fisch wehre, es wehren Stockfische oder sonsten dürre Fische nach der Zahl ein Fische, als die vnterkeuffer wol wissen.*	fast wörtliche Übereinstimmung
	Item auch nimmt der Schulteis von den Mezlern Gelt, darumb ob ein manne oder ein frwae fleisch unter den mezlern stelen und sie die mezler begreiffen und darumb recht wol zuslugen, das sie nicht freueln gein dem Gericht, darumb geben sie den Schultheißen das Gelt, das soll das Dritteil des Greuen sein
4. *Item ob ichtwas gestoln würde, ist der dritt teil eins greuen. Item wie sich einer der zu Würtzburgk aus dem Stocke (Gefängnis) gelediget mit dem Schultheißen richtet, dieselbige buße ist der dritte teil des Greuen*	*Item wenn man auch einen zu Würzburg in den Stock bringt, um welcherlei Tat das ist, und derselbe abgebeten wurde, dass er lebendig bliebe, wie er sich mit dem Schultheißen richt, als soll dem Greuen das Dritteil als viel werden*
5. *Item so man einen hienge oder sonsten vom leben zum tode brechte[44], was derselbige von Barschafft oder von pferdten ließe seindt eins Greuen.*	*Item von der Habe aller Beschädigern Übeltäter, die man richtet, hat der Graf seinen Anteil.*
6. *Item man gibt von einer ieden zahle zohlholtz 5 zehlscheite, und das heißt Greuenholtz.*	*Item gibt man aus dem Schiff mit Zalholz fünf Zallnscheit, das heißt Grafenholz*
7. *Item so leutt durch ihre verseumligkeit am gericht geurteilt werden, die sollen nicht aus der vrtheil gelassen werden, sie haben sich denn zuvor mit einem Zentgrafen vertragen.*	
8. *Herr Johann Drescher Vicarius zu **St. Einhardt** gibt 2 Heller uf Walpurgis item 2 Heller uff Martini item 2*	ein Hof, der vor Zeiten den von Orlamünde gehörte

Faßnachthüner von dem vordem Haus an der Ecken als man hinzeuget gehn Ingelfingen vor Katzenweickers, olim Herr Jacob Drescher.

9. *Agnes Orthin gibt 5 Heller uf Walpurgis, 5 auf Martini, 2 Fasnachthühner von dem nechsten Haus daran olim Wertering von Retzstadt.* — ein Haus, das den von Witzleben gehörte

10. *Item das Haus nechst daran zu der **vinstern Capellen** gibt 2 Hel. auf Walpurgis., 2 auf Martini., 1 Fasnachtsh. Bes. Heinrich Schettler, der meinet nichts zu geben und ein ieglicher newer Vicarius zu **St. Dorothea** gibt 1 fl zu handtlohn.* — *Item so geht die Kapelle zum Katzenwickers vom Grafen zu Lehen und die Häuser, die um die Kapelle stehen, die zinsen ihm*

11. *Herr Weyprecht pferrer zu pfelnheim[45] gibt 10 heller uf walpurgis, 10 uf Martini, 4 Fasnacht. Von dem Margtburgk Haus olim des von Eisenbachs[46] hat itzo den Hoff Wolff von Riesenbergk* — ein Haus, das Wartwin gehörte,

12. *Elsa Heringin et herrdes (heredes = Erben?) geben 3 Pfd. Heller Walpurgis. und 3 Pfd. heller Martini, 2 Fasnachtshühner von dem hauß gelegen zwischen Margburghausen[47] und Ingelfingen[48].* — ein Haus, das Eberwein innehatte,

13. *Hanns, Niclas Herman und Heinrich Schönbrot gebrüder geben 2 Heller uf Walpurgis.- 6 Fasnachthühner von dem Hof genannt Ingelfingen hat itzt inne Ludwig von Hütten[49] der Hof ist der Morenhof* — das Kelterhaus und der Garten eines Teils und mehrere Häuser darum, die Zins zahlen

14. *Item ein jeder Besitzer des Hofs zu Schrottenberg gibt 13 Heller uf Martini von der Scheuer zwischen Ingelfingen und der Schwester Haus.* — das macht jährlich sieben Pfund neuen Geldes und dreißig Fastnachthühner. Das alles gehört zum Grafenamt.

15. *Der Schwester Haus gibt 3 Hühner Walpurgis, 3 zu Martini, 3 Fastnachtshühner.*

16. *Herr Heinze lust gibt 1 Huhn Walpurgis, 1 zu Martini, 1 Fasnachtshuhn von dem Haus olim Morlachin*

17. *Heinrich Schettler gibt 1 Huhn Walpurgis, 1 zu Martini, 1 Fasn, von der halle geleg. hinter Herrn Heinrich lust*

18. *Heinrich Frank gibt 2 Hühner Walpurgis, 2 zu Martini, 2 Fastnachtshühner. von dem Haus olim Herr Hans Küttner und ein jeglicher neue Vicar zu **St. Jacob** zum Thun gibt 1 fl handtlohn.*

19. *Herr Hans Jordan gibt 3 Hühner Walpurgis, 3 zu Martini, 2 Fastnachtshühner von sein Haus*

20. *Matthes Kremer et heredes 1 Huhn Walpurgis, 1 zu Martini 1 Fastnachtshuhn von seinem Haus zwischen Hans Jordan und Peter Eckert*

21. *Herr Peter Eckert gibt 1 Huhn zu Walpurgis 1 zu Martini 2 Fastnachtshühner von seinem Haus Herr Einhart Hirsmann gibt 20 Pf Würzburger Währung auf Märt von dem Hof klein Erfurt genannt olim Herr Conrads früe messer*

22. *Die Freuel dem Zentgrafen zu seinem theil allein gehörig*

23. *Von einem freuel der nit handheftige wunden oder wurff beruren ist, so soll dem Zentgrafen von dem der den freuel begangen hat, werden 15 Pf*

24. Ist aber der freuel und wund handtheftig oder ist mit wurffen zugegangen, so soll dem Zentgrafen von der gewisen die den freuel begangen werden 45 Pf uff genadt.	
25. Item wenn man auswendig leut an das gericht ledet und sie das gericht verschmehen und sich lassen vrtheilen, die soll man aus dem vrtheil nicht lassen, sie haben sich dann mit einem Zentgrafen vertragen.	fast wörtlich ebenso
26. Item auch so hat ein Zentgreue dem Bann das er die leut in die vrteil zu sprechen het, darum sitzt ein Zentgraf im vrtel von der von Stein wegen, und von einem itzlichen der in das vrteil gesprochen wirdt, so sol einem Zentgreuen 3 Heller gegeben werden.	
Diß sindt die Zins und lehen der vom Stein des Zentgreuen Ampts das man nennet das Zentgreuen Ampt zu Würtzburgk zue der Brückenn.(Die Nummerierung steht nicht im Original)	

ABBILDUNG 7: DAS SCHANDBRETT (PRANGER O. Ä.) IM MITTELALTER

Die Aufstellung von 1534 soll die Einnahmen für die Familie von Stein auflisten und stellt keine Gerichtsordnung dar. Sie beinhaltet drei unterschiedliche Bereiche:
1. Die Geldbußen, die mit dem Brückengericht zusammenhingen.
2. Die Mietzinsen für die 1534 noch 14 Häuser in der Burggrafengasse.
3. Zolleinnahmen aus dem Zoll an der Mainbrücke.

Aus den Geldbußen lässt sich annäherungsweise ablesen, was 1534, vielleicht auch schon immer, vom Brückengericht abgeurteilt wurde:

➢ Missetaten, die mit dem Tod bestraft wurden (Nr. 5).
➢ Diebstähle und andere Eigentumsdelikte (Nr. 4).
➢ Körperverletzung durch den Gebrauch von Hieb- Stoß- oder Wurfwaffen (Nr. 23 – so kann man die Unterscheidung in *handhefftige* und *nit handhefftige* Wunden deuten).
➢ Körperverletzung ohne die Verwendung von Waffen durch Schläge, Hiebe oder Tritte (Nr. 22).
➢ üble Nachrede und Beschimpfungen (Nr. 1).
➢ Zahlungs- oder Leistungsverzug (Nr. 7).

Ein interessantes Relikt aus dem hohen oder gar frühen Mittelalter ist der Zweikampf vor Gericht, um Anschuldigungen, die sonst nicht zu beweisen waren, zu erhärten, oder auf Seiten des Angeklagten, seine Unschuld zu beweisen (Nr. 2). Eigentlich war das Ergebnis eine Art Gottesurteil. Die Idee war: Recht verleiht Macht. Die Forderung zum Zweikampf vor Gericht war der einzige Akt, zu dem, zumindest 1456, die persönliche Anwesenheit des Unterburggrafen gefordert wurde.[50]

Eine Besonderheit bot das Brückengericht auch noch: Es war eine Art Asyl für Rechtssuchende. Wie Heffner berichtet, konnte ein Gesuchter oder Verfolgter, der sich bis zum Gericht durchschlagen konnte, hier sein Recht bekommen.[51]

Sieht man vom Zweikampf ab, so unterscheidet sich der Strafkatalog nicht oder kaum von einem normalen Zentgericht, wie dies für die Ostheimer in Mellrichstadt zuständig war.[52] Im ausgehenden Mittelalter, vielleicht schon seit 1230, war also das Brückengericht, ein Gericht, das für das gesamte Bistum unter dem Vorsitz des Burggrafen Recht sprechen sollte, zu einem ganz normalen Zentgericht, bzw. Stadtgericht – es war ja der Schultheiß Vorsitzender – herabgewürdigt worden. Die von Steins selbst waren persönlich gar nicht mehr anwesend. Sie beauftragten einen Vertreter mit der Wahrung ihrer Pflichten und mit der Sicherung der ihnen zustehenden Einnahmen.

Zoll- und Mieteinnahmen aus dem Burggrafenamt

Aus den Einnahmen aus dem Brückenzoll an der Würzburger Mainbrücke war besonders der Zoll auf Fische für die Steins wichtig. Diese konnten nur dann gehandelt werden, wenn sie entweder eingesalzen in Fässern oder als Stockfische oder sonstige Dörrfische in Körben transportiert wurden. Von allen diesen Fischen musste auch dem Burggrafen bzw. nun dem sogenannten Zentgrafen ein Anteil gegeben werden.

Beim Holz mussten von allen Scheiten, die aus einem Stamm gewonnen wurden (zol = Baumklotz, Baumstamm), 5 Scheite, das sogenannte Grafenholz, den Steins abgegeben werden. Das hört sich nicht nach viel an, doch machte es hier die Menge.

Außerdem war eine ganze Straßenzeile oder Gasse in Würzburg Bestandteil des Burggrafenamts. Sie lag am Katzenweicker[53]. Immerhin 14 Häuser gehörten dazu. Der kaiserliche Hof Katzenweicker lag einstmals am Ausgang der Maxstraße an der Stelle des heutigen Stadttheaters. Die Gasse des Burggrafen, die sich direkt neben dem Kaiserhof hinzog[54], wurde beim Bau des Kopfbahnhofs (später Ludwigshalle, jetzt Stadttheater) 1853 abgebrochen, wie der Katzenweicker selbst, auf dessen Gelände heute das Mozartgymnasium steht.[55] Das Kloster Mariaburghausen hatte einen Hof in dieser Gasse, verschiedene Gemeinden des Bistums ihre Dependancen. Dort gab es auch eine Kapelle, die „finstere Kapelle". Vikare dreier verschiedener Kapellen wohnten hier: die Vikare von St. Einhardt, St. Dorothea und St. Jacob. Alle diese Namen gehören nicht mehr zu einer jetzt noch existierenden Kapelle oder Kirche.

Ein Pfründlein, das mit dem Burggrafenamt zusammenhing

Eine weitere Einnahmequelle aus dem Burggrafenamt erwähnt Hans Körner: „Alexander von der Tann wurde 1518 von Eckarius (Eckard) von Stein zu Nordheim für das ‚Pfründlin' vor dem Mohrenhof zu Würzburg präsentiert[56], das durch den Tod von Franz Wenzel freigeworden war." Pfründe (Praebende) bedeutet eigentlich ‚ein zu gewährender Lebensunterhalt' allgemein, wurde nur als Einnahme eines Geistlichen verstanden, Pfründlein wahrscheinlich deshalb, weil die Einnahmen nicht allzu hoch waren. „Als Ältester der Familie von Stein war Eckarius Patron dieser Pfründe, die ihm wegen des Burggrafenamts zu verleihen zustand." Eckard konnte mit dem „Pfründlin" nicht nach Belieben verfahren, sondern konnte nur bestimmen, welchem Geistlichen es zugute kam. „Eckarius wollte sie Alexander als dem „Dichter" (Enkel) seiner verstorbenen Schwester Dorothea von der Tann geb. von Stein zukommen lassen. Sollte er noch nicht alt genug sein, dann sollte sie der Domherr Carl von der Tann, Dorotheas Sohn, bekommen."[57] Es ist durchaus möglich, dass dieses Pfründlein ursprünglich für den Unterhalt eines Geistlichen gedacht war, der dem Burggrafen persönlich, wie auch für seine dienstlichen Aufgaben zur Verfügung stand.

In den Archivalien greifbare Belehnungen:
- 1091 sind die Grafen von Henneberg erstmals im Besitz der Burggrafenwürde.
- 1273 bei der hennebergischen Landesteilung war dieses Amt im Besitz aller drei gräflichen Linien.

- 1306 verkauft Graf Heinrich IV. von Henneberg-Hartenberg seinen Anteil am Burggrafenamt an die Vettern.
- 1310 verkauft Graf Heinrich V. von Henneberg-Aschach seine Hälfte am Burggrafenamt an Bischof Andreas von Würzburg. Graf Berthold VII. von Henneberg Schleusingen erwirbt diese Hälfte.[58]
- 1317 wird erstmals die Familie von Stein, Siegfrieds I. Söhne Heinrich, Siegfried und Eberhard, belehnt, nachdem vorher bereits Siegfried I. von Stein im Besitz des Amtes war.[59]
- 1348 wird Graf Johann I. von Henneberg-Schleusingen durch Bischof Albrecht mit dem Burggrafenamt belehnt.
- 1359 erfolgte eine Wiederbelehnung der Familie von Stein, wahrscheinlich nach dem Tod Siegfrieds III.[60]
- 1407 bestätigen Dechant Heinrich von Grefendorf und das Domkapitel zu Würzburg, dass Heinrich von Stein der Ältere in einem Brief sein Einverständnis gegeben habe, dass der Vicarier (Inhaber einer Vicarsstelle) im Stift zu Würzburg, Johannes Buttner, sein den Herren von Stein lehnbares und diesen von den Grafen von Henneberg verliehenes Haus hinter dem Münster an die Vikarie Sankt Jacob im Stift gegeben hat, bei dem es ewig bleiben soll.[61]
- 1429 Caspar von Stein wird mit dem Burggrafenamt belehnt.[62]
- 1456 ist eine erneute Verleihung nachzuweisen. Verliehen wird das Burggrafenamt mit den dazugehörigen Einkünften durch die Grafen von Henneberg jeweils an den Ältesten des Geschlechts zugleich für die übrigen Steins, obwohl dies Amt inzwischen der Ostheimer Linie allein gehört.[63]
- 1462 belehnt Graf Wilhelm von Henneberg für sich und seine Brüder Johann und Berlt (Berthold) Balthasar vom Stein zu Bastheim als den Ältesten für Lorenz, Gyso und Kristoffel vom Stein zu Ostheim, sowie Siegfried vom Stein und Kilian, den Sohn des verstorbenen Erhart (Eberhard) vom Stein, auch Heinzen, Hansen, Jörgen und Ecarius vom Stein, die Söhne des verstorbenen Caspar von Stein, zu gesamtem Mannlehen mit dem Burggrafenamt zu Würzburg mit allen Zugehörungen inner- und außerhalb der Stadt.[64]
- 1497 Juli 29: Ecarius vom Stein, Sohn des verstorbenen Caspar, bekundet, als Ältester und Lehnsträger für sich, Philipp, seines verstorbenen Bruders Heinrich Sohn, Philipp, Siegfrieds Sohn, Christoph, des verstorbenen Balthasars Sohn, und die übrigen Vettern, von Wilhelm Grafen zu Henneberg das Burggrafenamt zu Würzburg, jetzt Zentgrafenamt genannt, zu Mannlehen empfangen zu haben entsprechend der inserierten Lehnsurkunde des Grafen.
- 1540 endete das Burggrafenamt für die Fürstgrafen von Henneberg. Graf Georg Ernst weigerte sich, das Amt als Lehen von Bischof Konrad zu empfangen.[65]
- Aber noch 1549 verleiht Moritz vom Stein zu Ostheim als Ältester des Geschlechts den Hof genannt Mariaburghausen zu Würzburg bei dem Katzenweicker gelegen, den er wegen des Stifts Würzburg Marschalkenamt[66] zu Rittermannlehen trägt, zu Afterlehen dem Apotheker Steffen Rambsbeck, „Doctor der Arzney", der ihn erkauft hat.[67] Dies ist die letzte Nachricht über dieses Amt.
- „Während der Fehde mit dem Markgrafen Albrecht Alcibiades von Brandenburg um 1554 erlosch das alte Gericht [Brückengericht], welches sich durch schleunige, jedem zum Besten gereichende Rechtspflege dem Lande sehr achtbar gemacht hatte."[68]

Der Auftrag zum Burgenbau

Ab Mitte des 11. Jahrhunderts entstanden die ersten frühen Burganlagen für Ritter. Seit dieser Zeit schützten Ritter nicht nur die Burgen ihrer Lehnsherren, sondern sie bauten auch selbst solche Anlagen, meist im Auftrag ihrer Herren. Doch konnte nicht jeder Graf oder Ministeriale eine Burg nach eigenem Belieben errichten. Besonders die Bischöfe von Würzburg beharrten auf ihrem Burgenregal und zwangen auch die Grafen von Henneberg mehrmals, Burgen, die sie gegen den Willen des Stifts errichtet hatten, zu schleifen, so 1293 das Schloss Habsberg.[69]

Fast hätte sich auch Siegfried von Stein um das Jahr 1300 „von Steineck" nennen können. Die Voraussetzungen waren höchst verheißungsvoll: Manegold, Bischof von Würzburg, gab dem hervorragenden (strenuus) Ritter Siegfried von Stein, Ministerialen seiner Kirche, den Berg Steineck zur Erbauung einer Burg und ein

ABBILDUNG 8: BURGENBAU IM MITTELALTER - MANESSE-HANDSCHRIFT

Burgmannsgut daselbst für ihn und seine Erben zu Lehn, damit er mit dieser Burg das Stift ständig gegen alle Angreifer verteidigt.[70]

Der Bischof verfolgte ganz konkrete Absichten mit dem Auftrag des Burgenbaus: Graf Hermann von Henneberg-Coburg, der unter anderen Ortschaften auch Stadt und Schloss Kissingen, Flecken und Schloss Steinau (Steinach!), Schloss Rottenstein und Stadt Königshofen im Grabfeld vom Stift zu Lehen trug, hatte zwei Kinder hinterlassen, Poppo und Jutta. Letztere heiratete 1268 Markgraf Otto den Langen von Brandenburg. Nach Poppos Tod verlangte dieser vom Bischof, in die Lehen seines Schwagers eingesetzt zu werden, was Bischof Manegold, da dies nur Mannlehen waren, abschlug. Hierüber kam es zwischen Manegold und dem Markgrafen zu einer Fehde.

Diese wurde zwar bereits am 13. Mai 1293 unter Vermittlung des Dompropstes Heinrich von Wechmar und des Grafen Heinrich von Stahlberg zu Schweinfurt durch einen Vergleich erstmal beigelegt: Die beiden Vermittler sollten die strittigen Ortschaften vier Jahre selbst verwalten und dann für 4000 Mark Silber, je 1000 für einen Ort, dem Markgrafen übergeben. Die Orte müssten aber immer als würzburgische Lehen empfangen werden. Siegfried von Stein war einer der Schiedsrichter in dieser Auseinandersetzung.[71]

Kurz vor dem Ablauf der vierjährigen Verwaltungszeit und des Waffenstillstands erfolgte nun der Auftrag zum Burgenbau an Siegfried von Stein, sicher deshalb, weil absehbar war, dass von Seiten der Brandenburger die Vertragspunkte nicht gehalten würden.[72] Deshalb benötigte der Bischof gegenüber dem nun brandenburgischen und feindlichen Steinach einen Wächter seiner Interessen, denn vom Burgstall (so wird die Stelle genannt, auf der eine Burg stand, also Stall = Stelle) auf Steineck kann man direkt nach Steinach hineinschauen.[73] Dass gerade Siegfried von Stein mit dem Burgenbau beauftragt wurde, legt nahe, dass er vorher die Verwaltung von Steinach übernommen hatte.

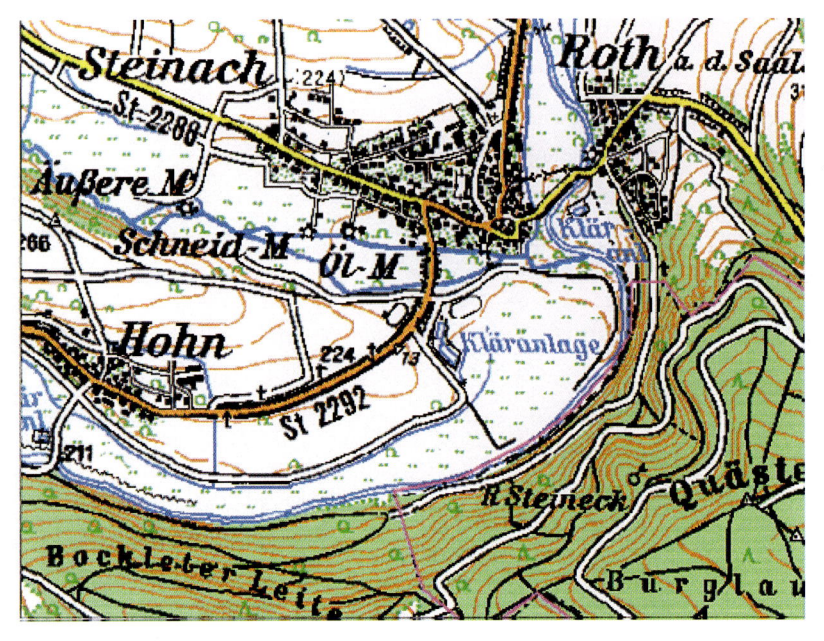

ABBILDUNG 9: STEINACH AN DER SAALE, ROTH UND DIE RUINE STEINECK

Möglicherweise gingen die Vorbereitungen zum Burgenbau nicht störungsfrei vonstatten. Jedenfalls zog sich der Zwist zwischen Markgraf Hermann und Bischof Manegold bis ins Jahr 1301 hin, wobei das Land mit Raub und Brand verheert wurde[74]. Erst Ende 1301 gelingt es König Albrecht, den Streit zu schlichten.[75] Darauf wäre der Grund für den Bau der Burg hinfällig geworden, weshalb Körner wohl angibt, die Burg sei nie erbaut worden.[76] Und doch muss der Bau wenigstens in Teilen fertig gestellt worden sein, denn noch jetzt ist im Messtischblatt dort eine Ruine angegeben, wobei wir allerdings nicht wissen, wann der Bau entstand.

An dieser Stelle wurde schon viel gegraben, geschürft und geforscht, um herauszufinden, was es mit der Ruine Steineck auf sich hat. Nach Josef Wabra stammen Bodenfunde aus diesem Gebiet, besonders Tonscherben, nachweislich aus der Zeit vom 9. bis zum 15. Jahrhundert.[77]

Ein kreuzförmiger „vermutbarer »Riemenverteiler«, vielleicht ehemals Bestandteil eines Pferdezaumzeugs, eines Kettengehänges oder eines Gefäßhalters (Lampe, Rauchfaß) aus vergoldetem Kupfer oder vergoldeter Bronze", ist der auffälligste Fund.

Im Jahr 1201 war Steineck, (oder das Gebiet dort) von König Philipp aus Reichsbesitz an seinen Verwandten Konrad von Querfurt, Bischof von Würzburg, geschenkt worden.[78] Schon damals mag diese Erwerbung gegen das hennebergische Steinach im Tal gerichtet gewesen sein, doch eskalierte die Auseinandersetzung zwischen den Hennebergern und dem Bischof um die Vorherrschaft im Rhön-Saalegebiet erst so richtig nach dem Tod des Burggrafen Berthold III. von Henneberg im Jahre 1218.[79]

Dem Druck auf Steinach suchten die Henneberger entgegenzuwirken. Poppos Tochter Mechthild war in erster Ehe mit Heinrich von Trimberg verheiratet gewesen. Nach dessen Tod nahm sie Gottfried Graf von Reichenbach zum Mann. Als der neue Schwiegersohn zusammen mit seiner Frau deren Hinterlassenschaft aus erster Ehe an den Bischof verkaufte, knüpfte er daran die Bedingung, Steineck zum Lehen zu erhalten.[80] Mit einer süßsauren Wendung gab der Bischof dem Grafen Gottfried das gewünschte Besitztum und zwar die Burg und das hölzerne Haus vor der Burg als Burgmann.[81]

Am vorläufigen Ende der Auseinandersetzungen um die „Neue Herrschaft", stand nun der Burgenbau Siegfrieds von Stein. Die „Neue Herrschaft" war die größte Erwerbung der Grafen von Henneberg gewesen, ermöglicht durch die Heirat Graf Poppos VII. von Henneberg um 1225 mit Jutta von Thüringen. Beider Sohn Hermann I. konnte bis 1291 mit der Erbschaft der Mutter die gesamte Region um Königshofen, Hildburghausen, Sonneberg und Coburg erwerben. Auch das Gebiet an der Saale von Steinach bis Kissingen war damals hennebergisch. Durch die Heirat von Graf Hermanns Tochter Jutta mit Otto V. von Brandenburg fiel die ganze „Neue Herrschaft" noch vor 1300 an diesen Markgrafen. Erst Graf Berthold VII.

von Henneberg-Schleusingen (1284 – 1340), der Berater dreier deutscher Kaiser und selbst Bewerber um die Kaiserkrone, konnte diesen Landesteil wieder erwerben.
Die Steins wurden jedoch mit Steineck beliehen, solange das Lehensverhältnis mit den Bischöfen von Würzburg andauerte. Johann Bischof von Würzburg belehnte so am 7. Juli 1429 den ältesten von Stein, Erhard, zugleich für alle Steins mit dem Burgstall zu Steineck, der Fischweide in der Saale und dem kleinen Zoll zu Mellrichstadt. Der Älteste des Geschlechts war nach Fritz jetzt Erhard. Noch 1606 beispielsweise verlieh Bischof Julius Echter dem Caspar von Stein „das Burgstall zu Steineck".[82]
Nur – Stammsitz ist dieses Bauwerk nicht geworden. Wahrscheinlich war nach der erneuten Einigung 1301 eine Gegenburg nicht mehr notwendig. Möglicherweise jedoch erwuchs aus dieser Aufgabe und dem häufigen Aufenthalt Siegfrieds an der Saale die Verbindung zu seiner zweiten Frau Christine von Schaumberg, deren Vater Heinrich (IV.) seit 1287 Burgmann auf Burg Saaleck in fuldischen Diensten war.[83]

ABBILDUNG 10: SO KÖNNTE DER VERTEILER ANGEBRACHT WORDEN SEIN (NACH DÜNISCH/WABRA)

Dem Schwager Siegfrieds von Stein, Heinrich V. von Schaumberg, wurde 1304 die Bede der Bürger zu Mellrichstadt durch Bischof Andreas von Würzburg angewiesen, weil er ihn zum Burgmann der Burg Geiersberg bei Seßlach südlich Coburgs angenommen hatte, ihm aber die dafür zugesagten 100 Pfund Heller nicht zahlen konnte.[84] Dies geschah sicher im Einverständnis mit Schwager Siegfried, der ja der Vogt von Mellrichstadt war. Die hier genannte Bede zu Mellrichstadt wurde dann 1344 an Siegfried von Stein den Jüngeren verpfändet.
Seit 1284[85] saß dann Siegfried von Stein als Vogt des Bischofs in der Burg von Mellrichstadt, neben der auch die Familien von Bibra und von der Kere ihre Höfe hatten. Sein Einfluss und Ansehen hob sich durch Erwerbung von Gütern und Rechten am Entensee in der Stadt, vor allem aber durch den Erwerb der Häuser und Güter in der Oberen Hauptstraße auf der rechten Seite stadtauswärts von der Hellgasse (heute Höllgasse) bis zur Stadtmauer. Eine der Aufgaben des Vogtes war wohl der Schutz der wichtigen Fernstraße ins obere Werratal und zu den Pässen des Thüringer Waldes.[86] 1310 wurde Siegfried selbst letztmals erwähnt.[87] In einer Urkunde vom 18. Oktober 1317 ist sein Tod bekundet.[88]

Die nächste Generation – zwei oder drei Linien?

Siegfried I. war zweimal verheiratet: Der Name der ersten Frau ist, wie gesagt, nicht bekannt, die zweite war Christine von Schaumberg.
Hans Körner kennt im Gegensatz zu Heinrich Wagner nur einen Sohn Siegfried und zwar aus erster Ehe.[89]
Jedoch wird in zwei Urkunden Siegfried als Sohn der Christine von Schaumberg genannt: So beim Empfang des Burggrafenamt vom 22. Mai 1317: „... Syfrides sune von dem Steyne, Sifrid, Eberhart und Heinrich von dem Steine, die bruedere, der vrauwen suene von Schauwenberg ..."[90]
Ungewöhnlich ist, die Mutter bei der Belehnung mitzuerwähnen; ungewöhnlich wäre es aber auch, bei einer Belehnung den Ältesten des Geschlechts, der normalerweise und auch bei den nächsten Belehnungen das Lehen für die Gesamtfamilie empfing, auszuschließen.
Für einen Siegfried aus erster Ehe spricht jedoch die Erbauseinandersetzung des Jahres 1318.[91] Hier verklagt ein Siegfried von Stein vor dem Landgericht Würzburg seine Stiefmutter Christine von Schaumberg für sich und ihre Kinder auf Herausgabe von 10 Mark Silber, die ihm zustehen. Gerichtet wird auch darüber, ob Siegfried auf die (hennebergischen)[92] Lehen seines Vaters als Ältester verzichtet habe, vielleicht auch gegen Zahlung von Geld. Am Samstag, den 16. Dezember dieses Jahres fällte das bischöfliche Landgericht das Urteil in diesem Streitfall. Die Ritter und die Dienstleute des Gotteshauses zu Würzburg urteilten in dem

Streitfall zwischen Siegfried dem Älteren einerseits sowie seiner Stiefmutter und deren Söhnen andererseits. Es ging um die Frage, ob über das Erbe und die fahrende Habe schriftliche Aufzeichnungen des Vaters existierten. Frau Christine hatte die Herausgabe verweigert, weil dies alles zu ihrem Witwengut gehöre. Das Gericht sprach Siegfried als nunmehr Ältesten alle Mannlehen zu, wie sie sein Vater geliehen hatte. Auch der Hof und die Güter zu Wolfmannshausen sollen ihm übergeben werden, ersatzweise sei er mit gleichwertigen Gütern abzufinden.

Das Burglehen zu Saaleck (das vom Großvater von Schaumberg stammte), steht den Stiefbrüdern zu, doch weitere Lehen seines Vaters soll der ältere Siegfried zu Recht empfangen.[93]

Noch nicht entschieden war allerdings der Streit „um eigen und erbe und varnde habe, domit sie mit hern Sifriden seligen saz, do er was an libe und tode", also um allen Besitz, den Christine mit ihrem Mann zu dessen Lebenszeit und nach seinem Tode innehatte. Auf den Rat Heinrichs (V.) von Schaumberg, Christines Bruder, wurde am 29. März 1319 den Streitenden eine Frist gesetzt. Bis dahin sollten sie sich einig sein, ob sie den Spruch des Schaumbergers annehmen oder wieder vor Gericht ziehen wollten. Nachdem eine Einigung nicht zustande kam, sah man sich am 16. Mai 1320 vor dem Würzburger Landgericht wieder.[94] Über den Ausgang des Familienkriegs wird im nächsten Kapitel berichtet.

Die ersten drei Generationen im Überblick

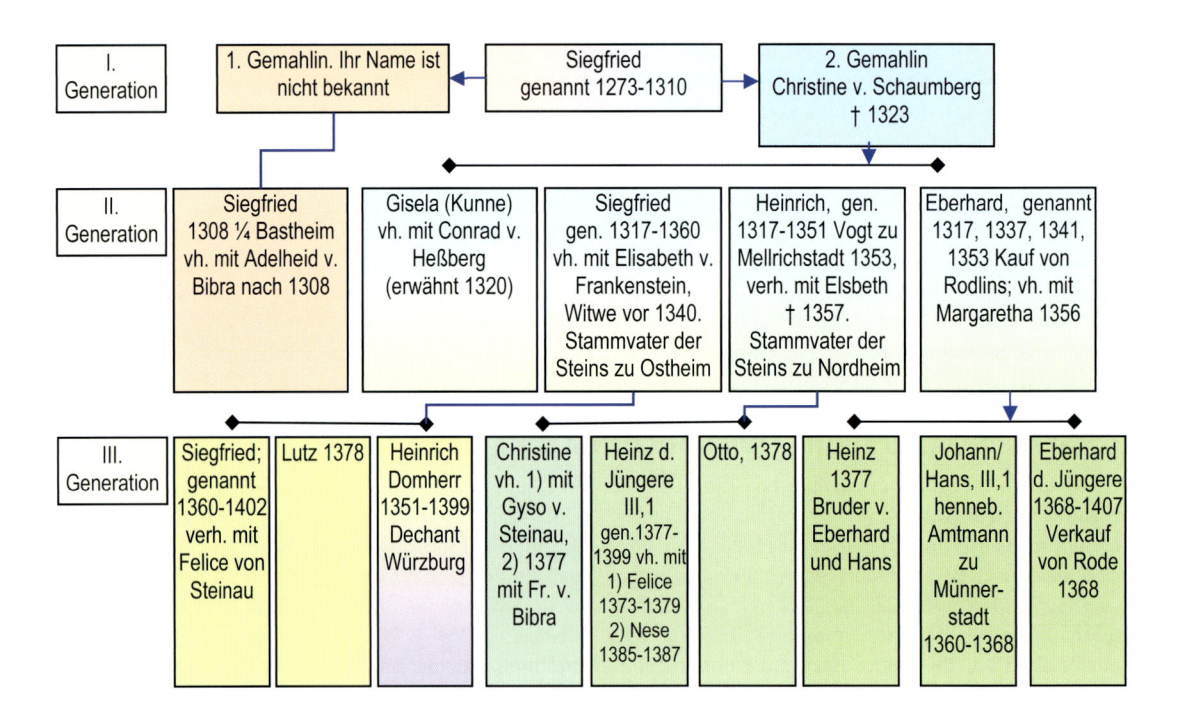

I. Generation	1. Gemahlin. Ihr Name ist nicht bekannt	Siegfried genannt 1273-1310	2. Gemahlin Christine v. Schaumberg † 1323		
II. Generation	Siegfried 1308 ¼ Bastheim vh. mit Adelheid v. Bibra nach 1308	Gisela (Kunne) vh. mit Conrad v. Heßberg (erwähnt 1320)	Siegfried gen. 1317-1360 vh. mit Elisabeth v. Frankenstein, Witwe vor 1340. Stammvater der Steins zu Ostheim	Heinrich, gen. 1317-1351 Vogt zu Mellrichstadt 1353, verh. mit Elsbeth † 1357. Stammvater der Steins zu Nordheim	Eberhard, genannt 1317, 1337, 1341, 1353 Kauf von Rodlins; vh. mit Margaretha 1356
III. Generation	Siegfried; genannt 1360-1402 verh. mit Felice von Steinau	Lutz 1378	Heinrich Domherr 1351-1399 Dechant Würzburg	Christine vh. 1) mit Gyso v. Steinau, 2) 1377 mit Fr. v. Bibra	Heinz d. Jüngere III,1 gen.1377-1399 vh. mit 1) Felice 1373-1379 2) Nese 1385-1387	Otto, 1378	Heinz 1377 Bruder v. Eberhard und Hans	Johann/ Hans, III,1 henneb. Amtmann zu Münnerstadt 1360-1368	Eberhard d. Jüngere 1368-1407 Verkauf von Rode 1368

Siegfried der Ältere

Der „ältere" Siegfried II., der Sohn Siegfrieds (I.) aus erster Ehe, war erstmals 1300 bei einer Schenkung an das Kloster Frauenroth als Zeuge präsent.[95] Nachdem sein Vater noch lebte, wurde er als „Siffridus de Lapide junior" bezeichnet. Die Lehen in Mellrichstadt wird 1305 noch der Vater des jüngeren Siegfried empfangen haben[96], ebenso 1306/7 die Zehntanteile zu Hendungen[97] und den Anteil am Schloss zu Bastheim[98] Doch der Sohn Siegfried empfing dann 1311 den Zehnt zu Hendungen[99] und erkaufte 1312

weitere Anteile am Schloss Bastheim von Hermann von Stekelnberg[100]. Er war mit Adelheid von Bibra verheiratet. Deren Eltern waren Berthold von Bibra und Anna von der Kere. 1327 ertauschten die Eheleute von Bischof Wolfram ein Allod zu Mellrichstadt und Wiesen in Schaffau, einer permanenten Wüstung bei Mühlfeld[101], gegen Eigenbesitz in Unsleben[102]. 1347 noch siegelte Siegfried die Urkunde einer Einwohnerin von Stetten v. d. Rh., die ihre Güter in Nordheim v. d. Rh. an das Kloster Veßra schenkte[103].
Möglicherweise ist die Ehe kinderlos geblieben; vielleicht aber hatte die Familie doch einen Sohn, Johann, der als hennebergischer Amtmann von 1360 bis 1368 in Münnerstadt amtierte.[104] Auf dessen Bitten erhielt Eberhard von Maßbach 1366 ein Vorwerk zu Mellrichstadt, die Burgmühle sowie die Aumühle.[105] Ebenso aber könnte Johann auch ein Sohn des dritten Sohnes der Christine von Schaumberg, Eberhard sein. Möglicherweise waren noch mehr Kinder vorhanden, die aber bei der hohen Säuglings-/Kindersterblichkeit jener Zeit das lehensfähige Alter nicht erreichten und deshalb in Urkunden nicht erwähnt werden. Die Mannlehen der Familie, mit denen der Vater belehnt worden war, der Zehnt zu Hendungen[106], die mit dem Burggrafenamt zusammenhängenden Lehen verblieben jedenfalls bei den uns jetzt bekannten Mitgliedern der Familie.

Siegfried, der Begründer der Ostheimer Linie

Der jüngere Siegfried III. beurkundete 1326 als Vogt von Mellrichstadt zwei Verkäufe von Gütern in der Wüstung Volkers bei Fladungen an das Kloster Herrenbreitungen, 1327 besiegelte er als „Siegfried der Jüngere" einen Verkauf von Gütern in Ostheim an dasselbe Kloster.[107] 1330 verzichtete er zugunsten Heinrichs von Sternberg auf einen Hof bei der Pfarrkirche zu Mellrichstadt. Wohl derselbe jüngere Siegfried ist 1334 als Vogt zu Neustadt/S. bezeugt. Er und seine Frau Elisabeth von Frankenstein verkauften 1341 ihren Teil am halben Zehnt zu Reyersbach an das Kloster Wechterswinkel. Vom Hochstift Würzburg kaufte Siegfried III. 1344 für 1200 Pfund Heller jährliche Einkünfte von 120 Pfund Heller aus der Bede zu Mellrichstadt, also mit 10% Verzinsung. Im darauf folgenden Jahr erhielt er von dem neuen Bischof von Würzburg, Albrecht von Hohenlohe, verschiedene Güter zu Bastheim sowie ein Drittel am Zoll zu Mellrichstadt verliehen. Möglicherweise ist er auch mit dem Vogt von Fladungen identisch, der im Jahr 1350 eine Urkunde des Konrad von Bastheim besiegelte[108]. 1356 stifteten Siegfried und seine Frau Elisabeth von Frankenstein zusammen mit der Witwe seines Bruders Heinrich sowie dem dritten Bruder Eberhard und dessen Frau Margarete die Sebastianskapelle zu Mellrichstadt gegenüber der Burg.[109] Nur wenige Jahre später scheint Siegfried gestorben zu sein, denn 1360 werden sein Sohn Siegfried (IV.) und dessen ungenannte Brüder mit den Bastheimer und Mellrichstadter Lehen begabt[110]. Ebenfalls 1360 bestimmen Gunther von Brend, Eberhard von Stein, Rüdiger von Wechmar und Heinz von Stein über das Witwengut Elisabeths von Frankenstein. Es bestand aus Gefällen zu Hendungen, Mellrichstadt und aus Weingärten.[111]
Die beiden Linien der von Steins zu Ostheim und zu Nordheim waren nun zwar getrennt, blieben durch vier Jahrhunderte in engem Kontakt, besaßen Eigengüter gemeinsam und trugen andere zu gesamter Hand zu Lehen. Am Beginn dieses gemeinsamen Weges stand die Stiftung der Sebastianskapelle in Mellrichstadt.

Heinrich, der Begründer der Nordheimer Linie

Siegfrieds II. Bruder Heinrich wurde 1348/49 von Würzburg u. a. mit einem Allod zu Mellrichstadt, zwei Höfen in der dortigen Burg, der Burgmühle und einem Drittel des Zolls sowie 4 Pfund Heller von Gütern „in inferiori Strewe"[112] belehnt. Heintz von Stein war auch Vogt zu Mellrichstadt gewesen, wie aus der gleich unten erwähnten Urkunde von 1353 hervorgeht. Wahrscheinlich hatte er seinen Bruder Siegfried in diesem Amt abgelöst. Verheiratet war Heinrich mit Frau Elsbeth, die 1356 noch am Leben war, während ihr Mann bereits gestorben war. Nach Körner hatte Heinrich bereits seinen Sitz in Nordheim/Gr. Er gilt als Begründer der Nordheimer Linie der Familie von Stein.
Auch diese Linie war stets mit Ostheim verbunden, schon bevor sie nach dem Aussterben der Steins zu Ostheim 1705 sämtliche Lehnsgüter dieses Zweigs der Familie erbte. Auf ihre Bindungen an Ostheim wird im Kapitel 7.3 „Die Steins zu Nordheim in Ostheim" näher eingegangen.

Eberhard von Stein, der dritte Bruder

Eberhard ist viermal urkundlich erwähnt: Am 14. Dezember 1353, als Propst Heinrich von Grießheim, die Äbtissin Sophie und die ganze Versammlung des Klosters Wechterswinkel beurkunden, dass sie die Wüstung zu dem Rodlins bei Bischofs (bei Filke) an Elsbeth, Witwe Heinzens von Steyne Vogts zu Melrichstat, und an dessen Bruder Eberhard für 400 Pfd. Heller verkauft haben.[113] Im gleichen Jahr ist Eberhard Zeuge bei einer Schenkung Dietz von Bibras zu Rentwertshausen an das Siechenhaus zu Mellrichstadt.[114]

1356 ist Eberhard mit seiner Frau Margaretha Stifter der Sebastianskapelle in Mellrichstadt.[115] In der Urkunde darüber erfahren wir auch, dass Eberhard, wie auch sein verstorbener Bruder Heinz, Ritter war.

1360 bestimmen, wie oben schon erwähnt, Gunther von Brend, Eberhard von Stein, Rüdiger von Wechmar und Heinz von Stein über das Wittum der Frau von Frankenstein, der Witwe Siegfrieds von Stein.[116] Dieser Heinz muss also der Sohn von Eberhards Bruder gewesen sein.

1360 erwerben Heinz von Stein und sein Vetter Wetzel oder Dietz (Dietrich) das Gut der Elsa von Streu mit Zinsen und Weinbergen in der Bahra um 70 Pfund Heller.[117] Es kann sich also bei diesem Vetter um einen Sohn Eberhards handeln.

Eine Tochter Gisela aus Siegfrieds I. Ehe mit Christine von Schaumberg heiratete Conrad von Heßberg[118] auf Eishausen, Rat der Grafen von Henneberg, und wurde zur Stamm-Mutter dieser Familie.

Die Stiftung der Sebastianskapelle in Mellrichstadt[119]

Im Jahr 1356 hatte die Stadt Mellrichstadt ihre größte Blüte im Mittelalter bereits hinter sich. Bis ans Ende des 13. Jahrhunderts hatte sich die Stadt stetig erweitert, ihre Bevölkerung war gewachsen, ebenso wie in den Dörfern ringsum. Man nimmt an, dass die Bevölkerung von 1000 bis 1300 auf fast das Dreifache gewachsen ist, und das trotz ständiger Fehden, Kämpfe und Auseinandersetzungen.[120] Der Niedergang begann mit der Hungersnot von 1309/18. „Harte und lange Winter, regnerische Sommer, Hagel und Überschwemmungen leiteten diese Not ein, die durch ihre Schwere, Dauer und Verbreitung eine Sonderstellung unter den Hungersnöten des hohen Mittelalters einnimmt".[121] „In Thüringen ... sind viel Ecker in sieben jaren nit gearbeitet noch bebauwet worden ... und weil in Stätten auch alles aufgezehrt worden, musten viel Leute verschmachten und Hungers sterben ..."[122]

Doch blieb die Sterblichkeit dieser Jahre noch weit gegenüber den Wirkungen zurück, die der Schwarze Tod zeitigte. Aus dem Orient eingeschleppt, erreichte die Seuche – eine Beulenpest, kenntlich an schwarzen Brandbeulen und Geschwüren – 1350 Deutschland und wütete bis Ende 1351. 1356 und 1363 brach sie in unserer Heimat erneut aus und ließ nun ein halbes Jahrhundert lang die Menschen nicht mehr aus ihren Klauen.[123]

Die Domkapitulare in Würzburg klagen 1372 in einem Brief an den Papst, das Stift sei um 2500 Pflüge ärmer geworden.

Von Mellrichstadt selbst sind keine direkten Quellen über die Auswirkungen der Pest bekannt. Die vielen Stiftungen und Schenkungen an die Kirche deuten indirekt in zweierlei Hinsicht auf die Pest hin. Die Stifter hatten den Tod stärker als sonst vor Augen

ABBILDUNG 11: DAS MITTELALTERLICHE MELLRICHSTADT (ZEICHNUNG VON ANTON HIPPELI)

und sorgten sich um ihr Seelenheil. Die Errichtung von Kapellen und die Bereitstellung von Vikarshäusern inmitten der Stadt weist evtl. auch darauf hin, dass hier Güter freigeworden sind, die niemand mehr bewohnte.

Mitte Juni 1356 machten sich Siegfried und Eberhard von Stein mit ihren Frauen sowie die Witwe Heinrichs von Stein auf den Weg nach Würzburg. Die Abkömmlinge Christines von Schaumberg hatten sich auch ohne Heinrich noch einmal zusammengefunden. Die Gedanken der fünf waren auf das Jenseits gerichtet. In Würzburg wollten sie die Gewähr dafür schaffen, dass nach ihrem Tode regelmäßig für ihrer Seelen Heil gebetet wurde. In die Bischofsstadt kam auch Heinrich von „Wizzenbrunn", ein Geistlicher, der sich an dem frommen Werk beteiligen wollte, wahrscheinlich war er ein Verwandter der Steins.

Im gesamten älteren Rechtswesen herrschte ursprünglich das mündliche Verfahren. Jetzt nahm langsam die Schriftlichkeit im öffentlichen Leben zu: In der Verwaltung, in der Rechtsprechung und besonders im Lehnswesen waren die Dinge oft so verwickelt, dass der Kanzlei eine bloße Nennung nicht mehr genügte und sie sich zuverlässige, stets greifbare Unterlagen besorgen musste.

Für das Anliegen, das die Familie von Stein vorzubringen hatte, genügte jedoch die mündliche Verhandlung bzw. die Urkunde. Auf der Feste Marienberg (seit 103 Jahren Sitz der Bischöfe) traten sie vor Bischof Albrecht II. und trugen ihm ihre Absicht vor: Zum Lobe Gottes und zu Ehren der Jungfrau Maria, des Hl. Nikolaus, des Hl. Sebastian und aller himmlischen Heere wollten sie zu ihrem eigenen und ihrer Familie Seelenheil die Stiftung einer

ABBILDUNG 12: DIE VON DEN STEINS 1356 GESTIFTETE SEBASTIANSKAPELLE IN MELLRICHSTADT

Kapelle vornehmen. Dazu baten sie den Bischof um Genehmigung. Er allein (außer der Kurie) konnte sie erteilen, und nur er oder ein von ihm beauftragter Bischof konnte die Weihe auf den Namen eines Heiligen vornehmen. Der Bischof förderte und schützte solche Stiftungen in jeder Weise. Für die Kirche und ihre Diener und für das Seelenheil seiner Untertanen zu sorgen, gehörte ja zu seinen ersten Pflichten als geistlicher und weltlicher Fürst.

Der Bischof zog zur Beratung den Domherrn Otto von Wolfskeel hinzu. Er war ein Neffe des letzten Bischofs und saß mit zwei Brüdern im Domkapitel. Mindestens seit 1350 war er Pfarrer von Mellrichstadt, ein Amt, das fast stets einem der Domherren aus stiftsfähigem Adel (wie den von Wechmars, von Bibras, von der Keres) vorbehalten blieb. Ihre Wappen sind neben denen von Bischöfen noch heute an den Konsolen im unteren Flur des Mellrichstädter Dekanats zu sehen. Sie wohnten allerdings in Würzburg, wo sie ihre Residenzpflicht als Domherren festhielt. Sie bezogen nur die Pfründe von Mellrichstadt (darunter den einträglichen und später heiß umkämpften Zehnten von Rappershausen!) und ließen im Übrigen die Pfarrei durch einen von ihnen benannten Priester versehen.

Die Kapelle sollte am oberen Tor von Mellrichstadt bei der Burg auf eigenem Grund und Boden von den Steins erbaut und, wie sie nachweisen konnten, mit ausreichenden Einnahmen ausgestattet werden. So war den drei Forderungen Genüge getan, die nach kanonischem Recht erfüllt werden mussten, um das Patronatsrecht zu bekommen: Anweisung des Bauplatzes, Ausführung des Baues und Ausstattung mit Besitz. Neben gewissen Ehrenrechten stand dem Patron das Vorschlagsrecht bei Neubesetzungen zu. Es sollte innerhalb eines Monats nach Erledigung der Stelle vom Ältesten der Familie von Stein ausgeübt werden, jeweils im Wechsel mit dem Pfarrer von Mellrichstadt. Das Berufungsrecht behielt sich selbstverständlich der Bischof vor. Es wurde festgelegt, dass der Vikar seine Wohnung in der Stadt haben sollte. Viermal in der Woche musste er in der Kapelle die Messe lesen (und zwar vor Beginn der Messe in der Pfarrkirche). An Sonn- und Festtagen und bei den gewöhnlichen Prozessionen sollte er dort den Priester unterstützen. Er durfte allerdings keine Sakramente spenden, keine Legate annehmen und überhaupt die Pfarrei in keinem ihrer Rechte kränken.

Otto von Wolfskeel gab seine Zustimmung zu diesen in üblicher Form abgefassten Bedingungen, und der Bischof erteilte seine Genehmigung.

Das Ergebnis der Verhandlung legte die bischöfliche Kanzlei in einem Dokument nieder, das der Bischof am 20. Juni 1356 besiegelte und den Stiftern übergab. Ihre Nachkommen haben diese Urkunde durch Jahrhunderte hindurch von Generation zu Generation weitergegeben; sie befindet sich noch heute im Archiv in Völkershausen.

Es erscheint dem heutigen Menschen vielleicht nicht ohne weiteres fasslich, wie ein solch immerhin beträchtlicher Vermögensteil (der Bau der Kapelle hatte ja auch Kosten verursacht!) für einen Zweck hingegeben wurde, der keinen greifbaren Nutzen nach sich zog. Der mittelalterliche Mensch war da anders eingestellt: Bei ihm stand der Gedanke an das Jenseits voran. Kein Opfer schien ihm zu groß, um bei Lebzeiten sein Seelenheil sicherzustellen. Viele ließen deshalb „die Welt" hinter sich und bereiteten sich hinter Klostermauern auf das selige Leben vor. Andere traten wenigstens in Bruderschaften ein oder hefteten sich das Kreuz auf den Mantel. Sie wollten Orden beitreten, die mönchisches und ritterliches Wesen vereinigten, in Palästina das Heilige Grab befreien und verteidigen oder dann im Preußenlande gegen die Heiden kämpfen und das Christentum ausbreiten.

Viele fromme Stiftungen erfolgten unter dem Eindruck der unzähligen Todesopfer, die der Schwarze Tod forderte. So mag er auch auf die Gründung unserer Kapelle seinen Einfluss gehabt haben. Jedenfalls gilt der Heilige Sebastian als Fürbitter bei ansteckenden Krankheiten. Wenn sein Name in der Urkunde auch an letzter Stelle erscheint, so ändert das nichts daran, dass er von Anfang an der Hauptpatron gewesen ist.

Die Gesamtfamilie

Wer die Vergangenheit des Gebietes vor der Rhön genau kennen lernen will, kommt an Völkershausen nicht vorbei. Hans Dietrich Freiherr von Stein hat im ehemaligen Forst- und Verwalterhaus ein Archiv, alarmgeschützt, fast einmalig für eine Privatfamilie. In hohen Regalen türmen sich tausende von Akten aus sieben Jahrhunderten, meist nach Orten geordnet. Sie geben Auskunft über hunderte von Ortschaften und über noch mehr Menschen, die in diesen Jahrhunderten agierten. Natürlich dreht sich alles um die Familie von Stein, aber nicht nur das. Im gesondert verwahrten Urkundenarchiv finden sich auch Urkunden, bei denen niemand aus der Familie von Stein vorkommt. Schaut man aber genauer hin, erkennt man, dass schließlich alle Besitzungen, und um die geht es meist bei diesen „fremden" Urkunden, schließlich doch bei der Familie „gelandet" sind, denn früher war es üblich, dass bei einem Verkauf auch alle dieses Besitztum betreffenden Eigentumsnachweise dem Käufer mit übergeben wurden. Betreut wurde dieser einzigartige Schatz über unsere Vergangenheit 50 lange Jahre von Dr. Hans Körner, der schließlich auch Mitglied der Großfamilie von Stein wurde. Er bearbeitete bis 1957 für das „Genealogische Handbuch des in Bayern immatrikulierten Adels" den Stammbaum der Freiherren von Stein zu Nord- und Ostheim.

Seine Erkenntnisse im Wesentlichen und natürlich die vielen zusätzlich ausgewerteten Urkunden, Werke und Dokumente geben uns Auskunft über die Geschlechterfolge der Familie in nunmehr über 20 Generationen. Die Stammhalter der Linien, Äste und Zweige sind nachfolgend aufgeführt:[124]

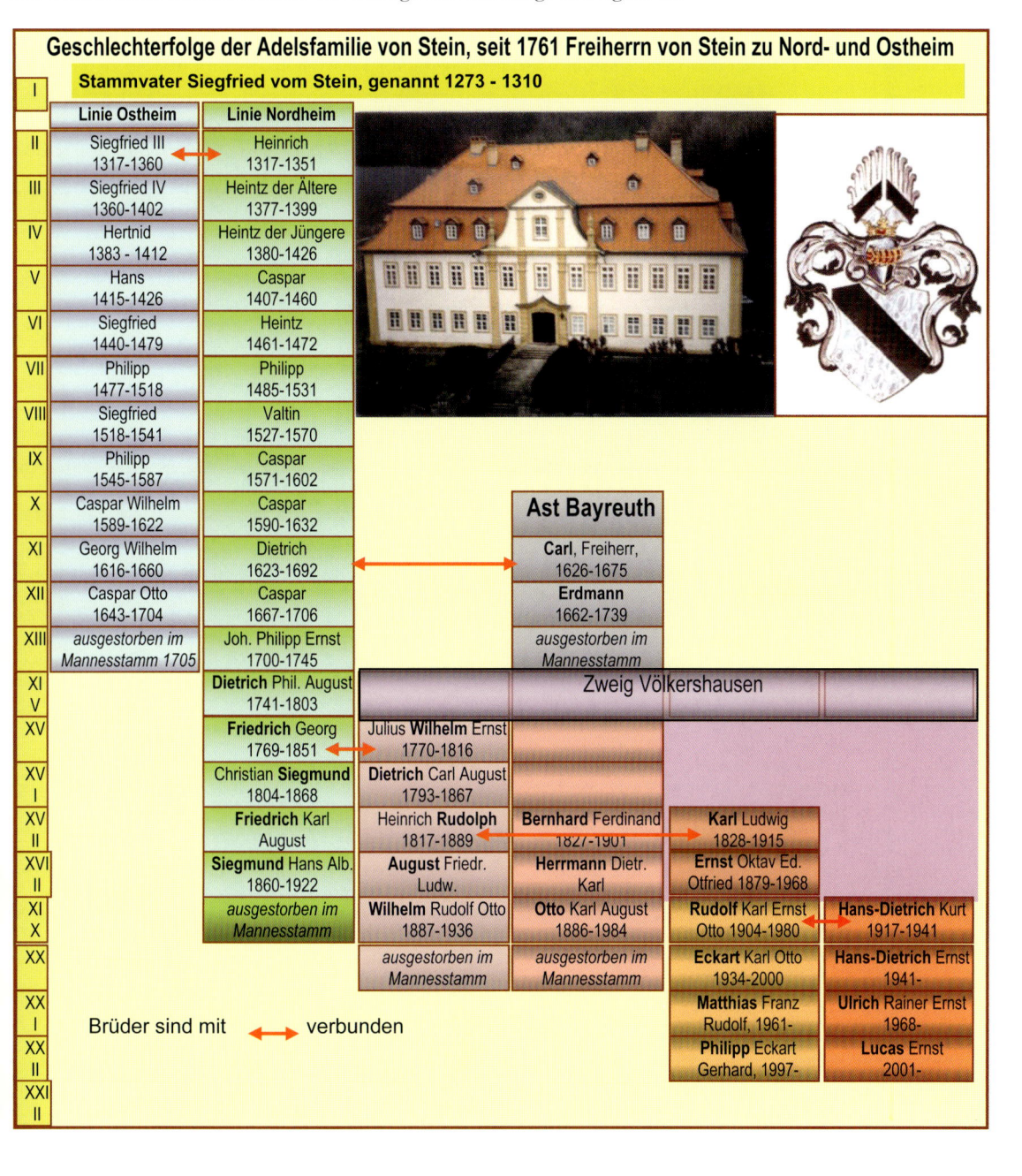

Geschlechterfolge der Adelsfamilie von Stein, seit 1761 Freiherrn von Stein zu Nord- und Ostheim

I — Stammvater Siegfried vom Stein, genannt 1273 - 1310

Gen.	Linie Ostheim	Linie Nordheim			Ast Bayreuth	
II	Siegfried III 1317-1360	Heinrich 1317-1351				
III	Siegfried IV 1360-1402	Heintz der Ältere 1377-1399				
IV	Hertnid 1383-1412	Heintz der Jüngere 1380-1426				
V	Hans 1415-1426	Caspar 1407-1460				
VI	Siegfried 1440-1479	Heintz 1461-1472				
VII	Philipp 1477-1518	Philipp 1485-1531				
VIII	Siegfried 1518-1541	Valtin 1527-1570				
IX	Philipp 1545-1587	Caspar 1571-1602				
X	Caspar Wilhelm 1589-1622	Caspar 1590-1632				
XI	Georg Wilhelm 1616-1660	Dietrich 1623-1692			Carl, Freiherr, 1626-1675	
XII	Caspar Otto 1643-1704	Caspar 1667-1706			Erdmann 1662-1739	
XIII	ausgestorben im Mannesstamm 1705	Joh. Philipp Ernst 1700-1745			ausgestorben im Mannesstamm	
XIV		Dietrich Phil. August 1741-1803	Zweig Völkershausen			
XV		Friedrich Georg 1769-1851	Julius Wilhelm Ernst 1770-1816			
XVI		Christian Siegmund 1804-1868	Dietrich Carl August 1793-1867			
XVII		Friedrich Karl August	Heinrich Rudolph 1817-1889	Bernhard Ferdinand 1827-1901	Karl Ludwig 1828-1915	
XVIII		Siegmund Hans Alb. 1860-1922	August Friedr. Ludw.	Herrmann Dietr. Karl	Ernst Oktav Ed. Otfried 1879-1968	
XIX		ausgestorben im Mannesstamm	Wilhelm Rudolf Otto 1887-1936	Otto Karl August 1886-1984	Rudolf Karl Ernst Otto 1904-1980	Hans-Dietrich Kurt 1917-1941
XX			ausgestorben im Mannesstamm	ausgestorben im Mannesstamm	Eckart Karl Otto 1934-2000	Hans-Dietrich Ernst 1941-
XXI					Matthias Franz Rudolf, 1961-	Ulrich Rainer Ernst 1968-
XXII					Philipp Eckart Gerhard, 1997-	Lucas Ernst 2001-
XXIII						

Brüder sind mit ⟷ verbunden

Die Stammtafel zeigt das Wappen des Geschlechtes von Stein zu Nord- und Ostheim, sowie das nach 1700 erbaute Schloss Völkershausen, den jetzigen Wohnsitz der Familie.

---

[1] Karl August Eckhardt, Fuldaer Vasallengeschlechter im Mittelalter. Die von der Tann und ihre Agnaten (Beiträge zur hessischen Geschichte 6), Marburg, 1968, S 139 und Stammtafeln 1, 2, 11.
[2] HUB V, S. 246, Anmerkung zu Urkunde CCCIX von 1296 September 1.
[3] Interneteintrag des Vereins für Heimatgeschichte Nordheim, http://www.odenwald.de/sights/index.php?id=130 (24. 9. 2007).
[4] Bayerisches Staatsarchiv Würzburg (StAW), Würzburger Urkunden (WU) 125/180 von 1402 November 8. Auch Ditz Kiseling befindet sich unter den Sieglern.
[5] Johann Christian Lünig, Codex Germaniae Diplomaticus, worinnen Viele vortreffliche, und zum Theil noch niemahls zum Vorschein gekommene, auch zur Illustration der Teutschen Reichs-Historie und Iuris Publici, höchstnöthige Documenta enthalten sind, Welche Die Röm. Kayserl. Majestät, Auch Chur-Fürsten und Stände des Heil. Römischen Reichs, ... concerniren 1. Bd. 1732. Nr. CXIV.
[6] AV U 54 von 1423 August 22.
[7] Hans-Peter Baum, Der Lehenhof des Hochstifts Würzburg im Spätmittelalter (1303 – 1519) Eine rechts- und sozialgeschichtliche Studie, 4 Bde. Würzburg 1990, passim.
[8] Wagner, Mellrichstadt, S. 191.
[9] Heusinger / Solf, S. 86 (Nr. 131).
[10] Hans Körner, Der Schlossbau in Völkershausen bei Mellrichstadt 1722 bis 1730. Ein Werk des Landkomturs Carl Frhr. v. Stein. In: Mainfränkisches Jahrbuch für Geschichte und Kunst 18 (1966). S. 161 – 183; Hier: S. 161.
[11] Hans Körner. Die Freiherren von Stein zu Nord- und Ostheim. In: Genealogisches Handbuch des in Bayern immatrikulierten Adels. Bd. 6. 1957. S. 314 – 337. Hier: S. 314.
[12] Wagner, Mellrichstadt, S. 191.
[13] Eckhardt, S. 15 mit Beispielen aus den Jahren 1280, 1306 und 1312. Besonders durch Ansässigwerdung an einem anderen Ort scheinen gerade um die Wende vom 13. ins 14 Jahrhundert neue Namen und neue Ministerialengeschlechter entstanden zu sein.
[14] Schultes, D. G. II. Urkundenbuch, S. 60, XXXII.
[15] Alle erwähnt in einer Urkunde von 1187 in Dobenecker II, S. 145 (Nr. 763).
[16] Allerdings kommt diese Floskel „genannt", bzw. „dictus" häufiger vor, so 1334 „filij Gotfridi dicti von der Kere armigeri" (Bayerische Akademie der Wissenschaften (Hrgg.). Monumenta Boica XII, Urk. CCLII), „Heinricus dictus de Boppenhusen miles" in der gleichen Urkunde, ebenso „Hermannus dictus Vogt de Salzperg armiger".
[17] Seit dem 12. Jahrhundert benutzte auch der niedere Adel das persönliche Siegel zur Bestätigung von Urkunden, anstelle der Unterschrift, nachdem das Schreiben nur wenigen Gelehrten und Mönchen vorbehalten war. Dass Heranwachsende noch kein eigenes Siegel besaßen und deshalb der große Bruder, Vater oder Vormund für sie siegelte, ist auch für spätere Zeit nachzuweisen. Es überrascht jedoch, dass beide Brüder Kiseling/von Stein kein eigenes Siegel besitzen, da zumindest der Ältere, Kiseling, als Vogt schon älter gewesen sein muss mit der Berechtigung das Stadtsiegel von Mellrichstadt zu benutzen. Wahrscheinlich jedoch wurde es gerade erst Brauch, dass auch Ministeriale siegelten.
[18] Engel, Urkundenregesten vor 1400, S. 29 f. (Nr. 45).
[19] Michael Müller, Der Bezirk Mellerichstadt als Gau, Cent, Amt und Gemeinde beschrieben. Würzburg, 1879. Nachdruck [vermehrt um ein Orts- und Namenregister von Helmut Schlereth]: Sondheim v.d.Rh., 1983, S. 125 und Carl Binder, Das ehemalige Amt Lichtenberg vor der Rhön. Jena, 1896. Auch in: Zeitschrift des Vereins für Thüringische Geschichte und Altertumskunde. 16 - 18 (1893 - 95). Nachdruck: Sondheim v.d.Rh., 1982, S. 477; vielleicht eine Verlesung von 1456 (Caspar 1407-1460 würzburgischer und hennebergischer Geheimrat, wohnhaft in Mellrichstadt).
[20] Wagner, Mellrichstadt, S. 191. Siegfried hieß, so erzählt Fries (II, S. 174), damals auch ein Mitglied der Familie Stein von Altenstein, der der sagenhaften Überlieferung nach durch Bischof Eiring von Würzburg zu Tode kam.
[21] Ludwig Bechstein, Geschichte und Gedichte des Minnesängers Otto von Botenlauben, Grafen zu Henneberg. Hrg. Heinrich Wagner. Neustadt a.d.A., 1995. S. 126, Nr. 1.
[22] StACo, Landesarchiv Urkunden Lokat EV 1 Nr. 104; AV U 1.
[23] AV Copialbuch I (Cop. I) der Herren von Stein zu Ostheim und Nordheim, S. 412; AV U 3; HUB V, XXXVIII.
[24] Oskar Frh. von Schaumberg / Wilhelm Engel (Bearbb.), Regesten des fränkischen Geschlechts von Schaumberg. Ein Beitrag zur Geschichte der Itz- und Obermainlande, Teil I (Coburger Heimatkunde und Heimatgeschichte 17) Coburg 1930, S. 54 (Nr. 85) und bes. Stammtafel am Schluss des Buches.
[25] Körner, „Genealogisches Handbuch", S. 315.
[26] Fries II, S. 244.
[27] erwähnt am 11. November 1308, AV U 4, HUB V, CCXLVII.
[28] Eilhard Zickgraf, Die gefürstete Grafschaft Henneberg-Schleusingen. Geschichte des Territoriums und seiner Organisation (Schriften des Instituts für geschichtliche Landeskunde von Hessen und Nassau. 22). Marburg, 1944, S. 79.
[29] Schultes D.G. II, S. 275. Schultes führt die Stiftsvogtei auf die Entstehungszeit des Bistums Würzburg zurück.
[30] u. a. Zickgraf, S. 85; Füßlein, S. 73; Johannes Mötsch / Katharina Witter, Die ältesten Lehnsbücher der Grafen von Henneberg, Weimar 1996, S. 290.

[31] Wilhelm von Bibra, Das Burggrafen-Amt des vormaligen Hochstiftes Würzburg; in:AU 25 (1881), Heft 2 und 3, S. 291f.
[32] von Bibra, S. 355 (Nr. 341); Zickgraf (S. 85) nimmt als Endpunkt des hennebergischen Burggrafentums 1230 an.
[33] AV U 5 von 1317 Oktober 18.
[34] AV U 4; HUB V, CCXLVII; Cop. I, S. 412.
[35] Günther Wölfing, Geschichte des Henneberger Landes zwischen Grabfeld, Rennsteig und Rhön, Hildburghausen 1992, S. 23.
[36] Schultes D.G. II, S. 280.
[37] Schultes D.G. II, S. 278.
[38] Schultes D.G. II, Urkundenbuch, CCV von 1456, S. 275, Anm.
[39] Carl Heffner, Würzburg und seine Umgebungen, ein historisch-topographisches Handbuch, illustrirt durch Abbildungen in Lithographie und Holzschnitt,Würzburg 1871², S. 116.
[40] HUB V, CCCLVI; AV U 34 von 1393 März 19.
[41] AV U 21 von 1377 August 28. (HUB V, CCXCVI):
Ich Heincze vome Steine, Ebirhard vnd Hans, gebruder, Bekennen offenlich an diesem briefe fuer vns vnd alle vnser erben allen den, die jn sehen, hoern, lesen, daz wir mit gesammeter hant. vnd eintrechtlich haben | verkaufft vnd zu kouffe gegeben an diesem briefe deme vesten manne Sjfrid vome Steine, vnserme liben vet | tirn, Felicen siner elichen wirtin, vnd allen irn erben vnsern teyl an deme ampte, daz wir haben zu Wirszceburg, mit aller nuezunge, also wirz gehat haben biz her, vmb andirhalbhundirt pfunt heller, | der wir gar vnd gancz sin beczalt von ym vnd yn vnsern kuntlichen nucz gewand haben. Auch von sunderlicher fruntschafft so mugen wir vnd vnser erben vmb den egenanten kouffer vnd sine erben daz vorgenante | ampt mit sin zugehorn ewiclich wider kauffe vmb andirhalb hundirt pfunt heller lantwer, als ez gekaufft ist, alle jar vff sente Petirstag, kathedra genant, mit sulchem vnderscheid, daz der widerkauf | alle jar sal gesche vor oder vff den vorgenanten sente Petirstag, wenne gesche der widerkauff darnach, so | wer die nuczunge daz neheste jar darnach gar vnd gancz veruallen deme kouffer vnd sinen erben.
Daz | dycz alles war sie vnd blibe vnuerbrochen, Dez zu vrkunde Iran wir vorgenanten , Heincze vnd Ebirhard | vor vns, Hanse, vnsern bruder, vnd alle vnser erben vnser beider jnsigil gehangen an diesin brieff, vnd ich | obgenanter Hans vome Stein bekenne alle obgeschriben rede vnter myner bruder jnsigil, wan ich selber keins habe, alse man zalte nach Crists geburd driezcenhundert jar, darnach in dem siben vnd sibinzigsten jare an dem frytage nach sente Bartholomeus tage, des heiligen zcwelff botin.
[42] AV U 4; HUB V, CCXLVII; Cop. I, S. 412; Schultes D.G. II, S. 270, 274 ff und Urkunde XXXI (Urkundenbuch S. 29).
[43] Cop. I, S. 422 ff, vg. Schultes D.G. II, Urkundenbuch, S. 274 ff. (CCV von 1456).
[44] weitere Bilder: http://www.folterkammer.org/html/
[45] Bullenheim?
[46] Riedesel von Eisenbach, fränkisches Adelsgeschlecht.
[47] Kloster Mariaburghausen bei Haßfurt, 1243 gegründet.
[48] Stadt zwischen Lauda-Königshofen und Schwäbisch Hall.
[49] von Hutten, fränkisches Adelsgeschlecht.
[50] Schultes D.G. II, S. 280.
[51] Heffner, S. 116.
[52] vg. dazu: Müller, Bezirk Mellerichstadt, S. 51ff.
[53] Der Name Katzenweicker kam von einem großen Turm der Stadtbefestigung, auf dem eine „Katze", eine Steinschleuder mit großer Reichweite stationiert war.
[54] Fries II., S. 60 f.
[55] Wegweiser aller Straßen, Gassen und Plätze in der großherzoglichen Haupt- und Residenzstadt Würzburg, Würzburg 1805; vg Werner Dettelbacher, Würzburg, ein Gang durch seine Vergangenheit, Würzburg, 1974, S. 147 ff.; Ludwig Gehring, Würzburger Chronik, 4. Bd., Würzburg, 1927, S. 230 f.
[56] Hessisches Staatsarchiv Marburg (StAMbg), Tann-Archiv, VII, 1 a.
[57] Hans Körner, Die Familie von der Tann im 16. bis 18. Jahrhundert (ungedrucktes Manuskript), S. 6.
[58] sämtlich Schultes D.G. II, S. 277 – 280; Schultes sagt allerdings (S. 279 f.), Berthold habe den Verkauf hintertrieben! Ob das natürlich stimmt, ist nicht sicher.
[59] Schultes D.G. II, Urkundenbuch, S. 29 (XXXI); AV U 2, Cop. I, S. 3; von Schaumberg / Engel, Regesten von Schaumberg II, S. 12 f. (Nr. 22).
[60] Schultes D.G. II, S. 280.
[61] HUB IV, CLXIV.
[62] von Bibra, S. 356 (Nr. 350).
[63] Schultes D.G. II, S. 280.
[64] AV U 113; Cop. I, S. 419; im Gegensatz zu den Aussagen von Schultes (D.G. II S 280) werden nicht nur die Herrn von Stein zu Nordheim mit dem Burggrafenamt belehnt, sondern, wie schon gesagt, der jeweils Älteste der Gesamtfamilie.
[65] Schultes D.G. II, S. 281.
[66] In späteren Zeiten wurde das Burggrafenamt so benannt.
[67] AV U 258 Mittwoch nach Kiliani 1549 (Juli 10); Cop. I, S. 421.
[68] Heffner, S. 116.
[69] Fries II, S. 154.

[70] HUB V, CCCCX. Original im Archiv Völkershausen (U 2). Aussen: dye verschreybung vom styffft zu Wirzburg vber Steinecke. Ao 1297. 15 Zeilen, kleine Schrift mit Interpunktion und Abkürzungen, Rand an mehreren Stellen schadhaft, vom Siegel nur noch ein kleines Bruchstück (die Füße des Bischofs) erhalten.

[71] Monumenta Boica XI, Urk. L. Dort heißt es: „Ad quamlibet eciam illarum munitionum centum marcarum argenti redditus ad estimationem et taxationera Conradi de Koburg, Heinrici de Smeheim, Heinrici marscalci de Slusungen, et Sifridi de Lapide, militum, quos super hoc et super quibusdam aliis infrascriptis arbitros siue arbitratores — adiuncto eisdem domino Friderico de Stahilberg canonico herbipolensi pro mediatore — vtrimque elegimus, sibi ante festum sancti Martini proximum vel successori suo aut suo capitulo assignabimus. Ipse quoque munitiones statim debent in potestatem domini prepositi. domini Friderici de Stahilberg, Heinrici marscalci, Sifridi de Lapide, predictorum, Thoedericide Hohinberg marscalci ipsius doraiui episcopi, et Eberhardi de Maspach presentari."

[72] Fries II, S. 228 f.

[73] Der Burgstall liegt auf einer Geländenase an der steil zur Saale hin abfallenden Nordwestseite des Quästenbergs. Sie ist durch einen gebogenen tiefen Halsgraben abgeschnitten und ihr vorderer Teil, auf dem noch wenige Mauerreste oberirdisch (wohl durch rezente Grabungen) sichtbar sind, ist durch einen weiteren etwas weniger tiefen Halsgraben als Hauptburg abgetrennt.

[74] Fries II, S. 244 f.

[75] Engel, Urkundenregesten vor 1400, S. 29 f. (Nr. 45).

[76] Handschriftliche Anmerkung Dr. Körners im Urkundenverzeichnis des Archivs Völkershausen.

[77] Oskar Dünisch / Josef Wabra, Chronik von Steinach an der Saale, Steinach, 1988, S. 17 ff

[78] Dünisch / Wabra, S. 11 ff.

[79] Zickgraf, S. 85.

[80] Der Originaltext in Monumenta Boica XXVII, S. 265 f. vom November 1234: „... Ceterum ut dictus comes G. de familiaritate nostra et ecclesie nostre gaudere debeat, ipsum locauimus in Castro nostro Steinekke domum ligneam ante castrum concedentes eidem et preterea ad VIII talenta annuatim in uillis prenotatis Erlehes et Rutswindehusen, assignantes eidem, ut ea nomine castrensis feodi debeat possidere temporibus uite sue. ... Acta sunt hec anno domini M° CC° XXX° IIIIto, in mense Nouembri, episcopatus nostri anno X°-, indictione VIII."

[81] Vg. Dünisch / Wabra, S. 48.

[82] AV U 334 (1606 August 16).; Cop. I, S. 572.

[83] von Schaumberg / Engel, Regesten von Schaumberg I, S. 54 (Nr. 85). Allerdings musste der Burgmann dort nicht (immer) persönlich anwesend sein.

[84] von Schaumberg / Engel, Regesten von Schaumberg II, S. 2 (Nr. 3).

[85] Engel, Urkundenregesten vor 1400, S. 21 f. (Nr. 30).

[86] Körner, Schloßbau in Völkershausen, S. 161. Ein Überbleibsel waren die Einnahmen vom Zoll in Mellrichstadt, so 1348 (Hermann Hoffmann (Bearb.). Das Lehenbuch des Fürstbischofs Albrecht von Hohenlohe 1345 − 1372. 2 Teilbände (Quellen und Forschungen zur Geschichte des Bistums und Hochstifts Würzburg 33, 1 + 2). Würzburg 1982. Hier: I. S. 76 f. (Nr. 652): Item Heinr. dictus vom Steyne ar(miger) recepit allodium situm in Melrichstat cum pertinenciis suis. Item 2 curias in Castro Melrichstat molendinum sub Castro ibidem. Item terciam partem theolonii in Melrichstat) oder 1429 (AV U 68.

[87] von Schaumberg / Engel, Regesten von Schaumberg II, S. 172, Anm. zu Regest 7.

[88] AV U 5; HUB V, LXVIII; von Schaumberg / Engel, Regesten von Schaumberg II, S. 15 (Nr. 26).

[89] Körner, „Genealogisches Handbuch" S. 315; Wagner, Mellrichstadt, S. 190 ff.

[90] von Schaumberg / Engel, Regesten von Schaumberg II, S. 12 (Nr. 22).

[91] von Schaumberg / Engel, Regesten von Schaumberg II, S. 17 (Nr. 30).

[92] hennebergisch deshalb, weil 1317 das Burggrafenamt und die übrigen hennebergischen Lehen an Siegfrieds Söhne Siegfried, Eberhard und Heinrich, „der vrauwen sune von Schauwenberg" verliehen werden (von Schaumberg / Engel, Regesten von Schaumberg II, S. 12 f. (Nr. 22)).

[93] von Schaumberg / Engel, Regesten von Schaumberg II, S. 17 f. (Nr. 31).

[94] von Schaumberg / Engel, Regesten von Schaumberg II, S. 21 f. (Nr. 37).

[95] Monumenta Boica XXXVIII, S. 234.

[96] Hermann Hoffmann (Bearb.), Das älteste Lehenbuch des Hochstifts Würzburg 1303-1345, 2 Teilbände (QFW 25, 1 + 2). Würzburg, 1972/73. Hier: I. S. 38 (Nr. 72).

[97] Wagner, Mellrichstadt, S. 191.

[98] Hoffmann, Das älteste Lehenbuch I, S. 98 (Nr. 896).

[99] Hoffmann, Das älteste Lehenbuch I, S. 94 (Nr. 846).

[100] Hoffmann, Das älteste Lehenbuch I, S. 98 (Nr.. 896).

[101] Reinhold E. Lob, Die Wüstungen der bayerischen Rhön und des nordwestlichen Grabfeldes und ihre Bedeutung für die Periodisierung der Kulturlandschaftsgeschichte (Mainfränkische Studien Bd. 1). Würzburg, o.J., S. 176.

[102] Monumenta Boica XXXIX, S. 305.

[103] Wilhelm Engel (Bearb.). Urkundenregesten zur Geschichte der Städte des Hochstifts Würzburg (1172 − 1413). (Regesta Herbipolensia III; Quellen und Forschungen zur Geschichte des Bistums und Hochstifts Würzburg 12). Würzburg, 1956, S. 65 (Nr 104); Wagner, Mellrichstadt, S. 194.

[104] Wagner, Mellrichstadt, S. 194.

[105] Hoffmann, Das älteste Lehenbuch I, S. 237 (Nr. 1889).

[106] AV U 1 von 1296 September 1.
[107] Infolge der Namensgleichheit der Siegfriede ist nicht sicher, ob Siegfried II. aus erster Ehe oder Siegfried III. die Vogtei zu Mellrichstadt nach dem Vater weiterführte. Nachdem Siegfried III. 1334 und 1337 als Vogt bzw. Amtmann in Neustadt amtierte, könnte wahrscheinlicher sein Stiefbruder dieses Amt in Mellrichstadt versehen haben, worauf hindeutet, dass er 1327 seinen Besitz in Mellrichstadt vermehrte. Mellrichstadt wird auch der Sitz Siegfrieds II. gewesen sein, nachdem ihn seine Stiefmutter aus Bastheim herausgedrängt hatte.
[108] Wagner, Mellrichstadt, S. 192 f.
[109] AV U 9 von 1356 Juni 20.
[110] Wagner, Mellrichstadt, S. 193.
[111] AV U 10.
[112] „Das untere Streu" könnte jedes Dorf, das damals „Streu" hieß, unterhalb der Wüstung Streu an der Quelle des Flusses gewesen sein, also auch evtl. das heutige „Oberstreu".
[113] [Franz Xaver] Himmelstein. Das Frauenkloster Wechterswinkel. In: AU 15 (1860). Heft 1. S. 115 – 176. Hier: S. 170 Auch: ANONYMUS.Wechterswinkel, ehemaliges Cisterzienser-Frauen-Kloster: In: Heimat-Blätter. Zwanglose Beilage zum "Rhön- und Streubote". 3. Jahrgang. 1934. (Nr. 9 – 18) S. 33 – 71. Hier: S. 67 (Dies ist der Abdruck des anonymen Artikels *Wechterswinkel, ehemaliges Cisterzienser-Frauen-Kloster im Regierungs-Bezirke Unterfranken und Aschaffenburg*. In: Kalender für katholische Christen auf das Jahr 1870. 30. Jahrgang (1870). S. 95 – 102 und der Regesten aus dem Himmelsteinartikel (S. 125 ff.)).
[114] Michael Müller, Die Wohltätigkeits-Stiftungen zu Mellerichstadt (Bruchstück aus einer Materialiensammlung zur Geschichte Mellerichstadt's). Würzburg, 1858., S. 68.
[115] AV U 9.
[116] AV U 10.
[117] AV Cop. I, S. 813. Im Inhaltsverzeichnis von 1936 wird der Name des Vetters *Metzel* oder *Wetzel* gelesen. Ich lese aus dem gleichen Copialbuch den Namen als „Dietz".
[118] Cunrad von Hessberg wird am 26. Mai 1320 als Eidam Christines erwähnt (von Schaumberg / Engel, Regesten von Schaumberg II, S. 21 f. (Nr. 37)).
[119] Nach Hans Körner. 600 Jahre Sebastianskapelle in Mellrichstadt, eine Stiftung der Familie von Stein zu Nord- und Ostheim. In: Rhön- und Streubote, Mellrichstadt. Nr. 78 – 84. 30. 6. – 14. 7. 1956.
[120] Wilhelm Abel, Die Wüstungen des ausgehenden Mittelalters – ein Beitrag zur Siedlungs- und Agrargeschichte Deutschlands, Stuttgart 1976³, S. 84.
[121] Abel, S. 74.
[122] Abel, S. 75 (aus Spangenbergs Mansfelder Chronik).
[123] Fries II, S. 356 und 362.
[124] Stammtafel von Stein, gefertigt von Gerhard Schätzlein.

3. Die von Steins in der Fehdezeit

Bastheimer Intermezzo

Gerhard, ein Ministeriale aus einem Geschlecht, das sich ursprünglich zu Beginn des 12. Jahrhunderts „von Burkhardroth" nannte, wurde um 1180 in Bastheim sesshaft und nannte sich von da an „von Bastheim"[1]. Er ist der Ahnherr der bedeutenden Adelsfamilie von Bastheim. Biedermann führt aus: „Sie weiset von ihrem Hause 4 Herren auf, welche die Turniere besuchet und in solchen scharf gerennet. Sie ist im Stande darzuthun, dass ein Herr aus ihrem Geblüte zu Bamberg am Hoch Stift, 7 Herren beim Hoch Stift Würzburg, 3 Herren beim Fürstlichen Stift Fulda, ein Herr beim fürstlichen Stift Kempten, ein Herr beim Ritter Stift St. Burckhard zu Würzburg, ein Herr beim Stift Siegburg, und zwei Dames zu Westerwinkel aufgeschworen worden und größten theils die höchsten Stellen in denen Capituls erlanget haben."[2]

Im 13. Jahrhundert waren Herren von Bastheim in allen wichtigen Vorgängen der Region als Berater und Zeugen anwesend: Heroldus de Bastheim war Zeuge beim Verkauf der Lichtenburg 1230 durch Otto von Bodenlauben[3], Otto von Bastheim 1230 beim Vergleich zwischen Bischof Hermann und Graf Poppo von Henneberg[4] und 1234 beim Verkauf von Burg Bodenlauben[5], Conrad von Bastheim war Schlichter und Zeuge in der Auseinandersetzung zwischen den Bischöfen von Bamberg und Würzburg 1230[6] In besonderem Maß waren die von Bastheims mit dem Zisterzienserinnenkloster Wechterswinkel verbunden. Immer wenn das Kloster Kaufwünsche äußerte, scheinen sie bereit gewesen zu sein, ihnen zu entsprechen, so u. a. 1258, 1270, 1273, 1274, 1275, 1276, 1280, 1287 und

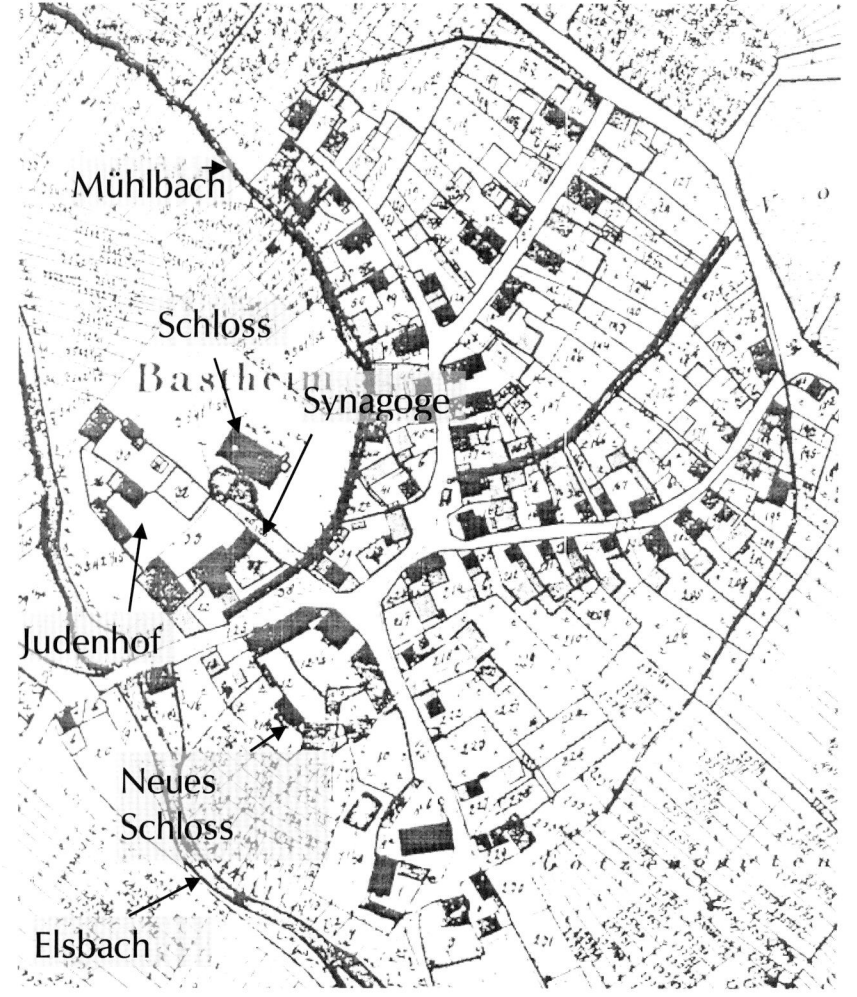

ABBILDUNG 1: BASTHEIM, PLAN VON 1852, FRDL. MITTEILUNG VON HERRN HERMANN LEICHT, BASTHEIM

1301. Die Herren von Bastheim besaßen in Bastheim eine mächtige Wasserburg, zunächst in Alleinbesitz als Lehen der Würzburger Bischöfe. Um 1300 jedoch wurde auch Ritter Ulrich von Steckelberg mit einem viertel Anteil an dieser Burg belehnt.[7] Otto von Bastheim erhielt drei Viertel.[8] Auch andere Adelige, wie Albert von Fischberg, Otto von Sternberg und Conrad Duringusa hatten Besitz in Bastheim. Besonders Weinberge waren sehr begehrt.[9] Um 1308 hatte der Stammvater Ritter Siegfried von Stein auch ein Viertel des Schlosses Bastheim von Würzburg zu Lehen.[10] Er hatte, wahrscheinlich mit der Mitgift seiner zweiten Frau Christine, diesen Besitz von Hermann von Steckelberg gekauft, der ihn vom Vater Ulrich geerbt hatte und nun das Lehen resignierte (darauf verzichtete). – Zur gleichen Zeit, 1308, kaufte Siegfried auch Besitztümer in Stedtlingen von Graf Berthold von Henneberg, und zwar ausdrücklich als Erbe nur für die Kinder, die Siegfried mit Christine von Schaumberg hatte, ein deutliches Zeichen dafür, dass das Geld für diesen Kauf von Christine stammte. Christine muss gegen 1317 noch verhältnismäßig jung Witwe geworden sein. Jedenfalls entspann sich nach Siegfrieds (I.) Tod zwischen Christine von Schaumberg und ihrem Stiefsohn Siegfried (II.), aber auch mit ihren eigenen Kindern eine heftige Auseinandersetzung, die sich vier Jahre lang hinzog und auch in Urkunden ihren Niederschlag fand,[11] einige der wenigen Urkunden, in denen Frauen als gleichrangige Partner handelnd auftreten. Der Grund war, dass sich Christine wieder verheiraten, aber alle Steins den Besitz in der Familie halten wollten. 1320[12] wurden schließlich die Kontrahenten gütlich miteinander vertragen, wobei Christine Bastheim erhielt. Die Urkunde erzählt Folgendes: Heinrich (V.) von Schaumberg kam am Freitag vor der Pfingstwoche nach Würzburg vor das (Brücken-)Gericht und erklärte, Frau Christine vom Stein einerseits und ihr Sohn Siegfried vom Stein andererseits seien zu ihm gekommen mit der Bitte, ihren Streit zu entscheiden. Sie gelobten beide, sich an seinen Schiedsspruch zu halten. Also entschied Heinrich folgendermaßen:

> 1. Die Frau vom Stein soll ihren Sitz im Haus zu Bastheim mit allem bekommen, was dazu gehört, wie es ihr Mann von ihrem Geld gekauft und ihr hinterlassen hatte. Dazu soll ihr für ihre Morgengabe von 50 Mark Silber ein diesem Wert entsprechender Besitz gegeben werden. Zwei unabhängige Schätzer sollen diese Güter bewerten. Sollte Christine Bastheim mit diesem Besitz verkaufen wollen, muss sie Siegfried und seinen Geschwistern für sechs Wochen ein Vorkaufsrecht einräumen. Wollen sie es nicht, mag sie es meistbietend verkaufen. Wenn Christine dabei den Wert ihrer Morgengabe nicht erreicht, müssen die Kinder zuzahlen. Nach ihrem Tod soll die Burg Bastheim mit allem, was dazu gehört, an ihre leiblichen Kinder aus der Ehe mit Siegfried von Stein fallen, ohne ihre Morgengabe.

> 2. Außerdem ist verabredet, dass sie ihrer Tochter (Gisela), die Konrad von Heßberg heiratet, eine Morgengabe von 50 Mark Silber der letzten Währung geben soll.

> 3. Von Hausrat, Kleinodien und aller fahrenden Habe soll Christine ein Sechstel behalten können. Fünf Sechstel gehen an die Kinder.

> 4. Schließlich hat Christine bei Heinrich (V.) und ihren weiteren Brüdern noch 50 Mark Silber auf einem an sie verpfändeten Gut zu Creidlitz stehen, das nach ihrem Tod an die Kinder aus der Ehe mit Siegfried von Stein und an die Kinder, die sie aus der Ehe mit Hermann von Thüngfeld eventuell noch bekommt, fallen soll. Wenn das Gut zu ihren Lebzeiten eingelöst wird, soll sie das Geld nach ihrer Brüder Rat anlegen.

> 5. Von etwaigen Schulden muss Christine ein Sechstel tragen, den Rest übernehmen die Kinder.

> 6. Dass Christine die Wasserburg zu Bastheim erhalten kann, setzt aber voraus, dass der Bischof einverstanden ist, das Lehen an Christine zu übergeben. Sollte er es nicht wollen, sollen die Kinder ihr ein anderes Gut zwei Meilen um Mellrichstadt zuweisen. Der Besitz soll höchstens in zwei Teile gestückelt sein.

Der Lehenbrief des Bischofs soll nach Christines Tod ihren Kindern aus der Ehe mit Siegfried von Stein übergeben werden.

Sehr wahrscheinlich hatte Christine eine große Mitgift in die Ehe eingebracht und konnte sich daher mehr Rechte herausnehmen als andere Ehefrauen und Witwen. Ihr ältester Sohn, Siegfried (III.), der Jüngere, wie er zur Unterscheidung von seinem Stiefbruder genannt wurde, wurde nun 1324, ebenso wie sein Vater vor ihm, mit einem Viertel des castrum Bastheim belehnt.[13]

Christine selbst begnügte sich nicht mit der Rolle der trauernden Witwe und treusorgenden Mutter. Sie vermählte sich ein zweites Mal 1320[14] mit Hermann von Thüngfeld, verstarb 1324[15] und ist im Kloster Ebrach begraben.[16]

Damit war jedoch die Bastheimer Geschichte noch nicht ausgestanden. Obwohl der jüngere Siegfried die Bastheimer Burg, anscheinend eine recht ausgedehnte Wasserburg in Ortsmitte von Bastheim am Elsbach, vom Bischof zu Lehen hatte und dadurch, wie seine Mitbesitzer von Bastheim, dem Bischof gegenüber ein Treueverhältnis eingegangen war, machte er 1342 Bastheim zum offenen Haus des Stifts Fulda und erhielt dafür fuldische Burglehen, die er zu Lichtenberg oder zu Bastheim verdienen sollte.[17] Er verpflichtete sich also, sowohl die Lichtenburg, als auch sein Schloss Bastheim für das Stift Fulda zu bewachen und beide Burgen dem Abt zu öffnen, wenn dieser Einlass begehrte. Dies war ein Treuebruch, den der Bischof so nicht hinnehmen mochte. Vorerst hinderte ihn jedoch die Fehde mit dem Stift Fulda an einem Strafzug.

Die Mitte des 14. Jahrhunderts war die Zeit großer Auseinandersetzungen zwischen Würzburg, Fulda und Henneberg mit wechselnden Koalitionen, wobei Graf Berthold VII. von Henneberg oft genug der vermittelnde Teil war, anders als sein Sohn Heinrich, der in einer Fehde mit dem Abt Heinrich VI. von Fulda 1327 von diesem gefangen genommen wurde und mit seinem Vater Urfehde schwören, also versprechen musste, gegenüber Fulda keine Waffe mehr in die Hand zu nehmen.[18]

1340 versuchte Hermann von Schlitz, der Marschalk des Stifts Fulda, die bischöfliche Stadt Meiningen am Palmsonntag zu überfallen, als die Meininger zur Martinskirche vor den Toren der Stadt wallten. Der Anschlag wurde aber entdeckt und vereitelt.[19] Zusätzlich nutzten adelige „Raubritter" diese unruhige Zeit, sich auf eigene Faust oder im Bunde mit den sich befehdenden Mächten zu bereichern. So zerstörte 1340 Bischof Otto von Würzburg das Raubschloss Welkershausen des Gottfried von Exdorf, im gleichen Jahr die feste Burg Rohr. Sein Nachfolger Bischof Albrecht von Hohenlohe schleifte 1350 auch noch die Burg Uttenhausen bei Rappershausen, welche Graf Berthold von Henneberg begonnen hatte zu bauen.[20] Dass der Bischof gerade in diesen großen Auseinandersetzungen im Gebiet zwischen Rhön und Grabfeld den Stützpunkt in Bastheim verlor und sich nicht mehr in Notlagen dorthin zurückziehen konnte, beeinträchtigte seine Stellung in der oberen Rhön, besonders weil nun die Kriegsscharen des fuldischen Abtes von Bastheim aus die Besitzungen des Bischofs um Neustadt, Mellrichstadt und Fladungen bedrohen konnten.

Deshalb wartete Bischof Albrecht ab, bis sich die politische Lage änderte. 1354 schloss er Frieden und ein Bündnis mit Abt Heinrich zu Fulda, so dass er von ihm ein Eingreifen nicht zu befürchten hatte. Dann zog er, wie Fries erzählt[21], im Jahre 1355 mit Heereskraft vor das Schloss Bastheim, in welchem die Feinde des Stiftes Sigfried vom Stein, Otto von Bastheim und Gobel Truchseß von Bastheim sich aufhielten, eroberte es „zu velde da vor mit grozzer kost vnd schaden reht vnd redlichen" und verlieh es den Besiegten wieder als Mannlehen unter der Bedingung, dass es dem Stifte zu ewigen Zeiten offen stehen solle.[22]

Politische Interessen müssen schon im Spiel gewesen sein, wie eben das momentane Bündnis des Würzburger Bischofs mit dem Abt von Fulda, denn anders ist es nicht zu erklären, dass die Besatzung des Bastheimer Schlosses wiederbelehnt wurde. Binder berichtet, die drei Bastheimer Burginhaber seien auf Verwendung ihrer Freunde begnadigt worden.[23]

Wie wir vorher gesehen haben, wurden sonst die eroberten Burgen zerstört, 1274 auch die Hutsburg, deren 32-köpfige Besatzung hingerichtet wurde, darunter sechs von Adel.

Ein zweites Mal wurde die Hutsburg 1449 erstürmt. Graf Wilhelm von Henneberg-Schleusingen hatte 1444[24] das Schloss Hutsberg dem Stift Würzburg zu Lehn aufgetragen und Georg von Bisa als Amtmann eingesetzt. Nach Graf Wilhelms Tod auf der Sauhatz erhob der mit dem Amt Kaltennordheim abgefundene Bruder

Heinrich XI. Anspruch auf die Herrschaft Henneberg-Schleusingen, erstürmte die Hutsburg und führte den schleusingischen Amtmann gefangen nach Kaltennordheim.[25]

Die von Steins zu Bastheim – Stammtafel

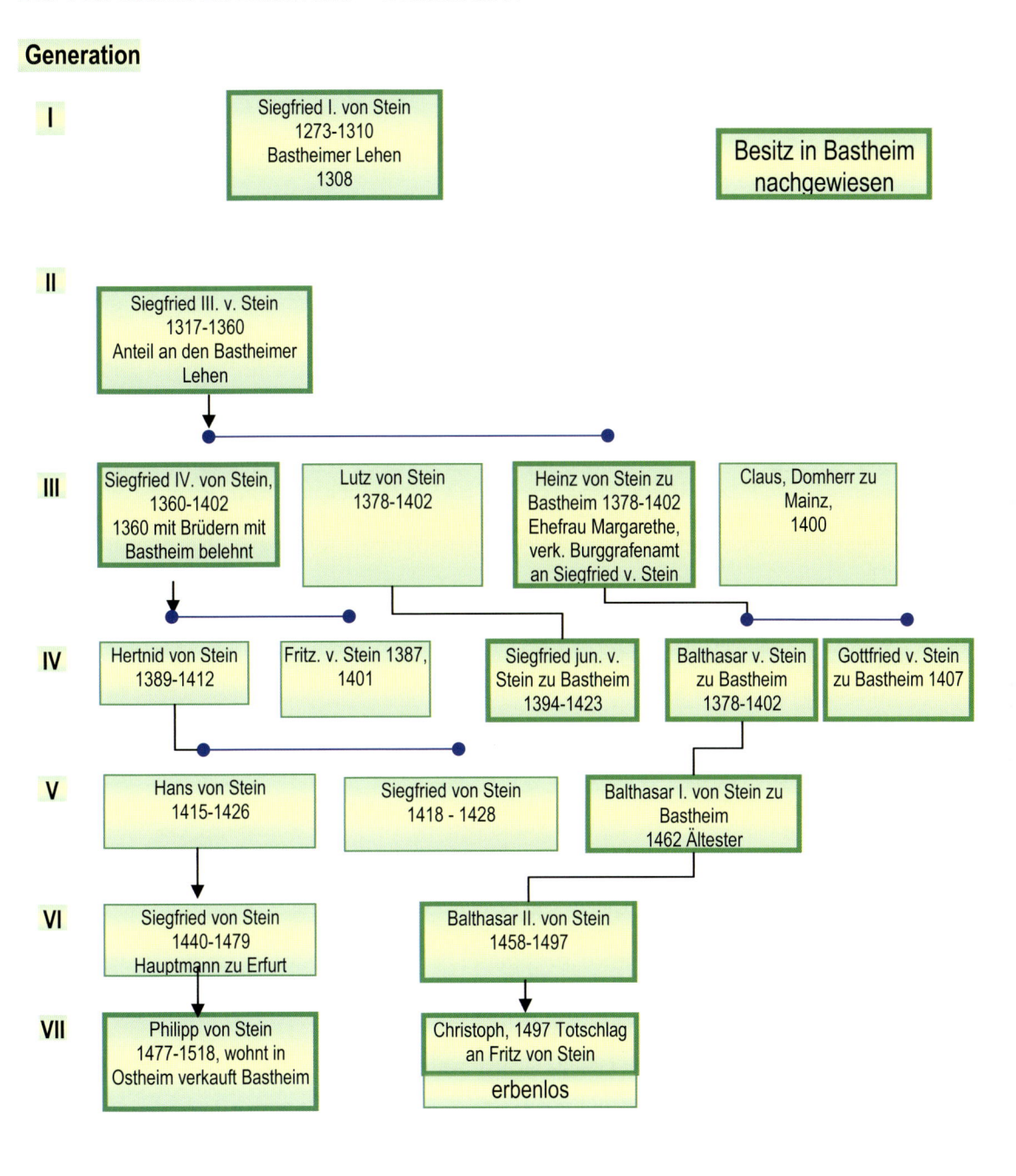

Generation

I

Siegfried I. von Stein
1273-1310
Bastheimer Lehen
1308

Besitz in Bastheim nachgewiesen

II

Siegfried III. v. Stein
1317-1360
Anteil an den Bastheimer Lehen

III

Siegfried IV. von Stein, 1360-1402
1360 mit Brüdern mit Bastheim belehnt

Lutz von Stein
1378-1402

Heinz von Stein zu Bastheim 1378-1402 Ehefrau Margarethe, verk. Burggrafenamt an Siegfried v. Stein

Claus, Domherr zu Mainz, 1400

IV

Hertnid von Stein
1389-1412

Fritz. v. Stein 1387, 1401

Siegfried jun. v. Stein zu Bastheim 1394-1423

Balthasar v. Stein zu Bastheim 1378-1402

Gottfried v. Stein zu Bastheim 1407

V

Hans von Stein
1415-1426

Siegfried von Stein
1418 - 1428

Balthasar I. von Stein zu Bastheim
1462 Ältester

VI

Siegfried von Stein
1440-1479
Hauptmann zu Erfurt

Balthasar II. von Stein
1458-1497

VII

Philipp von Stein
1477-1518, wohnt in Ostheim verkauft Bastheim

Christoph, 1497 Totschlag an Fritz von Stein
erbenlos

Die Steins zu Bastheim und ihre Mitbesitzer in Bastheim

1308: Mitglieder mehrerer Generationen von Stein hatten ihren Sitz in der Wasserburg Bastheim, angefangen vom Stammvater der Steins, Siegfried I., der um 1308 mit einem Viertel der Burg in Bastheim von Bischof Andreas von Gundelfingen belehnt wurde. Otto von Bastheim hatte die restlichen drei Viertel zu Lehen. Zwischen 1303 und 1313 hatten auch Aplo von Herschfeld 20 Joch Weinberge und ein Eigengut in Bastheim, sowie Conrad von Unsleben Zinseinnahmen, Albert von Fischberg ein Gut und 14 Joch Weinberge, Fischwasser und Wald. 14 Morgen Weinberge und weitere Einnahmen hatte auch Albert Truchseß von Henneberg, wappengleich mit den Herren von der Kere, vom Bischof zu Lehen.[26]

1322/3 belehnte Wolfram von Grumbach, Fürstbischof zu Würzburg, Albert Truchseß mit drei Vierteln der Burg zu Bastheim.[27]

1324 wurde Siegfrieds Sohn Siegfried III. von Stein mit einem Viertel der Burg zu Bastheim belehnt.[28]

1356: Von Fürstbischof Albrecht von Hohenlohe wurde Wolfram Schrimpf 1356 mit 10 Joch Weinbergen in Bastheim belehnt.[29] Er hatte sie von dem Ritter Johannes von Fladungen gekauft.[30] Der Vorbesitzer war um 1325 Heinrich von Fladungen gewesen.[31] Von diesem Fürstbischof empfing Siegfried Junior (III) vom Stein das Viertel an der Burg in Bastheim sowie ein Gut oder Vorwerk daselbst, außerdem noch 4 Joch Weinberge im gleichen Ort.[32] Um die gleiche Zeit erhielt Heinrich Truchseß, der Bruder Gobels, 30 Pfd. Heller von einem Haus und Badestube in Bastheim mit Weinbergen, Wiesen und Fischwassern und Eberhard von Ostheim die eine Hälfte einer Mühle in Bastheim, nachdem Gobel Truchseß das Lehen zurückgegeben hatte.[33] Die andere Hälfte der Mühle und einen Hof hatte Johann von Bibra als Lehen des Bischofs.[34] Vorher hatte sie ganz dem Vogt von Neustadt (Centurio de Novacivitate) gehört.[35] Auch die von Herschfelds hatten ihr Eigengut noch in Besitz. Ritter Wolfram hatte es von seinem Vater Johann und seinem ebenfalls verstorbenen Bruder Dietrich geerbt. Von seinem Vater Otto hatte inzwischen Sohn Hermann von Bastheim die Burg in Bastheim, jedoch nur noch zur Hälfte, geerbt, während sein Vater noch drei Viertel besessen hatte.[36]

1355: Eroberung der Wasserburg Bastheim.

1360: Belehnung Siegfrieds IV. und seiner Brüder mit den Bastheimer und Mellrichstädter Lehen.[37]

1364: Berthold Truchseß wird von Bischof Albrecht mit 7 Joch Weinbergen in Bastheim belehnt.[38]

1365: Hertnid Schrimpf empfängt die Weinberge, die schon sein Vater Wolfram innehatte von Bischof Albrecht zu Lehen.[39]

1393: Nachdem Siegfried IV. schon 1377 die Hälfte des Nordheimer Anteils am Burggrafenamt erworben hat[40], kauft er nun von Heinz vom Stein das dritte Viertel dieses Amtes. Heinz hat diesen Anteil von seinem Onkel, dem Würzburger Domherrn Heinrich, geerbt. Das Interessante an dieser Urkunde ist: Heinz nennt sich *von Stein gesessen zu Bastheim*.[41] Er hat also wie schon sein Großvater seinen Wohnsitz in Bastheim. Es scheint aber, dass sich mit Heinz die Nordheimer Linie aus Bastheim zurückgezogen hat. Sicher hängt dies mit dem vollständigen Erwerb von Nordheim im Grabfeld 1383 zusammen.

1394: Eberhard von Stein versöhnt seinen Vetter Hertnid nebst Vaterbruder einerseits und Siegfried von Stein den Jüngeren, Sohn des Lutz, andererseits wegen einer Forderung von 220 fl.[42]

1407 und 1411 wird Siegfried der Jüngere von Stein zu Bastheim von Würzburg u.a. mit 1/4 der Wüstung Altenfeld oberhalb Urspringens belehnt.[43] Seiner Frau Grete verschreibt er 1414 700 fl. auf seine würzburgischen Lehen.[44] Siegfried ist als Sohn des Lutz vom Stein nachgewiesen, der ein Sohn Siegfrieds III. gewesen sein dürfte.

1462: Graf Wilhelm von Henneberg beleiht, für sich und seine Brüder Johann und Berthold, Balthasar vom Stein als den Ältesten für Lorenz, Gyso und Kristoffel vom Stein, auch Sifriden vom Stein auch Kilian, Erharts vom Stein seligen Sohn, auch Heinzen, Hansen, Jörgen und Ecarius vom Stein, die Söhne des verstorbenen Caspar von Stein, zu gesamtem Mannlehen mit dem Burggrafenamt zu

Würzburg, das man jetzt das „Zentgrafenamt zu Würzburg" nennt, mit allen Zugehörungen inner- und außerhalb der Stadt Würzburg, außerdem ihren Teil am Zehnten zu Heselrieth.[45] Auch dieser Balthasar ist zu Bastheim gesessen.

1479: Möglicherweise war der Balthasar vom Stein zu Bastheim, der bei der Teilung der großen und kleinen Kemenate zu Ostheim vermittelte, bereits der Sohn des älteren Balthasar.

1496 waren die von Bastheims nur mit dem halben Anteil an der Burg in Bastheim belehnt, 1506, spätestens 1511 besitzen sie das ganze Schloss.[46]

1497: Der mehr als zweihundertjährige Besitz in Bastheim endet mit einer Tragödie: Christoph, ein Sohn des jüngeren Balthasar, ersticht im Rausch in Haßfurt seinen Vetter Fritz.

1515: Als Philipp von Stein zu Ostheim den Hof zu Bastheim und einen Zehntanteil zu Ostheim an Silvester von Schaumberg verkauft[47], ist dies wahrscheinlich das Ende des steinischen Besitzes in der Besengaumetropole. (Wagner)

1527: Philipp von Stein erhält von Heinz von Wambach, dem Schwiegersohn des verstorbenen Eckard von Stein, zum Tausch für $1/3$ am Hof zu Oberstreu u. a. Zinsen zu Bastheim.[48]

1566 ist von Bastheimer Erben die Rede, deren Vormund Wolf Zufraß zu Henfstedt ist.[49]

Fehden gegen Ritter und Fürsten

Die Bevölkerungskrise des 14. Jahrhunderts hatte vor allem die Ritterschaft ihrer wirtschaftlichen Grundlagen beraubt. In den durch die Pest ausgebluteten Dörfern waren die Zinseinnahmen stark geschwunden. Das durch diesen Bevölkerungsschwund verursachte Überangebot an Lebensmitteln ließ die Preise dafür ins Bodenlose sinken und entwertete dadurch auch die verbliebenen Naturalabgaben. Geldmangel war es aber auch, der die Ritterschaft ihrer eigentlichen Aufgabe, gepanzerter Arm der Herrscher zu sein, beraubte.

Keiner der Herren und Fürsten, die sich um Ersatz oder Nachfolge des ohnmächtigen Kaisertums stritten, war kapitalkräftig genug, sich ein stehendes Ritterheer leisten zu können, denn ein blühendes Bauerntum war auch ihre Kapitalbasis; zudem wurde infolge des Menschenmangels der Lohn für jede Arbeit, also auch für den Kriegsdienst immer teurer. Durch Verpfändungen und Schuldverschreibungen versuchten die Fürsten, das Geld für ihre zahllosen Kleinkriege zu erhalten, wurden zu Vergleichen gezwungen, um doch kurz darauf mit neuer Verschuldung die Fehde fortzusetzen.

Die Ritter kämpften nicht mehr für eine Idee, sondern sanken zu bloßen Parteigängern herab, bereit, heute der einen, morgen bei höherem Angebot der anderen Seite zu dienen. Nicht zuletzt durch ihre starre Kampfesweise schafften sich die Ritter nun ihren eigenen Untergang. Sie waren zuletzt so stark gepanzert, dass das Pferd die Last des gewappneten Reiters nur für einen kurzen Ansturm zu tragen vermochte. Stürzte das Pferd, so war der Ritter hilflos einem beweglicheren Gegner ausgeliefert, ja er konnte sich allein nicht einmal mehr vom Boden erheben. Der Ansturm der „Unbesiegbaren" zerschellte nun an den Spießen von Söldnern und an den Mauern der Städte.

Aus dem neuen Jahrhundert drohten schon die Mächte von außen: Die Hussiten und die Türken. Um die Jahrhundertwende galten alte Abhängigkeiten und Lehnspflichten nichts mehr. Lehnseide wie Urfehden wurden gebrochen. Schultes beschreibt diese fatale Lage folgendermaßen[50]: „Die Regierung Graf Friedrichs I. [von Henneberg] fiel gerade in einen Zeitraum, in welchem das Faustrecht in seiner vollen Stärke herrschte und die Verwirrung in Deutschland den höchsten Gipfel erreicht hatte. … Ganz Deutschland seufzete unter den greulichsten Verwüstungen, welche durch die unzähligen Befehdungen des hohen und niedern Adels allenthalben verbreitet wurden. Die öffentliche Sicherheit, die Früchte auf dem Felde, der Handel und alles, was zur Wohlfahrt des Menschen gehörte, war der Willkühr des vornehmern Räubers preis, der sich unter dem Vorwand, sein Recht zu behaupten, die zügellossesten Ausschweifungen erlaubte. Oft veranlaßte ein unbedeutender Gegenstand und eine geringe Beleidigung die grausamste Fehde, weil man einmal gewohnt war, die Entscheidung seiner Streithändel lieber von dem Ausschlag der Waffen, als von dem Ausspruch des Richters zu erwarten."

Einige Beispiele sollen dieser Zustände erläutern:

1364 auf Freitag nach Michaeli fielen die von Riedesels ins Dorf Willmars, plünderten und verbrannten es und führten die Leute gefangen mit hinweg; als die Hennebergischen Räte zur Schlichtung des Streites von Fulda zurückreisten, wurden auch sie von den Riedesels „geweglagert" und dabei Heinz von Wechmar gefangen.[51]

1369 Juli 20: Friedrich von Seldnegk und die über den Landfrieden zu Bayern und Franken gesetzten Zehn beurkunden: Auf der Landfriedenstagung zu Nürnberg hat vor ihnen Hermann Graf von Henneberg, gesessen zu Aschach (Ldkr. Bad Kissingen), mit Fürsprechern geklagt gegen Betz Warmund, Schultheiß, sowie gegen Rat und Bürger der Stadt Meiningen: Er habe sie mit empfangenen Landfriedensbriefen zur Mithilfe und zu einem Zug vor Solz (Ldkr. Meiningen) gegen seine Feinde aufgefordert; die Stadt habe sich versagt, sogar die Räuber gefördert; sein Schaden betrage 1000 Mark Silber. Betz Warmund, Schultheiß, und Heinz Beyger, Mitbürger zu Meiningen, leugneten als Bevollmächtigte der Stadt unter Eid jede Berechtigung dieser Klage. Die Landfriedensrichter sprechen nun die Stadt frei. „Geben 1369 an dem nechsten montag vor sant Margareten tag".[52]

Um 1390: Mehrere Fehden gegen die fränkischen Ritter von Wolfskehl und von Grumbach zwingen den Abt Friedrich von Fulda, Bischof Gerhard von Würzburg als Stiftspfleger einzusetzen.

1391: Bischof Gerhard belagert zum Schutz des Stiftes die Burg Poppenhausen der Ritter von Steinau. Der Fall der Burg wird durch den Abfall der fuldischen Stiftsvasallen und die Weigerung der fuldischen Städte, sich dem Bischof zu öffnen, verhindert.

1391: Mit dem Abt in Streit geraten, belagert Bischof Gerhard vergeblich Hammelburg, nachdem er den Sodenberg bei der Stadt erobert hat.[53]

1395: Dietz von Thüngen und seine Anhänger setzen ungeachtet eines erst 1393 abgeschlossenen Friedensvertrags ihre räuberischen Überfälle vom Sodenberg aus auf würzburgisches Gebiet fort, sodass der Bischof sich gezwungen sieht, die Burg ein zweites Mal zu erobern und nun den von Thüngens zu entreißen.

1396: Die Grafen von Henneberg verpfänden Heinrich von Wenkheim Schloss und Amt Mainberg. Nach dessen Tod setzt sich Graf Heinrich von Henneberg-Schleusingen wieder in den Besitz Mainbergs und gerät dadurch in eine Fehde mit Bischof Gerhard sowie den Herren von Seinsheim, von Buchenau und von der Tann, welche die Kinder des verstorbenen von Wenkheim schützen wollen. 1396 kommt ein Vergleich zustande.[54]

Die von Steins in Krieg und Fehde

Auch Siegfried von Stein (IV) verdingte sich in den Dienst anderer Herren. Im Frühjahr 1379 hatte Graf Heinrich von Henneberg-Schleusingen seine Lehns- und Gefolgsleute zur Kriegsfolge gefordert, weil er gegen Graf Hermann von Henneberg-Aschach Krieg zu führen gedachte. Sein Vetter Graf Berthold zu Henneberg-Hartenberg hatte nach seinem kinderlosen Tod 1378 diesen als Alleinerben bestimmt. Heinrich wollte das nicht hinnehmen und setzte ein bewaffnetes Heer in Marsch, dem Graf Hermann nichts entgegenzusetzen hatte und deshalb unter Vermittlung des Bischofs von Bamberg seinem Vetter die hartenbergischen Schlösser und Orte Benshausen, Reurieth und Schwarza versprach. „In jenen geharnischten Zeiten, wo Tapferkeit und Kriegsruhm die gewöhnliche Grösse der Landesregenten ausmachte"[55], war Heinrich mit dem schnellen Sieg nicht ausgefüllt und war gleich bereit, seine Truppen den Markgrafen von Meißen zuzuführen in der Hoffnung auf schnelle Siege und leichte Beute. Sie wollten die reiche Stadt Erfurt erobern. Siegfried, wenig älter als der 27-jährige Graf Heinrich, war mit einigen Knappen unter seinen Kämpfern, die sich mit schweren Verlusten zurückziehen mussten. Siegfried hatte dabei vier Streithengste verloren und forderte vom Grafen eine Entschädigung dafür, weil er ja in seinem Dienste gestanden hatte. Der Graf musste Siegfried, wie auch weitere Adelige, entschädigen. Er zahlte ihm 400 Gulden aus.[56]

Doch war es nicht so, dass Siegfried auf diese Entschädigung angewiesen gewesen wäre. Immerhin hatten er und seine Frau Felice soviel übriges Geld, dass sie 1384 dem Grafen 1130 Goldgulden leihen konnten. Dafür erhielten sie pfandweise den Zehnten, das Vorwerk, den Kirchhof und die Vogtei zu Jüchsen.[57]

Auch die Familie von Stein versuchte, ihre Interessen mit Gewalt durchzusetzen. Wegen des Besitzes von Lehen des Stifts Bamberg an der Aisch, auf die sie vielleicht durch die zweite Heirat der Stamm-Mutter Christine Anspruch hatten, gerieten sie im Jahr 1397 mit Götz von Exdorf und seinem Sohn Hans in Zwietracht und Krieg. Die Exdorfs waren eine Seitenlinie derer von Milz und mit diesen wappengleich. Wie dieser Krieg vor sich gegangen ist, wissen wir nicht. War aber eine Partei stark genug und hatte genügend wehrhafte Knechte und gute Freunde, dann konnte sie versuchen, die Burg oder Behausung des Gegners zu überfallen und zu erobern. Meist reichten dazu die Kräfte nicht aus, und so war die übliche Vorgehensweise, dem Gegner möglichst viel Schaden zuzufügen. Am leichtesten ging das, wenn man die Untertanen des Gegners überfiel und ausplünderte, und das waren die auch so schon geschundenen Bauern. War eine Fehde angesagt, so wurden zwar die Kirchenburgen instand gesetzt und Wachen aufgestellt, um das Nahen des Feindes zu melden. Dann konnte der Gegner aber immer noch das Getreide in Brand stecken, und wenn es hart auf hart kam, ging auch ein ganzes Dorf in Flammen auf. Doch wenn die Kräfte erschöpft waren, suchte man einen guten Freund auf, der dann vermitteln musste. Dies scheint hier der Fall gewesen zu sein. Beide Seiten bekennen in einer Urkunde vom 14. Februar 1397, dass sie sich gütlich geeinigt haben. Die von Steins sollen forthin alle strittigen Lehen haben, bis auf zwei an der Aisch gelegene Acker Wiesen und zwei Artacker daselbst, die die Exdorfs vom Stift zu Bamberg zu Lehen haben. Götz und Hans haben beschworen, der von Steins Freunde immer zu werden und diesen Vertrag zu halten. Es sieht so aus, als hätten die Steins diesmal die besseren Trümpfe in der Hand gehabt. So bekamen sie mehr Recht als ihre Gegner und neuen „Freunde". Schlecht sind die Steins nicht aus dieser Zeit hervorgegangen.

Der geplante Zug gegen die Landräuber diesseits des Mains bis ins Buchenland

Zu Ausgang des 14. Jahrhunderts war die Zeit reif für ein Ende des Fehdewesens. Immer mehr Fürsten, Städte und Adelige stellten sich in den Dienst des Landfriedens. Schon 1390 hören wir von der Androhung einer Strafaktion gegen fehdehungrige Raubritter.

Johann Graf zu Wertheim und die acht Mitbeauftragten für den Landfrieden zu Franken und Bayern beurkunden: Vor ihnen im Landfriedensgericht zu Würzburg hat Bürgermeister Heinz Zewmlein, bevollmächtigt von Rat und Bürgern der Stadt Schweinfurt, mit Fürsprechen gegen Heinz Haberkorn, gesessen zu Burgsinn, geklagt, weil er freundliche Regelung abgelehnt, ihnen Fehde angesagt, Raub angedroht und Ritter und Knechte zur Fehdeansage veranlasst habe; den Schaden berechnet der Bürgermeister auf 1000 Mark Silber[58]; dem Haberkorn waren Verbots- und Pfandbriefe zugesandt worden. Das Gericht erkennt die Forderung der Stadt Schweinfurt auf 1000 Mark Silber an und stellt den Landfriedensschutz dafür zur Verfügung. Die Stadt soll sich zu Aussöhnungsverhandlungen, die die Neun vom Landfrieden letztlich entscheiden, bereitfinden, wenn Haberkorn zur Vermeidung eines Rachezuges gegen ihn an die Landfriedensrichter herantritt. Wenn die Bürger den Haberkorn in einer Veste, Stadt oder Gericht aufspüren, soll der zuständige Herr, Richter oder Amtmann unter Verweigerung des Geleits ihnen helfen; Verweigerung dieser Hilfe wird nach Landfriedensrecht bestraft.[59]

1397 wurde zu Nürnberg ein entscheidender Landfriede zwischen fränkischen und bayerischen Fürsten und Städten vereinbart. Er begann mit der Aufstellung der von den Bundesverwandten, Bischof Lamprecht zu Bamberg, Bischof Friedrich von Eichstätt, Pfalzgraf Ruprecht bei Rhein, Herzog in Bayern, Landgraf Balthasar in Thüringen, Markgraf zu Meißen, den Städten Nürnberg und Weißenburg und verschiedenen Adeligen, zu stellenden Kontingenten an Truppen unter Führung Burggraf Friedrichs (VI.) zu Nürnberg, Hauptmann des römischen Königs seit 1397. Der Burggraf hatte die Befugnis und auch die Mittel in die Hand bekommen, auch selbst Streitkräfte anzuwerben.[60] Auch Graf Friedrich von Henneberg-Römhild hatte sich im Januar 1398 diesem Bündnis angeschlossen, aus gutem Grund: „Die Herren von Steinau, Steinrücken genannt, welche mit den von Wiers [Weyhers] im fuldaischen Gebiete zu Poppenhausen, Ebersberg und

Wiers seßhaft waren, fielen (1394) mit einer ansehnlichen Horde von 500 Reutern in die Grafschaft Henneberg ein, drangen bis Römhild vor und ließen allenthalben traurige Spuren der Verwüstung zurück."⁶¹
So entschloss sich das Bündnis zu einem Zuge gegen die Landräuber diesseits des Maines bis in das Buchenland. Als erstes wurde ein Raubnest ganz in der Nähe ausgehoben, das Schloss der Marschalks zu Marisfeld. Längere Zeit lag das bündische Heer vor der Burg, bis die Verteidiger am 3. September 1398 aufgaben.⁶² Die Burg wurde zerstört. An diesem Tag verschworen sich alle Angreifer, sich gegenseitig zu helfen, wenn an einem von ihnen Rache geübt werde. Das betraf neben Graf Friedrich von Henneberg-Römhild besonders auch die Familie von Stein, die in der Einung mitgekämpft hatte.⁶³
Bereits während der Belagerung wurden die nächsten Kriegszüge geplant. Zusammen mit den von Schaumbergs, den Füchsen, den von Lichtensteins, den von Heßbergs, den Truchsessen, den von Rotenhans, den Marschalks, den Zollners, den von Füllbachs, die in der Einigung waren, oder anderen, die noch zu dieser Einigung beitreten wollten, verbündeten sich auch die von Steins 1398⁶⁴ mit Burggraf Friedrich, die von Steinaus in Poppenhausen, die Thüngens und auch die von Weyhers jenseits der Rhön auszuräuchern. Von den Steins zu Ostheim waren sicherlich Hertnid (1389 – 1412), sowie Friedrich (Fritz) dabei, die auch im unten geschilderten Städtekrieg mitkämpften. Möglicherweise waren auch die Bastheimer Steins Siegfried und Heinz dabei, gewiss auch Vetter Heinz von der Nordheimer Linie.⁶⁵ Heinrich XVI. von Schaumberg fungierte dabei als eine Art Vertrauensmann des Adels in diesem Bündnis.⁶⁶ Die Adeligen mit ihren Gleven, (Rittern mit Wappenschild, die noch 4 – 5 berittene Knechte mit sich führten), traten nicht nur aus Überzeugung für die gute Sache an, sondern besonders deshalb, weil sie für ihre Dienste besoldet wurden. Außerdem hatte der Burggraf sich verpflichtet, den Rittern eventuelle Verluste im Kampf zu ersetzen. Noch ein Grund, sich dem Strafzug anzuschließen, war die Aussicht auf Beute, bis ins 18. Jahrhundert Triebkraft für die Teilnahme an Feld-, aber auch an Raubzügen.

Wiederholt war es vorgekommen, dass eine schon gewonnen geglaubte Schlacht verlorenging, weil die vermeintlichen Sieger sich zerstreuten, um Beute zu machen. Deshalb wurde von vornherein die Teilung der Beute vereinbart.

Bei der Labilität der Ritter und Herren in Bezug auf Einhaltung von Verträgen und den bekannten negativen Erfahrungen befürchtete man, dass einzelne Mitglieder der Einung durch größere Versprechungen in das Lager des bisherigen Gegners gezogen werden könnten. Deshalb vereinbarten die Verbündeten, nur gemeinsam Frieden zu schließen.

Oskar von Schaumberg kommentiert dieses Bündnis von 1397/1398 so: „Dieser neue Bund zwischen Fürsten, Städten u.[nd] einsichtigen Elementen des Adels erstrebte bei der zunehmenden Zuchtlosigkeit als

ABBILDUNG 2: STRAFZUG ZUR BURG (BILD AUS DER FRIES'SCHEN CHRONIK)

Folge d.[er] Fehdezeiten u.[nd] d.[er] bisherigen Erfolglosigkeit d.[er] vielgliedrigen allgemeinen Landfrieden wie d.[er] einseitigen Einzelhandlungen d.[er] Fürsten- Städte- und Ritterbünde eine freiwillige systematische Selbsthilfe mit gewaffneter Hand auf der Grundlage gemeinsamer Interessen. Gleichzeitig b.[ei] d.[em] bisherigen planlosen Hin und Her v.[on] Kämpfen, Gegensätzen und Rivalitäten in wirkungslosen, zumeist nur v.[on] d.[en] Sonderinteressen der Fürsten ausgenutzten Einzelunternehmungen d.[urch] Fernhalten fremder Gewalten u.[nd] deren Ein- u.[nd] Übergriffe. Der Bund von 1397/1398 ist d.[er] erste tatkräftige Fürsten- Städte- und Adelsbund u.[nd] die Bedeutung des Beitritts der a.[n] d.[er] Spitze des in erster Linie interessierten Adels gen.[annten] Geschlechter ist nicht z.[u] unterschätzen."[67]

Anscheinend kam diese Strafexpedition nicht zustande. Die Einigungsverwandten und ihre Knechte wurden, wie weiter unten berichtet, an anderer Stelle gebraucht: gegen des Bischofs eigene Städte im Städtekrieg des Jahres 1400. So hatten hier doch die Eigeninteressen einzelner Fürsten gesiegt.

Erst 1403 wurde ein weiterer Versuch unternommen, gegen die Räuberei in der Rhön vorzugehen, nachdem schon der Bischof von Würzburg 1402 die Wasserburg Weyhers eingenommen hatte.[68] In Schmalkalden entstand am Mittwoch nach Mitfasten 1403 (28. März) ein Bündnis der Grafen von Henneberg mit etlichen von Adel:[69]

Die Grafen Heinrich und Friedrich von Henneberg schließen mit Eberhart und Gottschalk, Ritter, und allen andern von Buchenauwe, Hans von Stein, Ritter, und Wetzel seinem Bruder[70], Fritz und Wylhelm von Herde, Gebrüder, eine Einung gegen Ditrich von Ebirsperg, Ritter, Symort und Karll von Steinauwe-Steinrücker genannt, Gebrüder, Petzin und Heintzen von Steinau, Gebrüder, Thomas und Hansen von Wyers und alle, die jetzt Ganerben sind und Teil haben am Ebersberg, Poppenhausen und Weyhers, und Herman von Sneberg, Symon, Gauwin, Wilhelm und Adolff von der Thanne und alle ihre Helfer. Fällt ein Führer, ziehen die anderen einen Halm aus einem Dache oder einer Scheuer und folgen dem, der den längsten Halm gezogen hat. Kriegsdienst für Fürsten, Grafen, Herren oder Städte darf nicht zu Kampfhandlungen der Einung untereinander führen. Streitigkeiten sollen in Schmalkalden oder in Salzungen vorgebracht werden; dort war sozusagen neutrales Territorium, wo man Streitigkeiten richten konnte. Für die Ritter sind Johann von Stein und Thomas von Grass auserkoren und sollen von den zweien, Att von Buchenau und Simon Urochs, noch einen dazunehmen, damit es eine ungerade Zahl ist. Nur war diesmal die treibende Kraft, der Burggraf von Nürnberg, nicht dabei, aber auch nicht die Steins aus Ostheim, Nordheim oder Bastheim. Warum letztere nicht, werden wir weiter unten sehen.

Um die Jahrhundertwende wurden allein im hennebergischen Gebiet sieben befestigte Adelssitze erobert und geschleift: Gleichamberg, Oberstadt (bei Marisfeld), Henfstädt, Helba, Heselbach (?)[71], Katz und Marisfeld.[72]

Der Städtekrieg des Jahres 1400 und die Steins[73]

In der Hauptsache wohl wegen der Bevölkerungs- und Wirtschaftskrise, teilweise aber auch durch eigene Misswirtschaft hatte sich unter den Bischöfen Albrecht von Hohenlohe (1345 – 1372) und Albrecht von Heßberg (1372 – 1376) eine gewaltige Schuldenlast aufgetürmt, die beim Amtsantritt des Bischofs Gerhard von Schwarzburg bis auf mehr als 300 000 Gulden angeschwollen war.[74] Wie hoch diese Schulden waren, kann man ermessen, wenn man erfährt, dass zu dieser Zeit die Stadt Kissingen mit dem Dorf Nüdlingen um 9000, Stadt und Schloss Königsberg um 19 600 Gulden verkauft wurden.[75] Bischof Gerhard musste nun zu immer neuen Besteuerungen, besonders der Städte, Zuflucht nehmen, was diese nicht widerspruchslos hinnehmen wollten.

Eng mit dem Widerstand gegen neue Belastungen war bei den Städten der Kampf um die Gerechtsame, Gerechtigkeiten, Herkommen, also ihre hergebrachten Rechte und Gerichte verknüpft.
- ➢ Die Bürger wollten nur die Abgaben zahlen, die sie schon immer zahlen mussten.
- ➢ Sie wollten also keine neuen Belastungen, unter welchem Vorwand auch immer, dulden.
- ➢ Sie waren die dauernden Verpfändungen leid, die nie ohne neue Lasten ausgingen.
- ➢ Sie wollten nur ihr eigenes Stadtgericht anerkennen und nicht vor die Zentgerichte gefordert werden.

> Sie wollten – letzten Endes – in ihrer Stadt selbst bestimmen können.

1394 hatte der Bischof eine verzweifelte Anstrengung unternommen, mit Hilfe der Städte seine Schulden zu mindern. Sie sollten die Steuern und Bete für vier Jahre im voraus auf einmal bezahlen und damit erst einmal die Gläubiger in der Umgebung befriedigen. Zwischen 30 000 und 40 000 Gulden mag diese Maßnahme erbracht haben, aber kaum ein Goldstück davon landete im Kasten des Bischofs. Das Geld reichte kaum zur Deckung der drückendsten Schulden. Die Lebenshaltung sollte jedoch auch nicht eingeschränkt werden, und dauernde Fehden ließen die Schulden immer höher steigen. Nicht zuletzt deshalb befürchteten die Städte des Hochstifts, dass sie trotz aller vertraglichen Zusagen doch wieder zahlen müssten, und schlossen im Frühjahr 1396 einen förmlichen und urkundlich abgeschlossenen Hilfsvertrag untereinander. In den Städten wurde das Misstrauen gegen den Bischof und seine Absichten immer größer, besonders, als er Giso von Bastheim zum Landvogt im Oberland ernannte, der ständig 10 bewaffnete Ritter mit ihren Knechten in seinem Schloss bereit halten sollte.[76]

Zwar erhob der Bischof bei den Städten nun keine Bete und Steuern. Dafür erfand er neue Belastungen und ließ sich diese von König Wenzel genehmigen: Am 19. Februar 1397 erlaubte der König dem Bischof die Erhebung eines fünfjährigen Zolls auf Wein und Getreide.[77] Dieser Zoll brachte den lange aufgestauten Unmut bei den Bürgern zum Überlaufen. Am 8. Juni erschienen die Abordnungen aus 11 Landstädten und aus Würzburg auf dem Marienberg, um noch einmal durch gütliche Verhandlung die Steuer abzuwenden. Allein, der Bischof blieb hart. Ungerührt ließ er auch alle Vorwürfe wegen der Verpfändung von Städten und Ämtern im Hochstift über sich ergehen.[78] Er konnte beweisen, dass er jedes Mittel ergreifen musste, um den Bankrott des Hochstiftes abzuwenden.[79] Wieder unten in der Stadt angekommen, ließen die Würzburger Räte sofort die Sturmglocken läuten, riefen die Bürger zu den Waffen und zum Aufstand. Der brach mit aller Heftigkeit los und richtete sich gegen alle Geistlichen und ihre Güter.[80]

Die Vertreter der anderen Städte waren sofort nach Hause zurückgekehrt. Die Mellrichstädter Abordnung hatte wahrscheinlich aus dem Schultheißen Hans Kellner und den Stadträten Cuntz Mühlfeld, Heintz von Nordheim, Heintz Schumann, Hans Trentfus, Ewald und Itel Leuthold bestanden. Sie ließen nach ihrer Ankunft in Mellrichstadt auch dort die Sturmglocke läuten. Als die Bürger in Waffen zum Marktplatz gestürzt kamen, teilte ihnen der Schultheiß die Nachricht von den gescheiterten Verhandlungen, vom Aufstand in Würzburg und von den Drohungen des Bischofs mit. Er und seine Stadträte riefen die Bürger dazu auf, auch in Mellrichstadt das Joch des Bischofs und der Geistlichkeit abzuschütteln. Unter ihrer Leitung stürmten nun die Bürger vor das Amtsschloss, brachen die Tore auf und nahmen die Diener des Bischofs gefangen.[81] Ein

ABBILDUNG 3: DAS ALTE SCHLOSS IN MELLRICHSTADT, SITZ DER WÜRZBURGISCHEN AMTMÄNNER, HEUTE AMTSGERICHT, ERBAUT 1512/1712. HIER STAND DIE EHEMALS HENNEBERGISCHE BURG, DIE 1397 VON DEN BÜRGERN GEPLÜNDERT WURDE

anderer Trupp drang ins Pfarrhaus ein und jagte den Pfarrer unter Schlägen und Misshandlungen aus der Stadt. Das gleiche geschah mit den Vikaren zu St. Sebastian und St. Nikolaus und dem Vikar in der Pfarrkirche. Alle Häuser des Stifts und der Geistlichkeit wurden ausgeplündert, die Vorräte im Fronhof, im Schloss und im Pfarrhof wurden mit Beschlag belegt.

Es scheint, dass der erste Aufruhr trotz Hilfsvertrags und trotz lange schwelenden Unmuts spontan erfolgte, ohne Planung, ohne Rücksicht auf die Folgen.

Beiderseitige Rüstungen und Suche nach Verbündeten

Während der Bischof nun die ganze Ritterschaft seines Stifts zur Rüstung und Hilfeleistung aufforderte, erließen Bürgerschaft und Rat von Würzburg ein Rundschreiben an die Landstädte, um gemeinsame Maßnahmen zur Abwehr bevorstehender Gefahren zu beraten. Zu einer Versammlung in Schweinfurt kamen neben Würzburg 11 Städte zusammen: Karlstadt, Gerolzhofen, Haßfurt, Neustadt, Meiningen, Königshofen, Mellrichstadt, Fladungen, Ebern, Seßlach und Schwarzach. Diese schlossen einen Vertrag und schworen, „das sie treulich zusamen setzen, ain ander beholffen sein vnd was diser sachen halb ain stat vnter inen anging, das solte alle vnd iede andere stete mit betreffen vnd ainer ieden lieb vnd laid der andern aigen sein."[82]

Der Bischof dagegen belegte die Aufrührer mit Interdikt und Kirchenbann.[83] Auch dort, wo die Geistlichen nicht vertrieben oder zurückgekehrt waren, schwiegen nun für drei Jahre die Kirchenglocken. Kein Gottesdienst durfte gehalten werden, kein Kind wurde getauft, kein Paar getraut. Ohne den Segen der Kirche mussten die Sterbenden ihren letzten Weg antreten.

Allmählich vergrößerte sich auch das bischöfliche Heer. Der Bischof hatte der Ritterschaft für jeden Gewappneten, der ihm zugeführt wurde, 100 Gulden jährlich versprochen. Einer der ersten Helfer war Graf Heinrich von Henneberg. Am 8. Juli 1397 unterzeichnete er einen Hilfsvertrag, in dem er sich verpflichtete, dem Bischof ein ganzes Jahr mit 20 Gleven beizustehen; dafür sollte er vom Bischof zu Pfingsten 1398 2000 Gulden erhalten. Sollte der Krieg aber in kürzerer Zeit beendet sein, sollte er nach dieser Zeit entgolten werden. Kriegsschäden sollten mit den 2000 Gulden abgedeckt sein. Gefangene, es seien Reisige oder Geburn (Reiter oder Bürger zu Fuß) die der Graf in Anwesenheit des bischöflichen Banners oder der Hauptleute machte, sollten mit ihrer Schätzung (Lösegeld) auf die 2000 Gulden Entlohnung angerechnet werden; waren diese nicht anwesend, so galt dies nur für die Reisigen.[84]

Weil der Bischof aber kein Geld hatte, musste er Graf Heinrich nach Ablauf des vereinbarten Jahres für die ausstehenden 2000 Gulden seinen Anteil am Dorf Sulzfeld verpfänden.[85]

Die Brüder Fritz und Hertnid von Stein zu Ostheim zogen mit noch sechs Gewappneten dem Bischof zu, wie eine Schuld, die noch 1408 mit 800 Gulden stand, erkennen lässt.[86] Als Lehnsnehmer waren sie auch zu diesem Kriegsdienst verpflichtet. Einer ihrer Onkel, der Domherr Heinrich von Stein aus der Nordheimer Linie, war ein getreuer Anhänger des Bischofs gewesen.[87] Ihr 1398 verstorbener Bruder Siegfried V. hatte ebenfalls als Domherr in Würzburg residiert,[88] ein weiteres Zeichen für die immer noch enge Bindung der Steins an den Bischof.

Caspar von Bibra, der während des Aufstands Landeshauptmann des Bischofs im Oberland gewesen war[89], hatte dabei die Städte räumen müssen und empfindliche Verluste erlitten.[90] Neben einer stattlichen Schar von Reisigen führte er dem Bischof noch 16 Hengste zu. Auch Albrecht und Eberhard von der Kere leisteten dem Bischof Hilfsdienst.[91] Maßgeblich nicht nur am Kampf, sondern auch später an der Befriedung waren die Ritter Eberhard von Buchenau und Heinz von der Tann beteiligt.[92]

Im Juli 1399 gewann Bischof Gerhard dazu noch den Erzbischof von Mainz, den Burggrafen von Nürnberg und den Herzog Ludwig den Gebarteten von Bayern-Ingolstadt als Bundesgenossen.[93] Dem Erzbischof hatte der Bischof dafür Krautheim (nordöstlich von Volkach) verpfänden müssen.[94]

Sehr wahrscheinlich waren neben Fritz und Hertnid von Stein auch die von Schaumbergs, die Füchse, die von Lichtensteins, die von Heßbergs, die Truchsessen, die von Rotenhans, die Marschalks, die Zollners und die von Füllbachs, alle, die sich in der Einung vom 3. September 1398 gefunden hatten, in den Dienst des Bischofs getreten. Ihr Beitrag sollte sich noch als kriegsentscheidend erweisen. Die Bastheimer Herren von Stein, Siegfried und Heinz, gehörten mit ziemlicher Sicherheit zu dem Aufgebot, das Giso von Bastheim als

Landvogt des Oberlandes anführte.

Schlechter sah es bei den Städten mit Verbündeten aus: Ihre natürlichen Verbündeten, die Reichsstädte, hatten selbst Sorgen genug. Der schwäbische Städtebund war durch die Niederlage 1388 bei Döffingen durch Eberhard von Württemberg stark angeschlagen und der Auflösung nahe, etwas später unterlagen die rheinischen Städte bei Worms dem Pfalzgrafen Rupprecht.

Und doch schien für kurze Zeit die Sache der Städte gesichert und zu ihren Gunsten entschieden: Am 13. Oktober 1397 hatten sie eine Gesandtschaft an König Wenzel abgeordnet. Durch reiche Geschenke fühlte sich Wenzel bewogen, die Städte unter des Reiches Schutz zu stellen. Gleichzeitig versprach er in einem Brief an die Stadt Würzburg auf Zeit seines Lebens den Städten, wie sie den Brief interpretierten, die Reichsfreiheit.[95] Die Würzburger glaubten nun am Ziel ihrer Wünsche zu sein, nannten sich Bürger des Reichs und teilten diese freudige Nachricht den übrigen Bundesstädten mit.

Als dann kurz darauf König Wenzel selbst in Würzburg eintraf und sich huldigen ließ, waren die letzten Skeptiker beruhigt. Alle Bundesstädte ließen nun auf den Rathäusern und Stadttürmen Paniere mit dem Reichsadler aufstecken, zum Zeichen dafür, dass sie jetzt des Bischofs und der Geistlichkeit ledig und freie Reichsbürger seien.[96]

Am 21. Januar 1398 versuchte König Wenzel dann allerdings in Frankfurt, sich nach beiden Seiten offenzuhalten.[97] Und nachdem Meiningen und Ebern am 5. August aus der Abwehrfront der Städte ausgebrochen waren, sah nun König Wenzel den Augenblick gekommen, die Sache der Städte zu verlassen.[98] Er versprach dem Bischof, für die Übergabe der Städte zu sorgen, andernfalls bei ihrer Niederringung mitzuhelfen.[99]

Der Bischof wollte nun eine Entscheidung erzwingen: Mit all seinen Verbündeten zog er am 10. August 1399 vor die Stadt Haßfurt. Die Angreifer hatten drei oder vier schwere Geschütze, die zentnerschwere Steinkugeln verschießen konnten, Schirme, Schanzzeug und alles, was zu einer Belagerung nötig war. Die Haßfurter konnten etwa 100 mit Spießen bewaffnete Männer dagegen aufbieten. Sieben Wochen dauerte die Belagerung, ohne dass Entsatz aus Würzburg eingetroffen wäre, wie die Haßfurter gehofft hatten. Doch diese unternahmen mit ihrer kleinen Besatzung eines Nachts einen Ausfall auf das Lager des Herzogs Ludwig von Bayern und schlugen nach kurzem, heftigen Gefecht die Belagerer in die Flucht.[100] Dabei wurden auf der Seite des Bischofs neben vielen anderen Conrat von Stein[101] und Adolf von Bibra[102] gefangen genommen. Auch Königshofen war, ebenfalls vergeblich, belagert worden.[103] Mit Beginn des Winters zogen die bischöflichen Truppen in die Umgebung von Würzburg. Sie wollten dort Winterquartier machen und gleichzeitig die Städte daran hindern, ihre Truppen in den umliegenden Orten zu verproviantieren.

Die Entscheidung

In Würzburg hatte sich das Heer der Bundesstädte versammelt. Auch sie hatten versucht, weitere Bundesgenossen zu gewinnen, waren aber nicht so erfolgreich gewesen wie der Bischof. Immerhin hatten sie ihre berittene Truppe durch eine größere Anzahl Adliger aus der Rhön, Hessen und der Wetterau verstärken können. Aus der Rhön waren herbeigezogen: Wilhelm und Adolf von der Tann, Karl und Otto von Steinau-Steinrück, Karl als Bannerträger der Städte.[104] Henne von Weyhers, Peter und Hermann von Weyhers, sowie Karl von Steinrück hatten schon zu den Verteidigern von Haßfurt im Herbst 1399 gehört und beim Ausfall Conrat von Stein gefangengenommen.[105] Zusammen mit den in Mellrichstadt begüterten Lutz, Karl, Hans und Henne von Trübenbach (Trümbach)[106] waren von Mellrichstadt über 50 Bürger und Stadtknechte nach Würzburg gezogen. Auch hatten die übrigen Städte ihre Kontingente geschickt, sodass Würzburg aus allen Nähten platzte. Schwierigkeiten bereitete in der Tat die Versorgung. Die nun schon drei Jahre andauernden Auseinandersetzungen hatten eine ausreichende Bevorratung verhindert. Die zusätzlichen Esser sorgten dafür, dass die Lebensmittel schnell zur Neige gingen. Als die städtischen Eidgenossen nun erfuhren, dass in der Kirchenburg von Bergtheim beträchtliche Getreidevorräte aus den Einnahmen würzburgischer Geistlicher lagerten, beschlossen sie diese in Besitz zu nehmen. An die 3000 Bewaffnete zogen am 11. Januar von Würzburg aus und erstürmten die Kirchenburg.[107]

ABBILDUNG 4: KAMPF IM MITTELALTER (ILLUSTRATRION DER SOG. MACIEJOWSKI-BIBEL)

Der Bischof hatte vom Vorhaben der Städte erfahren, seine Truppen zusammengezogen und dorthin geschickt. „Als nun bede thail ainander ansichtig wurden, verliessen die burgere den kirchhofe vnd schickten sich gegen die veinden in [*Schlacht-*]ordnung …Also warde von bedentheilen begirlich züsamen gegriffen vnd fachten die reütere im anfang gar manlichen, aber nach dem die burgere inen mit der macht weit vber legen vnd dan aus den, so zu fues abgestanden, zwen vom adel bald im anfang vmbracht würden, begünden sie zu weichen vnd wa nichts weiters fur gefallen, heten sie die schlacht verloren, dan sie sich nuhmer in die flucht ergeben, darin etliche gefangen, vil gar erschlagen wurden.

Aber gleich in solchem kamen etliche vom adel an der Baunach [sicherlich die Bündischen der Einung von 1398[108]] vf eruorderung bischof Gerharten mit sechtzig pferden gritten vnd griffen die burgere, so itzunt in der nacheil vnd gantz on ordnung zerstrait vnd mued waren, mit ernst an. So wendeten sich die andern reutere, so itzunt in der flücht gewichen, auch widerumb vnd traffen von newem mit inen, notigten sie auch so hart, das sie erstlich nachliessen, volgends sich gar in die flucht geben, vnd behielte der dompropst das veld.

Der burgere vnd des stetvolcks wurden bei eilfhundert erschlagen vnd vier hundert gefangen."[109]

Vom Mellrichstädter Aufgebot wurden an die 20 Bürger erschlagen, sieben wurden gefangengenommen.[110]

ABBILDUNG 5: SCHLACHTBILD DER SCHLACHT VON BERGTHEIM IM JAHR 1400 BEI FRIES.

Der Eindruck der Niederlage wirkte in Würzburg so vernichtend, dass die Bürger schon am nächsten Tag Unterhändler zum Bischof schickten und ihre Unterwerfung anboten. Wahrscheinlich hatten die Fliehenden ihre Waffen weggeworfen und waren in ihre Heimatstädte geflüchtet, denn als der Bischof am 15. Januar mit seinem Heer in Würzburg einzog, leisteten nicht viel mehr als 300 Männer Erbhuldigung.[111] Dazu trug auch die doch recht versöhnliche Haltung des Bischofs, die aus der Schlichtungsurkunde mit Würzburg vom 12. Januar spricht, zu der schnellen Unterwerfung bei. Am 15. Februar 1400 unterwarf sich neben den anderen abtrünnigen Städten auch Mellrichstadt aufs Neue dem Bischof.[112]

Streitigkeiten unter den Siegern

Eine Auseinandersetzung, deren Ausgang uns schriftlich vorliegt, ist wahrscheinlich noch auf den Städtekrieg zurückzuführen. Drei Geschlechter aus dem Raum Meiningen und Rhön-Grabfeld, die Bibras, die Steins und die von der Keres, hatten auf Seite des Bischofs gekämpft. Sie drängten nach dem Tode Bischof Gerhards beim neuen Bischof Johann von Egloffstein auf die Entlohnung für ihre Hilfsdienste. Dieser fand jedoch bei seinem Amtsantritt im Jahre 1400 nicht einmal genug Geld in der Kasse, eine Gesandtschaft nach Rom zur Einholung der päpstlichen Bestätigung schicken zu können. So musste auch er, wie schon so oft seine Vorgänger, seine Zuflucht zu Verpfändungen nehmen. Dem Landeshauptmann im Oberland, nun Kaspar von Bibra, verpfändete er 1402 für eine Schuld von 750 fl. die Vesten und Dörfer Aubstadt, Höchheim und die Vogtei zu Irmelshausen.[113] 1410 überantwortete er demselben wegen seiner Dienste als Landeshauptmann im Oberlande und seiner Verluste im Städtekrieg für eine Summe von 3250 fl die Stadt und Burg Mellrichstadt mit Gerichten und Gefällen.[114] Länger mussten die Steins auf ihren Lohn warten: Erst 1408 verpfändete Bischof Johann an Fritz und Hertnid von Stein die Gerichtseinnahmen zu Mellrichstadt[115] wegen einer Schuld von 800 fl. Nicht so lange wollten die Herren von der Kere auf die Bezahlung der ausstehenden Schulden von 300 fl[116] warten. Sie sagten dem Bischof nach alter Gewohnheit Fehde an und versuchten, sich ihr Recht mit gewappneter Hand zu holen. Erst mit der Bezwingung der kerischen Burg Katz konnte sich der Bischof Ruhe verschaffen. Ein erster Friede der von der Keres mit Bischof Johann von Brunn wurde 1413 abgeschlossen[117], doch erst am 5. Juli 1416 vertrug sich Albrecht von der Kere wieder mit dem Bischof.[118] Aus der Vergleichsurkunde geht hervor, dass der Streit besonders um „das Haus in der Burg Mellrichstadt" gegangen sei, das von des Bischofs Vorgänger zwar dem Albrecht und seinem Bruder Eberhard versprochen, dann jedoch dem Kaspar von Bibra verpfändet worden war.

Anscheinend hatten die drei Familien noch weitere Forderungen und zwar an den Burggrafen Johann von Nürnberg. Möglicherweise beruhten sie aus dem Vertrag des Zuges gegen die Räuber jenseits der Rhön vom

3. September 1398, eher aber vom Städtekrieg. Adolf von Bibra, Fritz und Heintz von Stein, sowie Andres von der Kere hatten, so ist anzunehmen, im Städtekrieg zwar Gefangene oder Beute gemacht, das Lösegeld jedoch vom Burggrafen, der die Gefangenen übernommen und ausgelöst hatte, nicht erhalten. Darauf hatten die vier dem Burggrafen eine „name getan", sie hatten ihm etwas weggenommen, ein Pfand geraubt. Durch Vermittlung Herzog Ludwigs von Bayern in seiner Eigenschaft als Vertreter des Heiligen Römischen Reiches in deutschen Landen waren die vier Adeligen am 26. November 1401 bereit, für vier Jahre Frieden zu halten, Urfehde gegen den römischen König Ruprecht, den Herzog zu Bayern und Pfalzgrafen Ludwig, den Bischof Albrecht von Bamberg und die Burggrafen von Nürnberg zu schwören.[119] Der Friede sollte auch für Land und Leute der vier Fürsten gelten, gegen die ja meist ein Angriff gerichtet war. Er sollte aber nicht gelten für den Fall, dass ein Lehnsherr der vier Ritter Krieg gegen einen der vier Fürsten führte und von dem Ritter Gefolgschaft forderte. Dann sollte aber die Friedenspflicht für diejenigen weitergelten, die nicht in diese neue Auseinandersetzung verwickelt seien. Außerdem steht den Rittern ein Pfandrecht zu, wenn einer der Fürsten Schulden bei ihnen gemacht hat. Sie haben jedoch auch die Pflicht, die Sache „mit einem frevntlichen rechten aws(zu)tragen."

Besiegelt wurde der Pakt durch Burggraf Johann, die beteiligten Ritter, Bischof Johann zu Würzburg und Graf Heinrich zu Henneberg.

---

[1] Wagner, Mellrichstadt, S. 161 ff.
[2] Biedermann Johann Gottfried, Geschlechtsregister Der Reichsfrey unmittelbaren Ritterschaft Landes zu Franken Löblichen Orts Rhön und Werra, Bayreuth 1749, Nachdruck 1989, Tabula I.
[3] Schultes D.G. I, S.89 ff. U XIII; Dobenecker III, S. 29 f. (Nr. 139) von 1230 Dezember.
[4] Heusinger / Solf, S.104 (Nr. 180).
[5] Dobenecker III, S. 75 f. (Nr. 401) von 1234 März 4.
[6] Heusinger / Solf, S. 102 f. (Nr. 177).
[7] Hoffmann, Das älteste Lehenbuch I, S. 72 (Nr. 545).
[8] Hoffmann, Das älteste Lehenbuch I, S. 44 .(Nr. 149).
[9] Hoffmann, Das älteste Lehenbuch I, S. 45 (Nr. 159), S. 46 (Nr. 189) und S. 103 (Nr. 955).
[10] Wagner, Mellrichstadt, S. 191 f; Hoffmann, Das älteste Lehenbuch I, S. 98 (Nr. 896).
[11] 1318 Sept. 11: von Schaumberg / Engel, Regesten von Schaumberg II, S. 17 f. (Nr. 30); 1318 Dez. 16: ebenda S. 17 f. (Nr. 31); 1319 März 29: ebenda S. 20 (Nr. 35).
[12] von Schaumberg / Engel, Regesten von Schaumberg II, S. 21 (Nr. 37).
[13] Wagner, Mellrichstadt, S. 192 f.
[14] vor dem 16. Mai 1320.
[15] vor dem 8. Januar 1324.
[16] Körner, „Genealogisches Handbuch", S. 315; von Schaumberg / Engel, Regesten von Schaumberg II, S. 186, Anm. zu Regest 37.
[17] StAMbg, Stift Fulda, Lehnsreverse „v. Bastheim" n. 1a (bei Wagner, Mellrichstadt, S. 192)
[18] Denn Urfehde ist der Verzicht auf Rache für erlittene Feindschaft. - Füßlein, S. 98; HUB V, LXVIII.
[19] u. a. Johann Sebastian Güth, Poligraphia Meiningensis. Das ist Gründliche Beschreibung Der Uhr-alten Stadt Meiningen ..., Gotha, 1676. Nachdruck: o.O., 1962, S. 157.
[20] Fries II, S. 306 f. und 343 f.
[21] Fries II, S. 356; Wagner, Mellrichstadt, S. 192 f.
[22] Monumenta Boica XXXXII, S. 97 f. Nr. 41 (bei Wagner, Mellrichstadt, S. 193).
[23] Binder, Lichtenberg, S. 167.
[24] Binder, Lichtenberg, S. 59. Da Wilhelm aber am 8. 1. 1444 starb (Heinrich Wagner. Entwurf einer Genealogie der Grafen von Henneberg. In: JbHFG 11 (1996). S. 33 – 152. Hier: S. 118), kann er das Schloss nicht 1444 aufgetragen haben, wenn die Auftragung nicht in den wenigen Tagen vor seinem Tod geschah (Binder sagt, es war am 24. Juni.).
[25] Schultes D.G. II, S. 103; Binder, Lichtenberg, S. 59.
[26] Hoffmann, Das älteste Lehenbuch I, S. 44 (Nr. 155), S. 46 (Nr. 180 und 185), S. 98 (Nr. 896) und S. 103 (Nr. 955).
[27] Hoffmann, Das älteste Lehenbuch I, S. 213 (Nr. 2010).
[28] Hoffmann, Das älteste Lehenbuch I, S. 239 (Nr. 2262).
[29] Hoffmann, Lehenbuch Hohenlohe I, S. 139 (Nr. 1100).
[30] Hoffmann, Lehenbuch Hohenlohe I, S. 122 (Nr. 974).
[31] Hoffmann, Das älteste Lehenbuch I, S. 217 (Nr. 2034).
[32] Hoffmann, Lehenbuch Hohenlohe I, S. 4 (Nr. 29).
[33] Hoffmann, Lehenbuch Hohenlohe I, (Nr. 1364).
[34] Hoffmann, Lehenbuch Hohenlohe I, S. 26 (Nr. 190).

35 Hoffmann, Das älteste Lehenbuch I, S. 43 (Nr. 138); oder es gab eine zweite Mühle in Bastheim.
36 Hoffmann, Lehenbuch Hohenlohe I, S. 249 (Nr. 1984).
37 Hoffmann, Lehenbuch Hohenlohe I, S. 165 (Nr. 1300).
38 Hoffmann, Lehenbuch Hohenlohe I, S. 207 (Nr. 1625).
39 Hoffmann, Lehenbuch Hohenlohe I, S. 139 (Nr. 1100).
40 AV U 22 von 1377 August 28.
41 AV Cop. I, S. 418.
42 AV U 36.
43 Wagner, Mellrichstadt, S. 194; StAW Lehenbücher 11, f. 52'; 1411.
44 Wagner, Mellrichstadt, S. 194; StAW Lehenbücher 14, f. 130'.
45 AV U 113; Cop. I, S. 419 von 1462 Mai 4.
46 Wagner, Mellrichstadt, S. 163 f, Anm. 27, 29, 30.
47 AV U 189.
48 AV Cop. I, S. 614.
49 AV Cop. I, S. 629: Donnerstag nach Laetare (28. März) 1566.
Die Bastheimer Erben sind die Söhne der Anna Sophie von Stein († 1614) aus der Ehe mit Adam von und zu Bastheim: Hans Otto, Wilhelm, Rudolph und Sophie Barbara. Sie brachte ihrem Mann die Eigengüter der Steins zu Sondheim/Rh. mit in die Ehe, vg. das Kapitel 7.2 „Die Steins zu Ostheim".
50 Schultes, DG I, S. 343.
51 Müller, Bezirk Mellerichstadt, S. 156.
52 Engel, Urkundenregesten der Städte, S. 111 (Nr. 195).
53 Fries III, S. 32.
54 sämtlich aus Fries III, S. 43 ff. und Schultes D.G. II, S. 88 f.
55 Schultes DG II, S. 84.
56 HUB III, CIL von 1379 Mai 31.
57 HUB V, CCCXXI von 1384 Juni 2.
58 In der Urkunde wird nicht aufgeführt, worin der Schaden bestand. Hatten etwa Feindseligkeiten bereits begonnen,. oder war dadurch der Handel lahm gelegt worden?
59 Engel, Urkundenregesten der Städte, S. 167 f. (Nr. 319) von 1390 März 1.
60 von Schaumberg / Engel, Regesten von Schaumberg II, S. 279 f. Anm. 3 zu Regest Nr. 356.
61 Schultes, DG I, S. 345 f.
62 von Schaumberg / Engel, Regesten von Schaumberg II, S. 162 (Nr. 356) von 1398 September 3 und (Nr. 357) vom gleichen Tag und S. 163 (Nr. 358) von 1398 September 6. Diese Urkunden sind alle vor, letztere bei Marisfeld geschrieben.
63 Nachdem sie vor Marisfeld den nächsten Kriegszug mit beschlossen, mussten sie auch dort gekämpft haben. (von Schaumberg / Engel, Regesten von Schaumberg II, S. 162 (Nr. 356)).
64 am 3. September 1398, Schultes D.G. I, S. 504, Urk. XLIV und die Ausführungen auf S. 343 ff.
65 Die beiden Ostheimer werden im Städtekrieg von 1400 erwähnt, Heinz zu Nordheim muss 1401 dem König Ruprecht Urfehde leisten, ebenso wie Fritz zu Ostheim. (siehe Abschnitt „Städtekrieg des Jahres 1400 und die Steins")
66 von Schaumberg / Engel, Regesten von Schaumberg II, S. 278 ff, Anm. zu Regest Nr. 356.
67 von Schaumberg / Engel, Regesten von Schaumberg II, S. 279, Anm. zu Regest Nr. 356 von 1398 September 3.
68 Fritz Luckhard (Bearb.), Regesten der Herren von Ebersberg genannt von Weyhers in der Rhön (1170 – 1518). Fulda, 1963. S. 84 – 86 (Nr. 294 – 298).
69 Johann Friedrich Schannat, Sammlung Alter Historischer Schrifften Und Documenten Auß unterschiedlichen Archiven wie auch raren Manuscripten zum Druck befördert. 1. Bd.. Fulda, 1725, S. 53, XVII; Luckhard, S. 86 f. (Nr. 303).
70 Die hier genannten Steins sind mit großer Wahrscheinlichkeit Steins von Liebenstein, vg. HUB IV, S. 49, 80 und 129. Von einem Johann von Stein zu dieser Zeit ist nichts bekannt, es sei denn, der 1357 – 1368 genannte Johann von Stein hätte einen Sohn gehabt, der aber sonst nicht auftaucht.
71 Ort „Heselbach" ist unbekannt. Weniger wahrscheinlich Häselrieth, Stadt Hildburghausen, eher Haselbach, Gemeinde Hermannsfeld. Der Standort der früher dort gestandenen Kemenate ist heute noch bekannt. Der ganze Ort heißt im Volksmund noch „Kemette". Haselbach fiel 1527 als hennebergisches Lehen an die Familie von Stein, nachdem 1317 Albrecht von der Kehr, 1360 die Schenk dort Besitz hatten und 1450 das Dorf von Cuntz Schrimpfff an Heinrich von Wechmar übergegangen war. (AV Cop. I, S. 674) Haselbach, 1121 Kemenaten genannt (Ernst Friedrich Johann Dronke. Codex Diplomaticus Fuldensis. 1. Bd. Kassel,. 1850. Neudruck: Aalen, 1962. S. 379 (Nr. 778)), wurde 1131 durch Henneberg von Fulda ertauscht. (Zickgraf, S. 44).
72 Schultes D.G. I, S. 346.
73 vg. Gerhard Schätzlein, Der Kampf der fränkischen Landstädte um ihre Unabhängigkeit. In: Jahrbuch 1979 des Landkreises Rhön-Grabfeld, S. 183 – 202.
74 Fries III, S. 17 f.
75 Fries III, S. 38.
76 Ludwig Benkert, Bad Neustadt an der Saale. Die Stadtchronik, Bad Neustadt 1985, S. 49 f.
77 Fries III, S. 42 f; Josef Sperl, Stadt und Festung Königshofen i. Grabfeld. Ein geschichtlicher Abriß, Bad Königshofen 1974, S. 38.

[78] Fries III, S. 45; Engel, Urkundenregesten der Städte, S. 186 f. (Nr. 364), wo 1396 die Hälfte von Stadt und Amt Königshofen verpfändet wird.
[79] Fries III, S. 46.
[80] Wilhelm Engel (Bearb.). Urkundenregesten zur Geschichte der Stadt Würzburg. (QFW 5) Würzburg, 1952, S. 390 f. (Nr. 532).
[81] vg. dazu auch den Schiedsspruch König Wenzels 1398 (Fries III, S. 54).
[82] Fries III, S. 50.
[83] Interdikt und Kirchenbann sind sich sehr ähnlich: Das Erstere ist die Einstellung kirchlicher Handlungen als Strafe, das Letztere der Ausschluss des Bestraften von Sakramenten.
[84] Schultes D.G. II Urkundenbuch, S.193 f., CLVI.
[85] Schultes D.G. II, Urkundenbuch, S. 195, CLVIII.
[86] Müller, Bezirk Mellerichstadt, S. 313.
[87] AV U 38; Cop. I, S. 837 und Engel, Urkundenregesten der Städte, S. 164 ff. (Nr. 311, 313, 315, 317)
[88] von 1380 – 1398. August Amrhein: Reihenfolge der Mitglieder des adeligen Domstiftes zu Wirzburg, St. Kilians-Brüder genannt, von seiner Gründung bis zur Säkularisation 742 – 1803. In: AU 32 (1889). S. 1 ff. und AU 33 (1890). S. 1 ff.. Hier: I. S. 229 (Nr. 689).
[89] Werner Wagenhöfer. Die Bibra. Studien und Materialien zur Genealogie und zur Besitzgeschichte einer fränkischen Niederadelsfamilie im späten Mittelalter. (Veröffentlichungen der Gesellschaft für Fränkische Geschichte IX/45) Neustadt an der Aisch, 1998, S. 233.
[90] Müller, Bezirk Mellerichstadt, S. 313.
[91] StAW WU 95/104: Wegen einer Forderung von 300 fl, die binnen 6 Jahre zu zahlen ist, verpfändet Bischof Johann I. den Rittern von der Kere die Bete zu Mellrichstadt.
[92] Engel, Urkundenregesten der Städte, S. 197 ff. (Nr. 387 ff.).
[93] Josef Kehl, Chronik von Haßfurt, die Geschichte eines fränkischen Landstädtchens, Würzburg, 1948, S. 344.
[94] Fries III, S. 61 ff. von 1399 Dezember 29.
[95] Fries III, S. 50; Sperl, S. 39. Nach Fries versprach er nur seinen Schutz und kündigte sein Kommen an.
[96] Fries III, S. 53.
[97] Engel, Urkundenregesten der Stadt Würzburg, S. 383 (Nr. 518).
[98] Engel, Urkundenregesten der Stadt Würzburg, S. 384 (Nr. 521) von 1399 August 5.
[99] Engel, Urkundenregesten der Stadt Würzburg, S. 383 (Nr. 518).
[100] Kehl, S. 344.
[101] Luckhard, S. 83 (Nr. 291); Conrat von Stein taucht sonst im Stammbaum der Familie nicht auf. Auch auf die Linie gibt es keine Rückschlüsse. Es wäre auch möglich, dass Conrat aus der Familie von Stein zu Altenstein stammt.
[102] Luckhard, S. 84 (Nr. 293) von 1401 Februar 18.
[103] Kehl, S. 345.
[104] Luckhard, S. 83 (Nr. 291) von 1401 Februar 18.
[105] Luckhard, S. 83 (Nr. 291); auch Adolf von Bibra war von ihnen gefangen worden. (Luckhard, S. 84 (Nr. 293)).
[106] Fries III, S. 64 ff. und Müller, Bezirk Mellerichstadt, S. 313.
[107] Das Datum der Schlacht wird von Kehl als 4. Januar, in Engel, Urkundenregesten der Stadt Würzburg, S. 390 f. (Nr. 532) als 6. Januar, sonst nach Fries (III. S. 65) als 11. Januar angegeben.
[108] von Schaumberg / Engel, Regesten von Schaumberg II, S. 167 (Nr. 369) von 1400 Januar 6.
[109] Fries III, S. 66 f.
[110] Die Gefangenen nach Engel, Urkundenregesten der Städte, S. 198 f. (Nr. 389).
[111] Fries III, S. 68.
[112] vg. auch Benkert, Bad Neustadt, S. 48 ff; Monumenta Boica XXXXVI, Nr. 408 und Engel, Urkundenregesten der Städte, S. 199 (Nr. 390).
[113] Lorenz Fries. Geschichte, Namen, Geschlecht, Leben, Thaten und Absterben der Bischöfe von Würzburg ... . Verlag Bonitas-Bauer. 1. Band ‚Würzburg, 1924, S. 494, Anm..
[114] StAW WU 122/18; Müller, Bezirk Mellerichstadt, S. 313.
[115] Müller, Bezirk Mellerichstadt, S. 313 am 30. September 1408.
[116] StAW WU 122/18.
[117] Fries III. S. 125 f.
[118] StAW WU 122/18.
[119] HUB V, CCCXCIII.; AV U 39; „dar vmb vns der durchlewtig hochgeborne furste vnd herre herr Ludwig, Pfalzgraue bey Rein, hertzoge in Beyrn vnd vicarer dez heiligen Romischen Reichs in dewtschen landen, beteydiget hat," Von den sechs Siegeln fehlt das Hennebergische (2), das von Heintz vom Stein und von Andreas von der Kere (5 und. 6) sind an der Oberfläche beschädigt, die übrigen (1, 3 und 4) gut erhalten: sie sind von braunem Wachs. Das Wappen des Bischofs hat im oberen Halbteil das bischöfliche Brustbild, im unteren das Egloffsteinische Wappen; Umschrift: + secret. iohans epi. herbi . . . Vom Siegel des Adolf von Bibra ist nur das Wappen gut erkenntlich, die Umschrift fast ganz abgerieben; von dem des Friedrich von Stein ist das Wappen klar, Umschrift: -f S. Frid... Stein.

4. Die Entstehung der Reichsritterschaft

Im Deutschen Reich war ein Adeliger eigentlich nur dann reichsunmittelbar, d. h. niemandem anderen untertan als dem Kaiser, wenn er als höherer Adeliger (Graf) Lehen vom Kaiser bekommen oder früh genug Eigenbesitz erworben hatte; sonst war er auch einem anderen Fürsten unterworfen. Der Kaiser aber hatte praktisch nur im frühen Mittelalter freie Lehen zu verteilen, und erworbener Eigenbesitz war auch nur damals „frei". Die Lehen gingen später meist von Fürsten aus, und sowohl die im Laufe der Zeit aus der Ministerialität Aufgestiegenen als auch die schon früh freien so genannten *Edelfreien* bildeten den niederen Adel, der bei Bischöfen, Grafen und Fürsten im Hof- und im noch bis ins 15. Jahrhundert wichtigen ritterlichen Kriegsdienst tätig war. Daneben war die im nächsten Kapitel näher beschriebene „Burghut" eine sehr wichtige ritterliche Aufgabe. Die Ritter waren nicht nur mit ihrem Lehns-, sondern auch mit ihrem Allodialbesitz anderen Herren untergeordnet. Der Niederadel spielte aber im „politischen Leben" auch des Hochstifts Würzburg bei weitem die bedeutendste Rolle. Im Gegensatz zu anderen Bistümern kamen nämlich in Würzburg die meisten Bischöfe aus der Schicht des Niederadels. Die Ritter waren auch teils so finanzkräftig, dass sie Burgen, Städte und Ämter, die die Bischöfe aus Geldmangel verpfänden mussten, übernehmen konnten.

Ritter erwerben die Reichsunmittelbarkeit[1]

Selbstverständlich suchten sich die Ritter aus der völligen Abhängigkeit von *einem* Territorialherren zu befreien und auch in ihrer Schwäche als Einzelner zu schützen. Das Erstere konnte ihnen schon früh einigermaßen gelingen, wenn sie Lehen von zwei oder mehreren Herren bekamen, was auch die Familie von Stein bald schaffte[2]. Das Letztere war schwierig; denn durch Artikel 15 der Goldenen Bulle Karls IV. von 1356, des Reichsgrundgesetzes, war es dem Adel verboten, sich genossenschaftlich zusammenzuschließen. Deshalb gab es nur lose Ritterbünde, die oft auf Zeit und zu einem bestimmten Zweck gebildet wurden. Das waren anfangs die so genannten Turniergesellschaften, die, wie der Name schon sagt, hauptsächlich den Zweck hatten, Turniere, auch als gesellschaftliche Ereignisse, durchzuführen; aber sie wurden sicher auch schon zu Absprachen gebraucht und als Schutzbündnisse verstanden[3]. Daneben gab es in der zweiten Hälfte des 14. Jahrhunderts die „Gesellschaft mit dem Greifen" von Odenwälder Rittern, die das Verhalten der Mitglieder in Krieg und Frieden untereinander und gegen Dritte regelte, einen Adelsbund an der Baunach, eine Fehdegenossenschaft im Hennebergischen und im Fuldischen seit 1403 den Simplicius-Orden. Dies waren ritterschaftliche Bündnisse oder *Ein(ig)ungen*, die eindeutig politische Ziele verfolgten, aber noch zeitlich und inhaltlich begrenzt waren[4]. Sie bildeten sich besonders in den Gebieten schwächerer Territorialherren und an Rändern von Territorien, wo sie geduldet wurden. Bischöfliche Stifte waren in dieser Beziehung besonders „schwach", weil die Territorialherren von Rittern in den Domkapiteln gewählt wurden und selbst meist aus dieser Gesellschaftschicht kamen, so dass sie immer „zwei Seelen in ihrer Brust" hatten. Ritter waren in einer noch stärkeren Position vor allem in Gebieten, um deren Vorherrschaft sich Nachbarn stritten. Dies traf besonders auch für die Gegend des nördlichen Unterfranken zu, wo die Bischöfe von Würzburg, die Äbte von Fulda und die Grafen von Henneberg lange Zeit um die Vorherrschaft rangen. Die Bischöfe waren vor allem im 14. und 15. Jahrhundert durch finanzielle Probleme zu Verpfändungen gezwungen, die Ausgangsposition der Äbte in Form von Besitzungen hier war die geringste und die Grafen schwächten sich durch ihre Gebietsteilungen. Der wichtigste Vorläufer der politischen Zusammenschlüsse in Kantone etc. des 16. Jahrhunderts war in unserer Gegend die sog. Große Einung von Schweinfurt 1402, in der sich über einhundert Grafen[5], Herren, Ritter und (Edel-)Knechte, ohne dass dies ausdrücklich gesagt wurde, gegen unrechtmäßige Gewalt höherer Stände, aber auch wegen Recht und Billigkeit untereinander zusammenschlossen[6]. Neben Graf Friedrich I. von Henneberg-Römhild, anderen Grafen und Mitgliedern der Familien von Lichtenstein, von Bibra, von Maßbach, von Thüngen, von Herbilstadt, von Ostheim und anderen unterschrieben am 8. November 1402 auch ein Ulrich und ein Hans von Stein. Hier heißt es als erster Punkt: „Were eß sache daß ymant eine(n) oder mer vorvnrechten wolte oder vorunrecht die in diser eynunge weren, wer oder weliche die weren, dem oder den solten die andern getreulich verantworten vnd auch recht fur yn biten, mochte sie daß nicht gehelffen vnd daß man yn vnrecht thun wolte, oder tete, so sollen vnd wollen wir die andern alle yn ein getreuwe Hilffe thun […] itzlicher uf seinen eigen schaden vnd sein selbeß koste […] daß sollen vnd wollen wir getreulich thun on alle wider rede." Weiterhin geht es um Verteilung der Beute in Kriegen und Ersatz für dort erlittenen Schaden. Es wurden wenigstens jährliche Treffen vereinbart und Strafen für die, die ohne anerkannten Grund fernblieben, festgelegt. Bei Streit untereinander sollen fünf gewählte Männer (Fünfer) entscheiden. Neuer Besteuerung durch den Bischof von Würzburg, der allerdings neben dem Kaiser als Herr, dem sie durch Gelübde und Eide verpflichtet waren, genannt ist, wollten sie sich widersetzen[7].

Nun brauchte auch der Kaiser die Ritter für den Kriegsdienst. Deshalb bekamen sie immer größere Rechte von ihm zugestanden. Kaiser Sigismund erkannte den Wert der Adelsbünde für seine Politik gegen die mächtig gewordenen Landesfürsten, förderte sie und gab 1422 der „Ritterschaft in Teutschen Landen Macht und Gewalt, daß sie sich miteinander verbinden und vereinigen sollen und mögen", auch mit den Reichsstädten. Schon im nächsten Jahr schloss sich die fränkische Ritterschaft zusammen: Am 26. November 1423 kam es zu einem Vertrag auf zehn Jahre[8], in dem es, ähnlich dem Vertrag von 1402, aber viel ausführlicher, darum ging, wie man sich gegenseitig schützen, unterstützen, beim alten Herkommen bewahren und Streitigkeiten etc. untereinander gütlich beilegen kann. Es wurde festgelegt, dass und wie man Beiträge zahlen und wie über sie Rechnung gelegt werden soll. Mindestens zwei Mal im Jahr wollte man sich treffen.

Zum selben Zeitpunkt wurde eine Einigung mit der Reichsstadt Schweinfurt gebildet[9], um u. a. die Stadt in ihren Freiheiten, Rechten und Privilegien zu schützen, und am 10. Juli 1430 schlossen die fränkischen Ritter einen Vertrag mit der schwäbischen

ABBILDUNG 1: RÜCKKEHR AUS DER SCHLACHT
(ILLUSTRATION DER SOG. MACIEJOWSKI-BIBEL)

Einung „von St. Georgen Schildt"[10]. Man kann allerdings im 15. Jahrhundert noch nicht wirklich von „Reichsritterschaft" sprechen, obwohl die Einungen auch von Territorialherren anerkannt wurden. Dass der vereinigte Adel aber begann, eine politische Kraft zu werden, ist 1435 zu merken. Ein Ausschreiben des Stifts-Pflegers und der Stadt Würzburg im Juli an ihn richtete sich gegen Bischof Johann II. von Brunn, der auch am Erhardstag (8. Januar) mit dem Stiftsadel einen Vertrag (den sog. Rundvertrag) wegen der Handhabung der Gerechtigkeit im Stift geschlossen hatte [11]. Das Schreiben ging auch an die Edelleute vom Stein[12].

Am 29. April 1450 legten der Bischof, das Kapitel und die Stiftsritterschaft eine Satzung und Ordnung fest[13], wonach erstmals auf ein Jahr die Organisation einer gemeinschaftlichen Wehr bestimmt wurde. Fehden untereinander waren verboten und in vier Kreisen (Oberland, Baunach, Steigerwald unter den Bergen und auf dem Gäu, mit der Gegend um Würzburg und Main abwärts) hatte je ein Hauptmann das Sagen. Es wurde

ABBILDUNG 2: DAS DOKUMENT DER EINUNG VON 1423 (AUS DEM STAATSARCHIV WÜRZBURG)

bestimmt, wer wie viele Pferde zu stellen hatte: z. B. Graf Wilhelm (IV.) von Henneberg-Schleusingen (1434 – 1480) und Graf Friedrich (II.) von Henneberg-Römhild (1429 – 1488) je 12 und die meisten anderen Herren je (teils auch zu zweit) ein Pferd; so auch Lorenz und Christian vom Stein zu Ostheim. Zur Deckung der Unkosten wurde eine Steuer erhoben auf Vieh und Menschen, wobei Juden das Doppelte zahlen mussten. Je Viertel besorgten dies drei Steuereinnehmer. Wenn in Kämpfen Beute gemacht wurde, so sollte sie als Steuer verwendet werden.

Ebenso schlossen, um noch ein Beispiel für Verträge zwischen den Bischöfen und dem Adel zu nennen, Bischof Johann III. von Grumbach und das Kapitel am 17. Oktober 1461 mit der Stifts-Ritterschaft einen Vertrag über die Rechte des Kaiserlichen Landgerichts[14] und anderer Gerichte und das Lehenrecht. Den Rittern wurde versprochen, sie bei ihren alten Herkommen, Freiheiten, Gerechtigkeiten und Erbschaften zu belassen und ihnen an ihren Verschreibungen und Pfandschaften keinerlei Gewalt oder Unrecht zu tun. Am 15. Juni 1483 gab es eine „große Einung" des Würzburger Stiftsadels, die sich nur dagegen richtete, dass Bischof Rudolf von Scherenberg versuchte, die Ritter „landsässig"[15] zu machen; man wollte das alte Herkommen und seine adelige Freiheit bewahren. Ein entscheidender Schritt auf die Bildung der reichsfreien Ritterschaft hin stellte der Reichstag von Worms 1495 dar, auf dem das Fehderecht, die althergebrachte Selbsthilfe der Adeligen, aufgehoben und der Ewige Landfriede verkündet wurde. Die Ritter sollten zwar jetzt auch Steuer zahlen[16], was ihnen bisher für den Kriegsdienst erlassen war, wurden aber in den Bestimmungen für das neue Reichskammergericht als *reichsunmittelbar* anerkannt. Sie hatten allerdings nie eine direkte Vertretung im Reichstag, waren also kein Reichsstand; da aber ihre Mitarbeit wichtig war, wurde getrennt mit ihnen verhandelt. Gerade die fränkischen Ritter lehnten sowohl das Fehdeverbot als auch die neue Steuer ab und versuchten, sich durch Intensivierung der traditionellen Adelseinungen zu schützen, was ihnen anscheinend bei der Steuer gelang[17]. „Es zeichnete sich aber auf einer Tagung mit den kaiserlichen Räten wegen der Erhebung des »Gemeinen Pfennigs« am 14. Dezember 1495 zu Schweinfurt [*zu der auch die von Steins eingeladen waren*] bereits eine gewisse Organisationsform des fränkischen Adels in sechs »Orten« ab"[18]. Die fortschreitende Technisierung des Kriegswesens bewirkte vorerst eine Schwächung der Ritter, und sie haben vielleicht sogar versäumt, sich durch ein enges Zusammengehen mit Kaiser Maximilian I., der ihnen ca. 1517 sogar eine ritterschaftliche Organisation direkt vorschlagen ließ, gegen die Territorialherren bald durchsetzen zu können[19]. Ein wichtiges gemeinsames Interesse des Kaisers und der Ritter war die Schwächung der aufstrebenden Landesherren, und die Ritterschaft unterstützte den Kaiser durch die freiwillige Zahlung der sog. *Charitativ-Subsidien*, die dem Herrscher direkt zuflossen, nicht der Reichskasse[20].

Zwei wesentliche Wandlungen im Kriegswesen während des Übergangs vom Mittelalter zur Neuzeit – über das Entstehen von Fuß- und Reitertruppe unter der Vorherrschaft des freien Söldnertums – bewirkten eine Änderung der Rolle der Ritter im Krieg; denn die überlieferte adelige Kriegführung mittelalterlicher Prägung wurde allmählich illusorisch, ohne dass damit die militärische Rolle des Adels ausgespielt war. Er konnte sich nämlich auf die Dauer durchaus in den werdenden Institutionen, zuerst im neuen Fußvolk, den Landsknechten, und danach in der Reiterei bestimmenden Einfluss sichern.

„Mit der Abkehr von der Tradition, die Streitmacht des Reiches oder eines Fürsten – wenn schon nicht in der Praxis der Heeresaufbringung, so doch zumindest in der Theorie – vorrangig auf dem mittelalterlichen Lehenswesen zu begründen, war keineswegs der Verzicht auf das militärische Lehensaufgebot der Ritter überhaupt verbunden gewesen. Die Ansprüche auf Heeresfolge, die an die adligen Lehensleute und die Dienstmannen infolge ihrer Lehensverpflichtungen gestellt werden konnten, wurden zunächst grundsätzlich aufrechterhalten und der Adel von den zeitgenössischen Kriegsschriftstellern noch lange an seine ritterlichen Pflichten erinnert."[21]

Ein weiteres wichtiges Ereignis für die Ritter war natürlich die Reformation, die vieles veränderte, u. a. die evangelisch gewordenen Ritter in den Bistümern weiter von ihren Territorialherren entfernte, obwohl sich für sie als Lehnsnehmer dadurch keine Änderungen ergaben. Auf der anderen Seite gerieten zahlreiche evangelische Familien der Reichsritterschaft stark ins Hintertreffen; denn durch die Reformation waren ihnen nicht nur die Präbenden der Stifte (Pfründen; hier v. a. Domkapitelstellen) verschlossen, sondern auch die einträglichen Hof- und Oberamtmannsstellen. Sie mussten Dienste bei benachbarten evangelischen Reichsständen suchen, was jedoch nicht bedeutete, dass sie ihre fränkischen Besitzungen aufgaben; aber sie waren doch häufig auswärts[22].

Weiterhin brachte die nach der Eroberung Budas akute Türkengefahr eine Solidarisierung im Reich, und auf dem Reichstag in Speyer 1542 wurde wieder ein Gemeiner Pfennig als Reichssteuer (später auch *Türkensteuer* genannt) bewilligt. Dies verfestigte die Einrichtung der Reichskreise auf der einen Seite, bewirkte aber auch die Entstehung einer reichsritterschaftlichen Organisation, weil die Ritter nicht in die Kreise eingegliedert waren. Die sich schon früher andeutende Gliederung in *drei Ritterkreise*, die wieder in *Kantone / Ritterorte* und diese teilweise in *Quartiere* unterteilt waren, wurde wegen der Organisation der Steuereintreibung fester. Die *Ritterkreise*, die nicht deckungsgleich mit den Reichskreisen gewesen sind, waren *Schwaben, Franken* und *am Rhein*, die Orte des Fränkischen Kreises waren, nach Größe geordnet, *Odenwald, Gebirg (und Vogtländer), (Saale,) Rhön und Werra, Steigerwald, Altmühl* und *Baunach. Quartiere* des Orts Rhön und Werra waren *Buchen* (mit Sonderrechten und eigener Kanzlei in Tann; erst ab Mitte des 17. Jahrhunderts wirklich Mitglied des Orts), *Saale, Main* und *Henneberg*.

In Schwaben war die Ritterschaft bereits im Jahre 1514 den Landtagen ferngeblieben. Um diese Zeit wurde die fränkische Ritterschaft noch auf die Landtage der Bischöfe von Bamberg und Würzburg oder der Markgrafen von Brandenburg beschieden und erschien auf ihnen. Erst zwischen 1540 und 1580 schied sie aus ihnen endgültig aus[23]. Der Besitz der Vogteigerichtsbarkeit, die die Ritter innehatten, zeigte sich auch wichtiger als die Zentgerichtsbarkeit der Territorialherren, und auf dem Augsburger Reichstag 1555 wurde die Ritterschaft als Korporation behandelt und ihr sogar ausdrücklich die Kirchenhoheit zuerkannt, die ein wichtiges Attribut der „Territorialstaatlichkeit" war.

Dies bewerkstelligte vor allem Eberhard von der Tann[24], der als Gesandter der Herzöge von Sachsen an den Verhandlungen teilnahm: Er war als Sohn Melchiors und Margaretes von der Tann am 4. September 1495 geboren worden und starb am 9. Juni 1574. Er wurde als zweiter Sohn für den geistlichen Stand bestimmt. 1507 bekam er in Würzburg eine Chorherrenstelle und 1509 eine Domherrenstelle in Eichstätt verliehen. Eberhard studierte u. a. an der Universität Wittenberg. Hier wollte er nach seinen Worten „bei Dr. Martin Luther die christliche Wahrheit erkundigen". Er blieb dort „wider des Papstes Bullen und seiner Freunde Willen". Der Besuch der Wittenberger Universität war nämlich vom Papst ausdrücklich untersagt worden. Unter Luthers persönlichem Einfluss schloss sich Eberhard immer mehr seiner Lehre an und verzichtete 1526/9 auf seine Pfründen. Er wurde 1526 auf Empfehlung von Landgraf Philipp von Hessen am Hof des Kurfürsten Johann von Sachsen in Torgau angenommen und stieg dort im Laufe der Zeit auf. Er wurde 1528 Amtmann des Amtes Wartburg und später auch des Amtes Königsberg in Franken. Für seinen Herren reiste er in den kommenden Jahren immer wieder zu diplomatischen Geschäften (Vermittlungen u. ä.) und für die evangelische Sache zu Bundestagen des Schmalkaldischen Bundes und zu Reichstagen. Nach 1530 wurde Kaiser Karl V. von seiner Politik in Deutschland und der Auseinandersetzung mit den Protestanten abgelenkt durch den Vorstoß der Türken 1532 und später durch den Krieg mit Frankreich 1536. Ihm musste es deshalb darum gehen, die Protestanten hinzuhalten und sich ihrer Waffenhilfe zu versichern. Dies geschah in immer wieder erneuerten und verlängerten Verträgen – „Anstände" genannt. Als die Protestanten diese verletzt sahen, wurde Eberhard von der Tann im Dezember 1534 zum Römischen König Ferdinand, dem Bruder des Kaisers, nach Wien geschickt.

Im Herbst 1529 bekam Eberhard von Kurfürst Johann den Befehl, die von Wittenberg anreisenden Theologen – Luther, Melanchthon, Bugenhagen und Justus Jonas – als Reisemarschall von Eisenach nach Marburg an der Lahn zu geleiten. In Marburg fand unter Vorsitz von Landgraf Philipp von Hessen das Religionsgespräch mit den Evangelischen aus der Schweiz statt (Zwingli). Es ging um dogmatische Fragen, vor allem über die Einsetzungsworte beim Abendmahl. Tann war dabei, hat jedoch offiziell nicht in die Diskussion eingegriffen.

Seit 1540 sollten Religionsgespräche der „Religionsvergleichung" und der Wiederherstellung des religiösen Friedens dienen. An den meisten Verhandlungen, die ohne greifbaren Erfolg blieben, waren Eberhard und sein Bruder Alexander als Vertreter von Sachsen und Hessen beteiligt. Eberhard hatte auch oft die Interessen von Anhalt und Henneberg wahrzunehmen.

Eberhard wurde z. B. für den Reichstag in Nürnberg im Dezember 1542 / Januar 1543 instruiert, auf „gemeinen Frieden und gleichmäßiges Recht mit den Evangelischen" hinzuarbeiten. Ohne dies dürfe er sich in keine Türkenhilfe einlassen.

Zum Reichstag 1555 in Augsburg kam Eberhard spät am 24. Februar an und wurde vom Kaiser „in eigener Person" gehört. Die „Proposition" (das Reichstagsprogramm) König Ferdinands war bereits 14 Tage vorher den auf dem Augsburger Rathaus versammelten Ständen verlesen worden. Der Versuch einer Verständigung im Glaubensbereich war bereits aufgegeben. Es ging nur um die Regelung rechtlicher Beziehungen. Aber der Fürstenrat musste sich schließlich dem Vorbild des Kurfürstenrats beugen und mit der Beratung des Religionsfriedens beginnen.

„Da Tann etwas später in Augsburg eingetroffen war, konnte er nicht mehr in den Ausschuß des Fürstenrats gewählt werden. Gleichwohl wurde er nach der Abreise Herzog Christophs von Württemberg, der nach des Kaisers Ansicht der Rädelsführer der Evangelischen gewesen war, zu ihrem eigentlichen Wortführer. Er war der Dienstälteste unter den Räten, kannte genau den Geschäftsgang und alle Schliche und Möglichkeiten bei den Verhandlungen. In der Herberge von Tann und Thangel [*seinem Mit-Vertreter*] trafen sich die Protestanten zu offiziösen Beratungen – sie wollten großes Aufsehen vermeiden – und beschlossen einige Änderungsvorschläge. Diese Vorschläge führten zu heftigem Streit im Fürstenrat zwischen Tann und den Geistlichen, vor allem den Vertretern von Salzburg und vom Deutschmeister. Die Protestanten verlangten für jeden Landesherren und jede Obrigkeit, sich samt den Untertanen zur »alten Religion« oder zur »Augsburgischen Konfession« halten zu können. In die »Obrigkeit« war auf Betreiben Tanns auch die Reichsritterschaft einbezogen worden. Sie wurde nun wie ein Reichsstand behandelt, obwohl sie das nicht war." Der Entwurf des Religionsfriedens wurde dann König Ferdinand übergeben. Kaiser Karl V. drängte auf den Abschied und verschob weltliche Dinge auf den nächsten Reichstag. Die evangelischen Fürsten unternahmen einen letzten – vergeblichen – Versuch, die „Freistellung" zu erreichen, nämlich die Zulassung beider Konfessionen zu den Domkapiteln. Tann hatte früher erklärt, dass ohne diese der Frieden unannehmbar sei.

„Auf unser Suchen und Anhalten" (diese Worte fügte Tann in den Entwurf zum Bericht vom 22. September ein) übergab König Ferdinand mit Bewilligung der geistlichen Fürsten „der Ritterschaft, Städte und Communen halben, so ohn Mittel [= *unmittelbar*] unter ihnen den Geistlichen gesessen und unser Augsburgischen Confession verwandt, eine Assecuration". Diese Versicherung baten sie in den Reichsabschied

Abbildung 3: Albrecht Dürers Ritter, Tod und Teufel von 1513

aufzunehmen. Sie betraf die landsässige Ritterschaft: Sie und die Städte eines geistlichen Fürstentums, sofern sie bereits den neuen Glauben angenommen hatten, sollten nicht dem Bekenntnis ihres katholischen Landesherrn folgen müssen. Sie wurde allerdings nicht in die Schlussfassung des Religionsfriedens aufgenommen, sondern lediglich in einer Erklärung König Ferdinands festgehalten. Diese sog. „Declaratio Ferdinandea" konnte so ausgelegt werden, dass sie nur den Mitgliedern der landsässigen Ritterschaft Religionsfreiheit zusicherte, nicht aber deren Untertanen. Der Reichsritterschaft wurde allerdings freie Bekenntniswahl gestattet. Der Paragraph 26 des Reichstagsschlusses besagte: „Und in solchen Frieden sollen die freyen Ritterschaft, welche ohn Mittel der Kayserl. Majestät und Uns [*Ferdinand*] unterworffen, auch begriffen sein, also und dergestalt, daß sie obbemelder beeder Religion halben auch von niemand vergewaltigt, bedrängt noch beschwert sollen werden." Damit war die Reichsritterschaft in den Religionsfrieden einbezogen, also wie ein Reichsstand behandelt worden.

So kann man ab Mitte des 16. Jahrhunderts durchaus von *freier Reichsritterschaft* sprechen[25]. Die Ritter waren sich aber nicht darüber einig, ob sie eine Reichsstandschaft anstreben sollten, so dass dies trotz zweier umfassender Versuche (1686 – 1688 und 1771/72) unterblieb.

Organisation der Reichsritterschaft

Auch bei der „Reichsfrey Unmittelbar Ritterschaft zu Franken" waren die Orte die entscheidenden Einheiten; sie hatten eigene Vorstände und Behörden. Der Vorstand setzte sich aus dem *Ritterhauptmann*, der im Ort Rhön und Werra nur auf drei Jahre gewählt, dessen Amtszeit aber normalerweise mehrmals verlängert wurde, mehreren *Ritterräten* (aus jedem Quartier einer) und einem „*Ausschuss*" zusammen[26], der für die Durchführung der vom Ritterrat beschlossenen Maßnahmen, die Finanzverwaltung und die Vertretung der ritterschaftlichen Interessen dem Kaiser und den Ständen gegenüber sorgte. Diese Räte vertraten auch evtl. den Hauptmann auf Kreistagen, bereiteten Rittertage vor, legten Differenzen zwischen Mitgliedern bei, saßen an den Rechtstagen zu Gericht, hörten jährlich die Truhenmeisterrechnungen ab und visitierten die Ortskanzlei. Adelige Truhenmeister verwalteten die Kassen (sog. *Truhen*) des Orts, die auch als Darlehnskassen dienten. Auch die Familie von Stein stellte oft Ritterräte, Truhenmeister und Ritterhauptleute für den Ritterort Rhön und Werra. Folgende Ritter waren u. a. hier Hauptleute:

1525 Wilhelm von Schaumberg zu Thundorf,
1574 Theobald Julius von Thüngen,
1587 Conrad von Grumbach,
1595 – 1602 (†) Caspar von Stein (Er war auch mindestens von 1591 bis 1594 Truhenmeister und ab 1601 Ritterschaftsdirektor des fränkischen Kreises.),
1608 Bernhard von Bibra,
1610 – 1616 Cuntz von der Tann,
1617 Georg von Bibra zu Roßrieth,
1625, 1630 Wolff Adam von Steinau gen. Steinrück und
1631 – 1632 (†) Caspar von Stein.

Erst am 31. Mai 1695 beschloss der Konvent zu Münnerstadt wegen der Zunahme der Aufgaben eine feste Kantonsbehörde, die sog. *Ortskanzlei*, in Schweinfurt mit Archiv, Registratur und Kasse einzurichten und mit dem erforderlichen Personal für Rechts-, Militär- und Kassenwesen auszustatten[27].
„Bedingung für den Status eines Reichsritters war der Besitz eines Rittergutes, das mindestens einem der Orte steuerpflichtig war (Immatrikulation); zudem mußte der Ritter persönlich in diesem Ort zu Sitz und Stimme zugelassen sein und dessen Ritterordnung beschworen haben (Inkorporation). Ein Ritterort war deshalb sowohl ein personaler als auch ein territorialer Verband."[28]
Es fanden regelmäßig Rittertage der Orte statt, zu denen alle persönlich aufgenommenen Mitglieder geladen wurden und dort Stimmrecht besaßen. Es wurden gemeinsame Anliegen beraten und Maßnahmen beschlossen und u. a. die Höhe der sich nach dem Besitzstand richtenden „Matrikel"-Beiträge festgelegt, de

Vorstand gewählt und Vereinbarungen mit anderen Personen oder Organisationen gebilligt oder abgelehnt. Mögliche behandelte Dinge lassen sich aus oben Erwähntem und folgenden ausführlicheren Beispielen ersehen (im Großen und Ganzen ging es immer um ritterschaftliche Rechte und Geld):
So fand am 4. Juni 1577 in Münnerstadt ein Tag des Orts Rhön und Werra statt, der gemäß dem Beschluss von Schweinfurt ausgeschrieben und gehalten wurde. Leider war nur der kleinere Teil der Ritter persönlich anwesend, doch die übrigen hatten per Vollmacht ihre Zustimmung zugesagt.

1. Die Anwesenden wurden informiert, dass der Kaiser anstatt eines Ritterdienstes eine sechsjährige Generalhilfe gegen die Türken begehre. Dafür wolle er sie gegen Anfeindung und Beschwernis beschirmen. Daher sollte jeder von Adel und seine Untertanen von 100 Gulden Besitz einen halben Gulden geben. Jeder Ritter sollte dazu bis zum 18. Juli dem Hauptmann eine Aufstellung seines Besitzes und des seiner Untertanen vorlegen, ohne das, was ihm und seinen Untertanen von Fürsten, Grafen und Herrn eingezogen werde.
2. Säumigen Zahlern wurde nochmals mit dem Zorn des Kaisers und dessen Entzug von Hilfe und Beistand gedroht.
3. Die gewählten Delegierten zu einer Zusammenkunft der drei Kreise und zum Ausschusstag der sechs Orte zu Franken wurden weiter bestätigt.
4. Die Ritterschaft in der Buchart (Buchen) hatte die mit schriftlicher Vollmacht versehenen Carol von Mannsbach und Jörg von Haun mit dem Auftrag zum Ortstag geschickt, dass ihnen eine Kaution von der Ritterschaft vorbehalten werde. Doch die anwesenden Ritter weigerten sich. Man solle kein Misstrauen unter der Ritterschaft säen.
5. Der Hauptmann hatte gebeten, seine Rechnung anzuhören; doch in der Kürze der Zeit war dies nicht möglich.
6. Zwei Schreiben wurden geschrieben.
7. Die Beschwernisse und gewalttätigen Einträge, welche dem von Bibra durch Graf Georg Ernst von Henneberg zugefügt worden waren, sollte allen drei Kreisen vorgetragen werden.
8. Heinrich von Bibra und Enders Voit von Rieneck wurden als Vormünder der Witwe Philipps von Gebsattel,
9. Heinrich Zobel von Giebelstadt und Georg von Ostheim als Vormünder der Tochter von Bernhard von Truchseß und
10. Sigmund Forstmeister und Caspar von Stein zu Vormündern der Knaben Wilhelm Forstmeisters selig vorgeschlagen. Sollte es Caspar von Stein nicht tun, so wurde Alexander Voit von Salzburg genannt.

Anwesend waren neben Caspar von Stein zwanzig Ritter, die teilweise ihre Familien mitvertraten; eine Vollmacht hatten übersandt Philipp von Stein zu Völkershausen und 38 weitere Ritter, und neun hatten Bedingungen an die Vollmacht geknüpft (vor allem aus der buchischen Ritterschaft)[29].

Am 4. Mai 1601 wurde ein gedrucktes Anschreiben des Hauptmanns und des Truhenmeisters des Ritterorts Rhön und Werra versandt, worin gesagt wurde, dass das ritterliche Kreisdirektorium, das in den sechs Ritterorten umlaufend einem Ort zugeteilt werde, an Dreikönig 1601 den Ort Rhön und Werra erreicht habe und am vergangenen Donnerstag nach Ostern zu Bamberg samt Siegel und Akten übergeben worden sei. Dazu fehlten aber dem Hauptmann Caspar von Stein zu Nordheim Leute, die ihm mit Rat und Tat zur Seite stehen konnten. Deshalb wolle er einen Ortstag am 26. Mai alten Kalenders nach Neustadt / Saale ansetzen, damit ihm Berater zur Seite gestellt werden. Ihm reiche es, wenn aus jedem Geschlecht einer mit der Vollmacht der anderen erscheine. Auch müsse man einen Delegierten zum bald anstehenden Korrespondenztag des Fränkischen Kreises auswählen. Ferner müsse geklärt werden, wie die drei versprochenen Reiterdienste geleistet werden sollten[30].

In einem weiteren gedruckten Rundbrief vom 30. April 1602 schrieb der Hauptmann, Räte und Truhenmeister, die Führung des Ritterortes habe zum 26. April zu einem Ortstag nach Schweinfurt, wie beim Ausschusstag in Bamberg vereinbart, eingeladen. Es sei um die Informationen und Verhandlungen gegangen, die nach dem Tod Caspars von Stein (als Ortshauptmann und Kreisdirektor) angefallen waren. Die

Vorstandschaft sei enttäuscht über den geringen Besuch, so dass Entscheidungen vertagt werden mussten. Sie beschwor die großen Beschwerden, in der die Ritterschaft stecke, und die Gefahr, „das[s] wir umb alle unsere Freyheiten komen und zu grund und boden gehen müssen". Dazu wäre es peinlich, „das[s] eben von unserem ort, an dem jetziger Zeit das Directorium ist, der anfang [*der Bestrafung wegen Nichterscheinens*]" gemacht werden müsse. Deshalb wurde für den 7. Juni (a. K.) abends ein neuer Ortstag in Meiningen anberaumt. Wer aus „Leibsschwachheit" nicht kommen könne, solle auf jeden Fall eine Vollmacht schicken[31].

Ebenso schrieb man am 14. Februar 1603 an die Ortsmitglieder, weil zu den vergangenen Rittertagen nur der „weniger theil" der Mitglieder gekommen sei, werde schriftlich informiert, dass dem Kaiser von allen Ritterorten 60 000 fl. Geldhilfe auf drei Jahre bewilligt worden seien, was für den Ort Rhön und Werra 10 000 Gulden oder 3 333 fl. 5 Batzen pro Jahr ausmache. Der erste Zahlungstermin, nämlich Trium Regum (Dreikönig), sei bereits verstrichen, ohne dass auf einem Ortstag der Zahlungstermin angekündigt worden sei, wofür verschiedene Ursachen vorlägen. Dieser Ortstag und zugleich Zahlungstermin werde nun auf den 18. März zu Meiningen angesetzt. Der Ritterort sei bei den Nürnbergern und anderen ehrlichen Leuten ziemlich verschuldet, außerdem wolle Moritz Marschalk von Ostheim zu Waltershausen das Truhenmeisteramt wegen seines hohen Alters nicht länger versehen; es müsse also neu gewählt werden. In den Grumbachischen Kreditsachen solle schließlich versucht werden, einen Teil wieder zu holen[32].

Zu einem Kreisritterkonvent trafen sich am 18. Juni 1630 in Rothenburg die vier Orte Altmühl, Gebirg, Steigerwald und Baunach und richteten einen Abschied (Beschluss, Vertrag) auf. Zum bevorstehenden Regensburger Kollegialtag[33] wurde in Erwartung der Ankunft des Kaisers eine Abordnung bestimmt, die ihm eine persönliche Aufwartung machen sollte. Dazu gehörten zuerst der Direktor Friedrich von Crailsheim, dann vom Steigerwald Hauptmann Hans Christoph Stiebar von Buttenheim, sowie Ritterrat Caspar von Stein von Rhön und Werra. Begleitet würden sie vom Advokaten des Direktoriums, Friedrich Fabrici. Für die notwendigen Auslagen wurden 3000 Reichstaler bewilligt, von denen Odenwald 816, Gebirg 544, Rhön und Werra 544, Steigerwald 408, Altmühl 408 und Baunach 272 zu tragen hatten. Die Themen der Abordnung sollten sein

- die Störung der Religionsausübung durch fortdauernde Anschläge;
- die unaufhörlichen Kriegsbeschwerden mit Einlagerungen und Selbstvollzug der Kontributionen und
- die immer weiter einreißenden Bedrängnisse und Neuerungen in Bezug auf die ritterlichen Freiheiten.

Bei bisherigen Gesandtschaften wegen der Bedrängung der gebirgischen Mitglieder konnte dieses Problem noch nicht erledigt werden. Die Originaldokumente dazu wurden dem Ritterhauptmann des Gebirgs, Wilhelm von Rabenstein, wieder mitgegeben. Über die Tagung wurden auch der Schwäbische und Rheinische Kreis informiert, die erklärten, dass ihr Gesandter von Wien aus mit dem Kaiser nach Regensburg reisen werde. Es solle auch um das *jus episcopale* gehen, wie es im Reichsabschied von 1555 verankert sei.

Wie der Direktor vortrug, hat der Herzog von Friedland (Wallenstein) selbst die Einquartierung und Kontribution durch das Regiment des bayerischen Obersten Johann Eberhard von Schönburg missbilligt und sich erboten, dies zu ändern. Dazu sollte Herr Obrist von Oßa vermitteln, und er habe eine Milderung der bisherigen Kontribution von 7040 fl. in Aussicht gestellt.

Bei den Ausgaben für das Direktorium war Odenwald, das momentan ohne Hauptmann dastand, am meisten im Rückstand.

Auch wurde die Begleichung der Rückstände für die Schönburgischen Reiter angemahnt. Jörg Wilhelm und Martin Schenk von Geyher sollten ihre Klage gegen die brandenburgische Vormundschaft vor einem ordentlichen Gericht suchen, ebenso Hans Philipp von Diensheim seine Klage gegen die durch den Keller zu Boxberg (südwestlich Bad Mergentheims) erlittenen Beleidigungen. In punkto der Störungen der Reformation und der Ausübung des Augsburgischen Bekenntnisses seien die auf Befehl der sechs Orte gefertigten Hilferufe wegen der Restitutionen (Gegenreformation) zu Bamberg, Würzburg und Fulda neben den beigefügten Informationen allerdings gut und genehm gehalten[34].

Privilegien

Die Ritter erreichten im Laufe der Zeit immer weitere Rechte, was dazu führte, dass sie teils in ihrem Besitz (fast) alleinige Herren wurden, bzw. dies in langen Kämpfen gegen die Fürsten durchsetzen konnten.
„Ein Reichsritter war »immediat« , d. h. er konnte bei den höchsten Reichsgerichten klagen und – außer in Lehnssachen – nur dort oder bei seinem eigenen Kanton verklagt werden (ius primae instantiae); er konnte in allen Streitigkeiten mit Ständen, Adligen oder Untertanen seinen Ortsvorstand um Vermittlung (ius austregarum) oder Rechtshilfe ersuchen. Gegen Übergriffe war er wenigstens formalrechtlich weitgehend geschützt; der Kanton kümmerte sich um seine finanziellen Nöte, um sein Erbe und um seine Hinterbliebenen."[35] Die Ritter besaßen das Recht der Steuererhebung und konnten Maßnahmen bei Zahlungsverweigerung ergreifen. Sie waren ausgenommen von der Botmäßigkeit gegenüber den Ständen, von Schatzung, Steuern und der Teilnahme an Landtagen; sie konnten nicht verhaftet werden, außer bei nachgewiesenen Fällen der vier hohen Rügen.

Außerdem hatten sie das Recht des Judenschutzes. Das bedeutete, dass für manche Adelige die Ansiedlung von Juden in ihren Dörfern und die damit verbundenen Zahlungen von Schutzgebühren eine wichtige Einnahmequelle wurde[36]. Die Familie von Stein scheint sich dieser aber wenig bedient zu haben; es gab nur in Berkach eigentliche von-Stein'sche Schutzjuden[37]. In Willmars wurden Juden nach 1721 von Baron Schenk von Schweinsberg angesiedelt und von den Steins dann zeit- und teilweise übernommen.

---

[1] Das Allgemeine in diesem Kapitel ist aus: KÖRNER, HANS. Der Kanton Rhön-Werra der Fränkischen Reichsritterschaft. In: SAUER, JOSEF-HANS (Hrg.). Land der offenen Fernen. Die Rhön im Wandel der Zeiten. Fulda, 1976. S. 53 – 113 (leider ganz ohne Quellenangaben). Hier: S. 53 f., WAGNER, Mellrichstadt. v. a. S. 237 ff., *ders*. Neustadt a. d. Saale (HAB, Franken I / 27). München, 1982. v. a. S. 130 ff. und 224 ff. und TITTMANN, ALEXANDER. Hassfurt. Der ehemalige Landkreis (HAB, Franken I / 33). München, 2002. v. a. S. 208 ff. und 242 ff..

[2] Die Familie bekam Lehen **von Würzburg** u. a. ca. 1307 (HOFFMANN, Das älteste Lehenbuch I. S. 94 (Nr. 846), 1306/7 (WAGNER, Mellrichstadt, S. 191 f.) und 1308 (HOFFMANN, Das älteste Lehenbuch I. S. 98 (Nr. 896)), **von Henneberg** u. a. 1308 (AV: U 3; Cop. I. S. 412) und **von Fulda** u. a. 1433 (AV: U 71).

[3] 137 Grafen, Herren, Ritter und Knechte vereinigten sich z. B. am 23. September 1387 in Schweinfurt zu einer Turniergesellschaft. Aus der Familie von Stein waren dabei: Fritz zu Ostheim († 1429), Karl (zu Ostheim?), Heinz d. J. zu Nordheim († ca. 1426), Wolfram (zu Ostheim?) und Hertnid zu Ostheim († ca. 1412).

[4] „Seit Beginn der 30iger Jahre des 15. Jahrhunderts aber bis zum Ende des Jahrhunderts liegen die Ziele der Einigungsbewegung […] ganz innerhalb des Territoriums und zwar ging bei allem Streben nach möglichster Unabhängigkeit für die Adelsherrschaften die Tendenz des Adels doch dahin, sich dem Territorium einzugliedern, nämlich in der Form einer Einung der Aristokratie des Landes mit dem Landesfürsten. Erst als dieser Gedanke durch die fürstliche zentralistische Politik zur Aussichtslosigkeit verurteilt war, beginnt mit dem Jahr 1494 diejenige Periode, in der die Einigungsbewegung Lösung aus dem Territorium, Anschluß an den Kaiser, Reichsunmittelbarkeit anstrebt." (KÖBERLIN, LOTTE. Die Einigungsbewegung des fränkischen Adels bis zum Jahre 1494. Inaugural-Dissertation. Erlangen, 1924. Vorwort).

[5] Die Grafen hatten von Anfang an eine Mittelstellung und trennten sich im 16. Jahrhundert von den Rittern. Sie waren dann im Reichstag vertreten und mussten Steuern zahlen.

[6] StAW: WU Libell 663 von 1402 November 8; Druck: LÜNIG, JOHANN CHRISTIAN. Teutsches Reichs-Archiv 12 (Partis Specialis Continuatio III. Reichsritterschaft. 2. Absatz). S. 226 ff. Das folgende Zitat lautet bei LÜNIG (S. 226): „Wäre es Sache, daß jemand einen oder mehr verunrechten wolte, oder verunrecht, die in dieser Einigung wären, wer oder welche die wären, den oder die sollen die andern getreulich verantworten, und auch Recht für ihn bitten. Möchte sie das nit gehelfen, und daß man ihm unrecht thun solte, oder wolte, oder thäte, so sollen und wollen wir die andern alle, ihm ein getreue Hülff thun […] jeglicher auf seinen aigen Schaden, und sein selbst Kosten […] das sollen und wollen wir getreulich thun, ohn alle Widerred."

[7] WAGNER (Neustadt. S. 224 f. und Mellrichstadt. S. 238) sagt: „[...] die sog. »Große Einung« von 1402, die sich u. a. gegen den damaligen Bischof Johann I. v. Egloffstein [(1400 – 11)] richtete, der unablässig bemüht war, die Kompetenz des Würzburger Landgerichts auf Kosten seiner Nachbarn auszudehnen." In dem Text der Urkunde scheint es aber mehr um Steuern zu gehen, und nur der sehr allgemeine Ausdruck „andere Unbilligkeit" (im Originaltext: „n[i]uwekeit") könnte dies beinhalten, und dass aber das Landgericht damals ein großes Problem darstellte, sieht man auch an anderen Verträgen. — Das Kaiserliche Landgericht hatte der Bischof oder ein Vertreter zu hegen. Es war zuständig für die Verbriefung von Erb- und Güterverträgen und die Behandlung daraus folgender Streitigkeiten für alle Stände des Stifts. Außerdem entschied es als oberste Instanz über die Zuständigkeit der Zentgerichte und über Eingriffe in geistliche immune Gerichtsbezirke. Nur die Geistlichkeit war von seiner Jurisdiktion ausgenommen.

[8] StAW: WU Libell 664. Druck: LÜNIG, Reichsarchiv 12. S. 228 ff..

[9] LÜNIG, Reichsarchiv 12. S. 232 ff..

[10] LÜNIG, Reichsarchiv 12. S. 237 ff..
[11] StAW: WU Libell 367 (Kopie des Rundvertrags); LÜNIG, Reichsarchiv 12. S. 142 ff..
[12] FRIES III, S. 255.
[13] StAW: Ldf 10. S. 354 ff.; vgl. Fries IV, S. 100 ff..
[14] StAW: WU 19 / 20d; Druck mit Auslassungen: LÜNIG, Reichsarchiv 12. S. 297 ff.; vgl. auch FRIES IV, S. 179 ff.. — Trotz dieses Vertrages (und anderer zum Thema Gerichte) mussten die Ritter am 27. April 1470 (neuer Bischof: Rudolf II. von Scherenberg (1466 – 1495)) schon wieder feststellen, dass sich gegen ihre Freiheiten mancherlei *Widerwärtiges* ereignet habe und trotz Ersuchens nicht gerichtet worden sei, sondern sich von Tag zu Tag mehr einniste. Man beschloss Verfahren, wie die erlangte Freiheit wieder aufgerichtet werden könne (LÜNIG, Reichsarchiv 12. S. 299 ff.).
[15] *Landsässig* bedeutet „unter der Landesherrschaft eines Fürsten stehend".
[16] den *Gemeinen Pfennig*, eine allgemeine Reichssteuer zur Finanzierung von Reichsunternehmungen, die sich aber auf Dauer vor allem wegen nicht vorhandener Reichsverwaltung nicht hat durchsetzen lassen.
[17] KÖRNER, Kanton Rhön-Werra. S. 54.
[18] TITTMANN, S. 244. — So sagt auch KÖRNER (Kanton Rhön und Werra. S. 54), während WAGNER (Neustadt. S. 225 und Mellrichstadt. S. 238) meint, die Einladung sei erfolgt, um „über die Formierung der Ritterschaft als selbständiger politischer Einheit" zu beraten.
[19] PRESS, VOLKER. Kaiser Karl V., König Ferdinand und die Entstehung der Reichsritterschaft (Vorträge des Instituts für Europäische Geschichte Mainz 60). Wiesbaden, 1976. S. 14.
[20] KÖRNER, Kanton Rhön-Werra. S. 56: „1532 betrugen die Charitativ-Subsidien im Fränkischen Ritterkreis 31 000 Gulden, ein{e} Vielfaches von der Zahlung der fränkischen Kreisstände. Diese Zahlung wurde zur »Säule, auf welcher die ganze ritterschaftliche Verfassung ruht«, wie es Johann Georg Kerner 1789 in seinem »Allgemeinen positiven Staats-Reichs-Recht der Reichsritterschaft« formulierte."
[21] WOHLFEIL, RAINER. Adel und Heerwesen. In: RÖSSLER, HELLMUTH (Hrg.). Deutscher Adel 1555 – 1740. Büdinger Vorträge 1964. Darmstadt, 1965 (= Schriften zur Problematik der deutschen Führungsschichten in der Neuzeit, Bd. 2). S. 315 – 343. Hier: S. 315 ff. (Zitat: S. 317).
[22] DOMARUS, MAX. Der Reichsadel in den geistlichen Fürstentümern. In: RÖSSLER, HELLMUTH (Hrg.). Deutscher Adel 1555 – 1740. Büdinger Vorträge 1964. Darmstadt, 1965 (= Schriften zur Problematik der deutschen Führungsschichten in der Neuzeit, Bd. 2). S. 147 – 171. Hier: S. 166.
[23] DOMARUS, S. 151 und HOFMANN, HANNS HUBERT. Der Adel in Franken. In: RÖSSLER, HELLMUTH (Hrg.). Deutscher Adel 1430 – 1555. Büdinger Vorträge 1963. Darmstadt, 1965 (= Schriften zur Problematik der deutschen Führungsschichten in der Neuzeit, Bd. 1). S. 95 – 126. Hier S. 124.
[24] Die Ausführungen zu Eberhard von der Tann und den Reichstag zu Augsburg folgen KÖRNER, von der Tann.
[25] In einem undatierten Schreiben („Instruction und Unterricht") aus der zweiten Hälfte des 16. Jahrhunderts ließen Hauptmann und Räte der löblichen freien Reichsritterschaft zu Franken, Orts Rhön und Werra durch adelige Mittelspersonen jedes adelige Geschlecht grüßen und ihm zu verstehen geben, dass es einem jeden von Adel dieses Ritterorts bewusst sein müsste, dass die löbliche Ritterschaft des ganzen Landes zu Franken seit unvordenklichen Zeiten und alleweg Freie von Adel gewesen seien und noch seien, dem Reich unmittelbar („ohne mittel") unterworfen. Sie würden auch von den übrigen Ständen so akzeptiert, wie die zu verschiedenen Zeiten aufgerichteten Abschiede bewiesen. Daher hielte auch die löbliche freie Reichsritterschaft gleich wie die anderen Reichsstände, die Fürsten, Grafen und Reichsstädte, ihre Zusammenkünfte mit dem Ziel, die wohl hergebrachten Privilegien und Freiheiten zu erhalten und weiterzuentwickeln. Auch wenn die löbliche freie Reichsritterschaft zu Franken aller sechs Orte nicht vorhabe, vom Althergebrachten zu weichen und Neuerungen einzuführen, so habe man doch seit vielen Jahren gespürt, dass die allgemeinen Rittertage in den sechs Orten nicht mehr mit dem nötigen Fleiß besucht werden, wie es bei den Vorfahren selbstverständlich gewesen sei. Dies mag teilweise daran liegen, dass manchen der Herrendienst wichtiger sei oder dass sie wegen Privatsachen nicht zu den ausgeschriebenen Tagen gekommen seien. Teilweise habe es aber auch an der mangelnden Information an diesen Tagen gelegen, die man möglichst schnell hinter sich bringen wollte, teilweise seien auch Personen, die am letzten Ortstag gefehlt hatten, regelrecht abgefertigt worden. Insgesamt sei ein großer Frust entstanden und viele seien es überdrüssig und betrachteten die Tage als vertane Zeit. So nehme es nicht wunder, dass die übrigen Stände „schimpflich" über die Ritterschaftsversammlungen herzögen, und das umso mehr, als die Ritterschaft durch allerhand Neuerungen bedrängt werde (AV: Fach „Reichsritterschaft". Akte „Reichsritter vor 1600"; nur erstes Blatt vorhanden).
[26] Auf den Rittertag zu Neustadt a. d. S. am 14. Oktober 1617 wurden sechs weitere Ritterräte (aus jedem Quartier zwei) bestellt, aus denen sich später die Ausschüsse als Kontrollinstanz entwickelten. An diesem Tag nahmen z. B. 29 Ritter aus 19 (von ca. 35) Familien teil; 26 Ritter schickten Vollmachten (KÖRNER, Kanton Rhön-Werra. S. 71 f.).
[27] WAGNER, Neustadt. S. 227 und Mellrichstadt. S. 241. — In einem Schreiben mehrerer Adeliger vom 2. April 1590 geht es schon um den Vorschlag, in Zukunft hauptamtliche, fest besoldete Adelige zu bestimmen, die pflichtgemäß die Rittertage besuchen und die sonstige Arbeit erledigen. Wie es auch bei fürstlichen Kanzleien üblich sei, dass sich die Landschaft, Städte und Dörfer dort Rat einholen, so solle dies auch bei der adeligen Kanzlei sein. Folgende Dinge sollten dort bearbeitet werden: 1. Wenn mehr Fälle an die Zentgerichte gezogen werden, als vor alters Herkommen oder gegen alte Verträge eines Ortes ist; 2. wenn von Adel mit ihrem Leib und Gütern durch die höheren Stände in die Landsässerei gezogen werden; 3. falls sich jemand anmaßt, die adeligen Untertanen oder Güter mit vogteilicher Obrigkeit oder Steuer zu belegen, ihnen auch Erbhuldigung, Folge, Reise (Verpflichtung der Untertanen, dem Herrschaftsträger für Kriegszüge (persönlich und / oder mit Ausrüstung) zur Verfügung zu stehen. Das Wort wird meist mit *Folge* zusammen genannt, so dass es scheint, dass auch dieser Ausdruck dabei öfter dieselbe Bedeutung (Land-, Heerfolge) hat als die der

Verfolgung von Verbrechern (Nachfolge, -eile).) und dergleichen Beschwerden entgegen alten Herkommens auferlegt; 4. wenn ein Fürst, Graf oder Herr den hohen Wildbann mehr an sich ziehen will, als von alters Herkommen (und noch Details). Wenn aber der Besitz einer hohen oder niederen Jagd strittig ist, wäre das eine Privatsache; 5. der Versuch der Erweiterung der Landgerichte und Jurisdiktion: wenn nämlich einer von Adel an die Landgerichte oder vor die fürstliche Kanzlei zitiert wird, wird er behandelt wie ein Bauer; 6. wenn entgegen der Gebräuche in Franken oder entgegen alter Gewohnheit die Belehnung oder auch die Bewilligung auf den Lehngütern nach dem alten Herkommen eines jeden Lehnhofs und den aufgerichteten ritterlichen Verträgen verweigert wird. Wenn der Adelige aber sein Lehen nicht annehmen will oder es verwirkt hat, dann wäre das eine reine Privatsache; 7. wenn die Güter der Adeligen nicht vom Zoll befreit werden, so ist das eine Sache der Ritterschaft (AV: Fach „Reichsritterschaft". Akte „Reichsritter vor 1600")

[28] TITTMANN, S. 247.
[29] AV: Fach „Reichsritterschaft". Akte „Reichsritter vor 1600".
[30] AV: Fach „Reichsritterschaft". Akte „Ritterschaft 1600 bis 1618".
[31] AV: Fach „Reichsritterschaft". Akte „Reichsritterschaft 1572 – 1639".
[32] Schulden, die Konrad und Wilhelm von Grumbach gemacht hatten (vgl. Kapitel 11 „Weitere interessante Familienmitglieder, die mit Ostheim verbunden waren", Abschnitt „Caspar Vater und Sohn im Dienste der Ritterschaft").
[33] Versammlung eines Reichskollegiums (der Kurfürsten, Reichsfürsten oder Reichsstädte).
[34] AV: Fach „Reichsritterschaft". Akte „Reichsritterschaft 1618/48".
[35] WAGNER, Neustadt. S. 228 und Mellrichstadt. S. 242.
[36] „Trotz aller aufklärerischen Tendenzen war das Zeitalter der Judenemanzipation am Ende des Alten Reiches noch nicht angebrochen. Vielmehr herrschte nach wie vor die Auffassung, daß die Juden einen Fremdkörper im Staate bildeten und daher nicht am öffentlichen Leben teilnehmen dürften." (WAGNER, Mellrichstadt. S. 293 f.).
[37] Ein Judenschutzbrief vom 13. November 1755 lautet: „Ich Lebrecht Gottlob Friedrich von Bibra auf Irmelshausen Aubstadt, Königlich Schwedischer und Hochfürstlich Hessen Kasselischer Geheimer Legations Rath in Vormundschafts Nahmen derer Gebrüder Friedrich Karl und Dietrich Philipp August von Stein zu Völkershausen, Nordheim, Berkach, Ostheim, Oberstreu & thue kund und füge hiermit jedermänniglich zu wißen, demnach deren vermöge derer kaiserl. der immediaten Reichs Ritterschaft allergnädigst ertheilten Privilegien und Freiheiten denen Freiherrn von Stein, als immediaten Reichs Cavalliers zu gewachsenen Befugnissen, in den Schutz nachhern Berkach an- und aufgenommenen Juden unter anderen in dasigem Freiherrl. Stein. Judenschaft ein Haus darinnen selbige ihr Schule halten können und sollen, eingeräumt und concediret, und dieses vor einigen Jahren auch darzu, dass der zeitige Judenschulmeister darinnen wohnen könne, aptiert worden, dass hierauf der Judenschultheiß Gump Männlein vor sich und im Nahmen derer übrigen daselbigen Schutzjuden unterthänig gebeten solches Haus zur Judenschule und Schulmeisters Wohnung fernerhin ihnen zu überlassen, und einen Consessions- und Schutzbriefes darüber ihnen gnädigst zu ertheilen.
Wannenhero und Kraft dieses Briefes derselben Suchen statt gegeben, und mithin dass, in dem, zu dem Freiherrl. Stein. Rittergut Berkach gehörigen Judenhof befindliche zur Judenschule und Schulmeister Wohnung aptirte Haus ihnen ferner gelaßen werden, jedoch die dermahlen in selbigen sitzende Joseps Wittib nicht verstoßen, und so oft mit einem judenschulmeister eine Veränderung vorgeht, solches der Herrschaft angezeigt, im übrigen wegen Feuer und Licht daselbst wohl aufgesehen, und insonderheit nicht alle Bettljuden, dahinein gelegt werden, überhaupt auch kein Bruder, Schwester oder ander Freund eines zeitigen Schulmeisters darum aufgenommen werden sollen. Und wie übrigens Judenschultheiß vor solcher Wohnung überhaubt 9 fl 6 bz; als vor die Schule 4 fl und vor die andere Wohnung 5 fl 6 bz alljährlich in die Verwaltung liefern und davor stehen soll. Also bleibt gedachter Herrschaft vorbehalten wann die arme Judenwittib nicht mehr mit darinnen seyn solle und könnte ratione Schutz Geldes ein mehreres anzusezzen oder auch jemand anderes einzunehmen, überhaupt aber zu mindern und zu mehren. Zu Urkund habe diesen Cocesions und resp. Schutzbrief eigenhändig unterschrieben und mit mein angebohrnes Pettschaft vorgedruckt. Irmelshausen den 13. Novbr. 1755 L v Bibra." (AV: Fach „Familie von Stein". Akte „von Steins um 1800"). — Am 25. April 1805 schreibt Rentmeister Johann Caspar Rommel aus Nordheim über das Schutzgeld der Judenschule und der Rabbiwohnung zu Berkach, es betrage jährlich 10 Gulden 6 Batzen (1 Batzen war $^{1}/_{15}$ Gulden). Die Synagoge gebe 5 fl., die Wohnung 5 fl. 6 bz.. Dieses seit 50 Jahren unverändert Schutzgeld sei nicht mehr zeitgemäß, insbesondere weil die Herrschaft die Schulmeisterswohnung im Bau zu erhalten habe. Am 21. August kommt als Antwort der Herrschaft aus Nordheim und Völkershausen der Auftrag, der Judenschaft zu Berkach mitzuteilen: 1. dass sie in Zukunft für die Schulmeisterswohnung 12 fl. Hauszins und Schutzgeld zu geben habe und keine Bettljuden aufnehmen dürfe, 2. auch für die Synagoge 3 fl. mehr bezahlt werden solle, 3. der Moses Gump zu Berkach statt bisher 10 in Zukunft 15 fl. zu entrichten habe (AV: Fach „Familie von Stein". Akte „von Steins um 1800").

5. Die Familie von Stein zu Ostheim und die Lichtenburg

Die Lichtenburg, erbaut durch die Henneberger

ABBILDUNG 1: OTTO I. VON BOTENLAUBEN – HIER MIT FRAU BEATRIX VON COURTENAY – (GRABMAL IN FRAUENROTH). SEIN SOHN OTTO II. VERKAUFTE 1230 DIE LICHTENBURG AN DEN BISCHOF VON WÜRZBURG

Graf Heinrich von Irmelshausen aus dem Geschlecht der Grafen von Henneberg war wohl der Erbauer der Lichtenburg, nach der er sich ab 1161 auch benannte.[1] Wahrscheinlich über seinen Bruder Gotebold IV. von Irmelshausen-Lichtenberg gelangte die Herrschaft Lichtenberg an die Herren von Hiltenburg, die, wappengleich mit den Grafen von Wildberg, weite Teile des Gebiets an der oberen Streu besaßen.
Nach seiner Heirat mit Adelheid von Hiltenburg wird Otto II. von Botenlauben-Henneberg Erbe und Besitzer der Burg und Herrschaft Lichtenberg.

Die Burglehen

Schon sehr früh waren die Steins in Ostheim und auf der Lichtenburg ansässig. „In den Zeiten des Faustrechts wußte ein Fürst sein Land nicht besser zu schützen, als wenn er jede seiner Burgen mit ihren „Zugehörungen", oder, wie wir es zu verstehen haben, jeden Amtsbezirk mit seinem Amthause dem Schutze dort oder in der Nähe ansässiger Ritter befahl. Zu solcher Schutzleistung verpflichtete er einen Ritter durch Verleihung eines „*Burggutes*", das entweder in einem wirklichen Gute im Werte von 100 bis 200 Pfd. Hellern oder einer Summe von dieser Höhe, für welche der „*Burgmann*" dem Fürsten ein eigenes, freies Gut zu Lehen auftrug oder ein neues zu erwerben hatte, oder auch in herrschaftlichen Gefällen bestand, deren Höhe dem 5- bis 8-prozentigen Abwurfe [= Verzinsung] eines Burggutes entsprach. Das so eingegangene Lehnsverhältnis wurde entweder auf eine bestimmte Zeit oder auf Lebenszeit, oder erblich eingegangen, in welchem letzteren Falle der Ritter „Erbburgmann" hieß. Besonders aus der Zeit der beiden fehdelustigen Fürstäbte Heinrich VI. und VII. [von Fulda] sind eine ganze Anzahl solcher Belehnungen mit lichtenbergischen Burggütern durch Urkunden bekannt."[2] „Ein [echtes] Lehnsverhältnis war damit nicht begründet, doch waren die Burghutverträge ein beliebtes Mittel der Territorialherren, den aus der Ministerialität erwachsenden Adel an sich zu fesseln und Einfluss auf dessen Eigenbesitz zu gewinnen."[3]

„Entweder wurden diese *Burgmänner* verpflichtet, von ihren Burgen aus auf Erfordern zum Schutze des Schlosses herbeizueilen, oder es wurde in einzelnen Fällen ihnen ‚persönliche Residenz' zur Pflicht gemacht — sie mußten ihren ständigen Wohnsitz für die verabredete Zeit auf der herrschaftlichen Burg aufschlagen. Diesen letzteren wurde die Verwaltung des zum Schlosse gehörigen Bezirks und die Anführung der übrigen Burgmänner zur Zeit der Gefahr übertragen — sie waren die ersten *Amtmänner* oder *Vögte* (Advocati).

Nicht selten kam es vor, daß ein Burgmann dem Herrn des Schlosses eine bedeutende Summe vorstreckte, bis zu deren Zurückerstattung ihm die Burg selbst mit ihren Zugehörungen verpfändet, die Verwaltung des Amtes und die Einkünfte aus demselben überwiesen wurden — er übernahm die Burg ‚*amtmannsweise*.'"[4]

Burggüter und Erbburglehen der von Steins zu Ostheim

Auch für die Familie von Stein war im Mittelalter die Bewachung der Lichtenburg und die damit verbundene Belehnung mit Gütern Grundlage ihres Besitzes in Ostheim.

ABBILDUNG 2: DIE LICHTENBURG 1932 (SAMMLUNG HERDA)

Über Sinn und Zweck der Verleihung von Burggütern schreibt Schultes:
„Geht man auf den Ursprung dieser beträchtlichen adeligen Besitzungen zurück, so wird man sich bald überzeugen, dass der größte Teil derselben in Burggütern bestand, die vormals zum Schloss Lichtenberg gehörig waren, dessen fürstliche und gräfliche Besitzer die Verteidigung desselben bald dieser bald jener adeligen Familie anzuvertrauen pflegten. Für ihre Dienste verlieh ihnen der Landesherr den Niesbrauch gewisser Güter, wozu einige Untersassen gehörten, welche dem Burgmann unterworfen waren."[5]

Erstbelehnung durch den Abt von Fulda

Im Dezember 1230 hatte Otto II. von Henneberg-Botenlauben die Burgen Hiltenburg und Lichtenberg dem Bischof Hermann von Würzburg verkauft.[6] Bereits vor Mitte Februar 1231 hatte dieser die Herrschaft Lichtenberg an das Stift Fulda, den Vorbesitzer, zurückgeben müssen.[7] Abt Heinrich nahm am 30. September 1342 Siegfried III. von Stein, den Begründer der Ostheimer Linie, zum Erbburgmann zu Lichtenberg an, nachdem dieser ihm zuvor das Öffnungsrecht im Schloss Bastheim eingeräumt hatte, und zahlte ihm dafür 100 Pfd. Heller.[8]

Unter den Landgrafen von Thüringen

1366 ging das Amt Lichtenberg an die Landgrafen von Thüringen über. Ihr Erbburglehen verblieb der Familie von Stein. Wir hören erstmals, wo ein Erbburgmann seine Wohnung hatte: Siegfrieds III. Sohn Siegfried IV., erwähnt 1371–1402, verstorben am 21. Februar 1402, begraben im Kloster Wechterswinkel, wurde 1367 Burgmann zu Hiltenburg[9] und ist 1381 erstmals Besitzer eines Hauses zu Lichtenberg[10].

In der Urkunde zum Besitz auf der Lichtenburg, in der es um Erbteile der Familie von Steinau geht, – Siegfrieds Frau Felice war eine Tochter Gysos von Steinau – erhält Siegfried allen Besitz von Geschwistern seines Schwiegervaters jenseits der Rhön [von Steinau aus gesehen]. Dazu gehört auch das *„Haus in der innern Burg Lichtenberg unter dem kleinen Turm"*. 1386 verpfändete Landgraf Balthasar von Thüringen, der das Amt Lichtenberg gekauft hatte, Schloss und Amt Lichtenberg an Siegfried IV. von Stein und Heinrich von der Tann. Weil die Urkunde einige Einblicke in damalige Gepflogenheiten gibt, sei ihr Inhalt hier wiedergegeben:

ABBILDUNG 3: DIE WAPPEN DER ADELSFAMILIEN VON STEIN UND VON DER TANN MIT DEM EINGANGSTOR DER LICHTENBURG

1386 September 5
Balthasar, Landgraf zu Thüringen und Markgraf zu Meissen, verpfändet an Siegfried von Stein und Heinrich von der Tann das Schloss Lichtenberg mit allen seinen Zugehörungen, ausgenommen die Mannlehen und geistlichen Lehen, welche der Landgraf unversetzt behalten will, um 2624 gute Gulden, wie sie zu Fulda gang und gäbe sind. Für die Rückeinlösung ist eine schriftliche oder mündliche Kündigung ein Vierteljahr zuvor vereinbart. Die Rückkaufsumme muss in dieser Zeit bezahlt werden, und zwar in Hildburghausen. Damit Siegfried von Stein und Heinrich von der Tann mit dem Geld auch heil wieder zurückkommen, wird ihnen Geleitschutz gestellt. Danach soll aber auch alles wieder zurückgegeben werden, ohne Arglist und Widerrede. Wenn aber nun die Pfandinhaber selbst Geld brauchen, sollen sie das ebenfalls ein Vierteljahr vorher anmelden. Wenn der Landgraf dann das Geld nicht aufbringen kann, können die Pfandinhaber das Schloss an einen ihrer Genossen zu den gleichen Bedingungen weiter versetzen. Falls der Landgraf in einem Krieg das Schloss braucht, soll er seine Krieger dort stationieren dürfen, muss sie aber selbst verköstigen und aufpassen, dass sie sich wohl verhalten. Geht aber das Schloss im Krieg verloren, muss der Landgraf den Pfandinhabern entweder das geliehene Geld zurückzahlen oder ihnen ein anderes Pfand übergeben. Die Pfandinhaber sollen die Untertanen des Landgrafen, die im Bereich des Gerichts Lichtenberg wohnen, bei solchen Rechten und Gewohnheiten lassen, wie sie diese beim Landgrafen und vorher beim Stift zu Fulda hatten.[11]

Auch die Steins der Nordheimer Linie waren an der Burg interessiert:
Am Andreastage 30. November 1375 entscheiden die zwei Brüder Dietrich (Priester) und Sintram von der Kere und Stephan von der Kere als Schiedsleute zwischen Johann und Werner Zufraß einerseits, und Heinrich von Stein, dem Sohn Heintz des Älteren, des Stammvaters der Nordheimer Linie, andererseits, dass u. a. „daz hus uff der burge zu Lichtenberg, die bamgarten in dem Rode, die Tyle [?] ynne hat, ... fünf acker wingarten in dem wingarten tal ... H[err]n Johansen Zufrazz und Wernhern Zufrazz vnd irn erben volgen und werden shol"[12]; Heinrich von Stein zu Nordheim hatte also seinen Anspruch auf ein Haus auf der Burg zu Lichtenberg an die Familie Zufraß verloren.[13]

ABBILDUNG 4: HOF DER LICHTENBURG, VOM TURM AUS GESEHEN

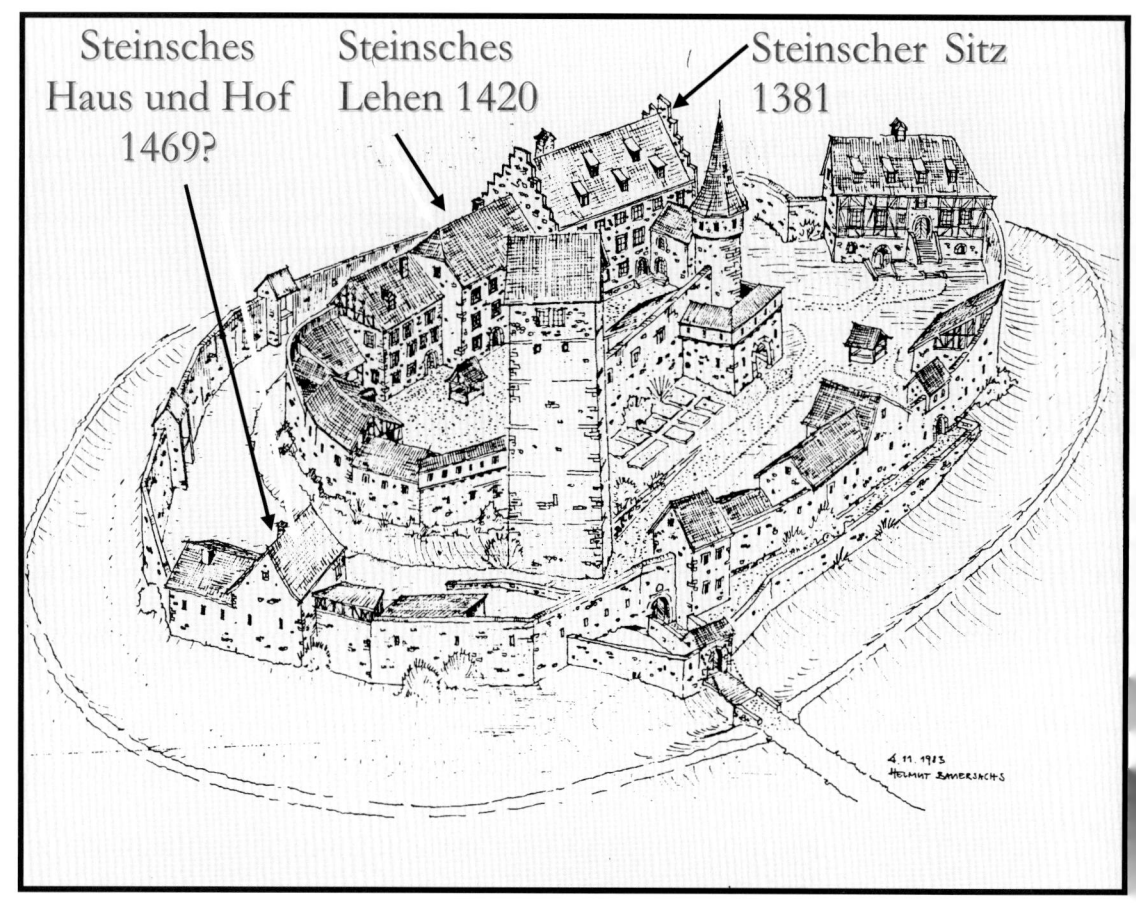

Steinsches Haus und Hof 1469? *Steinsches Lehen 1420* *Steinscher Sitz 1381*

ABBILDUNG 5: MÖGLICHE STEINISCHE BEHAUSUNGEN AUF DER LICHTENBURG.

Unter den Erzbischöfen von Mainz

1409 wurde die Lichtenburg an das Erzbistum Mainz verpfändet.
Auch in der dritten Generation und unter einem neuen Besitzer und Lehnsherrn behielten die von Steins ihr Erbburggut auf der Lichtenburg. Siegfried IV., der Sohn des Begründers der Ostheimer Linie, hatte zwei Söhne aus seiner Ehe mit Felice von Steinau, Hertnid und Fritz. Nach Hertnids Tod wurden 1420 Fritz und seines Bruders Sohn durch Konrad Erzbischof zu Mainz mit dem Burggut zu Lichtenberg belehnt.
Durch diese Urkunde erfahren wir, dass spätestens ab dieser Zeit, wahrscheinlich bereits seit 1381 Mitglieder der Familie von Stein auf der Burg wohnhaft waren:
Fritz wurde belehnt mit einer Behausung am Schloss, einem Haus und Hof in Lichtenberg mit drei Gütern in Rode, zwei Acker Weingärten am Rüsten und ... Stücken zwischen dem „Stude" und dem „Neusetz"[14]
Aus dieser Urkunde erfahren wir auch einiges von den Baulichkeiten der mittelalterlichen Burg: Fritz bekam eine Behausung im inneren Schloss. Wenn dieses Haus mit dem von 1381 identisch ist, muss es sich um den Palas gehandelt haben. Zusätzlich hatte Fritz noch ein Haus und Hof in der Vorburg. Außerdem erfahren wir, dass der kleine Turm noch stand und dass der große Turm bereits gebaut war.

1469 belehnt Graf Otto zu Henneberg Siegfried von Stein zu Ostheim mit dem gleichen Lehen, nämlich *„mit dem Burggut im Inneren Hof zu Lichtenberg und Anteil an dem Haus und Hof in dem äußeren Hof bei dem vorderen Tor, dazu 1½ Gut darunter im Rode am Reusten gegen Ostheim und ein Stück Acker zwischen Staudich und Neusetz."*[15]
Hier erfahren wir zusätzlich, wo sich das Haus in der Vorburg befunden hat: Bei dem vorderen Tor. Hier also, wo heute nur noch Teile des ehemaligen Torwärterhauses stehen, oder auch weiter westlich, wie in der Zeichnung angedeutet, befand sich ein größeres Haus mit Nebengebäuden, mit dem die Steins von Ostheim belehnt waren. 1497 belehnte Graf Otto von Henneberg Philipp von Stein zu Ostheim mit dem Burggut zu Lichtenberg[16] Dies muss nicht heißen, dass die Steins auch in diesem Haus wohnten, aber doch, dass sie es zu ihrer Nutzung und Verfügung hatten.

Wie sah überhaupt die Burg vor 1525, dem Zeitpunkt ihrer ersten Zerstörung aus? Wir wissen natürlich ohne wissenschaftliche Untersuchung, die 2007 angefangen wurde und spektakuläre Neuerkenntnisse verspricht, nicht, was Ein- und Umbauten im Laufe des Hochmittelalters waren und was die Kernburg nach ihrer Erbauung ausmachte.

Johann Adolph von Schultes schreibt in seiner Beschreibung des Amtes Lichtenberg über die Lichtenburg u. a.: „daher war auch das Schloß Lichtenberg jenesmalen[17] schon eine respektable Veste. Seine äußern Wallgräben, seine doppelten hohen Ringmauern, die darauf an allen Seiten befindlichen Blo[c]khäuser, ein von gehauenen Steinen erbauter Thurm, dessen Höhe über 200 Schuh beträgt und dessen Mauern über 10 Schuh di[c]k sind, ein anderer runder Thurm von gehauenen Steinen, welcher die ganze umliegende Gegend erforschen und dominiren konnte, die Verbindung mit den übrigen, in der Nähe gelegenen und durchgängig korrespondirenden, vesten Schlösser Henneberg, Hiltenberg, Huthsberg, Salzburg dieß alles gab dem Bergschlosse ein vorzügliches Ansehen und gewährte ihm volle Sicherheit. Daher kam es, daß benachbarte Adeliche, die sich zu schwach fühlten, den häufigen Befehdungen und Angriffen zu widerstehen, bei den Besitzern solcher Burgen Schutz suchten, als Burgmänner (*Milites burgenses*) bei ihnen antraten, und dadurch die Mitvertheidiger solcher Schlösser wurden, bis in der Folge das Kriegswesen mehr System erhielte und die regulirte Miliz an die Stelle jener Burgleute trat."[18]

Als 1457 Melchior von der Tann zum Amtmann auf Lichtenberg bestellt wird, erfahren wir in seinem Bestellungsvertrag einiges über das Leben auf der Burg.[19] Der Amtmann ist für die Sicherheit der Burg verantwortlich. Zum Schutz der Burg muss er auf eigene Kosten Wächter, Türmer und Nachtwächter bestellen. Weil der Nachtwächter nicht überall gleichzeitig sein kann, laufen des Nachts große Hunde frei auf dem Burggelände herum. Tagsüber, zu den Ablieferungszeiten, kommen die Untertanen aus dem ganzen Amt her, um ihre Zinsen und Gülte abzuliefern, über die der Amtmann Rechenschaft zu leisten hat. Der Amtmann kann Bußen und Strafen aussprechen und sie bis zur Höhe von 10 Pfund für sich behalten. Es ist nicht nur Geld- oder Getreidezins auf vielen Zinsäckern und -wiesen zu zahlen, sondern es sind auch Frondienste abzuleisten, für die größeren Bauern mit dem Pferde- oder Ochsengespann, für die kleineren Bauern und Häusler mit Handdiensten, und zwar auf den Burgfeldern, die dem Amtmann während seiner Dienstzeit zur Verfügung stehen, aber nicht auf dessen eigenen Feldern in Ostheim.

Übergang an das Bistum Würzburg

1423 geht das Amt Lichtenberg an das Bistum Würzburg über. Als neuer Lehnsherr entscheidet Bischof Johann II. Streitpunkte zwischen Seyfried von Stein, Fritz von Stein, Lorenz von Ostheim, Georg von der Tann mit seinen Brüdern, Sintram von Neuenburg Lorenz und Hans von Stein, alle Burgleute zu Lichtenberg, einerseits und der Gemeinde Ostheim andererseits.[20] Allerdings werden hier alle Adeligen zu Ostheim als Burgleute bezeichnet, die sie ja vielleicht auch zu dieser Zeit sind.

1428 werden Siegfried von Stein, Ritter, Lorenz und Hans von Stein als „gesessen zu Lichtenberg und Ostheim"[21] bezeichnet.

Auch Siegfried, der Sohn des Hans von Stein zu Ostheim, 1440 – 1479 genannt, war Burgmann zu Lichtenberg. 1471 kaufte er die Hiltenburg; außerdem war er Hauptmann zu Erfurt.[22]

Wir können annehmen, dass die von Steins zu Ostheim jedenfalls zwischen 1420 und etwa 1470 einen ständigen Sitz auf der Lichtenburg hatten. Lorenz von Ostheim, Stefan von Bibra und Siegfried von Stein wohnen jedoch 1451 in Ostheim.[23]

Die Steins von Ostheim als Amtmänner auf der Lichtenburg

Auch in späterer Zeit waren die Steins noch Inhaber des Burglehens und Amtleute auf der Lichtenburg: 1505 war dies Philipp vom Stein. Sein Schwager Wolf von Herbilstadt zu Kaltennordheim nennt sich ihm gegenüber einen jungen, unverständigen Amtmann; Philipp muss also schon längere Zeit Amtmann gewesen sein. Philipp, genannt 1477 – 1518, ist gestorben zwischen 26. August und 15. Dezember 1518[24]. In erster Ehe war er verheiratet mit Margarete von Wolmershausen, einer Hofdame zu Bayreuth. Die Heiratsabrede wurde am 7. Januar 1495 zu Bayreuth unterzeichnet. Nach ihrem Tod verheiratete sich Philipp mit Scholastika von Herbilstadt. Die Heiratsabrede, die der Hochzeit vorausging, wurde am 21. November 1502 unterzeichnet. Genannt wird Scholastika bis 1528.[25]

1546 – 1553 war Moritz vom Stein, Sohn Philipps, Amtmann auf der Lichtenburg Seine Bestallungsurkunde vom Peterstage 1546 lag zu Karl Binders Zeiten im Ostheimer Amtsarchiv.[26]

Aufgaben eines Amtmanns

Graf Berthold von Henneberg nimmt Moritz von Stein zu seinem Amtmann, Rat und Diener für Schloss (Burg) und Amt Lichtenberg für die nächsten vier Jahre an. Wenn wir seinen Dienstvertrag mit dem von Melchior von der Tann vergleichen, so hat sich in fast einhundert Jahren nicht allzu viel geändert, außer dass der Vertrag mit Moritz wesentlich ausführlicher gestaltet ist. Moritz muss im Schloss seine Hauptwohnung nehmen und auf seine Kosten dafür sorgen, dass der Turm tagsüber mit Türmern besetzt ist, am Tor die Torwächter ihren Dienst tun, dass auch sonst auf dem Gelände Wächter, nachts mit Hunden unterwegs sind. Zu seinen Pflichten als Amtmann gehört es auch, die Bewohner des Amtes zu schützen, zu verteidigen, sie zu beraten und ihnen auch sonst in jeder Weise beizustehen.

Seine Aufgabe ist es, das Gericht des Amtes nach altem Herkommen zu hegen, mit Freiboten und Landknechten zu bestellen und den Grafen und seine Räte über alle Urteile zu informieren. Er hat dafür zu sorgen, dass die vom Zentgrafen oder von den Schultheißen der Amtsorte ausgesprochenen Bußen verrechnet und an die gräfliche Kammer geschickt werden, wobei er bei Gerichtstagen in Orten, an denen er sich selbst verköstigen und für ein Nachtlager sorgen muss, diese Unkosten vom Bußgeld abziehen kann. Dabei soll Moritz darauf achten, die Leute mit Nachtlager und Kost nicht zu hoch zu belasten. Insgesamt soll er aufpassen, dass die Amtsbewohner nicht ohne Wissen des Grafen oder über Gebühr bestraft werden. Gehölz, Fischwasser und

ABBILDUNG 6: MORITZ VON STEIN, AMTMANN AB 1546
(GRABMAL IN OSTHEIM, AUSSCHNITT)

Wildbann des Grafen im Amt soll Moritz auch vor anderen Leuten schützen. Holz darf er nicht auf eigene Rechnung verkaufen oder an andere Leute abgeben. Nur das Brennholz für die Beheizung der Burg darf er schlagen lassen. Besonders im Lichtenberger Hain ist ihm die Jagd verwehrt; die behält sich der Graf selbst vor.

Das Gehalt des Amtmannes besteht aus 50 Malter Korn, 64 Malter Hafer, jeweils Fladunger Maß, 50 Hühnern zu Fastnacht und 50 im Sommer, 4 Kühen, einem Schwein oder Bargeld in Höhe von 20 würzburgischen Pfund Geld. Außerdem bekommt er noch 5 Schock Eier, 3 Lammsbäuche, 8 Gänse, 16 Käse, 6 Schönbrote, 6 Pfund Unschlitt (für Kerzen), das Heu „zum Albrechts" (in der Wüstung Melpers). Zu seinem Salär gehören 10 Acker Artfeld unter der Lichtenburg (wahrscheinlich die Äcker hinter/nördlich der Burg), auch kann er von seinem Vorgänger Hans von Ostheim gerodete Äcker für 15 Gulden weiter bestellen, so lange er Amtmann ist. Er darf auch in der Streu und Sulz fischen, soweit dies dem Grafen zusteht. Ein besonderes Vorrecht des Amtmanns ist, dass er auf den Kirchweihfesten zu Kaltensundheim, Stetten, Urspringen, Wohlmuthausen und Mittelsdorf Wein ausschenken und damit sein Einkommen erhöhen darf.

Ein gegenseitiges außerordentliches Kündigungsrecht wird eingeräumt.

Moritz von Stein war der letzte von Stein als Amtmann. Dies mag in erster Linie daran gelegen haben, dass seinen Kindern und Enkeln Fähigkeit und Neigung fehlten, ein solches Amt auszufüllen. Noch viele Jahre, auch in den Wirren des 30-jährigen Kriegs, bot die Lichtenburg auch der steinischen Familie Schutz und Geborgenheit, zumindest für ihren wertvollsten Besitz, wie wir noch sehen werden.[27]

Erst 1680 wurde das Amt von der Burg in die Stadt verlegt.

---

[1] Wagner, Mellrichstadt, S. 117 ff. und 148; Wagner, Genealogie, S. 54.
[2] Binder, Lichtenberg, S. 163.
[3] von Schaumberg / Engel, Regesten von Schaumberg I, S. 46 (Nr. 74), Bemerkung.
[4] Binder, Lichtenberg, S. 164.
[5] Johann Adolph von Schultes. Historisch - statistische Beschreibung der gefürsteten Grafschaft Henneberg. 2 Bände in 6 Abteilungen. Hildburghausen, 1794 - 1815. Nachdruck: Neustadt / Aisch, 1999. Hier: Band II, 1. Abt.., S. 30 (gekürzt und der heutigen Schreibweise angepasst).
[6] Monumenta Boica XXXVII, Urk. CCXXI.
[7] Wagner, Mellrichstadt S. 117.
[8] Binder, Lichtenberg, S. 167, vg. Kapitel 3 „Die von Steins in der Fehdezeit".
[9] Schultes, Beschreibung II, 1. Abt., S. 134, Urk. VIII.
[10] AV U 26.
[11] HUB V, CCCXXXIV.
[12] AV U 19.
[13] Schultes (Beschreibung II, 1. Abt., S. 32) beruft sich auf die gleiche Urkunde und kommt zu dem irrtümlichen Schluss, „daß die Zufraße die Kemnate zu Ostheim nebst einigen Häusern und Gütern ingleichen das Haus auf der Burg Lichtenberg an den von Stein abtreten solten." Aber ein Burggut der Nordheimer Linie taucht in der Zukunft nicht mehr auf. Text der Urkunde: Wir Dietrich von der Kere priester und Sintram von der Kere gebrüder und Stephan von der Keren bekennen und tun kunt öffentlich an diesem Briefe allen die yn sehen oder hören lesen daz wir wyn schidunge getan haben zwischen den Erb(ar)en lutten Heynrich vom Steyne und sinen Erben uff eyn siten und H(err)n Johansen zufras und w(er)nhern zufrass und iren Erben uff die andern siten um die guet, die in der marg zu ostheym gelegen sin und hernach geschr(ieben) steyn. zum ersten, so haben wir geschicht und gescheyden daz H(err)n Johansen zufras und w(er)nhern zufrass und iren Erben volgen und werden shol der Stadel und die cleyne Kemnate und Berzen hus vom burne ditzeln smides hus, Cuntzen Diezels hus, und das hus uff der Burge zu Lichtenberg, die bamgarten in dem Rode die Tyle ynne hat und vii schillinge heller, die Tyle gibet und eyn Swin und sechs schillinge heller zu wyhenachten die Cuntzen freydigen kint geben von einer huobe Heinz tückelman sechzehen schillinge heller von einer huobe acht und zwenzig heller von eyner wissen, fünf acker wingarten in dem wingartental, kunemut freydige zwey schillinge heller von eyn wingarten ym rode und eyn anteil wachs, phole eyn halb pfunt wachs Volkenant Rusze und Hans von fulde eyn halb pfunt wachs und vir huner in dem rode. Des zu urkunde haben wir zu eyne bekenntnisse die-dinge uns(er) Insigel alle dry an diesen Brief gehangen nach Cristi geburt drizehen Hundert Jarhen nach in dem fünf und sybenzigsten Jahre an dem dinstage vor sancti andreastage, des heyligenzwolfboten. Siegel: Das linke ist vollständig erhalten, schwer erkennbar, das mittlere Siegel fehlt, das rechte ist oben abgebrochen, der Vogelfuß der Herren von der Kere jedoch gut erkennbar, die Umschrift ebenso. (AV U 19) Die Flurbezirke „Im Rod" und „Im Weingartentale" sind südwestlich und südöstlich der Burg.
[14] AV U 51 von 1420 Oktober 18. Die Flurbezirke „Am Rauhen Stein (Rüsten / Reusten?)" und „Neusitz" liegen südsüdwestlich und südsüdöstlich der Burg. „Stude" / „Staudich" ist unklar.
[15] AV U 121.

[16] AV U 164.
[17] Schultes meint damit die Zeit vor der Erfindung des Schießpulvers und allgemein im Mittelalter.
[18] Schultes, Beschreibung II, 1. Abt., S. 45.
[19] Schultes, Beschreibung II, 1. Abt., S. 141, Urk. XI von 1457 Februar 22.
[20] AV U 54 von. 1423 August 22 (s. Abschnitt „Die Rechte der reichsunmittelbaren Ritter in Ostheim" des 10. Kapitels „Die Ganerben erstreben ‚Herrschaftsrechte' in Ostheim").
[21] Müller, Bezirk Mellerichstadt, S. 146.
[22] Körner, "Genealogisches Handbuch", S. 316.
[23] AV U 87.
[24] Binder nennt 1527 als Todesjahr.
[25] Ihre Eltern waren Wilhelm von Herbilstadt und Anna von Steinau.
[26] Binder, Lichtenberg, S. 174 ff. Anm.
[27] Kapitel 7.4 „Die Linie der Steins zu Ostheim in Völkershausen bis zu ihrem Aussterben".

6. Hertnid von Stein, der bekannteste Spross der Familie[1]

Jugend und Studium

Hertnid von Stein wurde ungefähr 1427 in Ostheim geboren. Sein Vater Hans war 1429 schon tot; seine Mutter Grete von Ebersberg verheiratete sich 1439/40 zum zweiten Male. Er hatte einen wohl älteren Bruder, Sifrid, der die Verwaltung der Güter übernahm, wie es damals teils üblich war, während die jüngeren Brüder anderswo ihr Unterkommen suchen mussten. Dies galt auch dann, wenn das Gut mehrere Besitzer tragen konnte. Denn die Ritter sahen, dass sich ihre Rolle änderte, vor allem, dass sie nun auch an die Universitäten, welche bisher eher den Bürgern vorbehalten gewesen waren, gehen mussten, um einflussreichere Stellen zu erlangen, – und ließen sich das auch einiges kosten.

Natürlich wissen wir nicht, warum sich Hertnid Ostern 1441 zum Sommersemester an der Universität Erfurt einschrieb[2]. Jedoch „war die Entscheidung der Familie zuallererst wohl von pragmatischen Gesichtspunkten bestimmt. Die Möglichkeiten, die ein Studium dem jungen Herdnidt eröffnete, lagen auf der Hand; es waren Möglichkeiten politischer Betätigung, die seinen Vätern in dieser Form nicht zur Verfügung gestanden hatten. Im Gegensatz zu jenen hatte er sich nicht auf eine adelsgemäße Mitwirkung am Regiment eines Landesfürsten, etwa als Amtmann, einzustellen, sondern durfte nun auf eine völlig anders geartete politische Laufbahn hoffen, die nur ausgebildeten Spezialisten offenstand."[3] In Erfurt, das zugänglich war für geistige Strömungen der Zeit, studierte er zuerst einmal die *Artes Liberales*[4], die damals vor allem mit Lateinkenntnissen das Grundwissen für ein späteres Spezialstudium legten.

Dazu ging er vermutlich 1446 an eine italienische Universität und wechselte 1450 nach Bologna an die traditionsreichste Hochschule Italiens. Dort kam er mit dem einsetzenden *Humanismus* in Berührung, war aber im Gegensatz zu einigen seiner Freunde kein eigentlicher *Humanist*, weil er später nicht „wissenschaftlich" arbeitete – außer offiziellen Briefen hat er nichts Schriftliches hinterlassen. In Bologna hatten damals die Studenten, vor allem die Juristen, eine entscheidende Rolle in der Verwaltung der Universität, und Hertnid wurde schon innerhalb seines ersten Jahres dort zum *Prokurator der „Deutschen Nation"*[5] und später zweimal zum *Rektor der Ultramontani* gewählt. Nachdem er 1454 die Prüfung zum „legum doctor" abgelegt hatte, zog er sofort nach Franken, um seine weltliche Laufbahn anzutreten.

Ganerbe in Ostheim

Neben seinen vielen Tätigkeiten außerhalb Ostheims, die noch anzudeuten sind, war er sein ganzes Leben lang mit seinem Geburtsort verbunden, weil er dort Besitz und Familienverpflichtungen hatte. Hertnid ist mit seinem Bruder zusammen das erste Mal fassbar in einer Urkunde vom 21. Januar 1440, in der Graf Wilhelm IV. von Henneberg-Schleusingen genehmigte, dass sie oder an ihrer Stelle ihr Vormund Caspar von Stein zu Nordheim ihrer Mutter, die inzwischen Stephan von Bibra geheiratet hatte, und ihrem Mann 1000 Gulden auf den Zehnten in Ostheim verschrieben[6]. Am 9. Februar bestätigte die Mutter die Abrede mit ihren Söhnen über ihre Mitgift[7]. In einem Streit um die Nikolauskapelle, der im Kapitel über die Beziehungen zur Kirche näher beschrieben werden soll, trat Hertnid 1459 in seiner Funktion als Ostheimer Ganerbe auf. Im Jahre 1466 bevollmächtigten Siegfried von Stein und Reichard von Buttlar genannt Neuenburg Hertnid zur Vertretung vor dem kaiserlichen Kammergericht wegen des Vorgehens des Grafen Georg von Henneberg am Dorfgericht zu Ostheim gegen die Hintersassen, die den von Steins und Buttlars in einem Streit Beistand geleistet hatten[8]. 1479 konnte die große und kleine Kemenate in Ostheim zwischen den Vettern Fritz und Sifrid von Stein geteilt werden, nachdem Hertnid seinen Anteil an Sifrid vermacht hatte[9], und am 13. April 1482 verkaufte Fritz seinem Vetter Hertnid seinen Anteil an den 18 Acker Wiesen zu Ostheim, genannt *In der Markloh*[10].

Kanzler und Rat

Nach seiner Rückkehr aus Italien 1454 ging Hertnid in den Dienst von Albrecht Achilles, dem Markgrafen von Brandenburg-Ansbach, und wurde Leiter seiner Kanzlei, die die eigentliche Regierungstätigkeit des Fürsten, gerade in ihrer politischen Dimension, mittrug. Damit trat Hertnid mit an die Spitze des Hofstaates. Nach mittelalterlicher Auffassung waren nämlich Regierungsangelegenheiten in erster Linie Rechtsdinge. Die Kanzlei legte Lehnbücher, Schuldbücher und Register an, fertigte Urkunden aus und übernahm die Korrespondenz des Hofes und die Archivierung des Schriftgutes. Die eigentliche Kanzleiarbeit leistete für ihn allerdings ein Sekretär, weil Hertnid mehr noch mit anderen Dingen befasst war. So war er immer mit Rechtsfragen betraut; ob er allerdings auch bei der Rechtsprechung selbst mitwirkte, ist nicht klar. Er war aber besonders in beratender Funktion tätig: In Ansbach waren die meisten Berater des Markgrafen immer noch Adelige des Landes, die mit dem Hof aber nur locker verbunden waren, so dass Hertnid mit anderen zusammen das neue Element des juristisch gebildeten Spezialisten in die Regierungstätigkeit einbrachte. Er vertrat den Fürsten bei Rechtsdingen auch außerhalb des Landes und unternahm Gesandtschaften für ihn.

1457 wurde er mit einem anderen Juristen und Rat von seinem Herrn nach Lüneburg geschickt, um dort für ihn eine kaiserliche Kommission durchzuführen und einen sehr kompliziert gelagerten Rechtsfall lösen zu helfen; es war der sog. *Lüneburger Prälatenkrieg*, eine Auseinandersetzung, in der es um die Erträge der reichen Lüneburger Saline, an der auch etliche umliegende Klöster und Stifte Anteile hatten, ging. Trotz großer Bemühungen und einiger positiver Zwischenergebnisse war dem Unterfangen kein richtiger Erfolg beschieden und die Angelegenheit zog sich hin und hatte für den Markgrafen unangenehme Auswirkungen.

Im Jahr 1459 sandte er Stein nach Italien, um die Obödienzerklärung[11] Albrechts und seines Bruders, des Kurfürsten Friedrich II. von Brandenburg, dem neugewählten Papst Pius II. (1458 – 1464) zu überbringen und natürlich auch anderes zu besorgen. Albrecht wollte gute Beziehungen zum Papst, weil er ihn brauchte, um seine Pläne der Durchsetzung der landesherrlichen Kirchenhoheit zu verwirklichen. Der Papst hatte schon lange das Zustandekommen eines Kreuzuges gegen die Türken auf dem Balkan vorbereitet und nun die Fürsten Europas zu einem Kongress nach Mantua geladen. Er wollte Albrechts Unterstützung, evtl. sogar seine Führung des Feldzuges[12].

ABBILDUNG 1: WAPPEN HERTNIDS VON STEIN AN SEINEM HAUS IN BAMBERG

Deshalb bekam Hertnid das Entgegenkommen des Papstes auch in persönlichen Angelegenheiten zu spüren: Er erhielt die im Kapitel 9 erwähnten Vergünstigungen für Ostheim, und es gelang ihm, für sich selbst durch Kirchenämter die Grundlage für eine kirchliche Laufbahn zu legen. Warum er nun über seine Ansbacher Tätigkeiten hinaus weiter ausholte, ist natürlich nicht eindeutig zu sagen, aber „zu allererst dürften ihn die fehlenden Möglichkeiten, im Sinne seiner legistischen Universitätsausbildung tätig zu werden, veranlaßt haben, seine Lage zu überdenken. Konflikte mit dem ansbachischen Adelsbetrieb und die Erfahrung der vor allem auf kulturellem Gebiet recht beschränkten Verhältnisse an der kleinen Hofhaltung mögen bei dem aufgeklärten und umfassend gebildeten Geist ein übriges bewirkt haben."[13] Er bemühte sich also um die Anwartschaft auf jeweils ein Kanonikat[14] am Mainzer und am Bamberger Dom und auf eine Dignität (Würde) an einer der beiden Kirchen, wobei er sicherlich die Bamberger Dompropstei im Auge hatte. Ebenso erwirkte er auch noch Expektanzen (Anwartschaften) für zwei Verwandte, Georg und Eberhard[15], die allerdings wohl bei der Vergabe der Ämter nicht berücksichtigt wurden. Auch Hertnid erhielt nicht alles, was er sich wünschte.

Domdechant

Hertnid konnte nach seiner Rückkehr nach Deutschland die Anwartschaft auf die reiche Propstei nicht durchsetzen; er wurde aber Bamberger Domherr und auch Domdechant oder -dekan, und damit Leiter des Domkapitels. Dafür trat er das Ansbacher Kanzleramt ab, blieb aber weiterhin als Diplomat im Dienste seines Fürsten. Als Dekan nahm er hinter dem Dompropst die zweite Stelle im Stift ein. Während der Propst aber vor allem die Wirtschaftsführung des reichen Stiftsbesitzes innehatte, kam dem Dekan die tatsächliche Führungsrolle zu. Er hatte die oberste Leitung des Chordienstes und aller gottesdienstlichen Handlungen, ihm oblag die Aufrechterhaltung der Disziplin im Dom und damit die Aufsicht über die gesamte Domgeistlichkeit und der Wachmannschaften. Er hatte so auch die Möglichkeit, disziplinarische Maßnahmen zu ergreifen, teils aber nach Rücksprache mit dem Kapitel. Daneben war er auch Leiter des Konsistoriums, des geistlichen Gerichts, und hatte damit fast die gesamte geistliche Gerichtsbarkeit der Diözese in erster Instanz inne. Da aber das Kapitel in Bamberg eine recht wichtige Rolle spielte, war natürlich Hertnids Stellung als sein Leiter auch eine besondere.

Als Kanoniker musste er die geistliche Weihe empfangen; er ließ es aber nicht wie die meisten Bamberger Kanoniker bei der Subdiakonsweihe 1459 bewenden, sondern wurde in den beiden folgenden Jahren Diakon und Priester, was zeigt, dass er sein geistliches Amt wirklich ernst nahm. Auch bei der Erlangung von Einkünften tat sich Hertnid im Gegensatz zu so vielen anderen geistlichen Würdenträgern nicht durch große Gier besonders negativ hervor: Er hatte selbstverständlich von Amts wegen bestimmte Pfründen und Patronatsrechte, aber er bemühte sich auch um weitere Einkünfte. Seine einträglichsten Rechte waren die Propstei St. Jakob in Bamberg, die Pfarrei Hof, die er durch einen Pfarrverweser verwalten ließ, und die Domkellnerei in Bamberg[16]. Er nahm aber nicht nur Geld ein, sondern machte auch Stiftungen: Die wichtige Stiftung für seinen Heimatort wird in Kapitel 9 besprochen. In der hinter dem sog. Hennebergbau der alten Bamberger Hofhaltung gelegenen, von ihm selbst erweiterten und ausgebauten Domherrenkurie richtete er eine Vikarie (Vikarsstelle) in der Kapelle ein und ebenso Teil einer neuen Vikarie am Kunigundenaltar im Dom, für die beide die Familie von Stein das Kollationsrecht (Übertragungsrecht) behielt. Weiterhin finanzierte er aus eigenen Mitteln die Ausstattung für ein Benefizium, das zur Versorgung eines Geistlichen dienen sollte, und als die Hofer Stadtpfarrkirche St. Michaelis 1480 umgebaut und mit einem Kranz von Kapellen versehen wurde, übernahm er den Ausbau und die Ausstattung der Hieronymuskapelle, für die er auch den sog. *Hertnidaltar* stiftete. Er ist ein bemalter Flügelaltar, ein qualitätvolles Werk vielleicht Bamberger Herkunft, und zeigt in der Mitte Kaiser Heinrich II. und die Heilige Kunigunde mit einem Modell des Bamberger Doms, von dem aus der Osten Oberfrankens missioniert worden war, und darunter den an einem Betpult knieenden Stifter mit seinem Wappen hinter sich. Seine Ahnenwappen sind auf der Vorderseite des Betpultes angebracht[17]. Die beiden Flügel zeigen auf den Innenseiten die Schutzheiligen der Hofer Pfarreien, den Heiligen Lorenz mit Märtyrerpalme und Rost und den Erzengel Michael, der mit einer Waage die guten und schlechten Taten einer Seele abwiegt, wobei der Teufel

Abbildung 2: Ausschnitt aus dem Mittelteil des Hertnidaltars in der St. Lorenz-Kirche in Hof: Der Stifter kniet am Gebetpult.

ABBILDUNG 3: DOMHERRENHÖFE IN BAMBERG

versucht, die Seele in die Hölle zu bekommen, während der Heilige Lorenz ihr durch Gottes Gnade hilft, in den Himmel zu gelangen. Auf den Außenseiten dieser Flügel ist die Verkündigung an Maria dargestellt. Die beiden Standflügel zeigen Kunigunde und St. Nikolaus. Dieser Altar wurde 1557 in die Lorenzkirche überführt und entging damit der Vernichtung bei dem Brand der Michaelskirche 1823. Nach der Renovierung der Lorenzkirche (1948) wurden die beiden, davor über dem Mittelbild befindlichen Standflügel links und rechts von St. Lorenz und St. Michael angebracht. Bei ihrer ursprünglichen Anbringung hinter den Seitenflügeln waren sie bei geöffneten Seitenflügeln verdeckt, und, wenn diese über dem Mittelteil geschlossen waren, sah man die Verkündigungsszene mit den beiden Heiligen auf den Standflügeln rechts und links.

Am 1. Juli 1463 erließ der Bamberger Bischof Georg von Schaumberg mit Zustimmung des Domkapitels eine neue Satzung für das geistliche Gericht des Dechanten, zu dem die Reichsstadt Nürnberg, die zur Bamberger Diözese gehörte, den Anstoß gegeben hatte. Stein konnte auch mit Hilfe des Kaisers die Bestätigung der Satzung, die eine Schmälerung seiner Kompetenz bedeutete, durch den Papst nicht verhindern; sein Konsistorium zitierte aber auch weiterhin immer wieder wegen Streitfällen, die es selbst als geistlich, die Nürnberger aber als rein weltlich erachteten, und die Nürnberger beschwerten sich weiter; es gelang ihnen allerdings auch später nicht, sich völlig von der richterlichen Kompetenz des Bamberger Domdekans zu lösen.

Als am 4. Februar 1475 der Bischof starb, übernahm sofort das Domkapitel die Führung und zog sich zur Wahl eines Nachfolgers zurück. Es gab anscheinend drei gewichtige Kandidaten: Herzog Albrecht von Bayern-Landshut, Graf Philipp von Henneberg-Römhild und Hertnid von Stein. Dabei waren Hertnids Hoffnungen, gewählt zu werden, sicher nicht unbegründet; er hatte sich nämlich eine starke Position im Kapitel erarbeitet. Doch schließlich unterlag er dem Senior des Kapitels und Philipp wurde gewählt. „Die Gründe für das Scheitern Steins können nur vermutet werden. Ein wichtiges Argument dürfte für viele der

Kapitulare gewesen sein, daß ihnen der Dekan zu diesem Zeitpunkt bereits zu einflußreich geworden war, als daß man ihm auch noch die alles krönende Bischofswürde zukommen lassen wollte; vielleicht deshalb griff man auf den Kandidaten zurück, den man für schwächer hielt und der dies auch nur zu bald bestätigen sollte. Auch hatte sich Stein in der Vergangenheit wohl allzusehr als Mann des Kurfürsten von Brandenburg[18] exponiert, so daß zu befürchten stand, daß nach seiner Wahl das Bistum gänzlich ins Fahrwasser der markgräflichen Politik geriet"[19].

Nach seiner Niederlage behielt Hertnid seine starke Stellung im Kapitel, welches wiederum seine Position gegenüber dem Bischof noch hatte ausbauen können, indem es ihm Bestimmungen in seiner Wahlkapitulation[20] hatte abringen können, die auf noch mehr Einfluss in der Politik des Bistums hinausliefen. Der Bischof versuchte zwar auf vielfältige Weise, seine Stellung zu stärken, und so kam es zu einem Machtkampf mit dem Kapitel bzw. dem Domdechanten; er wandte sich z. B. an den Papst und erhielt 1480 in der Bulle „Cunctis orbis ecclesiis", gegen die natürlich das Kapitel appellierte, eine Aufhebung seiner Wahlkapitulation zugesprochen. Die Auseinandersetzung hatte zeitweise eine solche Schärfe erlangt, dass das Kapitel sogar zu sicheren Sitzungen in die Freie Reichsstadt Nürnberg ausweichen musste. 1482 kam es schließlich zu Schiedssprüchen des Eichstädter Bischofs, in denen die Wahlkapitulation mit gewissen Neuerungen bestätigt wurde. Außerdem erreichte Stein in der Kurie, dass der Papst 1483 die Ergebnisse der Vermittlung anerkannte und seine Bulle zurücknahm. Hertnid hatte sich gegen den Bischof durchgesetzt.

ABBILDUNG 4: BÜCHER AUS DEM BESITZ HERTNIDS VON STEIN IM STAATSARCHIV BAMBERG

Gleichzeitig hatte Kurfürst Albrecht 1481 die für das Reich beschlossene Steuer für die Aufstellung des Truppenkontingents gegen die Türken auf alle seine Untertanen, also auch auf die Geistlichkeit umgesetzt und durch diese sog. *Pfaffensteuer* die Bischöfe provoziert. Sie verboten ihren Amtsträgern die Zahlung der Steuer, und als Albrecht sie eintreiben ließ, verhärteten sich die Positionen. Hertnid war jetzt nicht nur zwischen den Fronten, sondern die Steuer betraf ihn als Pfarrer von Hof selbst. Er erkannte als Inhaber einer markgräflichen Pfarrei und als Albrechts Diener die Berechtigung der Steuer an, überließ aber die Verhandlungen seinem Pfarrverweser. Er erhielt auch eine Erleichterung der Steuerforderung, die einer symbolischen Zahlung gleichkam. Noch prekärer wurde seine Lage zum Jahreswechsel 1481/82, als er seinem weltlichen Herrn über die Verhandlungen der Bischöfe in Bamberg über ihr Vorgehen gegen Albrecht berichten musste. Er riet Albrecht auch, seine Gegner durch Einzelverhandlungen zu schwächen. Dieser blieb aber vorerst hart, und erst Monate später wurde der Streit in Verhandlungen beigelegt.

Noch kurz vor seinem Tod kam es auch zum Streit mit dem neuen Bischof, Heinrich Groß von Trockau (1487 – 1501). Es ging dabei oberflächlich wieder um seine Rechtsprechung, aber in Wirklichkeit um prinzipielle Dinge, und Hertnid musste sich schließlich dem Bischof geschlagen geben, weil er seine ehemals so einflussreiche Stellung am Dom nicht mehr hatte halten können.

Hertnid blieb in seinen kirchlichen Ämtern im Ganzen auf das Bistum Bamberg beschränkt, obwohl er auch vorübergehend mainzischer Domkanoniker und Domkantor war und versuchte, in Regensburg Domherr zu werden.

ABBILDUNG 5: DER HERTNIDALTAR IN HOF

Diplomat

Hertnids besondere Leistung bestand auf dem Gebiet der Diplomatie. Seine Herren, besonders Albrecht, waren in Konflikte im Reich verwickelt: Es kam im Frühling 1460 zu den ersten Kampfhandlungen zwischen zwei Parteien, mit Albrecht auf der einen und dem Wittelsbacher Herzog Ludwig dem Reichen von Landshut, dem Pfalzgrafen Friedrich dem Siegreichen und dem Bamberger Bischof auf der anderen Seite. Der militärisch unterlegene Markgraf bekam auch durch seine Verbindungen zu dem gewählten Mainzer Erzbischof Diether von Isenburg, der aber vom Papst nicht bestätigt worden war, weil er die geforderte Annatenzahlungen[21] für zu hoch erachtet und nicht beglichen hatte und deshalb sogar exkommuniziert worden war, immer mehr Schwierigkeiten mit dem Kaiser Friedrich III. und dem Papst. Diether hat dann zu hoch gepokert, und Albrecht konnte nur noch versuchen, ihm sein Kirchenamt zu retten. Dafür schickte er 1461 Hertnid als erzbischöflich-mainzischen Gesandten mit dem Vertreter Diethers nach Rom. Doch während sie sich noch auf der Hinreise befanden, hatte der Papst schon einen neuen Erzbischof ernannt, und schließlich blieb Stein nichts mehr übrig als den Ruf Markgraf Albrechts und seiner eigenen Person zu wahren, indem er sich möglichst rasch von der Sache des Möchtegern-Bischofs distanzierte. Bei seinem weiteren Aufenthalt in Italien gelang es ihm nicht, den Papst dazu zu bringen, die Bischöfe von Würzburg und Bamberg zu veranlassen, nicht auf der Seite der Gegner Albrechts in den Reichskrieg, der wieder aufflammte, einzutreten. Nur durch den Entsatz durch seinen Bruder Friedrich und den Zerfall des gegnerischen Bündnisses gelang es Albrecht, schließlich die Oberhand zu gewinnen, aber eine Einigung mit dem Bamberger Bischof Georg kam nicht zustande. „Der Dekan mußte handeln, wollte er nicht riskieren, zwischen den Parteien zerrieben zu werden; er mußte sich selbst um eine Vermittlung zwischen Bischof und Markgraf bemühen und durfte hoffen, dabei seine alten Beziehungen ins Spiel bringen zu können."[22] Es gelang ihm aber schließlich nicht, von Räten getroffene Abmachungen bei beiden Herren durchzusetzen, und dann kam es 1462 wieder zum Krieg, in dem sich Albrecht im Sommer endgültig geschlagen geben musste.

Mit einem besonderen Auftrag seines Fürsten reiste Stein im Herbst 1463 nach Wien an den Kaiserhof, mit dem Albrecht zu dieser Zeit durch wechselnde Vertreter ständig besonders enge Verbindungen hielt[23]. Er hatte von einem Reichsreformprojekt[24] erfahren, das bei Friedensverhandlungen am Ende des Reichskrieges in diesem Jahr in Prag zwischen den Räten Landshuts, Böhmens und des Kaisers verfasst worden war, ohne dass Albrecht etwas davon mitbekommen hatte, weil man seiner Unterstützung nicht ganz sicher war. Jetzt war der Kanzler Herzog Ludwigs von Landshut in Wien, und Stein sollte in Erfahrung bringen, was dort geschah. Er erfuhr schnell von den Plänen, die ganz auf Herzog Ludwigs Interessen zugeschnitten waren, und erkannte deren Brisanz für seinen Herrn. Deshalb legte er diplomatisch geschickt dem Kaiser dar, ohne spezielle Instruktionen erhalten zu haben, dass sein Herr zwar prinzipiell für das Projekt sei, das dem Kaiser Vorteile bringe, aber er betonte auch deutlich die Gefahren und Nachteile für den Kaiser. Auch Albrecht selbst wandte sich dann an den Kaiser und bezog Stellung gegen das Projekt. Danach blieb der Reformplan zwar noch in der Diskussion – es wurde sogar ein ausgeweiteter Fürstenbund Europas erwogen –; aber beides kam letztendlich nicht

ABBILDUNG 6: KURFÜRST ALBRECHT ACHILLES VON HOHENZOLLERN-BRANDENBURG

zustande. Auch andere Aufträge erledigte Hertnid, soweit es unter den Umständen möglich war.

Von Wien reiste er dann nach Rom an den Papsthof, um die vom Bischof genehmigte dauerhafte Eingliederung der wohldotierten Propstei des Kollegiatstifts[25] Sankt Jakob vor den Toren der Bamberger Domburg in die Pfründenversorgung des Domdechanten durch den Papst bestätigen zu lassen. Während seines Aufenthalts an der Kurie erhielt er auch den Auftrag Albrechts, beim Papst für die Errichtung eines Kollegiatstifts Sankt Petri in Kulmbach, verbunden mit der Einbeziehung der Hofer Pfarrei, deren Patronatsrecht Albrecht hatte und nun innerhalb von sechs Monaten nach dem Tode des letzten Inhabers ausüben musste, zu sorgen. Vor allem weil der Papst wenige Monate später starb, misslang das Projekt; Hertnid bekam aber selbst die Pfarrei Hof zugesprochen. Er wurde auch vom Papst wieder zur Beratung wegen seines Kreuzzugplanes herangezogen.

Noch im Herbst des Jahres 1464 wurde er von Albrecht im Namen seines Bruders an den Kaiserhof geschickt, wo er die Ansprüche Friedrichs auf Pommern-Stettin, dessen Herzog verstorben war, durchsetzen sollte. Friedrich wollte die Anerkennung seiner Lehnsherrlichkeit erreichen[26]. Dies konnte Stein nicht gelingen, weil der Kaiser Pommern als kaiserliches Lehen beanspruchte, und ein weiteres Hindernis für eine vorteilhafte Lösung waren die hohen Geldforderungen des Kaisers, die Friedrich ablehnte. Drei Monate später war Hertnid mit dem Markgrafen in Ulm zu einem Tag mit dem Kaiser und reiste dann weiter nach Rom. Albrecht hatte ein Jahr zuvor mit König Georg Podiebrad von Böhmen, einem der Verbündeten Ludwigs von Landshut, eine Vereinbarung geschlossen, ihre Kinder zu verheiraten, und ihn damit dem gegnerischen Bündnis entfremdet. Da aber Georg mit Rom zerfallen war und sogar als Häretiker bezeichnet wurde, konnte dieses Projekt nicht durchgeführt werden, ohne die Beziehungen zum neuen Papst Paul II. (1464 – 1471) zu trüben. Hier sollte Hertnid vermitteln. Aber eine „Neuformierung der Parteienkonstellation im Reich sollte die Bedingungen für seine diplomatische Tätigkeit am Papsthof bald drastisch verschlechtern, so daß die Erfolge letztlich ausbleiben mußten. Dabei hatte sich seine Arbeit an der Kurie außerordentlich gut angelassen. Wohl Anfang April 1466 war er in Rom eingetroffen und hatte sich sogleich darangemacht, seinen Aufträgen nachzugehen. Trotz aller Hindernisse, die ihm dabei in den Weg gelegt wurden, zeigen ihn seine vielfältigen Unternehmungen nun als einen gewandten, mit den Verhältnissen des Papsthofes bestens vertrauten Diplomaten, der seine mittlerweile gewonnene Routine in den verschiedensten Bereichen kurialer Geschäftstätigkeit auszuspielen vermochte."[27] Neben diesen Tätigkeiten unternahm er wieder etwas in Sachen Stettiner Erbfolgestreit und war erfolgreich. Ein negatives Ergebnis zeitigte aber sein Einsatz für Heinrich, den Sohn des Uracher Grafen Heinrich, der vom Erzbischof von Mainz als Koadjutor[28] mit dem Recht zur Nachfolge angenommen worden war, wozu ihn Albrecht und sein Verbündeter Graf Ulrich V. von Württemberg-Stuttgart beauftragt hatten.

ABBILDUNG 7: SIEGELABDRUCK
HERTNIDS VON STEIN

Papst Paul blieb bei seiner ablehnenden Haltung, vor allem weil Heinrich erst 17 Jahre alt war. In eigener Sache war Hertnid auch nur teilweise erfolgreich: Er bekam ein Regensburger Kanonikat zugesprochen, das er dann aber vermutlich nicht erringen konnte, und seine nochmalige Bewerbung um die Bamberger Dompropstei war wieder erfolglos, weil viel gewichtigere Mitbewerber auftraten. Wieder war ein Propst in Italien gestorben, wodurch dem Papst ein Besetzungsrecht zustand, und Hertnid war zufällig wieder am Papsthof. Aber besonders schmerzhaft wird für ihn gewesen sein, dass er von dieser Romreise ein päpstliches Mandat an Albrecht überbringen musste, in dem seine Exkommunikation und die seiner Tochter für den Fall der vorgesehenen Heirat angedroht wurde, was Hertnid ja gerade hätte verhindern sollen.

Vor allem wegen der politischen Konstellation trat danach eine längere Pause in seiner Diplomatentätigkeit für den Markgrafen ein, ohne dass die Verbindung abgebrochen wäre. In dieser Zeit konnte er sich auf sein anderes Beschäftigungsfeld konzentrieren. So gab es z. B. Probleme zwischen dem Kapitel und dem neuen Propst wegen seiner Pfründe.

Nachdem 1471 Sixtus IV. zum neuen Papst gewählt worden war, wurde Hertnid geschickt, um die unterkühlten Beziehungen Albrechts zur Kurie wieder zu normalisieren. Inzwischen hatte 1470 sein Bruder Friedrich ihm seine Herrschaft und die Kurwürde übertragen, so dass es viele Dinge zu regeln gab.

ABBILDUNG 8: MITTELTEIL DES HERTNIDALTARS

Anfang des Jahres 1472 wurde Hertnid als Vertreter des Kurfürsten von Brandenburg vom Papst mit großem Gepränge empfangen und erklärte in einer wohlaufgenommenen Ansprache die Obödienz seines Herrn. Es gelang ihm im Folgenden durch geschickte Verhandlungsführung und auch Eingeständnisse einiges für den Kurfürsten zu erreichen, z. B. das Patronatsrecht auf beide Bamberger Stiftspropsteien und jeweils vier Stiftskanonikate. Hertnid bekam später auch vom Papst den Titel eines *apostolischen Protonotars* verliehen, eine zwar häufige Auszeichnung ohne konkrete Rechte und Funktionen, die aber hohes Ansehen vermitteln konnte. Deshalb benutzte Hertnid diesen Titel auch selbst. Er verschaffte ihm allerdings auch die Befreiung von der Jurisdiktion des zuständigen Kirchenoberen, also seines Bischofs, was für ihn natürlich im Machtkampf im Dom von großer Bedeutung war.

Im Februar 1473 hielt Kaiser Friedrich in Augsburg einen Tag, bei dem auch Kurfürst Albrecht anwesend war; es ging jetzt vor allem um das Verhältnis des Kaisers zu Herzog Karl dem Kühnen von Burgund, der Eroberungen machte und die römische Königswürde anstrebte und dabei auch bereit gewesen zu sein schien, den Habsburger Maximilian, den Sohn Kaiser Friedrichs, als Nachfolger zu akzeptieren. Ein Treffen der beiden war in Trier geplant, an dem aber Albrecht trotz der Aufforderung des Kaisers nicht teilnehmen wollte. Deshalb sandte er u. a. Hertnid an den Kaiserhof in Baden, wo er im Gefolge des Kaisers, der am Rhein herumzog, bis zum sich verzögernden Trierer Treffen bleiben sollte. Er hatte aber nun keinen festen Auftrag, und am Hof herrschte eine Ruhrepidemie, so dass er bat, nach Hause zurückkehren zu dürfen, was aber nicht gestattet wurde. Er wurde vom Kaiser u. a. auch in der Frage des böhmischen Thronstreits nach dem Tode Georgs beteiligt, und er bereitete eine Lösung vor, die sein Herr vorgeschlagen hatte. Als schließlich das Treffen in Trier im Oktober und November stattfand, versuchte Karl durch großen Prunk zu beeindrucken, eine Einigung konnte aber nicht erzielt werden. Stein und sein brandenburgischer Kollege waren auf jeden Fall sehr in die Angelegenheit eingebunden. 1476 wurde Hertnid wieder von Kurfürst

Albrecht „ausgeliehen"; er unternahm eine Reise nach Rom, um die Abgesandten der wettinischen Herzöge Ernst und Albrecht beim Papst zu unterstützen.

1476 Zwei Jahre später konnte sich Ernst in einer Streitsache zwischen dem Erzstift Magdeburg und der Stadt Halle – es ging letztlich um die Salzgewinnung – nicht zuletzt dank Hertnids Einsatz durchsetzen. Ein Chronist erkannte neidlos an: „Der war ein großer sprecher."[29]

Ab 1478 betrieb Hertnid in sehr großem Umfang diplomatische Tätigkeiten. „Rastlos stürzte er sich nun in immer neue Aktivitäten. Fast jedes Jahr übernahm er für den Kurfürsten von Brandenburg Gesandtschaften an den Papsthof Sixtus' IV., die meist sehr lange währten, so daß sich seine Aufenthalte in Bamberg oft auf Wochen und Tage beschränkten."[30] So zog er 1479 z. B. nach Rom, machte aber den Umweg über den Kaiserhof, wo er zwar etwas für seinen Herren erledigen musste, aber daneben immer mehr auch vom Kaiser für seine Interessen eingesetzt wurde. In der Heimat war Hertnid 1480 mit den Verhandlungen um und an einem kaiserlichen Tag in Nürnberg beschäftigt, bei dem es um die Reichshilfe zur Verteidigung der habsburgischen Erblande gegen die Türken ging.

1483 war Hertnid ein letztes Mal in Rom, und auch seine diplomatische Tätigkeit für den Kurfürsten kam zu einem Ende, ohne dass allerdings die Verbindung zwischen den beiden völlig abriss[31].

Diener zweier Herren

In mehreren Situationen geriet Hertnid in die Lage, dass seine beiden Herren gegeneinander agierten. Das war im Reichskrieg und bei der Pfaffensteuer z. B. so. Hier zeigte sich „deutlich die ganze Doppelbödigkeit seiner Existenz"[32]. Er musste teilweise für beide Herren tätig werden, sie beraten und ihnen Informationen aus dem gegnerischen Lager besorgen. Er scheint aber versucht zu haben, beiden Herren gegenüber loyal zu bleiben. Trotzdem ist diese Situation sicher ein Grund dafür gewesen, dass er nicht alles für sich persönlich erreichte, was er wollte.

Gescheitert?

Hertnid beschloss sein bewegtes und ereignisreiches Leben am 20. August 1491 und liegt in der Nagelkapelle des Bamberger Doms, der Grablege der Kapitelsherren, begraben, wo die Bronzeauflage seiner Grabplatte, vermutlich aus der Werkstatt Peter Vischers d. Ä., an ihn erinnert. Sie ist seit 1762/3 an der Westwand angebracht und zeigt ihn im Gewand eines Dechanten mit einem Kelch und Buch in den Händen vor der Brust und dem Familienwappen mit Helm, Helmzier und Helmdecke vor den Füßen. Die Inschrift ringsherum lautet, links unten beginnend, mit den

ABBILDUNG 9: BRONZEGRABPLATTE HERTNIDS VON STEIN IN DER NAGELKAPELLE DES BAMBERGER DOMS (212 X 90 CM)

Agnatenwappen in den Ecken:

Anno • domini M • cccc • lxxxxj • die • sabbati • vicesimo • augusti • ob(iit) • praenobilis et admo(dum) / reuerendus • pater • domi/nus • Hertnid(us) vo(m) • stein • legu(m) • doctor • decan(us) • et • canonic(us) hui(us) ecclesiae • p(ro)thonotari(us) • apost/[olicus cuius anima requiescat in pace Amen]³³.

Matthias Thumsers letzte Worte über ihn sind: „ [...] immer hatte er in seiner Karriere Brüche hinzunehmen, die er in ihrer Gesamtheit nicht verkraften konnte. Hertnidt vom Stein aus Ostheim vor der Rhön hat es nicht geschafft, das zu erreichen, was zunächst möglich erschien, und ist damit letztlich gescheitert. Er blieb, wie er zeit seines Lebens genannt wurde, der Dechant."³⁴ Dies ist sicher etwas zu hart ausgedrückt: Hertnid hat viele Fehlschläge hinnehmen müssen und hat nicht das Bischofsamt erreicht, was als Krönung seiner Laufbahn sicher möglich gewesen wäre. Aber deshalb zu sagen, er sei gescheitert, geht zu weit. Er war ein äußerst tüchtiger Mann – von seinen mannigfachen Tätigkeiten konnten hier nur einige kurz skizziert werden – und hatte viele Erfolge, sonst hätte ihn sein Herr nicht immer wieder eingesetzt und sogar an andere Fürsten ausgeliehen. Wenn die Misserfolge aus seiner schlechten Verhandlungsführung und Ungeschicklichkeit und nicht aus den äußeren Umständen erwachsen wären, hätte Albrecht das sicher bemerkt und ihn nicht dauernd eingesetzt. Weiterhin lag „sein Versagen" oft natürlich auch daran, dass seine Herren nicht die allerwichtigsten waren, d. h. dass er bei Verhandlungen nicht genügend „Gewicht" im Rücken hatte³⁵.

Hertnid war ein großer Mann, aber nicht wie Caesar oder Alexander in der großen Welt, sondern in einer kleinen Welt.

---

[1] Alles, was nicht anders bezeichnet ist, ist aus THUMSER, MATTHIAS. Hertnidt vom Stein (ca. 1427 – 1491). Bamberger Domdekan und markgräflich-brandenburgischer Rat. Karriere zwischen Kirche und Fürstendienst. Neustadt / Aisch, 1989. — Eine ganz kurze Abhandlung über Hertnid: VON HALEM, HILLMANN. Hertnid vom Stein zu Ostheim (1423/27 – 1491). Brandenburgischer Kanzler und Bamberger Domdekan. In: PAMPUCH, ANDREAS / SCHMIDT, HUGO / TROST, GEORG (Hrgg.). Ostheim vor der Rhön und seine Burgen. Ostheim, 1961. S. 78 – 80 und KÖRNER, HANS / SCHMIDT, HUGO (Hrgg.). Ostheim vor der Rhön. Geschichte, Land und Leute. Ostheim, 1982. S. 72 – 74.

[2] Dies deutet, neben dem Tod seines Vaters, auch auf ein Geburtsdatum um 1427 hin, denn man ging damals mit ca. 14 Jahren an die Universität.

[3] THUMSER, S. 9.

[4] die sog. (Sieben) Freien Künste, was ursprünglich bedeutete „die eines Freien würdigen Fächer": vor allem das geisteswissenschaftliche *Trivium* (Dialektik, Rhetorik und Grammatik), aber auch das naturwissenschaftliche *Quadrivium* (Arithmetik, Geometrie, Musik und Astronomie). - Dem Grundstudium, das man nach drei Jahren als Bakkalar (Bakkalaureus; „Bachelor") beendete, schlossen sich normalerweise zwei Jahre Lehrtätigkeit an.

[5] Die Studenten bestanden aus zwei Gruppen, den Italienern (*citramontani*) und den Ausländern (*ultramontani*), die wieder nach Nationen eingeteilt waren, wobei die Deutschen den größten Teil stellten.

[6] AV: U 76. – Am 3. März 1457 wurde bestimmt, dass nach der Mutter Tod der Zehnte und das Schweinsgut in Ostheim wieder an die Söhne zurückfallen sollen (AV: U 98, 99).

[7] AV: U 77a.

[8] AV: U 115. Um welchen „Krieg" es sich gehandelt hat, geht aus der Urkunde nicht hervor.

[9] Näheres in Kapitel 7.2 „Die Steins in Ostheim".

[10] AV: U 27. - Nach einem Vermessungsregister der Stein'schen Grundstücke von 1750 (Stadtarchiv Ostheim v. d. Rh. (StAO): Titel VIII Nr. 4) lagen diese Wiesen „oberhalb", d. h. westlich der Stadt. - *Acker* war auch ein Flächenmaß; welcher Größe es hier war, wissen wir nicht. 1873 war ein Acker in Ostheim jedenfalls 0,285 ha.

[11] „*Gehorsams*erklärung".

[12] Es gelang dem Papst schließlich nach langen und zähen Verhandlungen, 1464 ein Heer in Ancona zu sammeln und eine venezianische Flotte auf den Weg zu bringen. Sein Tod beendete aber die Aktion.

[13] THUMSER, S. 35.

[14] Amt und Pfründe eines Kanonikers, Domherrn, Domkapitulars, Chorherrn oder auch Stiftsherrn, was alles dasselbe bedeuten kann.

[15] Georg (Jörg) vom Stein zu Nordheim, erwähnt 1458, 1461, 1462, 1464 und 1468; Scholastikus zu Würzburg; 1467 nicht belehnt (AV: U 117); Eberhard ist möglicherweise ein Sohn oder Enkel Eberhards (1417 – 1461), des Bruders von Heinz (1380 – 1426).

[16] Der Domkellner war der Verwaltungsbeamte des Domkapitels.

[17] Es sind sein väterliches, sein mütterliches Wappen (von Ebersberg gen. Weyhers), das Hessberg'sche seiner Großmutter mütterlicherseits und eines, das eine Burg zeigt (viell. die Burg Lichtenstein; es ist aber nicht das normale Lichtenstein'sche Wappen seiner väterlichen Großmutter, wie es z. B. auf seiner Grabplatte zu sehen ist (vgl. Anm. 33)).

[18] Wie weiter unten gesagt, war Albrecht ab 1470 Kurfürst.

[19] THUMSER, S. 130.

[20] Als *Wahlkapitulation* wurde seit dem Mittelalter ein schriftlicher Vertrag bezeichnet, in dem ein Kandidat seinem Wahlgremium Zusagen für den Fall seiner Wahl machte.

[21] *Annaten* (lat.: Jahrgelder) waren Gebühren, die bei der Verleihung eines innerkirchlichen Amtes durch den Papst fällig waren.

[22] THUMSER, S. 65.

[23] Es gab damals noch keine ständigen Vertreter bei anderen Regierungen, sondern nur speziell beauftragte Gesandtschaften, die sich in diesem Fall aber gegenseitig ablösten und dann auch für längere Zeit in Wien blieben.

[24] Ein allgemeiner Landfrieden, die Neuordnung der kaiserlichen Gerichte und des Münzwesens und die Erhebung eines jährlichen Reichsgefälles (-abgabe) waren die zentralen Reformpunkte.

[25] Ein Kollegiatstift war eine Gemeinschaft von Weltgeistlichen (Chorherren, Kanoniker), die keinem Orden angehörten.

[26] Im sog. *Stettiner Erbfolgestreit* hatten auch zwei entfernte Verwandte des verstorbenen Herzogs (die Herzöge Erich II. und Wartislaw X. von Pommern-Wolgast) direkte Ansprüche gestellt. Schließlich einigten sich die Kontrahenten, und Friedrich gab den beiden das Herzogtum zu Lehen, was allerdings nicht mit den Ansprüchen des Kaisers vereinbar war; damit war aber der Streit wenigstens vorerst beigelegt.

[27] THUMSER, S. 92.

[28] Grafen von Württemberg-Urach. - Ein *Koadjutor* ist ein Beistand, der u. a. einem Bischof an die Seite gestellt wird.

[29] THUMSER, S. 134.

[30] THUMSER, S. 135.

[31] Dies zeigt z. B. folgender Brief Hertnids an Albrecht aus Bamberg (abgedruckt bei THUMSER, S. 229), in dem es um Tätigkeiten wegen der Eroberung der Burg Stein im Fichtelgebirge durch Pfalzgraf Otto von Mosbach geht (die Burg war ein Lehen des Bamberger Bischofs, lag aber im Kulmbacher Territorium des Markgrafen von Brandenburg) und aus dem man auch das Verhältnis der beiden zu einander gut erkennen kann:

„Gnedigster herr. Mein gar willig dienst sein ewern gnaden mit fleis berait. Gnedigster herr.

Ich hab ewer gnaden jüngsten schrift, bei ewer gnaden reytenden boten mir zugeschickt, verlesen und unmussen des heutigen löblichen ambts halben nicht mogen antwort geben. So ist mein gnediger herr von Bamberg nicht hie, mit demselben ich nach anzeigen ewer gnaden schrift von solichen sachen zu handeln notturftig were, sonder versihe mich seiner gnaden zukunft auff morgen freitag zunacht, so will ich mit seinen gnaden darvon rede haben. Was mir alßdann begegent, will ich ewern gnaden unverzogenlichen verbotschaften. Ich verstee noch bei meinem hern von Bamberg bestendikeit, dann allein, das bei im gearbeit wurt auff verzug der sachen in einem trost, es soll gutlich vertragen werden, wiewol sein gnad verdechtige auffhaltung der sachen auch darbei vermerckt. Ich hab meinem gnedigen hern von Bamberg geschriben und will auff ewer gnaden schreiben verhalten, gein Sachssen zu reiten, sondern meins gnedigen hern zukunft darinnen warten. Ich hab vertrawen, ewer gnad hab villeicht wissen empfangen, was die geschickten von der lantschaft dises stifts zw Bayern fur antwort erlangt haben. So die recht bewegen wirdet, bedunckt es mich, wasser gewesen sein. Bitt ich ewer gnad, alles im besten, als ich es getrewlich meyn, zu vernemen.

Datum Bamberg, auff unsers hern leichnams tag, anno etc. lxxxv [*2. Juni 1485*]."

[32] THUMSER, S. 170.

[33] frdl. Hinweis Herr Paul Bellendorf, Bamberg. — Die Übersetzung der Inschrift, deren unterer Teil mindestens seit 1984 fehlt, lautet: Im Jahre des Herrn 1491, am Samstag, den 20. August, starb der überaus vornehme und besonders ehrwürdige Vater Herr Hertnid von Stein, Doktor der Jurisprudenz, Dekan und Domherr dieser Kirche, apostolischer Protonotar, dessen Seele in Frieden ruhe. Amen. — Die Wappen der nächsten Verwandten, wie üblich links oben beginnend im Uhrzeigersinn – des Vaters, der Mutter, der mütterlichen Großmutter und der väterlichen Großmutter – sind das von-Stein'sche, von-Ebersberg-gen.-Weyhers'sche, von-Hessberg'sche und von-Lichtenstein'sche (vgl. auch Anm. 17).

[34] THUMSER, S. 176.

[35] THUMSER (S. 111) sagt z. B. über seine Tätigkeit an der römischen Kurie: „Letztlich war Stein eben doch nur einer von vielen, die an der Kurie agierten, tätig für einen Herrn, der sich zwar *electore* und *marchese* titulierte, dabei aber, zumindest nach italienischen Maßstäben, nur über ein ganz unbedeutendes, abgelegenes Territorium verfügte. Mochte sein Diener auch noch so gewandt und couragiert auftreten, die Kurialen und Gesandten am Papsthof konnte er dadurch nur wenig beeindrucken."

7. Die zwei wichtigsten Adelsfamilien in Ostheim

Adelsfamilien in Ostheim

Im Laufe der Jahrhunderte sind Angehörige vieler, fast durchweg fränkischer Adelsfamilien in Ostheim ansässig gewesen, am längsten seit dem Mittelalter die Geschlechter von der Tann und von Stein zu Nord- und Ostheim. Lediglich im Mittelalter waren vertreten die Familien Voit von Salzburg (1338), von Eberstein, von Maßbach (bis 1388), von Herbilstadt (bis 1366), von Wechmar, von Griesheim (bis 1436), von Sternberg, von Milz, von Waltershausen und von Hutten (bis 1513). In der Mitte und gegen Ende des 16. Jahrhunderts sind in ihrem Ostheimer Zweig ausgestorben die Familien von Buttlar gen. von der Neuerburg (1561), von Steinau gen. Steinrück, Zufraß (1570), von der Kere (1583) und Truchseß von Unsleben (1590). Die Herren von Bibra veräußerten in dieser Zeit ihren Ostheimer Besitz.

Manche Geschlechter sind nur zwei Jahrzehnte in Ostheim begütert gewesen, so in der zweiten Hälfte des 16. Jahrhunderts: von Erffa, von Rosenau, von Obernitz und Voit von Rieneck, von Bronsart nur wenige Jahre, 1651 - 1659. Die von Heßbergs waren im 14. Jahrhundert ansässig und wieder 1577 bis 1696, die von Heldritts etwa 80 Jahre (bis 1650), die von Thumbshirns 1638 bis 1687, die von Öppes 1659 bis 1686, 65 Jahre die Familie von Hanstein (1689 - 1754). Einige dieser Namen haben sich bis heute in Ostheim erhalten: in dem Voitischen und dem Rosenauischen Hof, dem Öppischen (Öptischen) und dem Hansteinschen Schloss. In drei Generationen durch insgesamt 33 Jahre stellte im 17. Jahrhundert die Familie von Stein zum Altenstein den Amtmann des Amtes Lichtenberg.[1] Auch sie erwarb Höfe in Ostheim.

Die Wappen aller Adelsfamilien, die mit Ostheim in Verbindung standen, finden sich auf dem Nachsatzblatt und auf der vorletzten Seite dieses Buches.

Die vielleicht älteste Familie des Ortsadels — von Ostheim, Marschalk von Ostheim, Schenk von Ostheim — 1202 zuerst genannt, hat sich nur bis zum Ende des 16. Jahrhunderts hier in Ostheim gehalten. Sie hatte zwei wichtige Hofämter bei den Grafen von Henneberg inne, das Marschall- und Schenkenamt. Auch der Name „Marschalk" blieb an Ostheimer Höfen haften.[2]

Die wichtigsten der Adelsfamilien in Ostheim, die Familien von der Tann mit verschiedenen Zweigen und die Familie von Stein mit den beiden Hauptlinien und verschiedenen Zweigen, und ihre verwandtschaftlichen Beziehungen und Verbindungen sollen nun genauer dargestellt werden, denn es hat sich im Lauf der Untersuchungen herausgestellt, dass ohne diese Kenntnis die Besitzerwechsel in den Adelshöfen nicht zu verstehen und zu erklären sind. Deshalb kann auch, wie bereits Carl Binder feststellte, nicht auf die Darstellung dieser Beziehungen durch Stammtafeln verzichtet werden, auch wenn dabei manche Unsicherheit in den Verbindungen in Kauf genommen werden muss.

7. 1. Die Familie von der Tann in Ostheim

Die Nordheimer Tanns und ihre Verbindung zu Ostheim

Der erste Vertreter der Familie von der Tann in Ostheim war Heinrich (XXII.) genannt von Bischofsheim, welcher um 1360 als fuldischer Amtmann auf Lichtenberg nach Ostheim kam. Nachdem er 1364 verschiedene ererbte Dörfer und Güter, u. a. auch in Ostheim, an Matthias und Niclas von Malkes, zur Hälfte nach Erbrecht, verkauft hat, ist denkbar, dass seine Frau Gute aus diesem Geschlecht stammte, das bereits einen Abt von Fulda gestellt hatte.[3] Von Otto von Herbstadt erwarb Heinrich 1366 Güter in Ostheim und Gerthausen.[4] Auch die Kemenate an der Frickenhäuser Brücke könnte zu diesen Gütern gehört haben.[5] Die Niedermühle, die zur Münz gehörige Mühle hatte Heinrich von der Tann 1365 zeitweise in seinem Besitz, vorerst nur als Pfand.[6] 1372 musste er anerkennen, dass das Stift Fulda die Mittelmühle wieder einlösen kann.[7] Trotz der unterschiedlichen Bezeichnung mag es sich um ein und dieselbe Mühle in tannischem Besitz gehandelt haben, denn eine Mühle als fuldischer Besitz oder fuldisches Lehen kommt nach diesen Erwähnungen nicht wieder vor. Vielleicht ist dies auch ein Hinweis auf das ursprüngliche erste tannische Gut. Wahrscheinlich zu diesem Zeitpunkt legte Heinrich den Grundstock für den Jahrhunderte langen Besitz seiner Familie in Ostheim. Ein Sohn Heinrichs, Heinrich (XXVI.), der 1372 bis 1386 Amtmann zu Lichtenberg war, erkaufte 1379 zusammen mit seiner Frau Felice einen Teil der Zehnteinnahmen in Ostheim von Heinz von Stein.[8] Balthasar, Landgraf zu Thüringen und Markgraf zu Meissen, verpfändete, wie schon in Kapitel 5 geschrieben, ihm und Siegfried von Stein 1386 das Schloss Lichtenberg.[9] Siegfried und Heinrich liehen dem in Geldverlegenheit befindlichen Landgrafen zu Eisenach 2624 gute Gulden, wie sie in Fulda gängig waren. Statt Zinsen darauf zu zahlen, versetzte der Landgraf den beiden das Schloss mit all seinen Zugehörungen. Alle Einnahmen aus dem Amt flossen nun den beiden Adeligen zu. Ausgenommen von der Verpfändung waren lediglich „vnsir manschaft manlehin vnd geistliche lehin". Der Landgraf durfte jedoch im Kriegsfall eigene Truppen in die Burg legen, musste sie jedoch selbst verköstigen. Wenn in einer solchen Auseinanderset-

ABBILDUNG 1: WAPPEN DER FAMILIE VON DER TANN AUS SIEBMACHERS WAPPENBUCH

ABBILDUNG 2: DAS WEIßE SCHLOSS IN NORDHEIM V. D. RHÖN, ERBAUT 1557 DURCH HANS MELCHIOR V. D. TANN, GEMÄLDE IM BESITZ DER FAMILIE BAIER

zung das Schloss verloren ginge, müsste der Landgraf ein anderes Pfand stellen oder die Pfandschaft ablösen. Ein Ende der Pfandschaft war nicht vereinbart; beide Seiten konnten sie mit vierteljähriger Kündigungsfrist lösen. Schließlich durften die Pfandnehmer keine neuen Steuern und Abgaben einführen, sondern sollten die Untertanen, reich oder arm, also Adelige und Bauern, bei den Rechten und Gewohnheiten belassen, wie dies beim Stift zu Fulda hergebracht war.

1390 wurde das verpfändete Amt durch Markgraf Balthasar wieder eingelöst, jedoch nur ein Jahr später erneut an die beiden Adeligen verpfändet, diesmal um die Summe von 4000 fl.

Die Meininger Pfandschaft

1394 erweiterten Heinrich und sein Bruder Fritz, Amtmann auf dem Hutsberg, das Besitztum der Familie im Umkreis von Ostheim, so auch zu Lichtenberg, durch einen Zukauf von Zinsen, Zehnten und Gütern[10] und erwarben 1398 diese nur wiederkäuflich erworbenen Güter endgültig von Hans von Steinau-Steinrück.[11] Die Witwe des 1402 verstorbenen Fritz von der Tann brachte 1406 mit ihren Söhnen Georg, Heinrich, Eucharius, Fritz, Burkhard Engelhard und Melchior zur Hälfte die wiederkäufliche Pfandschaft über Schloss Landwehr (Landsberg), Burg und Stadt Meiningen, Vachdorf, Leutersdorf und Queienfeld, d. h. das Amt Meiningen, von Bischof Johann I. von Egloffstein um 9165 rheinische Gulden an ihre Familie.[12] Eberhard von Buchenau hatte die andere Hälfte der Pfandschaft übernommen. In den nächsten Jahren übernahmen die Tanns die gesamte Pfandschaft des Amtes Meiningen und richteten sich darauf ein, sie auf Dauer zu behalten, was durchaus auch im Sinn der Meininger Bürger war, welche die laufenden Verpfändungen leid geworden waren. Als der neue Bischof, Johann II. von Brunn nun doch die Wiedereinlösung der Pfandschaft betreiben wollte, zeigten ihm die Tanns, genannt werden Heinrich und Eucharius, die zweit- und drittgeborenen Söhne von Fritz und Margarete, die kalte Schulter. Schließlich hatte Bischof Johann II. ja erst vor wenigen Jahren (1414) die Ämter Fladungen, Hiltenburg ausgelöst, welche die Tanns auch pfandweise in Besitz gehabt hatten.[13] Doch der Bischof wollte sich seine Stadt nicht so ohne weiteres entreißen lassen. Am Abend des 30. November 1418 überstiegen Bewaffnete heimlich die Mauer der Burg Meiningen, öffneten die Tore für den Rest der Truppe unter Führung des Lorenz von Ostheim und Sintram von der Kere, setzten Heinrich und Eucharius, die in der Stadt anwesenden Tanns, gefangen und ließen sie nach Würzburg abführen. In einem Schreiben vom 4. Dezember des gleichen Jahres an die Stadt Meiningen begründete der Bischof sein Eingreifen mit der Befürchtung, die Stadt sei dem Stift „widersässig und ungehorsam gemacht" entgegen allen Verträgen „als unsers Vorfahren sel., ihre Eltern und sie gegeneinander getan haben[14]."

Gerade sieben Jahre später war Georg von der Tann, einer der Söhne von Fritz von der Tann und seiner Frau Margarete und Neffe des Heinrich (XXVI.), in Ostheim wohnhaft. Heinrich, vielleicht erbenlos gestorben, scheint seine Besitzungen hier an die Söhne seines Bruders vererbt zu haben. Georg und seine Brüder Heinrich, der später Domherr zu Würzburg war, Eucharius (Eckhard), Melchior, Burkhard und Engelhard wurden nun Ganerben zu Ostheim auf dem gemeinsam verwalteten Gut. Sie und die übrigen Ganerben waren wegen der Gaden in der gerade erst fertig gestellten Kirchenburg mit den Ortsnachbarn und der Gemeinde zu Ostheim in einen Streit geraten, den Bischof Johann II. zu Würzburg 1423 entscheiden musste, derselbe, der ihnen vorher die Stadt Meiningen wieder weggenommen hatte.[15] Dass das Urteil sehr ausgewogen ausfällt,[16] lässt darauf schließen, dass der Bischof und die Familie von der Tann sich gütlich geeinigt haben. Georg, der Älteste, ist Amtmann auf dem Hutsberg geworden und Heinrich, der Zweitälteste, wurde Domherr zu Würzburg.

1436 erhielt die Familie von der Tann erheblichen Besitzzuwachs, auch in Ostheim: Veit von der Tann, ein Sohn des 1423 erwähnten Georg, verheiratete sich mit Anna von Bibra, Tochter des Amtmanns Kaspar von Bibra auf Lichtenberg. Als Mitgift erhielt sie alle Güter des Cuntz von Griesheim und des Lutz Markart, besonders in der oberen Rhön.[17]

Doch schon sieben Jahre später verkaufte Veit dem Grafen Georg von Henneberg alle seine Güter, die er ebendort, im Bereich der oberen Rhön, besaß, um 1000 Gulden auf Wiederkauf.[18] Nachdem die von der Tanns auch später im Besitz zumindest der Güter in Ostheim sind, scheint der Rückkauf erfolgt zu sein, was auch die Regel war. Überhaupt müssen wir uns diesen Verkauf mit Garantie des Rückkaufs nicht als Notmaßnahme vorstellen, sondern als die damalige Form eines Darlehens. Schließlich gab es noch keine Banken. Die Zinszahlung für das Darlehen wurde entweder vereinbart, meist 5% der Darlehenssumme, oder bestand in der Nutzung der verpfändeten Güter. Es scheint, dass Veit von der Tann und seine Frau keine Kinder, jedenfalls keine Söhne hatten, zumindest werden solche weder von Biedermann noch von Körner oder Binder benannt. In einer Urkunde von 1451, als Hans von Lichtenberg und seine Frau Margarethe dem Heinz Beltmann eine Wiese verkauften, siegelten nur die Ostheimer Ganerben Lorenz von Ostheim, Stefan von Bibra und Siegfried von Stein. Doch könnte die Nichterwähnung der Tanns auch nur bedeuten, dass Melchior von der Tann, der 1457 Amtmann zu Lichtenberg geworden war[19], nicht in Ostheim anwesend war. Als dieser dann um 1490 starb, war kein Mitglied der Nordheimer Tanns mehr in Ostheim wohnhaft, jedoch hatten sie immer noch einen freieigenen Hof dort, den in der Erbteilung 1496 Melchiors Sohn Asmus erbte.[20] 1523/24 starben die noch lebenden Söhne Martins, Asmus, Carl und Melchior kurz nacheinander.

Auch wenn diese tannische Hauptlinie 1543 nicht zu den Ganerben in Ostheim gehörte, wie unten ausgeführt wird, so erhielten doch bei einer tannischen Erbteilung in diesem Jahr Conrad von der Tann zu Nordheim v. d. Rh. und seine Neffen Friedrich, Carl und Melchior Güter und Besitz in Ostheim, 1544 kaufte Conrad auch die Anteile der Neffen.[21] Doch um 1560 geht Ostheim der Familie von der Tann vollständig verloren. Christoph Voit von Rieneck erwirbt einige Jahre nach dem Tod des Conrad von der Tann 1550 den später nach ihm benannten Voitischen Hof am Rockentor, dem Ortsausgang nach Frickenhausen.[22]

ABBILDUNG 3: DAS ALTE SCHLOSS DER FAMILIE VON DER TANN IN NORDHEIM V. D. RHÖN, DIE SPÄTERE JÜDISCHE SYNAGOGE HINTER DEM GELBEN SCHLOSS

Die Stammtafel der Familie von der Tann vor ihrer Aufspaltung in vier Linien

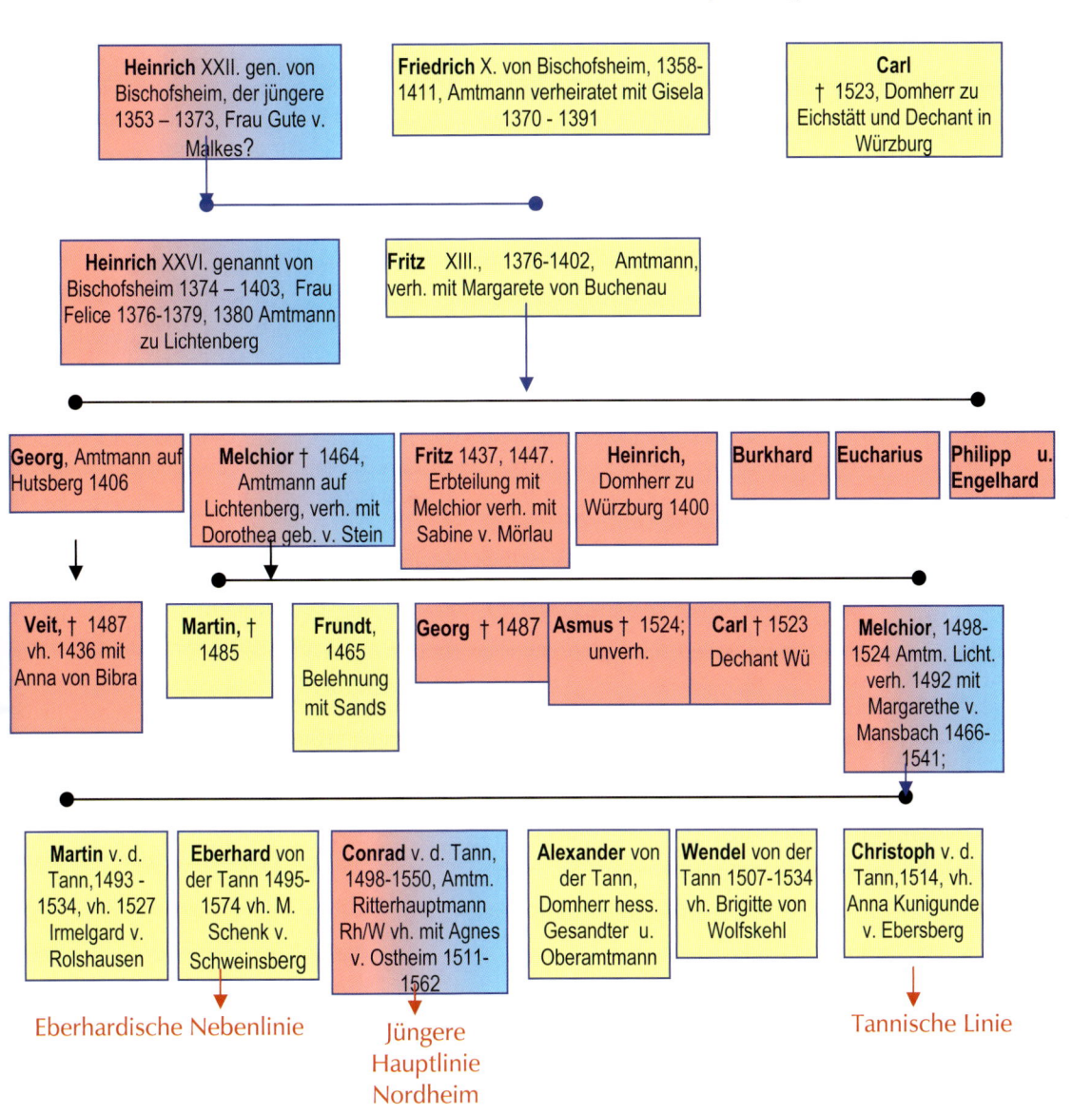

Heinrich XXII. gen. von Bischofsheim, der jüngere 1353 – 1373, Frau Gute v. Malkes?

Friedrich X. von Bischofsheim, 1358-1411, Amtmann verheiratet mit Gisela 1370 - 1391

Carl † 1523, Domherr zu Eichstätt und Dechant in Würzburg

Heinrich XXVI. genannt von Bischofsheim 1374 – 1403, Frau Felice 1376-1379, 1380 Amtmann zu Lichtenberg

Fritz XIII., 1376-1402, Amtmann, verh. mit Margarete von Buchenau

Georg, Amtmann auf Hutsberg 1406

Melchior † 1464, Amtmann auf Lichtenberg, verh. mit Dorothea geb. v. Stein

Fritz 1437, 1447. Erbteilung mit Melchior verh. mit Sabine v. Mörlau

Heinrich, Domherr zu Würzburg 1400

Burkhard

Eucharius

Philipp u. Engelhard

Veit, † 1487 vh. 1436 mit Anna von Bibra

Martin, † 1485

Frundt, 1465 Belehnung mit Sands

Georg † 1487

Asmus † 1524; unverh.

Carl † 1523 Dechant Wü

Melchior, 1498-1524 Amtm. Licht. verh. 1492 mit Margarethe v. Mansbach 1466-1541;

Martin v. d. Tann,1493 - 1534, vh. 1527 Irmelgard v. Rolshausen

Eberhard von der Tann 1495-1574 vh. M. Schenk v. Schweinsberg

Conrad v. d. Tann, 1498-1550, Amtm. Ritterhauptmann Rh/W vh. mit Agnes v. Ostheim 1511-1562

Alexander von der Tann, Domherr hess. Gesandter u. Oberamtmann

Wendel von der Tann 1507-1534 vh. Brigitte von Wolfskehl

Christoph v. d. Tann,1514, vh. Anna Kunigunde v. Ebersberg

Eberhardische Nebenlinie

Jüngere Hauptlinie Nordheim

Tannische Linie

Der Bastianstamm der Familie von der Tann

Eine weitere Linie der weit verzweigten Familie von der Tann hatte bis 1490 einen Adelshof in Ostheim besessen. Carl Binder teilt mit, dass der Untermarschalkische Hof, (Münz und/oder Hansteinisches Schloss[23]) um 1490 vermutlich durch die Heirat Georg Marschalks zu Ostheim, des Stammherrn der Älteren Marisfelder Hauptlinie, mit Margarete von der Tann an die Familie der Marschalk von Ostheim gekommen sei.[24] Die Eltern der Margarete waren nach Biedermann Wolfram von der Tann und seine Frau Margaretha geb. von Seckendorf.[25] Wir wissen nicht, aus welcher Linie Margarete stammt, doch vier Nennungen des Namensteils „Wolf" sind ein bedeutungsvoller Hinweis darauf, dass Margarete aus einer Linie entstammt, die bisher als solche nicht aufgeführt wurde. Es ist dies der Bastianstamm der Familie von der Tann.[26] Diese Tanns hatten also den Untermarschalkischen Hof im Besitz und ihn an die Marschalks von Ostheim abgegeben.

Nach nur wenigen Jahren war diese Linie wieder in Ostheim vertreten. 1502 war kein Mitglied der Nordheimer Tanns, sondern dieser zweite Zweig der Familie unter den Ganerben, als diese ihre(n) gemeinsamen Gaden in der Kirchenburg verpachteten. Es war dies Philipp, Sohn eines Bastian von der Tann, der mainzischer Amtmann in Schildeck und Buchenau gewesen war.[27] Philipp hatte mit dem gleichzeitig in Ostheim begüterten Melchior von der Tann nur den Urgroßvater Heinrich (XV.) gemeinsam. Es ist nicht anzunehmen, dass der Besitz der Nordheimer Tanns auf diesen Bastianstamm übergegangen war. Der Hof der Familie, der zuletzt im Besitz von Philipps Bruder Wolfram gewesen war, war an Georg Marschalk verkauft oder vererbt worden.

Hatte Philipp von der Tann seinen Ostheimer Besitz etwa als Mitgift seiner Frau Barbara von Bibra erhalten? Jedenfalls treten er und nach ihm 1543 seine Enkel Hans Wolf und Georg Christian als Ganerben auf, als einzige aus dem Geschlecht von der Tann, bis Hans Wolf, nach dem Tod von Georg Christian 1546, als letzter männlicher Nachkomme seines Zweiges 1549 seine Kemenate am Rathaus an Hartung von Stein verkauft.[28] Moritz von Stein nennt Hans Wolf 1549 seinen Schwager und Gevatter.[29] In einer weiteren Urkunde[30] wird Moritz' Bruder Hartung Schwager von Hans Wolf genannt. Diese zweimalige Bezeichnung legt nahe, dass Hans Wolf mit einer Schwester von Moritz und Hartung verheiratet war, von der jedoch bis jetzt noch nichts bekannt ist. Nach Hans Wolfs kinderlosem Tod 1556 kam es zu Erbauseinandersetzungen zwischen Hans Wolfs Schwestern Barbara, verheiratet mit Georg von Rosenau, und Margarete, vermählt mit Christoph von Bastheim, einerseits und der Gesamtfamilie von der Tann andererseits, auch um den restlichen Besitz zu Ostheim. Damit war die Anwesenheit dieser Nebenlinie der von der Tanns in Ostheim beendet.

Die Bastianlinie der Tanns in Ostheim

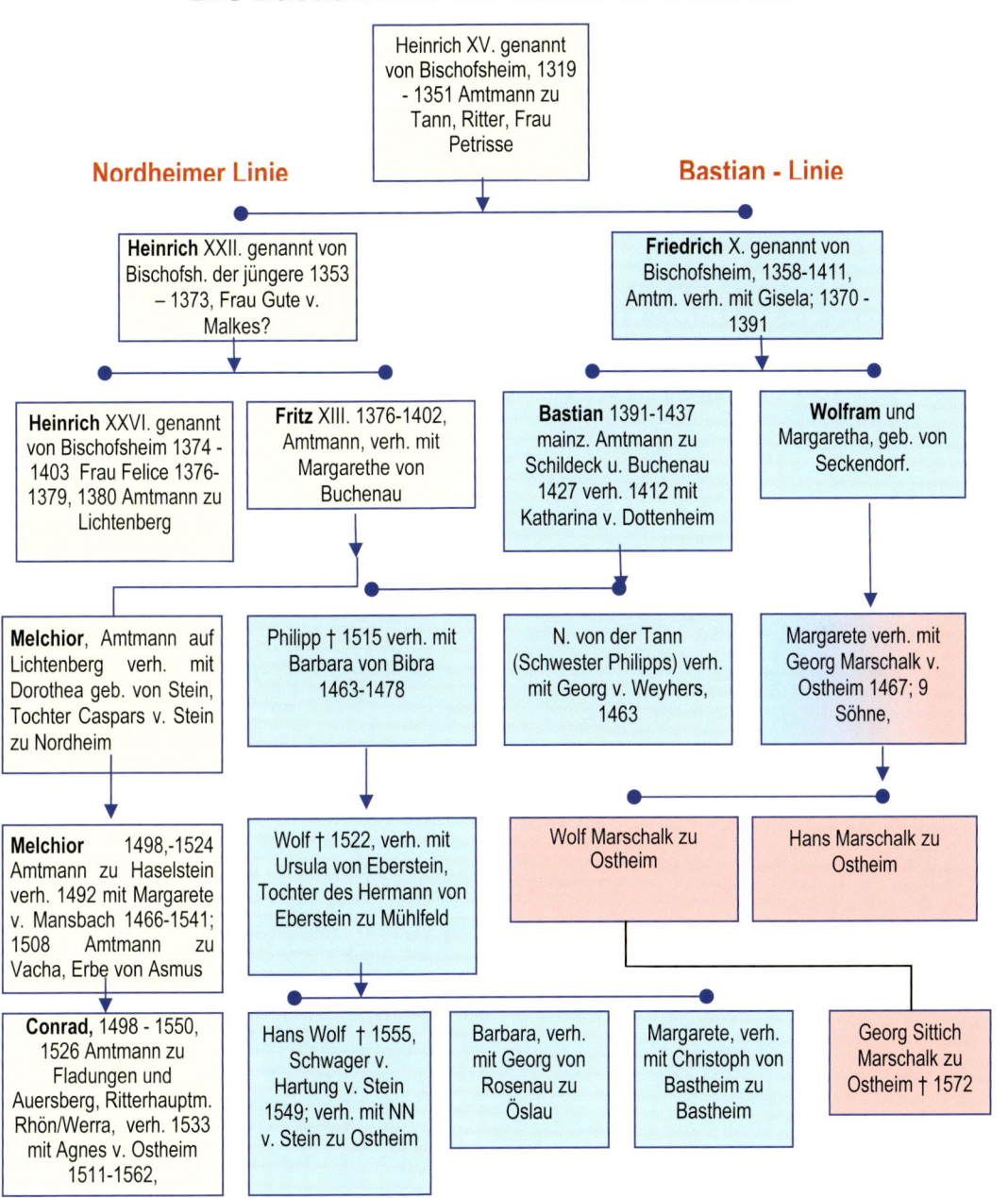

Heinrich XV. genannt von Bischofsheim, 1319 - 1351 Amtmann zu Tann, Ritter, Frau Petrisse

Nordheimer Linie — **Bastian - Linie**

Heinrich XXII. genannt von Bischofsh. der jüngere 1353 – 1373, Frau Gute v. Malkes?

Friedrich X. genannt von Bischofsheim, 1358-1411, Amtm. verh. mit Gisela; 1370 - 1391

Heinrich XXVI. genannt von Bischofsheim 1374 - 1403 Frau Felice 1376-1379, 1380 Amtmann zu Lichtenberg

Fritz XIII. 1376-1402, Amtmann, verh. mit Margarethe von Buchenau

Bastian 1391-1437 mainz. Amtmann zu Schildeck u. Buchenau 1427 verh. 1412 mit Katharina v. Dottenheim

Wolfram und Margaretha, geb. von Seckendorf.

Melchior, Amtmann auf Lichtenberg verh. mit Dorothea geb. von Stein, Tochter Caspars v. Stein zu Nordheim

Philipp † 1515 verh. mit Barbara von Bibra 1463-1478

N. von der Tann (Schwester Philipps) verh. mit Georg v. Weyhers, 1463

Margarete verh. mit Georg Marschalk v. Ostheim 1467; 9 Söhne,

Melchior 1498,-1524 Amtmann zu Haselstein verh. 1492 mit Margarete v. Mansbach 1466-1541; 1508 Amtmann zu Vacha, Erbe von Asmus

Wolf † 1522, verh. mit Ursula von Eberstein, Tochter des Hermann von Eberstein zu Mühlfeld

Wolf Marschalk zu Ostheim

Hans Marschalk zu Ostheim

Conrad, 1498 - 1550, 1526 Amtmann zu Fladungen und Auersberg, Ritterhauptm. Rhön/Werra, verh. 1533 mit Agnes v. Ostheim 1511-1562,

Hans Wolf † 1555, Schwager v. Hartung v. Stein 1549; verh. mit NN v. Stein zu Ostheim

Barbara, verh. mit Georg von Rosenau zu Öslau

Margarete, verh. mit Christoph von Bastheim zu Bastheim

Georg Sittich Marschalk zu Ostheim † 1572

Die Tanns auf Nordheim werden wieder in Ostheim ansässig

Martin von der Tann war Ritterhauptmann des Kantons Rhön-Werra der Reichsritterschaft und zuvor Amtmann des Bischofs von Würzburg in Werneck gewesen. In Erbteilungen hatte er die Familienbesitzungen in Ostheim und Nordheim vor der Rhön, Oberwaldbehrungen, Neustädtles und Filke bekommen. Seinen Sitz hatte er in der Alten Kemenate zu Nordheim (vg. Abbildung 3).

Erst 1580 erwarben Martin und sein Bruder Hans Melchior von der Tann aufs Neue eine Wohnung in Ostheim mit dem Kauf des (Ober-)Marschalkischen Hofes am Kirchberg. [31]

Als dann 1589 Martin den Voitischen Hof wieder an sich bringen konnte, hatten die Nordheimer Tanns wieder zwei Adelssitze in Ostheim,[32] die dann nur ein Jahr später um einen dritten vermehrt wurden, als 1590 die Marschalkschen Erbtöchter die später „Hansteinsches Schloss" genannte Kemenate an die Familie von der Tann verkauften.[33]

Conrad von der Tann (1567 – 1639) und seine Familie

Nach dem Tod Martins im Mai 1594 erhielt Sohn Caspar die Güter in Nordheim und in Ostheim vor der Rhön mit Filke sowie Oberwaldbehrungen.[34] Caspar heiratete am 9. September 1595 in Ostheim Catharina, verwitwete von Boyneburg, geb. von Heldritt. Ihre Eltern waren Arnold von Heldritt zu Bockstadt, Amtmann zu Lichtenberg, und eine geborene Marschalk von Ostheim.[35]

Auffälligster Vertreter dieser Familie war jedoch Cuntz (Conrad) von der Tann, der bis 1598 in Ostheim wohnte und zwar im Obermarschalkischen Hof, solange er noch unverheiratet als Offizier in die Türkenkriege zog.

Conrad von der Tann wurde am 13. November 1567 in Nordheim in der Alten Kemenate geboren. Cuntz (so unterschrieb er meist) besuchte die Gymnasien in Hersfeld, Schleusingen, Meiningen und Schweinfurt. 1585 bezog er die Universität Wittenberg, die von den Söhnen der evangelischen ritterschaftlichen Familien bevorzugt wurde. 1588 setzte er seine Studien in Padua und Siena fort, später in Köln und Jena. Er verfaßte mehrere akademische Schriften. Man rühmte seine gründliche und umfassende Bildung und seine Kenntnis fremder Sprachen.

Cuntz von der Tann nahm an Feldzügen in den Niederlanden und in Frankreich teil. Dann kämpfte er 1595 bis 1598 auf eigene Kosten mit dem kaiserlichen Heer gegen die Türken, die bis Ungarn vorgestoßen waren. Von seinem persönlichen Einsatz zeugten „Schuß-, Brand- und Feindeszeichen" Als er nach dem Sturm auf die Grenzfestung Gran im August 1595 die Siegesmeldung zu Kaiser Rudolf II. brachte, zeichnete ihn dieser mit einer goldenen Gnadenkette aus (Sie ist auf dem Porträt im Schloss Tann zu sehen). Während das Heer im Winterquartier ruhte, kehrte Tann mit „guter Beute" in die Heimat zurück. Er hatte inzwischen seinen Wohnsitz in Ostheim in dem durch seinen Vater Martin und dessen Bruder Hans Melchior 1580 erworbenen Obermarschalkschen Hof am Großen Stein. In sein „Kriegstagebuch" schrieb er unter dem 12. Juli 1597: „Hab ich mich von Ostheim wieder uff Weg nach Ungarn gemacht. Der Engel des Herrn möge mich leiten."

1594 starb der Vater; die Mutter, Margarete geb. von Trümbach, erhielt ihren Witwensitz in Ostheim, wo sie zwei Jahre später starb und in der Kirche begraben wurde. In der Erbteilung mit den beiden Brüdern fiel an Conrad von der Tann das Dorf Römershag bei Bad Brückenau, das aus der Erbschaft seines Großvaters Lucas von Trümbach stammte. Ehe er 1598 von Ostheim aus wieder nach Ungarn zog (diesmal wider seinen Willen als „Oberster Leutnant" dem Generalkommissarius zugeteilt), heiratete er die einem hessischen Geschlecht angehörende Ottilie Keudel zu Schwebda. Drei Söhne und vier Töchter wurden in dieser Ehe geboren.

1598 bestellte der Administrator des Stifts Fulda, Erzherzog Maximilian, Conrad von der Tann zum „Rat von Haus aus" und setzte ihm als Besoldung aus: 250 Gulden, 25 Malter Korn, 75 Malter Hafer, 1 Fuder Wein und 1 Ochsen, ferner Sommer- und Winterkleidung für drei Personen. Im folgenden Jahr wurde Tann zum fuldischen Amtmann von Brückenau und Schildeck ernannt. Er musste den Erzherzog auf Reisen begleiten und wurde mit diplomatischen Aufträgen betraut. Oft musste er zum Kaiserhof nach Prag reiten. Hier hatte er auch Rechte der eigenen Familie und die der fuldischen Ritterschaft zu vertreten, vor allem als es galt, die wegen der Absetzung des Abts von Fulda (1576) auferlegte hohe Geldstrafe herabzuhandeln. 1607 wurde Tann zum kaiserlichen Rat ernannt, 1608 wurde er auf ausdrückliches Geheiß des Kaisers Ritterhauptmann des Kantons Rhön und Werra. 1610 – 1616 fungierte er wieder als Amtmann zu Brückenau.

Nach seiner Heirat war Conrad mit seiner Frau Keudel von Schwebda nach Römershag übergesiedelt. Bei ihrem Onkel Cuntz wuchsen nach dem frühen Tod ihres Vaters Caspar 1614 in Ostheim dessen Söhne Hans Conrad und Philipp Jacob auf. Erwachsen geworden, bewirtschafteten sie gemeinsam ihre aus der Erbschaft ihres Vaters stammenden Güter in Nordheim und Ostheim, in Filke und Oberwaldbehrungen. Sie alle mussten die Geschicke des Dreißigjährigen Krieges erleiden. Das Kriegsgeschehen griff auch in die engste Familie des Cuntz von der Tann ein: Zwei Söhne standen als Offiziere in kaiserlichen Kriegsdiensten, einer in hessischen. Der älteste Sohn, Josua. Assessor am kaiserlichen Landgericht im Herzogtum Franken, fiel 1635 als Hauptmann im Hatzfeldtischen Dragoner-Regiment.

Auch die beiden Söhne des früh verstorbenen Bruders Caspar hatten eine bewegte Geschichte[36]: 1622 heiratete Hans Conrad Sabine Elisabeth von Herda[37] Sie war bei ihrem Pflegevater Kaspar von Schiltnitz in Stepfershausen aufgewachsen. Am 3. Juli 1624 wurde ihnen die Tochter Maria Katharina geboren, die das einzige Kind bleiben sollte.

Philipp Jacob hatte in der Schweizer Kompanie des Herzogs Christian von Braunschweig gedient und war 1622 in Gefangenschaft der Spanier geraten. Als er im September aus dem Lager bei Venlo hatte fliehen wollen, war er ertappt, ausgezogen und in Eisen geschlagen worden. Als er endlich entlassen wurde und nach Hause kam, vertrug er sich nicht mit seinem Bruder und verlangte eine Teilung der Güter. Die Teilung wurde in Ostheim am 29. September 1624 vorgenommen[38]. Besiegelt und unterschrieben wurde sie von den beiden Brüdern, von Lucas (zu Neustädtles), Cuntz, Wilhelm Rudolf (zu Huflar) und Eitel Heinrich von der Tann. An Philipp Jacob fiel das Los „Nordheim mit Oberwaldbehrungen". Dazu gehörte „der adelige Ansitz zu Nordheim zur linken Hand vom Wasser [Streu] hinaufwärts" (Kemenate im späteren Gelben Schloss), die Mühle, das Hofhaus auf der Brittstatt[39], ein Gaden auf

ABBILDUNG 4: CUNTZ VON DER TANN

dem Kirchhof samt Krautgärten, Wiesen, Äcker, Wald, Schäferei, die Hohe und die Niedere Jagd. Dazu kamen beständige Frucht- und Geldzinsen, nennenswert nur in Nordheim und Oberwaldbehrungen.

Hans Conrad erhielt das Los „Ostheim und Filke" mit dem Ansitz, der Mühle und den Hofgebäuden in Filke, der Jagd, Schäferei und Fischerei. In Filke allerdings war „bös Feld und nicht alles in Bau", auch die 40 Acker Wiesen waren hier „gar ungleich". In Ostheim gehörten 33 Acker Wiesen dazu. Frucht- und Geldzinsen wurden in Ostheim, Filke und Willmars bezogen.

Friede zwischen den Brüdern kehrte auch nach der Teilung nicht ein: Philipp Jacob machte große Fehler bei der Bewirtschaftung von Nordheim und geriet „in Unsinnigkeit". Hans Conrad wollte daraufhin Nordheim an sich nehmen, wurde aber von Philipp Conrad malträtiert und mit Erschießen bedroht.

Hans Conrad von der Tann starb, erst 30 Jahre alt, am 2. Mai 1630 in Ostheim und wurde in der Kirche begraben. Seine Witwe Sabine Elisabeth heiratete 1638 den kursächsischen Rittmeister im Jung-

Schleinitzischen Regiment Friedrich Sigmund von Thumshirn (gestorben am 30. Mai 1669), starb im hohen Alter von 82 Jahren und wurde in der Ostheimer Kirche beigesetzt. Ihre Tochter aus erster Ehe, Maria Katharina von der Tann, hatte am 31. Mai 1645 ihren Vetter Georg Philipp von Hanstein auf Henfstädt geheiratet. Sie starb in Henfstädt am 12. Februar 1663[40]. Ihr Mann überlebte sie um 40 Jahre und starb in Henfstädt am 25. April 1703.

Beerbt wurde Hans Conrad von seinem Bruder Philipp Jacob. Dessen Zustand verschlimmerte sich, er wurde blödsinnig. Unter Vormundschaft seines Onkels Cuntz gestellt, kam er zu ihm in Pflege nach Römershag.

„In den Jahren 1635/36 grassierte die Pest auch in Römershag und Geroda. Mit vielen anderen fiel ihr Cuntzens Neffe und Mündel Philipp Jacob zum Opfer. Er ist „ein alberner Mensch gewesen sein Leben lang", zitiert Hans Körner aus einer Aufzeichnung „und hat in seinen mannbaren Jahren noch stetig mit Hölzlein gespielet." Als nächster Verwandter beerbte ihn Cuntz. Ihm gehörten jetzt die Güter „vor der Rhön" in Nordheim, Ostheim, Oberwaldbehrungen und Umgebung samt dem Anspruch[41] auf Filke. Seitdem hielt sich Cuntz meist in Ostheim auf und wohnte wie vor seiner Heirat im Obermarschalkischen Hof am Großen Stein[42].

„Am 8. März 1639 ist Cuntz von der Tann in Ostheim gestorben. Er ließ sich in Oberwaldbehrungen begraben — nicht in der Kirche (wo ihm erst 1666 ein Denkmal gesetzt wurde, das dann 1738 in die neue Kirche kam), sondern auf dem Friedhof. Als Grabschrift bestimmte er:

> Cuntz von der Tann
>
> war seiner Zeit
>
> auch ein ehrlicher Mann." [43]

Nach seinem Tod heiratete seine Frau in zweiter Ehe Eitel von Stein zu Altenstein, den Amtmann auf Lichtenberg. Cuntz selbst und seine Familie hatten neben dem von Philipp Jacob ererbten Gut noch Eigentum in Ostheim. Martin, der zweite Sohn von Cuntz (1602 – 1688) hatte dessen Besitzungen zu Ostheim und Nordheim geerbt.[44] Martins Tochter Sophie heiratete 1669 Heinrich Christoph von Stein zu Nordheim.[45] Das Paar erhielt und bezog die Kemenate neben dem Rathaus in Ostheim. Die Lehengüter und übrigen Besitzungen gingen an Martins Bruder Friedrich über, der sie an seinen Sohn Heinrich (1650 – 1714) vererbte, bis die Güter an dessen jüngsten Sohn Heinrich August und nach dessen Tod 1738 an seiner Bruder Christoph Friedrich (1697 – 1785) kamen.

Das Ende des tannischen Besitzes in Ostheim im ausgehenden 18. Jahrhundert

Die Güter in Ostheim vor der Rhön waren die umfangreichsten Besitzungen außerhalb von Tann. Christoph Friedrich gehörte hier in der Mitte des 18. Jahrhunderts:

- der Alt-Tannische Hof (Voitischer Hof) am Rockentor. Er war fuldisches Lehen;
- der (Ober-) Marschalkische Hof (Tännische Hof) zwischen Karlstraße und Am Großen Stein. Er war Freies Eigen. Dazu gehörten 111 Acker.
- Die halbe Mittelmühle (Brückenmühle, würzburgisches Lehen).
- Die Außenmühle am Rockentor. Sie war außerhalb der Stadtmauer 1571 von Christoph Voit von Rieneck (deshalb auch „Voitenmühle" genannt) erbaut worden. Heinrich von der Tann hatte sie 1703 neu errichtet. Christoph Friedrich verkaufte sie 1769 an den sachsen-eisenachischen Amtmann Johann Heinrich Christian Thon für 2130 Gulden rheinisch. Seitdem hieß sie „Amtmannsmühle".
- An einem Gut in Ostheim hatten außerdem die Vettern von der Linie Huflar Anteil.[46]

In der zehnjährigen Abrechnung der Ostheimer Güter von 1741 bis 1750 beliefen sich die Ausgaben auf 978 Gulden, die Einnahmen auf 7359 Gulden.

Geldnöte

Cuntz von der Tann hatte seine ganze Verwandtschaft immer wieder aus Finanznöten retten müssen.[47] „Lucas war ... seiner französischen und spanischen Kriegsrüstung halber in ziemliche Schuldenlast geraten."[48] 1601 musste er seinen Anteil an Nordheim vor der Rhön, würzburgisches Lehen, für 9300 Gulden an Caspar verkaufen[49]. Caspar aber hatte selbst in Nordheim und Ostheim mit wenig Erfolg gewirtschaftet. Sein Bruder Cuntz hatte auch ihm oft helfen müssen.[50] Caspars Kinder, Hans Conrad und Philipp Jacob, hatten 1614 von den Vormündern Caspars von Stein 2500 Gulden fränk. geliehen, mit denen sie die Schulden ihres verstorbenen Vaters abtragen wollten.[51] Im Lauf einer über 100 Jahre währenden Auseinandersetzung verloren sie das als Pfand eingesetzte Unterfilke vollständig an die Steins zu Nordheim.

Im Laufe des 18. Jahrhunderts waren die Einnahmen in allen ritterschaftlichen Gütern zurückgegangen. Der Grund dafür war, dass die bäuerlichen Abgaben konstant geblieben waren und sich nicht den steigenden Preisen angepasst hatten, d.h. Zinsabgaben, die in Geld zu leisten waren, waren zwar nominal gleich geblieben, hatten aber durch Geldentwertungen laufend verloren. Belastungen während der Schlesischen Kriege kamen dazu. Der Aufwand für Repräsentation und Schlossbauten verursachte bei den Adelsfamilien ebenfalls hohe Schulden, auch bei Heinrich von der Tann und seinem Sohn Christoph Friedrich. Heinrich erbaute um 1700 das Gelbe Schloss in Nordheim, der Sohn borgte sich 1766 bei der Gemeinde Nordheim vor der Rhön 30 000 Gulden, die mit 5 % zu verzinsen waren[52]. Zur Sicherung verpfändete er das Gut Neustädtles und das Gelbe Schloss. Mit dem Darlehen wollte er sicherlich den Kauf des Münzgutes in Ostheim finanzieren, das er 1765 dem Philipp Gottfried von Stein zu Altenstein abgekauft hatte. Christoph Friedrich hatte 1729 reich geheiratet. Seine Frau, Helene von Venningen, hatte umfangreiche Besitzungen in der Rheinpfalz geerbt, die jedoch zwischen 1733 und 1780 alle verkauft wurden. Trotz der Einnahmen von mehr als 100 000 fl kam die Familie immer mehr in Finanznöte, bis sie zahlungsunfähig wurde. Ein vom Kaiser bestellter Sequester (Treuhänder, Zwangsverwalter) verkaufte das Rittergut Neustädtles nebst den drei Rittergütern zu Ostheim, nämlich dem Alt-Tannischen, Hansteinischen und Altensteinschen oder der Münz am 8. August 1782 an den Herrn Louis Armand de Seiglières de Belleforière, Marquis de Soyecourt pp... für 105 000 Gulden, wobei die Ostheimer Güter 75 000 Gulden erbrachten.[53] Damit war die vielhundertjährige Verbindung der Tanns zu Ostheim jäh abgerissen.

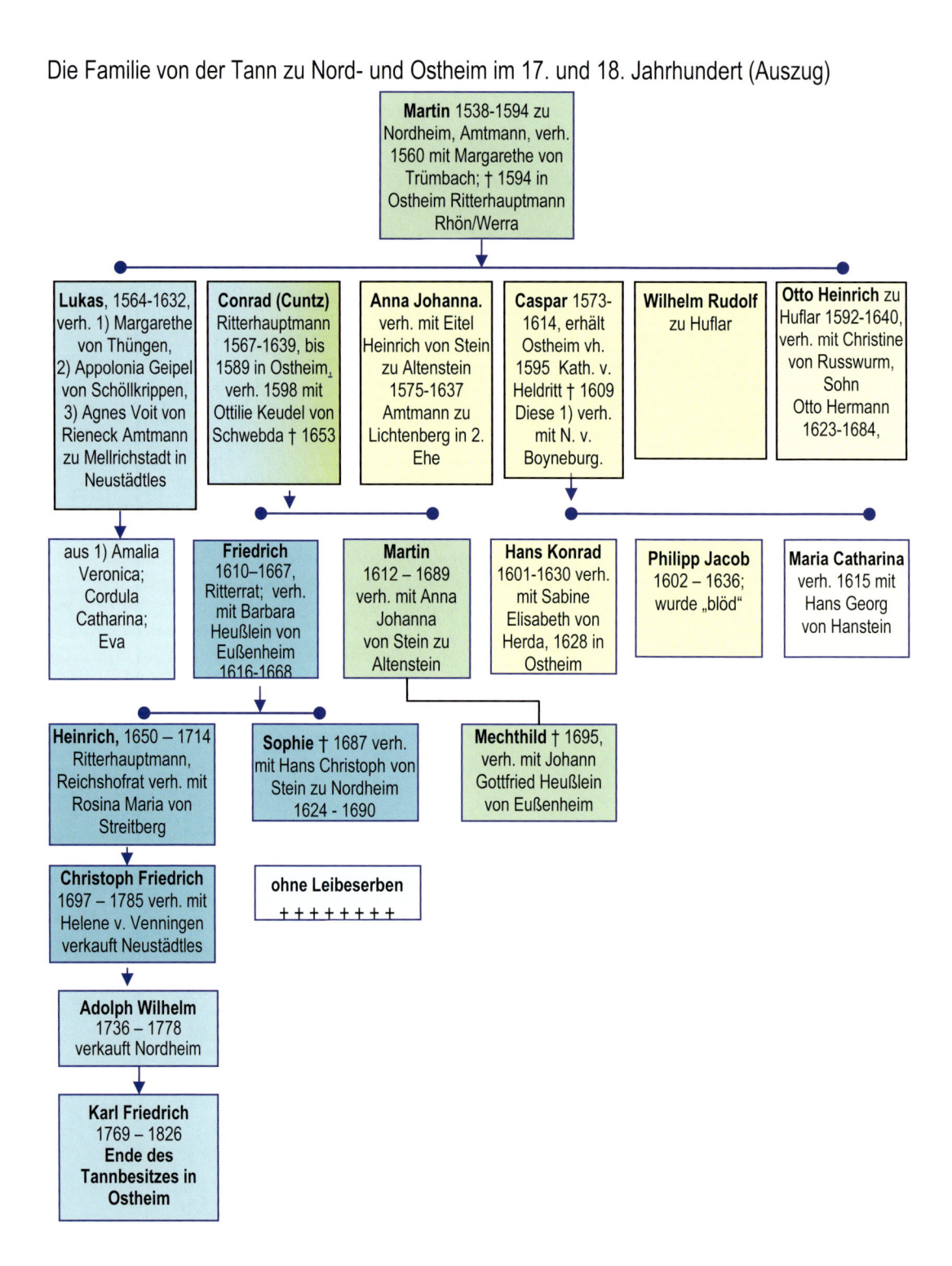

Die Familie von der Tann zu Nord- und Ostheim im 17. und 18. Jahrhundert (Auszug)

Martin 1538-1594 zu Nordheim, Amtmann, verh. 1560 mit Margarethe von Trümbach; † 1594 in Ostheim Ritterhauptmann Rhön/Werra

- **Lukas**, 1564-1632, verh. 1) Margarethe von Thüngen, 2) Appolonia Geipel von Schöllkrippen, 3) Agnes Voit von Rieneck Amtmann zu Mellrichstadt in Neustädtles
- **Conrad (Cuntz)** Ritterhauptmann 1567-1639, bis 1589 in Ostheim, verh. 1598 mit Ottilie Keudel von Schwebda † 1653
- **Anna Johanna.** verh. mit Eitel Heinrich von Stein zu Altenstein 1575-1637 Amtmann zu Lichtenberg in 2. Ehe
- **Caspar** 1573-1614, erhält Ostheim vh. 1595 Kath. v. Heldritt † 1609 Diese 1) verh. mit N. v. Boyneburg.
- **Wilhelm Rudolf** zu Huflar
- **Otto Heinrich** zu Huflar 1592-1640, verh. mit Christine von Russwurm, Sohn Otto Hermann 1623-1684,

Aus Lukas:
- aus 1) Amalia Veronica; Cordula Catharina; Eva

Aus Conrad:
- **Friedrich** 1610–1667, Ritterrat; verh. mit Barbara Heußlein von Eußenheim 1616-1668

Aus Anna Johanna:
- **Martin** 1612 – 1689 verh. mit Anna Johanna von Stein zu Altenstein

Aus Caspar:
- **Hans Konrad** 1601-1630 verh. mit Sabine Elisabeth von Herda, 1628 in Ostheim
- **Philipp Jacob** 1602 – 1636; wurde „blöd"
- **Maria Catharina** verh. 1615 mit Hans Georg von Hanstein

Aus Friedrich:
- **Heinrich**, 1650 – 1714 Ritterhauptmann, Reichshofrat verh. mit Rosina Maria von Streitberg
- **Sophie** † 1687 verh. mit Hans Christoph von Stein zu Nordheim 1624 - 1690

Aus Martin:
- **Mechthild** † 1695, verh. mit Johann Gottfried Heußlein von Eußenheim

Aus Heinrich:
- **Christoph Friedrich** 1697 – 1785 verh. mit Helene v. Venningen verkauft Neustädtles
  - **Adolph Wilhelm** 1736 – 1778 verkauft Nordheim
    - **Karl Friedrich** 1769 – 1826 **Ende des Tannbesitzes in Ostheim**

ohne Leibeserben ††††††††

1 Eitel Heinrich von Stein zu Altenstein 1618 – 1637, Kasimir Christian von Stein zu Altenstein 1637 – 1647, Friedrich Sebastian von Stein zu Altenstein 1676 – 1680.
2 Körner / Schmidt, S. 8 f; Binder, Lichtenberg, S. 346 ff.
3 Konrad III. von Malkes 1221 – 1249.
4 Wagner, Mellrichstadt, S. 176.
5 Hans Körner. Aus der Geschichte von Ostheim vor der Rhön. In: Pampuch / Schmidt / Trost. S. 7 – 34. Hier: S. 12.
6 Wagner, Mellrichstadt, S. 198; 1360 Oktober 10; vg. Kapitel 8.12 „Die Mühlen des Ostheimer Adels".
7 StAMbg, K. 432 Bl. 207ʳ, 1372 Februar 23. – Es klingt seltsam, wenn Heinrich 1365 die Niedermühle verpfändet wird und 7 Jahre später die Verpfändung aufgehoben wird, aber die der Mittelmühle. Die Bezeichnung „Niedermühle" gibt es in neuerer Zeit nicht mehr, ebenso wenig den Namen Mittelmühle. Mit beiden Bezeichnungen ist jedoch die Brückenmühle gemeint. vg. Kapitel 8.12 „Die Mühlen des Ostheimer Adels"
8 AV U 24; Heintz der Ältere von Stein erscheint 1377 – 1399 in Urkunden. Er lebte ca. von 1340 – 1407. Fünf Söhne und zwei Töchter hatte er aus seinen zwei Ehen 1) mit Felice, die 1373 und hier 1379 erwähnt wird, 2) mit Nese (Agnes), welche 1385 und 1387 in Erscheinung tritt.
9 HUB V, CCCXXXIV von 1386 September 5.
10 StAW WU 7/120 von 1394, Wagner, Mellrichstadt, S. 199 (1394 Mai 25).
11 vg. 1394: StAW WU 7/120; 1398 März 31: StAW WU 7/120 - 1398 Dez. 21: StAW WU 7/111 (1398 Dezember 21; Kopie von 1455 Feb. 5).
12 Güth, S. 175 (Urkunde von 1406 Juli 24).
13 StAW WU 48/14 von 1414. Nach dem Text der Urkunde hätte auch Meiningen ausgelöst sein müssen, obwohl dies offensichtlich nicht den Tatsachen entsprach. Deshalb ist nicht klar, ob die sonstige Wiederlösung erfolgte oder wie bei Meiningen ruhte.
14 Güth, S. 177 – Aufgezählt werden in dem von Güth zitierten Ausschreiben: „Georg Heinrich Eucharius Buckhard und Philippus von der Thann Gebrüder".
15 AV U 54 von 1423 August 22.
16 vg. Abschnitt „Die Rechte der reichsunmittelbaren Ritter in Ostheim" in Kapitel 10 „Die Ganerben erstreben „Herrschaftsrechte" in Ostheim".
17 StAW WU 44/50a von 1436; Wagenhöfer, S. 280.
18 Thüringisches Staatsarchiv Meiningen (StAMgn), Herrschaft Henneberg-Schwarza, Urkunden Nr. 68: Veit v. d. Tann verkaufte seine Güter, Höfe, Mühlen und Wüstungen zu Oberelsbach (Obern Elspen), Stetten (Steta) und Hausen (Husen), die Steinrück-Güter, die Ostheimer Güter, die Güter zu Heufurt (Heffurt), die Wüstung Leubach (Leippach), die Güter zu Nordheim (Northem), die beiden Mühlen zu Elsbach und Nordheim, den Hof Roth (zum Rode) und den übrigen Besitz in diesen Dörfern und Feldern.
19 StAMbg, Copialbuch von der Tann (Mitteilung Dr. Körner).
20 Körner, Tann-Nordheim, S. 54.
21 Körner, von der Tann, S. 41; StAMbg, Tann-Archiv, Copialbuch III, 144; Körner, von der Tann, S. 42.
22 Binder, Lichtenberg, S. 353.
23 vergl. die Ausführungen zu den beiden Höfen in den Kapiteln 8.2 und 8.3
24 Binder Lichtenberg, S. 355.
25 Biedermann, Tab. 335.
26 Binder, Lichtenberg, S. 355, Biedermann, Tab. 335; vg. die nachstehende Stammtafel und. Kapitel 8.2 über den Untermarschalkischen Hof.
27 Handschriftliche Aufzeichnungen Hans Körner; Wagenhöfer, S. 377 und Anm. Allerdings erweckt AV Cop. I, S. 644 von 1431 Juni 15 den Eindruck, als hätte Bastian keine Kinder: Das Recht zur Wiedereinlösung von Wiesen zu Ruppers haben nämlich Bastian von der Tann und seines Bruders Kinder.
28 AV Cop. I, S. 852 (1549 März 31). Moritz von Stein nennt Hans Wolf 1549 seinen Schwager und Gevatter. (AV Fach Ostheim, Akt: Höfe in Ostheim).
29 AV Fach Ostheim, Akt: Höfe in Ostheim.
30 AV U 257.
31 Binder, Lichtenberg S. 354; Körner / Schmidt, S. 15.
32 Binder, Lichtenberg, S. 353.
33 Binder, Lichtenberg, S. 356.
34 Körner, von der Tann, S. 130.
35 Körner, von der Tann, S. 132.
36 Körner, von der Tann, S. 151 ff.
37 StAMbg, Archiv von der Tann, Stein-Archiv, Urkunde 367, (Eheberedung: Ostheim, 17. März 1622). Der Abt von Fulda genehmigte, dass Hans Conrad von der Tann seine Frau mit dem fuldischen Lehngute zu Ostheim bewittumte (Fulda 27. April 1630, Abschr.). Tann-Archiv, VII, 1 a.
38 StAMbg, Tann-Archiv, VIII, 1 a.
39 vielleicht Lagebezeichnung, kann nicht erklärt werden.
40 Einladung zur Hochzeit in StAMbg, Archiv von der Tann, Stein-Archiv, Briefe. Todesanzeige ebenda.

[41] Körner, von der Tann S. 147.
[42] Briefe an Cuntz von der Tann „itzo zu Ostheim" sind seit April 1636 überliefert (September 1637, 6. Februar 1638, Oktober 1638). StAMbg, Archiv von der Tann, Stein-Archiv (nach Körner). Körner gibt 1989 (Tann-Nordheim) als Wohnung des Cuntz das Hansteinsche Schloss an, in dem aber dann die Witwe Hans Conrads mit ihrem zweiten Mann wohnte, später die Tochter Maria Katharina mit ihrem Mann. Der Voitische Hof, der auch in tannischem Besitz war und den Körner 1982 (Körner / Schmidt, S. 75) noch als Wohnsitz angenommen hatte, war jedoch bereits 1579 verfallen. (vg. Binder S. 351 Anm. 1 und Körner / Schmidt, S. 11 f.)
[43] Die Informationen über Cuntz von der Tann stammen alle aus Körner / Schmidt, S. 75 ff, seinem ungedruckten Werk über die Familie von der Tann ab S. 116 und seinem Beitrag „Tann-Nordheim" ab S. 54.
[44] 1602 als Zeuge bei einer Hochzeit nennt er sich „Martin von der Tann zu Ostheim und Nordheim vor der Rhön". AV U 330, 1602 November 16.
[45] AV U 414 von 1669 August 25 (Eheberedung).
[46] Körner, von der Tann, S. 181.
[47] Körner, von der Tann, S. 134: „Seine Brüder Lucas und Caspar mußte Cunz oft finanziell unterstützen."
[48] Körner, von der Tann, S. 121,
[49] Verkauf: 22. Februar 1601, StAMbg, Tannarchiv, Urkunden. Hans Melchior, Lucas und Cunz von der Tann hatten dazu die Erlaubnis des Bischofs von Würzburg eingeholt. StAW Lehenssachen 4662/F. 146 (verbrannt). Die Schulden von Lucas werden erwähnt im „Bericht Martin v.d. Tann über seine Sachen" (1594): StAMbg, Tann-Archiv, IV, 46 b.
[50] Körner, von der Tann, S. 145.
[51] Gerhard Schätzlein, Filke, ein Ortsteil von Willmars, Ostheim 1972, S. 12.
[52] Schätzlein, Filke, S. 13. Franz Georg Benkert, Historisch-topographisch-statistische Beschreibung von dem Marktflecken Nordheim vor der Rhöne (Würzburg 1821). S. 211 f.
[53] Binder, S. 357.

7.2. Die Steins zu Ostheim[1]

Seit wir vom Geschlecht von Stein Nachricht haben, war Ostheim ein zentraler Besitz dieser Familie. Schon der Sohn des Stammvaters, Siegfried, hat sich in Ostheim angesiedelt und die Linie der von Steins zu Ostheim gegründet. Bis nach dem 2. Weltkrieg waren die Steins dann in Ostheim begütert. Umso erstaunlicher ist, dass nichts aus dieser über 700-jährigen Geschichte erhalten blieb, dass bis auf einige Grabdenkmäler in der Kirche nichts an diese Familie und ihre Verbindung mit Ostheim erinnert.

Die Wurzeln des Steinbesitzes in Ostheim im 14. Jahrhundert

Über die Frühzeit des steinischen Wirkens in Ostheim haben wir in den vorhergehenden Kapiteln erfahren. Doch am Anfang des Steinbesitzes steht nicht nur ein von Stein, sondern auch Gyso von Steinau genannt Steinrück aus der berüchtigten Familie der Steinaus, dessen Großvater gleichen Namens 1271 zusammen mit anderen Adeligen Abt Bertho von Fulda am Altar erstochen und auch die anschließende Strafaktion überlebt hatte.[2] Gyso hatte sich 1298 mit den Nachfolgern Abt Berthos versöhnt.[3]

Der Enkel hat sich als Burgmann des Abtes Heinrich VI. (von Hohenberg) östlich der Rhön niedergelassen. Noch als Knappe kaufte er 1334 zusammen mit Helwig von Waltershausen das Amt Lichtenberg pfandweise.[4] Vier Jahre später, nach Ablauf der Pfandschaft, ließ er sich dauerhaft auf der Lichtenburg nieder, indem er von Johann von Maßbach und dessen Frau Fannele deren Burggut, sowie Besitzungen in Ostheim erwarb.[5] Kurz vorher hatte er im gleichen Jahr bereits steinische Güter zu Ostheim von Eberhard dem Jüngeren von Stein gekauft.[6] Vielleicht war dies auch der Zeitpunkt der Heirat Gysos mit Christine von Stein, einer Schwester Eberhards.[7] Drei Kinder hatte das Paar, Dietrich, Gisela und Felice. Felice heiratete vor 1371 ihren Vetter Siegfried von Stein. 1371 gab es bereits Erbauseinandersetzungen zwischen dem jungen Paar und den Schwiegereltern,[8] die jedoch zu beider Zufriedenheit gelöst wurden, denn 6 Monate später trat Siegfried in einer Auseinandersetzung mit der Familie von Isenburg zu Büdingen Seite an Seite mit seinem Schwiegervater auf.[9] Dieser vermehrte durch bedeutende Zukäufe seinen Besitz. 1372 kaufte er von Helwig von Waltershausen einen Hof in Sondheim v. d. Rhön[10], 1376 ein Gut in Weimarschmieden sowie die Hälfte des Reinhardshofes dort von Ritter Hermann Markart und dessen Frau Else[11]. Um 1376 starb Gyso von Steinau; seine Witwe Christine heiratete in zweiter Ehe 1377 Friedrich von Bibra.[12] 1381 waren auch die beiden Geschwister Felices gestorben. Felice und ihr Mann waren nun neben ihrer Mutter Christine Alleinerben des steinauischen Vermögens.[13] Dazu gehörten nicht nur die Höfe und Güter in Sondheim vor der Rhön[14] und Weimarschmieden, sondern auch der Besitz in Ostheim, der aus einem Burggut, einer Kemenate in der inneren Burg und einem Hof in Ostheim bestand. Für die Überlassung der Besitzanteile jenseits der Rhön, besonders an dem festen Haus Poppenhausen, an die Gesamtfamilie Steinau/Steinrück erhielten die Steins von den Vertretern dieser Familie verschiedene Abfindungen.[15] Möglicherweise daher hatten Siegfried und Felice die große Summe von 2200 Pfund Heller, um ihrem Vetter Heinz von Stein 1385 den Schenkschen Hof, die Kemenate am Rathaus, abzukaufen.[16]

ABBILDUNG 1: WAPPEN DES GESCHLECHTS VON STEIN. IM GEGENSATZ ZUR DARSTELLUNG BEI SIEBMACHER FÜHRT DER SCHWARZE SCHRÄGBALKEN VON LINKS OBEN NACH RECHTS UNTEN.

1386 verkauft Hermann von Steinau eine Hube „zu der Celle" in dem Dorf Hartingberg (Wüstung am Queienberg oberhalb von Queienfeld) an Siegfried von Stein und seine Frau Felice für 73 Pfund Heller, wahrscheinlich auch eine Folge der vorherigen Vereinbarung.[17]

Siegfried war jedoch in Kriegsgeschäften erfahren und gefragt. 1394 zog er mit Graf Heinrich XI. von Henneberg-Schleusingen[18] in eine Fehde mit der Stadt Erfurt, gegen die sich Graf Heinrich mit Landgraf Balthasar von Thüringen verbündet hatte. Siegfried hatte dabei nicht viel Glück. Er verlor vier Hengste im Gefecht, die ihm jedoch Graf Heinrich mit 400 fl ersetzte.

Die Familie von Stein zu Ostheim im 14./15. Jahrhundert (ABBILDUNG 2)

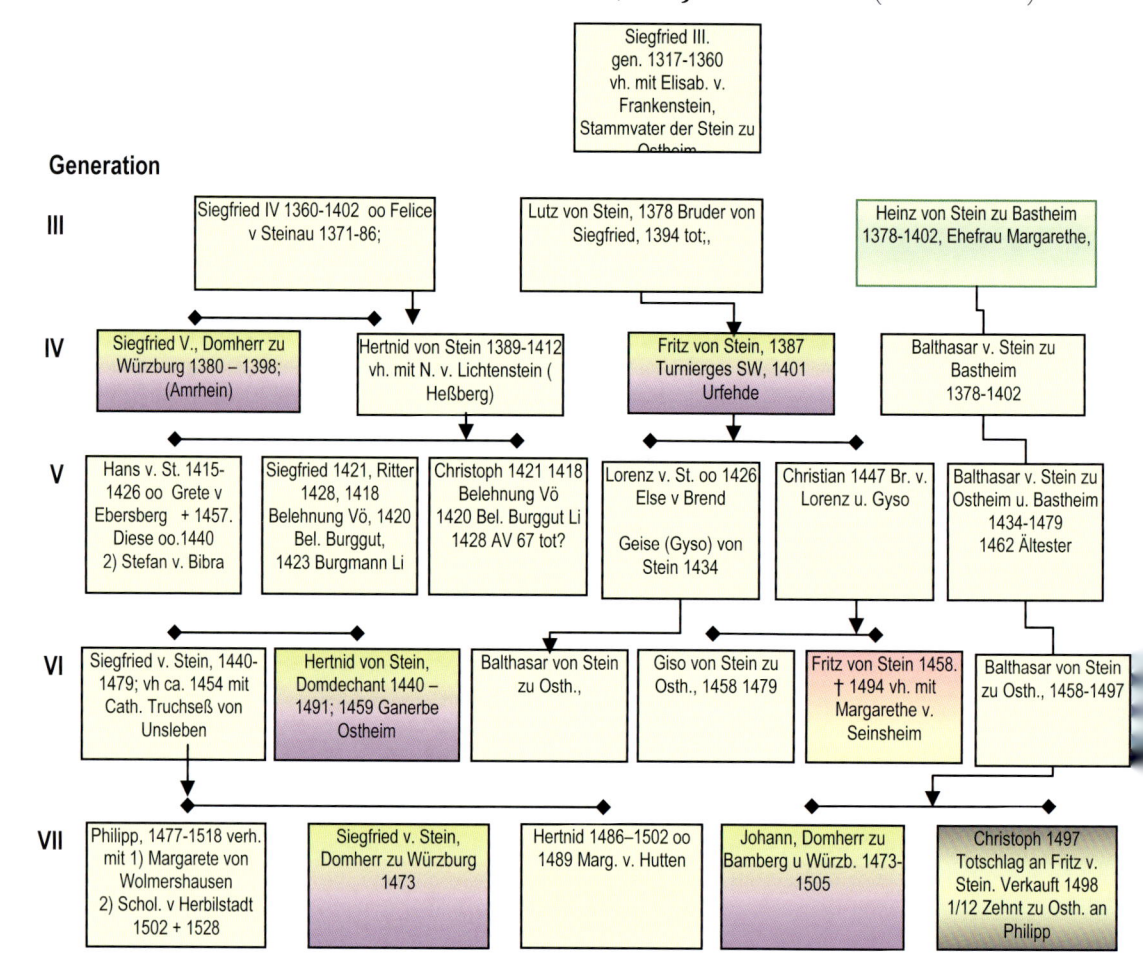

Generation II: Siegfried III. gen. 1317-1360 vh. mit Elisab. v. Frankenstein, Stammvater der Stein zu Ostheim

Generation III:
- Siegfried IV 1360-1402 oo Felice v Steinau 1371-86;
- Lutz von Stein, 1378 Bruder von Siegfried, 1394 tot;
- Heinz von Stein zu Bastheim 1378-1402, Ehefrau Margarethe,

Generation IV:
- Siegfried V., Domherr zu Würzburg 1380 – 1398; (Amrhein)
- Hertnid von Stein 1389-1412 vh. mit N. v. Lichtenstein (Heßberg)
- Fritz von Stein, 1387 Turnierges SW, 1401 Urfehde
- Balthasar v. Stein zu Bastheim 1378-1402

Generation V:
- Hans v. St. 1415-1426 oo Grete v Ebersberg + 1457. Diese oo.1440 2) Stefan v. Bibra
- Siegfried 1421, Ritter 1428, 1418 Belehnung Vö, 1420 Bel. Burggut, 1423 Burgmann Li
- Christoph 1421 1418 Belehnung Vö 1420 Bel. Burggut Li 1428 AV 67 tot?
- Lorenz v. St. oo 1426 Else v Brend / Geise (Gyso) von Stein 1434
- Christian 1447 Br. v. Lorenz u. Gyso
- Balthasar v. Stein zu Ostheim u. Bastheim 1434-1479 1462 Ältester

Generation VI:
- Siegfried v. Stein, 1440-1479; vh ca. 1454 mit Cath. Truchseß von Unsleben
- Hertnid von Stein, Domdechant 1440 – 1491; 1459 Ganerbe Ostheim
- Balthasar von Stein zu Osth.,
- Giso von Stein zu Osth., 1458 1479
- Fritz von Stein 1458. † 1494 vh. mit Margarethe v. Seinsheim
- Balthasar von Stein zu Osth., 1458-1497

Generation VII:
- Philipp, 1477-1518 verh. mit 1) Margarete von Wolmershausen 2) Schol. v Herblstadt 1502 + 1528
- Siegfried v. Stein, Domherr zu Würzburg 1473
- Hertnid 1486–1502 oo 1489 Marg. v. Hutten
- Johann, Domherr zu Bamberg u Würzb. 1473-1505
- Christoph 1497 Totschlag an Fritz v. Stein. Verkauft 1498 1/12 Zehnt zu Osth. an Philipp

Die Ostheimer Steins im 15. Jahrhundert

Der Übergang vom 14. zum 15. Jahrhundert verläuft für die Gesamtfamilie in jeder Hinsicht verheißungsvoll. Die Steins steigen in die Reihe der Adelsgeschlechter auf, die als Domherren die Geschicke des Bistums Würzburg mit lenken und von daher auch auf die Entwicklung ihrer Familie positiven Einfluss nehmen können. Dazu wird mehr in den Kapiteln über das Verhältnis der Familie von Stein zur Kirche und über

Hertnid von Stein berichtet.[19] Hier seien nur genannt: Wolfram von Stein, Domherr zu Würzburg von 1350 – 1377, Heinrich von Stein, Domherr zu Würzburg von 1351 – 1390, Domdechant, Dietzel (Dietrich) von Stein, 1387 Mitglied des Deutschen Ordens zu Marburg, Siegfried, Domherr zu Würzburg 1380 – 1398 und Claus von Stein, der 1400 als Domherr zu Mainz bekannt wird. Nur Heinrich und Siegfried können mit einiger Sicherheit als Mitglieder der Ostheimer Linie der Steins angesehen werden, der Erstere, weil in den drei Generationen zwischen 1317 und 1426 der Name Heinrich oder Heinz bereits bei den jeweils Ältesten vorkommt, der Letztere, weil gerade in der 4. Generation um die Jahrhundertwende der Leitname Siegfried, der seit 1273 den Ältesten der Familie gegeben wurde, sonst nicht vorkommt. Der Name Dietrich taucht in späteren Jahrhunderten bei den Steins der Linie Nordheim auf, der Name Claus sonst nirgends in der Familie. Der Name Wolfram erscheint auch in der nächsten Generation der Steins, ist jedoch ebenfalls nicht einzuordnen, doch stammen die beiden Träger dieses Namens gewiss aus dem gleichen Familienzweig. Ziemlich sicher sind Siegfried, der älteste Bruder Philipps von Stein, der 1473 von Amrhein als Domherr von Würzburg verzeichnet wird, und Johann, welcher Domherr zu Bamberg und Würzburg 1473 - 1505 war, Mitglieder der Linie der Stein zu Ostheim.[20]

Das 15. Jahrhundert begann mit einer für die Steins und für Ostheim ganz bedeutsamen Transaktion: Graf Wilhelm von Henneberg verkaufte am 4. Oktober 1410 seinen Fronhof zu Ostheim und ³/₈ des Zehnts daselbst an die Brüder Fritz und Hertnid für 900 fl. rheinisch.[21] Die Zehnanteile empfingen sie zusätzlich zu dem bereits besessenen halben Viertel und einem weiteren Vierundzwanzigstel, das sie auch schon zu Mannlehen hatten. Die Ostheimer Steins besaßen also zu diesem Zeitpunkt 54,16% der ganzen Zehnteinnahmen zu Ostheim, eine sprudelnde Einnahmequelle, wie wir später noch hören werden. Außer in Ostheim war die Familie, bzw. einer ihrer Zweige noch bis 1511 in Bastheim ansässig und begütert[22]. In Sondheim besaßen Siegfried (1360 – 1402) und seine beiden Söhne Hertnid und Fritz ein Gut, genannt das Hildebrandgut, mit einer Kemenate und einem Hof über der Kemenate. Der Hof und das Gutshaus waren verpachtet.[23] Da das Gut in keinem Lehensverzeichnis auftaucht, war es frei eigen. 1418 erhielten Fritz und die Söhne des verstorbenen Hertnid, Hans, Siegfried und Christoph, die Wüstungen Völkershausen und Gruben unter Hiltenburg von Graf Wilhelm II. von Henneberg erstmals zu Lehen.[24] 1423, als Bischof Johann Streitpunkte um die neu erbaute Kirchenburg zwischen den Ganerben und der Gemeinde

ABBILDUNG 3:
BRONZEGRABPLATTE DES DOMHERRN JOHANN VON STEIN ZU OSTHEIM IN DER NAGELKAPELLE DES DOMS ZU BAMBERG. WAPPEN ZU FÜẞEN: V. STEIN; L. O.: V. STEIN; R. O.: TRUCHSEẞ V. UNSLEBEN; L. U.: V. EBERSBERG, R. U.: EIN SPRINGENDER BOCK ALS WAPPEN (WALLENFELS)

Ostheim entschied, zählten vier Steins aus dem Stamm Ostheim zu den Ganerben: Fritz, sein Sohn Lorenz, sowie Hans und sein Bruder Siegfried.[25] Diese vier verkauften 1425 Einkünfte in Häselrieth an das Kloster Veßra.[26] Im Sommer 1425 wurde Siegfried zum Ritter geschlagen, er durfte sich nun bei der Hochzeit von Vetter Lorenz mit Else von Brend erstmals mit dem Ehrentitel „Ritter" schmücken. Vielleicht war Siegfried im Gefolge Graf Wilhelms (II.) von Henneberg, mit dem er 1425 gemeinsam als Zeuge auftrat, zu dieser Ehre gekommen, als Wilhelm mehrmals wegen Erbschaftsauseinandersetzungen bei Kaiser Sigmund vorgesprochen hatte.[27] Dass die Steins in dieser Zeit das Schwert führen konnten und führten, zeigte sich im gleichen Jahr. Vetter Caspar (1407 – 1460) aus der Nordheimer Linie war auf Brautschau gegangen und hatte dabei Grete, die Tochter Peters von Brunn, erwählt. Otto Voit von Salzburg und Siegfried von Stein sollten den Ehevertrag aushandeln; da kam die Nachricht, Caspar könne nicht erscheinen. In einem Gefecht war er von Ludwig von der Pfalz gefangen genommen worden. Trotzdem wurde der Vertrag mit den Brüdern der Braut ausgehandelt. Er sollte aber erst gültig sein, wenn Caspar unversehrt aus dem Kerker frei käme.[28] Mit über einjähriger Verspätung fand schließlich doch die Hochzeit statt.[29] 1429 teilten sich die Nordheimer und die Ostheimer Steins friedlich in die Einnahmen vom Zoll und von den Erlösen der Badstube in Mellrichstadt.[30]

Siegfried taucht nach dieser Beurkundung nicht mehr auf; er muss kurz darauf gestorben sein. Auch sein Bruder Hans, der Stammhalter, muss bald verschieden sein.[31] Er hinterließ eine noch junge Frau, Grete geb. von Ebersberg, und zwei unmündige Söhne, Hertnid und Siegfried. Vormund wird Vetter Caspar von Stein zu Nordheim. Die Mutter verheiratete sich 1440 ein zweites Mal mit Stephan von Bibra[32], von dem sie wahrscheinlich keine Kinder hatte.[33] Grete bekam für die zweite Heirat eine Mitgift von ihrer Familie, die aber nach ihrem Tod wieder an die Familie von Stein zurückgehen musste.

Großonkel Fritz, der mit seiner Familie, von der wir die Söhne Lorenz, Gyso und Christian kennen, zusammen mit seinen Neffen Siegfried und Hans in Ostheim in einem Hof lebte, starb 1429.[34] Die Söhne von Fritz urkunden zu dritt 1447 bei einem Verkauf in Haina.[35] Lorenz und Christian sind dabei, als 1450 zwischen Bischof, Kapitel und Ritterschaft des Bistums eine Satzung und Ordnung aufgerichtet wird.[36] 1459 sind beide nicht mehr unter den Ganerben zu Ostheim, werden jedoch 1462 zusammen mit Gyso mit den hennebergischen Lehen begabt.[37] Die große Kemenate, die Fritz bewohnt hatte, wurde inzwischen von dessen Sohn Gyso bewohnt, der gleichzeitig mit seinem Sohn Fritz 1459 als Ganerbe dokumentiert ist.

Die Lebensgeschichte des Domdechanten Hertnid von Stein wurde in einem eigenen Kapitel erzählt. Auch über seinen Bruder Siegfried ist einiges bekannt: 1458 wurden ihm von Graf Wilhelm von Henneberg die hennebergischen Mannlehen mit Völkershausen und dem Fronhof in Ostheim sowie dem halben Zehnten daselbst verliehen.[38] 1462 erhielt er mit den anderen Steins das Burggrafenamt[39], 1466 bevollmächtigten Siegfried von Stein und Reichard von Buttlar genannt Neuenburg den Domdechanten Hertnid von Stein zu Bamberg zur Vertretung vor dem kaiserlichen Kammergericht wegen des Vorgehens des Grafen Georg von Henneberg am Dorfgericht zu Ostheim gegen die Hintersassen, die den Steins und Buttlars in ihrem „Kriege" Beistand geleistet hatten. Über diesen Krieg, Streit, Auseinandersetzung ist nichts bekannt, doch muss es sich um eine Aktion gegen Graf Georg gehandelt haben, der sich nun an den Hintersassen rächen wollte.[40] Wahrscheinlich verlief der Rechtsstreit im Sande, da Graf Georg bereits 1465 gestorben war. Trotzdem wurde Siegfried 1469 von Georgs Nachfolger Graf Otto von Henneberg mit einem Burggut auf der Lichtenburg belehnt.[41] 1471 kaufte Siegfried das Schloss Hiltenburg um 600 fl. von Werner Marschalk von Ostheim zu Wallbach, das diesem von Bischof Johann von Würzburg verpfändet worden war.[42] 1479 wird Siegfried Hauptmann zu Erfurt genannt. Über seine Zeit als Stadthauptmann ist noch nicht viel bekannt. Er verheiratete jedoch 1481 seine Tochter Ursula mit Balthasar Tennstedt, Sohn Simons, aus Erfurter Stadtadel.[43]

Eine erste Teilung in Ostheim

Das gute Einvernehmen innerhalb der Ostheimer Steinfamilie hatte sich darin gezeigt, dass die Familie alles gemeinsam besaß, sowohl den Eigenbesitz als auch die Lehen, die sie gemeinschaftlich empfingen. Diese Eintracht fand in der sechsten Generation ein Ende. Da waren sich auf der einen Seite die Söhne des Hans von Stein, Siegfried (1440 – 1479) und der berühmte Hertnid (1440 – 1491), anderseits Fritz von Stein und sein Vetter Balthasar, welche einen gemeinsamen Großvater hatten, nicht mehr grün. Diese vier waren gemeinschaftliche Besitzer von zwei Höfen und Kemenaten im Herzen von Ostheim. Da Hertnid als Domdechant seinen Sitz in Bamberg hatte und sowohl für den Bischof von Bamberg als auch für den Markgrafen von Brandenburg-Ansbach immer wieder in auswärtigen Geschäften umherreiste, trat er seinen Anteil an den Bruder ab, der denn auch die Hälfte des Wohnraumes und Besitzes für sich beanspruchte. Als dann Vetter Balthasar, der in Bastheim in der Burg wohnte und sich danach „von Stein zu Bastheim" nannte, bereit war, auf seinen Anteil zugunsten von Vetter Fritz zu verzichten, aber eine friedliche Einigung nicht zustande kam, wurde zur Schlichtung des Problems eine große Zusammenkunft von Verwandten und guten Bekannten der beiden Streithähne einberufen.

Kurz vor Weihnachten 1479 trafen sich in Ostheim Siegfried von Stein, inzwischen Hauptmann zu Erfurt, sein Bruder Hertnid von Stein, auf dessen Terminkalender man sicher Rücksicht genommen hatte, Vetter Fritz von Stein, Vetter Balthasar von Stein zu Bastheim, Heinz von Stein zu Nordheim, Hermann von Eberstein, Jörg von Raueneck zu Lichtenstein[44]. Die Schlichter schlugen nun vor, das Gesamtgut mit den beiden Kemenaten einfach zu teilen. Fritz zog beim Auslosen der beiden Teile den längeren Strohhalm und wählte denn auch die große Kemenate, die er bereits bewohnte. Siegfried verblieb die kleine Kemenate mit allen Zugehörungen, dazu der darüber liegende Hof, „so etwan locker gewesen", also nicht so gut im Stande war.[45] Was an Gebäulichkeiten dazu gehörte, soll in Kapitel 8. 5 „Das Steinische Schlösschen" ausgeführt werden. Doch auch danach gibt es noch gemeinsames Gut, wie eine Verkaufsurkunde zwischen Hertnid und Fritz von Stein von 1482 zeigt.

Der Kauf des Schlosses Hiltenburg

Bischof Johann II. von Brunn konnte sich wegen der starken Verschuldung des Stifts Würzburg nur durch eine dauernde Verpfändung von Ämtern und Städten über Wasser halten. 1435 hatte er die Schlösser, Städte, Dörfer, Weiler, Ämter und Gerichte Hiltenburg/Hillenberg, Fladungen, Steinach a. d. S., Nordheim, Sondheim v. d. Rh., Urspringen, Ober- und Unterelsbach und 13 weitere Orte an Graf Georg von Henneberg-Römhild um 12 990 Gulden versetzt.[46]

Graf Georg hatte die Hiltenburg 1455 von der restlichen Pfandschaft abgetrennt und sie an Adolph Marschalk weiter verpfändet.[47] Als Würzburg vier Jahre darauf den Zentbezirk Fladungen mit Ausnahme der lichtenbergischen Amtsdörfer von Henneberg wieder einlöste, bestätigte das Stift Adolf Marschalks vier Söhne im Besitz der Burg und des Fronhofes nebst dazugehörigem Zehntrecht.

1471 kaufte nun Siegfried von Stein von Werner Marschalk zu Wallbach die Pfandschaft über das Schloss Hiltenburg für 600 fl. Bei der Würzburger Verpfändung waren Rücklösung und Öffnung vorbehalten gewesen. Auch unter Johanns Nachfolgern ging die Misere weiter. Bischof Rudolf von Scherenberg verkaufte 1486 an Siegfried von Stein und alle seine Erben mit dem Einverständnis von Dompropst, Dechant und Domkapitel des Stifts das inzwischen wieder eingelöste Schloss Hiltenburg aufs Neue pfandweise für die gleiche Summe. Außerdem verpfändete der Bischof das Vorwerk in Sondheim, das Bischof Johann von Brunn ebenfalls um 1800 fl. verpfändet und er nun wieder eingelöst hatte, gleichfalls mit, um nun insgesamt 2400 fl.[48] Wie auf Lichtenberg auch, durfte der Pfandnehmer Bau- und Brennholz und die Schlossäcker nutzen. Zur Erhaltung der Burg, zum Brennholzmachen, zur Bearbeitung der Äcker durch Pflügen, Eggen, Säen, Ernten standen dem Pfandinhaber die Fronverpflichtungen der Orte des Amtes zur Verfügung.[49]

1493 löste Bischof Rudolf die Pfandschaft Hiltenburg zurück und bestellte von da an nur noch Amtleute auf Zeit.[50] In diesem Jahr quittierten Siegfrieds Söhne Hertnid und Philipp von Stein zu Ostheim die Wiederkaufsumme.[51] Der Fronhof in Sondheim blieb, so Binder, bis kurz vor oder kurz nach dem Bauernkrieg im Besitz der Familie von Stein.

An der Schwelle zur Neuzeit

Christoph Kolumbus (1451 – 1506) aus Genua landet im Dienst der spanischen Krone 1492 auf der Bahama-Insel Guanahani und erreicht damit als erster Europäer seit den Vorstößen der Normannen um 1000 Amerika. 1497 segelt der Portugiese Vasco da Gama um das Kap der Guten Hoffnung und erreicht 1498 Vorderindien. Maximilian I. von Habsburg (deutscher König bzw. Kaiser: 1493 – 1519) heiratet 1477 Maria von Burgund im Todesjahr ihres Vaters Karls des Kühnen. Er kann als der eigentliche Begründer des Weltreichs der Habsburger gelten. Er steht am Beginn einer jahrhundertelangen Vorherrschaft der Habsburger im Heiligen Römischen Reich Deutscher Nation.

Hertnid von Stein stand an der Schwelle vom Mittelalter zur Neuzeit, in seiner Frömmigkeit dem Mittelalter verhaftet, in seinem Wirken als Diplomat und Staatsmann durchaus ein Mann der Renaissance. Die Weltläufigkeit hatte sich teilweise auch auf die übrige Familie übertragen, bei den häufigen Besuchen daheim in Ostheim, aber auch durch die Fürsorge des Onkels für seine Neffen, die Söhne seines Bruders Siegfried, der zum Stadthauptmann zu Erfurt aufgestiegen war. Sicherlich durch Hertnids Fürsprache waren zwei Neffen Domherren geworden, eine einflussreiche und pfründenreiche Stellung, welche normalerweise mit der Übertragung einer Pfarrei verbunden war. Der Domherr besuchte aber seine Pfarrei nur an hohen Festen und bei einem seltenen Bischofsbesuch, allerdings nicht nur aus Bequemlichkeit. Die Domherren hatten ja auch die Aufgabe, den Bischof zu beraten und an der Verwaltung des Bistums mitzuwirken. Die Gottesdienste und sonstigen kirchlichen Verrichtungen wurden von Unterpfarrern und Diakonen gehalten, die meist nur einen kleinen Teil der Einkünfte der Pfarrei bekamen und oft nur geringe Ausbildung besaßen. Hertnids Neffe Siegfried war Domherr in Würzburg[52], wo er 1473 erwähnt wird. Wahrscheinlich starb er bald darauf. Siegfrieds Vetter Johann war Domherr in Bamberg und Würzburg. 1473 bis 1505 findet er in den Unterlagen des Domstifts Würzburg Erwähnung[53]. Er starb zu Bamberg am 4. Februar 1505, und wurde im Dom begraben.[54] Im Gegensatz zu anderen befreundeten Geschlechtern der Rhön, so den Bibras, den Keres, den Tanns[55] konnten die Steins später keine Domherrnpfründen mehr erhalten. Sicher war der Hauptgrund der, dass die Familie von Stein im Gegensatz zu den vorgenannten Familien immer nur wenige männliche Nachkommen hatte. Allerdings mag es auch daran gelegen haben, dass die Steins mehr dem Waffenhandwerk zuneigten, wie die vielen Mitglieder der Familie von Stein in der Turniereinung zu Schweinfurt zeigen. Hertnids Bruder Siegfried war sogar Befehlshaber über die Truppen des Stifts Mainz zu Erfurt gewesen.

Die letzten Ritter

Auch Hertnid, ein Sohn Siegfrieds, der Patensohn des gleichnamigen Kirchen- und Weltmannes, war eher ein Mann des Schwertes. Zusammen mit anderen Verwandten, Burkhard und Hans aus der Nordheimer Linie, zog er nach 1482 mit dem Reichsheer im Auftrag Bischof Rudolfs von Würzburg nach Flandern. Dort kämpfte Kaiser Maximilian I., der „letzte Ritter", um das Erbe seiner Frau Maria von Burgund. Der französische König machte ihm nach deren Tod 1482 dieses Erbe streitig, und die flandrischen Städte strebten nun nach Selbständigkeit. Dabei wurden die Auseinandersetzungen nicht mehr allein von schwer bewaffneten Rittern mit schweren Pferden ausgetragen, sondern zunehmend von Landsknechtsheeren mit langen Hellebarden. Schweizerische Landsknechte hatten 1477 Herzog Karls des Kühnen Heer vernichtet und ihn getötet. Auch in den Kämpfen gegen die flandrischen Städte spielten Landsknechte und Söldner eine entscheidende Rolle. Die Ritter aus der Steinschen Familie bekamen dies zu spüren. Anstatt reiche Beute zu erringen, verloren Hertnid und Hans Teile ihrer Ausrüstung, Burkhard verlor drei Streithengste.

So versuchten sie nach ihrer glücklichen Rückkehr bei Bischof Rudolf für einen Teil der Verluste entschädigt zu werden, denn schließlich hatten sie in dessen Diensten gestanden. Doch der tat sich schwer, hatte er doch erst die Fehde mit den Herren von Rosenberg mit der horrenden Summe von 80 000 fl. bezahlen müssen.[56] Deshalb bekam Hertnid von 48 Gulden nur 25, Hans von der gleichen Summe gar nur 23 Gulden ausbezahlt, über die Restsummen musste der Bischof Schuldscheine ausstellen. Burkhard musste sich für seine drei verlorenen Pferde mit 60 Gulden Entschädigung zufrieden geben.[57]

Totschlag in Haßfurt

Insgesamt stand das ausgehende 15. Jahrhundert im Zeichen einer zunehmenden Verunsicherung. Herkömmliche Werte wurden immer öfter in Frage gestellt.

Nicht zuletzt deshalb musste Bischof Rudolf 1490 eine Verordnung zur Verbesserung der klösterlichen Disziplin in Wechterswinkel erlassen.[58] Vier Jahre später sah er sich kurz vor seinem Tod veranlasst, eine Kleiderordnung für die Geistlichkeit seines Stifts herauszugeben, „nachdem sich die gaistligkait zu Wirtzburg vnd hin vnd wider im bisthumb in iren cleidungen gantz vngaistlich, seltzam vnd vnzuchtig hielten vnd den laien damit grosse ergernus gaben."[59] Die Geistlichen hatten, sicher in Angleichung an die Kleidung des Adels und der besseren Bürger, keine Tonsur mehr, sondern die Haare gekräuselt und gepudert. Mit der Mode gehend, trugen sie buntfarbige, verbrämte, auf beiden Seiten offene, kurze und mit Seide ausgenähte Röcke, welche den Hosenlatz nicht bedeckten. Künstlich gefaltete Hemden, mit Spitzen und Geschmeide besetzt, trug man darunter, die Hände mit Goldringen, den Hals mit Ketten geschmückt. Auch für Geistliche war es üblich geworden, lange Messer oder Degen in silbernen Scheiden offen zu tragen und sie auch zu gebrauchen zu wissen.

Dass das Volk nicht mehr bereit war, diese Verwilderung der Sitten zu tolerieren, zeigt der Aufruhr um Hans Behaim, den „Pauker von Niklashausen", den der Bischof im Sommer 1476 verbrennen ließ.[60] Er hatte gegen Schmuck und üppige Gewänder gepredigt.

In die aufgewühlte, gewalttätige Zeit um 1500 passt eine Geschichte, die nicht gedeutet und gewertet werden kann, jedoch ein grelles Licht auf die Umgangsformen, auch des Adels untereinander, wirft.

Am 5. Oktober 1498 klagte Margarete von Stein zu Seinsheim, Witwe des Fritz von Stein, vor dem Landgericht in Würzburg gegen Christoph von Stein zu Ost- und Bastheim – vor dem Landgericht deshalb, weil für Adelige (Grafen, Herren, Ritter und Knechte) nicht die Zentgerichte zuständig waren, sondern das kaiserliche/bischöfliche Landgericht. Das Landgericht war mit „ordentlichen Richtern aus dem ritterlichen Stand besetzt". Der Kurator (Rechtsanwalt) Margaretes, Johann Scherf, beschuldigte Christoph von Stein, ihren Mann am 9. Oktober 1494 in Haßfurt auf der Straße angegriffen und erschlagen zu haben. Bei Fritz handelte es sich wahrscheinlich um den Sohn des Lorenz von Stein zu Ostheim, der in Ostheim die steinischen Kemenaten mit Siegfried teilte. Christoph war sein Großcousin aus der Bastheimer Linie der Steins zu Ostheim. Der Kurator schlug Margaretes und ihrer Kinder Schaden auf 1000 fl. an. Anscheinend ging es bei dieser Verhandlung gar nicht um eine Bestrafung des Täters, sondern nur um Schadenersatz. Es gab mehrmalige Verhandlungen und Vernehmungen am Tatort Haßfurt. Christoph leugnete. Er erklärte die Zeugen Margaretes, teils aus Diebach (südlich von Rothenburg), für befangen. Sie wüssten nur vom Hörensagen von der Sache. Es gab Widersprüche in den Aussagen. Die Täterschaft Christophs ließ sich nicht klar beweisen, wie Christophs Anwalt Markwort immer wieder hervorhob. Die Richter entschieden: Christoph soll Margarete 300 fl. zahlen, aber sie soll schwören, dass ihr der lebende Gemahl lieber sei als das Geld. Margarete leistete diesen Eid am 18. Juni 1499.[61]

Hatte ein Mitglied der würzburgischen Ritterschaft vor seinem ordentlichen Gericht sein Recht nicht gefunden, konnte er an das

ABBILDUNG 4: DIE RITTERKAPELLE IN HAßFURT (AUS KEHL, CHRONIK VON HAßFURT)

„westphälische" Gericht appellieren.⁶² Christoph, so gab sein Anwalt sogleich bekannt, werde gegen dieses Urteil bei diesem Gericht Einspruch einlegen.⁶³

Auf dem Reichstag zu Worms 1495 wurden weitreichende Reformen verabschiedet. Dazu gehörte vor allem das Gebot des "Ewigen Landfriedens": Das Fehderecht wurde untersagt; keiner durfte gewaltsam gegen andere Reichsuntertanen vorgehen. Zur Sicherung des Landfriedens und um Verstöße dagegen gerichtlich ahnden zu können, wurde im gleichen Jahr das Reichskammergericht gegründet, bis zu seiner Auflösung 1806 das oberste Gericht des Heiligen Römischen Reiches Deutscher Nation. Sein Sitz wechselte öfters: Es war v.a. in Worms, Speyer und Wetzlar.

Bis dahin war das königliche Gericht die höchste Rechtsinstanz. Es konnte nur dort zusammentreten, wo sich der Monarch aufhielt – an allen anderen Orten des Reiches musste die Klärung rechtlicher Probleme

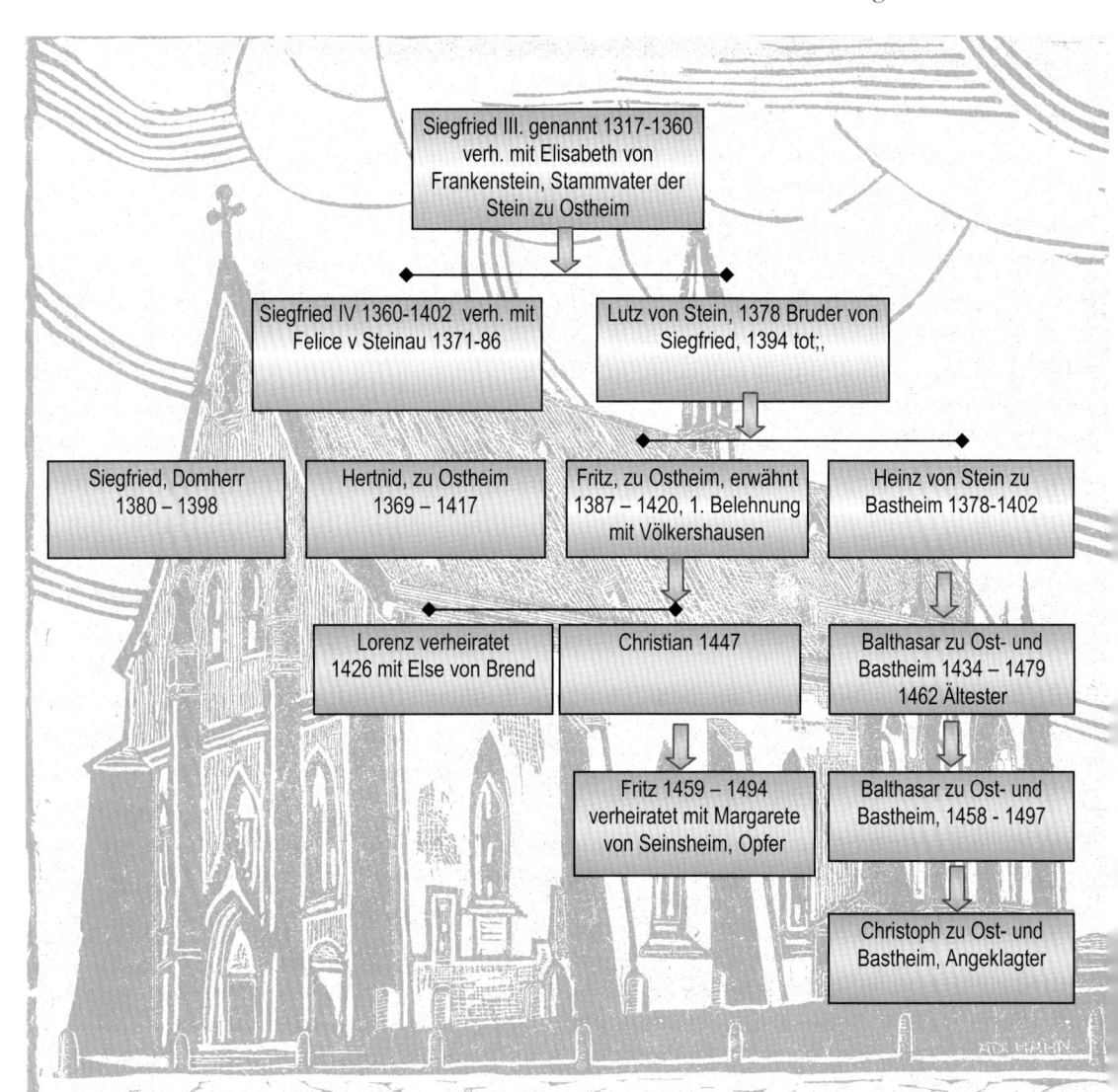

```
                    ┌─────────────────────────────────┐
                    │ Siegfried III. genannt 1317-1360│
                    │   verh. mit Elisabeth von        │
                    │  Frankenstein, Stammvater der    │
                    │         Stein zu Ostheim         │
                    └─────────────────────────────────┘
                                    │
                    ┌───────────────┴───────────────┐
                    ▼                               ▼
        ┌───────────────────────────┐   ┌───────────────────────────┐
        │ Siegfried IV 1360-1402    │   │ Lutz von Stein, 1378      │
        │ verh. mit Felice v        │   │ Bruder von Siegfried,     │
        │ Steinau 1371-86           │   │ 1394 tot;,                │
        └───────────────────────────┘   └───────────────────────────┘
                                                    │
  ┌──────────────┬──────────────┬──────────────────┴──┬──────────────────┐
  ▼              ▼              ▼                     ▼
┌──────────┐ ┌──────────┐ ┌──────────────────┐ ┌──────────────────┐
│Siegfried,│ │ Hertnid, │ │ Fritz, zu Ostheim,│ │ Heinz von Stein  │
│ Domherr  │ │ zu       │ │ erwähnt 1387 –    │ │ zu Bastheim      │
│1380-1398 │ │ Ostheim  │ │ 1420, 1. Belehnung│ │ 1378-1402        │
│          │ │1369-1417 │ │ mit Völkershausen │ │                  │
└──────────┘ └──────────┘ └──────────────────┘ └──────────────────┘
                    │              │                     │
                    ▼              ▼                     ▼
        ┌──────────────────┐ ┌────────────┐ ┌──────────────────┐
        │ Lorenz verheiratet│ │Christian   │ │ Balthasar zu Ost-│
        │ 1426 mit Else     │ │   1447     │ │ und Bastheim     │
        │ von Brend         │ │            │ │ 1434 – 1479      │
        │                   │ │            │ │ 1462 Ältester    │
        └──────────────────┘ └────────────┘ └──────────────────┘
                                    │                     │
                                    ▼                     ▼
                        ┌──────────────────┐ ┌──────────────────┐
                        │ Fritz 1459 – 1494│ │ Balthasar zu Ost-│
                        │ verheiratet mit  │ │ und Bastheim,    │
                        │ Margarete von    │ │ 1458 - 1497      │
                        │ Seinsheim, Opfer │ │                  │
                        └──────────────────┘ └──────────────────┘
                                                      │
                                                      ▼
                                          ┌──────────────────┐
                                          │ Christoph zu Ost-│
                                          │ und Bastheim,    │
                                          │ Angeklagter      │
                                          └──────────────────┘
```

ABBILDUNG 5: DIE RITTERKAPELLE MIT DER AUFSTELLUNG DES VERWANDTSCHAFTSVERHÄLTNISSES

aufgeschoben werden. Dies führte zu einer Krise der Rechtsprechung, die durch die Beschlüsse von 1495 weitgehend behoben wurde.
Wieso aber war diese Bluttat gerade in Haßfurt geschehen, doch fast 100 km vom Wohnort der beiden Akteure entfernt?

Verwandtschaftsverhältnis von Opfer und mutmaßlichem Täter

Hatte Fritz von Stein nicht mehr in Ostheim gewohnt, sondern auf den Besitzungen seiner Frau, wie deren Namensbezeichnung „von Stein zu Seinsheim" (wenige Kilometer südöstlich Marktbreits) vermuten lässt? Oder hatten die Seinsheims ein Stadthaus in Haßfurt? Zwei Steinplastiken in und an der Haßfurter Ritterkapelle lassen dies annehmen: Über der Südtüre des Chors findet sich ein großangelegtes Kreuzigungsrelief, das 1455 von Jörg und Elsbeth von Seinsheim gestiftet wurde, und in der Nordmauer des Friedhofs finden wir das Grabmal Margarete von Steins von der Hand Jörg Riemenschneiders, des Sohnes des großen Tilmann.[64]
Oder spielte möglicherweise die Ritterkapelle selbst eine wesentliche Rolle in diesem Drama? Die zwischen 1390 und 1455 entstandene Kirche hat als Besonderheit den spätgotischen Chor, im wesentlichen geschaffen vom Baumeister Niklas von Schaffhausen: „Der Chor ist eine architektonische Leistung, die in der Eleganz des Aufrisses, in der Sicherheit der Dekoration und in der echt spätgotisch empfundenen Tektonik des Chorgewölbes ihresgleichen sucht. Mit einem dreizeiligen Wappenfries von allein 248 Ritterwappen am Dachgesims zählt die Ritterkapelle zu den bedeutendsten Baudenkmalen Ostfrankens."[65] Der Bau der Ritterkapelle wurde zu einem wesentlichen Teil durch die Spenden einer Ritterbruderschaft getragen, die um 1408 vom Ritter Fuchs ins Leben gerufen worden war. Diese Bruderschaft hatte in erster Linie religiösen Charakter, sie hatte besonders die Verehrung der Sieben Schmerzen Mariae, eines Gnadenbildes in der Kapelle zum Ziel. „Schon die Besuche der Ritterbruderschaft im geographisch so günstig gelegenen Haßfurt, dann die vielen hiesigen Stadthäuser des im Gau wohnenden Adels hatten unser Städtchen zum Ritterort gestempelt. Dazu kamen noch die häufigen, außerordentlich stark besuchten Versammlungen der Fürsten, Grafen, Ritter und Herren, die für und wider den zügellosen Johann v. Brunn, den knabenhaft verlangenden Fürstensohn Sigmund von Sachsen und den kraft- und geistvollen Fürstbischof Gottfried Schenk von Limpurg hier stattfanden. So wird uns die sonst in Deutschland nie gesehene Wappenzusammendrängung am Chor der Ritterkapelle klar."[66] Die Ritterbruderschaft führte jährliche Wallfahrten zum Gnadenbild durch. Auch bei einer dieser Wallfahrten hätten die beiden Kontrahenten aufeinander treffen können.
Als Folge des Vergleichs war Christoph gezwungen, Besitz zu verkaufen, um das Bußgeld aufzubringen. Am 5. November 1498 belehnte Wilhelm Graf von Henneberg Philipp von Stein zu Ostheim u. a. mit einem Zwölftel vom Zehnten zu Ostheim, den ihm sein Vetter (Großcousin) Christoph von Stein verkauft hatte.[67]

Philipp von Stein (1477 – 1518)

Philipp war, wie sein Bruder Hertnid und sein Vater Siegfried, eher ein Mann des Schwertes. Er war 1492 nach dem Tod des Vaters zusammen mit Bruder Hertnid unter anderem mit dem Burggut auf der Lichtenburg belehnt worden[68] und anscheinend in bayreuthische Dienste getreten, nicht nur in Hofdienste, sondern mit Harnisch, Pferd und Waffen. Im Dienst des Markgrafen Sigmund von Hohenzollern in Bayreuth fand er nämlich eventuell seine Frau Margarete von Wolmershausen, eine Hofdame der Markgräfin, die er 1495 heimführte. Vielleicht wurde Philipp schon bei seinem Aufenthalt am Bayreuther Hof zum Ritter geschlagen.[69] Ein Sohn entstammte dieser Verbindung. Er wurde, wie fast ausnahmslos der älteste Sohn in der Familie, auf den Namen Siegfried getauft. Später wurde auch noch die Tochter Anna geboren.[70] Bereits fünf Jahre nach ihrer Hochzeit starb Margarete.
1497 starb der jüngere Bruder Hertnid. Philipp war nun der einzige Lehnsträger bei der neuerlichen Belehnung mit dem Burggut zu Lichtenberg durch Graf Otto von Henneberg.[71] Die Vettern Johann und

Siegfried waren wahrscheinlich vom Onkel Hertnid auf Domherrnpfründe „gehievt" worden, die Schwestern waren alle unter die Haube gebracht. Neben der nach Erfurt verheirateten Ursula wurde 1477 Margarethe mit Philipp von Heßberg zu Bedheim verheiratet.

Nach dem Tod seiner ersten Frau war Philipp fast drei Jahre lang Witwer geblieben. Dann stifteten Thomas von Stein zu Altenstein, Domherr zu Würzburg, Bartholomäus von Herbilstadt, Wilhelm Truchseß von Unsleben und Wilhelm von Buttlar gen. Neuenburg am 21. November 1502 eine Ehe Philipps mit der verwaisten Scholastica von Herbilstadt[72]. Die junge Frau, von der wir zwar annehmen können, dass sie an einem 10. Februar geboren ist, deren Geburtsjahr wir aber nicht wissen, brachte die vergleichsweise hohe Mitgift von 2400 Gulden in die Ehe.[73] Sie ermöglichte dem Paar ein standesgemäßes Leben.

Philipp und seine zweite Frau wohnten mit ziemlicher Sicherheit in der sogenannten „großen Kemenate". Der Vater Siegfried hatte ja 1479 mit seinem Onkel Fritz das steinische Doppelgut im Herzen von Ostheim im Bereich des Schlösschens und der Metzgerei Mußmächer wieder aufgeteilt. Siegfried hatte die kleine Kemenate erhalten, möglicherweise die Kemenate am Rathaus, Fritz die große Kemenate, das spätere „Schlösschen" mit den Zehntscheunen. Zwischen beiden Grundstücken war eine Mauer errichtet. worden.[74]

Nach dem Tod von Fritz in Haßfurt 1494 war die große Kemenate als Steinisches Eigengut an Philipp gefallen, der nun dort Wohnung nahm. 1498 erhielt er die hennebergischen Lehen, die Fritz vorher gehabt hatte[75], am gleichen Tag, am 5. November, ebenfalls von Graf Wilhelm von Henneberg auch die Lehen, die Christoph innegehabt hatte.

Aus seiner zweiten Ehe mit Scholastika hatte Philipp die Kinder Moritz, Hartung, Margarethe[76] und Catharina[77], möglicherweise noch eine dritte Tochter[78]. Erst 1510, nach der Geburt des Stammhalters, verschrieb Philipp seiner zweiten Frau 2400 fl. als Morgengabe.[79] 1503 erhielt er das Burglehen auf der Lichtenburg.[80] 1511 ist Philipp, wie fast alle seine Vorfahren, zum Ritter geschlagen. Seit 1505 war er Amtmann auf Lichtenberg. Nach dem erbenlosen Tod seines Bruders Hertnid – er war seit 1489 mit Margarethe von Hutten, der Tochter Jacobs von Hutten zu Hausen, verheiratet gewesen – waren ihm dessen Güter zugefallen und er in den Genuss der gemeinsamen Lehen der Familie gekommen.

Die Verbindung Philipps von Stein zum Bischof von Würzburg

Im Februar 1502 war eine große Auseinandersetzung zwischen Graf Otto von Henneberg und den Ostheimer Adeligen durch Bischof Lorenz zu Würzburg zum großen Teil zugunsten des Adels entschieden worden.

Die Auseinandersetzung hatte schon 1494 und früher begonnen. Bischof Rudolf von Scherenberg sollte damals den Streit schlichten, hatte schon einen Termin zum 8. Juli 1494 anberaumt, wurde aber dann durch Krankheit und Tod an der Durchführung gehindert. Der darauf folgende Bischof Lorenz von Bibra hatte sich des Streitfalls 1502 angenommen. Er hatte eine Kommission eingesetzt, deren Vorsitz Abt Lorenz von Bildhausen[81] mit Zustimmung aller Beteiligten übernahm. Der Schiedsspruch gab den Ganerben

ABBILDUNG 6: WAPPEN DES BISCHOFS LORENZ VON BIBRA (1495 - 1519)

in wesentlichen Punkten recht.[82] Auch eine weitere Schlichtung des Würzburger Bischofs zwischen den Ganerben zu Ostheim und Graf Ottos Neffen und Rechtsnachfolger Graf Hermann von Henneberg am 2. September 1510, als Erläuterung des Urteils von 1502, kam zu dem gleichen Ergebnis.[83]

Kurz darauf, 1511, gab Philipp von Stein dem Bischof sein bis dahin freieigenes Hofgut mit der „kleinen" Kemenate, Äckern, Wiesen, der Schäferei und der Brückenmühle zu Lehen.[84] Damit wurde das Stift Lehensherr im Herzen von Ostheim. Der Bischof bekam den Zipfel eines Rechtsanspruches auf das Dorf. Hatte schon die Anrufung des Bischofs zum Schiedsrichter die Henneberger Grafen demütigen müssen, so war dies nun ein weiterer Rückschlag in ihrem Streben nach alleiniger Landesherrschaft.
Es fällt schwer, keinen Zusammenhang zwischen den Auseinandersetzungen der Ganerben mit den Hennebergern und dieser Belehnung zu sehen. Vielmehr scheint dies ein geschickter Schachzug des von Stein gewesen zu sein, mit dem Bischof als Lehnsherr die Stellung des Adels in Ostheim zu festigen.
Mindestens genauso überraschend wie die Lehnbarmachung kommt die Verpachtung einer Kemenate an Claus Gondlich fast genau ein Jahr später.[85] (Es wird nicht gesagt, um welche der Kemenaten im Ortszentrum es sich handelt. Die Möglichkeiten werden in den Kapiteln 8.4 und 8.5 über diese Adelshöfe erläutert.) Hat Philipp diese Kemenate nicht mehr gebraucht, weil er die große Kemenate bewohnte? Etwas Licht kommt vielleicht durch seine nächsten Maßnahmen in seine Handlungen. Im gleichen Jahr 1512 gibt er Graf Hermann von Henneberg freiwillig sein Burglehen mit allen Zugehörungen zurück, weil er von diesem 700 Gulden geliehen hat.[86] Vielleicht hat alles auch nur einen Grund: Geldnot! Der Verkauf geht denn auch weiter: 1513 verkaufen Philipp und seine Frau Scholastica zwei Eigengüter in Nordheim v. d. Rhön an Melchior von der Tann.[87] Schließlich macht Philipp einen ganz großen Teil seines Besitzes zu Geld: 1515 verkauft er an Silvester von Schaumberg zu Münnerstadt seinen Anteil am Zehnt zu Hendungen, der von Henneberg-Schleusingen zu Lehen geht, einen Hof zu Bastheim mit Gefällen, Fischwasser in der Saale, Würzburger Lehen seit des Stammvaters Siegfried Zeiten, den Zoll zu Mellrichstadt[88], der Eigenbesitz ist, Gefälle zu Salz und den halben Zehnt zu Ostheim, der von Henneberg zu Lehen geht. Der Kauf war wiederkäuflich erfolgt. Zwei Jahre später kam es über diesen Verkauf zum Streit, den Bischof Lorenz zu Würzburg schlichten musste.[89] 1518 starb Philipp frühzeitig und hinterließ seiner Frau und den Kindern aus beiden Ehen ein finanzielles Chaos. Und wieder, zum dritten Mal schon, musste Bischof Lorenz persönlich helfend eingreifen. Irgendetwas muss den Bischof mit dem Ritter Philipp verbunden haben. Oder war es nur die besondere Verbindung mit den Steins durch die Ehe seiner Nichte Elisabeth mit Philipp von Stein zu Nordheim? Jedenfalls regelt Bischof Lorenz die Schulden des verstorbenen Philipp mit Rücksicht auf seine zweierlei Kinder, nämlich Siegfried aus der Ehe mit Margarete von Wolmershausen einerseits, andererseits Moritz, Hartung, Margarethe und Catharina aus der Ehe mit Scholastika von Herbilstadt. Die Aufstellung der Güter wird mit Scholastika von Stein, sowie Thomas von Stein zu Altenstein, Domdechant zu Würzburg, Otto Voit, des Bischofs Marschall, Kilian von Schletten, Philipp von Stein zu Nordheim, Philipp von Herbilstadt, Wilhelm Truchseß, Wolf von Fuhlbach und wegen der Kinder mit Johann von Grumbach, Domherr zu Würzburg, Ernst von Wolmershausen, dem Großvater des Siegfried, und Philipp von Stein, gemeinsam gemacht und ihr Wert auf 6500 fl. festgestellt. Scholastika soll 10 Jahre den ganzen Besitz des verstorbenen Philipp verwalten unter Beirat des Bischofs und Philipps von Stein zu Nordheim, Wilhelm Truchseß und Wolf von Fuhlbach. Die Kinder erhalten Vormünder.[90]
Über den Eintritt der Volljährigkeit in dieser Zeit gibt es kaum Unterlagen. Die Angaben schwanken zwischen dem 14. und 18. Lebensjahr.[91] Siegfried wurde um 1496, Moritz um 1503, Hartung um 1505 geboren. Als Ende 1519 die henneberg-schleusinigischen und die henneberg-römhildischen Lehen verliehen wurden, waren Moritz und Hartung noch unmündig.[92]
Einen wichtigen Grund für das besondere Verhältnis zwischen den Würzburger Bischöfen und den Steins zu Ostheim haben wir noch nicht beleuchtet, das sind Philipp von Steins geistliche Anverwandte Siegfried und Johann. Siegfried, der ältere Bruder Philipps, wird 1473 von Amrhein als Domherr von Würzburg verzeichnet, Vetter Johann war Domherr zu Bamberg und Würzburg 1473 - 1505.[93] Die beiden Domherren

werden ein wichtiger Grund für den Bischof gewesen sein, Philipp von Stein immer wieder helfend unter die Arme zu greifen.

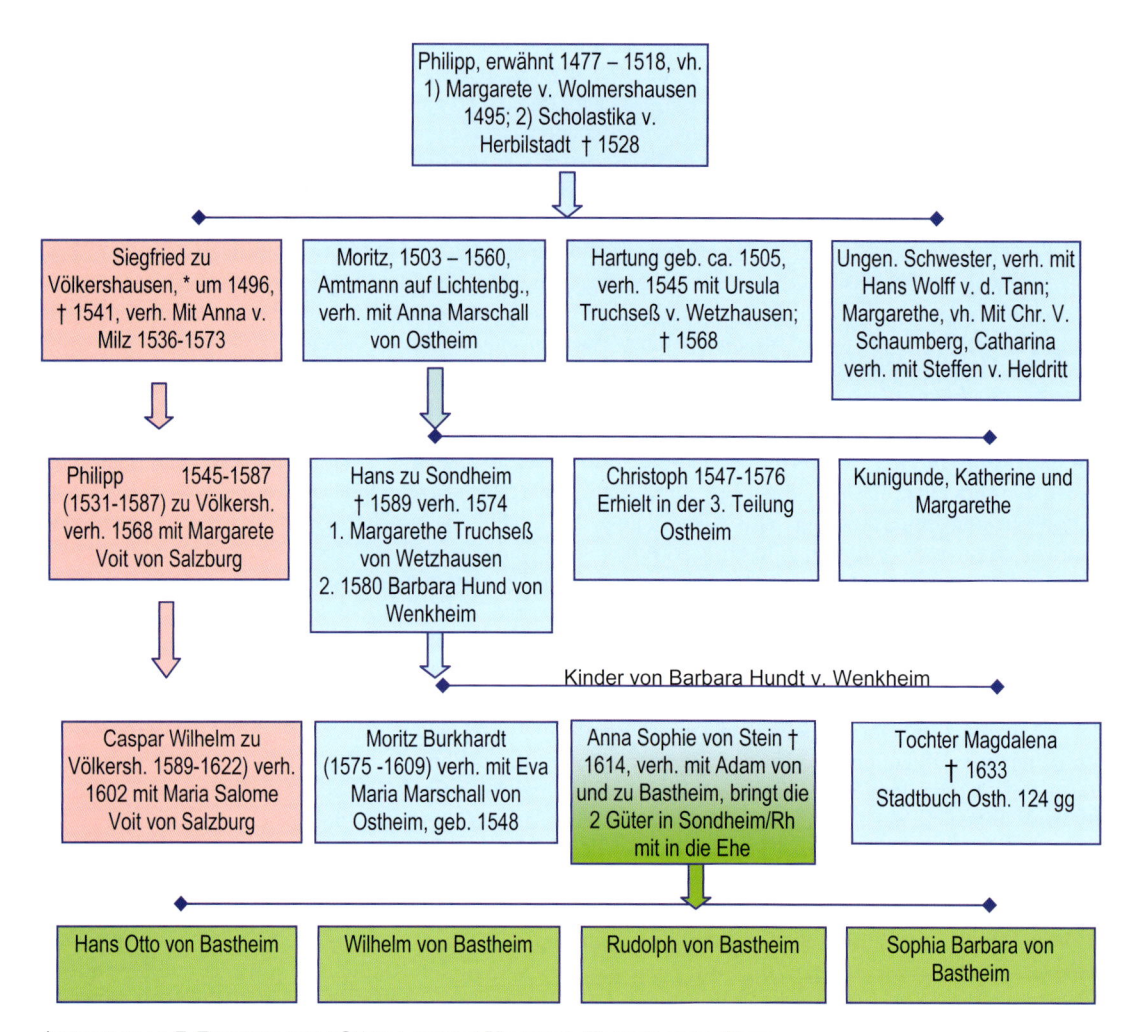

```
                    ┌─────────────────────────────┐
                    │ Philipp, erwähnt 1477 – 1518, vh. │
                    │ 1) Margarete v. Wolmershausen │
                    │ 1495; 2) Scholastika v.     │
                    │ Herbilstadt  † 1528         │
                    └─────────────────────────────┘
```

Siegfried zu Völkershausen, * um 1496, † 1541, verh. Mit Anna v. Milz 1536-1573	Moritz, 1503 – 1560, Amtmann auf Lichtenbg., verh. mit Anna Marschall von Ostheim	Hartung geb. ca. 1505, verh. 1545 mit Ursula Truchseß v. Wetzhausen; † 1568	Ungen. Schwester, verh. mit Hans Wolff v. d. Tann; Margarethe, vh. Mit Chr. V. Schaumberg, Catharina verh. mit Steffen v. Heldritt
Philipp 1545-1587 (1531-1587) zu Völkersh. verh. 1568 mit Margarete Voit von Salzburg	Hans zu Sondheim † 1589 verh. 1574 1. Margarethe Truchseß von Wetzhausen 2. 1580 Barbara Hund von Wenkheim	Christoph 1547-1576 Erhielt in der 3. Teilung Ostheim	Kunigunde, Katherine und Margarethe

Kinder von Barbara Hundt v. Wenkheim

Caspar Wilhelm zu Völkersh. 1589-1622 verh. 1602 mit Maria Salome Voit von Salzburg	Moritz Burkhardt (1575 -1609) verh. mit Eva Maria Marschall von Ostheim, geb. 1548	Anna Sophie von Stein † 1614, verh. mit Adam von und zu Bastheim, bringt die 2 Güter in Sondheim/Rh mit in die Ehe	Tochter Magdalena † 1633 Stadtbuch Osth. 124 gg
Hans Otto von Bastheim	Wilhelm von Bastheim	Rudolph von Bastheim	Sophia Barbara von Bastheim

ABBILDUNG 7: PHILIPP VON STEIN, SEINE KINDER, ENKEL UND URENKEL

Philipps Söhne Siegfried, Moritz und Hartung im 16. Jahrhundert

Nun bekamen die drei Söhne gemeinsam 1519 die Belehnungen: Von Graf Wilhelm von Henneberg-Schleusingen mit der Wüstung Gruben unter Hiltenburg, dem Fronhof zu Ostheim, dem halben Burgwall[94] zu Völkershausen, ¼ Zehnt zu Ostheim, einem Drittel vom Viertel Anteil am Haderteil, der Hälfte des Dorfes Völkershausen, dem großen und kleinen Zehnt in der Völkershäuser Mark.[95] Graf Hermann zu Henneberg-Römhild belehnte Siegfried, auch für seine noch unmündigen Brüder, mit 90 Maltern und dem Kleinzehnt zu Hendungen, einem Gut und Zinsgütern in Kaltensundheim, sowie einem Anteil am Sackzehnten daselbst.[96] Bischof Konrad von Thüngen belehnte die drei Söhne erst 1521 mit der Kemenate und Zubehör zu Ostheim. Bei dieser Belehnung waren die Söhne aus zweiter Ehe auch noch nicht volljährig.[97] Erst 1524 in einer Urkunde Graf Wilhelms von Henneberg werden alle Söhne Philipps von Stein gemeinsam beliehen.[98]

1528 endete die 10jährige Verwaltungszeit der Witwe Scholastika. Erst jetzt konnten die Söhne frei über ihr Erbe verfügen. Doch noch immer waren die Schulden Philipps nicht abgetragen, und weil weiter nichts Pfändbares vorhanden war, vielleicht auch, weil die Vormünder der Kinder ihr auch ein Mitverschulden an der Misere anlasteten, war auch das Heiratsgut der Witwe Scholastica mit 4400 fl. belastet worden, und weil das auch noch nicht reichte, jetzt auch noch das ihr als Witwensitz zugeschriebene Gut Sondheim. Scholastica erhielt nun die Behausung zu Ostheim zugesprochen mit Scheunen, dazu Brennholz zu Völkershausen, das Viertel Zehnt zu Ostheim, welches mit 1400 fl. veranschlagt war. Sie hatte keinen Anteil am Haderteil. Ferner erhielt sie 4 Güter in Oberelsbach, die halbe Mühle vor dem Obertor zu Ostheim und die steinischen Besitzungen zu Oberelsbach. Dafür stellte sie einen Revers aus, dass sie, wenn die Güter zu Sondheim wieder frei gemacht werden, von diesen Einnahmen zurücktritt.[99] Jetzt schon bewohnte also Scholastica mit ihren Söhnen die Kemenate zu Ostheim, Siegfried hatte es sich in Völkershausen heimisch gemacht und nannte sich 1533 „von Stein zu Völkershausen", als er für seine Schwester Anna – man hatte ihren Namen im Schuldentilgungsvertrag von 1518 vergessen – einen Mann fand. In Anbetracht der Verhältnisse der Familie konnte er dem Bräutigam, Otto von Milz zu Kleineibstadt, nur eine Mitgift von 400 Gulden bieten.[100] Es ist nicht verwunderlich, dass das Schuldenmachen weiterging. Tatsächlich musste Siegfried 1541 100 Gulden von Hartmann von Baumelburg, Amtmann zu Fürsteneck, borgen, die er an Petri Cathedra 1542 zurückzahlen wollte.[101] Nur etwa sieben Jahre war Siegfried verheiratet, da starb er, gerade 40 Jahre alt. Neben seiner Frau Anna geb. von Milz, seines Schwagers Schwester, hinterließ er ein unmündiges Söhnlein, Philipp, benannt nach dem Großvater. Siegfried musste nicht mehr miterleben, wie das gemeinschaftliche Familienerbe der Ostheimer Steins zerschlagen wurde. Sein Einverständnis dazu hatte er noch vor seinem Tod gegeben.

1. Teilungsvertrag vom 22. Februar 1545

Wolf von Fuhlbach zu Gleusdorf und Philipp von Heßberg, Hennebergischer Amtmann zu Schmalkalden, hatten 1536 mit dem jetzt verstorbenen Wilhelm Truchseß zu Unsleben zwischen dem nun verblichenen Siegfried von Stein und den Brüdern Moritz und Hartung von Stein die Erbteilung verabredet.

Siegfried sollte erhalten :
1.) das Schloss in Völkershausen mit $^1/_3$ vom Gehölz und dem Viehtrieb.
2.) alle Einkünfte zu Oberelsbach oder das von Fulda zu zahlende Ablösungsgeld, die Einkünfte zu Weimarschmieden, Westhausen, Pfaffenhausen, Kaltensundheim und Willmars.
3.) $^1/_3$ des Weinzehnten zu Ostheim und die Hälfte der Weinberge zu Bastheim.

Moritz und Hartung sollten erhalten:
1.) die Kemenate zu Ostheim.
2.) den Bauhof[102] daselbst mit Gefällen, großem und kleinem Zehnt, die Bauten unter der Tanzpforte[103] in Ostheim und zwei Teile an dem Gehölz zu Völkershausen.
3.) das Schloss zu Sondheim v. d. Rhön, den Bauhof daselbst mit Zubehör,
ferner die Wüstungen Gruben und Reippers [Reupers] auf der Rhön.
Sämtliche Jagden werden beiden Teilen zugeteilt.
Da der Anteil von Moritz und Hartung größer war als der Siegfrieds, bekam dieser 520 fl. ausgezahlt, außerdem 400 fl. Heiratsgut seiner Mutter.
Diese Teilung wurde nun am 22. Februar 1545 von den Vormündern des Sohnes Siegfrieds, Philipp von Stein, nämlich Hans Marschalk von Ostheim und Sebastian von Milz zu Gleichamberg bestätigt, zusammen mit den beiden überlebenden Vermittlern aus dem Jahre 1536.
Siegler waren: Wolf von Fuhlbach, Philipp von Heßberg, Hans von Marschalk, Sebastian von Milz, Moritz und Hartung von Stein.[104]

Doch auch die beiden Stiefbrüder Siegfrieds wollten bald nicht länger gemeinsam wirtschaften. Nur ein Jahr später teilten sie das ihnen verbliebene Erbe:

2. Teilungsvertrag über Ostheim am 22. Februar 1546[105]

Wolf von Fuhlbach und Steffen von Heldritt bekundeten die Teilung des gemeinsamen Besitzes von Moritz und Hartung von Stein.
Moritz erhielt: Kemenate und Bauhof zu Ostheim, Garten unter der Tanzpforte, ¼ des großen Zehnt, die Hälfte des kleinen Zehnts, das halbe Haderteil, den Heu - und Grummetzehnt zu Ostheim „über dem Dorfe" und die Hälfte desgleichen „unter dem Dorfe", alle Weinberge zu Ostheim, den großen Keller unter dem Stadel, Grund zu einem Kelterhause und die Kelter gegen Bezahlung, alle Einkünfte und Rechte zu Ostheim außer der Mühle und das Vorrecht zur Einlösung von Pfändern in Ostheim. Auf diesem Anteil ruhten Verpflichtungen: 18 Maß Korn für den Vikar der Kapelle St. Mariae Magdalenae, ferner 1 fl. 14 kr. für den Pfarrer zu Ostheim, Fuhrleistung und Zehntbestellung und Bullen- und Eberhaltung.
Moritz bekam außerdem die Hälfte des mütterlichen Erbteils in Rannungen und Kissingen, des weiteren die Weinbergsellern[106] zu Bastheim, zwei große Äcker, ⅔ des Gehölzes zu Völkershausen, von dem Siegfried ein Drittel hat, außerdem einen Teil am Lindig sowie am Mühlrain zu Völkershausen.[107]
Hartung erhielt: Schloss und Bauhof zu Sondheim v. d. Rh., alle dortigen Gefälle. In Ostheim: ¼ am großen Zehnt, ½ Haderteil, einen Anteil am Heu- und Grummetzehnt wie auch Moritz, das Häuslein, Stadel und kleinen Keller auf der Kelter, die neue Scheuer hinter Kilian Kleins Haus, den Steinschen Anteil an der Mühle, das Vorrecht zur Einlösung von Verpfändungen in Sondheim, die Wüstungen Gruben und Reupers an und auf der Rhön, die Hälfte des mütterlichen Erbteils zu Rannungen und Kissingen, Weinberge zu Bastheim ohne die zwei Acker, die Moritz zugesprochen werden, und einen Anteil am Lindig und Mühlrain zu Völkershausen.
Belastungen: Dem Pfarrer in Ostheim 1 fl. 14 kr. Gemeinsam blieb die Jagd.
Da der Anteil des Moritz größer war, erhielt Hartung 450 fl. herausbezahlt. Siegler waren: von Fuhlbach, von Heldritt, Moritz und Hartung von Stein.

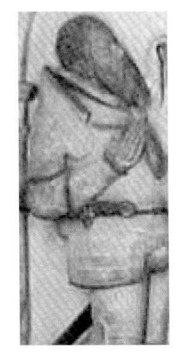

ABBILDUNG 8: MORITZ VON STEIN, AUSSCHNITT AUS SEINEM GRABMAL
IN DER OSTHEIMER KIRCHE

Moritz von Stein und seine Familie

Jetzt wohnte nur noch ein Mitglied der Familie in Ostheim, Moritz. Am 22. Februar des Jahres 1546 hatte er sich für Ostheim entschieden, am 29. Juni wurde er als Amtmann zu Lichtenberg bestallt mit Amtssitz auf der Lichtenburg. Als 1548 das Amt Lichtenberg an die Grafen von Mansfeld verschachert wurde, blieb Moritz Amtmann auch in deren Diensten. Um dieselbe Zeit heiratete er Anna Marschalk von Ostheim, die Nichte seines Amtsvorgängers, mit der er vier Söhne und drei Töchter hatte, wie auf dem Grabstein in der Kirche nachzuprüfen ist. Die Einführung der Reformation ist mit Moritz von Stein eng verknüpft. In seiner Zeit wurde in der Ostheimer Kirche erstmals eine evangelische Predigt abgehalten und ein Kind evangelisch getauft.[108]
Der zweitgeborene Hartung (Hertnid)[109] bewohnte die Kemenate zu Sondheim. Verheiratet war er seit 1545 mit Ursula Truchseß von Wetzhausen, die 1568 starb. Hartung selbst war bereits 1556 tot. Er war etwas mehr als 50 Jahre alt geworden. Sein Tod war bereits einige Jahre vorher absehbar gewesen, denn 1554 ließ sich

Hartungs Frau Ursula im Falle seines Todes ¼ des großen und des kleinen Zehnts zu Ostheim samt Wüstung Reippers mit Gehölz als Wittum auf Lebenszeit übergeben.[110]

Hartungs nachkommenloser Tod hatte bei den Verwandten aus der Steinfamilie lebhafte Aktivitäten ausgelöst. Im Akt „Höfe in Ostheim" des Völkershäuser Archivs findet sich ein schon sehr stark zerfressenes Geheft des Vollbruders Moritz. Dieser hatte um oder vor 1556[111] einmal an seinen Schwager Hans Wolf von der Tann wegen eines „versiegelten Abscheids" geschrieben, zum andern ein Gutachten eingeholt, wer nach Hartungs Tod das Erbe antreten kann, Siegfried, der Stiefbruder, Moritz, der rechte Bruder oder beide. Das Gutachten kommt zum Schluss, dass beide Brüder in die Lehen eintreten, der eigentümliche Besitz aber an Moritz allein gehen soll.[112] Es kam aber noch besser für Moritz. Dieser übernahm die Güter in Sondheim und wurde 1559 allein von Friedrich von Wirsberg, Bischof zu Würzburg, mit den würzburgischen Lehen zu Ostheim belehnt.[113] Ein Jahr später erhielt er auch die hennebergischen Lehen.[114] Ein Erbvertrag oder ähnliches ist nicht bekannt, wohl aber ein Testament von Hartung, denn auch die Witwe wollte nicht leer ausgehen. Deshalb trafen sich am 26. Juni 1556 Wolf von Steinau zu Euerbach, Christoph von Fuhlbach, Gottfried Forstmeister zu Lebenhan für Moritz von Stein, sodann Philipp Voit von Salzburg, Christoph von Ostheim zu Friesenhausen, Heinrich Wolf von Herbilstadt wegen Ursula Truchseß, Witwe

ABBILDUNG 9: MORITZ VON STEIN MIT SEINER FRAU UND SEINEN SIEBEN KINDERN – GESAMTANSICHT DES GRABMALS IN DER OSTHEIMER KIRCHE

des Hartung von Stein zu Ostheim, um „Irrungen" zwischen Moritz und Ursula über das Testament des Hartung zu schlichten, innerhalb der Ritterschaft der übliche Weg, bevor man vor ein Gericht zog. Nach längeren Beratungen entschieden die „Weisen":
1. Was im Testament der Ursula vermacht wurde, ist nur Wittum auf Lebenszeit.
2. Das Recht am Mühlrain zu Völkershausen, den abzuhauen sie Macht haben wollte, wird Moritz übertragen. Dagegen erhält sie die Fahrhabe, die Moritz zur Hälfte hatte, ganz.
3. Moritz erhält die hinterlassenen Ausstände mit 200 fl. bei Wilhelm Forstmeister sowie 20 fl. bei einem Herrn von Weyhers, die noch fraglich sind.
4. Die Witwe übernimmt die aus der Ehe stammenden Schulden. Moritz verzichtet auf geliehene 30 Taler.
5. Darlehen an den Bischof von Würzburg werden gegen Lehen aufgerechnet.

6. Das Jagdrecht steht nicht der Witwe zu.[115]

Doch auch Moritz musste so langsam sein Ende bedenken. Schon zum Lehensempfang der hennebergischen Lehen hatte er nicht mehr persönlich erscheinen können, er musste sich durch Velten von Kralugk, Amtmann zu Meiningen und Maßfeld, vertreten lassen.[116] Bei dieser Gelegenheit trug Kralugk im Auftrage von Moritz bei Graf Georg Ernst von Henneberg noch eine große Bitte vor: Moritz hatte zwar zwei Söhne, Hans und Christoph,[117] doch beide waren noch unmündig; zwei Söhne waren ihm kurz nach der Geburt gestorben. Die größten Sorgen machten ihm seine kleinen Töchter Kunigunde, Katherine und Margarethe. Was würde aus ihnen werden, wenn auch die anderen Söhne sterben würden? Velten von Kralugk bat also den Grafen zuzustimmen, dass im Falle des kinderlosen Ablebens von Moritz' Söhnen Hans und Christoph, den Töchtern Kunigunde, Katharina und Margarethe 2000 fl. auf die hennebergischen Lehen gezahlt werden. Der Graf bewilligte denn auch diese Bitte, doch das Schicksal wollte es anders. Alle drei Mädchen fielen bald darauf einer pestartigen Seuche zum Opfer. Der gramgebeugte Vater folgte ihnen nicht lange danach in den Tod. Seine Witwe Anna erhielt von ihren Söhnen die Tannische Kemenate als Witwensitz.[118]

Ein Zweig der Ostheimer Steins stirbt aus

Hans und Christoph, die Söhne von Moritz, wurden am 7. Juni 1561 mit den Würzburger Lehen belehnt. Hans war nun schon über 14 Jahre alt und konnte die Lehen selbst empfangen, Christoph erhielt sie durch die Hand seiner Vormunde Sebastian von Fuhlbach und Christoph von Ostheim,[119] die hennebergische Regierung verlangte am 30. Juni noch für beide Knaben den Empfang durch die Vormunde.[120]

Die 3. Ostheimer Teilung 1569

Die beiden vaterlosen Jungen schafften es nicht, den nun wieder umfangreichen Besitz, dessentwegen man sie schon damals „Fürsten der Rhön" nannte, gemeinsam zu verwalten.[121] Noch unter Vormundschaft, obwohl sie bereits etwa 24 und 22 Jahre alt waren, setzten sie eine Erbteilung durch.

Christoph erhielt die Kemenate zu Ostheim und den Bauhof mit Zubehör, den Garten an der Tanzpforte, ¼ vom großen Zehnt, die Hälfte vom Haderteil, die Hälfte von Kleinzehnt, Heu- und Grummetzehnt sowie Weinbergen, den Großen Keller unter dem Stadel und Hausplatz sowie Keller, außerdem die Gefälle zu Ostheim und das Vorrecht zur Wiedereinlösung von Pfändern dort. Belastungen: 18 Maß Korn an die Maria-Magdalenenkapelle, 1 fl. 14 kr. an den Pfarrer zu Ostheim, Bullen- und Eberhaltung. Ferner erhielt Christoph: ½ Ramungen (Rannungen) und Kissingen von der Großmutter her, Weinberge zu Bastheim gegen Wechterswinkel, den ½ Anteil am Weingarten und ⅔ Gehölz zu

ABBILDUNG 10: GRABMAL DES CHRISTOPH VON STEIN IN DER OSTHEIMER KIRCHE

ABBILDUNG 11: GRABMAL DES HANS VON STEIN IN DER OSTHEIMER KIRCHE

Völkershausen (¹/₃ an Seyfrieds Söhne).
Hans erhielt das Schloss zu Sondheim und den Bauhof daselbst, ¼ Zehnt zu Ostheim, ½ Haderteil, ½ Kleinzehnt (Wein, Kraut, Rüben, Flachs, Hühner, Gänse, Lämmer, Schweine), ½ Zehnt unter dem Dorf, Häuslein mit Stadel und kleinem Keller, Scheuer hinter Kilian Klee, Anteil an der Mühle, das Vorrecht zur Einlösung von Pfändern in Sondheim und außerhalb Ostheim, die Wüstungen Gruben und Reupers, ½ Rannungen und Kissingen, Weinberge zu Bastheim, ½ Lindig zu Völkershausen, Mühlrain dort und Gefälle in Oberelsbach. Belastung: 1 fl. 14 kr. an den Pfarrer in Ostheim.

Gemeinsam blieb ihnen die Jagd. Unverteilt blieb auch die Tannsche Kemenate zu Ostheim als Witwensitz der Mutter. Christoph zahlte an Hans 400 fl. mit 5 Jahren Stundung.[122]

Die Teilung erfolgte am 3. Juni 1569; am 17. Juni belehnte Bischof Friedrich von Würzburg beide Söhne des Moritz mit den Ostheimer Lehen.

Etwa um diese Zeit, 1570, musste auch die Mutter der beiden Jungen ihr Recht durch Vermittler suchen:
Sebastian von Fuhlbach zu Gleusdorf und Martin von der Tann zu Nordheim vor der Rhön wegen ihrer Pflegesöhne Hans von Stein zu Sondheim v. d. Rhön und seinem Bruder Christoph von Stein zu Ostheim, Söhnen des verstorbenen Moritz von Stein, und Hans von Obernitz, Sächsischer Rat und Diener zu Ostheim, Hans Thoma von Heldritt zu Wasungen und Georg Voit von Salzburg zu Ostheim, Amtmann zu Fladungen und Auersberg, wegen der Anna von Stein geborenen von und zu Ostheim, der Witwe von Moritz, vermitteln einen Vergleich:

Anna erhält die alte Kemenate zu Ostheim, in der sie derzeit wohnt, mit allen Gemächern. Die Söhne haben für Brennholz zu sorgen Die Söhne wollen ihrer Mutter 1570 und dann jährlich 24 Malter Korn, 6 Malter Weizen, 8 Malter Gerste, 12 Malter Haber, 2 Malter Erbsen, alles Ostheimer Maß, geben, dazu ein Fuder Wein, Bastheimer Gewächs und Ostheimer Eichmaß. Außerdem bekommt die Mutter von ihnen jährlich zwanzig Gulden rheinischer Landeswährung zu Franken.

Anna bekommt weiterhin alles, um zwei Kühe zu halten, außerdem den Ertrag je eines halben Ackers gelbe Rüben, weiße Rüben, Kraut, Flachs und Linsen. Nach ihrem Tod darf Anna nichts an andere vererben, sondern alles, auch ihre Morgengabe, Kleider Schmuck und sonstiges gehört den beiden Söhnen allein.

Hans von Stein hatte seinen Sitz in Sondheim und 1574 ein Weib genommen, Margarethe, die Tochter des verstorbenen Truchseß zu Wetzhausen.[123] Doch schon am 9. Oktober 1575 starb seine Frau, möglicherweise bei der Geburt des in diesem Jahr geborenen Söhnchens

ABBILDUNG 12: GRABMAL DER MARGARETHE VON STEIN IN DER OSTHEIMER KIRCHE

Moritz Burkhardt. Begraben wurde sie in der Kirche zu Sondheim. Ein Gedenkstein wurde in der Kirche zu Ostheim angebracht. Wappen von oben: von Stein, Truchseß von Wetzhausen - Marschalk von Ostheim, Voit von Salzburg – von Starschedel.

Die hinterlassene Tochter Margarethe Barbara wurde von ihrer Tante Susanne Margarethe in Völkershausen aufgezogen und heiratete später Adam Melchior Marschalk von Ostheim zu Marisfeld.

Hansens Bruder Christoph war 1576 in Mainz gestorben; die vierte und letzte Teilung bei den Steins zu Ostheim hatte nur etwa sieben Jahre angedauert. Nun konnte Hans den gesamten Besitz des Vaters wieder in seiner Hand vereinen. Was ihm jedoch fehlte, war ein sicherer Erbe, nachdem anscheinend der Sohn aus erster Ehe, Moritz Burkhardt, gesundheitlich nicht sehr stabil war. Deshalb auch heiratete Hans 1580 in zweiter Ehe Barbara Hundt von Wenkheim. Doch die nächsten Anverwandten seiner ersten Frau verlangten nun mit Nachdruck die Rückgabe des Heiratsgeldes der verstorbenen Margarethe. Am 25. Juni 1582 trafen sich die truchseßischen Erben mit Hans von Stein in Mellrichstadt. Viele angesehene Freunde beider Seiten waren dazu geladen: Hans Wilhelm und Hans Endres von Heßberg, Gevetter zu Bedheim und Reurieth, Otto Voit von Salzburg zu Aschenhausen, Amtmann zu Mellrichstadt, Sigmund Voit von Salzburg zu Rödelmaier, Gebrüder, Valtin Voit von und zu Salzburg, Veit von Heldritt, Amtmann auf Lichtenberg, und Caspar vom Stein zu Nordheim im Grabfeld. Sie trafen die folgende Vereinbarung: Den nächsten Verwandten wird nach dem Tod des Hans von Stein von dessen Erben das Heiratsgeld seiner Frau von 1378 fl. 5½ Groschen, jeden Gulden zu 42 Gnacken gerechnet, zurückgezahlt. Als Bürgen setzt Hans Caspar und Philipp von Stein zu Nordheim im Grabfeld und Völkershausen, Hans Wilhelm und Hans Endres von Heßberg, Otto und Sigmund Voit von Salzburg zu Eichenhausen und Rödelmaier, Gebrüder, Veit von Heldritt, Amtmann auf Lichtenberg, alles Hansens Vettern, Schwäger und Gevattern. Sollten nach Hansens Tod die Erben nicht zahlen, so können die Truchseßischen Gläubiger die Bürgen nach Meiningen, Mellrichstadt oder Neustadt an der Saale zur Leistung mahnen und nun innerhalb von 14 Tagen einen reisigen Knecht samt einem reisigen leitbaren Pferd (offenbar das Pferd eines Kriegsknechts, das nicht beißt und nicht ausschlägt) in ein offenes Wirtshaus schicken, wo er auf Kosten der Bürgen bleiben soll, bis die volle Summe bezahlt ist. Sollte ein Bürge sterben, verspricht Hans, einen anderen zu stellen.[124]

ABBILDUNG 13: GRABMAL DER ANNA CATHARINA VON STEIN ZU OSTHEIM, TOCHTER DES HANS VON STEIN, IN DER OSTHEIMER KIRCHE

Hansens Hoffnung auf weitere männliche Erben wurde zwar erfüllt, aber nicht für lange: 1586 starb das Söhnchen Hans Caspar, 1590 der kleine Christoph. Beide wurden sie in der Kirche zu Sondheim in der Steinschen Kapelle beerdigt, wo auch die Grabsteine für sie aufgestellt wurden.

Noch früher war die Tochter Anna Catharina, nur ein Jahr alt, 1583 gestorben. Für sie wurde ein Grabmal in der Kirche zu Ostheim aufgestellt. Darauf sind, wie üblich, die Wappen ihrer Vorfahren: von Stein, Voit von Salzburg, von Milz, von Stein. Nachdem Hans von Stein zu Ostheim 1589 bei einer Badekur in Kissingen verstorben war, lebten von seinen Kindern nur noch zwei aus erster Ehe, Margarete Barbara und Moritz Burkhardt, sowie die Töchter aus zweiter Ehe, Anna Sophie, die mit Adam von und zu Bastheim verheiratet wurde, – Sie starb 1614 und hinterließ die Kinder Hans Otto, Wilhelm und Rudolph – und Sophie Barbara. Im Stadtbuch Ostheim wird noch eine weitere Tochter erwähnt, Magdalena, die 1633 in Ostheim starb und in der Kirche beerdigt wurde.[125]

Das Erbe von Hans übernahmen 1589 der noch nicht ganz 14-jährige Moritz Burkhardt und der erst zweijährige Valentin Philipp aus der zweiten Ehe.[126] Sie bekamen Caspar von Stein, Christoph Wolf Hundt, Ludwig von Boyneburgk als Vormünder. 1590 wurde ihnen, wie den übrigen männlichen Mitgliedern der Gesamtfamilie, der Sackzehnt zu Hendungen durch Bischof Julius verliehen. 1601 ist auch Valentin Philipp tot. Moritz Burkhardt erhält den Sackzehnt als einziger Erbe von Hans.[127]

1602 ist Moritz Burkhardt Zeuge beim Heiratsvertrag seines Vetters Caspar Wilhelm.[128] 1607 belehnt Johann Friedrich, Abt zu Fulda, Caspar Wilhelm von Stein als Ältesten und seinen Bruder Hans, die Söhne Philipps, Moritz Burkardt, sowie Caspar von Stein, Caspars Sohn mit den Baunachgütern. Um diese Zeit scheint Moritz Burkhardt geheiratet zu haben. Er nahm die 1584 geborene Eva Maria Marschalk von Ostheim, die Tochter des schon 1590 verstorbenen Georg Adam Marschalk von Ostheim zu Marisfeld, zur Frau. Doch schon 1609 segnete Moritz Burkhardt das Zeitliche, ohne leibliche Erben. Mit ihm starb sein Zweig aus.

---

[1] Das Wappen auf S. 103 ist aus Dr. Hans Körners Hauptwerk, Frankfurter Patrizier, Historisch-Genealogisches Handbuch der Adeligen Ganerbschaft des Hauses Alten-Limpurg zu Frankfurt am Main, Neustadt/Aisch 2003, S. 417.
[2] Luckhard, S. 20 ff. (Nr. 47 ff.).
[3] von Schaumberg / Engel, Regesten von Schaumberg II, S. 318., Nachtrag 7: Regest Nr. 97a des ersten Bandes, 1298 März 22.
[4] Carl Binder, Sondheim vor der Rhön und seine Chronik, Wien 1884, S. 75.
[5] AV U 6 von 1338 Juli 4.
[6] AV U 12 von 1368 Januar 6.
[7] Wagenhöfer, S. 207, Anm. 2: Christine kann entweder eine Tochter Heinrichs von Stein gewesen sein, der übrigens mehrfach als Zeuge bei Urkunden Gysos von Steinau vorkommt, oder von Heinrichs und Siegfrieds Bruder Eberhard, der von 1317 bis 1357 erwähnt wird.
[8] AV U 14 von 1371 Juni 19.
[9] AV U 16, HUB V, CCLXXXIII von 1371 Dezember 21.
[10] AV U 17; Binder, Sondheim, S. 75; gedruckt: HUB V, CCLXXXIV von 1372 Januar 28.
[11] AV U 20 von 1376 November 22.
[12] Wagenhöfer, S. 207 Anm. 2.
[13] Wagenhöfer, S. 207 Anm. 2.
[14] Binder, Sondheim, S. 75.
[15] AV U 26 von 1381 Januar 24.
[16] AV U 30 von 1381 Januar 24, vg. Kapitel 8.4 „Die Kemenate am Rathaus".
[17] AV U 31 von 1386 August 24.
[18] Nach Wagner (Genealogie, S. 110) war dies Heinrich X. (1352 – 1405). Der Krieg gegen Erfurt findet sich bei Schultes, D.G. II, Urkundenbuch, S. 186 f. Nr. CLI, die Erwähnung der Teilnahme Siegfrieds bei Hans Körner, Völkershausen zwischen Rhön und Grabfeld. 600 Jahre im Besitz der Familie von Stein zu Nordheim und Ostheim, Ostheim, 1978, S. 2.
[19] Kapitel 6 „Hertnid von Stein, der bekannteste Spross der Familie" und Kapitel 9 „Die von Steins und die Kirche".
[20] Amrhein II. S. 197 (Nr. 1333).
[21] AV U 44 von 1410 Oktober 4.
[22] vg. den Abschnitt „Bastheimer Intermezzo" in Kapitel 3.
[23] AV U 40 von 1402 Januar 2: Siegfried von Stein und seine Söhne Fritz und Hertnid geben ihrem Knecht Brune ihr Gut zu Sondheim/Rh. genannt Hildebrandgut und eine Hoffläche über der Kemenate in Erbpacht. Leistung dafür: Naturalien und Arbeitstage.
[24] AV U 48 von 1418 November 29. *Gruben* liegt zwischen dem Schlossberg (Hillenberg) und dem Rother Berg im Tal auf der Grenze zwischen Roth und Hausen (Heinrich Wagner, Feuerbock und Schwarzes Moor. Aus der Geschichte von Hausen, Roth und Hillenberg, Hausen v. d. Rh. 1990, S. 25 und 47).
[25] AV U 54 von 1423 August 22.
[26] AV U 128, U 55; Cop. I, S. 894/7.

²⁷ Schultes D.G. II, S. 98.
²⁸ AV U 59 von 1426 August 13.
²⁹ AV U 63 von 1428 Januar 16 und U 64; Cop. I, S. 336 vom gleichem Datum.
³⁰ AV U 68 von 1429 Mai 14; vg dazu von Schaumberg / Engel, Regesten von Schaumberg II, 22 Anmerkung über die Badstuben im Adelsbesitz.
³¹ letzte Erwähnung in AV Cop. I, S. 644 (nach Inhaltsverzeichnis 1936).
³² AV U 76 von 1440 Januar 21; vg. Luckhard, S. 129 (Nr. 461).
³³ Wagenhöfer, S. 247, Anm. 2: Hinweise auf einen mit Stephan gezeugten Sohn lassen sich quellenmäßig nicht verifizieren.
³⁴ AV U 70 von 1429 Juli 7; Cop. I, S. 487; „Der Älteste nach Fritz ist jetzt Erhard".
³⁵ AV U 83 von 1447 Februar 19.
³⁶ StAW, Ldf 10, S. 359 – 366.
³⁷ AV Cop. I, S. 419; U 113 von 1462 Mai 4.
³⁸ Schultes Beschreibung II, 1. Abt., S. 33 Anm.
³⁹ AV Cop. I, S. 419; U 113 von Dienstag nach St. Walpurgistag (4. Mai) 1462.
⁴⁰ AV U 115, 1466 o. T.
⁴¹ AV U 121 von 1469 Oktober 2.
⁴² AV U 124 von 1471 Februar 5.
⁴³ Stammtafel von Stein, erstellt 1938 von Fhr. Ernst von Stein und Prof. Dr. Wilhelm Martin Becker.
⁴⁴ Die Rauenecks haben das gleiche Wappen wie die von Steins, ohne dass eine Verwandtschaft bekannt wäre (Siebmacher Bd. F, Taf. 15).
⁴⁵ AV U 133 von 1479 Dezember 5; Urkunden und Unterlagen im Fach Ostheim, Akt: Höfe in Ostheim.
⁴⁶ Schultes DG I, S. 567ff, U LXXXI von 1435 März 6.
⁴⁷ Wagner, Feuerbock, S. 56 f.
⁴⁸ Binder, Sondheim, S. 88.
⁴⁹ Schultes Beschreibung II, 1. Abt., S. 142 ff, U XIII.
⁵⁰ Wagner, Feuerbock, S. 58.
⁵¹ StAW WU 24/38 von 1493 Februar 22.
⁵² Amrhein I. S. 275 (Nr. 836).
⁵³ Amrhein II. S. 197 (Nr. 1333); AV U 173, Zeuge bei der Eheberedung seines Bruders Philipp mit Scholastica von Herbilstadt am 21. November 1502.
⁵⁴ Körner, „Genealogisches Handbuch", S. 316. Er erwähnt zwar drei Söhne Philipps, jedoch nicht Siegfried von Stein als Domherrn.
⁵⁵ Fries III, S. 95 u. a.; Körner, von der Tann. Amrhein zählt folgende Domherren aus dem Geschlecht von der Tann auf: Alexander 1514 – 1529, Christoph 1529 – 1544, Geiso 1537 – 1555, Heinrich 1382 – 1434, Johann 1440 – 1474, Karl 1488 – 1523, Kraft Hartmann 1575 – 1587, Philipp 1441 – 1450, Friedrich 1537 – 1555, Wendelin 1441 – 1450, Wilhelm 1440, Wolfgang 1587 – 1604, Wolfgang Adolph 1581 – 1619.
⁵⁶ Fries IV, S. 266.
⁵⁷ Martin Theodor H. Contzen (Hrg.) Die Sammlungen des historischen Vereins für Unterfranken und Aschaffenburg zu Würzburg. 1. Abteilung: Bücher, Handschriften, Urkunden,, Würzburg 1856, Regesten Nr. 271 (1488 Sept. 30), 319 (1488 Okt. 23.) und 320 (1488 Okt. 28); andererseits gelang es Bischof Rudolf von Scherenberg 40 Orte und Ämter („schier alle versetzte Ämter, Schlösser und Städte"), welche seine Vorgänger versetzt hatten, für über 500 000 Gulden für das Stift auszulösen. (Fries IV, S. 286)
⁵⁸ Himmelstein, S. 174 und Heimatblätter 1934, S. 70.
⁵⁹ Fries IV, S. 284 f.
⁶⁰ Fries IV, S. 251 f.
⁶¹ AV U 170 von 1499 Juni 18.
⁶² Fries IV, S. 179 ff. Das „westfälische Gericht" kommt mehrmals vor; in Westfalen war aber nie das Reichsgericht oder Reichskammergericht ansässig , doch es war ja damals üblich, Dinge von Universitäten oder auswärtigen Gerichten entscheiden zu lassen. In StAMgn GHA VI Nr. 736 heißt es, daß 1452 ein Urteil der Freigrafschaft Dortmund und des Freistuhls zu Waltrop eingeholt wurde; ebenso ist der Freistuhl zu Canstein und die Freigerichte zu Arnsberg, Volkmarsen und Freienhagen genannt. Sie werden auch als Westfälische Gerichte bezeichnet. Das Freienhagener Freigericht erreichte unter den Freigrafen Sigmund Manegold (1435 - 1455)und Johann Manhoff (1438 - 1458) seine höchste Bedeutung: Der Deutsche Ritterorden und die Städte Frankfurt und Köln wurden nach Freienhagen zitiert.
⁶³ AV U 170 von 1499 Juni 18.
⁶⁴ Kehl, S. 230.
⁶⁵ Kehl, S. 227.
⁶⁶ Kehl, S. 227.
⁶⁷ AV U 168 von 1498 November 5.
⁶⁸ AV U 153 von 1492 Juni 5.
⁶⁹ u. a. 1502 (AV U 172) und 1512 (AV U 546) erwähnt. Dass Philipp in bayreuthischen Diensten war, lässt sich nur daraus schließen, dass Margarethe von Wolmershausen dort Hofdame gewesen war (Körner, „Genealogisches Handbuch", S. 316). Der Ritterschlag steht damit wahrscheinlich in zeitlichem und sachlichem Zusammenhang.

[70] Am 1.Januar 1533 heiratete Anna Ortloff von Milz, AV 227.
[71] AV U 164 von 1497 April 25.
[72] Tochter des Wilhelm und der Anna, geb. von Steinau, vertreten durch die Vormunde Kuntz von Herbilstadt und Hans von Brende, Siegler waren die vier Vermittler und Kuntz von Herbilstadt, Hans von Brende, Philipp von Stein, Johann von Stein, Domherr zu Bamberg und Würzburg, und Ernst von Wolmershausen. AV U 173 von 1502 November 21.
[73] Philipps Tochter Anna erhielt bei ihrer Hochzeit nur eine Mitgift von 400 fl (AV 227 von 1533).
[74] AV U 133 von 1479 Februar 5; Cop. I, S. 849, vg. Ausführlich darüber in diesem Kapitel unter dem Abschnitt: Die erste Teilung, sowie in den Kapiteln 8.4 und 8.5.
[75] StAMgn, Hennerbergica aus Gotha, Urkunden Nr. 729.
[76] später verheiratet mit Christoph von Schaumberg.
[77] verheiratet mit Steffen von Heldritt.
[78] AV Cop. I, S. 852; verheiratet mit Hans Wolff von der Tann. In der Schuldenregelung am 15. Dezember 1518 sind nur Siegfried, Moritz, Hartung, Margarethe und Catharina erwähnt.
[79] AV U 177 von 1510 Dezember 2.
[80] StAMgn, Herrschaft Henneberg-Schwarza, Nr. 166, f. 84v f. und f. 127v. (Abschrift der in Lehnsrevers inserierten Lehnsurkunde von 1503 August 26).
[81] Abt Lorenz Faust 1497 – 1511, aus Mellrichstadt (Heinrich Wagner, Geschichte der Zisterzienserabtei Bildhausen im Mittelalter (-1525), Würzburg 1976, S. 157).
[82] Dieser Schiedsspruch und der Inhalt der Auseinandersetzung werden im Kapitel 10 „Die Ganerben erstreben ‚Herrschaftsrechte' in Ostheim" ausführlicher behandelt. vg. Binder, Lichtenberg, S. 303.
[83] AV U 176, Libell von 1510 September 2.
[84] AV U 179 von 1511 März 7.
[85] AV U 546; StAW Rep. FR 14.1, Freiherr v. Stein, 1512 März 1.
[86] StAMgn, Herrschaft Henneberg-Schwarza, Nr. 162, f. 70v f. und f. 32v f. (Abschrift).
[87] StAMbg Tann-Archiv, Kopialbuch III, 157.
[88] Der Steinsche Zollhof auf dem Platz der heutigen Sparkasse war nach Müller früher Mannlehen der Würzburger Bischöfe. Siegfried von Stein d.Ä. befreit 1327 diesen Hof von der Lehensherrlichkeit des Bischofs, indem er dem Bischof Wolfram dafür sein Allod (freies Eigengut) zu Unsleben samt anderen Stücken zu Lehen aufträgt. Er ist 1464 frei eigentümlicher Hof der Herrn von Stein. Würzburgisches Lehen war aber ist der kleine Zoll zu Mellrichstadt, der den Steins urkundlich seit 1429 und schon früher vom Bischof verliehen wird, und zwar jeweils dem Ältesten des Geschlechts. Der Kleinzoll wurde ebenso wie der Weg-, Gülden- und später der Pflasterzoll von den Torwächtern am untern und obern Tor eingenommen.
Sie bekamen für die Einnahme des Kleinzolls neben ihren sonstigen Einnahmen von 9 Gulden und 2 Malter Korn, nebst 6 d. Dinggeld von den Steins ein jeder l Malter Korn.
Folgende Waren und Fuhren wurden mit Kleinzoll belegt: (1587)
> *2 Pf von einer jeden thonn Hecht*
> *2 Pf von einer thon lachß*
> *2 Pf von einer thon Hering*
> *4 Pf von einem kam, wenn er halbfisch führet*
> *2 Pf von einem Wagen, waßerley wahr dar auff geladen*
> *1 Pf von einem zwiespennig karn, wen er diel führt*
> *1 Pf waner pfeel, faß, kuffen, gelt, botten und dgl. führet*
> *1 Pf wenn er Zwiebel führet*
> *1 Pf wenn er Saltz führt, von einem einspen- und zweyspennig karn*
> *1 Pf wenn er getreyd führet*
> *1 Pf wen er Wein und dgl. führet*
> *Vom Centners gut nimbt der Zölner, wie folgt 4 Pf von eim Wagen*
> *2 Pf von eim Karn, wen er Stockfisch, flachs, hanff, klett und dgl. führet.*

Schon 1587 gab es Zollmarken, die die Fuhrleute möglicherweise vor Antritt einer Fahrt kauften und dann anstelle von Bargeld den Torwächtern gaben, eine Maßnahme, die Unterschlagungen, aber auch Beraubungen verhindern sollte. Es gab 2 verschiedene Sorten von Zollmarken (Zeichen):
> Der großen viereckichten Zeichen einß l neu Pf.
> Der kleinen runden Zeichen einß umb 4 neu Pf.

Der Ertrag des Kleinzolls war nicht allzu hoch. (AV Cop. I, S. 585)
[89] AV 189 von 1517 Oktober 8.
[90] AV U193 von 1518 Dezember 15.
[91] Kaiser Karl V., 1500 geboren, wurde 1515, also mit 15 Jahren, für mündig erklärt.
[92] AV U 198 von 1519 Dezember 29; u. a. der Fronhof zu Ostheim, Zehnt zu Ostheim, Anteil am Haderteil und Völkershausen. Am 31. Dezember 1519 belehnt Hermann Graf zu Henneberg Siegfried von Stein zu Ostheim zugleich für seine unmündigen Brüder Moritz und Hertnid mit 90 Malter zu Hendungen, dem kleinen Zehnt daselbst, einem Gut zu Sondheim/Rh., Zinsgütern zu Kaltensundheim und einem Anteil am Sackzehnten ebendort. AV U 197 von 1519 Dezember 31. Im Gegensatz zu Ostheim, wo der große oder Getreidezehnt

bereits auf den Äckern eingesammelt wurde, (vg. Kap. 8. 13) wurde der Getreidezehnt in Hendungen, Kaltensundheim und anderswo nach dem Dreschen in Säcken abgegeben. Das war zwar weniger mühevoll, aber viel schwerer zu kontrollieren.

93 Amrhein II. S. 197 (Nr. 1333).
94 Burgwall bedeutet ursprünglich nichts anderes als ein festes Haus das mit Wall und Graben umgeben ist, wie dies bei der Lichtenburg der Fall war und auch für die Ostheimer Adelsschlösser vor der Stadtbefestigung 1586 anzunehmen ist.. Auch Körner nimmt ein „wehrhaft Haus" an, ähnlich wie in Huflar. 1616 wurde jedoch durch Caspar Wilhelm von Stein ein neuer Bau mit Turm errichtet, ab 1722 das heutige Schloss (Körner, Völkershausen, S. 3; bzw. Körner, Kanton Rhön-Werra, S. 96.
95 AV U 198 von 1519 Dezember 29. Zum Haderteil siehe die Ausführungen dazu im Kapitel 8.13 „Besitzungen, Zehnt, Zinsen, Abgaben und Rechte– die Lebensgrundlagen des Adels"..
96 AV U 197.
97 AV U 179 von 1521 September 5.
98 AV U 208 von 1524 Oktober 22.
99 AV U 220 von 1528 Dezember 16.
100 AV U 227 von 1533 Januar 1.
101 AV Fach Ostheim, Akt Höfe in Ostheim Nr. 22. .
102 Die Steins besaßen zwei „Bauhöfe" mit Gefällen (dazu gehörigen Einnahmen) bzw. Zubehör, einen in Ostheim, und einen in Sondheim. Sie waren keinesfalls Bauhöfe nach dem heutigen Sprachgebrauch, sondern möglicherweise die von den Herren selbst verwalteten Haupthöfe. Nachdem in der Teilungsvereinbarung von 1545 weder in Ostheim noch in Sondheim der Fronhof erwähnt wird, obwohl er in beiden Orten im Besitz der Familie von Stein war, liegt es nahe, diese sonst nicht zu lokalisierenden Höfe als die Fronhöfe zu identifizieren. (vg. Kap. 8. 10 und Binder, Sondheim, S. 87 ff).
103 Zur Tanzpforte finden sich nähere Ausführungen in Kap. 8.12.
104 AV U 247/248 von 1545 Februar 22.
105 AV U 251, 253.
106 In dieser Zeit hatte der Weinbau im Gebiet vor der Rhön seinen Höhepunkt längst überschritten. Durch klimatische Veränderungen reifte der Wein nicht jedes Jahr, war oft sauer und kaum trinkbar. Deshalb wurden nach und nach immer mehr Weinberge nicht mehr angebaut und verellerten. Sie wurden wüst liegen gelassen und bewuchsen von selbst mit Gras und Büschen. (Ellern sind eigentlich Erlen, „verellert" hieß also ursprünglich „mit Erlen bestanden").
107 *Mühlrain* und *Lindig* sind Flurbezeichnungen in Völkershausen. Der Mühlrain sind die Wiesen, die sich von Völkershausen westwärts am Bach entlang ziehen. Dort stand früher eine Mühle.
108 Schultes Beschreibung II , S. 41, Binder, Lichtenberg S. 176 und Förtsch S. 80 ff.; vg. Kap. 9 „Die von Steins und die Kirche".
109 Binder (Sondheim, S. 76) kennt ihn als Hartuvicus oder Hartmann.
110 AV U 262; StAW Rep. FR 14.1, Freiherr v. Stein von 1554 März 15.
111 Sollte das Gutachten noch zu Lebzeiten Siegfrieds erstellt worden sein, müsste es vor 1543 entstanden sein. vg. Körner, „Genealogisches Handbuch", S. 317.
112 AV Fach Ostheim , Akt Höfe in Ostheim Nr. 23.
113 AV U 267.
114 AV U 269.
115 AV U 264.
116 AV U 269 von 1560 April 1.
117 Von Hans wissen wir kein Geburtsjahr; er war 1561 bereits volljährig. Christoph wurde entweder 1547 (AV U 272) oder nach Binder (Sondheim, S. 77, Anm.) im Jahr 1551 geboren.
118 AV U 272 von 1561 Juni 7. Mit „Tannischer Kemenate" war die Kemenate am Rathaus gemeint.
119 wie vorstehend.
120 AV U 273.
121 Binder, Sondheim, S. 76.
122 AV U 278 von 1569 Juni 3.
123 Eheberedung: AV U 285 von 1574 Januar 25.
124 AV Fach Ostheim, Akt Höfe in Ostheim von 1582 Januar 25, Original, mit 11 Siegeln (Papier); 3 Wachstropfen aufgebracht, aber nicht gesiegelt; 1 Siegel weggeschnitten.
125 Ostheimer Stadtbuch S 124 gg.
126 Binder, Sondheim, S. 77. Valentin Philipp war spätestens 1600 verstorben.
127 AV U 329.
128 AV U 330 von 1602 November 16.

7.3 Die Steins zu Nordheim in Ostheim

Schon vor der Bindung des zweiten Stammes der Familie von Stein an Nordheim im Grabfeld war auch diese Linie mit Ostheim verbunden, ja, der Enkel des Stammherrn, Heinz nannte sich 1372 noch „zu Ostheim", als er seinen Besitz in diesem Ort durch einen Ankauf von Berthold von Waltershausen erweiterte.[1] Als Heinz einige Jahre später in Ostheim die Kemenate am Rathaus mit dem Hof von Peter und Johannes Schenk erwirbt[2], nennt er sich zwar bereits „von Nordheim", hat also dort bereits seine Wohnung aufgeschlagen, möchte sich aber auch in Ostheim nicht ausschließen. Ein für ihn nachteiliger Urteilsspruch in einer Auseinandersetzung mit den Brüdern Johann und Werner Zufraß nur zwei Jahre später mag Heinz dann doch bestärkt haben, Ostheim den Rücken zu kehren: Heinz hatte sich wegen einer Erb- oder Vermögenssache einem Urteilsspruch von drei Schiedsmännern aus der Familie von der Kere unterworfen. Wir wissen nicht, was der Grund gewesen sein könnte, dass ein Stadel, die kleine Kemenate, drei Anwesen und das Haus auf der Lichtenburg, sowie Zinseinnahmen von verschiedenen Grundstücken an die Zufraß (zurück)gehen sollten.[3] Die Formulierung, dass dies alles den Gebrüdern Zufraß „volgen und werden shol", lässt darauf schließen, dass Heinrich diese Stücke bereits in seinem Besitz hatte. Dass nur aufgezählt ist, was an die Zufraß zurückzugeben ist, könnte zwar bedeuten, dass alle strittigen Stücke an diese zurückgehen. Logischer wäre jedoch, dass alle nicht aufgezählten Stücke bei Heinz von Stein verbleiben, so auch eine große Kemenate, da doch nicht „die", sondern die „kleine" Kemenate aufgeführt wird, also die große Kemenate bei Heinz verbleibt. In der Folge verkaufen Heinz vom Stein und seine erste Frau Felice 1379 ihren $^1/_{48}$ Anteil am Zehnt in Ostheim an Heinz von der Tann.[4] 1385 verkauft derselbe, nun mit seiner zweiten Frau Agnes (Nese), die doch erst vor wenigen Jahren erworbene Schenksche Kemenate mit allem Zubehör an Vetter Siegfried von Stein zu Ostheim.[5] Auch in der Folgezeit lässt Heinz von Stein in Bezug auf Ostheim einen gewissen „Schlingerkurs" erkennen, denn nur drei Jahre später, 1388, erwirbt er umfangreiche Besitzungen zu Ostheim, Lichtenberg und Fladungen von Hans von Milz aus dem Waltershäuser Erbe.[6] Hans von Milz verkaufte hiermit die Güter, die ihm seine Frau Adelheid Gnazoym geborene von Waltershausen mit in die Ehe gebracht hatte.

Heinz' Sohn und Nachfolger Heinz von Stein zu Nordheim[7], gleichen Namens wie sein Vater, wurde erst im reifen Alter von etwa 60 Jahren wieder in Ostheim aktiv. Zusammen mit seiner dritten Frau Beatrix von Schaumberg und seinem Sohn Caspar erwarb er von Cuntz von Entzenberg und seiner Frau Lise neben Gütern zu Oberstreu auch einen Hof zu Ostheim. Die Einschaltung der Frau deutet darauf hin, dass es sich dabei um das Gegengeld zur Mitgift handelte, das im Fall des Todes von Heinz seiner Frau als Witwengut zur Verfügung stand.[8] Der bereits 1426 erwähnte Sohn Caspar von Stein zu Nordheim[9] wird spätestens 1455 wieder Besitzer einer Kemenate in Ostheim. Peter Spieß verkauft ihm und seiner Frau Margarethe geb. von Brunn seine Kemenate, unten im Dorf gelegen, mit allem ihrem Umfang von Häusern, Hofhäusern, Schaftrieb, Schenkrecht, die Hofstatt bei der Ziegelhütte und eine Hüttenstatt (Gaden) im Kirchhof. 1458 kaufte Caspar eine Wiese dazu. Vielleicht trug er sich bei diesem Kauf schon mit der Überlegung, seine beiden Töchter Margarete und Else - sie waren Nonnen im Kloster Wechterswinkel geworden - standesgemäß zu versorgen, jedenfalls setzte er noch im gleichen Jahr eine Urkunde auf, worin er ihnen Gefälle zu Nordheim vor der Rhön, Ostheim und Oberstreu verschrieb. Da die Urkunde nicht gesiegelt war, kam sie sicherlich auch nicht zur Ausführung. Der Tod kam dazwischen.[10] Auf dem Totenbett mag Caspar seine Söhne Heinz, Hans, Georg und Eckard zur Durchführung ermahnt haben, denn schon im Januar 1461 wurde aus der Absicht Wirklichkeit. Die Schwestern brauchten im Kloster nicht zu darben. Zwar erwiesen sich die vier Stifter als gehorsame Söhne, doch sehr fromm war ihre Ausführung nicht unbedingt. Nach dem Tode der Schwestern sollten nämlich alle Güter wieder an die Familie zurückfallen.[11] Die Söhne Caspars hatten mit Ostheim nicht mehr viel im Sinn. Nur Heinz wirkt bei der ersten Teilung des Ostheimer Steinbesitzes 1479 als Schlichter mit. Erst der Sohn von Heinz, Philipp von Stein, wird in Ostheim 1502 wieder als Ganerbe aktiv.

ABBILDUNG: SCHLOSS DER STEINS ZU NORDHEIM, FRÜHER WASSERSCHLOSS/-BURG

Die Steins zu Nordheim im 16. und 17. Jahrhundert

Philipp hatte also Besitz in Ostheim, jedoch nicht nur er: Auch sein Onkel Eckard (Eucharius) war in Ostheim begütert. Als er 1527 starb, hinterließ er keinen männlichen Erben. Die beiden Töchter, die er mit seiner ersten Frau Dorothea geb. von Truchseß hatte, hatten beide 1415 geheiratet, Margarethe Hans Marschalk von Ostheim, damals noch mit Sitz zu Rappershausen, und Barbara Heinz von Wambach.[12] Aus Eckards Hinterlassenschaft erhielt Philipp von Stein alle würzburgischen und hennebergischen, die Schwiegersöhne die fuldischen Lehen, weil diese Söhne- und Töchterlehen waren, also auch an die Töchter verliehen werden konnten, sowie die Eigengüter[13]. Die Ostheimer Besitzungen gingen dabei an Schwiegersohn Hans Marschalk von Ostheim, der jedoch schon vorher in Ostheim begütert gewesen war.

1543 ist Valtin von Stein zu Nordheim, der Sohn Philipps, wieder unter den Ganerben zu finden.[14] Es scheint, dass die Nordheimer hier keinen Wohnsitz hatten, sondern nur Höfe, die von Nordheim aus durch einen Beauftragten verwaltet wurden. Es fällt jedoch auf, dass 1576 neben den Steins zu Ostheim/Sondheim und ihren Vettern zu Völkershausen erstmals auch Caspar von Stein zu Nordheim mit den hennebergisch-schleusingischen Lehen begabt wurde, zu denen neben Völkershausen auch der Fronhof mit den Zehnteinnahmen gehörte.[15] Fast 50 Jahre hören wir dann nichts mehr von den Nordheimern, bis Ausgang des Jahrhunderts Caspar von Stein zu Nordheim (1571 – 1602), Sohn des Valtin, 1589 Maria Magdalena von Wallenfels heiratet[16] und von ihren Verwandten nach längeren Bemühungen das heute so genannte Rosenauische Schloss und Gut zwischen 1590 bis 1599 übernimmt.[17] Genauer soll dies bei der Beschreibung dieses Schlosses in Kapitel 8.8 dargestellt werden. Die Adelsfamilie der von Steins zu Nordheim wird Schwerpunkt eines zweiten Bandes über die Familie von Stein sein.

[1] AV Cop. I, S. 586: 1372; Eberhard von Stein, der 1368 seine Güter an Gyso von Steinau verkauft hatte, war ein Bruder oder Cousin von Heinz gewesen.
[2] StAMgn Hennebergica aus Gotha Urkunden Nr. 549 von 1363; Binder, Lichtenberg, S. 348; AV U 30, vg. Kapitel 8.4, Die Kemenate am Rathaus. Eine direkte Verkaufsurkunde ist nicht vorhanden; deshalb gibt es auch kein Datum. Es wird jedoch in AV U 30 auf den Verkauf der Gebrüder Schenk an Heinrich hingewiesen.
[3] AV U 19 von 1375 November 13.
[4] AV U 24 von 1379 Februar 27.
[5] AV U 30 von 1385 September 25.
[6] Wagner, Mellrichstadt S. 208; AV U 32 von 1388 August 24: Siegler: Heinrich d. Ä. von Stein für sich und seine Ehefrau, Heinz von Stein für sich und seinen Bruder („unser beder insigel"). Georg von Stein bekennt sich zu beiden Siegeln, „wenn ich noch kein eygin insigel nicht enhan"; vg. AV Cop. I, S. 586 von 1372.
[7] erwähnt 1380 – 1426.
[8] AV Cop. I, S. 827, Dienstag in der Osterwochen 1426: Dieser Hof gibt jährlich ein gutes Schwein und einen halben Gulden auf St. Michelstag, einen halben Gulden auf Walpurgis, 3 Ernthähn, ein Weihnachtshuhn, ein Fasnachtshuhn, ein Weihnachtsbrot und einen Lammsbauch. Diese Güter und Zinsen verkaufen Cuntz von Entzenberg und seine Frau Lise um siebenthalbhundert (650) Gulden, die bereits bezahlt wurden.
[9] erwähnt 1404 bis 1460.
[10] AV U 105a von 1458 Januar 1.
[11] AV U 108a von 1461 Januar 20.
[12] AV U 187 von 1515 Januar 18 und U 188 von 1515 Mai 4.
[13] AV Cop. I, S. 616 von 1526 Dezember 30; U 211 von 1527 Januar 5; U 217 von 1527.
[14] AV Fach Ostheim, Ostheimer Akten II/XVI, 258; U 245 von 1543 Juli 23.
[15] AV U 292a von 1576 September 10; Weiteres bei der Beschreibung des Fronhofs in Kapitel 8.10.
[16] AV U 325 von 1589 Januar 12.
[17] AV U 502; 302; Cop. I, S. 757, 760, 762 von 1590; U 313 von 1795; U 316 von 1596; U 321 von 1599.

7.4 Die Linie der Steins zu Ostheim in Völkershausen bis zu ihrem Aussterben[1]

Während die Eigengüter der Sondheimer Steins, die beiden Güter zu Sondheim, nach Moritz Burkhardts Tod auf seine Schwester Anna Sophie, verheiratet mit Adam von Bastheim, übergingen, erbten die Vettern Stein zu Völkershausen alle Lehen. 1610 erhielt die Gesamtfamilie die hennebergischen Lehen. Die Ostheim/Sondheimer Steins hatten bisher davon die Wüstung Gruben unter Hiltenberg, den Fronhof zu Ostheim ganz, ein Viertel des Zehnten zu Ostheim und ein Drittel eines weiteren Viertels, Anteil des Zehnten zu Ostheim am Haderteil und alles Zubehör, ausgenommen den Wildbann. Nun kamen die Völkershäuser in den Besitz dieses Lehensteiles und der gesamten Ostheimer Güter.

In Völkershausen hatte schon vor der ersten Teilung 1545 Siegfried von Stein seinen Sitz genommen. Da das Schloss dort mit 1/3 vom Gehölz und dem Viehtrieb zu seinem Anteil gehörte, hatte er in Völkershausen bereits einen festen Wohnsitz vorgefunden, den vielleicht schon die Schrimpfs, welche ursprünglich das Dorf besaßen, im 14. Jahrhundert, spätestens seine Vorfahren nach 1378, als sie das erste Mal mit Völkershausen belehnt wurden, erbaut hatten.[2]

Zum Völkershäuser Anteil gehörten: Alle Einkünfte zu Oberelsbach oder das von Fulda zu zahlende Ablösungsgeld, die Einkünfte zu Weimarschmieden, Westhausen, Pfaffenhausen, Kaltensundheim und Willmars sowie 1/3 des Weinzehnten zu Ostheim und die Hälfte der Weinberge zu Bastheim. Siegfried war seit 1536 mit Anna geb. von Milz verheiratet, die ihn über 30 Jahre überleben sollte. Siegfrieds Schwester hatte bereits 1533 in die Familie von Milz eingeheiratet und sich mit Otto von Milz zu Kleineibstadt verehelicht.[3] Als 1545 die Teilung zwischen Siegfried und seinen Stiefbrüdern Moritz und Hartung vollzogen werden sollte, war dieser schon gestorben, noch weniger als 50 Jahre alt.

1555 wurde Siegfrieds Sohn Philipp von Wilhelm Graf zu Henneberg mit den Völkershäuser Lehen begabt.[4] Da Philipp noch minderjährig war, wurden Valtin von Stein zu Nordheim und Moritz von Stein zu Ostheim für Philipp belehnt. 1559 war Philipp volljährig geworden und erhielt selbst die Baunachlehen von Abt Wolfgang von Fulda mit allen übrigen Steins.[5] 1560 wurden die Steins auch mit den hennebergischen Lehen begabt. Philipp reiste mit den übrigen Steins zum Lehensempfang nach Schleusingen zu Graf Georg Ernst zu Henneberg. Da er jedoch noch kein eigenes Siegel hatte, musste er seinen Vormund Valtin von Stein zu Nordheim bitten, für ihn zu siegeln. Mit 23 Jahren heiratete Philipp 1568 Margarete Voit von Salzburg, die Tochter aus erster Ehe des verstorbenen Philipp Voit von Salzburg. Die fünf Brüder aus zweiter Ehe, die alle Geld benötigten, mögen der Grund für die geringe Mitgift von 300 fl. gewesen sein.

Noch in anderer Hinsicht fühlte sich der junge Philipp benachteiligt: Er glaubte, dass sein nun verstorbener Vormund Valtin ihn übervorteilt habe. Deshalb klagte er 1562 gegen dessen Söhne Caspar und Wolf auf Entschädigung. Diese beantragten, die Klage abzuweisen. Valtin habe sein Mündel nach bestem Verstand beraten. Die vorgelegten „Beweise" aus hennebergischen Schriftstücken würden alle aus der Zeit nach der Mannbarwerdung des Pflegesohnes stammen.[6] Soweit dies erkennbar ist, verlief denn auch die Klage im Sand.

Die Linie von Stein zu Ostheim in Völkershausen

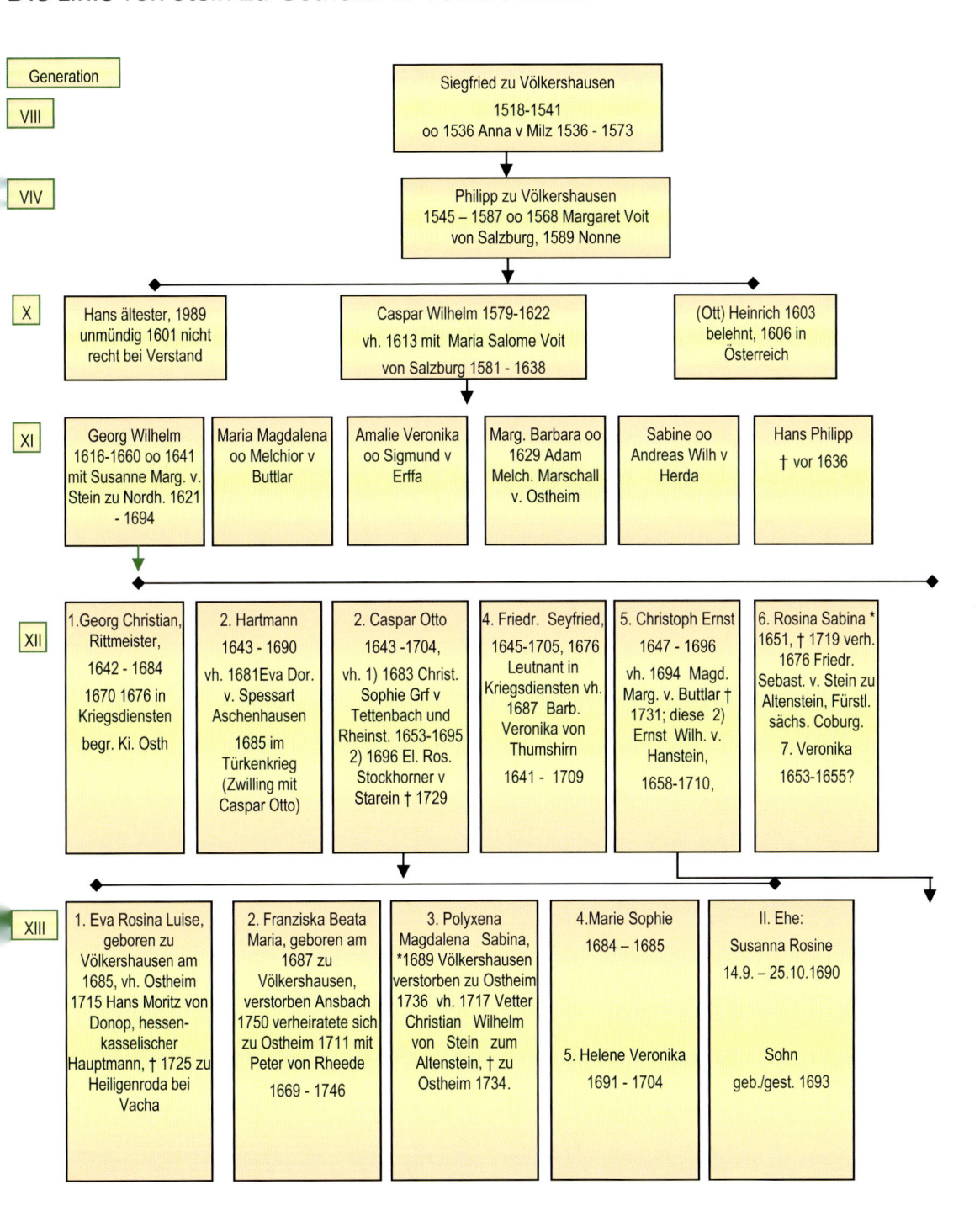

Generation VIII

Siegfried zu Völkershausen
1518-1541
oo 1536 Anna v Milz 1536 - 1573

VIV

Philipp zu Völkershausen
1545 – 1587 oo 1568 Margaret Voit von Salzburg, 1589 Nonne

X

- Hans ältester, 1989 unmündig 1601 nicht recht bei Verstand
- Caspar Wilhelm 1579-1622 vh. 1613 mit Maria Salome Voit von Salzburg 1581 - 1638
- (Ott) Heinrich 1603 belehnt, 1606 in Österreich

XI

- Georg Wilhelm 1616-1660 oo 1641 mit Susanne Marg. v. Stein zu Nordh. 1621 - 1694
- Maria Magdalena oo Melchior v Buttlar
- Amalie Veronika oo Sigmund v Erffa
- Marg. Barbara oo 1629 Adam Melch. Marschall v. Ostheim
- Sabine oo Andreas Wilh v Herda
- Hans Philipp † vor 1636

XII

- 1. Georg Christian, Rittmeister, 1642 - 1684, 1670 1676 in Kriegsdiensten, begr. Ki. Osth.
- 2. Hartmann 1643 - 1690 vh. 1681 Eva Dor. v. Spessart Aschenhausen 1685 im Türkenkrieg (Zwilling mit Caspar Otto)
- 2. Caspar Otto 1643 -1704, vh. 1) 1683 Christ. Sophie Grf v Tettenbach und Rheinst. 1653-1695 2) 1696 El. Ros. Stockhorner v Starein † 1729
- 4. Friedr. Seyfried, 1645-1705, 1676 Leutnant in Kriegsdiensten vh. 1687 Barb. Veronika von Thumshirn 1641 - 1709
- 5. Christoph Ernst 1647 - 1696 vh. 1694 Magd. Marg. v. Buttlar † 1731; diese 2) Ernst Wilh. v. Hanstein, 1658-1710,
- 6. Rosina Sabina * 1651, † 1719 verh. 1676 Friedr. Sebast. v. Stein zu Altenstein, Fürstl. sächs. Coburg. 7. Veronika 1653-1655?

XIII

- 1. Eva Rosina Luise, geboren zu Völkershausen am 1685, vh. Ostheim 1715 Hans Moritz von Donop, hessen-kasselischer Hauptmann, † 1725 zu Heiligenroda bei Vacha
- 2. Franziska Beata Maria, geboren am 1687 zu Völkershausen, verstorben Ansbach 1750 verheiratete sich zu Ostheim 1711 mit Peter von Rheede 1669 - 1746
- 3. Polyxena Magdalena Sabina, *1689 Völkershausen verstorben zu Ostheim 1736 vh. 1717 Vetter Christian Wilhelm von Stein zum Altenstein, † zu Ostheim 1734.
- 4. Marie Sophie 1684 – 1685

  5. Helene Veronika 1691 - 1704
- II. Ehe: Susanna Rosine 14.9. – 25.10.1690

  Sohn geb./gest. 1693

Caspar Wilhelm von Stein und sein Umkreis

Aus seiner Ehe mit Margarete hatte Philipp drei Söhne, die nach dessen Tod 1587 und noch 1589 alle unmündig waren. Kaiser Rudolph II. und das Reichskammergericht bestätigten die Einsetzung Otto, Sigmunds und Alexanders Voit von Salzburg zu Eichenhausen und Caspars von Stein zu Nordheim als Vormünder für Hans, Caspar Wilhelm und Heinrich, Söhne des verstorbenen Philipp von Stein und „der lieben Klosterfrau Margarethe Voit von Salzburg".[7] Aus dieser Stelle ist zu ersehen, dass Margarete nach dem Tod ihres Mannes in ein Kloster ging, Nonne wurde und die Erziehung der minderjährigen Kinder anderen überließ. Wer dies war, sehen wir aus dem Text einer Leichenpredigt für eine alte Kindsfrau der Familie von Stein 1602, möglicherweise von Caspar Wilhelm von Stein geschrieben:

„Meiner alte Kindsfrau Sophia

Auf Matthes Tag zu Waldberingen geboren. Der Vater war Bastheimischer Jäger Hans Schreck, die Mutter Barb. Herzig, ist 8 Jahr gewesen wie ihre Eltern gestorben. 8 Jahre wurde sie bei ihrer Dotten aufgezogen, der Frau Suste von Bastheim geborene von Stein zu Sondheim. Bei der Familie von Bastheim hütete sie 7 Jahre die Kinder. Dann heiratete sie, hat aber nur 1½ Jahre in der Ehe gelebt zu Waldberingen. Nachdem sie in diesen bösen unfriedlichen Zeiten 10 Jahre lang mit ihrem einzigen Kind kümmerlich und übel gelebt hatte, nahm der liebe Gott das Kind zu sich. Nun war sie vier Jahre bei der Familie von Diemar. Danach ist sie in das Steinische Haus und hat zwei Jahre die Kinder gewartet und sonst, was ihr anbefohlen, fleißig versehen."[8]

Caspar Wilhelms ältester Bruder Hans war, wie es 1601 eine Verleihungsurkunde von Bischof Julius beschreibt, „nicht recht bei Verstand[9]", er starb 1603.[10] Mit dem jüngeren Bruder Ott Heinrich vertrug sich Caspar Wilhelm nicht sehr gut. Er hatte vor, einen Schlussstrich zu ziehen und schrieb deshalb am 4. November 1603 an Otto und Valtin Voit von Salzburg und Raphael Aurochs zu Öpfershausen wegen einer Erbauseinandersetzung mit seinem Bruder.

Er schrieb, dass er und sein Bruder sich entschlossen hätten, sich miteinander zu vergleichen. Es gehe um die Schulden und eine grundlegende Teilung. Dazu bräuchten sie der Freunde Rat und bäten diese, am 21. November 1603 nach Völkershausen zu kommen und zu helfen, den Vergleich zustande zu bringen.[11]

Raphael Aurochs konnte nicht kommen, doch am Freitag, den 25. November kamen in Völkershausen zusammen: Caspar Wilhelm von Stein, Ott Heinrich von Stein, Otto Voit von Salzburg zu Eichenhausen und Rödelmaier, Valentin Voit von Salzburg und Balthasar Rab von Speßhardt zu Aschenhausen. Da die beiden Brüder allein nicht zu einer Einigung gelangen konnten, brachten die betreffenden Vermittler folgenden Vergleich zuwege:

Caspar Wilhelm erhält die Güter Völkershausen und Weimarschmieden samt Erbzinsen in diesen Orten. Ott Heinrich erhält davon jedes Jahr 130 Gulden halb auf Martini, halb auf Petri Cathedra. Die Einnahmen aus der Holznutzung und aus dem Handlohn soll Caspar Wilhelm zurücklegen, abrechnen und die Zinsen davon austeilen. Die Absprache soll drei Jahre gelten, danach soll eine Realteilung erfolgen. Silbergeschirr und alle Fahrnis wurden bereits geteilt. Wenn Ott Heinrich im Herrendienst außer Haus ist, soll er die Einnahmen der Güter zu Weimarschmieden voll nutzen, doch werden ihm von der Geldzahlung wieder 52 Gulden abgezogen.

Nachdem Caspar Wilhelm zu seiner Hochzeit Früchte aus den gemeinsamen Gütern entnommen hat, soll das auch Ott Heinrich für den Fall einer Verehelichung zustehen.[12]

Was sich im Vergleich schon andeutete, wurde bald Wirklichkeit: Ott Heinrich ging zum Militär, in „Herrendienst", das heißt, in kaiserliche Kriegsdienste nach Österreich, wo er 1606 sein Leben endete. Ein treuer Freund, Alexander Veit von Zweifel zu Helmershausen war mit ihm in Österreich Er schrieb am 13. September 1606 auf, *„was Otto Heinrich vom Stein bei seinen Lebzeiten befohlen, wie es nach seinem Absterben sol gehalten werden.*

- *Erstens hab er dem Hans Schmidt befohlen, dass er nach seinem Absterben fleißig auf seine Sachen Achtung haber soll. Moritz Voit von Salzburg und Alexander Veit von Zweiffel werden ihm beistehen, dass der Bruder da*

Gesinde ordentlich bezahlt, wenn es von der Feldarbeit heimkommt, dann sie sich wohlverhalten, dass er Ihnen nichts Böses nachzusagen weiß.
- *Dem Moritz Emrich hat er den Scheuerkauf geschafft [versprochen?]. Dem Hans Schmidt hat er eine Stute versprochen. Er mag nehmen welche er will.*
- *Den Paßgänger und die eine Stute soll man seinem Bruder Caspar heimbringen.*
- *Was der Friedrich ihm schuldig ist, davon soll der Waagmeister bezahlt werden.*
- *Des Trompeters Schulden sollen auch bezahlt werden.*
- *Den Ring, den er von seiner lieben Mutter bekam, soll sein Bruder bekommen.*
- *Er will ehrlich zur Erden bestattet werden."*

Am folgenden Tag ist Ott Heinrich gestorben.

Vier Tage danach beschrieb von Zweiffel in einem Brief die letzten Stunden Ott Heinrichs und erstellte, noch in Österreich, ein Verzeichnis der Auslagen für den Verstorbenen, die nun der Bruder Caspar Wilhelm zu bezahlen hatte.

Verzeichnis

Sachverhalt	fl.	kr.
dem Schneider Meissel	41	36
dem Wirt zum weißen Rössel	2	30
Der Frau vom Salomon Eckstein 8 Heller		
Einem andern Wirt	4	
einer Frau Thännin?	26	30
wegen dem Martin Meißel	18	44
den Trommetten (Trompeten, Musikkapelle)	19	
dem Wagenmeister	72	
dem Feldscher	4	
dem Hanns Trommetter	20	
des Friedrichs Wirtin	17	
dem Hans	105	
Was sonst vorgestreckt wurde alles zusammen	211	40
	8	
	63	
Summa	622	20

Ein Jahr zuvor, am 16. November 1602, war für Caspar Wilhelm der Ehevertrag ausgehandelt worden. Je fünf edle Herren auf Seiten der Braut, fünf auf Seiten Caspar Wilhelms waren zusammengekommen, um alles Für und Wider zu bereden. Wie schon sein Vater, hatte auch Caspar Wilhelm sich eine Voit von Salzburg ausgesucht, Marie Salome, wahrscheinlich eine Tochter Georgs Voit von Salzburg, des Stiefbruders seiner Mutter Margarete, und einer Marschalk von Ostheim.[13] Die Mitgift betrug 400 fl. Marie Salome schenkte ihrem Mann eine stattliche Reihe von Kindern:

Die Knaben waren: 1) Hans Philipp, 2) Hans Adam, 3) Caspar Georg, 4) Georg Wilhelm, geb. 1616, 5) Heinrich Philipp. In dieser Reihenfolge wurden die Söhne bei der Belehnung durch Henneberg 1623 nach ihres Vaters Tod 1622 aufgeführt.[14] Die Mädchen waren Maria Magdalena, Amalie Veronika, geb. 1622,

Margarete Barbara und Sabine. Sie wurden in die harte Zeit des 30-jährigen Kriegs hineingeboren, auch wenn in einem adeligen Haushalt vorerst alles seinen normalen geordneten Gang zu gehen schien.

Caspar Wilhelm konnte 1609 nach dem Tod seines Vetters Moritz Burkhardt alle Lehen der Steins zu Ostheim auf sich vereinigen. Er blieb jedoch weiter in Völkershausen wohnen. Das „Schlösschen" blieb jedoch Zweitsitz der Familie. Die Landwirtschaft in Ostheim betrieb Caspar Wilhelm nicht mehr selbst, sondern vergab sie, erstmals 1612 an Petri Cathedra (22. Februar) an Halbbauern.[15] Mehr darüber im Kapitel 8.5 über das „Schlösschen".

Die Jagd war seine Leidenschaft

Eine ganz besondere Leidenschaft Caspar Wilhelms und vieler seiner Vettern wie des ganzen Adels war die Jagd. Anders als die meisten Genossen, die höchstens eine Niederjagd, „das kleine Waidwerk" auf Hasen, Rebhühner oder auch Rehe auf ihren Gütern ausüben durften, hatten es die Steins erreicht, aus ihren Gütern Willmars, Ruppers und Völkershausen einen geschlossenen Jagdbezirk zu bilden, in dem sie auch Hochwild jagen durften.

1603 schloss darüber Caspar Wilhelm von Stein zu Völkershausen eine Vereinbarung mit seinem Vetter Caspar aus Nordheim ab: Caspar vom Stein zu Nordheim und Ruppers († 1602) hatte sich um die Erweiterung der Hohen Jagd um Willmars, Ruppers und Völkershausen große Mühe und Unkosten gemacht. In seinem letzten Willen hoffte er, seine Vettern zu Ostheim und Völkershausen würden deswegen auch seinem Sohn Caspar in Bezug darauf einen Vorzug des Jagens wegen geben. So haben die Vormünder des jungen Caspar vom Stein und die von Ostheim und Völkershausen unter Vermittlung des Christoph Philipp von Heßberg zu Eißhausen und Bockstadt und Valten Voit von und auf Salzburg folgendes beschlossen: Die gesamte Hohe Jagd, die die Steins innehaben, soll zusammen genutzt und die Beute für die ersten fünf Jahre zur Hälfte dem jungen Caspar, zur andern Hälfte den Steins von Ostheim und Völkershausen gehören. Die Rehe in diesem Bezirk werden in die Vereinbarung eingeschlossen. Außerhalb dieses Bezirks gehören die Rehe, als zum kleinen Weidwerk gehörig, dem, dem sie zulaufen, wie es Herkommen ist. Nach Ablauf der 5 Jahre aber soll die Jagd zwar gemeinsam gehalten, die Beute aber gedrittelt werden.

Siegler dieser Vereinbarung waren: Christoph Philipp von Heßberg, Valtin Voit von Salzburg Georg Friedrich von der Tann, Hans Bronsart, Caspar Wilhelm vom Stein, Moritz Burkhardt vom Stein, Otto Heinrich vom Stein.[16]

Abbildung 1: Jagdarten um 1600

ABBILDUNG 2: HIRSCHJAGD, HETZJAGD IM MITTELALTER. AUS DEM FRANZÖSISCHEN

Die Jagdleidenschaft brachte Caspar Wilhelm und seinen Vettern jedoch auch Schwierigkeiten. 1607 wurden ihnen in ihrer Koppeljagd (gemeinschaftlicher Jagdbezirk) von den sächsischen Jägern die Federlappen[17] gepfändet, die sie für die Jagdausübung aufgehängt hatten.[18] 1612 wurde ihnen aus der früheren Koppeljagd mit Sachsen zwar das Waldgebiet von Ruppers bis Stedtlingen, Haselbach und zum Hermannsfelder See zugestanden, das ganze Gebiet südlich des Hermannsfelder Sees jedoch wurde sächsische Niederjagd, „nach haaßen und fuchßen zu Jagen zu verziehen, zu hetzen, auch Rephühner zu fangen und ander klein Weidtwerk, so darunter ist alß vogelherdten, Schnethen und Leimreisen[19], ohne meniglichs verhindern."[20] Schlimmer war noch die Auseinandersetzung mit den Dienern des Bischofs von Würzburg. Caspar Wilhelm hatte nicht nur in ausgewiesenen Bereichen zu Ostheim und in der Gemeinschaftsjagd mit den Nordheimer Steins gejagt, sondern auch in der Oberstreuer Gemarkung, wo ja die Steins seit alters umfangreiche Besitzungen hatten. Des Bischofs Diener hatten ihm sein „Hasengarn" in diesem Revier gepfändet. Nicht nur ihm, sondern auch anderen Adeligen war es so ergangen, so Bernhard von Bibra und Gyso von Heldritt. Caspar Wilhelm wollte sich das nicht gefallen lassen, schrieb deshalb mehrmals an den Syndicus des Kantons Rhön und Werra, Johann Gehring in Schweinfurt, der sich in Würzburg beschweren sollte. Als von dort nur ausweichende Antwort kam, drängte Caspar Wilhelm Gehring, nach Speyer ans Reichs(kammer)gericht zu appellieren. Dabei hatte Wilhelm Bastian Speßhardt von Unsleben in einem Brief an Martin Gyso von Heldritt 1609 geschrieben, er habe „in Alex' Briefen danach gesucht und beiliegendes Schreiben gefunden. Darin ist zu ersehen, dass sowohl die Ostheimer Ganerben als auch er am Oberstreuer Holz zu jagen haben." Speßhardt bittet, ihm dieses Schreiben nach Verlesung alsbald wieder zurückzuschicken und Verschwiegenheit zu wahren.[21] 1612 stellt Caspar Wilhelm von Stein (er unterschreibt mit Wilhelm vom Stein) einen Bestallungsbrief für Dr. Johann Melchior Reinhartt für Speyer aus. Dafür will er diesem jährlich zu Martini 11 Gulden, den Gulden zu 15 Patzen gerechnet, bezahlen. Als 1614 dieser Anwalt starb, stellte die Witwe die Schlussrechnung aus. 13 Gulden 44 Kreuzer wollte sie noch haben. Ein neuer Anwalt, Peter Paul Steuernagel, wartete derweil schon auf den lukrativen Auftrag. Dabei war das nicht der einzige Rechtsstreit. Auch mit Bamberg hatte er sich in der Wolle, wie die Aufstellung der Witwe Reinhartt ausweist. Dazu hatte er auch am Fuldischen Hofgericht in der „bewussten Gleukheimer Lehenssache" einen Prozess laufen, wozu er den Anwalt Hitzinger,

Bürgermeister von Fulda, beauftragt hatte.[22] In allen Fällen findet sich kein Hinweis auf einen positiven Ausgang.

Über die Ostheimer Jagd schreibt das Ostheimer Stadtbuch:

> Herzog Johann Georg zu Coburg hat die hohe und niedrige Jagdgerechtigkeit in den Waldungen bis an den Lichtenberg. Nur auf den Feldern dürfen auch der Amtmann und seine Diener nach Hirschen und Rehen jagen.
>
> Das kleine Waidwerk gegen Lichtenberg muss sich das Amt als Koppeljagd mit den adeligen Ganerben bis an den Hain teilen.
>
> Jenseits der Streu gegen den Heidelberg zu hat das fürstliche Amt die Niedere Jagd auf Rehe und Wildschweine, das kleine Waidwerk jedoch hat laut des Petersweistums die Ostheimer Bürgerschaft neben dem Fürsten und den Ostheimer Adeligen.
>
> In den übrigen Gehölzen, auf dem Hundsrück, Kaffenberg und im Sondheimer Gestrüpp und in der Flur um Sondheim, Urspringen und Stetten hat die Fürstliche Herrschaft die ganze Jagensgerechtigkeit.[23]

Caspar Wilhelms Tod 1622

Im Februar 1622 starb Caspar Wilhelm. Die beiden folgenden Dokumente geben einen Einblick in die Begräbnissitten dieser Zeit.

Der Verwalter zu Völkershausen, Johann Winterhoff, schreibt am 8. Februar 1622 an Caspar von Stein zu Nordheim/Gr.:

Nach dem Besuch bin ich gestern früh zum Amtmann auf Lichtenberg gegangen und habe für den verstorbenen Caspar Wilhelm von Stein zu Ostheim nicht allein eine bequeme Ruhestatt auf dem Chor zwischen seinen Brüdern und Moritz Burkhardt von Stein ausgewählt, sondern auch Anordnungen wegen der Zurichtung und Wölbung des Grabs getroffen und den Rat zu Ostheim sowie Herrn Ruprecht zum Begräbnis eingeladen, allein weiß Magister Götz[24] bei der Lebensbeschreibung noch nicht, wie lange der Junker zu Nordheim und Schleussingen in der Schule war, ebenso, wie lange er zu Würzburg am Hof gewesen ist. Ich weiß nur, dass er zwei Jahre in Würzburg war. Über die Schulzeit weiß womöglich der Pfarrer Bescheid. Sonst wurden zur Beerdigung eingeladen: Georg von Bibra und Hans Sigmund Voit, der von Berg, von Raueneck, Hans Carol und die Frau Witwe von Heldritt, Rudolph Wilhelm von der Tann, Adam (von der Tann?) und seine Schwiegermutter, Adam Melchior für sich und seine beiden Schwestern, die Frau Heldritt und Wilhelm Speßhardt, Marschalk von Zweiffel, Otto Heinrich von Bastheim.[25]

Ein adeliges Begräbnis zur damaligen Zeit war nicht billig. Allein bei Christoff Treutfuß, Handelsmann zu Heldburg, waren zum Begräbnis Caspar Wilhelms von Stein 892 fl. 11 kr. und 2 Pf. aufgelaufen. Dafür wurde gekauft:

für 9½ Ellen schwarzes Tuch à 3 fl. 10 Pf.	34	12	2
5 schwarze Hüte à 3½ fl.	21		
12⅛ Ellen schwarz Lindisch (Leinen?) zu 7½ fl.	90	14	0,5
5 Ellen schwarz Mailändisch Poneßen zu 10 fl.	8	7	
27½ Ellen schwarzes 2-Seyler Tuch zu 7 orth	38	1	3,5
6 Dutzend Leiden (Leidener?) Nestel zu 7 g.	21		
18 Ellen weiß Ulmer Leinwand zu 1 fl.	18		
Item mehr für 54 Ellen Leinwand	54		
3½ Lot schwarzer Seide à 3 fl.	20	7	2
Summa empfangen	287	13	

| Von der Gesamtschuld standen noch | 604 | 13 | 2 |

dies wurde bezahlt am 24. Mai 1622

Was für die restlichen 600 fl. gekauft wurde, ist nicht verzeichnet.[26]

Caspar Wilhelms Kinder

Sohn Heinrich Philipp starb 1623; unter den Belehnten mit dem Sackzehnten zu Queienfeld[27] 1625 war er nicht mehr dabei. 1636 waren nur noch drei Söhne am Leben, Hans Philipp war auch gestorben.[28] 1639 starb Johann Adam[29], um 1644 Caspar Georg. Nur Georg Wilhelm, der vierte Sohn, erreichte ein heiratsfähiges Alter. Er heiratete 1641 Susanne Margarete von Stein zu Nordheim.[30] Beide überlebten den Krieg. Die Mutter Maria Salome war 1638 gestorben.

Von den Töchtern heiratete Margarete Barbara 1629 Adam Melchior Marschalk von Ostheim. Sie starb schon 1632. In diesem Jahr schloss Sabine den Bund der Ehe mit Andreas Wilhelm von Herda zu Oepfershausen.[31] Amalie heiratete 1639 Georg Sigmund von Erffa zu Helmershausen.[32] 1693 starb sie in Weidhaus bei Coburg. Maria Magdalena verehelichte sich 1641 mit Melchior von Buttlar zu Salzungen und starb 1662.

ABBILDUNG 3: ES GEHT ANS STERBEN

Georg Wilhelm von Stein zu Ostheim 1616 – 1660

Die Geschichte Georg Wilhelms von Stein zu Völkershausen und Ostheim ist auch eine Geschichte des 30-jährigen Kriegs in unserer Gegend. Allerdings ist er beim reichsritterschaftlichen Adel anders verlaufen als die Geschichte des sächsischen Landes, teilweise sogar anders als die des übrigen Ostheim. Der Grund dafür war die Reichsritterschaft. Sie hatte ihre Mitglieder in einem engen Band mit dem Kaiser als dem Herrscher des Deutschen Reiches verknüpft, und dieses Band wollten die Reichsritter nicht leichtfertig aufgeben. Diese Verbindung mit dem Kaiser schützte sie weitgehend vor Übergriffen der Landesherren, sie wirkte sogar gegen Übergriffe des katholischen Bischofs auf die evangelische Religionsfreiheit von Reichsrittern, durch Verbote und Rezesse des Allerkatholischsten Kaisers. Andrerseits mussten die meist evangelischen Reichsritter und ihre Untertanen mit ihren „Kontributionen" das kaiserliche Heer mitfinanzieren und so die Gegner ihres Glaubens und ihrer Glaubensgenossen unterstützen.

Ganz ohne schwere Blessuren ging dieser Krieg jedoch auch an der Ritterschaft und der Familie von Stein nicht vorbei. Auch wenn die ersten Jahre des Krieges nur durch Kontributionen an den Kaiser von sich reden machten, schwante den Verantwortlichen der Ritterschaft schon Böses und sie versuchten, sich und ihre Mitglieder gegen kommende Gefahren zu wappnen.[33]

1624 konnte die Familie die Kriegsnöte schon eher ermessen, als sie Hans Kurt von der Tann um eine finanzielle Beisteuer bat. Sein Bruder war in spanische Gefangenschaft geraten und musste umgehend durch ein Lösegeld ausgelöst werden.

Maria Salome, die Witwe des 1622 verstorbenen Caspar Wilhelm von Stein zu Ostheim, erhielt im März 1627 vier Salvaguardien, Bestätigungen, dass ihr Schloss in Völkershausen und drei andere Objekte unbehelligt durch kaiserliche Truppen bleiben sollten.[34]

Wohl aus gegebenem Anlass schrieb am 1. Mai 1628 Rudolf Maximilian, Herzog zu Sachsen, Engern und Westphalen, Obrist des Kaisers, an alle Rittmeister, ihre nachgesetzten Offiziere und gemeine Reiter. *Der Generalkommissar hat dem Regiment durch die Verpflegungsordinanz Fourage mit Essen und Trinken für jeden Reiter und sein Pferd zugeteilt. In Erinnerung an ihren Eid für den Kaiser gebietet der Herzog allen Soldaten bei Leibes- und Lebensstrafe, Degradierung und unehrenhafter Entlassung nur gemäß der Anweisung der Verpflegungsordinanz zu leben und sich so zu verhalten. Sollten aber wider Erwarten Soldaten Gut oder Geld erpressen, Feldfrüchte abernten oder ihre Hauswirte schlagen, schelten oder übel traktieren, Straßenraub begehen, plündern, die Pferde ausspannen, großes oder kleines Vieh wegtreiben oder sonstige Untaten begehen, wird nicht nur der Übeltäter, sondern auch die Offiziere der ganzen Kompanie zur Verantwortung gezogen.*

Fast bis zum Ende des Dreißigjährigen Krieges, bis 1645, war der 1616 geborene Georg Wilhelm nicht im Alleinbesitz der Völkershäuser Güter. Die ursprünglich vier Brüder firmierten zusammen mit der Mutter Maria Salome in Anschreiben als „Caspar Wilhelms Erben." 1636 bestimmte noch der Älteste der Brüder, Johann Adam. Er empfing am 20. Juni dieses Jahres die Henneberger Lehen auch für seine zwei noch lebenden Brüder.[35] In dieser Zeit war Georg Wilhelm nicht zu Hause. Mit 17 Jahren war er 1633 zusammen mit Otto Wilhelm Diemar auf Walldorf „ins Kriegswesen" gezogen, hatte sich wahrscheinlich von den Schweden anwerben lassen. Bis 1637 blieb er Soldat. Als die Schwester Amalie am 28. November 1636 unter die Haube gebracht wurde, war Johann Adam nicht dabei, er war krank, im Krieg oder gar schon tot. Schriftliche Nachrichten darüber gibt es nicht. Am 1. August 1638 starb die Mutter, die anscheinend immer noch die Zügel in der Hand gehabt hatte. Nun war Georg Wilhelm der Älteste und Bestimmende. Zwar lebte sein Bruder Caspar Georg noch. Er starb zwischen 1643 und 1645. 1641 konnte Georg ans Heiraten denken. Der Krieg erlaubte sicherlich keine große Brautschau. Da traf es sich gut, dass die Vettern in Nordheim im Grabfeld eine heiratsfähige Schwester hatten. Wie es wirklich auch beim Adel in dieser Zeit aussah, schrieb Caspar von Stein in einem Brief vom 30. September 1646 aus Nordheim an seinen Bruder Dietrich, der als Soldat in den Niederlanden, in der Garnison Breda, diente: „*Unser Hauszustand ist so schlimm, wie er noch kein Jahr ärger war. Es weiter zu beschreiben wäre nur verdrießlich. Wir müssen es dem lieben Gott anheimstellen, dass er es zum Besten wendet. Ich meine, es gibt wohl keinen Menschen, der geplagter ist als ich. Jeder fordert von mir und will von mir haben. Kein Mensch aber gibt mir was dagegen und wenn wir auch von den Soldaten noch was übrig behielten, so nehmen uns unser Ritterschaftshauptmann und Räte den Rest. Sie werden ihren Umgang auch mit Unmündigen noch zu verantworten haben. Ich hab ihm etlichemal geschrieben, sie möchten die Kontribution lindern und gedroht, ich würde die Güter liegen lassen und auf und davonziehen, doch es hilft alles nichts, sondern man verfährt mit militärischer Exekution. Wenn das nicht anders wird und ich noch mehr Kontribution geben muß als die Güter ertragen, wie ich beweisen kann, was soll denn einer machen, fürwahr ich geh auch noch (betteln), wie ein Mönch, muß mich behelfen wo ich kann, kann keine alte Hure bekommen, die mich haben will oder sie überreden. Ich habe Sorge, ich müßte Flederwisch feil tragen. Unser Schwager aber sticht weidlich drauf auf die Schwester, hat schon drei junge Söhn rausgestochen und gucket das würde schon alleweil auch itzo auf Martini soll es auch raußer fahren. Ich hätte Dir noch viel zu schreiben aber die Zeit will es nit leiden und das Papier will nicht reichen."*[36]

Susanne Margarete, die Schwester dieses Caspar, wurde am 8. Februar 1621 zwischen 3 und 4 Uhr geboren. „Der allmächtige Gott verleihe ihr gnädigen Segen", schrieb der glückliche Vater. Patin wurde Susanna Margarethe von Künsberg geb. von Wallenfels, der Großmutter Schwester. Nach anderthalb Jahren wollte das Kind nicht mehr zunehmen und war dem Tod näher als dem Leben. Da nahm sie die Patin, die damals zu Schnabelwaidt (südlich von Bayreuth) residierte, zu sich, erhielt sie am Leben, erzog sie mehr als 10 Jahre lang, bis sie 1632 wieder zu Vater und Mutter gebracht wurde, wo sie bald den Tod des Vaters erleben musste.

Das Schlossgut Sondheim v. d. Rhön geht den Steins verloren und wird zurückgewonnen

ABBILDUNG 4: GRABSTEIN VON CASPAR WILHELMS FRAU MARIA SALOME VOIT V. SALZBURG 1581 – 1638, GRABSTEIN IN DER KIRCHE ZU OSTHEIM V. D. RHÖN VON HANS MARKERT AUS OSTHEIM..

UMSCHRIFT: ANNO 1581 DEN 25. DEC. IST GEBOREN DIE WOH(LEDEL E)HREN TVGENTREICHE FRAW MARIA SALOME VOM STEIN GEBORNE VAITIN VON S(ALZBURG ...) FRVE VMB 7 VHR GODTSELIGLICHEN ENDTSCHLAFEN DERER SEELEN IN GOTT LEBET VND DEM CÖRPER EINE FROLICHE AVFERSTEHUNG VERLEIEN. AMEN.

INSCHRIFT: LEICHTEXT, ROM. 14[,7]. VNSER KEINER LEBET IM SELBER VND KEINER STIRBT IM SELBER. LEBEN WIR, SO LEBEN WIR DEM HERRN, STERBEN WIR, SO STERBEN WIR DEM HERRN. DARVMB WIR LEBEN ODER STERBEN, SO SIND WIR DES HERRN.

Wappen:
Voit v. Salzburg   v. Kromsdorf
     Voit v. Salzburg/v. Stein
v. Rosenau   v. Seckendorff

In vielen Briefen und Schreiben geht es um das Schlossgut zu Sondheim v. d. Rh. Anna Sophie von Stein, die Tochter des Hans von Stein zu Sondheim, hatte Adam von und zu Bastheim geheiratet und ihm die zwei Güter zu Sondheim v. d. Rhön mit in die Ehe gebracht. 1612 wurde Adam anstatt seiner Gemahlin vom Abt zu Fulda mit dem Schlossgut in Sondheim belehnt.[37] Sie starb 1614 und hinterließ vier Kinder: Hans Otto, Wilhelm Rudolf, Sophia Barbara und Regina. Ihr Mann heiratete in 2. Ehe Sophie Eleonore von Diemar. 1627 verkaufte Adam von Bastheim die zwei Güter zu Sondheim und deren Zubehör um 11 000 Gulden an die Witwe Caspar Wilhelms von Stein zu Völkershausen, Maria Salome. Diese energische, unermüdliche Frau hatte es so geschafft, der Familie in einer schwierigen Zeit die Sondheimer Güter zurückzuholen. Belehnt wurden in diesem Jahr von Fulda Caspar von Stein zu Nordheim und die Kinder Caspar Wilhelms zu Völkershausen (Belehnung des ganzen Geschlechts). Um den Rückkauf bezahlen zu können, musste Maria Salome allerdings Darlehen aufnehmen. Sie entlieh dazu bei Anna Cecilie und Susanna von Wallenfels 3000 fl. Sie verpfändete dagegen ihr Eigentum zu Sondheim v. d. Rhön. Anna Cecilie von Wallenfels trat später die Obligation (Schuldverschreibung) an Christoph Ferdinand von Künzberg ab. Rückzahlungsvermerk: Die Obligation wird als Bargeld übernommen für Susanne Margarete von Stein 1640 bei ihrer Mitgift. Die Steins zu Nordheim hatten also die Schuldverschreibung eingelöst und zu Susanne Margaretes Hochzeit den Ostheimer Steins übergeben.

10 000 der 11 000 Gulden legte Adam von Bastheim zugunsten der Kinder aus 1. Ehe in seinem Stammsitz Bastheim mit Genehmigung des Bischofs von Würzburg an. Für die übrigen 1000 Gulden hatte sich der Bischof nicht verbürgen wollen, es verbürgte sich dafür Adams Bruder Otto Heinrich von Bastheim. Am 19. November 1667 verklagte Jörg Christoph Diemar zu Bastheim den Sohn des Bürgen, Otto Philipp von Bastheim, zur Zahlung von 500 fl. als Anteil seiner Tochter an der von dessen Vater Otto Heinrich verbürgten 1000 Gulden.[38] Ein Ergebnis der Klage ist nicht bekannt. Wichtig jedoch für die Familiengeschichte ist: Der Sondheimer Besitz der Steins kam wieder an die Familie zurück. Erst 1686 wurde das Schlossgut durch Caspar Otto von Stein und seine Mutter Susanne Margarete an den fuldaischen Oberstleutnant Ferdinand Gottfried von Gebsattel verkauft. Die Frau Gebsattels war Amalie Maria von Ebersberg genannt Weyhers, die Schwester Hans Christophs zu Ebersberg, der Rosine Barbara von Stein zu Nordheim geheiratet hatte und zusammen mit ihr um 1720 den alten Ostheimer Fronhof zu einem Damenstift ausbaute, womit sich wieder ein verwandtschaftlicher Kreis schließt.[39]

Im Winter 1638/1639 zog Susanne Margarete mit ihrer Mutter Rosina Maria von Stein geb. von Guttenberg von Nordheim nach Ostheim zurück, weil es hier hinter der Stadtmauer und zusätzlich hinter den hohen Mauern des Schlösschens bei dem Vetter oder im Rosenauischen Hof doch sicherer war als auf dem flachen Land. Von hier aus schrieb Rosina Maria an den kaiserlichen Kommissar[40]

Vergangenen Montag kamen an die 20 Reiter vom Lamboyschen[41] Obristwachtmeister „in meiner unmündigen Söhne geringes Dorf Nordheim im Grabfeld", wiesen eine „Ordinantz" vor und logierten dort. Doch haben sie bisher so übel dort gehauset, dass kein Fenster noch Ofen mehr allda zu finden. Wann dann dieses arme verderbte Dörflein, zur fränkischen Ritterschaft gehörig und bereits zum Reinachischen Regiment[42] zu Fuß contribuieren muß und vorhin zum Höchsten beschwert ist: Als gelanget hiemit an den Herrn Commissar mein ehren fleißig und höchstes Bitten, er wolle hiebei unbeschwert dem Herrn Obristen Wachtmeister zu Mellrichstadt eine ernste ordinantz zuschicken, damit diese nun uf die 30 liegende reuter mit guter ortre wieder mögen abgeführt werden. Woe ich nun mich zum Herrn Commissario dißfalls getröste, alßo bin ich es umb denselben nach möglichkeit zubeschulden iederzeit ehren befließen.

Im November des Jahres 1639 konnte Susanne Margarete eine Hochzeit in der Verwandtschaft mitfeiern. Amalie von Stein, die Schwester Georg Wilhelms heiratete Georg Sigmund von Erffa zu Helmershausen. Die Brüder hatten ihr die sensationelle Mitgift von 3300 Gulden mitgegeben.[43] Zur Eheberedung waren sechs männliche Verwandte nach Helmershausen gekommen, Christian von Stein zu Altenstein, der Amtmann zu Lichtenberg, war mit dem Bruder der Braut heraufgeritten, dazu auch Martin von der Tann, der derzeit in Ostheim wohnte.[44] Dazu kam noch Caspar von Stein aus der Nordheimer Linie und Friedrich von Thumshirn, dessen Familie aus dem Gothaischen und Altenburgischen stammte.[45] Man hatte mit Bedacht den Spätherbst zu der Zusammenkunft gewählt, denn dann waren die Soldaten schon in ihren Winterquartieren. Die Hochzeit fand bald danach in Ostheim statt, wobei sich auch die Verbindung Susanne Margaretes mit Georg Wilhelm aus der Ostheimer Linie angebahnt haben mag.

Doch am 13. Juli 1640 starb auch noch die Mutter. Der Bruder Caspar wohnte nun allein mit Susanne Margarete in Nordheim, derzeit ein gefährlicher Ort für ein junges Mädchen mit 19 Jahren. Im Haus waren laufend Soldaten, einmal die Kaiserlichen, ein andermal die Schweden, zwar offiziell als „Salva Guardia" (Schutzwache), aber man konnte ja nie wissen, besonders wenn unverhofft eine feindliche Abteilung auftauchte. Über ihre Anwesenheit in Nordheim gibt es einen Brief von Friedrich Müller, Vogt/Verwalter zu Nordheim, welcher an Caspar von Stein, derzeit in Ostheim, am 24. April 1640 schreibt[46]: Er wollte eigentlich morgen mit dem Karren wieder hinauffahren, will aber das gute Wetter ausnutzen und sein Kommen auf Montag oder Dienstag verschieben. Außerdem ist „unser Corporal", der Soldat, der das Haus bewachen soll, morgen nach Mellrichstadt befohlen, wo sie ihre Löhnung empfangen sollen. Es hat auch der Präzeptor[47] geschrieben, dass ihnen zu Schleusingen, (wo Caspars Brüder in die Schule gehen), Küchenspieße und Geld mangeln. Es kann die Jungfer Schwester (Susanne Margarete) das, was sie bedürfen, zusammenstellen. Müller will dann künftige Woche nach der Aussaat mit einer Fuhre nach Schleusingen fahren und den Corporal mitnehmen. Caspar war wirklich froh, dass die Schwester aus dem Haus und verheiratet war, denn auch ihn hielt es nicht in Nordheim. Er überließ die Aufsicht über die Güter seinen Verwaltern und ging auf die bambergische Festung Pottenstein in der Fränkischen Schweiz. Dort befehligte sein Onkel N. Achatius von Guttenberg, Amtmann und Kommandant der Festung.[48]

Am 13. Januar 1641 heiratete Susanne Margarete in Ostheim Georg Wilhelm von Stein zu Ostheim-Völkershausen ohne das Trauerjahr abzuwarten. Wegen der Kriegszeit musste die Hochzeit im Winter sein. Auch aufgrund des Krieges nahm das junge Paar Wohnung in Ostheim, da das Schloss Völkershausen infolge der nicht allzu starken Mauern und des Mangels an Verteidigern nicht sicher genug war. Aber auch hier war das Dasein alles andere als leicht.

Die Kinder Georg Wilhelm von Steins

Susanne Margarete gebar ihrem Mann sechs Söhne und vier Töchter[49]: Die vierte Tochter Veronika[50] wird sonst nirgendwo genannt, dafür ein siebenter Sohn, Heinrich († 1678), im Ostheimer Stadtbuch.

1. 1642   Georg Christian
2. 1643   Caspar Otto und
3. 1643   Hartmann (Zwillinge)
4. 1645   Friedrich Seyfried
5. 1647   Christoph Ernst
6. 1651   Rosina Sabina
7. 1653?   Viken (Veronika)?
8. 1655 (†) Katherina Sophie[51]
9. 1658   Siegmund
10. 1660   Anna Juliana wurde nach dem Tod des Vaters geboren.

Am 27. Juni 1662 belehnte Johann Philipp Erzbischof von Mainz und Bischof von Würzburg die fünf Söhne Georg Wilhelms von Stein, Georg Christian, Caspar Otto, Friedrich Siegfried, Ernst Christoph und Hartmann, mit der Kemenate zu Ostheim und den übrigen würzburgischen Lehnsstücken.[52]

Es ist kaum glaublich, dass bei sechs oder sieben männlichen Erben dies die letzte Generation der Steins zu Ostheim und Völkershausen gewesen ist. Zwei Kinder, Katherina Sophie und Siegmund, starben früh. Die Kinder wurden durch Hauslehrer erzogen und dann – die Jungen – unter großen Kosten nach Schleusingen auf das Gymnasium geschickt. Auch um die Kinder seiner Schwester sorgte sich Georg Wilhelm. Wahrscheinlich handelte es sich um die Kinder von Margarete Barbara, die 1629 Adam Melchior Marschalk von Ostheim geheiratet hatte, aber schon 1632 gestorben war. Eines ihrer Kinder war Maria Eva, die Otto Hermann von der Tann heiratete.

Susanne Margarete von Stein – Feste, Feiern und Sorgen am Ende des 30-jährigen Krieges[53]

Überraschend klingt für unser Wissen über den Dreißigjährigen Krieg die Nachricht aus dem Ostheimer Stadtbuch, dass im Jahre 1645 in Ostheim die große und die kleine Glocke auf dem Kirchturm gegossen wurde. Noch in demselben Jahr – am Rebekka-Tag – ist von denselben Meistern auch die mittlere Glocke gegossen und darum auf den Namen „Rebekka" getauft worden. Die große Glocke wiegt 18, die mittlere 9 und die kleine Glocke 5½ Zentner.[54] Auch die Glocke im Waagglockenturm sei im Jahre 1629, in welcher Zeit sich der Dreißigjährige Krieg über die hiesige Gegend verbreitete, gegossen und von jener Zeit an als Sturmglocke vom Wächter im Wächterturm benutzt worden.[55]

Eine vollkommene Überraschung stellt der Fund einer ganzen Reihe von Küchenzetteln und Aufstellungen für Feiern der Familie von Stein zu Ostheim für die Jahre zwischen 1646 und 1665 dar.

Bis jetzt übertrafen sich die Autoren, welche den 30-jährigen Krieg beschrieben, darin, das Elend und den vollkommenen Niedergang sowohl der Bevölkerung als auch aller Ressourcen in den schlimmsten Farben auszumalen.[56]

Auch in den vorausgegangenen Seiten wurden die Belastungen und Bedrückungen auch des Adels der Reichsritterschaft in düsteren Farben beschrieben. Diese Informationen sind nicht zu bestreiten. So schlimm und noch viel schlimmer dort, wo keine Nachrichten mehr verbreitet werden, stand es um die meisten Orte unserer Region, besonders um die kleinen, unbefestigten Dörfer wie Sands, Filke, Ellenbach und noch viele viele weitere, die am Ende des Krieges wüst lagen.

Dass in der gleichen Zeit, in der ein großer Teil der Bevölkerung am Hungertuch nagte, andere feierten und nach heutigen Begriffen „völlerten", überrascht vollkommen.

Die Küchenzettel hat anscheinend alle Susanne Margarete von Stein, die Frau Georg Wilhelms von Stein zu Ostheim und Völkershausen, aufgeschrieben.

Die Feste, die zu dieser Zeit gefeiert wurden, waren keinesfalls alltäglich. Sie wurden nur zu besonderen Anlässen zelebriert, zu Kindstaufen, zu Hochzeiten und zu Beerdigungen.

Für uns heute überrascht die Vielfalt der angebotenen Speisen: Im Noch-Kriegsjahr 1646 wurden zu einem nicht genannten Anlass im Schloss zu Völkershausen an zwei Tagen folgende Speisen angeboten:

1. Gang	2. Gang	3. Gang
Suppen	Rindfleisch	Leberkuchen
gesottene Hennen	Hasenpfeffer	Hutzelpflaumen und –kirschen
~~Rindfleisch mit Wortzel~~	Rebhühner	Wirsching
Kalbfleisch in Museren Brüh		
Schweinebraten vom Säula	Gansgeflügel	Galerta
Schleien # gesotten	Hirschbrei	geschütten Hosten?
gebratene? Eier in süßer Brüh	gebacken Füß	Hesten

4. Gang	5. Gang
Eier #	Äpfel
Salat	Clowen
Bratwurst	Zungen
Fleisch in Brühe	Lendenbraten

geschnitz
Kalbern Braten

Mittwochen 1. Gang	2. Gang	3. Gang
Suppen	Fisch	Kalbsbraten; Schweinebraten
Rindfleisch	Kalbfleisch mit Zwiebel und Pfeffer? (mit Blut, wie Gänsepfeffer?	Kraut und Fleisch
Erwes (Erbsenbrei)	Lungen Brei?	Bosdecken?
Wurst	Dutteln? (Kutteln, Euter?)	Morgen? (Magen?)
Sülze	Kopen (Kapaune)	Hiffen
Grieß	Denstauff	Schweinskopf
4. Gang	Gersten	Salat
Kalte Wurst	Kalten Schweinskopf	Größ
Drisse Pett	Fleischklöße	Hossen
Schweinefleisch in Pfeffer gesotten		

Die zu solchen Festlichkeiten benötigten Geschirre hatten die Steins nicht in der notwendigen Anzahl selbst im Besitz. Susanne Margarete borgte bei den Gevattern Sowine (Sabine[57]), Lipps (Philipp?) und Maria[58], wie sie sorgfältig notierte:

10 Zinn Teller?	42 Zinnteller	4 Kännchen
12 Zinlig (kleine Zinnsachen)	18 Teller g5 (groß?)	10 Zinn gl (klein)
10 Löffel	1 Zinn g5	8 Zinn gl

1649 gab es wieder ein **großes Fest**. Susanne Margarete notierte:

„Was ich vor meiner Tochter Tauff abgetan". Es handelt sich möglicherweise um die Taufe ihrer Tochter Rosina Sabina, welche 1676 Friedrich Sebastian von Stein zu Altenstein, Fürstlich sächsisch Coburgischen Rat, heiratete. Sie verstarb 1719.

Liste des vorhandenen Fleisches usw. Wahrscheinlich hat Frau Susanne Margarete die Liste aufgestellt. Von anderer Hand, vielleicht von ihrem Mann ist angefügt „ist da", weil die Beschaffung Sache des Mannes war.

2 Leuchter	Gomott ltr gl (Kommodenleuchter klein?)	24 Teller
1 Kanne	4 Salzfässer	12 Schellen (Schalen)

1 Ochsen *ist da*	2 Schweine *ist da*	Wiltpret –Schweines und H(irsch)
2 Böcklig (Ziegenböckchen) ist da	Welsche Hähne (Truthähne?) *ist da*	3 Schnepfen
Kopan (Kapaun) *ist da*	Ein Kalb *ist da*	Tauben *ist da*
Hasen	Span Schweinlig (Spanferkel) *ist da*	ein gesalzenes Wildpret *ist da*

ABBILDUNG 5: EIN MAHL WIRD ZUBEREITET

Wildenten [3]   Rebhühner *ist da*

Die Liste wird weitergeführt ohne Zusätze des Ehemannes

Karpfen	Hering	Dörrbirnen

Forellen	Bückling	(nicht zu entziffern)
Schleien	Brischen?	Kirschenhutzel
Hecht	Reis	Hiffen
Barben	Gerste	Morgen
Klein Fisch	Dörräpfel	Schnecken
Stockfisch	Grüne Äpfel	Erdopffel
Helpfisch	grüne Birnen	

Die nächsten Zettel befassen sich mit den Zutaten:

Äpfel	Rosinen	Birnsaft
Birn	Mandeln	Milig (Milch)
Nüsse	leck Kugen (Lebkuchen)	Senft (Senf)
Schegterla (Schächtelchen?)	Drisse Nett	Kapera (Kapern)
schellig (Schälchen?)	Rote Rüben	Moche? Ber (Beeren)
Zucker	Kümmeling (Gurken)	Hol Hipelig
bruslig (Brösel?)		

Butter. Lustspeiß. Salßen. Eyer mit leberen. Hünereyer. Rebhünereyer. Gänß vñ Enten eyer.

ABBILDUNG 6: GRUNDLAGE FÜR EIERSPEISEN AUS "KOCHBUCH DES MITTELALTERS"

Ein großer Teil des wertvollen Hausrats war auch 1649 immer noch auf der Lichtenburg geborgen. Susanne Margarete erstellte auch darüber eine Liste:

Verzeichnis was an Weißzeug von Lichtenburg geholt ist worden:

Dazu gehörten Betttücher, Bettbezüge, Polsterbezüge, Kissenbezüge, Vorhänge, Tafeltücher, Tischtücher, Tellertücher, dazu 170 (Zinn)Teller und knapp 200 „Zin" (Zinnkrüge?), fast alle mit eingeprägten Monogrammen (vg. die Aufstellung von 1653).

Einen Teil des Weißzeugs und sonstiges hat sich Susanne Margarete von ihrer Schwester Eva Magdalene (12. Juni 1633 – 1702), geborgt: Betttücher, Tafeltücher, 4 Dutzend Tellertücher, 5 Dutzend Teller und 1 Dutzend Schalen. Auch aus dem Garten der Schwester bekam sie reichlich: Wurzelgemüse, Erdäpfel(!), eingemachte Gurken, Rettich; dann noch Pfannen, Silberleuchter und Teppiche.

Interessant ist die Feststellung, dass der Adel seine Wertsachen nicht bei sich zu Hause aufbewahrte, sondern im Schutz des Amtmanns und seiner Diener auf der doch besser gesicherten Lichtenburg. Es ist anzunehmen, dass nicht allein die Steins, sondern eine größere Anzahl Adeliger sich so vor Raub und Plünderung schützten. Christoph Soldan von Waldenfels (Wallenfels), der Großonkel der Rosina Maria von Guttenberg-Steinenhaus, der Frau Caspars von Stein zu Nordheim († 1632), und Bruder von Caspars Mutter Maria Magdalena von Waldenfels, hatte z. B. vor seinem Tod 1633 Barschaft, Gelder und Silbergeschmeide nach Nürnberg verbracht. Ein Teil seines Vermögens war in Erfurt deponiert, ein kleinerer Betrag in Meiningen[59]

ABBILDUNG 7: ESSEN IM MITTELALTER: INNEREIEN

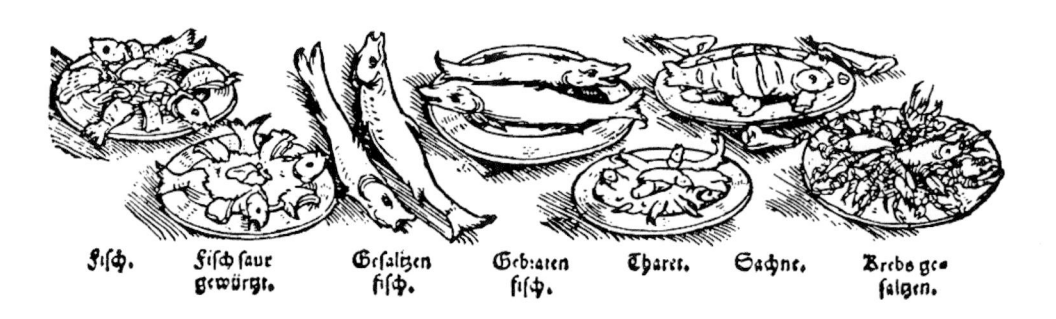

ABBILDUNG 8: ESSEN IM MITTELALTER: FISCHE

Nicht ganz so großer Aufwand wurde bei **Beerdigungen** betrieben, z. B. 1650 zum Begräbnis des seligen Stick(?). Es gab:

Suppe	Suppe	Kalbfleisch
Rindfleisch	dick Fleisch	gebratene Junghühner
Huhn mit jungen Gänsen	Huhn	gentz gesedig (Gänseklein?)
Hammelfleisch	Hammelfleisch mit Blaukraut	kleiner Fisch
Suppe	Kalbskopf	Dorten (Torten)
dick Fleisch	Stockfisch	# Keule
Hirß brühe	Hammelkeule	Grießbrei

Kraut und Fleisch	Gemüse	Kolber gräß
Hammelbraten	Geschnitz von Lungen	

ABBILDUNG 9: ESSEN IM MITTELALTER: GEFLÜGEL UND VÖGEL

Eingeladen wurden dazu mit der eigenen Familie etwa 40 Personen ohne die Bediensteten:

Ins Schloss Völkershausen waren folgende Personen eingeladen, soweit sie zu entziffern waren:

4 Schwäger	Leutnant Veit	Hermann von der Tann
Rab (Rapp) zu Hausen	(Ritt)#meister Vol	Vitus Tangher
Jörg Bast (von Bastheim)	Vetter Stoffel (Christoph)	Stoffel Diemar
#	#	Gevatterin Ursel und ihre Tochter
Gevatter(in) Marie	Gevatterin Sabine	#
Lehr(er) Balzer seine Frau und Jungfrau	Baß liß (Base Elisabeth) und ihre Töchter	Clorina
Amtmann Molter	Magister	Kaplan
Amtsschreiber	Gevatter Jorg	der Verzetter?
Herr Claus	bottnig	Scholzen (der oder die Bürgermeister?)
Fritz (v. d. Tann?) zu Nordheim		

Dabei war es nicht so, dass die Völkershäuser Steins die einzigen waren, die solchen Aufwand betrieben: Als 1653 die Hochzeit Carls von Stein zu Nordheim in Nordheim gefeiert wurde,[60] lieh Susanne Margarete ihrem Bruder.

Zahl	Ware	Monogramm	VS dürfte von Stein bedeuten
12	große Zinn(Krüge) auf dem Boden mit	EVS gezeichnet	Eckard von Stein?
8	Zinn	MMVOGVGW	VGW= von Guttenberg/Wallenfels?
11	Schalen Zinlig	MMVOGVGW	MM= Maria Magdalena v. Wallenfels Susannes Mutter?
4	Zinn	ASVS	

4	Zinn	EHVSAVSGVL	GVL= Grete von Lichtenstein/Heßberg
2	Zinn	HBKB	
2	Zinn	HVWMVL	
2	Zinn	EHGVS	
1	Zinn	KBVS	
93	Summa 7 Dtzd. 9 Zinn		
18	groß Zinn	GWSMVS	Georg Wilhelm und Susanne Margarete von Stein
12	Schalen Zinn	GWSMVS	Georg Wilhelm und Susanne Margarete von Stein
2	Zinn	GWSMVS	Georg Wilhelm und Susanne Margarete von Stein
12	Zinlig		
40	Summa 3 Dtzd. 8 Zin		
30	große Zinn GBCCS	GBCCS	
12	mit Geheg		
12	kleine Zinn		
54	Summa 4 ½ Dutzend Zinn		
48	Zinn Großvater MD	MD	
18	Teller mit	EHVSAVSGVL	
6	Teller	HVWMVL	
11	der knopffigen Teller	ASVS	
11	Teller tief	MMVOW	
1	Eicken?	ASVS	
47	Vier Dutzend weniger 1		
36	Teller	GWVSSMVSGVS	Georg Wilhelm und Susanne Margarete von Stein, Georg von Stein?
48	Teller Gevatter # (Großvater?)		
36	Teller Großvater MD	MD	
4	Zinnleuchter	GWSMVS	Georg Wilhelm und Susanne Margarete von Stein, Georg von Stein?
4	Leuchter		
4	Leuchter Großvater	MD	

ABBILDUNG 10: ESSEN IM MITTELALTER: ZUBEREITUNGSARTEN FÜR WILD- UND SONSTIGES FLEISCH

Aus den Gravuren ersieht man, wie viele Generationen diese Waren als Mitgift in die Familie gebracht hatten; man sieht aber auch, was die Ostheimer Steins noch am Ende des Dreißigjährigen Kriegs besaßen. Weil ja die Gäste mehrere Tage Hochzeit feierten und auch standesgemäß übernachten mussten, schickte Susanne Margarete fast ihren gesamten Hausrat mit:

Was ich nach Nordheim geschickt zu Vetter[61] Carls Hochzeit

4 Unterbetten	2 # Tafeltücher	27 gemöttelt mit Fransen
5 Deckbetten	2 gestickte Tafeltücher	2 Kol Pfan
4 Polster	1 gebliebtes? Tafeltuch	1 Rost
11 Paar Kissen	3 gewiffelte Tischtücher	1 Kessel
7 Paar Bettücher	1 damastenes Tischtuch	1 Bratpfanne
8 blaue Bettzigen (Bettbezüge)	1 Frechs Tischtuch	39 Zinn
3 weiße Bettbezüge	1 gemöttelt Tischtuch	12 Teller
2 Polsterbezüge	2 drifur Tücher	6 Zinnleuchter
5 Vorhänge (für Heng)	1 Dastel Tuch	1 Gießkanne und
2 Bettdecken	1 Messe Leuchter	24 silberne Becher
3 Teppiche (Debig)	2 Dutzend # Teller	12 Löffel
1 damastenes Tafeltuch	2	1 Gießkanne und Becken

ABBILDUNG 11: PRUNKTELLER AUS DER AUSSTELLUNG „ZU TISCH" IM MAINFRÄNKISCHEN
MUSEUM WÜRZBURG

Auch als der älteste noch lebende Bruder Dietrich mit fast 40 Jahren endlich eine Frau fand – er heiratete im Oktober 1662 Maria Dorothea von Stein zu Altenstein –, half die Ostheimer Schwester aus, neben etwa 60 meist Stoffsachen auch mit 1 Dutzend Silberlöffeln, 4 silbernen Salzfässlein, einer silbernen Kanne, und 18 Silberbechern.

Zu diesem Fest beschenkte Susanne Margarete auch das Gesinde und schrieb sich alles auf:

Was diesem Gesinde im Haus geschenkt und wie ichs ihnen geteilt[62]

Die Cristel	9 batzen	Die Dri	8 batzen
Die Walburg Mart	9 batzen	die babel	10 batzen
die Ostheimer Barb	9 batzen	die Gret	10 batzen
Brutes Ells	6 batzen	die orschel	8 batzen
die Kebt	6½ batzen	Margethla	10 batzen

Die Nennung der „Ostheimer Barb" lässt den Schluss zu, dass die Hochzeit nicht in Ostheim, auch nicht in der „Münz", dem Haus, aus dem die Braut stammte, stattfand, sondern in Nordheim im Grabfeld. Nachdem seit 1639 keine Frau mehr im Haus gewesen war, übernahm Susanne Margarete die Rolle der Hausfrau und schrieb deshalb auf, was sie verteilte.

Als dem Ehepaar 1665 das dritte Kind, und dritte Mädchen geboren wurde, sollte Susanne Margarete die Patin sein. Das Kind wurde auf den Namen Maria Juliana getauft. Auch zu dieser Feier gab es Leckeres:

ABBILDUNG 12: ZINNKANNE ANFANG 16. JAHRHUNDERT AUS DER AUSSTELLUNG DES MAINFRÄNKISCHEN MUSEUMS WÜRZBURG "ZU TISCH".

Was zur Tauf des Patenkindes gespeist wurde:

1. Ein paar Hühner nebst der Suppe
2. Rindfleisch
3. Wurst
4. Salat
5. Ein paar Lendenbraten
6. Vögel und Rebhühner
7. Köhl
8. Kaule Vi#?
9. Erdäpfel
10. Kalbfleisch
11. Wildschweinpfeffer
12. Gebratene Äpfel
13. Hasen- und Rehschaufel
14. Kälberbraten
15. Lungenbrei
16. Quetschken
17. Hirschbrei (Hirsebrei?)
18. Karpfen
19. gebackene Kalbsfüß
20. Das gelber Größ?
21.

Familienfeste waren anscheinend nicht die einzigen Festlichkeiten des Adels. Jedenfalls fand es das Ostheimer Stadtbuch für wert, die nachfolgende Notiz aufzunehmen:

„Gastirung Vnter den Edelleüth(en) betr:

In diesem 1669. vf pfingsten dem 3 Feÿertag fingen die Edelleüth mit ihrer gastirung in der Sultz im Stockheimer holz vnd wiesen an, Vnd muste vnter ihnen rumb gehen, vnd ein jeglicher solche

ABBILDUNG 13: FESTMAHL IM FREIEN, ESSEN UND WÜRFELSPIEL VIELLEICHT NACH EINER JAGD
(AUS: LEBENSALLTAG IM MITTELALTER)

gastung vf seinen beüttel, wie sie mit einander geloset vnd sie betroff(en) außsteh(en) vnd hielt der Schultheiß zu Stockheim auch mit ein, hatten Spielleüthe vnd wahren fast alle Sontag lustig {e}in einer darzu gemacht(en) hutten, biß es vnter ihnen rumb kam."⁶³

Schulden machen

So tüchtig Susanne Margarete auch war, so teuer waren die vielen Ausgaben. Dass sich bald Schulden anhäuften, lag nicht allein am Feiern:

Da waren viele Einnahmen weg gebrochen. In vielen Orten waren die Zinsen nur noch teilweise zu erhalten. Von 1631 zu 1659 hatte das Amt Meiningen 56%, das Amt Maßfeld 59% Bevölkerungsverluste erlitten. 45% der Häuser in der ehemaligen Grafschaft Henneberg lagen 1659 noch wüst oder waren verfallen.[64] Obwohl in Ostheim die Zinsausfälle noch am geringsten waren, musste der Steinische Vogt Georg Mey, als er das Erbzinsbuch der Steins zu Völkershausen 1662 neu „summierte", das Gang- vom Ungangbaren auseinandersetzen, das heißt, er musste die Zinsleistungen abziehen, die nicht mehr einzubringen waren.[65]

So notierte er im Summarium [Zusammenfassung] bei den 13 Gänsen, die jährlich geliefert werden mussten: „vacat (fehlt) sind ungangbar." Die Ursache, dass auch 1662 noch immer Felder nicht bewirtschaftet und Zinsen uneinbringlich sind, sah Mey bei der Herrschaft/Obrigkeit, wie er in einer „Nota" schrieb: *Die Ursach, warum die hierin annoch befindliche Ungangbare und abgehende Erbgefälle Zeithero nicht wiederum können zurecht gebracht werden und diese, weil man so gar schlechte Hülff von der Obrigkeit hat und die Herrschaftsbedienten deswegen jederzeit getaner gering geachtet worden, hingegen die Lehnherrschaft sich dieses wenig angenommen.*[66]

Das Ausbleiben von Zinseinnahmen war nicht das einzige Problem: Die Kontributionen im 30-jährigen Krieg, die zusätzlichen Einquartierungskosten hatten die finanziellen Reserven vollständig aufgebraucht, so dass Georg Wilhelm zum letzten Mittel greifen und Geld beim „Juden zu Mellrichstadt"[67] borgen musste, wie er in einem Brief von 1644 andeutet. Aber auch der verlangt Sicherheiten, Pfänder, so dass der Vogt Matthes Schmidt zu Ostheim am 12. Februar 1644 schreibt: *Wegen des Pfands bei dem Juden zu Mellrichstadt weiß ich nichts, das er weiter oder anderswo versetzen könnte.*[68] 1671 nimmt Susanne Margarete von dem Kurfürstlich Mainzischem Leutnant in Erfurt, Ernst Gottlieb von Lampe, ein Darlehen von 1000 fl., den Gulden zu 15 Batzen oder 28 Schilling gerechnet, auf 6 Jahre auf und räumt ihm statt Zinsen die Nutzung des Hofes Weimarschmieden mit allen Rechten ein. 1674 musste Frau von Stein von dem würzburgischen Kapitänleutnant Jett von Müntzenberg wiederum ein Darlehen von 100 Reichstalern mit 6% Zinsen erbitten. Die für einen Schuldschein ungewöhnliche ausführliche Begründung, das Darlehen sei für den Sohn Georg Christian bestimmt, der ohne Geld nicht zu seinem Regiment einrücken kann, zeigt, dass sich die edle Frau doch schämt, schon wieder ein Darlehen aufnehmen zu müssen. Als Unterpfand räumt Susanne Margarete dem Kreditgeber ihre frei eigentümlichen Erbzinsen, Lehnschaften und Gefälle zu Stetten ein. Christian vom Stein ergänzt, dass er die Schuld am Sonntag Trinitatis 1676 zurückzahlen will. Aus der Rückzahlung wurde nichts. Im Gegenteil: Christian musste sich nochmals 100 Gulden borgen. Am 19. Juni 1680 erst konnte Maria Kunigunda Jett von Müntzenberg geborene von der Tann, Witwe, bestätigen, dass Rittmeister Christian von Stein das geliehene Kapital von 200 Reichstalern samt dem Zins bar zurückgezahlt hat.[69] Für diese Jahre fielen dann auch noch die Einnahmen aus den verpfändeten Gütern weg.

1694 mussten die Brüder Friedrich Seyfart und Christoph Ernst von Stein, beide auf Völkershausen, ihre Schwägerin Christine Sophie geb. Gräfin von Tettenbach und Rheinstein (1653 – 1695) anpumpen. Christine Sophie war die Frau des ältesten Völkershäuser Steins, Caspar Otto, die er 1683 in einer Kriegstrauung geheiratet hatte. Die beiden Brüder erklärten mit Einverständnis ihres Bruders, dass ihnen Christina Sophia aus ihrem Heiratsgut 900 Gulden fränkisch zur Abtragung einiger Schulden vorgestreckt habe, die sie mit 45 Gulden jährlich verzinsen wollten. Dafür verschrieben sie ihr die auf der Brückenmühle zu Ostheim haftenden 10 Malter jährliches Zinskorn, sowie ihr Gehölz in Weimarschmieden unterpfändlich.[70] Christine Sophie starb bereits ein Jahr später. Ob und an wen die 900 Gulden dann zurückgezahlt wurden, entzieht sich unserer Kenntnis.

Warum aber wurde dieser Aufwand bei Festen und Feiern betrieben? War das denn der alleinige Grund für die hohe Verschuldung?

Obwohl hier Vergleichsquellen nicht zur Verfügung stehen, kann mit Sicherheit davon ausgegangen werden, dass alle Adeligen auf die gleiche Weise Feste feierten. Sie versuchten hier auch mit ihren Mitteln den Hochadel nachzuahmen. Wer nicht mitmachte, verabschiedete sich aus dem Kreis dieser Schicht. Gerade bei Eheschließungen wurde ja besonders darauf gesehen, dass standesgemäß geheiratet wurde. Hatte man einmal dabei einen schlechten Ruf, bekamen die Söhne keine Frauen, die Töchter keine Männer aus diesen Adelskreisen. Deswegen verschuldete man sich trotz denkbar schlechter Verhältnisse lieber noch weiter. Wenn man die Informationen aus diesen Seiten mit denen, einhundert Jahre später aus Effelder bei Mühlhausen vergleicht[71], stellt man fest, dass die reichen Bauern die Sitten des Adels in der Zwischenzeit weitgehend übernommen hatten.

Die standesgemäße Präsentation trotz fehlender Mittel machte sich nicht nur bei prunkvollen Festen bemerkbar, sondern auch beim Auftreten im Militärdienst. Nur selten noch konnte jemand sein Glück im Krieg machen und fette Beute erobern, wie dies die Gebrüder von Stein feststellen mussten. Hartmann war 1690 gegen die Franzosen im Feld geblieben, Christoph Ernst war 1685 krank aus dem Krieg gegen die Türken heimgekommen. Georg Christian war Rittmeister im Kaiserlich Altholsteinschen Kürassierregiment. Er war 1670 im Krieg, musste dann 1674 seine Verwundungen auskurieren und Schulden machen, um wieder zu seinem Regiment einrücken zu können.

Auch in Ostheim wurden die Gebräuche des Adels übernommen, wie das Ostheimer Stadtbuch ca. 1875 berichtet: „Auch die auf dem Rathhaus gefeierten großen Hochzeiten, welche sich noch in der ersten Hälfte dieses Jahrhunderts erhalten hatten, hatten zunächst als große Festlichkeiten, an welchen 60, 70, 80 und mehr Paare gewöhnlich theilnahmen, ihre Bedeutung. Sie dauerten in der Regel 2 Tage. Die Trauungen fanden am ersten Hochzeitstag statt und waren mit großen von den gesammten Hochzeitsgästen theilnehmenden Prozeßionen nach der Kirche und förmlichen Gottesdiensten verbunden. Nach der Trauung fand ein großes Essen statt und hierzu reichte sich ein aus den Hochzeitsgästen hervorgegangener Frauenrath, durch welchen alle Hochzeitsgäste ledigen Standes zusammengepaart wurden. Dieses hieß man die Kranzschatzvertheilung. Die Zusammengepaarten hatten die Verpflichtung, sich während der Hochzeitstage einander anzuschließen. Hieraus entstanden nicht selten Verlobungen und neue Eheschließungen, und so hatten die Rathhaushochzeiten auf die Ehen und auf das ganze Leben der hiesigen Bevölkerung einen großen Einfluß."[72]

Zusammenfassend können wir feststellen:

Bei Festen und Feiern des Adels im 17. Jahrhundert, besonders zu Hochzeiten, aber auch zu Kindstaufen, wurde die ganze Verwandtschaft eingeladen, dazu die Honoratioren aus dem Ort bzw. aus den Orten der adeligen Besitzungen. Die auswärtigen Gäste übernachteten im Schloss, weil das Fest mehrere Tage dauerte. Dazu wurden alle Zimmer gebraucht. Die ganze Verwandtschaft musste Einrichtungsgegenstände, besonders aber Weißzeug wie Betttücher, Bettbezüge, Polsterbezüge, Kissenbezüge, Vorhänge, Tafeltücher, Tischtücher, Tellertücher beisteuern. Gespeist wurde auf Zinngeschirr. Zinnsachen, wie Teller verschiedener Art, Becher, Krüge, Leuchter. Zinngeschirr gehörte zu den wertvollsten Teile einer Aussteuer und wurde von Generation zu Generation weitervererbt. Der Ostheimer Adel rettete seine Schätze auf die Lichtenburg, wo sie am sichersten erschienen. Tatsächlich ist keine Plünderung oder Eroberung der Lichtenburg im 30-jährigen Krieg bekannt. Allerdings waren andere Adelige noch vorsichtiger mit ihren Reichtümern: Soldan von Waldenfels, der Bruder der Maria Magdalena von Stein geb. von Waldenfels, den nach einem Erbschaftsstreit mitten im 30-jährigen Krieg der Enkel Caspar von Stein 1643 zu einem Viertel beerbte, hatte seine Schätze teils einem Kaufmann in Nürnberg zur Aufbewahrung übergeben, Teile auch in Erfurt und Meiningen eingelagert.

Wenn man allein die Zahl der mehr als 200 geborgten Teller für die Hochzeit Carls von Stein in Betracht zieht und die 170 Teller bei der Taufe Rosina Sabinas 1649, müssen vorsichtig geschätzt etwa 50 Gäste bei einem solchen Fest keine Seltenheit gewesen sein, bei der Einladungsliste 1650 waren 32 auswärtige Gäste nach Völkershausen eingeladen. Beim Festmahl 1646 waren viermal sechs Gänge aufgetragen worden, am Mittwoch, also am nächsten, oder dritten Tag dreimal sechs Gänge und einmal zehn.

Auf Kirchweih wurde anscheinend nur einen Tag gefeiert, drei „Menüs" mit 10 bis 15 verschiedenen Gängen; zur Nacht gab es noch ein viertes, etwas leichteres Menü, wobei aber auch das Fleisch nicht fehlen durfte.

Soweit die Speisekarten zu entziffern sind, wird zu einem Fest Fleisch vom Rind, Kalb, Schwein, Hirsch, Hasen in allen Variationen aufgetischt. Dazu werden z. B. bei der Taufe ein Ochse, zwei Schaf- oder Ziegenböcke, 2 Schweine, ein Kalb, Spanferkel, Wildschwein und gesalzenes Wildbret besorgt oder erlegt. An Geflügel gibt es Hühner, Kapaunen, Schnepfen, Tauben, Rebhühner, welsche Hühner und Hähne (Truthühner), Gänse, Wildenten und Enten, dazu eine überraschende Vielfalt an Fischen: Karpfen, Forellen, Schleien, Hechte, Barben, Klein Fisch (Ellritzen?), Stockfisch, Helpfisch(?), Hering, Bückling und Brischen(?). 1651 wurden auch Krebse angeboten. Dazu gibt es auch Eier in verschiedenen Variationen.

Aber auch Gemüse und Salate werden nicht vergessen, Reis, Gerste, Grieß, Erdäpfel, Wirsing, Erbsen, Kraut, Blaukraut, Rote Rüben, Kohl, weiße Rüben und Gurken.

Weiter geht es mit Süßigkeiten und Obst, wobei Obst anscheinend gern als Dörrobst genossen wird. Aufgezählt werden Äpfel, Birnen, Nüsse, Hiffen, Kirschenhutzel, aber auch Rosinen und Mandeln, sowie Kapern und Senf. Auch Zucker gehört zu den Zutaten. Für die Kinder gibt es „leck Kugen", womit vielleicht Lebkuchen gemeint ist.

ABBILDUNG 14: GEORG WILHELM V. STEIN ZU OSTHEIM 1616 – 1660. GRABSTEIN IN DER KIRCHE ZU OSTHEIM V. D. RH.

Wappen: von Stein - Voit von Salzburg
von Stein - von Stein
Voit von Salzburg – von Kromsdorf

UMSCHRIFT: ANNO 1616 IM MAŸ IST DER W(OH)LE(DEL)GEBORNE VND GESTRENGE GEORG WILHELM VOM STEIN ZV VÖLCKERSHAVSEN, OSTHEIM ETC. GEBOREN. 1660 D. 25. APRIL IN GOTT SELIG ENTSCHLAFFEN SEIN ALTER IM 44. IAHR.

INSCHRIFTEN: LEICHTEXT. GELOBET SEY DER HERR TÄGLICH. GOTT LEGT VNS EINE LAST AVF, ABER ER HILFT UNS AVCH, SELA. WIR HABEN EINEN GOTT, DER (DA) HILFT UND DEN HERRN HERR(N), DER VOM TODE ERRETTET. PS. 6(8) [20,21]

ZUM SICHERN PORT ICH KOMMEN BIN, ALL CREUTZ VND LEIDEN IST DAHIN, MIT CHRISTO HAB ICH FRID VND FREUD UND LEB NUN IN EWIGR SELIGKEIT.

Tod Georg Wilhelms von Stein zu Ostheim und Völkershausen 1660

1646 bekam Georg Wilhelm Podagra, also Fußgicht, und ging deshalb in das Warmbad nach Karlsbad in Böhmen, was aber wenig fruchtete. Sicherlich war ungesundes allzu üppiges Essen und Trinken eine der Ursachen der Gicht, die auch Wallenstein plagte, doch dürfte auch das Lagerleben im Krieg diese Krankheit begünstigt haben. Auch Hans von Stein zu Sondheim war an dieser Krankheit zugrunde gegangen.

Als das Jahr 1656 vorbei war, wurde Georg Wilhelm ganz bettlägerig. In der ganzen Zeit lag die Sorge um das Haus und die Kinder auf Frau Susanne Margarete, die ja doch in ihrer Jugend „mehr krank als gesund" gewesen war. Die Reise Georg Wilhelms nach Karlsbad noch während des Krieges dürfte nicht billig gewesen sein. Noch teurer waren jedoch die dauernden Belastungen des Krieges. Am 13. März 1660 kam bei Georg Wilhelm ein neuer schwerer Anfall und am 24. April während der Predigt starb er im Beisein der Junker Eitel von der Tann, Otto Hermann von der Tann und Heinrich Christoph von Stein, die ihm vorgelesen und gebetet hatten, zwischen 9 und 10 Uhr mit 44 Jahren.

Susanne Margarete, die Witwe, notierte gewissenhaft anlässlich der Beerdigung die Ausgaben, die uns einen weiteren Einblick in die damaligen Sitten und Bräuche geben:

Ausgaben zum Tod Georg Wilhelms von Stein zu Völkershausen am 24. April 1660:

Der Wirt zu Willmars bedingt (bestätigt, quittiert?), dass auf Junkers seligem Begräbnis 25 Ellen Flur (Flor?) bei ihm geholt worden, die Elle 2 batzen, macht 3 fl. 5 batzen, dann nochmals 15 Ell Flur

- *je 9 Batzen den beiden Geistlichen*
- *7½ batzen dem Totengräber*
- *Batzen dem Schulmeister*
- *3 Batzen dem Cantor*
- *2 Batzen dem deutschen Schulmeister*
- *1 Batzen dem ptreger? (Wappenträger, der den Wappenschild voraustrug?)*
- *Summa 2 Reichtaler*

Verzeichnis, was 1660 aufs Begräbnis nach Völkershausen gebracht wurde:

	Taler	batzen	dl
3 Lot Rauchpulver		1	2
für Rauch Kr(aut?)		2	
3 Pfd. groß roßin (Rosinen?)		6	6
3 Pfd. klein Roßin (Rosinen)		9	
2 Pfd. Hollendisch Kes (Edamer)		3	
6 Pfd. Mandelkern	1	6	
1 Pfd. Johannisbrot		2	2
3 Pfd. Reis		6	
2 Pfd. Baumöl		2	
12 Pfd. Stockfisch		12	
4 Lot Zimt		6	

4 Lot Negelein	6
8 Lot Muschkaten blumb (Muskat)	16
1 Schock Hering	8
12 Briken?	9
½ Pfd. Zuckerbrot	2
6 Büschel Halbfisch	15
1½ Schock Bückling	7½

Dieser Zettel wurde mit 8 Reichtalern und 2 Batzen am 2. Mai 1560 bezahlt. unterschrieben von Hans Görg Ziegler.

Zur Bezahlung dieser Gelder, wie auch des Kochs zu Walldorf, hat Heinrich Christoph von Stein 9 Reichstaler 6 Batzen ausgegeben und ist dem Koch 3 Spanische Taler für seine Mühe verehrt worden, wozu die Witwe zu Völkershausen 8½ Kopfstücke gegeben hat.

Was 1660, dem 1. Mai auf meines lieben seligen Junkern Begräbnis geschlacht und gebraucht

1 vorjährigen Ochsen geschlacht	6 Büschel Helpfisch	10 Karpfen
2 Kälber	3 Pfund Reis	12 Forellen
3 Span-Schweinlig	Spargel, Kohl	½ Schock Hering
2 welsche Hennen (Truthennen?)	Hutzelig Schnitz, Eier	12 Pfund Stockfisch
12 alte Hennen	3 Schweine	12 Pfund Hirsch (Hirse)
18 Paar junge Tauben	2 Lämmer	Erdopffel Haber #(-brei, -grütze)
10 Pfund Hecht	3 Hasen	Morgen, Hiffen, Zwetsch(gen)
1 Schock Bückling	10 Rebhühner	
3 Maß Kleinfisch	4 Kopen (Kapaune)	

Die Kinder Georg Wilhelms von Stein

Von den 10 Kindern Georg Wilhelms von Stein und seiner Frau, 6 Söhnen und vier Töchtern, starben zwei frühzeitig: Veronika, das 7. Kind wurde 1653 geboren und starb zwei Jahre später, ihre 1655 geborene Schwester starb noch im gleichen Jahr. Rosina Sabina, das 6. der Kinder, 1651 geboren, heiratete 1676 den fürstlich sächsischen Rat Friedrich Sebastian von Stein zu Altenstein, wie sein Vater und Großvater Amtmann zu Lichtenberg. Sie starb 1715. Das jüngste Kind der Familie, Anna Juliana kam 1660 nach des Vaters Tod zur Welt. 1695 heiratete sie Valentin Voit von Salzburg. Das Paar kaufte 1704 die Kemenate am Rathaus[73] und bewohnte sie dann. Anna Juliana starb 1720, zwei Jahre vor ihrem Mann.

Von den 6 Söhnen starb Siegmund, das neunte Kind, gleich nach der Geburt 1658. Die weiteren fünf Söhne wählten – notgedrungen – das Kriegshandwerk, das ihnen aber wenig Glück brachte. Die beiden nächsten Abschnitte behandeln das Schicksal der zweitgeborenen Zwillinge Hartmann und Caspar Otto.

Georg Christian der Älteste, 1641 geboren, trat in das kaiserliche Altholsteinsche Regiment ein. Er nahm an mehreren Feldzügen im Dienst des Kaisers teil und wurde 1670 Rittmeister in diesem Regiment, in dem er auch 1676 noch diente. Aus dem letzten Feldzug kam er krank nach Völkershausen zurück, wo er im März 1684 starb und in Ostheim, wie alle seine Vorfahren, begraben wurde.

Friedrich Seyfried, der Viertälteste wurde 1645 geboren. Er brachte es im Kriegsdienst bis zum Leutnant. 1676 war er im Kriegsdienst. 1687 heiratete er die vier Jahre ältere Barbara Veronika von Thumshirn; doch er war krank, so krank, dass er nach dem Tod seines Bruders Caspar Otto auf das Familienerbe gegen eine

Apanage verzichtete. Er starb am 14. Oktober 1705 als letzter männlicher Nachkomme der Familie von Stein zu Völkershausen. Seine Frau überlebte ihn fast vier Jahre.

Der 1647 geborene fünfte Sohn Christoph Ernst war bereits 1685 krank aus dem Kriegsdienst gekommen. Trotzdem heiratete er noch mit 47 Jahren 1694 Magdalene Margarete von Buttlar. Tatsächlich brachte diese ein Jahr darauf einen Sohn zur Welt, Lebrecht Christoph. Der Vater starb bereits 1696, sein Sohn mit 8 Jahren 1703. Damit waren auch die letzten Hoffnungen auf einen männlichen Erben für das Geschlecht zerstoben.

Hartmann von Stein im Türkenkrieg

Hartmann von Stein zu Ostheim wurde 1643 als zweiter Zwillingssohn Georg Wilhelms und Susanne Margaretes geboren. Er heiratete 1681 Eva Dorothea von Speßhardt auf Aschenhausen und zog 1685 in den Türkenkrieg. Er fiel 1690 in einem Feldzug gegen die Franzosen.

Wie allgemein bekannt ist, hat sich das Osmanische Reich im Großen und Ganzen bis 1683 in Richtung Nordwesten ausgedehnt, in welchem Jahr die zweite Belagerung von Wien stattfand. Sie konnte durch ein vereintes deutsch-polnisches Entsatzheer in der Schlacht am Kahlenberg beendet werden. Danach gelang es Österreich, die Türken langsam immer weiter zurückdrängen. Im sog. Zweiten oder Großen Türkenkrieg (1683 – 1699) — es gab noch weitere Türkenkriege im 18. Jahrhundert — eroberte es zuerst Ungarn. Auch der bayerische Kurfürst Max Emanuel, der „Blaue Kurfürst", war *(mit tatkräftiger persönlicher und finanzieller Unterstützung von Freiherrn Anton von Berchem, eines der Vorfahren Ingos von Berchem,)* erfolgreich und eroberte z. B. Belgrad.

Im von-Stein'schen Archiv befinden sich einige Briefe, die Hartmann an seinen Onkel Dietrich von Stein zu Nordheim (1623 – 1692) geschrieben hat. Am 12. Januar 1688 schrieb er, der jetzige Feldzug verleite mehr zur Melancholie als zur Ergötzlichkeit. Als Winterquartier sei ihnen ein Ort in Oberungarn bei der Festung Zatmar zugewiesen worden. Die Bewohner seien solch grobe Gesellen, wie man's im ganzen Römischen Reich nicht grober finde. Nicht ein Stückchen Holz oder Stroh gebe es ohne Bezahlung. Die Rebellen plünderten alle umliegenden Dörfer aus. Es könnte sein, dass sie auch in Hartmanns Quartier, das ja in einem offenen Ort sei, eine Visite abstatteten. Hauptmann Erffa unter dem Mansfelder Regiment sei in Siebenbürgen gestorben. Die Witwe mit ihrem Sohn sei noch in Pistritz (wahrscheinlich Bistrica und Nova Bistrica am Fuß der Beskiden im damaligen Ungarn). Hartmann glaubte, sie wäre lieber zu Weidhausen (südöstlich Coburgs) geblieben, wenn sie den Ort und den Krieg zuvor gekannt hätte. Er sei der Meinung, die Frau gehöre hinter den Ofen und, wer seine Frau lieb habe, ließe sie zu Haus. Wenn aber seine beiden Schwägerinnen zu Ostheim und Völkershausen einmal einen Feldzug mitmachen wollten, brauche man sie nur an ihn zu verweisen. Er werde sein Möglichstes tun, sie richtig einzuweisen. Am 17. Juli 1688 berichtete er, bei der Ankunft der Armee seien die Hauptpässe Illok und Peterwardein (an der Donau westnordwestlich Belgrads) von den Türken verlassen und in Brand gesteckt gewesen und, wenn die Schelme überall das täten, hätte er wenig Hoffnung, dass die Kompanie noch Beute bekomme. Das Gelände sei sehr bergig und immerfort sei es heiß, dass er auf der einen Seite halb gebraten sei. Prinz Louis von Baden (der berühmte „Türkenlouis") und Graf Thüngen seien mit einem Detachement ins Bosnierland gegen Gradisca gezogen. Weiterhin schrieb er, dass dort der beste Wein, Luttenberger Tokayer, wachse, das Maß für 16 bis 20 g.. Fleisch und andere Lebensmittel mangelten. Er möchte wissen, ob Vetter Fritz (Friedrich August zu Nordheim) noch mit Sächsischer Durchlaucht in Dalmatien sei. Er hätte gern diesen Feldzug mit ihm gemacht, habe es aber nicht anbieten mögen, weil er fürchtete, es könne Feindschaft geben, wenn's nicht gelänge. Im nächsten Brief vom 18. August aus dem Lager bei Grigisch-Weißenburg[74] schrieb er, dass am 3. Juni bei Pest die Vereinigung mit den neu gezogenen Rekruten stattgefunden habe. Hier sei er zum Obristleutnant befördert und sogleich dem Regiment vorgestellt worden. Am 12. Juni erfolgte der Aufbruch des Regiments. Die Brücken waren unpassierbar und so musste Hartmann zum dritten Mal die Donau überqueren, bei viel Morast und Gewässer. Dann berichtete er vom Vorrücken gegen Belgrad, wo man angestrengt am Bau einer Schiffsbrücke über die Save arbeitete, wobei der bayerische Kurfürst durch verschiedentlich ausgeteilte „*Spendage*" die Arbeiten zu beschleunigen suchte. Doch die Brücke war noch nicht zur Hälfte fertig, als die Türken den Brückenkopf angriffen, aber nach dreistündigem Gefecht zurückgedrängt werden konnten. Als die Brücke fertig war, rückten noch in der Nacht die Infanterie und die Kavallerie hinüber. Unglückseligerweise mussten Hartmann und Obristleutnant Schönbeck mit ihren beiden Bataillonen an der Schiffsbrücke stehenbleiben. Während die Vorhut die Vorstadt plünderte und gute Beute machte, blieb Hartmann mit seinem Bataillon ohne Beute. Als der Feind merkte, dass die gesamte Armee über die Save gesetzt hatte, flüchtete er Hals über Kopf, nachdem er 600 Schiffe mit den vornehmsten Weibern und Kindern und den besten Sachen die Donau abwärts geschickt hatte. Als die Übrigen dies sahen, warfen sie ihre Gewehre, die sie gegen die Angreifer gebrauchen hätten sollen, zu Boden und liefen den kaiserlichen Soldaten entgegen, weswegen die Vorposten und einige von der Kavallerie ohne Widerstand in die feindliche Befestigung eindringen und beste Beute machen konnten. Im Schloss sei noch ein großer, kostbarer Schatz gelagert gewesen. Trotzdem habe der Feind dieses an verschiedenen Stellen in Brand gesteckt, so dass der Schatz nicht herausgebracht werden hätte können. Hartmann, der eine fette Beute so nötig hätte gebrauchen können, ging also leer aus. In diesem Feldzug war er mit dem Leben davon gekommen. Im März 1690 stand Hartmann mit seinem Regiment an der Bergstraße bei Neustadt an der Hardt (heute: an der Weinstraße). Er hoffte, von dem Soldatenleben „bald befreit zu leben, zumal ich jetzt in einem solchen Stand stehe, dass mir niemand stark nachrufen wird." „Gott gebe uns einen glücklichen Feldzug", wünschte Hartmann noch in seinem letzten Brief an Vetter Dietrich. Kurz darauf war er tot.

Caspar Otto († 1704), der Letzte der Ostheimer Linie[75]

Als zweitältester Sohn von Georg Wilhelm von Stein und seiner Frau Susanne Margarete wurde Caspar Otto zusammen mit dem Zwillingsbruder Hartmann 1643 geboren.

Auch er suchte sein Glück mit den Waffen und trat in Brandenburg-Ansbachische Dienste. Dort brachte er es im Kriegsdienst bis zum Rittmeister, im Hofdienst bis zum Jägermeister. Während eines Kriegszugs 1683[76] heiratete Caspar Otto seine erste Gemahlin, die 10 Jahre jüngere Christine Sophie Gräfin von Tettenbach und Rheinstein, die aber 1695 schon starb.

1696 heiratete Caspar Otto deshalb in zweiter Ehe Elisabeth Rosina Freiin Stockhorner von Starein (1656 – 1729). Er starb am 22. Februar 1704 in Völkershausen ohne männliche Erben. Er war der letzte Lehnsträger, da sein Bruder Friedrich Seyfried wegen „seines bekannten Unvermögens und anhaltender extremer Leibesschwachheit" (er war krank und siech als Leutnant aus dem Spanischen Erbfolgekrieg zurückgekommen) darauf verzichtet und sich lieber mit den von Steins Nordheimer Linie verglichen hatte. Schon nach elf Monaten starb auch dieser, und Lorenz Hartmann Schenck, Diakon in Ostheim und Pfarrer zu Völkershausen, hielt die Leichenpredigt: „Die aus Ostheim und Völkershausen im Himmel zum Schmuck beygelegten Steine."[77]

Der Besitz der Ostheimer Linie fiel an die Vettern der Nordheimer Linie: Der Bischof von Würzburg, Johann Philipp von Schönborn, belehnte Caspar von Stein zu Nordheim, würzburgischen Hofrat und Amtmann zu Klingenberg und Volkach, zugleich für dessen Bruder, den würzburgischen Obristen Friedrich August, und die Vettern Erdmann und Carl Freiherrn von Stein[78], mit den Ostheimer Lehen. Als Caspar schon wenige Monate später auf einer Gesandtschaftsreise auf dem Rhein erschossen wurde[79], trat für den erst sechsjährigen einzigen Sohn und Erben, Philipp Ernst, der Oheim Friedrich August als Vormund und Lehnsträger ein. Die letzten weiblichen Angehörigen der Ostheimer Linie und deren Ehemänner versuchten jahrelang, Erbansprüche auf die Güter in Ostheim und Völkershausen durchzusetzen.

Im Völkershäuser Rezess („Verwittums-, Erb- und Lehnverteilungsvergleich")[80] einigten sich 1704 der hinterlassenen eigentümlichen wie Mannlehen-Güter und anderen Vermögens halber die Witwe, die vier Fräulein Töchter[81] (d. h. ihre Vormünder), Friedrich Seyfried von Stein zu Ostheim als des Rittmeisters noch einziger lebender Bruder und die übrigen Herrn und Frauen Agnaten und Interessenten. Geheimrat und Uffenheimer Oberamtmann Valentin Voit von Salzburg handelte in Vollmacht seiner Frau Anna Juliane, Caspar Ottos Schwester, und Caspar von Stein zu Ostheim für sich und in Vollmacht seiner oben genannten Vettern Nordheimer Linie Erdmann und Carl sowie seines Bruders Friedrich August. Die neuen Lehnsnehmer erhielten vermöge des vorhandenen Familienpakts von 1588 den dritten Teil des hinterbliebenen Eigentums in Ermangelung männlicher Nachkommen ohne Entgeld, die übrigen zwei Drittel aber gegen Erstattung des billigen Werts. Sie wollten auch die Passivschulden des Rittmeisters, seiner teils schon gestorbenen Brüder und seiner vier Töchter mit übernehmen und ein Äquivalent für das um 7000 Gulden ohne erteilte Agnatenzustimmung verkaufte Mannlehngut Ruppers schaffen[82] und verpflichteten sich, von den zwei Dritteln des Eigentums jeder Tochter jährlich 5% Zinsen von 2000 fl. zu geben, bis die eine oder andere zur Ehe schreite oder das Kapital selbst beanspruche, was alles hypothekarisch abgesichert sei. Anna Juliana bekam 3000 fl. Heiratsgeld, und Friedrich Seyfried wurde mit den Ratenzahlungen aus dem Verkauf von Reupers, sämtlichen Einnahmen aus dem Lehen zu Ostheim, den Einnahmen aus den sogenannten Heufeldern[83] samt 28 Klafter Brennholz, Reisig und 4 Klafter Bauholz, jährlich zu liefern zufriedengestellt.

Trotz dieses gütlichen Vertrags gab es dann anscheinend Streit um die eigentlichen Zahlungen und Ansprüche, auch wegen der Mobilien.

Die Güter in Ostheim (die sog. Alte Kemenate [das Schlösschen]), Völkershausen und Weimarschmieden (ohne die fuldischen Lehen) waren von Caspar Otto auf 22 199 fl. veranschlagt worden; davon ging ein Drittel ab, welches die Lehensfolger nicht bezahlen mussten, so dass 14 800 fl. zu bezahlen waren. Da sie aber 23 873 fl. bezahlt hatten, waren über 9000 fl. zu viel vergütet. Dazu meldete die Nordheimer Linie noch Ansprüche wegen eines Verkaufs von Sondheimer Gütern an; außerdem habe Caspar Otto beim Verkauf von fuldischen Baunacher Lehen Teile von Weimarschmieden Fulda zu Lehen aufgetragen, welche aber zu einem Drittel schon der Nordheimer Linie gehört hätten, und das Gut Ruppers weit unter Wert verkauft.

Am 5. Februar 1705 fand ein Vergleich zwischen der Familie von Stein zu Nordheim und Valentin Voit von Salzburg, der mit Kaufbrief vom 13. Juni 1704 die Weimarschmiede, die sog. Kemenate zu Ostheim und andere Stücke, Rechte und Gefälle für 11 000 fl., in denen die 3000 fl. Heiratsgeld für seine Frau abgezogen werden, übernehmen wollte. Von den übrigbleibenden 8000 fl. sollen 400 fl. jährlich an Caspar Ottos Erben gezahlt werden. Am 19. Juni 1704 wurde dieser Vertrag dann von Caspar von Stein und Geheimrat Valentin Voit von Salzburg gesiegelt und unterschrieben.

Später wurden der Hauptmann, Räte und Ausschuss des Orts Rhön und Werra von den Ehemännern der Töchter eingeschaltet. 1722 übertrug man ihnen sogar die Vormundschaft der Ehefrauen, die vorher Erdmann und Valentin innegehabt hatten. Am 14. Februar 1722 schrieben die Ehemänner aus Ostheim – am tätigsten war anscheinend Peter von Rheeden – an die Hauptmannschaft, die beiden Vormünder anzuweisen, ihnen ein Inventarium und Verzeichnis aller Allodial- und Feudalgüter und Hinterlassenschaften ihres verstorbenen Schwiegervaters auszuhändigen, und mahnten dies am 5. März noch einmal an: Nachdem sie zwischenzeitlich erfahren hätten, dass die Töchter mit je nur 2000 fl. abgefunden worden seien, sähen sie umso mehr Anlass, folgende Unterlagen zu fordern:

- eine Aufstellung der Passivschulden ihres Vaters,
- ein ordentliches Verzeichnis der Untertanen,
- seiner Lehen,
- der Geschlechtslehen,
- der Allodialgüter und
- eine beglaubigte Kopie des Familienpaktes von 1588.

Außerdem sollte den Lehnsnachfolgern verboten werden, in den von den Ostheimer Steins an sie übergegangenen Gütern Veränderungen vorzunehmen, dies deshalb, weil dem Vernehmen nach Carl von

Stein gesonnen sei, einen namhaften Bau in Völkershausen zu unternehmen[84], da es dann schwieriger werde, in Taxationen (Bewertungen) Meliorationen (Wertverbesserungen) und Grundwert zu bestimmen, zumal das Gut Völkershausen nicht nur aus Lehnsstücken, sondern zu großen Teilen in Eigentum bestehe. Am 8. September schrieb Rheeden aus Ansbach an einen Baron von Stein und erklärte, dass die Töchter Caspar Ottos bei der Übertragung der stein-ostheimischen Besitzungen zu kurz gekommen seien und es seine Pflicht als Ehemann sei, dies zu ändern. Er habe bei der Reichsritterschaft Orts Rhön-Werra veranlasst, dass die Töchter aus der Kuratel Erdmann von Steins entlassen wurden. Aber trotz öfterer Anmahnung habe er eine nichtssagende Antwort, aber noch keine Inventar- und Besitzaufstellung bekommen. Er übersandte beiliegend seine Klagepunkte an die Ritterschaft, schlug aber gleichzeitig vor, von jeder Seite zwei Herren als Schiedsrichter zu benennen, die einen Vergleich zuwege bringen sollten. Bei den Klagepunkten, die teilweise in Latein verfasst und mit Verweisen auf Textstellen von juristischen Werken versehen sind, geht es in erster Linie um die Aufstellung des Inventariums.

In einer Erwiderung aus dem Jahre 1722 heißt es u. a., dass

- der Pakt von 1588 von Kaiser Rudolf II. konfirmiert worden sei;
- es üblich sei, dass Erbauseinandersetzungen von Verwandten untereinander geregelt werden;
- die Völkershäuser Linie Sondheim und Ruppers dem Geschlecht alieniert (entfremdet) habe;
- Seyfried Friedrich freiwillig seine Ansprüche an die Nordheimer Linie überlassen habe;
- vom Erblasser nur eine unvollkommene letzte Willensdisposition gefunden worden sei;
- der nun benannte Kurator und die hauptmannschaftliche Deputation zusammengetreten seien und verschiedene Passiva (Schulden) auch der Witwe und der Frau von Voit (von Salzburg) vorgefunden hätten;
- auch die Töchter Schulden gemacht hätten;
- die Mittel aus den Gütern genommen werden mussten;
- nach Einlösung der Schulden den Töchtern nebst Verzinsung 8000 fl. geblieben seien.

In einem Schreiben vom 7. Februar 1723 an einen (unbenannten) Inspektor stellt von Rheeden die Fragen,

- ob nicht die von den Lehnsfolgern selbst angeführten Familienpakte es mit sich brächten, dass die Lehnsfolger nicht mehr als ein Drittel vom Allod zu genießen hätten, hingegen auch den nachgebliebenen Töchtern beim Aussterben des Geschlechts ein Drittel vom Lehen zufallen sollte;
- ob nicht das halbe Gut Völkershausen und dazu die ganze Jagd und die großen Gehölze allodial seien;
- ob nicht sowohl das ganze Gut Weimarschmieden wie auch der Hof in Ostheim Eigentum seien und, nachdem dann das Gut Völkershausen nun jederzeit für 90 000 Gulden verkauft werden könne, doch für die Töchter auf jeden Fall noch 30 000 fl. übrig bleiben müssten, für Weimarschmieden und den Hof in Ostheim bei 30 000 fl. Wert, sicher 12 000 fl..
- dann würden die Erträge aus diesen Gütern auf 20 Jahre gerechnet sicher die gleiche Summe ergeben;
- ein Ansatzpunkt sei auch das Testament Caspar Ottos, in dem vieles den Töchtern zukommen sollte, was in Wirklichkeit nicht erfüllt worden sei.

Rheeden glaubte, seine Beschwerden seien bestens fundiert, zumal im Falle eines Prozesses mehrere Präzedenzfälle vorlägen. Trotzdem schlug er den Gebrüdern von Stein zu Nordheim eine gütliche „Bequemung"[85] vor.

Noch am 14. September 1729 schrieben Eva Rosina, Franziska und Polyxena an Erdmann, sie verlangten nach dem Tod ihrer Mutter (am 18. August) von den von Steins Nordheimer Linie dieselben Verzeichnisse und Dokumente, wie sie schon am 5. März 1722 gefordert worden waren.

Johann von Brehmer, Geheimer Rat, schrieb am 16. Dezember im Auftrag des Herrn von Rheeden an Erdmann von Stein, dieser sei der Meinung, dass die minderjährigen Töchter Caspar Ottos von den Lehnsfolgern, den Gebrüdern von Stein zu Nordheim, unfair behandelt worden seien.

- Beim Vergleich 1704 sei die Billigkeit der Verhandlung nicht durch unbeteiligte Dritte aus der Ritterschaft, sondern durch lauter selbst beteiligte Personen erreicht worden.
- Die minderjährigen Töchter seien in dieser Verhandlung ohne vormundschaftlichen Beistand gelassen worden.
- Weder der Familienpakt von 1588
- noch eine Aufstellung der Passivschulden seien vorgelegt worden.
- Diese hätten durch die vorhandenen größeren Aktiva leicht getilgt werden können.
- Für die sehr ansehnlichen Eigengüter seien die Töchter mit nicht mehr als 8000 fl. abgefunden worden.
- Vom Nachlass des Vatersbruders Friedrich Seyfried sei den Schwestern weder Rechnung gelegt noch Anteil gegeben worden.

Von Rheeden meine, diese Vorwürfe schriftlich belegen zu können, und verlange, dass die Differenzen darüber in Güte abgehandelt und ein gutes Einvernehmen unter so nahen Verwandten wieder hergestellt werden solle.

Dazu meinte Erdmann im letzten Brief dieser Akte vom 19. Dezember an einen Vetter, dass das Schreiben gründlich beantwortet, vorher aber mit dem Ritterhauptmann von Weyhers gesprochen werden sollte, der die damaligen Umstände noch kenne. Er bedauerte, diese Güter überhaupt erworben zu haben, wobei jeder der Brüder sein bares Geld habe hineinstecken müssen, nur um diese Völkershäuser Fräulein zufriedenzustellen. Von ihrem Vater hätten sie nimmermehr soviel an Zuwendungen erwarten können.

---

[1] Die biographischen Angaben beruhen auf einer Stammtafel im Steinschen Archiv Völkershausen, Körner, „Genealogisches Handbuch" ab S. 314, Binder, Lichtenberg, Genealogischen Tabellen bei Biedermann, Angaben in Wagenhöfer, Mitteilungen Dr. Johannes Mötsch Meiningen und eigenen Untersuchungen in den Staatsarchiven Meiningen und Würzburg u. a.

[2] StAMgn GHA Urk. 390. HUB II, S. 89 f, CXCV von 1350 Juni 18 für Reinhard Schrimpf., AV U 23; HUB V, CCXCVII von 1378 September 23: 1. Belehnung Fritz' von Stein mit Völkershausen. Neben dem Lehensanteil mit der Hälfte von Völkershausen gehörte die andere Hälfte des Dorfes und des Burgwalls usw. den Steins als Eigentum.

[3] AV 227 von 1533.

[4] AV U 263; StA StA W Rep. FR 14.1, Freiherr v. Stein von 1555 Oktober 1; StAMgn, Hennebergica aus Gotha, Urkunden Nr. 733.

[5] AV U 266 von 1559 März 15. Die Baunachlehen waren Einnahmen und Besitzungen, die alle im Baunachgrund lagen und 1441 erstmalig, 1678 letztmalig verliehen und danach von den Steins zu Ostheim verkauft wurden. Ausführlich darüber im nächsten Band.

[6] AV Fach Familie von Stein, Akt Familienangelegenheiten v. Stein; ca. 1562.

[7] AV U 301 von 1589 Oktober 10.

[8] AV Fach Familie von Stein, Akt Familienangelegenheiten v. Stein

[9] AV U 329; Cop. I, S. 36 f. von 1601 April 26.

[10] Hans lebte noch am 19. Januar 1603 (AV U 335; StAW Rep. FR 14.1, Freiherr v. Stein), war jedoch am 25. November 1603 bereit gestorben (AV Fach Ostheim, Akt Höfe in Ostheim, Nr. 14).

[11] AV U 329; Kop 1 S. 36, Konzept).

[12] AV Fach Ostheim, Akt Höfe in Ostheim.

[13] AV U 330; Körner („Genealogisches Handbuch", S. 317) kennt als Vater Quirin Voit von Salzburg trotz AV U 330.

[14] AV U 368 von 1623 Januar 18.

[15] AV Fach Ostheim, Akt Höfe in Ostheim.

16 Cop. I, S. 792; Nordheim/Gr 19. Mai 1603.

17 Die Jagd auf Hochwild und Rehe wurde als Treib- oder Drückjagd durchgeführt. Das Wild wurde in ein immer enger werdendes Gatter getrieben Die Gatter bestanden zuerst aus Federlappen, die sich im Wind bewegen, eventuell auch mit Hundekot bestrichen waren, dann aus Netzen, die an Bäumen aufgehängt sich immer mehr verengten. Hasen wurden in einem speziellen Hasengarn gefangen. Bei all diesen Fangarten war ein großer Aufwand an Material und Menschen nötig; Netze, Federlappen und Garn waren entsprechend wertvoll.

18 AV Fach Familie von Stein, Akt Familiensachen 1550 – 1638, hier vom 25. Juni 1607, Meiningen.

19 Vogelherde sind feste Einrichtungen, an denen besonders rastende Zugvögel angelockt und dann mit einem schnell entfalteten Netz gefangen wurden. Während Schnethen nicht bekannt sind, sind Leimruten Ruten, die mit einer stark klebenden Masse beschmiert waren. Darauf gestreutes Vogelfutter sollte die Vögel anlocken.

20 AV Cop. I, S. 794, Akt Familiensachen 1550 – 1638.

21 AV Akt Familiensachen 1550 – 1638 vom 3. Februar 1609.

22 wie vor, 22. November 1619.

23 StAO Ostheimer Stadtbuch, S. 403; der besseren Lesbarkeit wegen wurde der Text in heutiges Deutsch übertragen. Der Hain oder Lichtenburger Hain dürfte der heutige „Höhn" sein. Berg und Flurbezeichnung haben also den Namen vom Wort Hain und nicht von „Höhe".

24 Magister Johann Götz, Pfarrherr und Adjunktus, der Pfarrer beim Umbau der Kirche (bis 1619) war und dort in einer Inschrift verewigt ist. (Ostheimer Stadtbuch, S. 124cc)

25 AV Fach Familie von Stein, Akt von Stein zu Ostheim –Lebensläufe.

26 AV Fach Familie von Stein, Akt von Stein zu Ostheim – Lebensläufe.

27 AV U,. 557; StA W Rep. FR 14.1, Freiherr v. Stein.

28 AV U 386.

29 StA W L 201c No.1 von 1640 Oktober 1.

30 AV U 481 von 1641 Februar 28.

31 AV U 383; StA W Rep. FR 14.1, Freiherr v. Stein.

32 AV U 394; StA W Rep. FR 14.1, Freiherr v. Stein, Eheberedung vom 28. November 1639.

33 vg. Kapitel. 12 „Die Reichsritterschaft im 17. und 18. Jahrhundert"..

34 Wie genau die Salva Guardien gehandhabt wurden, ist nicht bekannt: Einerseits wurden, wie hier, Schutzbriefe erteilt, welche die Inhaber dann den Truppenführern vorzeigten; andererseits, erhielten die Adelsgüter einen Wachtposten, der verpflegt werden musste und Schutz vor seinen Gefährten, aber teils auch vor Plünderern und Räubern gewährte.. In einem Schreiben vom 15 Januar 1628 ist von einer kaiserlichen Salva guardia die Rede, hier also eine allgemeine Schutz- und Immunitätszusage des Kaisers.

35 AV U 391.

36 AV Fach Familie, Akt Briefe von Stein 1642 bis 1646.

37 Binder, Sondheim., S. 77.

38 AV Fach Reichsritterschaft, Akten der Ritterschaft von 1650 – 1669.

39 Die Daten zum Schlossgut in Sondheim stehen bei Binder, Sondheim, S. 77 f. Die Verkaufsurkunde liegt nicht im Steinschen Archiv. Zu den verwandtschaftlichen Beziehungen und dem Fronhof vg. Kapitel 8.10..

40 der kaiserliche Kriegskommissar Joan de St. Remy(?).

41 Lamboy, Georg Freiherr von, kaiserlicher Rittmeister, 1639 Oberst, Bruder des Generalwachtmeisters Wilhelm von Lamboy (Engerisser Peter, Von Kronach nach Nördlingen. Der Dreißigjährige Krieg in Franken, Schwaben und der Oberpfalz 1631 – 1635, Weißenstadt 2004, S. 660.

42 Hans Heinrich Freiherr von Reinach (gest. 1645) war kurbayerischer, dann kaiserlich-ligistischer Generalwachtmeister und Regimentsinhaber zu Fuß, schließlich Feldzeugmeister, zeitweise Feldmarschall-Leutnant, Kommandant in Breisach, zuletzt Gouverneur in Regensburg. (Engerisser, S. 672).

43 AV U 394; StA W Rep. FR 14.1, Freiherr v. Stein von 1639 November 28.

44 Körner, Tann-Nordheim, S. 59.

45 Ein Thumshirn war im Schmalkaldischen Krieg als Anführer des kursächsischen Kontingents am 23. Mai 1547 in der Schlacht bei Drakenburg entscheidend am Sieg der protestantischen Truppen gegen die Kaiserlichen beteiligt gewesen.

46 AV Fach Ostheim, Akt Briefe von Stein-Nordheim.

47 Der Betreuer der drei Buben von Stein am Gymnasium in Schleusingen.

48 AV Fach Familie von Stein, Akt Briefe Rosina Marias von Stein 1634 – 1637.

49 Körner („Genealogisches Handbuch") nennt zwar 6 Söhne und 4 Töchter, führt jedoch nicht auf: Georg Christian, Hartmann, Heinrich, Siegmund und Katherina Sophie. In Georg Wilhelms Lebenslauf werden 6 Söhne und 3 Töchter genannt, von denen 1660 fünf Söhne und eine Tochter leben, jedoch war die jüngste Tochter Anna Juliana noch gar nicht geboren. Auch im Lebenslauf Susanne Margaretes von Stein hatte sie 6 Söhne und 4 Töchter geboren, von denen 1694 noch drei Söhne und drei Töchter lebten. Dass 1660 nur eine bzw. 2 Töchter lebten, 1694 jedoch 3 kann natürlich nicht sein, ist aber momentan nicht aufzulösen.

50 In den „Lebensläufen" findet sich unter dem Jahr 1655 die etwas kryptische Überschrift: „Was auf unser Viken ihr beget zu Meiningen gekauft worden." Es könnte mit „beget" (Leichen)-Begängnis gemeint sein, was heißen würde, dass die 4. Tochter Veronika hieß und 1655 gestorben ist. Wahrscheinlich war nach ihr Helene Veronika, die vierte Tochter Caspar Ottos (1691 - -1704), so benannt worden.

51 wie Heinrich: Ostheimer Stadtbuch, (S. 124 gg.).

52 AV U 410.

53 Das Kapitel stammt, soweit nichts anderes angegeben wird, aus AV Fach Familie von Stein, Akt von Stein zu Ostheim – Lebensläufe.

54 Ostheimer Stadtbuch S. 124hh.

55 Deshalb ist sie vermutlich eine „Wach"glocke.

56 vg. Binder, Lichtenberg, S. 95 ff; Erich Rudolph., Wie das Dörflein Sands nach dem Dreißigjährigen Krieg neu erstand. In: Mainfränkisches Jahrbuch für Geschichte und Kunst 1 (1949) (= AU 72). S. 200 – 204.

57 vielleicht die Schwägerin Sabine, die 1632 Andreas Wilhelm von Herda in Öpfershausen geheiratet hatte.

58 vielleicht Maria Dorothea von Stein zu Altenstein, die 1662 Dietrich von Stein zu Nordheim heiratete.

59 AV Fach Familie von Stein, Akt: Die waldenfelsische Erbschaft 1633 – 1638.

60 achter Sohn Caspars von Stein († 1632) Carl (8. Dezember 1626 - -13. September 1675), Reichsfreiherr 3. Juli 7.1669, 1674 Kanzler in Bayreuth auf Commission in Bayreuth, verheiratet in erster Ehe am 12. November 1653 mit Maria Katharina von Oeppe (3. Mai 1632 - - 18. März 1664).

61 eigentlich der Bruder Susanne Margaretes. Wahrscheinlich wurde er aber von der gesamten Familie „Vetter Carl" genannt.

62 Nachdem nichts dabei steht, könnte es auch das Gesinde zu Nordheim gewesen sein oder auch im Altensteinischen Schloss in Ostheim. Doch warum beschenkt sie es dann?

63 Ostheimer Stadtbuch, S. 409.

64 Franz Günther, Der Dreißigjährige Krieg und das deutsche Volk, Untersuchungen zur Bevölkerungs- und Agrargeschichte. 3. verm. Aufl. Stuttgart, 1961. S. 33.

65 AV Fach Ostheim, Erbzinsbuch 1647 bis 1662.

66 Hier wird nicht ganz klar, ob Mey die Steins, die ja eigentlich seine „Herrschaft" sind, oder die sächsische Herrschaft meint. Außerdem unterscheidet er noch zwischen Herrschaft und Lehnsherrschaft. Tatsache dürfte sein, dass Ostheim für die Steins zu Völkershausen nur noch das „fünfte Rad am Wagen" war.

67 Vg. Müller, Bezirk Mellerichstadt, S. 387.

68 AV Fach Ostheim, Akt Briefe von Mathes Schmidt an Stein- Nordheim und an Fr. Müller, Steinschen Vogt in Nordheim 1621 – 1649 („Briefe von Mathes Schmidt").

69 AV Fach Familie von Stein, Akt von Stein zu Ostheim – Lebensläufe.

70 AV Fach Familie von Stein, Akt von Stein zu Ostheim – Lebensläufe, vom 18. Januar 01.1694.

71 Heidi-Melanie Maier (Hrg.) „Gestern Abend schlief er auf dem Sofa ein ..." Alltägliches Leben (Landeszentrale für politische Bildung Thüringen (Hrg.). Quellen zur Geschichte Thüringens), Erfurt, 2004. („Von Tischen, Stühlen, Betten und Geschirr", S. 77 ff. und „Verheiratungen", S. 158 ff.).

72 Ostheimer Stadtbuch S. 124 qq f.

73 vg. Kapitel 8.4 „Die Kemenate am Rathaus".

74 Der Ostheimer Bäcker Johannes Schenk (1700 – 1785) schreibt in seiner „Hauß Cronica" (Schenk'sche Chronik I) S. 73 unter dem Jahr 1717: „Dieses Jahr hat der Keÿser mit den Türcken ge krigt; hat der Printz Eÿgenius dem Dürcken demes wahr und grigichs weisen burg abgenom(m)en, und ist der Keÿser damahls recht glücklich gewest." 1716 – 1718 nahm im sog. 3. Türkenkrieg Prinz Eugen u.a. Temesvár (Timișoara, die Hauptstadt des Banat; seit 1919/20 rumänisch) und Belgrad (Belgrad heißt „weiße Stadt / Burg")ein. Es war 1690 von den Türken wieder zurückerobert worden. — Nach der „Neuwe Archontologia Cosmica (1638) (www.llb-detmold.de/ausstellungen/ungarn/ungarn2.html (18. 11. 2007)) ist Grischisch-/Griechisch-Weißenburg das römische Taurunum, welches heute Zemun heißt und Teil von Belgrad auf dem nordwestlichen Ufer der Save ist. — Die hier geschilderten Aktionen sind noch nicht die Eroberung von Belgrad selbst, denn die geschah erst am 6. September.

75 AV Fach Familie von Stein Akte Caspar Otto von Stein † 1704.

76 Körner, „Genealogisches Handbuch", S. 318.

77 Laurentius Hartmann Schenck (1670 – 1730), seit 1692 in Ostheim und Völkershausen, zuletzt Oberpfarrer in (Bad) Rodach. Ein Exemplar der selten gewordenen Leichenpredigt ist in der Landesbibliothek Weimar (Photokopie im Stein-Archiv Völkershausen). Der Vater, Hartmann Schenck (1634 – 1681), war ebenfalls Diakon in Ostheim und Pfarrer zu Völkershausen gewesen. Von ihm stammt das Lied „Unsern Ausgang segne Gott".

78 Erdmann, Sohn des ersten Freiherrn aus seiner ersten Ehe (13. November 1662 – 18. August 1739) war markgräflich-brandenburgischer Wirklicher Geheimer Rat und Premierminister, Erbtruchsess des Burggrafentums Nürnberg und Johanniterkomtur von Supplinburg bei Helmstedt. Carl, sein Bruder aus des Vaters zweiter Ehe (1673 – 1733), war Landkomtur des Deutschen Ordens in Thüringen und Statthalter in Hessen.

79 vg. Kapitel 11 „Weitere interessante Familienmitglieder, die mit Ostheim verbunden waren" Abschnitt „Caspar von Stein zu Nordheim (1667 – 1706)".

[80] dies und das Weitere aus: AV: Fach Ostheim, alte Inventar-Nr. 26 [d]. — Bei der Vertragsabschrift fehlt leider ein Blatt.

[81] Kinder Caspar Ottos waren: aus 1. Ehe (1683) mit Christa Sophie Gräfin von Tettenbach und Rheinstein (1659 – 1695): **Eva Rosina Luise** (* Völkershausen 3. Oktober 1685; ∞ Ostheim 13. Januar 1715 Hans Moritz von Donop, Herr auf Heiligenroda und Niederndorf, hessen-kasselischer Hauptman († 1725); Evas Sterbedatum unbekannt); **Franziska Beata Maria** (, * Völkershausen 10. Juli 1687; ∞ Ostheim 19. Dezember 1711 mit Peter von Rheeden, markgräflich-brandenburgischer Geheimer Rat, Generalmajor, Obervogt und Oberamtmann zu Ansbach († Ansbach 11. Januar 1750);, Franziskas Sterbedatum ist nicht bekannt); **Polyxena Magdalena Sabina** (* Völkershausen 20. Juni 1689; ∞ Ostheim Christian Wilhelm von Stein zum Altenstein, Ganerbe zu Ostheim, Truhenmeister des Kantons Rhön-Werra († 1734); † Ostheim 3. April 1736); Marie Sophie (1684 – 1685); **Helene Veronika** (1691 – 1704); aus 2. Ehe: ein Sohn († 1693) und Susanna Rosine (* † 1690).

[82] Die Baunachlehen, Ruppers und auch Sondheim wurden durch Caspar Otto ohne Zustimmung der Nordheimer Linie verkauft, dem Geschlecht entfremdet, alieniert. Nachdem diese Güter aber zur Hälfte den Nordheimer Steins gehörten, können diese einen finanziellen Ausgleich, ein Äquivalent fordern.

[83] Die Heufelder auf der Hochrhön waren 1574 allen zu Sondheim, Stetten, Urspringen, Roth, Oberwaldbehrungen und Heufurt wohnenden Lehnsträgern durch Hans von Stein verliehen worden.

[84] Hier ist erstmals die Rede davon, dass Carl Freiherr von Stein einen Neubau in Völkershausen plane. Seit 1378 hatten die Herren von Stein das Dorf Völkershausen „unter Henneberg gelegen" von den Grafen von Henneberg, nach deren Aussterben 1583/4 von den Herzögen von Sachsen zu Lehen getragen.

[85] Nach dem Grimmschen Wörterbuch heißt *bequemen* (selten auch ohne *sich*): aptare, accommodare, einrichten, (sich) zulegen oder fügen; es kann auch ein Substantiv sein (accommodatio).

8. Adelshöfe in Ostheim und ihre Besitzer

Zum Schutz und zur Verteidigung der Lichtenburg und des Amtes waren, wie gesagt, die Burgmänner notwendig. Sie wurden vom Adel der Nachbarschaft gestellt. Aus seinen Reihen kamen bis 1680 zum größten Teil auch die Amtleute. Sie leiteten im Namen des Landesherrn das gesamte Verwaltungs-, Justiz-, Finanz-, Forst- und Militärwesen des Amtes.

Burg- und Amtmänner erhielten als Lohn Natural- und Geldeinkünfte oder „Burggüter" innerhalb der Burg Lichtenberg und in Ostheim. Viele der Burgleute, also der Adeligen, die Burggüter innehatten, um die Burg zu hüten, erwarben daneben Grund und Boden in Ostheim, entweder als Lehen der jeweiligen Burg- oder Landesherren oder als Eigenbesitz.

Im Gegensatz zur wohlverwahrten Burg war das Dorf Ostheim nur sehr unzureichend geschützt. Bis 1586 war das Dorf nur durch einen Dorfzaun umhegt.[1] Unter Dorfzaun kann man sich eine dichte Schlehen-, Heckenrosen- oder sonstige Hecke vorstellen, die das ganze Dorf umzog. In diese lebende Hecke waren zusätzlich dürre Dornenäste und -zweige eingeflochten, so dass sie nur sehr langsam und mühsam beseitigt werden konnte. Jedes Jahr wurden vermutlich wie bei den Landwehren Äste aufs Neue abgeknickt und damit die Hecke verstärkt. Das Dornröschenmärchen bewahrt bis heute das Wissen um die Dornenhecke. Eventuell war an geeigneten Stellen noch ein Graben ausgehoben und dahinter der Zaun wallartig erhöht. Über die Art des Zaunes in Ostheim ist nichts Schriftliches überliefert, doch können wir aus ähnlichen Befestigungen auch auf Ostheim rückschließen: So hatte Theilheim zwischen 1609 und 1618 einen Graben, der durch einen geflochtenen Zaun gesichert war. Ein Dorfgraben wird auch in Ostheim im Jahr 1570 erwähnt.[2] Die Zugangsstraßen waren durch (befestigte) Tore (in anderen Fällen durch Torhäuser wie in Urspringen oder Trappstadt) mit Fall- und Schlaggattern abgesichert.[3]

Es kann noch darüber spekuliert werden, ob bereits vor 1410, dem Jahr des Neubaus (Weihung) der Ostheimer Kirche und Kirchenburg eine Vorgängerkirchenburg an dieser Stelle stand oder ob die Nikolauskapelle neben dem späteren Rathaus die ursprüngliche Kirche Ostheims war.[4] Förtsch schreibt, die Nikolauskapelle sei von einem Friedhof umgeben gewesen.[5] Dies würde für die Nikolauskapelle als ursprüngliche Ostheimer Kirche sprechen. Es gibt jedoch bei mittelalterlichen Dorfkirchen keine einzige in unserem Raum, die nicht als umwallte Kirchenburg gebaut worden wäre. Schon allein durch die Tatsache, dass die Kirche für lange Zeit das einzige Steinbauwerk im Dorf war, hatte sie in besonderem Maße auch die Schutzfunktion für das Dorf. Ich kenne keine Dorfkirche, die nicht auf einem erhöhten Platz, meist Bergsporn oder hinter Mauer und Graben in der Ebene erbaut worden wäre[6]. Auch um die Nikolauskirche hätte dann Raum für Graben, Mauern und Gaden sein müssen. Jedenfalls hatte Ostheim als Filialkirche von Mellrichstadt 1275 einen Pfarrer und damit auch eine Kirche.[7]

Gegen die Nikolauskirche als frühere Hauptkirche sprechen folgende Überlegungen:
Kirchen entstanden als Steinbauwerke in Zentren wie Mellrichstadt bereits vor 1000, in kleineren Dörfern wie Bischofs zwischen 1000 und 1100, ausschließlich als Wehrkirchen zum Schutz für die Dorfbevölkerung. Auch in Ostheim stand sicherlich um 1000 eine Kirche, auch als Festungskirche. Sie war für mehr als drei Jahrhunderte der einzige Schutz gegen feindliche Angriffe, da Adelssitze meist erst im Laufe des 12. Jahrhunderts entstanden. Undenkbar, dass das lange Zeit einzige Steinbauwerk unbefestigt geblieben wäre. Vielleicht ist es mehr als eine Zufälligkeit, dass die frühesten Besitzer des Öptischen Hofes, die Herren von Buttlar genannt von der Neuerburg im Besitz einer Eigenkirche waren, die dem Sankt Nikolaus geweiht war. Die Überreste dieser Kirche finden sich heute noch auf dem Klausberg zwischen Gerthausen und Schafhausen. Dort ist – bisher ohne sichere Anhaltspunkte – auch die Stammburg Neuerburg zu vermuten. Haben die Buttlars zusammen mit weiteren Ganerben die Nikolauskirche errichtet, für dessen Kaplan sämtliche Ganerben Zahlungen leisteten?[8] Die Ganerben hatten ja immer die Nikolauskirche als ihre Gründung in Anspruch genommen.[9]

Eine ganz andere Theorie entwickelt das Stadtbuch.[10] Dort steht:

„a) Die Erbauung der alten Kirche

Zu Anfang des 15.ten Jahrhunderts als fast in ganz Deutschland Aufruhr und Zwietracht einen sehr hohen Grad erreicht hatte, als 3 Könige über Deutschland und 3 Päpste zu gleicher Zeit regierten und ein jeder allein herrschen wollte, als die Vorkämpfer der Reformation Johann Hus und Hieronymus von Prag als Märtyrer für die reine christliche Glaubenslehre den Feuertod erlitten, zu dieser sehr unruhigen und bewegten Zeit wurde in Ostheim die alte Kirche erbaut.

Bis dahin wurde die hiesige Kirche die Nikolauskapelle genannt und stand auf dem Platze, wo jetzt das Rathhaus steht. Dieselbe wurde zu jener Zeit eingelegt und eine neue Kirche in die Burg – den nunmehrigen Kirchhof – erbaut. Die Eigenthümlichkeit dieses hierzu gewählten Platzes, erklärt sich daraus, wenn man sich in die damalige Zeit zurück versetzt, läuft, denn in der Burg konnte man nicht allein ungestörter als an dem seitherigen Platz, der Hauptstraße des Dorfes, seinen Gottesdienst verrichten, sondern das neue Gotteshaus stand inmitten der mit Doppelmauer versehenen Burg sicherer, auch konnte es in den damaligen unruhigen Zeiten – im Nothfalle - wie der übrige Theil der Burg dazu dienen, daß die Einwohner von Ostheim mit ihrer werthvollsten Habe Schutz finden konnten. Im Jahre 1410 wurde der Kirchenbau beendigt und, da Ostheim damals zu dem Bistum Würzburg gehörte, von einem Vicarius des Bischoffs von Würzburg geweiht. Im Jahre 1588 wurde der Thurm mit Schiefer gedeckt.

<u>Anmerkung</u>

Es wird vielfach behauptet, daß das jetzt Kellermannsche Haus hinter dem Rathhaus die vormalige Nikolauskapelle gewesen sei, dagegen sprechen aber die kirchlichen Nachrichten vom Jahr 1805 ausdrücklich: daß die damalige Schenk'sche Wohnung[11] nie Kirche, sondern vor der Reformation die Wohnung, oder ein Kloster des Karthäuser Ordens gewesen sei."

Auf jeden Fall hatten bereits im 14. Jahrhundert die Adeligen ihre Höfe mit Wohnhäusern (Kemenaten) bebaut[12] und sie mit hohen Mauern umgeben. Die ehemaligen Gemeindescheunen, die früher zum steinschen Gut gehörten, geben auf die Nikolausgasse hin einen Eindruck von der früheren Mauer um die Höfe. Zusätzlich wurden die Kemenaten, die südlich der Marktstraße lagen, mit Wassergräben umgeben, die aus dem Wasserlauf gespeist wurden, der damals offen durch die Marktstraße floss. Binder führt einen Vertrag von 1570 zwischen Hans Veit von Obernitz und der Gemeinde Ostheim an. Daraus geht hervor:

1. Adelshöfe [hier der Obernitzsche] waren durch einen Burggraben, wo möglich mit Wasser gefüllt, geschützt.
2. Dieser Wassergraben wurde ursprünglich direkt aus der Streu gefüllt, hatte aber Verbindung zum „Gänswasser".
3. Das Gänsewasser wurde in erster Linie auch zum Feuerschutz durch den Ort geführt.
4. Die Dorfmauer war 1570 gerade im Bau. Ein Dorfgraben um die Stadt bestand bereits. Soweit gefällemäßig möglich, war er mit Wasser gefüllt. [13]

Erst 1633 „wurde der Marktwasserkanal, das Gänsewasser genannt, von der Mamelsgasse bis zum obern Brunnen mit Steinen eingefaßt."[14] Es floss also vorher der Bach ohne Einfassung durch die Marktstraße. 1843 wurde der Marktwasserkanal mit Bohlen abgedeckt. 1829 wurde am Marktplatz begonnen, die Marktstraße neu zu pflastern.[15]

In kaum einem Bereich gibt es so viele unterschiedliche, sich widersprechende Aussagen wie über die Adelshöfe, besonders im Zentrum von Ostheim. Zwei verheerende Brände haben dafür gesorgt, dass fast alle Spuren der früheren Adelskemenaten gründlich verschwanden.

Auch die unterschiedlichen Benennungen zu verschiedenen Zeiten trugen dazu bei, dass viele Nachrichten unsicher sind. „Alttannisch" wurden beispielsweise mindestens zwei, wenn nicht gar drei Adelshöfe genannt, steinisch waren irgendwann einmal fast alle Höfe, was vielleicht auch ein Grund dafür ist, dass später so kein Hof mehr hieß, da „Stein" kein Unterscheidungsmerkmal war. Noch schlimmer steht es mit der Bezeichnung „alt": „Alte Kemenate" hießen nämlich viele der Adelsschlösser.

Abbildung 1: Der Plan der Adelshöfe, der 1960 von Gerhard Schmidt für das Buch „Ostheim vor der Rhön und seine Burgen" nach dem Plan von Mühlenius gezeichnet wurde, hat noch heute Gültigkeit. Der Ursprungsplan ist verschwunden.

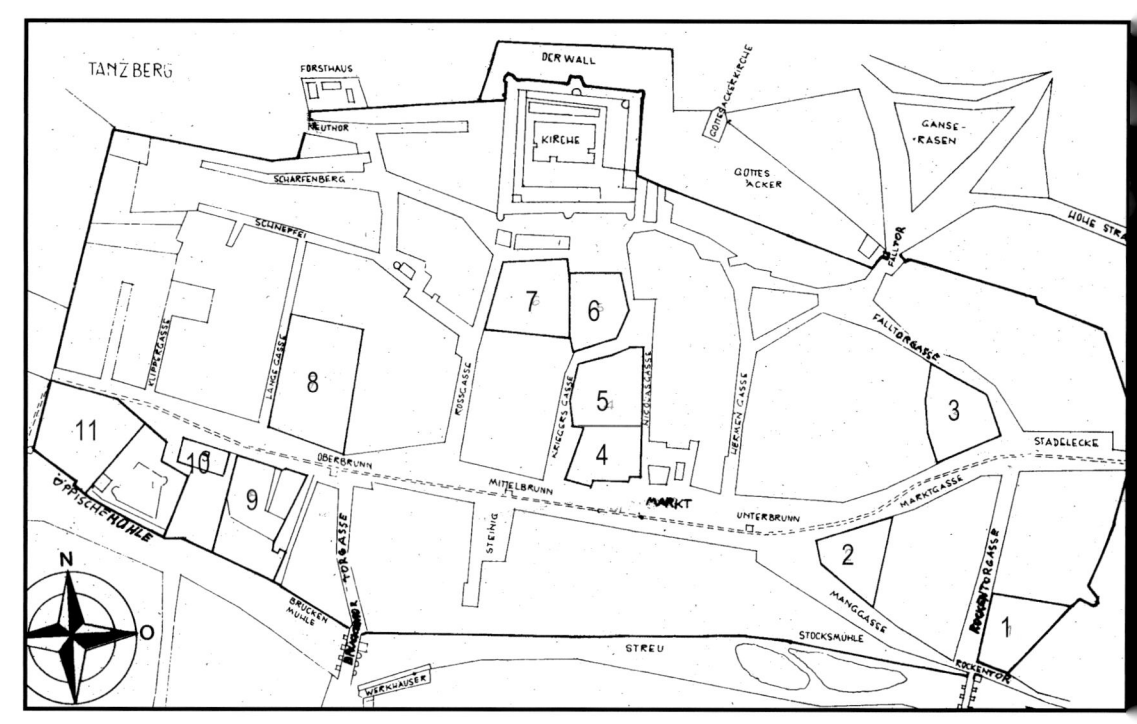

Die Adelshöfe

1 Der Alttannische/Voitische Hof	7 Der Bibrisch/Tannisch/Obermarschalksche Hof am Großen Stein
2 Der Untermarschalkische Hof /die „Münz"	8 Der Rosenauische Hof der Familie von Stein zu Nordheim
3 Das Hansteinische Schloss	9 Der Heldrittsche (Stein-Nordheimische) Hof
4 Die Kemenate am Rathaus	10 Der Steinische Fronhof, das Weyherische Stiftshaus
5 Das Steinische Schlösschen	11 Der Buttlarsche Hof mit dem Öppischen und dem Hessbergischen Schloss
6 Die Kemenate am Kirchberg	

Die Adelshöfe im Zentrum Ostheims[16]

Die größten Schwierigkeiten bereiteten die vier ehemaligen Adelshöfe im Zentrum Ostheims. Mit einiger Wahrscheinlichkeit konnten deren Ursprünge aufgespürt und die wechselnden Schicksale nachvollzogen werden.

Die ersten Besitzer:

1479 befanden sich die zwei aneinandergrenzenden Höfe, das Schlösschen und die Kemenate am Rathaus, im Besitz der Familie von Stein zu Ostheim. Sie waren gemeinsames Eigentum in einem gemeinsamen Hof. 1479 wurden die beiden Höfe und Kemenaten getrennt. Eine Mauer wurde dazwischen aufgerichtet.

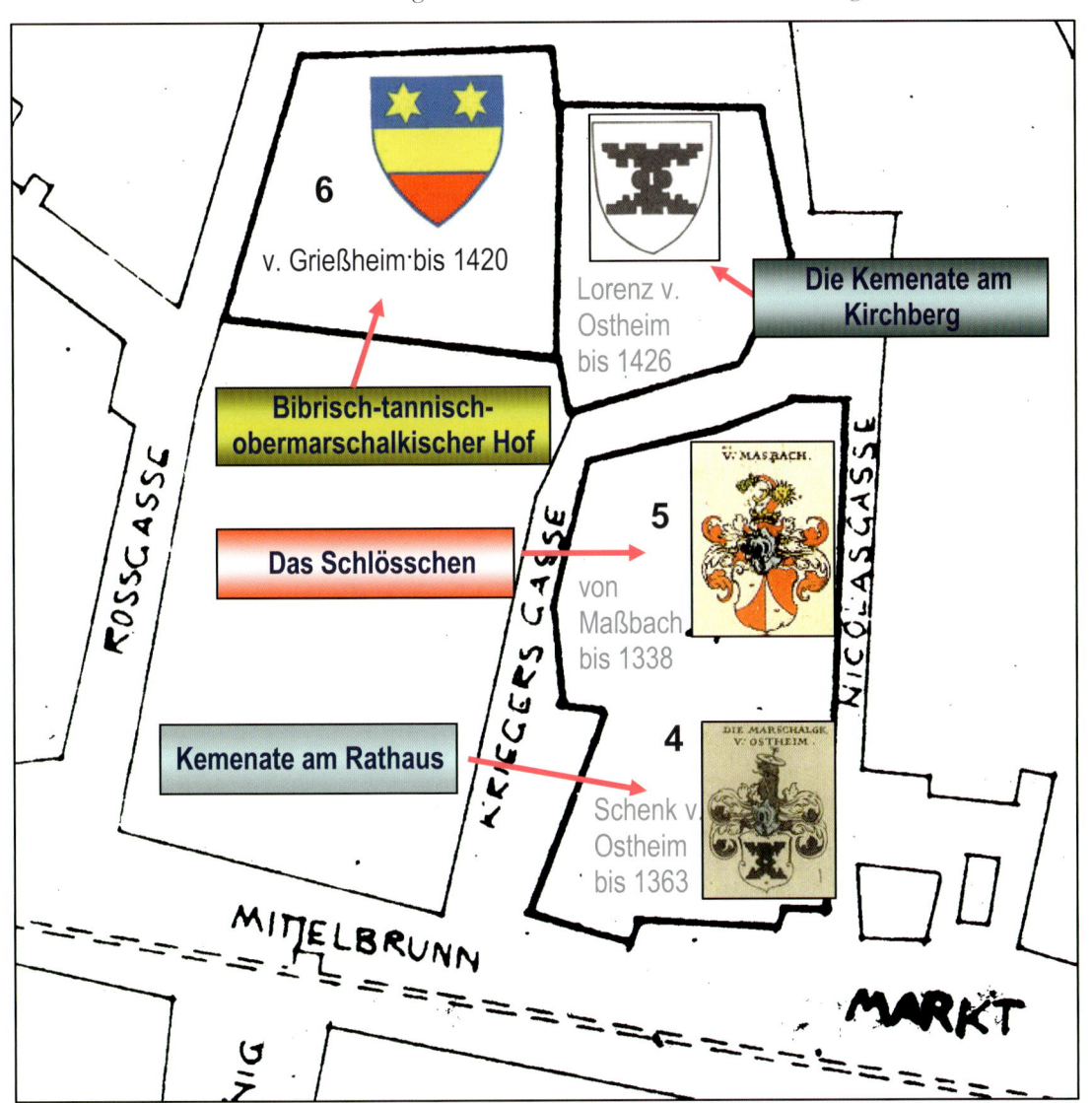

6 – v. Grießheim bis 1420 – Bibrisch-tannisch-obermarschalkischer Hof

Lorenz v. Ostheim bis 1426 – Die Kemenate am Kirchberg

Das Schlösschen

5 – von Maßbach bis 1338

Kemenate am Rathaus

4 – Schenk v. Ostheim bis 1363

ROSSGASSE – KRIEGERSGASSE – NICOLASGASSE – MITTELBRUNN – MARKT

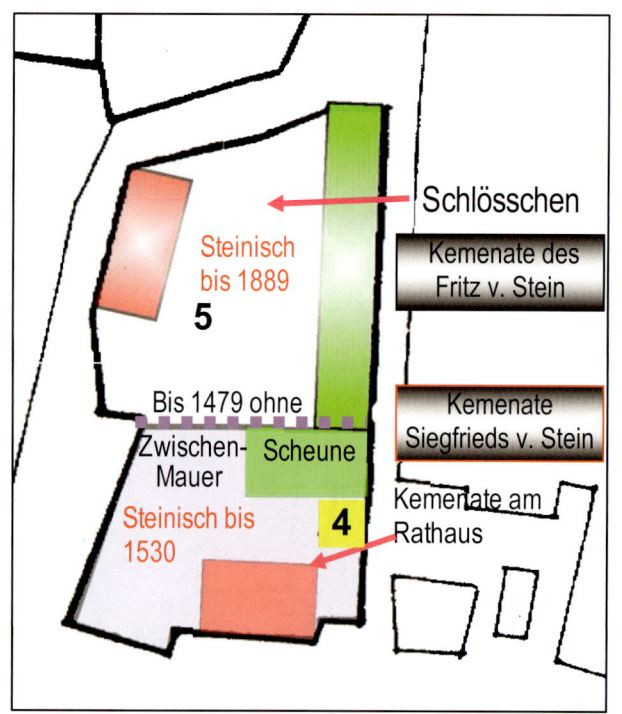

Beide Kemenaten im Besitz der Steins zu Ostheim

Bei der Teilung von 1479 bekam Fritz von Stein die große, Siegfried von Stein die kleine Kemenate. Mit Sicherheit lässt sich nicht entscheiden, welche der beiden Kemenaten die größere war.

Es spricht jedoch einiges dafür, dass ursprünglich der Vorgängerbau des Schlösschens die größere Kemenate war.

Die Kemenate am Rathaus wechselte zu Beginn der Neuzeit mehrfach zwischen den Familien von der Tann und von Stein.

Die Brückenmühle gehörte anscheinend von Anfang an den Besitzern der Münze und des Schlösschens gemeinsam. Deshalb blieb auch in späterer Zeit diese Mühle zur einen Hälfte den Steins, zur anderen der Familie von der Tann.[17]

ABBILDUNG 2: ZWEI KEMENATEN IM ORTSZENTRUM

ABBILDUNG 3: DAS ORTSZENTRUM MIT DER ALTEN MAUER DER KEMENATE AM RATHAUS

Das weitere Schicksal der Kemenaten im Zentrum

Während das Schlösschen im Besitz der Steins verblieb, setzten sich die Marschalks von Ostheim ab 1530 erst teilweise, dann vollständig in den Besitz der bibrischen Kemenate. Die Behausung am Kirchberg war seit 1512 an Ostheimer Bürger verkauft.

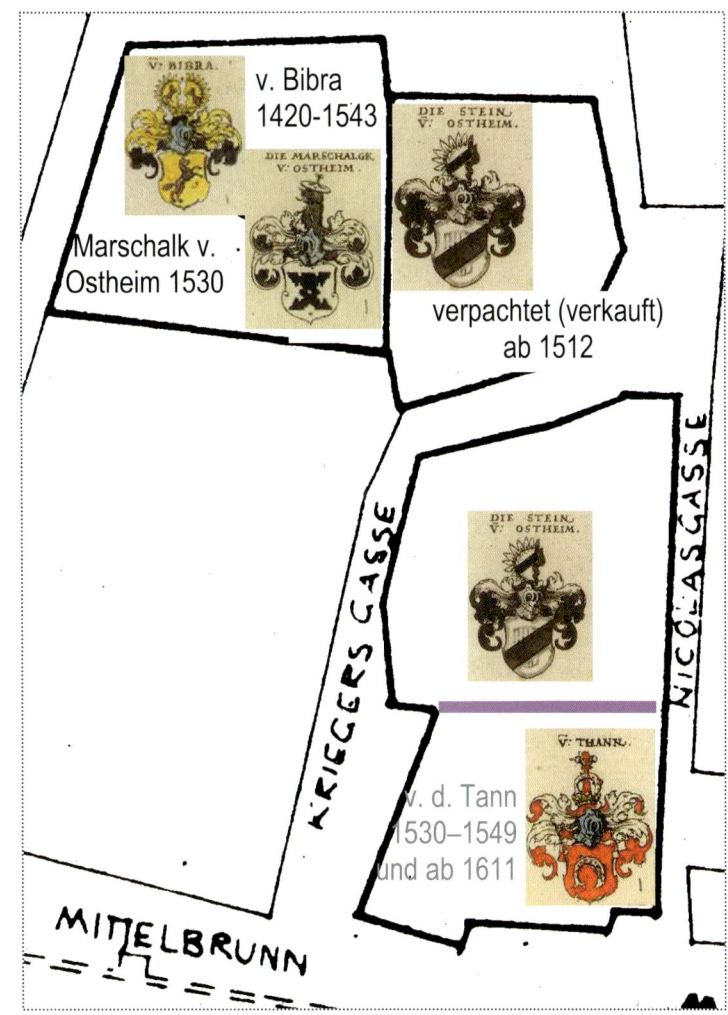

ABBILDUNG 4: DAS WEITERE SCHICKSAL DER KEMENATEN IM ORTSZENTRUM OSTHEIMS

---

[1] Zur Stadtbefestigung Ostheim aus Buttlarsches Lehn- und Zinsbuch von 1546 (1470) in AV, Fach Ostheim, Akt Höfe in Ostheim: „Item fünf Gulden für ein Schwein. Solchen Zins nimmt ein Pfarrer zu Ostheim und ist ein Brief darüber, aber die Lehnschaft steht mir zu und solch Lehen ist und heißt ein hube und hat jn jglichs felt, ein feldt dem andern zu hülff besonder xv Acker und fünff acker Wiesen, dero liegenn iii acker zu nhest unter dem Dorfe an dem **Dorffzawne**." Eine Dorfmauer ist erst verhältnismäßig spät um den Ort gebaut worden. Der Dorfzaun bestand noch im Jahre 1571, als sich die Gemeinde gegen die Erbauung der Amtmannsmühle beschwerte und zur Begründung ihres Einspruchs anführte: Zum ersten lag das Dorf vor etlichen hundert Jahren diesseits und jenseits der Streu ohne jeden Dorfzaun weitläufig zerstreut, weshalb bis auf den heutigen Tag einige Ecken die alte Hofstatt (Hobstedt) heißen, bis mit Vorwissen und Bewilligung der Obrigkeit den Ganerben und allen Einwohner zugute ein ordentlicher Dorfzaun (Dorffryede) zustande gebracht und gebaut wurde. 1510 war eine Hutweide zu einer Wiese hergerichtet worden, die nach Vergleich mit den Adeligen zentfrei bleiben sollte. Der Ertrag sollte jährlich am gemeinen Dorffrieden verbaut werden, was bis 1571 geschah (Binder, Lichtenberg, S. 338)

[2] Binder, Lichtenberg, S. 367

³ Karl-Sigismund Kramer, Bauern und Bürger im nachmittelalterlichen Unterfranken, eine Volkskunde auf Grund archivalischer Quellen, Würzburg 1957, S. 17.
⁴ vg. Binder, Lichtenberg, S. 377; Rudolf Herrmann, Zur Kirchenkunde des Amtes Lichtenberg im 16. Jahrhundert, in: Das Thüringer Fähnlein 1936 (Heft 5), S. 246 ff. Es ist jedoch anzunehmen, dass auch eine Vorgängerkirche, gleich an welcher Stelle, ummauert war, wie viele Kirchenburgen der Umgebung, z.B. die Kirchenburg von Bischofs, die im 12./13. Jahrhundert errichtet wurde. (Schätzlein, Filke, S. 16 ff.).
⁵ W[alther] Förtsch: Bilder aus Vergangenheit und Gegenwart der Stadt Ostheim vor der Rhön, Ostheim, 1909, S. 71.
⁶ Mittelstreu z. B. könnte auch mit Wall und Graben bewehrt gewesen sein, wie dies bei Heustreu heute noch zu sehen ist. (Karl Gröber (Hrg.). Die Kunstdenkmäler von Bayern. 3, 21. Bezirksamt Mellrichstadt. München, 1921. S. 96 und Karl Gröber (Hrg.). Die Kunstdenkmäler von Bayern. 3, 22. Bezirksamt Neustadt a. d. Saale. München, 1922. S. 68 ff)
⁷ Förtsch (S. 78) hat das Jahr 1273 und den Namen Conradus; Johann Wilhelm Rost, Versuch einer historisch-statistischen Beschreibung der Stadt und ehemaligen Festung Königshofen und des königlichen Landgerichts-Bezirks Königshofen, Würzburg 1832, Neudruck Bad Königshofen 1967, Urk. Nr. IX nennt das Jahr 1275.
⁸ AV U 107 von 1459 Mai 16.
⁹ Binder, Lichtenberg, S. 179.
¹⁰ Ostheimer Stadtbuch, S. 124z (ca. 1885 geschrieben).
¹¹ Dies ist die ehemalige Nikolauskapelle, die Bäcker Dietrich Schenk 1704 von der Stadt gekauft und als Bäckerei verwendet hatte. Diese wurde später in die Roßgasse verlegt. Die „kirchlichen Nachrichten" sind keinesfalls zuverlässig, wie auch die Nachricht über das Karthäuserkloster zeigt: Hier wurde wohl Schultes' Fehler übernommen (vgl. Kap. 9.).
¹² Mötsch / Witter, S. 213 (Nr. 106) – Lehnsauftragung der Schenkschen Kemenate von 1363 vom 29. August; HUB V, CCLXII; Schultes, Beschreibung II. 1. Abt.; S. 133 f. (U VII).
¹³ Binder, Lichtenberg, S. 367, der Dorfgraben wurde zu der Zeit schon wieder teilweise verkauft (Stb. S. 713 (1580/8)).
¹⁴ Ostheimer Stadtbuch, S. 124ww.
¹⁵ Ostheimer Stadtbuch, f. 835 und 823v.
¹⁶ Die Quellenangaben und weitergehende Erläuterungen finden sich bei den Ausführungen zu den einzelnen Kemenaten in den Kapiteln 8.1 bis 8.11.
¹⁷ 1365 war die Niedermühle, 1372 die Mittelmühle im Besitz der Familie von der Tann. Von dort wird der anteilige Besitz der Tanns an dieser Mühle gekommen sein. (vg. Kapitel 8.12 über die Mühlen des Adels).

8.1. Der Alttannische oder Voitische Hof

Lage: Ecke Bleichgarten / Mamelsgasse (Bahnhofstraße)

Dieser Hof war strategisch so angelegt, dass er zusammen mit dem Rockentor den Zugang über die Streu schützte. Schon 1579 war die ehemalige Kemenate, wie auch die anderen Gebäude vollkommen verfallen. Die Schutzfunktion wurde zu diesem Zeitpunkt durch die Stadtmauer übernommen, die zwischen 1571 und 1586 neu errichtet wurde.[1] Etwa zur Zeit des Verkaufs an die Familie von der Tann 1580 wurde das adelige Hofgut an verschiedene Privatpersonen verpachtet und das Gelände von diesen neu bebaut.

Eine 1¾ m starke, mit Schießscharten versehene Mauer war 1911 noch vom Voitischen Hof im damaligen Hause

ABBILDUNG 1:
REKONSTRUKTIONSVERSUCH
NACH DEM PLAN VON 1831

Nr. 560 erhalten.[2]

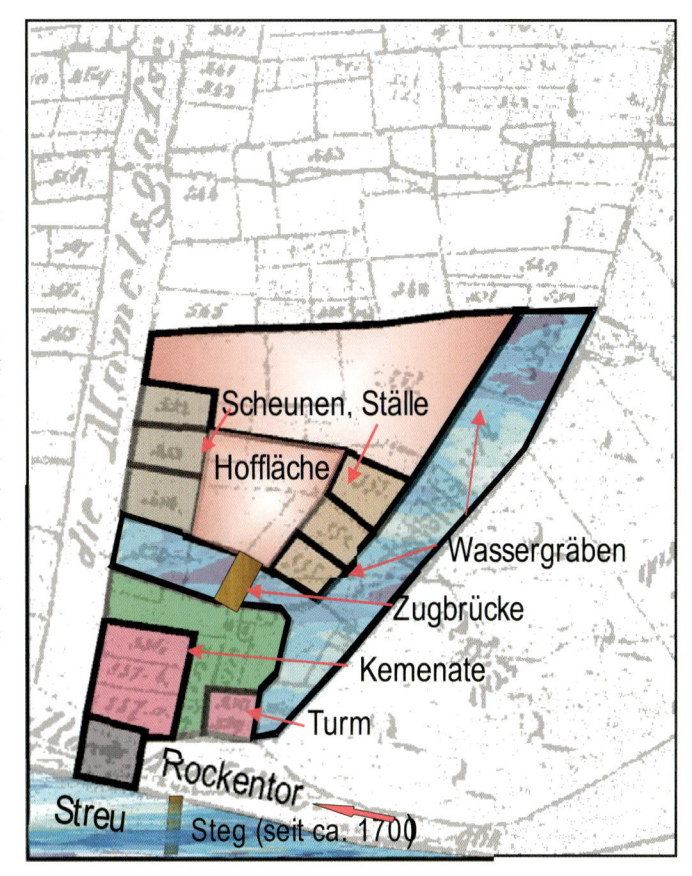

Rekonstruktionsversuch

Aus dem Plan von 1831 lässt sich die mögliche frühere Lage der voitischen Kemenate rekonstruieren: Während der nördliche Teil des Areals vom Wirtschaftshof eingenommen wurde, war die Kemenate direkt an das Rockentor, das wahrscheinlich bereits vor dem Bau der Stadtmauer existierte, angebaut. Gegen den Hof und nach Osten hin war die Kemenate mit Zwinger, Mauer und Wassergraben geschützt. Die Südostecke des Anwesens war durch einen festen quadratischen Turm gesichert, der gleichzeitig als zusätzlicher Schutz des Stadteingangs diente. Gegen die Mamelsgasse sicherte eine hohe, starke Mauer, die nur mit schießschartenartigen Fenstern versehen war, das gesamte Anwesen. Das Einfahrtstor führte von der Mamelsgasse aus wahrscheinlich nicht direkt in die Kemenate, sondern erst in den Wirtschaftshof. Auch dieser war von einer hohen Mauer umgeben. Spätestens nach dem Bau der Stadtmauer wurden die Gräben eingeebnet und zu Gartenland verwendet.

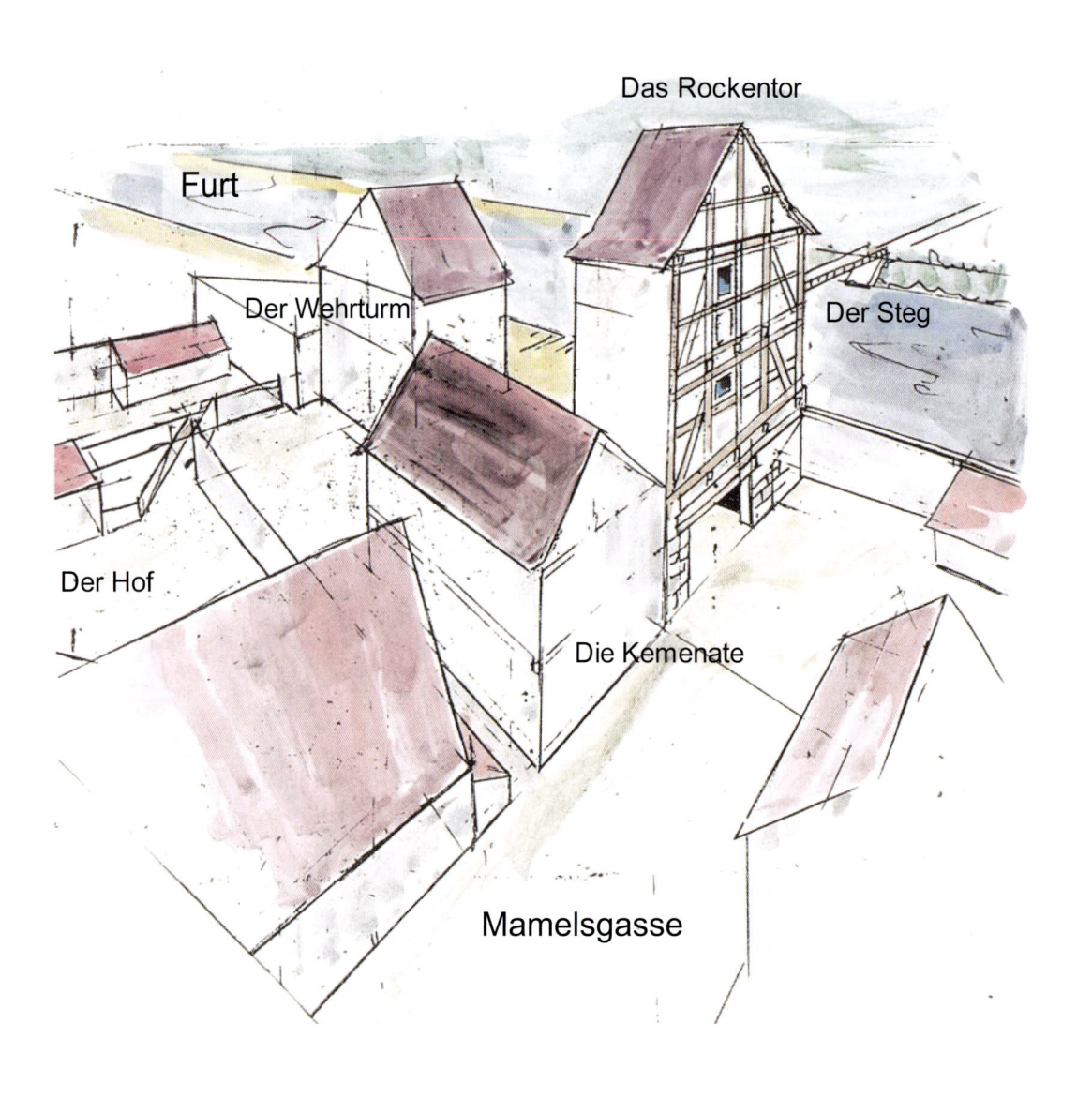

ABBILDUNG 2: SO ÄHNLICH KÖNNTE DER VOITISCHE HOF IM MITTELALTER AUSGESEHEN HABEN. (ZEICHNUNG: EMIL HANISCH)

Die Besitzentwicklung

Erster bekannter Besitzer dieses Hofes war die mit der Familie von Stein vielfach verbundene Familie von Herbilstadt (Herbstadt).[3] 1366 veräußerte Otto von Herbilstadt den Hof wohl an Heinrich den Jüngeren (XXII.) von der Tann, gen. von Bischofsheim (1353 – 1373).[4] Heinrich ist als fuldischer Amtmann zu

Lichtenberg 1360 und 1365 erwähnt. Heinrichs Sohn, Heinrich (XXVI.), auch er mit dem Beinamen „von Bischofsheim", war fuldischer Amtmann zu Fischberg 1374, würzburgischer Amtmann zu Hiltenburg 1385, zu Fladungen 1391 und zu Meiningen 1399; 1386 übernahm er mit Siegfried von Stein Lichtenberg amtmannsweise bis 1390, und 1391 wieder.

Dieser Heinrich war im Jahr 1423 nicht als Ganerbe zu Ostheim verzeichnet, dafür aber sein Sohn Georg und seine nicht namentlich aufgeführten Brüder Heinrich, Domherr zu Würzburg, Eucharius, Melchior, der 1457 – 61 Amtmann auf Lichtenberg war, Burkhard und Engelhard.

1560 Christoph Voit von Rieneck wird Besitzer des Voitschen Hofes.

Seinen Namen bekam der Hof von der Familie Voit von Rieneck, die ihn 1560 der Familie von der Tann abgekauft hatte. Eine Verkaufsurkunde ist nicht bekannt, ebenso wenig eine verwandtschaftliche Beziehung der beiden Familien. Möglicherweise stammte Christoph von Rieneck aus der in Helmershausen begüterten Linie der Voiten, deren letzter Vertreter, Gottfried, mit Euphrosyne, der Tochter des in Ostheim ansässigen Hans Thomas von Heldritt, verheiratet war. Deren einziges Kind Anna Agnes heiratete in zweiter Ehe wieder einen Tann, Lucas. Christoph Voit von Rieneck baute 1570 trotz Protestes der Ganerben und der Gemeinde „außerhalb des Dorffriedens", also außerhalb der bisherigen Dorfeinfriedung bzw. der neu errichteten Dorfmauer, eine Mühle, die „Außenmühle", die später so genannte Amtmannsmühle. 1580 veräußerte er seinen Besitz, da er Ritter des Deutschen Ordens wurde, um 6500 fl. an den Bischof von Würzburg, in dessen Dienst er als Rat trat. Hans von Stein hatte ihm zuvor vergeblich 7500 fl. für den Hof geboten. Mit Verkaufsabsichten umgehend, veranschlagte Christoph 1579 den Wert des Hofs auf 8000 fl. und bot das Anwesen der sächsischen Regierung an; da aber die Amtleute zu Römhild und Lichtenberg abrieten und ein Gegenanschlag den Wert auf 7230 fl. herabsetzte[5], verzichteten die Herzöge auf den Kauf.

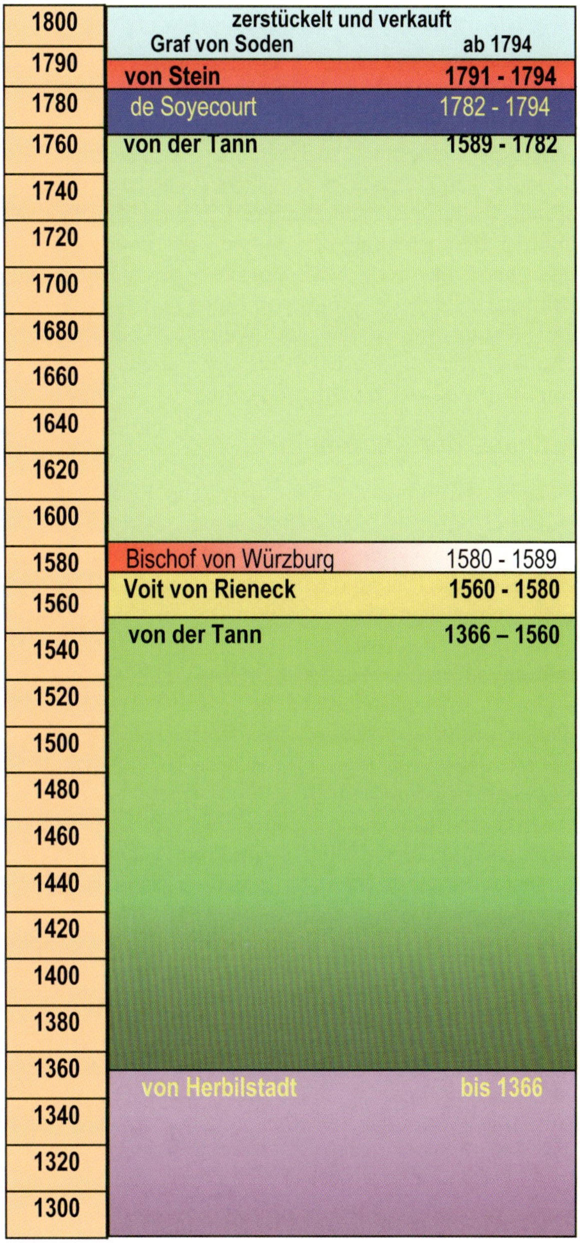

Jahr	Besitzer	Zeitraum
1800	zerstückelt und verkauft Graf von Soden	ab 1794
1790	von Stein	1791 - 1794
1780	de Soyecourt	1782 - 1794
1760	von der Tann	1589 - 1782
1740		
1720		
1700		
1680		
1660		
1640		
1620		
1600		
1580	Bischof von Würzburg	1580 - 1589
1560	Voit von Rieneck	1560 - 1580
1540	von der Tann	1366 – 1560
1520		
1500		
1480		
1460		
1440		
1420		
1400		
1380		
1360		
1340	von Herbilstadt	bis 1366
1320		
1300		

ABBILDUNG 3:
DIE BESITZER DES VOITISCHEN HOFES

Am 17. März 1580 melden Gemeinde und Ganerben, der Bischof von Würzburg habe das Gut gekauft und es stehe große Zwietracht zu befürchten, wenn er in das Dorf eingelassen würde, worauf Arnold von Heldritt an den würzburgischen Rat Christoph Voit von Rieneck, seinen Schwager, schreibt, die Regierung werde andere als „schlechte[6] Adelspersonen" nicht einlassen. Es blieb aber bei dem Kauf; der Bischof zahlte 6500 fl. und 150 fl. Leihkauf. Schon 1589 aber vertauschte das Stift den Hof wieder an Martin von der Tann gegen dessen Vogteilichkeit und andere Ein- und Zugehörungen in Sondernau, behielt sich aber, obwohl der Hof (mit der Beschränkung, dass er wie jedes Bauerngut Zehnt geben musste) freies Eigentum gewesen war, die Lehnsherrlichkeit vor. Nachdem die Sondernauer Besitzungen fuldisches Lehen gewesen waren, wurde diese Lehnsherrlichkeit des Abtes von Fulda nun auf den Voitischen Hof übertragen. Nur der „Ansitz", der Baum- und Krautgarten sowie der Weinberg blieben freies Eigen. Fast zwei Jahrhunderte war nun der „Alttännische"[7] Hof im Besitze der Familie von der Tann und wurde dann zusammen mit den übrigen tannischen Gütern in Ostheim veräußert.[8]

Aufgabe der Kemenate

Obwohl Martin von der Tann nach dem Erwerb des (Ober)Marschalkschen Hofes am Kirchberg 1580 und nun des Voitischen Hofes 1589, sowie des späteren Hansteinschen Hofes gegen Ende des Jahrhunderts[9] im Besitz von drei Ostheimer Adelsgütern war, blieb er weiter in Nordheim wohnen. Ob sein Sohn Caspar, der 1594 bei einer Teilung die Nordheimer und Ostheimer Besitzungen erhielt, seinen Sitz in Ostheim nahm, ist auch nicht sicher. Man weiß nur, dass er seine Hochzeit in Ostheim ausrichtete und feierte und 1599 das Hansteinsche Schloss um- und ausbaute.[10] Erst von Caspars Sohn Cuntz wissen wir, dass er in Ostheim wohnte, solange er bis 1598 im kaiserlichen Heer gegen die Türken zog. Körner vermutete 1989 seine Wohnung im Hansteinschen Schloss. 1982 war er sicher, dass Cuntz im Voitischen Hof gewohnt hat.[11] Wahrscheinlicher erscheint, dass Cuntz seine Wohnung im Obermarschallschen Hof nahm, nachdem die Gebäude im Voitischen Hof schon 1579 verfallen waren und die Familie Marschalk die hansteinsche Kemenate bewohnt hatte.

Die voitische Kemenate wurde nicht mehr bewohnt. Auch die Bewirtschaftung der dazugehörenden Felder wurde von anderen Höfen übernommen. Der Voitische Hof hatte vor 1600 als Gutshof oder Kemenate aufgehört zu existieren. Das Anwesen selbst wurde schließlich von Graf von Soden zerstückelt und an Privatleute verkauft.

---

[1] Der Torturm des Rockentores, der wahrscheinlich schon vor 1571 gestanden hatte, wurde um 1840 abgebrochen.
[2] Paul Lehfeldt und Georg Voß Georg, Bau- und Kunstdenkmäler Thüringens, Großherzothum Sachsen-Weimar-Eisenach, 4. Band, Jena 1911, S. 269 (in Teil „Amtsgerichtsbezirk Ostheim v. d. Rhön", Nachdruck: Sondheim v.d.Rh., o.J.).
[3] so 1280: Engel, Urkundenregesten vor 1400, S. 21 f. (Nr. 30); AV Cop. I, S.837, U 38 von 1399 (Verschwägerung), U 173 von 1502,
[4] Wagner, Mellrichstadt S. 176; Körner / Schmidt, S. 11.
[5] „Mit 1000 fl. wurden die Gebäude, obgleich eigentlich nicht zu rechnen, angesetzt; der Keller sei gering und fasse nur 4 Fuder „getrengk"; 80 fl. 8 Acker Weinberg in einem Stück unter Schloss Lichtenberg (der Wein aber sei sauer und gerate nur alle 5 bis 6 Jahre); 400 fl. 5 Acker Baumgarten „nächst bei dem Ansitz" mit 6 Schock „geschlachten Stemmen", 3000 fl. auf 30 Acker Wiesen nebst der neuen Mühle; 143 ½ (Acker) Artland in den 3 Fluren etc." (Binder, S. 352 f, Anmerkung 2.)
[6] hier schlecht als „schlicht", gemeint ist der niedere Adel.
[7] so genannt, weil er schon früher in tannischem Besitze gewesen war, zum Unterschied vom „Tännischen" (Obermarschalkischen) Hof.
[8] Körner / Schmidt, S. 11 f. und Binder, Lichtenberg, S. 305 und 351 ff.
[9] Körner / Schmidt, S. 13.
[10] Körner, von der Tann, S. 121.
[11] Körner, Tann-Nordheim, S. 58 bzw. Körner / Schmidt, S. 75.

8.2 Untermarschalkischer Hof (die Münz / das Altensteinsche Schloss)

„Das ganze Gebäude, auch die beiden Obergeschosse, ist aus Stein. Den einzigen Schmuck der schlichten Architektur bilden drei aus Stuck modellirte Cartouchen in der Mittelaxe der nach dem Markt belegenen Eingangsseite. Ueber der Thür das Wappen der Freiherrn v. Stein zum Altenstein (3 Hämmer im Schild). Die Ornamente zeigen den künstlerischen Charakter der Zeit um 1760. Das Gebäude wird auch der *Untermarschalkische* Hof genannt. Eine Münze wurde in Ostheim 1621 auf Befehl der Herzogs Johann Ernst errichtet, bestand aber nur wenige Jahre. In dem Schlosse wurde 1770 Karl v. Altenstein geboren, der bekannte preussische Kultusminister (Minister 1817 – 37, gestorben 1840)."[1] So beschreiben die „Kunstdenkmäler" das Schloss, welches diesen Namen wirklich verdient. Dieser Hof und der des Hansteinschen Schlosses waren zusammen ca. 100 Jahre im Besitz der Marschalks und wurden deshalb wohl oft Untermarschalkscher Hof genannt. Der Obermarschalksche Hof war während dieser Zeit etwa 50 Jahre lang im Besitz dieser Familie.

Abbildung 1: Das Altensteinsche Schloss, die Münz 2006

Weitere Beschreibung des Münzschlosses am 22. Oktober 1805

Der freiherrlich steinische Rentmeister Johann Kaspar Rommel hatte per Dekret der Brüder Friedrich Georg und Julius Wilhelm Ernst Freiherrn von Stein vom 1. August 1805 den Auftrag erhalten, das steinische Rittergut zu Ostheim zu revidieren, (zu überprüfen, neu zu bewerten). Neben einer Aufstellung der damaligen Felder und sonstigen Einnahmen beschrieb er auch die vorhandenen Gebäude:

„Das Münzschloß
ist noch ein neues etwa in den 1740er Jahren ganz aus Stein erbautes Gebäude. Der Erbauer war ein Herr von Altenstein, von diesen kam es an die Herren von der Tann, darauf Marquis de Soyecourt, Freiherr v. Stein, Graf von Soden und abermals der Freiherr von Stein.

Das Gebäude hat 3 Stockwerk[,] ist vollkommen gut erhalten und das ansehnlichste Haus in Ostheim. Gegen Abend ist es wie gegen Morgen 58 Nürnberger Schuh lang, gegen Mittag 36 und gegen Mitternacht 47 Schuh breit. Im ersten Stock findet sich ein Zimmer mit einem eisernen Ofen und daran eine Kammer; die Hauptküche, eine kleinere, erst neuerlich eingerichtete Küche, ein kleineres Gewölbe 12 Schuh lang und ebenso breit, auch 7 Schuh hoch. Im zweiten Stock ein Saal nebst drei heizbaren Zimmern, die sämtlich mit eisernen Öfen versehen sind und eine kleine Küche. Im dritten Stock ein Saal mit 2 heizbaren Zimmern[,] aber nur ein Ofen im Zimmer gegen Mitternacht.

Vor dem Schloß sind rechts und links mit einem eingefallenen Staketenzaun versehene Gärtchen, die so wie der Hof mit einer etwas schadhaften Mauer umgeben sind.

Hinter dem Schloß im Hof eine doppelte Scheune, die jetzige Völkershäuser Zehntscheune, welche 47 Schuh lang und 37 Schuh breit ist. Auch findet sich im Hof ein Waschhaus und eine Holzremise, zusammen 32½ Schuh lang und 24 Schuh breit sowie ein angefangener und nicht ausgebauter Pferdestall von Stein ohne Dach, 23 Schuh lang und 14 Schuh breit. Zu dieser Vierung von Mauerwerk befinden sich dermalen 2 neue Schweineställe."[2]

Wie der Hof früher ausgesehen hat, kann man nur vermuten. Zu gering sind die Anhaltpunkte. Die Annahme, dass früher ein Wassergraben das Schloss umgeben hat, ist sicher nicht von der Hand zu weisen und war technisch eher möglich, als beim Hansteinischen Schloss. Wasser war vorhanden. Es wurde im „Gänswasser" herbeigeführt. Spätestens mit der Ummauerung Ostheims zwischen 1570 und 1586 waren Wassergräben um die unteren Schlösser

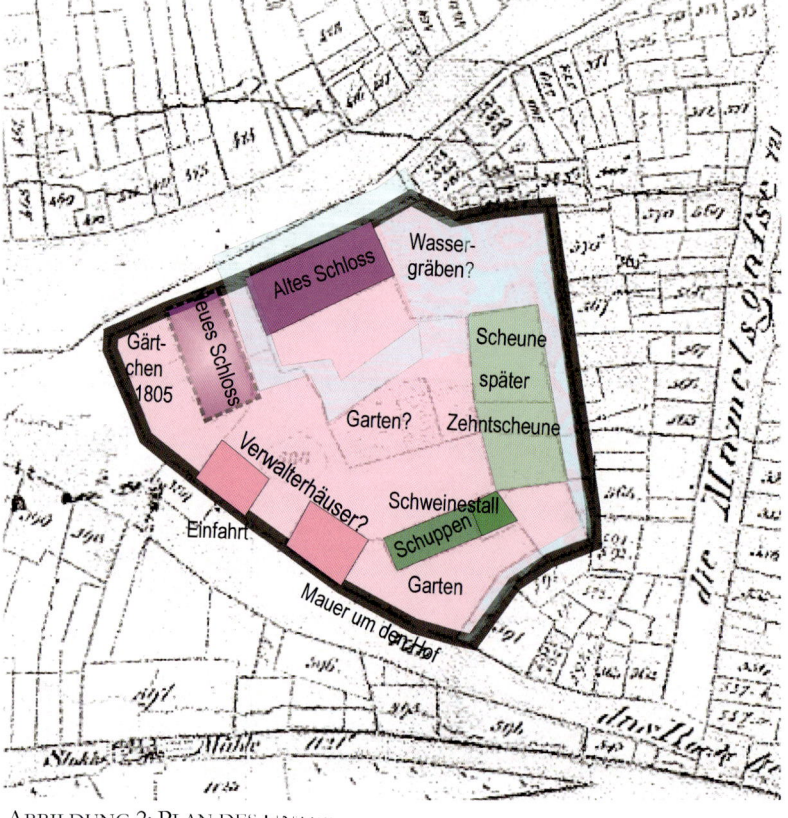

ABBILDUNG 2: PLAN DES UNTERMARSCHLEIS...

genauso wenig nötig wie Wallgräben bei den weiter oben liegenden Höfen und Kemenaten. Sie wurden deshalb spätestens um 1600 eingeebnet. Georg Voss führt dazu aus[3]: „Die sieben Rittersitze, welche die Amtsbeschreibungen von 1643 und 1673 nennen, waren in den Zeiten des Mittelalters wehrhafte Kemenaten, jede mit Mauern und Graben umgeben."

Die Besitzer der Münz (ABBILDUNG 3)

„Die Familie Marschalk v. Ostheim war fast während des ganzen 15. Jahrhunderts in Ostheim nicht vertreten. Die Frau [Margarete] Georgs, des ersten, welcher wieder unter den Ganerben erscheint (1490), war eine geborene v. d. Tann; vermutlich ist er durch sie in den Besitz des Hofes gekommen", schreibt Binder. Biedermann, den Binder als Quelle benutzt[4], gibt als Eltern der Margarete Wolfram von der Tann und Margaretha geb. von Seckendorf an. Dieser Wolfram war bisher nirgends einzuordnen, auch Biedermann selbst hat ihn nicht in den Stammtafeln der Herren von der Tann verzeichnet. Die Häufung des Namensteils „Wolf" deutet jedoch auf die Bastianlinie hin, aus der dann auch Wolf und Hans Wolf von der Tann stammen; auch der Name eines Sohnes von Georg und Margarete Marschalk von Ostheim, Wolf, deutet in diese Richtung, wie wir in der genealogischen Tabelle im Kapitel 7.1 nachweisen.

Von den 9 Söhnen Georg Marschalks kommen in Ostheim nur zwei vor: Wolf, der Erbmarschall 1502[5], und Hans. 1543 ist es immer noch Hans Marschalk und sein Neffe Georg Sittig.[6] Hans nennt sich auch 1544 „zu Ostheim".[7] In diesem Jahr teilen die Vettern Hans und Georg „Sittich Marschalk" von Ostheim den von ihrem Vetter Wilhelm ererbten oberen Hof zu Ostheim. Hans bewohnte ein eigenes Schloss, das später das „Hansteinsche" hieß (s.u.). Binder schreibt im Zusammenhang mit dem Neubau der Voitischen Mühle 1571, es hätten sich darüber Georg und Siegmund Voit von Salzburg und Hans von Bibra beschwert, die damaligen Inhaber des Untermarschalkischen Hofes.[8] Nach Biedermann[9] war Siegmund Voit von Salzburg mit Barbara Marschalk von Ostheim verheiratet. Auch wenn deren Eltern nicht angegeben sind, ist wahrscheinlich Georg Sittig der Vater. Nicht umsonst wurde denn auch die Tochter von Barbaras Bruder Adam Georg auf den Namen Barbara getauft. Siegmund Voit von Salzburg war noch 1595 einer der Ganerben, wohnte jedoch nicht in Ostheim.[10] Er starb 1598. Auch Georg Voit von Salzburg war einer der Schwiegersöhne Hans Marschalks und ein Bruder Siegmunds. Gegen die Annahme, der Besitz von Hans Marschalk zu Ostheim sei unter den Schwiegersöhnen aufgeteilt worden, spricht, dass Arnold von Heldritt weder in der Münz, noch im Hansteinschen Schloss als Besitzer auftaucht, Georg Voit von Salzburg jedoch in beiden Höfen. Allerdings ist auch möglich, dass der Gesamtbesitz an alle vererbt wurde, doch einige ausgezahlt wurden oder auch ihre Anteile an andere, wie Hans von Bibra, verkauften. Wie der Besitzwechsel zwischen den drei Anteilseignern der Münz 1571 an Georg Adam Marschalk von Ostheim vor sich ging, ist nicht erfindlich, wenn nicht die entsprechende Verkaufsurkunde auftaucht.

Nachdem Binder für den Besitzübergang kein Datum angibt, kann es sich auch nur um eine Annahme Binders handeln. Körner gibt an, der Untermarschalkische Hof sei über die von Heßbergs an die Tanns gekommen.[11]

Die Familie von Stein zu Altenstein in Ostheim (ABBILDUNG 4)

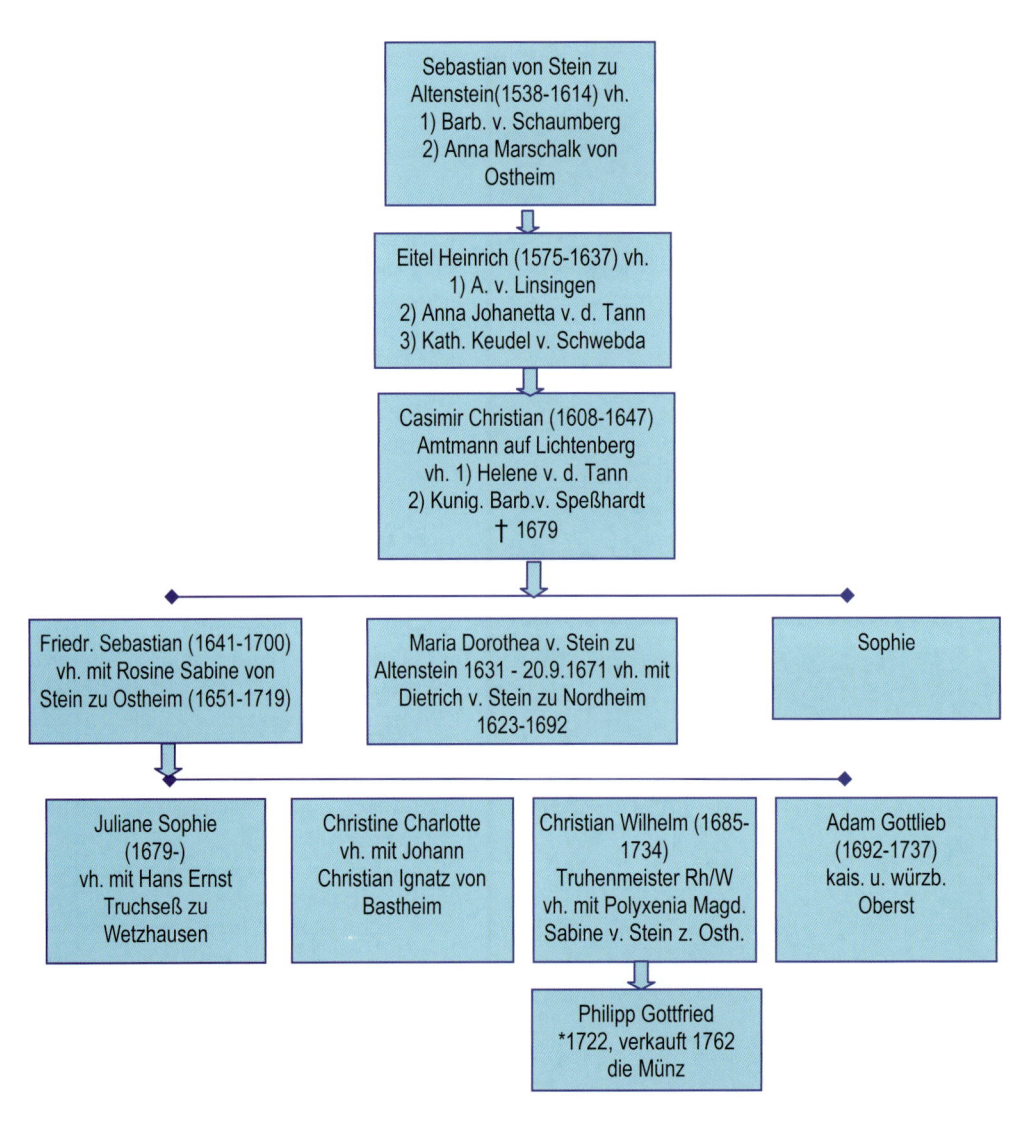

```
Sebastian von Stein zu
Altenstein(1538-1614) vh.
1) Barb. v. Schaumberg
2) Anna Marschalk von
Ostheim
          ↓
Eitel Heinrich (1575-1637) vh.
1) A. v. Linsingen
2) Anna Johanetta v. d. Tann
3) Kath. Keudel v. Schwebda
          ↓
Casimir Christian (1608-1647)
Amtmann auf Lichtenberg
vh. 1) Helene v. d. Tann
2) Kunig. Barb.v. Speßhardt
    † 1679
```

- Friedr. Sebastian (1641-1700) vh. mit Rosine Sabine von Stein zu Ostheim (1651-1719)
- Maria Dorothea v. Stein zu Altenstein 1631 - 20.9.1671 vh. mit Dietrich v. Stein zu Nordheim 1623-1692
- Sophie

Kinder von Friedr. Sebastian:
- Juliane Sophie (1679-) vh. mit Hans Ernst Truchseß zu Wetzhausen
- Christine Charlotte vh. mit Johann Christian Ignatz von Bastheim
- Christian Wilhelm (1685-1734) Truhenmeister Rh/W vh. mit Polyxenia Magd. Sabine v. Stein z. Osth.
- Adam Gottlieb (1692-1737) kais. u. würzb. Oberst

- Philipp Gottfried *1722, verkauft 1762 die Münz

Besitz der Steins zu Altenstein ab 1590

Von Wolfs Enkel, dem Erbmarschall Georg Adam, ging der Hof an Sebastian von Stein zu Altenstein über[12], was vor 1590 oder in diesem Jahr, dem Todesjahr Georg Adams geschehen sein müsste. Nach Körner wurde der Hof erst nach 1626 an Sebastians Sohn Eitel Heinrich verkauft.[13] „Als mit dem 30-jährigen Kriege das Kipper- und Wipperunwesen begann, da allenthalben Münzstätten wie Pilze aus der Erde schossen, und kein alter Kupferkessel vor der Verwandlung in Silbermünzen sicher war, da wurde (1621) auf Befehl des Herzogs Joh. Ernst auch in Ostheim eine *Münze* errichtet und zwar im Privathause des Amtmanns [und durch den Münzer Hans Hepp von November 1621 bis April 1622 Geld geprägt, das aber wegen seines schlechten Feingehalts bald zurückgezogen werden musste]. Aber schon im nächsten Jahre fordert der Herzog Auskunft, wie es zugehe, daß die Ostheimer Münzen so ungern genommen würden. Auf diese Schwindelzeit ließ der große Krach nicht lange auf sich warten; auch die Ostheimer Münze ging nach kurzem Bestehen wieder ein."[14] Auch Eitel Heinrichs Sohn Casimir Christian wurde Amtmann auf Lichtenberg. Auf Geheiß Herzogs Johann Ernst von Sachsen-Eisenach (I) fertigte er die 1643 vollendete Amtsbeschreibung des Amtes Lichtenberg. 1647 starb er.

Seine Witwe Kunigunde Barbara von Stein zu Altenstein geborene von Speßhardt gibt deshalb „aus höchst bestürztem Gemüte den Vettern und Gevattern zu erkennen, dass Gott der Allmächtige nach seinem unwandelbaren Willen und Wohlgefallen ihren herzliebsten Ehejunker, den wohledlen und festen Casimir Christian von Stein zu Altenstein und Ostheim, gewesenen Sächsisch Weimarischen Amtmann zu Ostheim zu sich rief. Am vergangenen Sonnabend wurde er nach verspürter großer Unpässlichkeit vom Schlag überfallen. Er hat sich dann dem Herrn Christus treulich zu Gnaden befohlen und dieser ihn aus dieser Welt ab- und zu sich in die ewige eingefordert.

Der abgelebte Körper wird nach adeligem Brauch nächsten Freitag nach 12 Uhr in der Pfarrkirche zu Ostheim zu seiner Grabstätte gebracht und beigelegt werden.

Dazu wird der Vetter demütigst gebeten, samt seiner vielgeliebten Hausehre auf diesen Freitag um 9 Uhr vormittags zu erscheinen und ihrem herzlieben seligen Junker den letzten Ehrendienst zu erweisen."[15]

Auch Casimir Christians Sohn Friedrich Sebastian wurde wieder mit dem Amt Lichtenberg betraut. Er ging, wie auch seine Schwester Marie Dorothea, eine eheliche Verbindung mit der Familie von Stein ein.[16]

Friedrich Sebastians Sohn Christian Wilhelm vertiefte die Bindungen zur Familie von Stein. Er heiratete zu Ostheim am 3. Januar 1717 die jüngste Tochter Caspar Ottos von Stein zu Ostheim und Völkershausen, Polyxena Magdalena Sabina, seine Cousine. Diese wurde geboren am 20. Juni 1689 zu Völkershausen und verstarb zu Ostheim am 3 April 1736. Christian Wilhelm von Stein zum Altenstein war Ganerbe zu Ostheim und Truhenmeister des Kantons Rhön-Werra. Er verstarb 1734 zu Ostheim.

Bau des Altensteinschen Schlosses 1757 und Verkauf 1765

Sein Sohn Philipp Gottfried, fürstlich ansbachischer Oberschenk und Hofmarschall ließ in den vier Jahren zwischen 1753 bis 1757 neben der alten Kemenate ein Schloss „ganz neu und nach der besten Ansbachischen Bauart" aufführen. Vermutlich hat

ABBILDUNG 5: WAPPEN DER STEINS ZU ALTENSTEIN ÜBER DEM EINGANG DES MÜNZSCHLOSSES

der Leiter des Hofbauamts in Ansbach, Johann David Steingruber, die Pläne entworfen oder wenigstens begutachtet. Die Bauarbeiten führten Einheimische aus, der Baumeister Caspar Adam Heym und der Schreinermeister Johann Michael Schneider.[17] Dass das Schloss in dem Jahr fertig wurde, in dem die halbe Stadt abbrannte, ist zwar merkwürdig, aber eben nur Zufall.

Nach Vollendung des neuen Schlosses erstellte der Verwalter Christian Ernst Heunisch am 10. Januar 1758 einen „Anschlag" des Münzguts. Jährlich brachten die beständigen Gefälle 278, die unbeständigen 68 Gulden an Einnahmen. 190 Acker Feld waren 18 522 Gulden wert, 46 Acker Wiesen 7260 Gulden, 6 Acker Gärten 1560 Gulden und 241 Acker Wald 12 079 Gulden. Der Hofplatz war mit 240, das dreistöckige Schloss mit 5000 und das alte Herrschaftsgebäude und seine Ställe mit 2 400 Gulden veranschlagt. Der Gesamtwert betrug 47 121 Gulden fränkisch oder 39 268 Taler.[18]

Möglicherweise trug sich Philipp Gottfried schon zu dieser Zeit mit dem Gedanken, das Anwesen zu verkaufen. Doch er musste noch 7 Jahre warten, bis sich ein Käufer fand, Christoph Friedrich von der Tann. Der Kaufpreis von 25 000 Gulden, kaum mehr als die Hälfte des Anschlags, zeigt, dass Philipp Gottfried seinen Ostheimer Besitz endlich loswerden wollte.

Das Tannische Zwischenspiel

Christoph Friedrich von der Tann, verheiratet mit Helene von Venningen, war mit dem Kauf dieses „Schnäppchens" zum größten Grundbesitzer in Ostheim aufgestiegen. Er besaß hier:
- das Altensteinsche Schloss,
- den Alt-Tannischen Hof (Voitischen Hof) am Rockentor,
- den (Ober-)Marschalkischen Hof (Tännischen Hof) am Großen Stein,
- das Hansteinische Schloss (seit 1754),
- die halbe Mittelmühle (Brückenmühle, würzburgisches Lehen) und
- die Außenmühle am Rockentor.

Die Äcker aller Güter wurden vom Hof am Großen Stein aus bearbeitet, waren aber schon seit 1754 mit diesem Gut verpachtet worden. Die Erwartung, dass die neuen Besitzer im Schloss einziehen würden, wurde bald enttäuscht. Die Familie von der Tann war bis auf kurze Gastspiele nicht in Ostheim anzutreffen. Die reiche Mitgift und Erbschaft war bald verbraucht. Um das Altensteinsche Schloss kaufen zu können, musste Christoph Friedrich von der Tann ein Darlehen von der Gemeinde Nordheim v. d. Rh. aufnehmen und ihr dafür das Gut Neustädtles verpfänden.

Verkauf in Raten

In der Folge der Zeit wurden immer wieder Teile des Grundstücksbesitzes an Ostheimer Bürger verkauft, wie das folgende Dokument zeigt[19]: *„Nachdem ich endesunterschriebene mich aus hinlänglich überzeugenden Ursachen bewogen gefunden, das den Herrn Hofmarschall von Altenstein zu Ansbach gehörig gewesene sogenannte Münzgut zu Ostheim welches weder mit einigen nexu feudali [= Lehenbindung] behaftet nach dem juri collectandi [= Steuersammelrecht] der reichsfreien Ritterschaft obzwar dem Canton Rhönwerra incorporiert, auf keinerlei Weise unterworfen, vor 3 Jahren an mich als ein freí Eigentum käuflich zu bringen: Jetzo aber mich entschlossen, gegen ein gewisses Kaufpretium [= Kaufpreis], jährl. Erbzins gewöhnliche Lehnschaft und sonstige herkömmliche daher entspringende Abgaben andere stückweis wiederum solches zu überlassen und dann Paulus Zinn hinten specificiertes Stück Artland hievor vor und um dreißig Gulden fränkischer Währung käuflich übernommen: Als vererbe ihm solches andurch wohingegen derselbe sich dahin verbindlich machet, den ebenfalls darauf gesetzten Erbzins jährlich ohne Wiederrede in termino Martini mit 3 gg. Erbzins zu entrichten, nicht minder bei jeden Lehnfall mir oder meiner Lehnsadministration 5 vom Hundert Lehngeld in diesen und andern gewöhnlichen Fällen das Ab- und Zuschreib-Gebühr auch Lehn- und Kaufbriefs Expedition [= Ausführung] und Siegelgeld auf das prompste [prompteste] zu zahlen.*

Da nun oben erwähnter Käufer sich anheischig gemacht, solchen Kaufschilling binnen vier Wochen zu erlegen: So bleiben die erkauften Güter nicht allein bis zur völligen Auszahlung zur Hypothek, sondern verspricht auch Käufer in unverhofften Nichteinhaltungsfall aus seinem anderweitigem Vermögen die Indemnisation [= Schadenersatz] zu leisten. Er gelobet hierüber als ein rechtschaffener Lehnmann durch Handgelöbnis an Eidesstatt andurch an, und unterwirft sich denen sonsten hiesig gewöhnlichen Erbzins Lehen Rechten. Ostheim den 2. Januar 1769
Helena Elisabetha Juliana Freifrau von der Tann geborene Freifrau von Venningen"
Interessant ist diese Verkaufsurkunde auch, weil sie einiges über die rechtliche Stellung dieses Adelsgutes aussagt: Es ist keinem Lehnsherrn unterworfen, muss aber auch keinen Beitrag zu den Umlagen der Reichsritterschaft zahlen.

Ausverkauf an einen Bourbonenspross

„Als nach etwa 25 Jahren die Familie „in kais[erliche] *Sequestration* verfiel, [also wegen Überschuldung unter Zwangsverwaltung gestellt wurde], so wurde ihr Rittergut Neustädtles von dem Ritterort Rhön und Werra krafft kaiserl. *Commissions-* und *Directorial*-Gewalt laut zuerst unterm 8. Aug. 1782 ausgefertigten Kaufbriefs, Namens der freyherrl. Tannischen Familie, an den Herrn *Louis A[r]mand de Seiglières de Belleforière, Marquis de Soyecourt* pp. nebst den 3 Rittergütern zu Ostheim, nämlich dem Alt Tannsch., Hanstein. und Altensteinsch. oder der Münz, für 105 Tausend Gulden verkauft und Neustädtles hierbei für 30 Tausend Gulden angeschlagen".[20]

Binder weiß Näheres über den Franzosen:
„Das Wappen des Marquis de Soyecourt besteht aus den weißen Bourbonlilien auf schwarzem Grunde, er scheint also ein Verwandter dieses kgl. Hauses zu sein." *Marquis de Soyecourt war vermählt mit Prinzessin Wilhelmine Henriette von Nassau-Saarbrücken, geboren zu Saarbrücken 1752, gestorben im Château de La Grave 1829; sie heiratete zu Lützelstein 1783 Louis A[r]mand de Seiglières, Marquis de Soyecourt-Feuquière, welcher, am 29. Januar 1722 geboren, 1790 zu Paris starb. Marquis de Soyecourt wurde ein Opfer der französischen Revolution: Er wurde während der Schreckensperiode des Robespierre zu Paris guillotiniert.*[21]

Ein Vorfahr von Louis Armand, Höfling Ludwigs XIV., wurde in einem der Stücke Molières auf Vorschlag des Königs als „Dorate, der Jäger" als neue Figur in die Komödie eingeführt.[22]

Möglicherweise hatte der Marquis aus dem verwandtschaftlichen Umfeld des französischen Königs die rechtliche Stellung der erworbenen Güter falsch eingeschätzt, möglicherweise war er beim Kauf darüber auch arglistig getäuscht worden. Jedenfalls war er der Meinung, durch den Kauf eine Art Reichsfürstentum erworben zu haben, das vom Landesherrn unabhängig war. Doch am 1. März 1787 schrieb Christian Caspar Thon, Amtmann zu Ostheim, an Monsieur Potargent de Remberville à Neustädtles, den Verwalter des Marquis:

Wohlgeborener Herr, hochgeehrter Herr!
Es ist beim herzoglichen Amt vorgekommen, dass Ewr. Wohlgeboren an des Herrn Marquis de Soyecourt erkauftes freiherrlich tannisches Freigut „des Herrn Markgraf von Soyecourt´scher Freihof" anmalen lassen

ABBILDUNG 6: MOLIÈRES „DORATE, DER JÄGER", DEM DIE PERSON EINES MARQUIS DE SOYECOURT ZUGRUNDELIEGT

Wenn aber die herzogliche Landesregierung dieses, weil es einen Reichsfürsten anzeigt, das Herr Marquis von Soyecourt nicht ist, und eine solche Arroganz ein deutscher Reichsfürst nicht leiden, auch der Reichsfiskat mit schwerer Strafe ahnden kann: so habe Euer Wohlgeboren davon benachrichtigen und hoffen wollen, dass Sie solchen <u>Markgraf</u> wegstreichen und dafür <u>Marquis</u> anmalen lassen, damit es weiterer Umstände und ernstliche Verfügung nicht bedarf.[23]

Im gleichen Jahr wurde auch Julius, Reichsgraf von Soden, Königlich preußischer Direktorial Gesandter und bevollmächtigter Minister am fränkischen Kreis, mit dieser Angelegenheit befasst[24], der bei dieser Gelegenheit möglicherweise für diese Besitzungen interessiert wurde.

„*Marquis de Soyecourt* besaß es biß zum Jahre 1791, wo ihn seine Entfernung, die schlechte Verwaltung und die Betrügereien seiner Administratoren bewogen, es laut Kaufbriefs *d. d. Paris, 11me Avril 1791* an den k.. k.. Kämmerer Dietrich Philipp August Freyherrn v. Stein nebst obigen Gütern zu Ostheim [Voitischer Hof, Münz und Hansteinsches Schloss], mit einem ungeheuern Verluste, nämlich für 120 Tausend *Livres*. die größtenteils in *Assignaten* bezahlt wurden, wieder zu überlassen".[25]

Louis Armand de Seiglières, Marquis de Soyecourt-Feuquière starb 1790 in Paris, wie ein Stammbaum der Grafen von Nassau-Saarbrücken ausweist. Möglicherweise war sein Tod der Anlass für den Verkauf der Anwesen, alles andere vielleicht gut erfunden.

ABBILDUNG 7: EINEN EINDRUCK DER EHEMALIGEN GRÖßE DER DE SOYECOURTS GEBEN DIE RUINEN DES STAMMSCHLOSSES SOYECOURT. DAS SCHLOSS WURDE IM 1. WELTKRIEG VÖLLIG ZERSTÖRT.

Reichsgraf Julius von Soden wird Besitzer tannischer Güter zu Ostheim 1794

Dietrich von Stein verkaufte diese drei Güter 1794 an Julius Reichsgraf von Soden, geboren am 4. Dezember 1754 in Ansbach, gestorben am 13. Juli 1831 in Nürnberg. Soden war Schriftsteller, Theaterleiter, Publizist und Politiker.

Aus freiherrlichem Geschlecht, wurde er fürstlich brandenburgischer Regierungsrat, später Geheimrat und preußischer Gesandter beim fränkischen Kreis zu Nürnberg und 1790 in den Reichsgrafenstand erhoben. Von Soden nannte sich in Urkunden „Reichsgraf Julius von Soden auf Gleidingen, Ganerbe zu Ostheim, Kottmannsdorf, Neustädtles, Neidenfels, Rattelsdorf, Groningen, Wiesenbach, Berghof usw., seiner Königl. Majestät v. Preußen bevollmächtigter Gesandter und Minister in Fränkischen Höfen des Churpfalz-bayerischen grossen Löwen-, des Hochfürstlich Nassauischen Haus- und des Kaiserlichen Reichs-Ritterort Odenwaldischen Ordens Ritter pp."

ABBILDUNG 8: DAS VON SODENSCHE SCHLOSS NEUSTÄDTLES UM 1930

Auf Betreiben Julius von Sodens wurde am 3. August 1804 das Würzburger Stadttheater mit dem Schauspiel „Stille Wasser sind tief" eröffnet. Ebenso gründete er das Bamberger Theater am heutigen Schillerplatz. Ungeheuer zahlreich sind die von Julius von Soden verfassten Theaterstücke. Etwa 30 wurden in Würzburg und Bamberg aufgeführt. Sie entstanden meist in der Zeit zwischen 1780 und 1790. Einige von ihnen wurden erst 1995 neu aufgelegt. Daneben verfasste der agile Mann Abhandlungen über das Theater wie über die Religion, über Rechts- wie über Strafrechts, über Finanz- wie über Verfassungsfragen. Neben geschichtlichen Abhandlungen, so über Kaiser Heinrich IV., meldete sich von Soden auch zu zeitgeschichtlichen Themen zu Wort, wie über die „Forderungen der Stände des fränkischen Kreises an die Krone Frankreichs" 1792 oder „Die Franzosen in Franken im Jahr 1796". Bekannt wurde Julius Reichsgraf von Soden als Mitautor eines 1814 erschienenen Buches zur Erinnerung an den Nürnberger Buchhändler Johann Philipp Palm, welcher auf Befehl Kaiser Napoleons in Braunau erschossen wurde, nachdem er die anonyme antifranzösische Flugschrift „Deutschland in seiner tiefsten Erniedrigung" veröffentlicht hatte.[26] Graf von Soden war selbst als Autor dieser 1806 erschienenen Flugschrift bezeichnet worden. Auch fehlten nicht Erbauungsschriften, wie

„Christliches Sittentäfelein". Nicht nur als Ostheimer Ganerbe suchte Julius von Soden die Sache der Ritterschaft zu befördern. Er tat dies auch mit Schriften wie: „Propositionen bey einem allgemeinem reichsritterschaftlichem Konvent", aber auch als Delegierter der Ritterschaft in Bamberg.

Auch Julius von Soden hing dem Traum nach, die ganerbschaftlichen Rechte zu einer rechtlichen Selbständigkeit ausbauen zu können oder die bestehenden Rechte zumindest gegen alle Eingriffe der Landesherrschaft erhalten zu können, wie wir später noch sehen werden.

Aus einer „Anweisung" an den ganerblichen Syndicus, in der die Rechte der Ganerben herausgestellt werden, erfahren wir, dass in diesem Jahr 1794 Ostheim keinesfalls als Wohnsitz für Graf von Soden gedacht ist:

Er sagt nämlich: „nachdem die Herrschafts-Castra zu Ostheim, namentlich das Alt-Tannische und Hansteinische incl. die Hintere Münz nunmehro an Unterthanen vererbt sind, die Münz aber von Wirthleuten bewohnt wird". Diese „Wirthleute" waren sicherlich, wie wir anschließend hören, der sächsisch-eisenachische Amts-Actuarius Ballauf, der 1761 im Akt „Siebenjähriger Krieg" des Archivs von Stein erwähnt wird, mit seiner Familie.

Die „Ballaufsche Trauung" im Altensteinschen Schloss

In diese durch die gegenseitigen Ansprüche der Ganerben und der Herrschaft aufgeheizte Atmosphäre brachte ein junges Mädchen zusätzlich Trubel:

Der ganerbschaftliche Amtsadvokat und Renteisekretär Gensler schreibt am 13. April 1795 an Mademoiselle Ballauf in der Münz zu Ostheim. Der Inhalt des Schreibens wird verständlich, wenn wir den Text der „Anweisung" lesen, wo es auch heißt, dass in den Ganerbenschlössern nicht die Ostheimer Geistlichkeit zuständig sein soll:

„Sie sollen entschlossen sein, in kürzerer Zeit mit Herrn Forstschreiber Slevogt aus der Zillbach sich in Ihrer jetzigen Wohnung privat trauen zu lassen und deshalb beim herzoglichen Oberkonsistorium um Befreiung von der in diesem Land vorgeschriebenen öffentlichen Copulation [= Verheiratung] nachsuchen. So wie aber der Münzhof als reichsunmittelbares Gebiet des Reichsgrafen von Soden außerhalb der Grenzen der dem herzoglich eisenachischen

Abbildung 9: Das Wappen der Grafen von Soden

zuständigen Rechtsprechung liegt, so kann man abseits reichsgräflich sodenscher Herrschaft und Gerichte es keineswegs gestatten, dass Sie um Befreiung eines hier nicht geltenden Gesetzes nachsuchen. Sie können sich in der Münz privat trauen lassen, müssen dies nur bei der Herrschaft [gemeint ist wohl v. Soden] anzeigen, jedoch ohne weitere Einbeziehung der Stadtpfarrei. Der Diakon in Ostheim oder der Filialpfarrer zu Neustädtles können die Trauung vollziehen. Wir brauchen jedoch auch einen Revers, dass die geplante Hochzeit den Rechten und Freiheiten des Schlosses unnachteilig sein soll. Andrenfalls habe ich die Instruktion, Ihnen die Trauung im Münzschloß zu verbieten und Ihnen eine Strafe anzudrohen."

Den Fall schreibt Gensler gleichzeitig an Graf von Soden und den Freiherrn von Stein.

„... Die Sache scheint mir bedenklich zu sein ... Der Trauungstag ist bereits auf den 26. April bestimmt." führt er aus.

Auf demselben Bogen:

Nachdem Mademoiselle Ballauf auf dieses Schreiben nicht geantwortet hat, bekommt sie vom Syndicus am 22. April ein weiteres Schreiben. Gensler empfiehlt nochmals allen Ernstes die Beachtung der Vorschläge und bedroht Entgegenhandeln mit 12 Reichstalern Strafe und einer Pfändung ihrer Möbel.

Am gleichen Tag trifft ein Schreiben aus Nürnberg bei Gensler ein. Julius Reichsgraf von Soden schreibt die Copulation der Demoiselle Ballauf im Münzschloss betreffend. Er erteilt ihm als ganerblichem Syndicus den Rat, die Trauung, wenn sie von dem Diakon zu Ostheim vorgenommen werden soll, nur geschehen zu lassen, wenn sie ein Schriftstück unterzeichnet, dass die Hochzeit kein Präjudiz darstellt.

Falls sich aber die Demoiselle Ballauf unterfange, ihr Vorhaben durchsetzen zu wollen, so ist sogleich Anzeige zu erstatten, um ihr die Miete aufzukündigen und sie bestrafen zu können. Dass die ganze Aufregung sich als ein Sturm im Wasserglas entpuppt, zeigt der köstliche, zweifach vorhandene Brief des nunmehrigen Ehemannes der Ballauf, Karl Slevogt an den Syndicus Gensler:

„... das angedrohte Strafprodukt gibt mehr Belege für unzeitige Voreiligkeit als für richterliche Bedachtsamkeit, denn für unsere Trauung war noch nichts festes verabredet, wie allen unseren Ostheimer Freunden, auch dem Diakon Gensler zulänglich bekannt ist. Ohne die Gründe zu kennen, nach denen man auf das Geschwätz der Weiber am Brunnen, wenn sie abends den Kohl waschen oder am Morgen ihre Ziegen für die Hirten treiben, oder was der Horcher ohnehin nur in halb verstandenen Worten hört, wenn er die Ohren lauschend reckt, wenn zwei Freunde in vertraulichem Gespräch sich bereden. ...

ABBILDUNG 10: GRAF JULIUS VON SODEN (AUS: ROTHKIRCH, JULIUS GRAF SODEN)

Weit entfernt, hier Maximen oder Handlungsregeln geben zu wollen, glaube ich, dass es dero Consulentenpflicht keinen Eintrag getan, wohl aber ihren vorherigen Freundschaftsäußerungen mehr Gewicht gegeben haben würde, wenn es ihnen gefällig gewesen wäre, meine Verlobte geradezu vor einem bloß aus der Luft gegriffenem Unternehmen zu warnen.

Der denkende Mann untersucht erst und entscheidet dann, ist aber nicht voreilig, wie weiland der Magistrat zu Wasungen, der, da man bald 15hundert schrieb zu Wahrung religiösen Wahnes, zur Ehre Gottes einen Scheiterhaufen flammen ließ und darauf ein Hexlein band, das laut Zeugnis einer alten Matrone eines Nachbarskind[s] contract [Pakt mit dem Teufel?] gemacht haben sollte. ...

Wer die Krätze hat, sagt ein altes gemeines Sprichwort, juckt sich gern. Deshalb aber darf er sich nicht an dem Gewande seines nächsten reiben, sagt jene Lebensregel, die so alt ist, wie die Menschheit, denn was Dir Dein Nachbar nicht tun soll, das tue ihm auch nicht.

Auf diese Idee leitete mich dero wiederholte Zudringlichkeit mit Ihrem erlassenen Schreiben an meine liebe Braut. Ew.pp erste Zuschrift vom 13. dieses verdiente, da sie auf bloßes Geschwätz gegründet war, keiner Erklärung meiner Verlobten, noch weniger war sie Ihnen eine Notifikation unseres Trauungs Modi schuldig. Dadurch glauben Sie sich berechtigt ihr durch eine zweite vom 22. dieses beweisen zu können, dass Sie darinnen etwas verdienstliches zu finden glauben, ihr die letzten Tage ihres Aufenthalts allhier aufs äußerste zu verbittern. ...

Zwar hat meine Verlobte keine Ursache, Ihre Drohungen, denen es wohl an exekutiven Mitteln fehlen dürfte, zu fürchten, außerdem würde ihr nach bewirkter Spolienklage[27] diejenige Rechtshilfe nicht entgangen sein, die jedermanns Eigentum gegen Plünderungen schützen muß, solange wir nicht in die Zeiten zurückgesetzt werden können, wo hier und da ein Reichsfreier oder seine Helfershelfer selbst ohne Strafen plündern durften.

... Meine Braut hätte jetzt zulängliche Gelegenheit haben können Ihnen zu zeigen, dass unser durchlauchtigster Herzog sie nicht von einem gräflich Sodischen Unterbeamten mißhandeln lassen würde.

Geneigt zum Verzeihen hat sie die von Ihnen zugefügten Insolentien [Unverschämtheiten] aber stillschweigend ertragen."

Sicher war dies nicht der Auslöser für die Frustration des Grafen von Soden, doch es zeigte ihm, dass der Normalbürger diese Rechts-Winkelzüge nicht mehr verstand. Jedenfalls verkaufte er schon am 1. Januar 1797 die Ostheimer Besitzungen an den Kammerherrn von Stein zurück.

ABBILDUNG 11: DAS MÜNZSCHLOSS, ALTBAU VOM HOF AUS

Sodensche Besitzungen gehen an die Freiherrn von Stein zu Nordheim zurück

Dietrich Philipp August Freiherr von Stein, Ganerbe und Herr zu Ostheim, Herr auf Nordheim, Völkershausen, Berkach, Rappershausen, Bahra, Willmars, Oberfilke, Unterfilke, Sands, Roßrieth, Ruppers, auch Schwickershausen und Debertshausen, Ihro Römischen Kaiserlichen Majestät wirklicher Rat und Kammerherr, des Kaiserlichen Sct. Josephsordens Kommandeur und des Russisch-Kaiserlichen St. Annen-Ordens Ritter, wie auch der reichsunmittelbaren Ritterschaft zu Franken Orts Rhön-Werra Ritterrat und Regiments-Burgmann zu Friedberg, wie sein offizieller Titel lautete, war nun zum zweiten Mal Alleinganerbe zu Ostheim.

Anscheinend nahm nun auch der alte Amtsinspektor und Syndikus Johann Caspar Gensler seinen Abschied, denn Dietrich, wie der Freiherr von Stein gerufen wurde, ernannte am 18. November 1799 den jungen Gottfried Tröbert, den Sohn des langjährigen Nordheimer Amtmanns Tröbert zum Justitiar über seine sämtlichen Besitzungen und Lehnsadministrator zu Ostheim, der dabei seine „Instruction" unterschrieb.

Es erwies sich jedoch als nicht praktikabel, von Nordheim aus auch die Güter zu Ostheim zu verwalten. Deshalb ernannte Dietrich von Stein im Oktober 1800 den Sohn des alten Syndicus, Johann Christian Gensler[28] zum neuen Syndikus, Sekretär und Lehnsadministrator zu Ostheim und legte zugleich dessen Gehalt fest.[29]

Doch auch unter den Steins war Ostheim nicht mehr erste Wahl. Sie hatten zwei schöne Schlösser in Völkershausen und in Nordheim und hätten bei Bedarf auch auf die Schlösser in Berkach, Ruppers oder Schwickershausen zurückgreifen können. Deshalb war es nur logisch, dass zwar langsam aber stetig weiter verkauft wurde: 1801 wurden die zehntfreien Grundstücke zu Ostheim versteigert.[30]

Für 1805 gibt es eine Aufstellung der Lehnnehmer der Feldgrundstücke des Altensteinschen Gutes (alphabetisch geordnet), die für heute noch lebenden Nachkommen von Interesse sein dürfte.

Abeser Georg Carl
Breun Friedrich
Deblich Caspar Adam
Dreißigacker Melchior
Engel Georgs Erben
Engel Friedrich Carl
Genßler Christian Ernst
Genßler Johann Caspar
Genßler Johann Michael, Seiler
Genßler Caspar Friedrich
Genßler Herr Kaplan
Hartmann Martin
Heim Caspar Adams Wwe
Heim Martin
Heim Johann Georg
Hofmann Wendel
Hartmann Georg
Hofmann Christoph Georg
Hartmann Caspar
Krech Johann
König Georg
Keller Johann Georg
Lindemer Caspars Witwe
Marschall Michael
Popp Jeremias
Pfefferkorn Michael
Pfefferkorn Christoph
Zinn Paul, Weißgerber

Räder Daniel
Ringler Ernst Christian
Reichert Caspar sen.
Räder Johann
Reichardt Casp. jun
Reichardt Georg Adam
Röhring Just
Stumpf Jacob, Bäcker
Stumpf Michael, Bäcker
Stumpf Martin
Stapf Valtin
Schuffner Georg Adam
Stock Georg Adam
Siebenlist Johann Caspar
Stapf Martin, Hüter
Städtler Jacob
Stapf Emrich, Hüter
Stapf Johann Georg
Stapf Christian Ernst
Trabert Emrich
Wienröder Johann Caspar
Weißenseel Paul
Weißenseel Johann Georg
Weißenseel Caspar Adam
Wienröder Georg Christoph
Wienröder Caspar Adam
Zehner Caspar, Häfner

1810 wurde die Münz neu vermietet[31]. 1834 wurden ²/₃ des Steinschen Gutes, d. h. allen Grundbesitzes, im einzelnen verstrichen (versteigert) und 46002 Gulden erzielt.[32] Um 1900 war das Altensteinsche Schloss Postamt.

---

[1] Lehfeldt / Voss, S. 272.
[2] AV Fach Ostheim, Akt Höfe in Ostheim.
[3] Lehfeldt / Voss, S. 269. - Gemeint sind hier die Amtsbeschreibung des Amtes Lichtenberg von Amtmann Casimir Christian von Stein zum Altenstein von 1643 und sicherlich Amtmann Georg Lorenz Hehers Hinzufügungen von *1672* (als Abschrift Carl Binders vorhanden im Archiv des Evangelisch-Lutherischen Pfarramtes Sondheim v.d. Rhön, Nr. 2).
[4] Binder, Lichtenberg, S. 355; Biedermann, Tab. 335.
[5] AV U 54 von 1423 August 22.
[6] AV U 245; StAW Rep. FR 14.1, Freiherr v. Stein.
[7] AV Fach Ostheim, Akt Höfe in Ostheim, Nr. 23 von 1544 Februar 4.
[8] Binder, Lichtenberg S. 351. Wie auch sonst hat Binder keine Quelle angegeben, es muss dies jedoch das Amtsarchiv Lichtenberg gewesen sein.
[9] Biedermann, Tafel 74, D.
[10] Förtsch, S. 165. „1595 »ist Veit von Heldritt im Februar ungefähr mit dem Landknecht von Kaltensundheim kommen, hat das kleine Maß gebracht, auch hernach andere Beschwerung, als die Jagdfrone auf das Städtlein bringen wollen, so aber von Hansen von Stein [zu Sondheim], Melchior [Marschalk] von Marisfeld, Hans Wil[hel]m von [Heßberg zu] Dedem (Bedheim), Sigmund Veit von [Salzburg zu Neu]Städ[tles](?) mit Aufweisung Brief und Siegel abgewendet worden.«"
[11] Körner, Ostheim 1961, S. 13.
[12] Binder, Lichtenberg S. 355.
[13] Körner, Ostheim 1961, S. 13.
[14] Binder, Lichtenberg S. 355 f. - Exemplare liegen in der Staatlichen Münzsammlung München und in den Kunstsammlungen der Veste Coburg. Abbildungen in Körner / Schmidt, S. 12. – Kipper und Wipper waren Münzpächter, die verschlechterte Münzsorten unter die Leute brachten.
[15] AV Fach Ostheim, Akt Höfe in Ostheim.
[16] vg. obigen Stammtafelausschnitt.
[17] Körner, von der Tann, S. 176.
[18] Körner, von der Tann, S. 176.
[19] in der Aufstellung der Lehngüter von 1792 aus dem Archiv von Stein in Völkershausen.
[20] Binder, Lichtenberg, S. 357.
[21] Binder, Lichtenberg, S. 358. Anm. 1; Wikipedia: Wilhelm Heinrich von Nassau-Saarbrücken.
[22] Literary Encyclopedia: Comédie-ballet (Internet).
[23] AV Fach Ostheim, Ostheimer Akten, alte Aktennr. 131; Anschreiben an Rückseite: Ostheim Casus I, Die vorgehabte Marquis Soyecourt Anschreibung des Titels Markgraf an das Tor des Tann Hofs und diesfalls Amts Eisenach. Einhang.
[24] AV Fach Ostheim, Ostheimer Akten, alte Aktennr. 131.
[25] Binder, Lichtenberg, S. 357 f. – *Assignaten* waren Anweisungen auf die französischen National- und die konfiszierten Güter der Adeligen. Dieses „Papiergeld" verlor bald völlig an Wert, weil zu viel ausgegeben wurde.
[26] Peter Hanke, Ein Bürger von Adel. Leben u. Werk d. Julius von Soden 1754 – 1831. Würzburg, 1988, vg. Malve Gräfin Rothkirch, Julius Graf Soden, Neustädtles 1999.
[27] Die Spolienklage (von lat. spolium, das seit dem Mittelalter im Sinne der Besitzentsetzung gebraucht wird) ist die durch das kanonische Recht eingeführte und vom Zivilrecht übernommene Klage auf Rückgabe eines Besitzes. (Wikipedia) Mittels der Spolieneinrede konnte der Beklagte jede auch einen anderen Gegenstand betreffende Klage des Spoliators (des Besitzentziehenden) so lange von sich abwenden, bis er die ihm gewaltsam entzogene Sache wiedererlangt hatte.
[28] Dass dieser wirklich der Sohn des alten Gensler war, ist nur anzunehmen, nicht nachgewiesen.
[29] AV Fach Ostheim, Ostheimer Akten, alte Aktennummern 78-82.
[30] AV Fach Ostheim, Ostheimer Akten III/ III, 395; Akte der Versteigerung von 1801 Januar 1.
[31] AV Fach Ostheim, Ostheimer Akten II/ XXIII, 365.
[32] Ostheimer Stadtbuch, f. 827v f.

8.3. Das Hansteinische Schloss

Binder und auch Körner[1] gehen davon aus, dass diese Kemenate irgendwann einmal von der Münz abgeteilt wurde. Dies kann nicht stimmen, da die beiden Höfe überhaupt keine gemeinsame Grenze haben. Unzweifelhaft ist nur, dass beide Adelsgüter öfters in einer Hand gewesen sind.

In den Thüringischen Kunstdenkmälern wird dieser schöne Bau um 1911 folgendermaßen beschrieben:
„Das *Hansteinsche Schloss*, jetzt Spital, ist im Besitz der Stadt seit dem Jahre 1868. Unter den älteren Wohngebäuden der Stadt ist das Hansteinsche Schloss das einzige Bauwerk von künstlerischem Interesse. Der kurze, an der Hauptstrasse der Stadt liegende Flügel mit dem schönen, durch Voluten verzierten Giebel stammt aus den Zeiten der Renaissance, wahrscheinlich aus dem Jahre 1599; die Zahl steht an einem Fenster der Ostseite des östlichen Flügels. Der Hauptheil des Schlosses dagegen macht den Eindruck eines Bauwerkes aus dem späten Mittelalter. Darauf deuten namentlich die steilen, hohen, abgetreppten Giebel und der wehrhafte, schlichte Charakter der Aussenmauern, die trotz der wohl erst in späterer Zeit verbreiterten Fenster das Gepräge eines für die Vertheidigung erbauten Palas des Mittelalters behalten haben. Die Mauern waren wahrscheinlich von einem mit Wasser gefüllten Vertheidigungsgraben umgeben.[2] Darauf deuten die alten erkerförmig herausgebauten Aborte, von denen sich zwei am Ostgiebel des älteren Baues befinden. Als Ueberrest eines ähnlichen Erkers ist ein mächtiger Kragstein an der Hofseite des Nordflügels stehen geblieben. Den einzigen architektonischen Schmuck dieses älteren Schlossbaues bilden die regelmässig behauenen Buckelquadern an den Ecken. Für eine bestimmte Datierung dieses Theiles des Gebäudes bietet sich nirgends ein Anhalt. Nur an einer Stelle der nach dem Vordergarten belegenen Mauer des Ostflügels lässt sich erkennen, dass auch dieser aus dem Mittelalter stammende Teil des Schlosses in zwei verschiedenen Bauzeiten entstanden ist. Darauf deutet eine Stelle des Mauerwerks an der Südseite: die regelmässig behauenen Quadersteine senkrecht unter der östlichen Ecke des abgetreppten Giebels; sie sind nicht im Verband mit dem anstossenden Ostflügel gemauert. (Diese Stelle ist auf der Abbildung auf dieser Seite deutlich zu erkennen.) — Das einheitliche Gepräge der deutschen Renaissance zeigt der südliche Flügel. — Die einzelnen Stockwerke (Erdgeschoss und zwei Obergeschosse) sind durch Gesimse getrennt. Auch der Giebel ist in derselben Weise in einzelne Absätze gegliedert. Jeder dieser Absätze ist an den Seiten mit grossen, kräftig geschwungenen Renaissancevoluten besetzt. Das „Eulenloch" im obersten Theil des Giebels

ABBILDUNG 1: DAS HANSTEINSCHE SCHLOSS IN "BAU- UND KUNSTDENKMÄLER THÜRINGENS"

besteht aus drei kleinen runden Oeffnungen. Das auf unserer Ansicht nicht sichtbare Portal liegt an der Westseite dieses Flügels. Es ist mit einem Profil der Renaissance umrahmt. Darüber befinden sich die Kragsteine eines Erkers. Einer der mit Voluten und Blattornamenten geschmückten Kragsteine ist auf S. 269 [hier nicht wiedergegeben] abgebildet. Das Fenster mit der Zahl *1599* ist bereits oben erwähnt. Das *Innere* ist als Siechenhaus eingerichtet. In Keller und Erdgeschoss sind die alten breiten Tonnengewölbe erhalten. Im ersten Obergeschoss befindet sich eine Fensternische mit den alten aus Stein gemauerten Sitzbänken. Eine Wendeltreppe führt in das erste Stockwerk. Ueberreste einer alten künstlerischen Ausstattung der Räume sind nirgends erhalten."³

Wichtig aus diesem Baubefund ist die zeitliche Abfolge des Schlossbaues:
Nur die dritte Bauphase steht fest: Caspar von der Tann errichtete 1599 den Renaissance-Anbau.

1. Bauabschnitt um 1430?

- Nach Lehfeldt / Voss stammt zumindest der Hauptbau aus dem späten Mittelalter, dürfte also irgendwann im 15. Jahrhundert entstanden sein. Aus dieser Zeit haben wir keine direkten Unterlagen. Vielleicht helfen jedoch die Listen der Ganerben im 15. Jahrhundert weiter; denn jeder der dort aufgeführten Ganerben muss ja einen Adelssitz bewohnt haben.
- 1423 sind folgende „burgleute" anlässlich der Auseinandersetzung zwischen ihnen und den Schultheißen, dem Dorfmeister und der Gemeinde zu Ostheim benannt: Seifried von Stein, Fritz von Stein, Lorenz von Ostheim, Georg von der Tann mit seinen Brüdern und Geschwistern, die dazu gehören, Sintram von der Neuerburg, Lorenz und Hans von Stein.
- In den Auseinandersetzungen der Ganerben zu Ostheim 1502 mit Graf Otto von Henneberg werden folgende Ganerben genannt: Jörg Marschalk, Philipp von der Tann, Hans von Bibra der Junge, Fritz, Hertnid, Philipp der Ältere und Philipp der Jüngere, Gebrüder von Stein, Wilhelm und Roland von Neuburg und ihre „zugewannten" Ganerben.⁴ 1502 ist auch Wolf Marschalk, ein Bruder des Hans Marschalk, Ganerbe zu Ostheim.⁵ Da weitere dazugehörige Ganerben erwähnt werden, könnten zwar auch weitere Geschlechter in Ostheim ansässig gewesen sein, was jedoch nicht zu belegen ist. 1459 gehörten Dr. Hertnid von Stein, Lorenz von Ostheim, Stephan von Bibra, Gysc von Stein, Siegfried von Stein und Richard von Neuenburg zu den Ganerben. Lorenz von Ostheim ist auch schon 1451 in Ostheim.⁶
- Sollte die baugeschichtliche Festlegung in den „Kunstdenkmälern" zutreffen, dann kämen als Erbauer des Hansteinschlosses am ehesten die von der Tanns in Frage und zwar Georg von der Tann oder sein Sohn Veit. Um 1420 hatte Georg seinen Onkel Heinrich beerbt, 1436 hatte sein Sohn Veit mit Anna von Bibra eine reiche Erbin geheiratet.⁷

Fenster aus dem Jahre 1599. Am Hansteinschen Schloss.

ABBILDUNG 2 FENSTERSTEIN AM SÜDFLÜGEL, AUS LEHFELD/ VOSS, KUNSTDENKMÄLER, S. 269

2. Bauabschnitt nach 1527

Hans (Johann) war der Sohn des Georg Marschalk von Ostheim zu Marisfeld, des Stammherrn der älteren Marisfelder Hauptlinie. Seine Mutter war Margarethe von der Tann, eine Tochter Wolframs von der Tann aus der Bastian-Linie, wie beim Bibrisch-Tannischen / Obermarschalkischen Hof ausführlicher dargelegt wird. Er erscheint zuerst als Besitzer des später so genannten Hansteinschen Schlosses[8] und kommt wohl als Erbauer des zweiten Bauabschnitts in Frage. Für die genaue Datierung dieses und des ersten Bauabschnittes aus dem späten Mittelalter finden auch Lehfeldt / Voss keinen Anhalt. Wenn Hans Marschalk den ersten Anbau angefügt hat, dann wohl um die Zeit seiner Heirat mit Margarethe, der Tochter Eckards von Stein zu Nordheim 1515[9]. Allerdings befinden sich die „alten erkerförmig herausgebauten Aborte" auf der Ostseite des Ostflügels, der im zweiten Bauabschnitt errichtet wurde. Wenn dieser Ostflügel erst 1515 errichtet wurde, würde dies bedeuten, dass zu dieser Zeit das Schloss noch umwallt gewesen ist. 1520 sicherte Hans Marschalk von Ostheim seiner Frau Margarethe von Stein Heirats-Gegengeld und Morgengabe in Höhe von 1200 fl. auf seinen Gütern und Erträgen zu Ostheim, nämlich der Mühle vor dem Hof und weiteren aufgezählten Höfen und Gärten zu Ostheim zu[10]. 1527 einigten sich Heintz von Wambach, Amtmann zu Henneberg, und Hans Marschalk zu Ostheim, die Schwiegersöhne, mit Eckard von Steins Neffen Philipp von Stein zu Nordheim über das Erbe Eckards. Die Schwiegersöhne erhielten das Eigengut und die fuldischen Söhne- und Töchterlehen. Dies Erbe mag Hans Marschalk das Geld zum Umbau des Schlosses verschafft haben.
Hans Marschalk von Ostheim hatte fünf Töchter, deren drei älteste mit den Amtleuten Arnold von Heldritt auf Lichtenberg, Georg Voit von Salzburg zu Fladungen und Auersberg und Wolf Zufraß zu Themar verheiratet waren. In einer Belehnungsurkunde durch Abt Balthasar von Fulda von 1571 sind alle Schwiegersöhne aufgeführt:

Balthasar, Abt von Fulda, belehnt Arnold von Heldritt zu Gosmersrode und Sigmund Voit von Salzburg zu Rödelmaier wegen ihrer Frauen, desgleichen Georg Voit von Salzburg, Amtmann zu Fladungen und Auersberg, und Wolf Zufraß zu Hampstatt (Henfstedt) auch wegen ihrer Frauen und für Magdalene ihre Schwägerin, sämtlich Töchter des verstorbenen Hans Marschalk von Ostheim mit ½ Rappershausen, 2 Huben zu Behrungen und einem Gut zu Lanzen.[11]

„Eine vierte war vermutlich mit Hans v. Bibra zu Irmelshausen, einem der Gegner des Voit v. Rineckschen Mühlenbaues, verheiratet."[12], schreibt Binder. Die Witwen des Georg Voit von Salzburg[13] und des Wolf Zufraß[14] verkauften zwischen 1571, dem Jahr, in dem noch alle Schwiegersöhne lebten,[15] und 1594 das Schlösschen an Martin von der Tann.

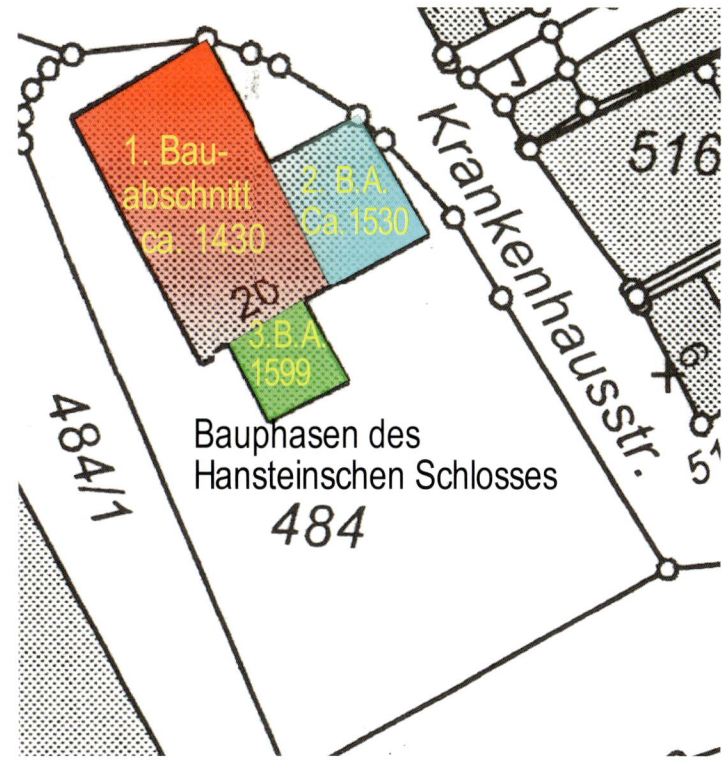

ABBILDUNG 3: BAUPHASEN DES HANSTEINSCHEN SCHLOSSES

3. Bauabschnitt 1599

o   1599 baut Caspar von der Tann, der Bruder des Cuntz, den Südflügel des später so genannten „Hansteinischen Schlösschens". Dazu verbreitert er die Fenster des Altbaues, um auch diesen wohnlicher zu gestalten. Die Initialen C. v. d. T. (Caspar von der Tann) mit der Jahreszahl 1599, sind nun, etwas verwirrend in den Ostanbau von 1530 eingemeißelt.[16]

Im Jahre 1630 starb Martin von der Tanns Enkel Hans Konrad; seine Witwe heiratete 1638 den Rittmeister Friedrich Siegmund von Thumshirn, welchem das Schlösschen nebst $1/6$ Zehntberechtigung (die Hälfte des dem Marschalkischen / Tannischen Hofe zustehenden Drittels) zufiel. Er starb 1669 im Alter von 71 Jahren und wurde in der Kirche „bei der hintern großen Kirchthür" begraben[17]; seine Witwe starb 1687, 82 Jahre alt, und wurde in ihres ersten Mannes Grab gelegt.[18]

Im Jahre 1689 ist Ernst W. von Hanstein zu Henfstedt, vermählt mit Sophie von der Tann, Besitzer des Gutes, welches bis 1754 in von-Hansteinschem Besitze blieb. Den dazu gehörigen Grundbesitz musste die Familie bald an die von der Tanns verpfänden, welche diese Felder und Wiesen mit denen des (Ober)Marschalkischen Hofes zusammenlegte.[19]

Verkauf des Hansteinschen Schlosses 1754

„Ende Oktober 1752 berichtete Johann Gottlieb Schüler, der Tannische Verwalter in Ostheim, erstmals an Christoph Friedrich, daß die Geschwister v. Hanstein zu Henfstädt ihr Schloß in Ostheim verkaufen wollten. Es hatte ursprünglich den Tann gehört und war 1599 von Caspar (gestorben 1614) erweitert worden. Nach Feststellung des Tannischen Konsulenten Andreas Simon kam es wegen nicht bezahlter Mitgift und Aussteuer von Caspars Tochter Margaretha (gestorben 1637), die 1615 Hans Georg v. Hanstein (gestorben 1641) geheiratet hatte, an die Hanstein. Nach anderthalb Jahren machte Heinrich v. Hanstein ein konkretes Angebot: 8000 Reichstaler für das steinerne Schloß, alle Gebäude und Ostheimer Liegenschaften (Häuser und Grundstücke). Diese bestanden aus: Wohnhaus, Scheune, vier Schweine- und zwei Hühnerställen, einem Hof mit je zwei Toren und Pforten sowie Ziehbrunnen und zwei Küchengärtchen. Dazu kamen zwei Gärten an der Stadtmauer, Krautland, drei Acker Wiese, ein Gaden im Kirchhof sowie $1/6$ des Ostheimer Zehnten.

ABBILDUNG 4: DAS HANSTEINSCHE SCHLOSS 1870/71 ALS LAZARETT.

Felder gehörten nicht dazu. Der verpflichtete Wertschätzer Martin Ortloff nahm die Taxation vor und setzte für das Schloß 7000 Gulden, für den Garten vor dem Falltor 850 und für die Wiesen auf der Bünd 750 Gulden an, insgesamt 8728 Gulden. Der Kauf des „Hansteinschen Schlößchens" kam zustande für 9000 Gulden fränkisch und wurde am 14. August 1754 abgeschlossen."[20]

Außer dem Hansteinschen Schlosse, das nun wieder an die von der Tanns zurückfiel, besaßen diese bald die Münz, das Alttännische (Voitische) und das Marschalkische (Tannische) Gut. Letzteres war 1754 zusammen mit dem Hansteinischen und ⅓ Zehnt für 1000 fl. verpachtet.

Beschädigung beim Stadtbrand 1757

Beim großen Stadtbrand von 1757 wurde das Hansteinsche Schloss, das Dr. med. Christoph Joseph Berger gemietet hatte, nur von oben her (wahrscheinlich Dach und Dachsparren) verbrannt. Auch das Haus des tannschen Verwalters Schüler war niedergebrannt, doch hatte er die „herrschaftlichen Schriften nebst der ganerbschaftlichen Laden" retten können.

Das Hansteinsche Schloss wurde dann ausgebaut, vor allem wurden die Dächer gerichtet. Der Ostheimer Baumeister Caspar Adam Heym hatte die Kosten mit 173 Gulden veranschlagt. Es wurden 9084 Falzziegel, 60 Kehlziegel, 90 Firstziegel, 3 Schock Bretter und 1934 Bretternägel gebraucht. Die Oberwaldbehrunger brachten 14 Eichenstämme aus dem Reichersbacher Wald.[21]

Verkauf an den Marquis de Soyecourt

Über den Verkauf an Louis Armand de Seiglières de Belleforière Marquis de Soyecourt wurde beim Altensteinschen Schloss berichtet. Das Hansteinsche Schloss war von 1782 bis 1791 im Besitz des Marquis. Dann wurde es nebst Neustädtles und den übrigen Ostheimer Gütern an Dietrich Philipp August Freiherrn von Stein verkauft.

„Von dem gedachten Frh. v. Stein wurden die obigen 3 Rittergüter zu Ostheim [Voitischer Hof, Münz und Hansteinsches Schloss] nebst dem Rittergute Neustädtles laut Kaufbriefs *d. d.* Nordheim. 8ten und Nürnberg 17ten *Febr.* 1794 an den dermahligen Besitzer, Reichsgrafen *Julius v. Soden* für und um 150 Tausend Gulden Rheinisch, und 500 Gulden Schlüsselgeld verkauft"[22].

Graf Soden sah sich bald, vermutlich durch die unangenehmen Folgen seiner Versuche, in Ostheim das Ganerbiat durchzusetzen, veranlasst, seinen Ostheimer Besitz – ohne die Münz – als Erbzins- und Lehngüter an Ostheimer

ABBILDUNG 5: HANSTEINSCHES SCHLOSS 1917,
FOTO AUS HERDA/ALBERT, OSTHEIM, 2004

ABBILDUNG 6: PETER KLIER: EINE FANTASIEVOLLE DARSTELLUNG DES HANSTEINSCHEN SCHLOSSES VOR 1599

Bürger zu vererben (verkaufen). Seitens der Reichsritterschaft (Rhön-Werra) wurde dagegen beim Kaiserlichen Reichshofrat Klage erhoben, und es waren schon Mandata cassatoria [Auftrag, die Kaufverträge für ungültig zu erklären, zu kassieren] ergangen, als die Sache durch einen Zusatz zu den Erbzinsen beigelegt wurde. Die Münz verkaufte Graf Soden 1797 an Freiherrn von Stein, der sie später auch an Ostheimer Bürger veräußerte. Das Hansteinische Schloss veräußerte Joh. Chr. Breitung 1868 für 2600 fl. an die Stadt welche es zum städtischen Krankenhause einrichtete.[23]

Die Besitzer des Hansteinschen Schlosses

Jahr	Besitzer
1800	
	Graf v. Soden 1794 - 1797
1780	Louis Armand de Seiglières de Belleforière, Marquis de Soyecourt
1760	Verkauf an Christoph Friedrich von der Tann 1754
1740	von Hanstein
1720	
1700	
1680	
1660	
	Friedrich Siegmund v. Thumshirn 1638 - 1669
1640	
	.Hans Konrad v. d. Tann † 1630
1620	
1600	3. Bauabschnitt Caspar v. d. Tann 1599
1590	Verkauf an Martin v. d. Tann 1594
1580	Die Ehemänner von 5 Töchtern Hans Marschalks erben die Münz und das spätere Hansteinsche Schloss.
1560	
1540	Hans Marschalk 1515 - 1544
1520	2. Bauabschnitt Hans Marschalk 1530
1500	
1480	Wolfram v. d. Tann von der Bastian-Linie
1460	
1440	
1420	
	1. Bauabschnitt, Georg/Veit v. d. Tann 1430
1400	Familie von der Tann
1380	
1360	
1340	
1320	
1300	

[1] Binder, Lichtenberg, S. 355 und Hans Körner, Ostheim vor der Rhön. Geschichte der Burgenstadt zwischen Thüringen und Franken (Mainfränkische Hefte 78). Würzburg, 1983, S. 17.
[2] Diese Vermutung muss stark bezweifelt werden. Woher sollte bei dieser Lage des Schlosses auch das Wasser genommen werden. Wahrscheinlicher, wie ich auch für weitere Adelsschlösser nördlich der Marktstraße annehme, ist ein Wallgraben ohne Wasser, wie dies heute noch um die Lichtenburg zu besichtigen ist. Auf der Lichtenburg finden sich Kloerker auch ohne Wassergraben.
[3] Lehfeldt / Voss, S. 270 ff.
[4] AV Ostheimer Akten II/XVI, 254 von 1502 Februar 25.
[5] AV U 172.
[6] AV U 87.
[7] vg. Kapitel 7.1. über die Familie von der Tann in Ostheim.
[8] Binder, Lichtenberg, S. 356.
[9] AV U 188 von 1515 Mai 4 (Asmus von der Tann zu Nordheim, Philipp von Stein, Amtmann zu Bischofsheim, Wilhelm Truchseß von Unsleben auf Seiten des Eckard von Stein zu Nordheim, Christoph Marschalk, Moritz Marschalk von Waltershausen, Ritter, Hans von der Tann zu Tann auf der Seite von Hans Marschalk zu Marisfeld errichten einen Ehevertrag zwischen Eckard von Steins Tochter Margarethe und Hans Marschalk. Mitgift und Gegengeld 500 fl., kein Grundbesitz); AV U 199 von 1520 Februar 28.
[10] AV U 199 von 1520 Februar 28.
[11] AV U 282 von 1571 Juni 7.
[12] Binder, Lichtenberg, S. 356. − Anscheinend ist nach der vorliegenden Urkunde Hans von Bibra kein Schwiegersohn von Hans Marschalk. Seine Besitzrechte am Untermarschalkischen Hof sind jedoch sehr wahrscheinlich, ohne dass ihre Herkunft klar wird.
[13] „Dieser Name ist auch später noch oft in Ostheim vertreten, ohne daß ein Träger desselben hier in dauerndem Besitze eines Hofes gewesen wäre; sie waren vermutlich zeitweise Teilhaber." (Binder, Lichtenberg, S. 356. Anm. 1).
[14] „† 1570 als der Letzte seines Geschlechts. Der Überlieferung nach war ein Gehöft in der „Schnepfei" (denn [= dem] nach dem Brande von 1876 ganz veränderten Stadtviertel zwischen Amthaus und Diakonat [Burgstraße]) ein ehemals Zufraßscher Hof." (Binder, Lichtenberg, S. 356, Anm. 2).
[15] Das von Binder in der vorherigen Anmerkung angegebene Todesjahr dürfte demnach nicht stimmen. Biedermann gibt nur an, dass er ohne Leibeserben starb.
[16] Körner, von der Tann, S. 121.
[17] Binder, Lichtenberg, S. 357.
[18] Vg. die Ausführungen zum Altensteinschen Schloss (Kapitel 8.2.).
[19] Binder, Lichtenberg, S. 357.
[20] Körner, von der Tann, S. 194 f.
[21] Körner, von der Tann, S. 195.
[22] aus dem Saal- und Lagerbuche des Ritterguts Neustädtles (nach Binder, Lichtenberg, S. 358).
[23] Binder, Lichtenberg, S. 358; Ostheimer Stadtbuch, f. 860 v (hier wird es fälschlich als „das vormalige Altensteinsche Schloß" bezeichnet).

8.4. Die Kemenate am Rathaus

Binder und auch Körner kennen neben und hinter dem Rathaus nur einen Adelssitz.
Deshalb schreibt Binder: „Der Tannische Hof, später der steinische (auch „weißes Schlößchen") genannt, am Markte über dem Rathause gelegen, fuldaisches Lehen; die Brückenmühle gehörte dazu. Schon 1502 gehörte er der Familie v. Stein, Ostheimer Linie, nach deren Aussterben 1611 er gleich in tannischen Besitz gekommen zu sein scheint; 1643 und 1673 besaßen ihn Friedrich und Martin v. d. Tann. Letzterer vererbte ihn auf seine Tochter Sophie, Gemahlin Heinrich Christophs v. Stein (des ‚Junker Heinrich') Obgleich dieser keinen Sohn hinterließ, blieb doch das Gut in v. Steinschem Besitze."[1]

Die Kemenate am Rathaus im Besitz der (Marschalks) Schenks von Ostheim bis 1370

Wahrscheinlich sind die von Ostheims, Marschalks von Ostheim und Schenks von Ostheim eines Geschlechtes und eines Wappens, eines Doppelbechers[2] zur Andeutung des Schenkenamts, das sie von den Grafen von Henneberg verliehen bekommen hatten. Ihr Name weist darauf hin, dass sie ihren ersten Adelssitz in Ostheim hatten.[3]

Wie fast alle Adelshöfe können auch Kemenate und Hof der Familie der Schenks ihre Entstehung auf die Inhaber der Burggüter auf Lichtenberg zurückführen. Besonders die Äbte von Fulda hatten in der Zeit von 1231 bis 1366 viele Burggüter an heimische Ministerialen ausgegeben, um durch diese den Schutz des umliegenden Landes und die Sicherheit der Burg zu gewährleisten.[4] 1336 am Bonifatiustag wurden an Johann Schenk durch Abt Heinrich 2 Huben zu Ostheim als Zubehör des Burglehns zu Lichtenberg verliehen.[5]

WAPPEN VON

Johann Schenk ließ sich darauf in Ostheim nieder und erbaute eine feste Kemenate, in deren Besitz später seine Söhne erscheinen. 1363 begab sich der Ritter Berthold Schenk mit Zustimmung seiner Frau Mechthild (Metzen) mit seinen Brüdern Peter und Johann in Schutz und Schirm der Brüder Heinrich und Berthold Grafen zu Henneberg und ihrer Erben. Dazu räumten die Schenks den Hennebergern das Öffnungsrecht an ihrer Kemenate ein.[6] Der Hof mit dem Schloss muss also damals bereits mit hohen festen Mauern umgeben gewesen sein, die zwar einer systematischen Belagerung nicht standhielten, jedoch erste Zuflucht vor übermächtigen Feinden gewähren konnten.

Nach Berthold Schenks Tod blieb die Kemenate nicht mehr lange in Familienbesitz. Zwischen 1363 und 1381 verkauften die überlebenden Brüder Peter und Johann den Ostheimer Hof mit Kemenate und den von den Eltern ererbten Eigengütern in Ostheim an Heinrich von Stein zu Nordheim für die immens hohe Summe von 2200 Pfund Heller. Damit hat sich diese Familie für Jahrhunderte von Ostheim verabschiedet.[7]

1381 fand der Handel um diese Kemenate für lange Zeit ein Ende: Heinz von Stein der Ältere zu Nordheim im Grabfeld und seine Frau Nese (Agnes) sowie sein Sohn Heinz von Stein verkaufen an ihren Vetter Siegfried von Stein zu Ostheim und seine Frau Felice um 2200 Pfund Heller ihr Haus und Hof zu Ostheim unter Lichtenburg mit Zubehör.[8]

Sicherlich hing dieser Verkauf der Schenkschen Kemenate damit zusammen, dass Heinrich der Ältere seinen Wohnsitz nach Nordheim im Grabfeld verlegte. 1380 und 1383 hatte er einen großen Teil Nordheims von Dietrich von Witzleben und seinem Sohn Ditz gekauft.[9] Der Kaufpreis hatte 1700 Pfund Heller betragen. Mit dem Geld aus dem Verkauf der Schenkschen Kemenate konnte so der Kaufpreis an die Witzlebens bezahlt und zusätzlich ein Ansitz in Nordheim gebaut oder eingerichtet werden. 1387 war der Umzug abgeschlossen. Erstmals in diesem Jahr fügte Heinrich in eine Urkunde den Zusatz ein „gesessen zu Nordheim".[10]

Die Kemenate am Rathaus im Besitz der Familie von Stein bis 1611

Das Gut, fast zehnmal so teuer wie die meisten anderen Veräußerungen zu dieser Zeit, verkaufte Heinrich von Stein 1381 also an seinen Vetter Siegfried von Stein zu Ostheim. Seitdem war es über 300 Jahre im Besitz der Steins zu Ostheim.[11]

1479 wurden die bis dahin von allen Mitgliedern des Ostheimer Familienclans gemeinsam genutzten Kemenaten, die Kemenate am Rathaus und das darüber liegende „Schlösschen", besitzmäßig getrennt und durch eine Mauer voneinander geschieden.

Nach dem Ende der Linie des Fritz vom Stein zu Ostheim 1494 und aller weiteren Verwandten vereinigte Philipp, der Sohn Siegfrieds von Stein, die beiden Kemenaten wieder in seiner Hand.

Die in der darauffolgenden Zeit nicht bewohnte Kemenate am Rathaus wurde um 1530 Heiratsgut von Philipps Tochter aus zweiter Ehe mit Hans Wolf von der Tann. Doch schon 1549 bot Hans Wolf, wahrscheinlich nach dem Tod seiner Frau, die Kemenate den Söhnen wieder zum Rückkauf an. Hartung, der jüngere der beiden Schwäger, nahm das Angebot an, da er seit der Güterteilung mit seinem Bruder Moritz die Güter zu Sondheim übernommen und keine Wohnung mehr in Ostheim hatte. Doch er starb ohne Erben und Haupterbe wurde Bruder Moritz. Auch dessen Söhne Hans und Christoph teilten das Erbe, das nach Christophs Tod 1576 nun dem Bruder Hans allein gehörte. Die Kemenate am Rathaus hatten die Brüder vertraglich ihrer Mutter Anna geb. Marschalk von Ostheim überlassen.

Nach dem Tod Hans von Steins 1589 war sein Sohn Moritz Burkhardt der einzige männliche Erbe. Nach dessen erbenlosen Tod 1609/1611 fielen die Mannlehen an den Völkershäuser Vetter Caspar Wilhelm, die fuldischen Lehen und der Eigenbesitz an die Tochter Anna Sophie. Auch die Witwe Hans von Steins, Barbara geb. Hundt von Wenkheim, nahm ihren Witwensitz in der Kemenate am Rathaus. Nach ihrem Tod wurde diese Kemenate 1611 an Conrad von der Tann verkauft, der sie seiner Tochter Sophie als Heiratsgut vermachte, als sie Heinrich Christoph von Stein zu Nordheim 1669 ehelichte.

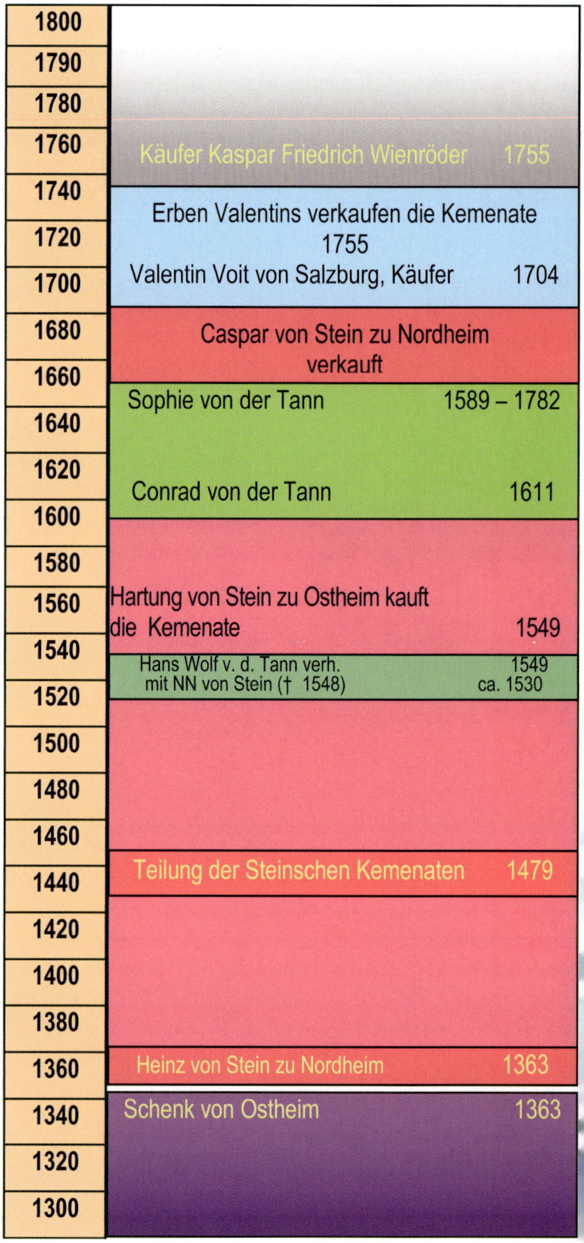

ABBILDUNG 2:
DIE BESITZER DER KEMENATE AM RATHAUS

Heinrich Christoph von Stein auf Ostheim und Nordheim im Grabfeld

Caspar von Stein (25. September 1590 – 28. September 1632) war eine hervorragende Persönlichkeit seiner Zeit und seines Standes. Er war Ritterhauptmann des Kantons Rhön-Werra, schwedischer Geheimrat, Landrichter zu Franken, Amtmann zu Wildberg und Rottenstein. Leider starb er viel zu früh mit 41 Jahren mitten im 30-jährigen Krieg. Mit seiner Frau Rosina Maria von Guttenberg-Steinenhaus, Schwester des Großvaters des 1690 regierenden Bischofs zu Würzburg[12], hatte er in knapp 14-jähriger Ehe neun Söhne und drei Töchter, unter ihnen als sechstes Kind **Heinrich** Christoph.

Heinrichs und seiner Frau Herkunft und Geschwister

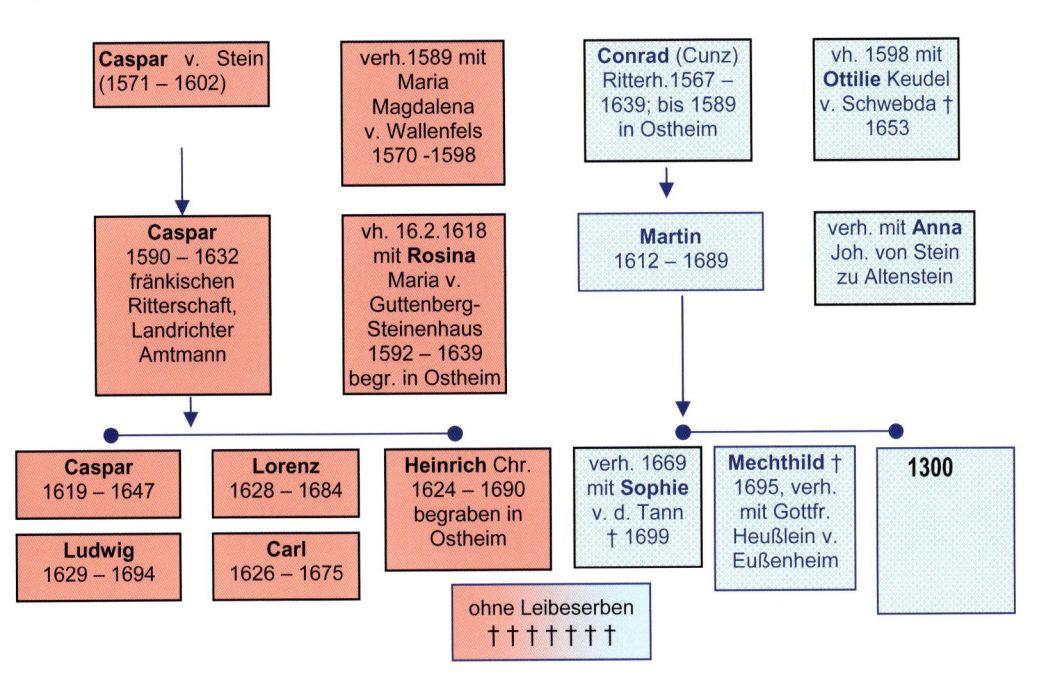

Caspar v. Stein (1571 – 1602)	verh. 1589 mit Maria Magdalena v. Wallenfels 1570 -1598	**Conrad** (Cunz) Ritterh. 1567 – 1639; bis 1589 in Ostheim	vh. 1598 mit **Ottilie** Keudel v. Schwebda † 1653
Caspar 1590 – 1632 fränkischen Ritterschaft, Landrichter Amtmann	vh. 16.2.1618 mit **Rosina** Maria v. Guttenberg-Steinenhaus 1592 – 1639 begr. in Ostheim	**Martin** 1612 – 1689	verh. mit **Anna** Joh. von Stein zu Altenstein

Caspar 1619 – 1647	**Lorenz** 1628 – 1684	**Heinrich** Chr. 1624 – 1690 begraben in Ostheim	verh. 1669 mit **Sophie** v. d. Tann † 1699	**Mechthild** † 1695, verh. mit Gottfr. Heußlein v. Eußenheim	1300
Ludwig 1629 – 1694	**Carl** 1626 – 1675				

ohne Leibeserben
† † † † † † †

Heinrichs Kindheit und Jugend

Am 14. Dezember 1624 wurde Heinrich zu Nordheim/Gr. geboren. Taufpate war Hans Christoph Truchseß zu Wetzhausen, Ritterhauptmann des Ritterorts Baunach.
Am 5. Februar 1640, in der schlimmsten Zeit des Dreißigjährigen Krieges, zieht Heinrich Christoph, bereits vaterlos, mit dreien seiner jüngeren Brüder auf das Gymnasium zu Schleusingen
Am 4. April 1643 schreibt er eigenhändig aus Schleusingen an seinen Bruder Caspar. Dieser notiert außen auf dem Brief: „… wegen Vorsetzung seiner Reiß in Preusen und uffs Gebirg".
Am 24. April 1643 reist er nach Königsberg in Preußen, um die berühmte Universität dort zu besuchen. Nach einer einmonatigen Reise kommt er am 26. Mai dort an.
Heinrich unterschreibt am 2. Mai 1643, dass er von Caspar Herlein, Bürger und Fuhrmann von Schleusingen, neben einem Wechsel von 50 Reichstalern auch noch ein Darlehen von 25 Reichstalern erhalten habe ohne den Fuhrlohn für sich und seine Sachen, welche Herlein nach Leipzig befördert hatte.
Am 3. Juli 1643 schreibt er aus Königsberg an seinen Bruder Caspar. Er erzählt:
Zehn Tage reiste er bis Lübeck. Nachdem er dort eingetroffen war, fand er alsbald ein Schiff, das nach Königsberg hat laufen wollen, auf welches er sich mit noch einem von Adel gedingte. Am 4. Mai fuhren sie von Lübeck ab und nahmen an, sie würden in drei Tagen in Königsberg sein, aber wegen des unbändigen Windes hat es nicht sein wollen. So habe die Seereise nach Königsberg 20 Tage gedauert.
Wie Hans von Ostaw, Hof- und Gerichtsrat in Königsberg, am 3 Januar 1644 wegen Heinrich an Caspar von Stein schreibt, hatte er Heinrich in seine Behausung aufgenommen und musste feststellen, dass bei ihm an Büchern und Kleidung ziemlicher Mangel ist. Dazu brauche er auch Aufwendungen für Exerzitien, Collegien und andere Informationsveranstaltungen. Davon will er den Vetter informieren.
Heinrich schreibt selbst am 11. April 1644 an seinen Bruder Caspar und bittet um einen Wechsel.
In einem Brief an Bruder Dietrich schreibt Caspar 1646: „Heinrich ist noch in Preußen, wo er einen guten Patron und Vetter angetroffen hat, der ihn wie sein Kind hält. Heinrich kann ihn nicht genug rühmen, sehnt sich deshalb auch nicht sehr wegzugehen, obwohl es ihm auch an Geld mangelt, welches bei allen, Reich und Arm, wenig werden will, ja fast gar verschwinden will."
In einem Schreiben vom Oktober 1647 an seine Brüder Carl und Lorenz weist Heinrich an: Von dem Bruder Lorenz in Schleusingen zuerst zu erbrechen. Er hat am 6. Oktober ein am 6. August abgesandtes Schreiben erhalten, dass sein großer Bruder Caspar gestorben ist.
Im Februar 1648 schreibt er, er habe bereits 1647 nach Hause aufbrechen wollen, aber die vermeintliche gute und sichere Gelegenheit dazu sei ihm nicht geglückt. Sein Geld habe er nach Bezahlung etlicher kleinerer Schulden fast ganz ausgegeben.
Nach einer kurzen Reise durch die vornehmsten See- und andere Städte, welche man in dieser Kriegszeit besuchen konnte, - das ließ er sich doch nicht entgehen - kam Heinrich zurück in die Heimat. Bald darauf erhielt er eine Berufung als Hofrat an den Brandenburg-Kulmbachischen Hof; auch sollte er in Sachsen-Weimarische Dienste treten. Er lehnte beides ab und überließ diese Stellen seinen jüngeren Brüdern. 1653 teilten die Brüder die Stein-Nordheimer Güter untereinander. Es wurden möglichst gleichmäßige „Lose" gemacht, die wertmäßig taxiert waren.
Das 1. Los Nordheim erhielt Dietrich von Stein, der als noch lebender Ältester auch das Gesamtgut verwaltet hatte, das 2. Los Berkach ging an Lorenz., Carl bekam das Los Ruppers, Ludwig das Los Oberstreu. Heinrich wurde Besitzer des sicher von ihm gewünschten Loses Ostheim[13]

In einer Aufstellung im Akt: „Güteranschläge" ist sein Anteil verzeichnet:

    2500 fl.   an Gebäuden (in Ostheim waren dies: Das Rosenauische Gut, Das Heldrittsche Gut und der Fronhof, der mehr oder weniger aus einem – verpachteten – Bauernhof bestand.)

8950 fl.	an Getreide: 188 Malter Korn, 77 Malter Weizen, 24 Malter Gerste, 7 Malter Erbsen und Linsen, 1 Malter Lein	
3660	183 Malter Haber und Wicken	
90	an 4½ Malter Wicken zu Hendungen	
1280	Erbzins, Wiesen, Gärten	
83	Erbzins zu Wülfershausen	
60	Kleinzehnt zu Alsleben	
40	Kleinzehnt zu Hendungen	
120	Handlohn	
280	Holznutzung zu Ruppers	
18855	insgesamt	

Heinrich ließ es sich sehr angelegen sein, die Güter und Gebäude in Ostheim wieder in guten Stand zu versetzen und die durch das verderbliche Kriegswesen sehr ruinierte Behausung des Heldrittschen Hofes[14] in Anbau zu bringen, so dass er sie 1656 wieder beziehen konnte.

Türkenkrieg

Kaum waren die schlimmsten Kriegsschäden beseitigt, kamen schon wieder neue Kriegsgefahren, die Türken. Am 8. Juni 1664 schreibt Bischof Philipp Valentin zu Bamberg an Heinrich Christoph von Stein. Er weist auf die Gefahr durch die Türken hin und fordert ihn als Lehensträger und Stiftsverwandten auf, sich mit guter, zur Zeit gebräuchlicher Rüstung, Knechten und Pferden bereit zu halten, um baldmöglichst einen noch zu benennenden Sammelplatz zu erreichen. Nachdem die diplomatischen Versuche über die Verlängerungen des Friedens 1663 zwischen dem Türken- und dem Habsburgerreich misslungen waren, setzte der Großwesir Ahmed Köprülü am 12. April 1663 in Edirne ein etwa 100 000 Mann starkes Heer in Marsch. Sein Ziel war Buda, welches Ende Juni eingenommen wurde. Am 7. August siegten die Türken im Raum von Gran über die kaiserlichen Truppen. Schwer traf das Kaiserreich auch der Verlust der Festung Neuhäusl/Nové Zámky, welche die Türken am 25. September eroberten. Danach zog sich der Großwesir mit einem Teil seines Heeres zum Überwintern nach Belgrad zurück. Mit etwa 40 000 Mann trat er am 8. Mai 1664 einen neuen Feldzug gegen das Habsburgerreich an. Ein Teil des kaiserlichen Heeres, welches von Feldherr Raimondo Montecúccoli befehligt wurde, versuchte noch vor Eintreffen der Türken die Festung Canischa/Nagy-Kanizsa zu erobern. Doch die Belagerung blieb ohne Erfolg, und Montecúccoli musste sich wieder zurückziehen.

Abbildung 3: Übersichtskarte Westungarn. Rot eingerahmt: Neuhäusl/Nové Zamky nördlich der Donau, Canischa/ Nagy-Kanizsa an der Grenze zu Slowenien und St. Gotthard/ Szent Gotthárd an der Grenze zur Steiermark. Von dort ist Wien (grün eingerahmt) 150 km entfernt, Graz gerade 60 km.

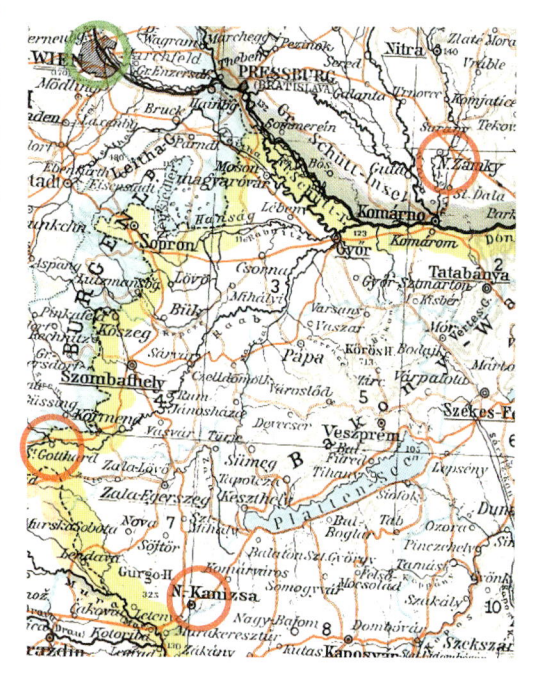

Als die Türken herannahten und die Steiermark bedrohten, kamen auch Verstärkungen für das kaiserliche Heer, darunter Bayern, Schwaben, Niedersachsen, Westfalen, Franken und sogar ein französisches Hilfskorps, an. Dieses Heer mit einer Stärke von etwa 25 000 Mann bezog am 30. Juli 1664 bei Mogersdorf Stellung, nachdem die Türken im benachbarten St. Gotthard/Szentgotthárd eingerückt waren.

Da die Übertrittsversuche über den Fluss Raab von den Kaiserlichen vereitelt wurden und der Großwesir glaubte, dass noch nicht alle kaiserlichen Truppenteile in Mogersdorf eingetroffen seien, ließ er die Armee in Angriffsstellung gehen. Nach einem nächtlichen Artilleriefeuer griffen rund 12 000 Türken am Morgen des 1. August die kaiserlichen Truppen an. Nach einer blutigen zehnstündigen Schlacht ging Montecúccoli als der große Sieger hervor.

Die Türken verloren an diesem Tag etwa 10 000 Mann, während auf der kaiserlichen Seite lediglich 2000 Tote zu beklagen waren. Die Türken hatten dabei auch ihren Ruf der Unbesiegbarkeit verloren, denn zum ersten Mal wurde in einer offenen Feldschlacht ein türkisches Heer von einer christlichen Streitmacht besiegt.

ABBILDUNG 4:
DER TÜRKISCHE GROßWESIR KÖPRÜLÜ

Am 10. August 1664 schlossen Kaiser Leopold I. und Großwesir Ahmed Köprülü auf 20 Jahre den Frieden von Eisenburg. Bis 1682 hielt dieser Frieden tatsächlich, bis 1683 mit der Belagerung Wiens der große Türkenkrieg, das entscheidende Kapitel dieser Kriege, eröffnet wurde.

Heinrich Christoph hatte, ohne dass uns Näheres bekannt ist, an diesem Feldzug teilgenommen und kam nach dem Friedensschluss von 1664 zurück nach Ostheim. Er übernahm am 4. Juli 1667 die Stelle des Truhenmeisters im Ritterort Rhön und Werra, die er bis 1687 behielt.

In diesem Jahr kaufte er als Vormund der Freiherrn Erdmann und Carl von Stein für 630 fl. die so genannte neue Rupperser Lehnschaft zu Willmars, welche den von Oeppes aus dem Besitz der von Buttlars zu

ABBILDUNG 5: GRABMAL HEINRICH CHRISTOPHS VON STEIN ZU NORDHEIM (1624 – 1690) IN DER KIRCHE ZU OSTHEIM (CHOR)

WAPPEN: V. STEIN   V. GUTTENBERG
           V. WALLENFELS   V. ROSENAU

INSCHRIFT OBEN:
    EX PULVERE VITA (AUS DEM STAUB DAS LEBEN)
UNTEN:
    DIESER STEIN WARD DEM ADLEN STEIN, HERRN HEINRICH CHRISTOPH, DER AUF DEN AUSERWEHLTEN STEIN SICH SCHLAFEN LEGEND DEN ENGELN VERGESELLSCHAFFTET WORDEN, DURCH DEßEN EHEGEMAHL FRAU SOPHIEN, GEBORNE THANNIN ZU LETZTEN EHREN AUFGERICHT, DEßEN LEIB IN DER SACRISTEI BEIGESETZT IN GOTT RUHET.

Ostheim gehört hatte. Dies war sachsen-meiningisches Lehen. In den Lehnbriefen wurde sie „Die sieben Güter und Männer zu Willmars genannt.[15] Am 14. April 1669 hatte er Sophia, die zweite Tochter des bereits verstorbenen Martin von der Tann auf Höllrich, geheiratet, die Enkelin des Cuntz von der Tann. Als Teil der Mitgift hatte Sophia die Kemenate am Rathaus erhalten, die dann auch zum Wohnsitz wurde. Die Ehe blieb kinderlos. Schon längere Zeit und besonders seit 1688 litt Heinrich Christoph an Rotlauf und kurzem Atem. Daraus wurde „asthma scorbuticum"; er bekam Geschwulste an Schenkeln und Händen[16]. Am 1. August 1690 starb er abends nach 8 Uhr in Ostheim.

In Briefen mit Trauerrand schreibt Witwe Sophia von Stein am 4. August u. a. an ihren Vetter Hartmann vom Stein auf Völkershausen und Ostheim, Obristleutnant im Regiment von Generalwachtmeister Hadesdorff. Sie gibt bekannt, dass ihr Ehemann am 1. August abends um 9 Uhr nach „Zeitlang" [gemeint ist: lange Zeit] ausgestandener Leibesschwachheit und großer Mattigkeit vermittelst eines sanftseligen Endes diese Zeitlichkeit gesegnet habe, und lädt zur Leichenfeier ein.

Am 24. August fand ein feierliches Leichenbegängnis in der Stadtkirche in Ostheim durch den Diakon Johann Friedrich Sartorius statt. Heinrichs Witwe ließ ihrem Mann ein ganz besonderes Grabmal im Chor der Kirche setzen. Das Stadtbuch vermeldet über die Bestattung[17]:

> „Quittung über 50 r(eichstaler) den H(err)n von Stein
> wegen eines begrabnis H(err)n Henrichen vom Stein,
> so in unser Sacristeÿ begraben worden, und ist nicht
> Erblich, sondern nur vor ihn v(nd) seine Liebste.
> Fünffzig r(eichstaler), welche Jhr Gnaden H(err) hoffrath
> von Altenstein mit dem Stadschultheißen wegen
> Eines begrabnis des Seel. H(err)n Henrichs vom
> Stein, so in unser Sacristeÿ begraben worden,
> vor ihn v(nd) seine gemahlin veraccordiret [vereinbart],
> Hab[e]n ihr Gnad(en) H(err) Leüt. Ernst vom Stein
> uns Endes unterschrieben wohl bezahlet, worüber
> wir demselben diese quittance unter dem
> gemein[e]n Stad Jnsigul, ümb damit zu
> belegen, Außgestellet. Ostheim, den 14.
> 8br(is) [Oktober] a(nn)o 1694.
>
> (L.S.)"

Auseinandersetzungen der Neffen von Stein zu Nordheim mit der Witwe Heinrichs

Um die Hinterlassenschaft Heinrich Christophs gab es zwischen seinen Neffen und der Witwe harte Auseinandersetzungen. Um diese zu beheben, trafen sich am 2. September 1690 in Ostheim beide Parteien. Die Irrungen begannen auf Seiten der Frau Witwe, da der Ehevertrag nicht mit dem auch von Heinrich Christoph abgeschlossenen Fideikommissvertrag[18] übereinstimmte. Die Vettern von Stein bestanden darauf, dass dieser Vertrag, die Witwe, dass der Ehevertrag eingehalten wurde. Sophia vom Stein erschien mit ihrem Anwalt Johann Wilhelm Schröter, Dietrich von Stein, Ludwig von Stein und Erdmann Freiherr vom Stein mit ihrem Vormund Friedrich Sebastian vom Stein zu Altenstein. Wegen der Zwistigkeiten wurde ein gütlicher Vergleich geschlossen: Die Erbesinteressenten gestehen der Witwe auf Lebenszeit die adelige Behausung zu, in der sie derzeit ihren Sitz hat, Bau-, Back- und Brauholz mit dem dazu gehörigen Reisig, das ihr wie bisher auch künftig aus dem Gehölz, die Lehn genannt, alljährlich zu verabfolgen ist, samt des zur Unterhaltung des Hauses etwa benötigten Bauholzes, welches sie sich aber durch den Steinischen Forstbedienten anweisen und durch Ostheimer Bürger hauen und heim schaffen zu lassen schuldig sein solle. Sophia soll sich von ihrem Vetter endlich das vertraglich vereinbarte Heiratsgut von 2000 fl. auszahlen lassen, erhält neu 4000 Gulden zugewiesen, so dass sie mit der Mitgift von 2000 fl, einer beachtlichen Summe, lebenslang gut auskommen kann.

Steinischerseits kann sie das Haus am Rathaus und die Güter zu Ostheim, die Leubacher Zinsen, dann die jährlichen Gefälle von Neustädtles nutzen, wobei sie jedoch mit dem Gehölz pfleglich umgehen und das Gut in gutem Bau und Besserung erhalten muss. Die Leubacher Zinsen stammen aus ihrem Heiratsgut, sie kann damit schalten und walten, wie sie will. Sollte aber Neustädtles wider Verhoffen nach Inhalt des Rezesses vom 17. Oktober 1684 wieder eingelöst werden, treten die Steinischen Erbinteressenten als Besitzer und Pfandherren wieder ein, die Nutznießung wird hinfällig und die Steins sind ihr nicht die geringste Ersetzung schuldig. Sie hat auch keinen Anteil an der Wiedereinlösungssumme. Ohne ein Präjudiz für künftige Fälle zu geben, wird der Witwe auch die Nutznießung über das völlige Wallensteinsche Kapital[19] von 960 Gulden fränk. überlassen, so dass sie sowohl bei Lebzeiten als auch im Todesfall Macht haben soll darüber frei und unbeschränkt zu disponieren. Auch wird ihr von den Steins ein besonderer Schatz an Geld, Gold- und Silbermünzen, im Wert von 254 Rtl. 2½ Batzen überlassen. Schließlich wird ihr auch noch die alljährliche sogenannte Rappische Güld zu Stetten abgetreten, ebenso der vorhandene Vorrat an Zehntgetreide zu Hendungen und Alsleben, der von 1690 herrührt, und der Gebrauch der Fahrnis.

Dafür soll nach dem Tode oder nach einer Wiederverheiratung alles, bis auf die Leubacher Zinsen, wieder an die Steins zurückfallen. Auch die Hälfte der im Heiratsbrief benannten Mobilien fällt in diesem Fall an sie zurück. Die Schmucksachen sind bereits verteilt worden, weitere Ansprüche werden nicht erhoben. Die Witwe hat auch bereits die ehemals in einer besonderen Registratur eingebrachten Dokumente den Steins ausgehändigt, bis auf die, welche sie selbst betreffen.

Aus einer beglaubigten Aufstellung Sophies vom 3. September 1691 erfahren wir etwas über die Einrichtung und Ausstattung eines adeligen Hauses. Ausgenommen ist dabei die persönliche Habe und Einrichtungsgegenstände, wie dies ja auch im Vergleich erwähnt wird. Es ist die Fahrnis, die nach Sophias Tod in der ihr gegebenen Wittums-Behausung zu Ostheim verbleiben soll.

1. *Was ich von dem Meinigen zum Bauen angewendet, soll dort verbleiben.*
2. *Ebenso alles Holz- und Schreinerwerk, das sich im Haus befindet, besonders*
   1 Kleiderschrank, 1 großer Kasten, 1 Dutzend Sessel, 2 Lehnstühle, 1 Tisch, 2 Himmelbetten, 4 andere Kästen, die ich von meinem verstorbenen Vetter und von Frau Mutter habe, ausgenommen den großen Kasten und Reise-Kästen
   1 großer Teppich in der Tafelstube samt 18 Überzügen auf 1½ Dutzend farbig geschachten(?) Sesseln von rotem und weißem Blisch [Plüsch], 2 Teppiche von blau, weiß und schwarzem Garn gemachter Plüsch samt 8 genähten Stuhlsessel(bezügen)
3. *[ist ausgelassen]*
4. *Tafel- und Tischgeräte*

ein Dutzend fehlen	5 Tafeltücher	} die Hälfte aus Damast, die andere Hälfte sonst gelümet(?)
	12 Dutzend Servietten	
	6 damastene	} Tischtücher
diese sind nicht geliefert worden	6 andere	
	9 schlechter	

5. *Bettwerk*

	8 Paar neue	
	8 Paar geringere	} Bettücher
	8 Paar schlechte	
	12 Paar Kößenzüchen [Kissenbezüge]	
	6 gerichtete Betten	
	1 blauen seidenen Vorhang	
hier fehlt ein Vorhang	5 dergleichen schlechte, worunter der weiße mit dem Stern model	

6. *Von Zinnwerk*
   3 Dutzend Englisch Zinn, Schüssel, 2 Bodache Schüssel (Pottasche-Schüsseln), 5 Dutzend Teller

2 Lavoir, 2 Viertels Flaschen, 1 klein Salz Maßaufsatz, 1 Dutzend zinnene Becher (sind auch nicht geliefert worden), 1 Dutzend solche Löffel, 6 Leuchter, 2 messingne Leuchter.

7. Küchengeräte

Die Hälfte, außer was ich vor der Vertheil- und Losung guten Freunden gönne und sie damit bedenken werde. Alles Rindvieh allhier zu Ostheim samt den Schweinen ingleichen, die Hälfte dergleichen zu Neustädtles, jedoch ausgenommen, was ich vor der Verteil- und Losung davon guten Freunden vermachen werde.

Endlich behalte ich mir vom Holzwerk den großen, mit Wappen eingelegten Kasten, woran meine Frau Schwester Anteil hat, auch alle großen und kleinen Reisekästen, welche zu meiner weiteren Disposition bleiben.

Am 20. Mai 1693 übergab Sophia dem Verwalter Georg May vier Bündel mit Akten.
Außen auf der Aufstellung stand: „Designatio Actorum von der Steinschen Frau Wittib extrudiert."
Aus dieser umfangreichen Aufstellung erfahren wir auch allerhand Interessantes:

1. Jede Besitzänderung im Grundbesitz wurde beim adeligen Besitzer protokolliert, auch wenn sich dabei an der Abgabenhöhe nichts änderte.
2. Heinrich von Stein bewirtschaftete seine Besitzungen nicht mehr selbst. Er hatte die Bewirtschaftung einem sogenannten Halbbauern übergeben, der die Hälfte seiner Erträge an den Besitzer abgeben musste. Nachgewiesen ist eine Abrechnung Hans Christophs von Stein mit Hans Mattheß, Halbbauer auf dem Heldrittschen Hof, in den Jahren 1661 und 1662.
3. Wir erfahren, dass auch der Öppische Hof nicht mehr selbst bewirtschaftet wurde. Auch dort gab es einen Hofbauern, Valtin Gass von Weißbach. Er hatte bei Heinrich vom Stein Schulden in den Jahren 1689 und 1684, und zwar 2 Malter Korn, 4 Maß Weizen, 4 Maß Erbsen, 3 Malter 4 Maß Haber, 2 Maß Wicken, 3 Kopfstücke an Geld und ein junges Kalb von einer ihm gelassenen Kuh.
4. In der Aufstellung finden sich viele Schuldscheine und Darlehensaufstellungen. Dabei war ausschließlich Heinrich von Stein der Darlehensgeber. Schuldscheine wurden auch für nicht bezahlte Warenlieferungen ausgestellt. Insgesamt waren es knapp 200 fl. Außenstände. Auch die Stadt Bad Salzungen war dabei mit 5 Reichstalern für verkaufte Schafe.
5. Die Schuldner kamen aus der weiteren Umgebung: Neben Ostheim aus Unterelsbach, Oberelsbach, Oberwaldbehrungen, Reichenhausen, Gersfeld, Sondheim (v. d. Rh.) und Herpf.
6. In zwei Fällen bitten die Schuldner um Zahlungsaufschub.

Es war also keine Seltenheit damals, Schulden zu machen und diese in Raten zurückzuzahlen. Auffällig ist auch, wie weit das Einzugsgebiet, wahrscheinlich gerade beim Viehhandel, gewesen ist.

Tod Sophies von Stein und Erbprobleme danach

Nachdem Sophie, die Witwe Heinrich Christophs von Stein, seit einiger Zeit immer kränker und hinfälliger wurde und mit ihrem Tod gerechnet werden musste, unterschrieben Erdmann Freiherr vom Stein, Caspar vom Stein für sich und für den abwesenden Herrn Bruder Friedrich August sowie Carl Freiherr vom Stein, Neffen des verstorbenen Heinrich Christoph, am 13. Dezember 1698 eigenhändig eine Instruktion für den gemeinschaftlichen Steinischen Inspektor zu Nordheim/Gr., Heinrich Anton Wlöme[20]:

1. Erforderlich ist, stets unvermerkt, genaue Kundschaft zu halten, wie sich die Witwe befindet und ob sie in Lebensgefahr schwebt. In diesem Fall ist noch mehr Sorgfalt aufzuwenden, damit der Tod sofort mitgeteilt wird.
2. Wenn der Todesfall eintritt, muß er unverzüglich mit Zuziehung des Berkacher und Rupperser Verwalters, wenn dieser so schnell zu erreichen ist, nach Ostheim gehen, den bisherigen Wittumb und zugleich, sowol wegen competirender Jurisdiction als auch intuitu[21] des Vorangezogenen Recessus der hinterbliebenen Verlassenschaft an Mobilien, sonderlich der Briefschaften sich zu versichern und selbiges, außer was man zum täglichen Gebrauch nötig hat, (welches aber allenfalls, wie auch das Vieh, Fütterungsvorrat und anderes so sich nicht füglich verschließen läßt in ein Verzeichnis zu bringen) zu obligieren, nicht wieder von den Bedienten, Zins- und Lehenleuten Handgelübdnis zu nehmen, sondern auch und zwar allermeist
3. Zu Neustädtles die Possession more conventu et adhibitis, si opus, sollemnitatibus[22], zu ergreifen, die Bedienten mit handgebender Treu denen von Stein zu verbinden, und darüber sowohl, als dasjenige was zu Ostheim durch ihn verhandelt

von einem kaiserlichen Notar cum testibus [lat.: mit Zeugen], ein ordentlich Instrument previa subarrhatione [lat.: nach/ mit vorheriger …?] um die Gebühr verfertigen zu lassen, sich auch in solcher Posess bestmöglichst zu tuiren [lat. tueril: schützen] und do wider verhoffen jemand, wer der auch sei, ohne darum Einhalt zu tun, und turbi [lat. turbare: stören] wollte, contra dicento, protestando et alio quovis modo²³ abzuhalten.

4. *Wie man auch nicht wissen kann, was sich da oder dort für Umstände ereignen möchten, so sollte der Inspektor, diesfalls ratione apprehensionis et obsignationis²⁴, an obig-vorgeschriebener Ordnung nicht gebunden, sondern da die Eilfertigkeit und erheischende Notduft nicht zuließe, die apprehension [Besitzergeifung] und Versiegelung zu Ostheim, erst vorzunehmen oder er durch einen geschickten Substituten, nachdem er eine Maßnahme zu gleicher Zeit nicht durchzuführen vermöchte oder Gelegenheit hätte, die Besitzergreifung zu Neustädtles oder was sonst am nötigsten, zuerst vorzunehmen, das ist seiner Gewandtheit überlassen.*

5. *Sollte auch wider Verhoffen sich zutragen, dass vor seiner Ankunft von der Witwe, Freunden oder oder anderen die vorhandene Habe bereits in Besitz genommen wurde, hat er dagegen gehörig zu protestieren und nichtsdestowenig die Besitznahme auch seinerseits vorzunehmen und die Besitznahme des bisher innegehabten Wittums fortzusetzen und eine vorher geschehene Versiegelung kraft der durch den von Stein in dem bisherigen Wittum zukommenden Rechtsprechung abzunehmen, solche aber cum protestatione [lat.: mit Protest], bis auf herrschaftliche Anodnung dermal lassen wollte. Nicht minder*

6. *wenn ihm mit der Besitzergreifung zu Neustädtles jemand zuvorgekommen, solle er nicht nur protestieren, sondern jeden Fleiß anwenden, ebenfalls Besitz zu ergreifen.*

7. *Sollte auch jenseits man noch einige Ansprüche zu haben vermeinen ohne eine Besitzergreifung vorzunehmen hat der Inspektor der Steins wegen zu versichern dass die Besitzergreifung erfolgen wird und dass man nicht geneigt ist, von den Vereinbarungen abzugehen.*

8. *In allen anderen Fällen hat der Inspektor nach bestem Wissen und Gewissen zu handeln.*

9. *Außerdem hat er über alles schleunigst Bericht zu erstatten.*

10. *Mit der Vollmacht, die ihm mit dieser Instruktion ausgehändigt wird kann er sich jedem gegenüber legitimieren.*

Die Vollmacht, unterschrieben und gesiegelt von Erdmann Freiherr vom Stein, Caspar vom Stein und Carl Freiherr vom Stein zu Nordheim im Grabfeld am 13. Dezember 1698 lautet:
Die endesunterschriebenen ermächtigen den gemeinschaftlichen Inspektor zu Nordheim, Heinrich Anton Wlöem, im Fall des Todes von Frau Sophia von Stein geb. von der Tann, der Witwe Heinrich Christophs von Stein sowohl des eingezäunten Witwensitzes zu Ostheim als auch des Guts Neustädtles für die Familie von Stein zu versichern, die Bedienten ins Handgelübde zu nehmen, die Möbel, soweit sie nicht zum täglichen Gebrauch dienen, zu verschließen, das übrige aber zu kennzeichnen und ein Verzeichnis davon zu erstellen. Sollte jemand wider verhoffen Einhalt tun wollen, soll er die Steinischen Gerechtsamen bestmöglich verteidigen und sich darüber von einem kaiserlichen Notar entsprechende Instrumente ausstellen lassen und mit einem Wort das tun was die Steins selbst tun und verrichten würden, wenn sie selbst zuggegen wären. Dazu sollen dem Inspektor die Verwalter und Bedienten zu Ruppers, Nordheim und Berkach auf Erfordern beistehen.

Nachdem die Kemenate am Rathaus und das Gut Neustädtles ursprünglich Tannischer Besitz, den Sophia mit in die Ehe gebracht hatte, waren, befürchteten die Steins augenscheinlich, die Familie von der Tann könne versuchen, diese Güter wieder an sich zu bringen. Wann genau Sophie von Stein verstorben ist, wissen wir nicht. Ihre Beerdigung in Ostheim ist im Stadtbuch nicht verzeichnet. Wurde sie etwa anderswo beerdigt?

1704 wurde die Kemenate an Voit von Salzburg verkauft.

Am 19. Juni 1704 wurde zu Ostheim die folgende Urkunde zu Papier gebracht und von Caspar von Stein und Valentin Voit von Salzburg gesiegelt:
Offenbar, kund und wissend sei hiermit jedermänniglich, denen solches Wissen von nöthen, Weßgestalt heut dato zwischen dem Reichs-frei, Hochwohlgeborenen Herrn, Herrn Caspar von Stein zu Ostheim auf Nordheim hochfürstlich Würzburgische Geheimrat und Oberamtmann für sich und in Vollmacht seiner Herrn Vetter und Bruders, Baron Erdmanns, Baron Carls freiherrliche Gebrüder und Herrn Friedrich August, gesamter vom Stein, der Verkäufer zum einen und dem auch reichsfrei, hochwohlgeborenen Herrn Herrn Valentin Voit von Salzburg, hochfürstl. brandenburg-ansbachischen Geheimrat und

Oberamtmann als Käufer an dem anderen Teil nachbesagter Erb- und Todkauf vollzogen wurde: Es verkauft Herr Geheimrat v. Stein für sich, seine Vettern und seinen Bruder, sowie für alle Erben dem Geheimrat von Voit ein frei eigentümliches Haus zu Ostheim mit Scheuer und Gärtlein samt dem dazu gehörigen Keller, Mühlen und Zugehörungen, vier Acker Wiesen, mit den auf berührter Mühle beim Brückentor hergebrachten Gülden Zinsen und anderen berechtigten Gefällen, wie auch den steinischen Anteil an dem Gut Weimarschmieden, samt allem Zubehör den Gebäuden, Äckern, Wiesen, Teichen und Gehölzen, wobei die Verkäufer die Genehmigung des Stifts Fulda für den Verkauf nach Lehensrecht einholen müssen. Sodann einige Gülden Zins und Gefälle, Hutweide und andere Nutzung zu Kaltensundheim, Gert- und Wohlmuthausen, desgleichen zu Willmars, wie solches alles in einem Anschlage hierbei spezifiziert und beschrieben ist und auf die Herrn Verkäufer vermittels getroffenen Vergleichs mit Herrn Rittmeister Caspar Otto vom Stein zu Völkershausen hinterlassenen Erben und deren Vormündern auch Herrn Friederich vom Stein zu Ostheim transferiert wurde.

Der Kaufpreis beträgt 11000 Gulden fränkischer Landeswährung jeder Gulden zu 28 Schilling gerechnet. Die Kaufsumme hat der Käufer entweder bar in gangbaren Münzsorten zu zahlen wobei er 3000 Gulden fr., die seiner Frau nach Erbrecht zugestanden hätten und die am 13. Juni 1704 fällig geworden wären, einbehalten kann.[25]

Die Hintergrundgeschichte zu diesem Verkauf findet sich im Kapitel 7.4 „Die Linie der Steins zu Ostheim in Völkershausen bis zu ihren Aussterben" Abschnitt „Caspar Otto († 1704), der letzte der Ostheimer Linie". Soviel auch hier: Der Käufer Valentin Voit von Salzburg war seit 1695 verheiratet mit Anna Juliana von Stein zu Ostheim und somit der Schwiegersohn Georg Wilhelms von Stein zu Ostheim in Völkershausen. Die Erbanrechte seiner Frau wurden vom Kaufpreis der Kemenate abgezogen.

Über den Umfang des verkauften Besitztums findet sich im Archiv von Stein folgende Aufstellung[26]:

Nr.	Sachverhalt	fl fränk	Nr.	Sachverhalt	fl fränk.
1	Ein eigentümliches freies Haus beim Rathause nebst Scheuer und Gärtlein	1000	15	3 Faßnachthühner à 2 g.	8
2	Ein Keller	125	16	1 Sommerhahn à 1 g.	9
3	Die Mühle beim Brückentor samt den dazugehörigen 4 Acker Wiesen in der Sulz, die jährlich zinsen		17	1 fl. – g. – g., 101 Pf. zu Willmars an Geldzins	20
	10 Malter Korn, Neustädter Gemäß à 2 fl., tut 20 fl. an Hauptwert	400	18	1 Malter 5 Maß Korn Mellrichstadter Gemäß à 2 fl.	650
4	1 Fastnachthuhn a 2 g.	2	19	4 Malter 3 Maß Haber à 1 fl.	87
5	1 Malter Eier à 3 Pf.	4	20	3½ Weihnachts- und 20½ Faßnachts-hühner à 2 patz.	64
6	1 Malter? (Juni-Kücken pro 1 fl. 10 g.?) jedes pro 6 g.	30	21	11 Sommer und 3 Michelshähne a 1 g.	18
7	Über den freieigentümlichen Hof Weimarschmieden. Das Wohnhaus samt der Scheune, Vieh- und Schweineställe mit 2 Gärtlein	600	22	2 Schock 44 Stück Eier à 3 Pf.	10
8	117¾ Acker 9 Gerten Art-Land à 12 fl.	1313	23	17 Weihnachtsbrote à 1 g. 6 Pf.	24
9	51 Acker Wiesen à 25 fl.	1275	24	20 Käs à 6 Pf.	10
10	375 Acker Gehölz à 8 fl.	3000	25	54 gangbare Frohntage, ohne 4 Tage die auf wüsten Hofstätten liegen à 4 g.	215
11	22 Acker an vorhandenen 4 Teichen à 20 fl.	440	26	Weidenutzung zu Weimarschmieden von dem über Sommer einschlagenden # Vieh à 50 Stück zu 16 gg.	800
12	4 fl. 20 gg. an Geld	90	27	Nutzung vom Niederweidwerk	40
13	9 Maß Korn Meininger Gemäß à 1 g.	60	28	Vor die Jura Ganerbinatu und was denn anhängig zu Ostheim samt fernerem Ertrag an Handlohn, von Vor spezifizierten Lohn und alle übrigen Actus jurisdictionales	1264
14	9 Maß Haber à 2 g. 6	21	15	3 Faßnachthühner à 2 g.	8
					11579

ABBILDUNG 6: DIE EHEMALIGE KEMENATE AM RATHAUS UM 1920. DEUTLICH IST NOCH DIE EHEMALIGE UMMAUERUNG DES ANWESENS ZU SEHEN.

Auch die Voits von Salzburg blieben nicht lange im Besitz der Kemenate. Valentin Voit von Salzburg, Herr zu Salzburg, Eichenhausen, Burglauer und Dürrenhof, Hochfürstlich Brandenburg-Ansbachischer Premier Minister, Geheimer Rat, Landschaftsdirektor, wie auch Oberamtmann der Städte und Ämter Uffenheim, Mainbernheim, Kleinlangheim, Prichsenstadt, Castell und Stephansberg, starb 1722. Seine Frau Anna Juliana war bereits 1720 verschieden.[27] 1760 wurde das Anwesen an Kaspar Wienröder verkauft.

Auf der Abbildung ist zu erkennen, dass das gesamte Anwesen auch im 20. Jahrhundert noch immer von einer Mauer umgeben war, die allerdings in der Höhe abgetragen ist. Auch die sehr große Scheune ist noch recht gut erkennbar. Die ehemalige Kemenate sieht jedoch so aus, als sei sie in der Länge wesentlich verkürzt und auf die späteren Nutzer zurechtgeschnitten worden.

---

[1] Binder, Lichtenberg, S. 354.
[2] Binder, Lichtenberg, S. 347, vg. die nächste Anmerkung.
[3] Wagner (Mellrichstadt, S. 185 f.) deutet das gemeinsame Wappen der von Ostheim, von Lichtenberg, Marschalk und Marquard (Markart) als stilisierten Tisch. Auch die Schenks hatten das gleiche Wappen.
[4] vg. Schultes, Beschreibung II, S. 5.
[5] Schultes, Beschreibung II, S. 131 von 1336 Juni 5.
[6] StAMgn Hennebergica aus Gotha Urkunden Nr. 549 von 1363; Binder, Lichtenberg, S. 348; AV U 30. Erst 1490 ist ein von Ostheim Georg Marschalk von Ostheim, unter den Ganerben. (Binder, Lichtenberg, S. 350); HUB V, CCLXII von 1363 August 29; Schultes Beschreibung II, S. 133 f, U VII (hier 30. August 1363).
[7] vg. Binder, Lichtenberg, S. 348
[8] AV U 30 von 1381 Januar 24.
[9] AV Cop. I, S. 587 vom Dienstag nach Andreae 1380; AV U 29 von 1383 Dezember 1.
[10] Wilhelm Engel (Bearb.), Urkundenregesten zur Geschichte der kirchlichen Verwaltung des Bistums Würzburg im hohen und späten Mittelalter (1136 – 1488). (Regesta Herbipolensia II; QFW 9) Würzburg, 1954, S. 189 (Nr. 239) von 1387 Mai 3.
[11] Schultes, Beschreibung II, S. 31, Binder, Lichtenberg, S. 348: Vom Verkauf der Brüder Schenk an Heinz von Stein wissen wir aus der nachfolgenden Urkunde AV U 30, die diesen Verkauf erwähnt.
[12] Johann Gottfried II von Guttenberg (Oktober 1684 – Dezember 1698).

[13] AV Fach Ostheim, Aufstellung im Akt: Inventare und Anschläge der steinschen Güter zu Ostheim.
[14] Körner (Ostheim 1961 S. 15) schreibt, das adelige Wohnhaus des Heldrittschen Hofes sei 1643 abgebrannt.
[15] Willmarser Erbzinsbuch über die sog. neue Rupperser Lehnschaft (Abschrift im Gemeindearchiv Willmars).
[16] Das **Erysipel** (wörtliche Bedeutung etwa *gerötete Haut*) ist eine bakterielle Infektion der oberen Hautschichten und Lymphwege und zeigt sich als scharf begrenzte starke Rötung. Das Erysipel geht von kleinen Hautverletzungen aus und tritt meist im Gesicht, an Armen oder Beinen und seltener am Nabel auf. Andere Bezeichnungen für das Erysipel sind **Wundrose** und **Rotlauf**. Zu „asthma scorbuticum" gibt es kein einheitliches Krankheitsbild. Es scheinen die Symptome von Asthma (Atemnot usw.) und Skorbut zu sein. Die Leistungsfähigkeit und die Arbeitskraft lassen erheblich nach. Skorbut kann zum Tod durch Herzschwäche führen.
[17] Ostheimer Stadtbuch S. 521.
[18] Vertrag, das Familienerbe innerhalb der Familie zu belassen.
[19] Sophies Schwester Juliane verheiratet mit Dietrich von Wallenstein verkaufte mit dieser den Tannbesitz an Vetter Heinrich. Wahrscheinlich stammt das „Wallensteinsche Kapital" aus diesem Verkauf. (Körner, Nordheim, S. 59 f,).
[20] AV Fach Familie von Stein, Akt Christoph von Stein.
[21] lat.: in Hinblick auf.
[22] lat.: nach Sitte und Übereinkunft und, wenn nötig, unter Anwendung von Feierlichkeiten/Zeremonien.
[23] wahrscheinlich dicendo. (lat.: durch Widersprechen, Protestieren und auf jede andere Weise)
[24] lat.: betreffs der Besitzergreifung und Versiegelung.
[25] AV Fach Ostheim, Akt Höfe in Ostheim. Urkunde von 1704 Juni 19.
[26] AV Fach Ostheim, Akt Höfe in Ostheim.
[27] Biedermann, Tab. 81.

8.5 Das Steinische Schlösschen

Das Schlösschen kommt in den Besitz der Steins zu Ostheim

Bereits 1338 verkauften Johann von Maßbach und seine Frau Fannele an Gyso von Steinau den Hof und das Burggut zu Lichtenberg, das sie von der Abtei Fulda hatten, ferner, was sie zu Ostheim hatten, und die Wiesen zwischen Nordheim und Lichtenberg um 102 Pfund Heller.[1]

Eine Kemenate wird hier nicht ausdrücklich erwähnt, auch der im Verhältnis zum Preis für die schenkische Kemenate sehr geringe Kaufpreis mag gegen den Kauf einer Kemenate sprechen. Genauso gut ist es möglich, dass Gyso von Steinau selbst eine Kemenate errichtete und zur Ausstattung 1368 auch noch die Güter Eberhards von Stein um 10 Pfd. Heller und 1372 die Güter Heinrichs von Waltershausen und seiner Familie in Sondheim und Ostheim um 360 Pfd. Heller erwarb.[2]

Bereits 1354 hatten Ritter Gyso von Steinau und seine Frau Felice zwei Güter „zu den Gruben" unter Hiltenburg für 16 Pfd. Heller von Dietzel Schenk und seiner Frau Jutta, sowie Reinhard Schrimpf, Juttas Sohn, erworben.[3] Dass die Urkunden über all diese Eigentumsübertragungen im Archiv der Familie von Stein aufbewahrt sind, spricht mit ziemlicher Sicherheit dafür, dass diese Güter letzten Endes auch bei Siegfried von Stein als Erbteil seiner Frau Felice von Steinau landeten.

ABBILDUNG 1: DIE STEINSCHE KEMENATE MIT DER KIRCHENBURG IM HINTERGRUND. AQUARELL VON PETER KLIER 2005

Die Besitzer des Weißen Schlösschens

Die Geschichte der Teilung der Kemenaten und das weitere Schicksal des „Weißen Schlösschens" wurden bereits im Kapitel 7.2 aufgezeichnet.

Weitere Teilungen

Aus der Familiengeschichte wissen wir, dass Philipp von Stein zu Nordheim nach 1500 bald den Gesamtbesitz der Steins zu Ostheim wieder in seiner Hand vereinen konnte: Vetter Fritz, der 1479 die Teilung der Kemenaten durchgesetzt hatte, starb 1494 in Haßfurt: Sein eigener Vetter hatte ihn im Streit erschlagen. Eine Tochter des Fritz wird zwar 1498 erwähnt, taucht aber weiterhin nicht mehr auf. Vetter Balthasar von Stein zu Bastheim war vor 1497 tot. Sein Sohn Johann war Domherr zu Bamberg und Würzburg geworden. Sein zweiter Sohn Christoph war der Totschläger seines Vetters. Er verkaufte 1498 seine Besitzungen in Ostheim an Philipp und scheint bald darauf gestorben zu sein. Alle Besitzungen der Onkel und Vettern fielen Philipp zu, auch Bastheim, das dieser 1515 an Silvester von Schaumberg verkaufte.[4]

Von besonderer Bedeutung war die Lehnsauftragung dieser Kemenate an den Bischof Rudolf von Scherenberg 1511,[5] da dadurch Würzburg und später Bayern evtl. die Möglichkeit bekommen hätten, Ostheim an sich zu reißen. Letzter ständiger Bewohner des Schlösschens war Christoph, der Enkel dieses Philipp. Nachdem 1609 Christophs Neffe Moritz Burkhardt von Stein zu Ostheim gestorben war, wurde das Schlösschen nur noch zeitweise vom Völkershäuser Zweig der Familie genutzt. Schon drei Jahre nach der Übernahme des Ostheim/Sondheimer Erbes verpachtete Caspar Wilhelm von Stein zu Ostheim auf Völkershausen den Hof an Petri Cathedra 1612.

Jahr	Ereignis	Jahr
1800		
1780	Weißes Schloss nicht mehr aufgebaut	
1760	2. Vernichtung durch Brand	1757
1740	Verpachtung ab 1709	
1720	1. Brandkatastrophe	1708
1700	Stein zu Nordheim u. Ostheim	1705
1680	Ende Stein Ostheim/Völkersh	1705
1660	Verpachtung durch	1662
1640	Marg. v. Stein	
1620	Verpachtung durch	1612
1600	Caspar Wilh. von Stein	
1500	Lehnsauftragung der Kemenate	1511
1480	Teilung Steinsche Kemenaten	1479
1380	Siegfried von Stein zu Ostheim	1381
1360		1363
1340	Giso von Steinau	1338
1320	von Maßbach	1338

Caspar Wilhelm verpachtet seinen Hof in Ostheim 1612

Caspar Wilhelm v. Stein zu Völkershausen und Ostheim vor der Rhön verpachtet seinen Hof zu Ostheim auf drei Jahre an Hans Heller zu Ostheim als „Halbbauer". Dieser „Hoffmann" muß die Hälfte des Ernteertrags der Herrschaft abliefern ebenso den Fruchtzehent neben dem Geschirr des Junkers einzuführen helfen. Item den Zehnt- und anderen Flachs ins Wasser und aus dem Wasser an die Bleich, wohin er gewiesen wird, führen, das Brennholz des Vogts muß er ebenso einfahren wie auch andere nötige Fuhren übernehmen. Dagegen ist ihm auf diesem Hof als Samen verwilligt: 7 Malter Korn, ein Malter Weizen, Siebenthalb Malter Haber, anderthalb malter Gerste. Zudem soll er zur Fütterung folgende Wiesen bekommen: Vier Acker in der Marcklohe, vier Acker darunter, die dürr Wiesen genannt, vier Acker unter dem Busche, ebenso das Zehntheu und Grummet ober der Stadt und im Höffig was es jährlich erträgt, außerdem der Acker auf der Backhheusen[?][6] und einen halben Acker Krautland. Wenn Caspar Wilhelms Hausfrau verreisen wollte oder der Pächter sonst einen Tag zu fahren hätte, bekommt er ein Maß Haber und das nötige Heu. Wenn das Pachtverhältnis beendet ist, soll er die Äcker bestellen wie er sie vorgefunden hat, ihm aber kein Nachschnitt gefolgt werden. Vorzeitige Kündigung ist ein viertel Jahr vor Petri Cathedra möglich. Als Bürgen setzt Hans Heller Hans Heller zu Bastheim und Hans Heller, den Älteren zu Völkershausen (Am Rand sind vermerkt, wahrscheinlich die Bürgen einer späteren Verpachtung, Peter Klein und Kaspar Witt, beide zu Stetten.)[7]

Eine ganz bequeme Sache war das Halbbauernsystem, das in dieser Zeit bei fast allen Verpachtungen praktiziert wurde, zumindest für die Verpächter. Auch die Steins zu Nordheim verfuhren auf diese Weise mit ihren beiden Höfen, dem Rosenauischen und Heldrittschen Hof. Der Verpächter hatte überhaupt keine Arbeit, sein Vogt wachte darüber, dass alles seine Richtigkeit hatte. Der Pächter dagegen musste sich keine großen Sorgen machen, bei einer Missernte am Bettelstab gehen zu müssen. Allerdings war eine Pacht in Höhe von 50% der Einnahmen schon enorm hoch, nicht nur an heutigen Pachtsummen gemessen. Dies mag der Grund gewesen sein, dass sich für dieses Pachtsystem später keine Interessenten mehr fanden.

Im Dreißigjährigen Krieg müssen die Pachtbauern Caspars von Stein zu Nordheim in Ostheim aufgeben, weil ihnen ihr Zugvieh von den Soldaten weggenommen wurde. Von seiner eigenen Verpachtung erzählt Georg Wilhelm von Stein zu Völkershausen nichts. Er ist ja selbst wegen der Gefahr nach Ostheim gezogen und wird möglicherweise die Bebauung der Felder in eigene Regie übernommen haben. Dies lässt sich auch nach dem nachfolgenden Dokument schließen.

Verpachtung des „freien Rittergutes" der Susanne Margarete von Stein 1662

Am 22. Februar 1662, als Petri Cathedra, verpachtet Susanne Margarete von Stein[8] das freie Rittergut[9], das Schlösschen, in Ostheim an Hans Walbach, der von Aschenhausen stammt, auf drei Jahre als „Halbbauer". Diese Verpachtung wird in 16 Punkten geregelt.

1. *Walbach soll die gesamten Felder mit eigenem Geschirr und Anspann bearbeiten, wobei genau geregelt ist, was er anzubauen hat: Zu gleichen Teilen Sommer- und Wintersamen. Angebaut soll werden 1½ Maß Korn, 1½ Maß Weizen, 1 Maß Gerste, 1 Maß Hafer, 1 Maß Erbsen und 1 Maß Linsen.*
2. *Die Feldfrüchte werden bereits auf dem Feld in zwei gleiche Teile geteilt, von denen die eine Hälfte der Herrschaft zusteht, die andere dem Pächter, wobei die Herrschaft sich die Hälfte heraussuchen kann.*
3. *Auch im dritten Jahr der Pacht soll Walbach die Felder so bearbeiten und anbauen, als ob er sie selbst wieder bekäme.*
4. *Nachdem die Herrschaft alle Rittersteuern und sonstige Lasten selbst trägt, hat der Halbbauer den Tanzberggarten zu bearbeiten zu düngen, auch den Hopfen, und zu ernten, wozu die Herrschaft den Samen gibt. Walbach ist jedoch nicht befugt sich daraus selbst zu bedienen.*
5. *Zur notwendigen Fütterung bekommt Walbach nachfolgende Wiesen zur Nutzung: Drei Acker, die Bachhauser genannt, 4 Acker im Marckenlohe oberhalb der Frau Amtmännin Altenstein, 4 Acker von den 8 Äckern beim Leuchtrein in Marckenlohe an Heinrich Christoph v. Steins Wiesen hineinwärts auf die Stadt zu, dann die 3 Äcker hinter dem Busch, auf welchen er die Gräben notdürftig zu fegen und zu erhalten hat.*

6. So viel Heu der Halbbauer bei seinem Aufzug im ersten Jahr vorfindet, soviel soll er auch im dritten Jahr hinterlassen. Zu Pachtbeginn lagerte das Heu in der Scheuer der alten Kemete vom Eingang des Tors zur linken Hand im Vorderstock bis auf ein Schuh am Balken.
7. Zum Heizen bekommt der Halbbauer ½ Acker Brennholz aus dem Völkershäuser Gehölz nebst dem ganzen zum Hof gehörigen Heidelberger Holz außer der Heimbürgen Hube. Das Holz muß er auf eigene Kosten machen, dazu dem Vogt, wenn es denn einen in Ostheim gibt, ohne die Heidelberger Holzfuhre, drei Klafter Dienstholz samt dem dazu gehörigen Reisig von Völkershausen hereinführen.
8. Der Halbbauer stellt alle zur Ausbesserung der Gebäude benötigten Fuhren als Sand Kies, Stein, Holz und dergleichen, er fährt alles der Herrschaft zustehende Heu und Grummet, zu Ostheim, Sondheim und Stetten, auch das, was der Zehnt erträgt, zur rechten Zeit nach Ostheim.
9. Weiße und gelbe Rüben wie auch Lein Länder soll er der adel. Herrschaft und deren Vogt, sofern einer wieder eingestellt sein würde nach Bedarf und Begehren zur Bestellung mit Dünger Ackern und Eggen zurechtmachen. Auch die Hopfenberge hat er bei Bedarf zu düngen.

ABBILDUNG 2: KEMENATE AM RATHAUS (10) UND DAHINTER MIT TREPPENGIEBEL DAS WEIßE SCHLÖSSCHEN.

10. Das halbe Obst auf dem Feld, das Artland ist, wie auch das halbe Gärtlein im Schlosshof und unter den beiden oberen Krautländern soll Walbach über die drei Jahre genießen, dafür soll er aber alle drei Krautländer düngen, auch das untere Krautland der Herrschaft bis zum Pflanzensetzen ackern.
11. Ist bewilligt, das kein Teil mehr Rüben und Wicken als der andere säen soll. Um die zugeteilten Äcker soll gelost werden. Sollte der Halbbauer dagegen verstoßen soll er dessen ganz verlustigt sein.
12. Beim Haferschneiden und -binden soll jeder Teil den halben Lohn tragen und zur Hälfte die Leute dazu anschaffen.
13. Hofschnitters Dreingabe wie auch Schulmeisters und Flurschützen Gaben wollen beide Teile zugleich jährlich geben.
14. Bisher hatte der Halbbauer die Schafe den Winter über zu Streuen und zu füttern. Da aber derzeit keine Schafe mehr im Pferch geschlagen werden, sondern nach Völkershausen getan werden, so kann er das Erbsenstroh ganz, vom übrigen Futterstroh sowohl den Zehntertrag als auch, was auf dem Gut erwuchs, zur Hälfte ausdreschen und nutzen.
15. Nachdem der Halbbauer weder Stroh noch Dünger mitgebracht hat, darf er auch nichts mitnehmen, wenn die Pachtzeit beendet ist. Verfehlungen muß er doppelt zurückerstatten, außerdem Strafen der Herrschaft dulden.
16. Vom Krautland kann der Halbbauer auch den Anteil des Vogts nutzen, bis einer wieder da ist, muß es aber bestens ackern und düngen und die Hälfte Pflanzen darauf setzen.[10]

Übergang an die Familie von Stein zu Nordheim

Nach dem Tod der letzten männlichen Mitglieder der Steins zu Ostheim und Völkershausen, Caspar Ottos am 22. Februar 1704 und Friedrich Seyfrieds am 14. Oktober 1705, gingen die Ostheimer Lehen insgesamt an die Steins zu Nordheim über. Dazu gehörte auch das Schlösschen als würzburgisches Lehen und der Fronhof als hennebergisches, nun Sachsen-Meiningisches Lehen. Auch der übrige Besitz fiel an die Nordheimer. Über die vielen Auseinandersetzungen berichtet das Kapitel 7.4 „Die Linie der Steins zu Ostheim in Völkershausen bis zu ihrem Aussterben" Abschnitt „Caspar Otto († 1704), der Letzte der Ostheimer Linie".

Die Katastrophe 1708

Die ersten Jahre des Nordheimer Besitzes standen unter keinem günstigen Stern, wie das Ostheimer Stadtbuch im Original berichtet:

> „Actum den 22. Tag Novembris a(nn)o 1708. Des Morgens früh zwischen 3 und 4 Uhren kam Feüer im Steinischen Schloß neben Johann Friderichs Hauß mit solcher geschwinden und grausam(m)en Force aus, daß in einem Augenblick so zu sagen das gantze Schloß in vollem brand stunde; es wurde gleich mit allen glocken gestürmet und liefen die Leüte Heüffig zu mit den Feüer leittern, Sprützen und waßer; aber es war da kein errettens noch löschens mehr Zeit, sondern die grausam(m)e und entsetzliche Flam(m)e consumiret in etlichen Stunden den gantzen Bau; man hatte nur zu thun, daß die nechst darbey stehende Haüßer Joh. Friedrich Schlößers und Michael weißen glasers erhalten wurden, welche etliche mahl zu brennen angefangen, aber alle Zeit durch das fleiße waßer zu gißen - dem höchsten Gott sey ewig lob und danck gesaget - glücklich wieder gelöschet; es ist fast nicht zu beschreiben und zu glauben, was dieses Feüer vor grausam(m)e Flam(m)e und Funcken von sich gestoßen, und ob schon, welches das beste war, kein lüfftlein gewehet, so flohe doch das darauf gelegene korn gantz Feürig über unsern Kirchthurm weg, daß mann es gegen lichtenberg gefunden, und lag der kirchhoff voller schwartzes verbrandes korn, alß wann es dahin gesähet were; gantz gewiß ist es, wann der wind sich erhoben, so hette leichtlich die gantze Stadt in brand gerathen könn[e]n, und schiene es nicht anders, als ob der Liebe Gott durch seine Engel dem Feüer wehrete und abhilte, daß es nicht weither kom(m)en konte; wie aber dieses Feüer auß kom(m)en, konte mann nicht erfahren; es wurde gesagt, daß etliche Wochen vor hero sich ein gespenst sehen laßen und dem gesinde begegnet, wordurch es stötzig und furchtsam worden, als nun præsumirlichen das Feüer auß unachtsamkeit sich entsponnen und lange in der Nacht gebrandt, geplatzt und gerumpelt, welches das gesinde und die Frau von stein selbst gehöret, hatten sie vermeint, das gespänst verrichtete solches, biß so lange es gantz helle worden und sie das Feüer vor augen gesehen, da war es als dann nicht mehr zeit zu löschen, und hatten die leüte, so drinnen gewesen, sich nacket und bloß kaum mit dem leben davon salviren könen; es waren vf die 400 M(a)lt(e)r korn ohne die andere Frucht, da darauf gelegen, in etlichen Stunden verbrand; ein großes Glück war dabey, das der Steinerne Giebel, so neben dem kleinen Heüß(lein) gestanden, Neinwarths gefallen und gleich das Holtz und Feüer zu sam(m)en geschlagen; sonsten, wann er heraus gefallen, so wehren wohl 40 Mann, so neben dem kleinen Haüßlein gestanden, erschlagen worden, welches Gott gnädiglich abgewand. Gott behütte die gantze Stadt Ostheim noch ferner von Feüers gefahr und allem Unglück. Amen." [11]

Nach diesem Unglück wurde zwar das Schloss, wenn auch in kleinerem Maßstab, wieder aufgebaut. Das nun weiß verputzte Gebäude bekam jetzt den Namen „Weißes Schlösschen". Die Witwe Caspar Ottos von Stein zu Ostheim, Elisabeth Rosine geb. Stockhorner von Starein, hatte im Schloss gewohnt und durfte auch das neue Schlösschen beziehen und bis zu ihrem Lebensende am 18. August 1729 dort wohnen.[12]

Verpachtung des Freiherrlich von Steinschen Ritterguts zu Ostheim 1709 bis 1819

Auch in der weiteren Zeit wurden die steinischen Rittergüter, seit 1705 nun bestehend aus den Ostheim-Völkershäuser Gütern sowie dem Rosenauischen und Heldrittschen Gut, verpachtet, nicht mehr an Halbbauern, sondern gegen eine feste Pachtsumme. 1784 wurde erstmals das alttannische Rittergut zu Ostheim vererbt, d.h. verkauft.[13] 1794 veräußerte Dietrich von Stein alle ehemals tannischen Güter an Julius Reichsgraf von Soden, 1797 wurde er wieder alleiniger Ganerbe in Ostheim.

In einer Akte sind die Pächter bis 1827 festgehalten.[14]

Zeit	Pächter	Pacht fl./Jahr
1767 – 1773	Peter Klandt von Schwickershausen	1600
1768	ward der Pacht abgeändert auf	1400
	Es hielt aber der Pächter Klandt den Pacht nicht aus, es ward daher weiterverpachtet	
1770	an Johannes Straub v. Nordheim für	1400
1773	auf weitere drei Jahre an denselben für	1400
1777	an Nicolaus Mannfeld aus Bauerbach für	1100
1783	an ebendenselben für 1100	1100
1789 – 1792	an ebendenselben für und noch 100 fl. überhaupt	1100
1792 – 1795	an ebendenselben für	1100
1795 – 1801	an ebendenselben für (Diese Erhöhung wegen des Zehnten)	1350
1797 – 1800	wurde der Alttannische Anteil am Zehnten, 11/24, an denselben verpachtet für	560
1801 – 1819	an Peter Neuschwanger für	2400
1820 – 1822	Michael Hunneshagen	1800
1823 – 1824	Michael Hunneshagen	1900
	Hunneshagen kündigt die Pacht, weil er nur Geld zugesetzt habe. Stein lässt eine Neuverpachtung im Intelligenzblatt ausschreiben. Hunneshagen bietet nun nicht mehr als 1200 fl./a auf 6 Jahre und will zusätzlich eine Schnapsbrennerei einrichten. Auf die Ausschreibung hin hatten sich am 17. März 1824 7 Interessenten eingefunden Jetzt bieten Hunneshagen, Peter Neuschwanger und Peter Herr jeweils 1300 fl. auf 9 Jahre.	1360
	Obwohl Stein den Neuschwanger vorziehen würde, bietet Hunneshagen jetzt 1360 fl., bekommt einen Raum im Rosenauischen Schloss zum Branntweinbrennen und einen für eine Holzlege. Die Miststätte des Syndicus vor der Zehntscheuer soll verlegt werden, damit sie nicht die Einfahrt erschwert. Statt der Fütterung einer Kuh für den Syndicus erhält dieser eine Wiese unter der Stadt, 2 Schock Futterstroh und 2 Schock Roggenstroh. Dafür muss er seinen Garten selbst düngen. Die Brache muss dreimal geackert werden. Die auf die Gutsherrschaft fallenden Fuhren zur Verbesserung der Wege in der Ostheimer Flur entrichtet der Pächter unentgeltlich.	
1827	besteht das Gut aus	

	Acker	Ruthen	
	469¼	9⅝	Artfeld
	2½	2⅛	Krautland
	7	15	Gärten
	63¾	17¼	Wiesen
	542¾	4	Summa

Das Gut wird im Ganzen verpachtet, dazu die Schafhaltung von 200 Stück, zu denen das Gut berechtigt ist (je 50 Rosenau, Heldritt, Weißes Schloss, Marschalk-Marisfeld) unter die Stadtschäferei zu treiben.

Das Holzrecht auf dem Heidelberg

Der Wiesenzehnt und der Heuzins von einer Wiese im Markenloh, genannt die Haufenwiese, die neben dem Heuzehnt den 3. Haufen zinst

den sog. kleinen Zehnt von Futterkräutern, Kraut, Rüben, Flachs und Kartoffeln ohne den Anteil des Völkershäuser Guts und der Oberpfarrei

Das Gut wird unter insgesamt 26 Punkten Bedingungen ausgeschrieben.

| 15. 7. 1827 | Johann Michael Hunneshagen bleibt Pächter unter diesen 26 aufgeführten Bedingungen. | 1.000 |

ABBILDUNG 3: DIE STEINSCHEN SCHEUNEN HEUTE

Der Pächter, wieder Michael Hunneshagen, erhielt gegen 1000 fl. jährlich an barem Geld, 45 Maltern Korn und 45 Maltern Gerste, Mellrichstädter Gemäß auch die Schafhaltung von 200 Schafen, die Scheuern und den Schafstall im Schlösschen – das weiße Schlösschen war 1757 endgültig abgebrannt – sowie die übrigen Wirtschaftsgebäude im Heldrittschen Hof, wo sich auch die Pächterswohnung befand.

Außerdem gehörte zu den Einnahmen des Pächters
    a) der lebendige Zehnt
    b) der große oder Getreidezehnt
    c) die beiden Kirschenberge
    d) alle übrigen herrschaftlichen Gebäude in Ostheim sind von der Pacht ausgeschlossen.

Kostenanschlag des Rittergutes in der Stadt Ostheim vor der Rhön 1826

Die Aufstellung des freiherrlich von Steinschen Rittergutes durch den Nordheimer Rentmeister Johann Kaspar Rommel vom 16. Oktober 1826[15] war sicherlich zum Zwecke des Verkaufs vorgenommen worden. Allerdings war es kaum mehr möglich einen adeligen Käufer zu finden. Und so wurde es das letzte Dokument des noch vorhandenen Ganerbenbesitzes zu Ostheim:

I. Gebäude

a) der Rosenauische Hof
ein in der Hauptstraße an dem besten Platze in der Stadt gelegenes geräumiges Schloß mit Garten, Scheuer und Stallung 10 000 fl.
b) die sogenannte Münze 6 000 fl.
c) der Heldrittsche Hof, jetzt die Pachterswohnung wird, da dies Wirtschaftsgebäude sind, nicht zu Geld angeschlagen
d) Der Steinsche Hof – das Wohnhaus ist vor vielen Jahren abgebrannt und nicht wieder aufgebaut, am Rathaus gelegen – ist mit einer Mauer umgeben und mit 2 Scheunen und einem Schafstall bebaut.
e) eine Zehntscheune auf dem Tannischen Hof.

II. Feldgrundstücke

469¼ Acker	9⅝ Ruten	Feld
2½	2⅛	Krautland
7	15	Gärten
63¾	17¼	Wiesen
542¾	4 Ruten	Summa

Der Acker oder Morgen zu 160 Ruten und die Rute zu 12 Nürnberger Schuh.
Diese Grundstücke sind von 1821 bis 1827 einschl. Schäferei und kleinem Zehnt für jährl. 1800 fl. fränk. verpachtet. 2250 fl.

III. Holzrechte aus dem Heidelberg   18 fl.

IV. Jagd

Berechtigung zur Koppeljagd:
Rechts der Streu mit Sachsen Weimar und der Bürgerschaft, links der Streu mit SW allein 40 fl.

V. Erbzinsen

von 6 verschiedenen Lehnschaften	425 fl.
von der Brückenmühle	
10 Malter 5 Maß Korn Mellr. Maß à 4 fl.	43
1 Schock Leinkuchen à 3 pf(?)	4
von verschiedenen Grundstücken 7 Maß 1⁴/₉ Metzen Korn à 4 kr.	3 fl. 40 kr.
1 Mt 4 Maß 3⁷/₉ Hafer à 3 fl.	4 fl. 51 kr.

VI. Handlohn oder Lehngeld

Sämtliche den Erbzins entrichtende Lehnstücke sind schuldig, den Kaufhandlohn zu 5% zu entrichten. Diese Einnahme hat nach einem 10-jährigen Rechnungsauszug von 1816 – 1825 jährlich
ertragen 113 fl. 1 kr.

VII Fischerei

Die Fischerei in der Streu mit der Bürgerschaft und in der Sulz
mit Sachsen-Weimar ist dem Rittergut zuständig 5 fl.

VIII Zehnt

Der Zehnt in der ganzen Ostheimer Flurmarkung mit Ausschluß einiger zehntfreien Grundstücke und eines gewissen, der Oberpfarrei zuständigen Anteils ist dem Besitzer des Ritterguts zuständig. Der große- oder Getreidezehnt ist vom Pacht ausgeschlossen und hat in dem letztvergangenen 6 Jahren
245 Malter und 4 Maß ertragen, in Geld   992 fl. 30
Der kleine Zehnt von Kraut, Rüben, Flachs, Kartoffeln, Futterkräutern, sowie auch der Wiesenzehnt ist mit verpachtet und daher beim Pachtgeld inbegriffen.

IX Schäferei

Das Gut ist berechtigt, 200 Schafe unter die Stadtschäferei zu treiben – ist mit verpachtet und daher beim Pachtgeld inbegriffen.

X Gerechtsame

1) die Patrimonialgerichtsbarkeit über den Pächter und dessen Hausgenossen
2) das Recht, den Stadtdiakon zu ernennen und zu präsentieren
3) viele andere in die Stadtverfassung eingreifende Gerechtigkeiten, die hier auszuführen zu weit führt.

XI Lasten

1) Die Oberpfarrei erhält jährlich
   und 3½ Malter Korn à 4 fl.   1
2) Der Schulrektor   1 fl. 40
3) die beiden Flurer   3 fl. 20
4) Das Rittergut war vormals dem Ritterkanton Rhön und Werra inkorporiert und von allen Abgaben frei. Nachdem es aber mediadisiert ist, ist es mit einem Steuersimplum von   3 fl. 30 kr. 1½
belegt. Bei gegenwärtig 51½ Simpla beträgt dies   180 fl. 34½

Bemerkungen

1) Die Stadt Ostheim steht unter Großherzoglich Sachsen-Weimarischer, das freiherrlich von Steinsche Rittergut aber unter königlich-Bayerischer Hoheit und entrichtet die Steuer ins Amt Mellrichstadt.
2) Das Gut besteht aus mehreren vormals anderen adeligen Besitzern zuständig gewesenen Höfen und Gütern und ist größtenteils Allodium. Nur etwa ¼ des Eigenguts und ebensoviel am Zehnt sind bayerisches Mannlehen, alles übrige ist Allodium.
3) Auf dem Gut haften keine Schulden bis auf ein Stiftungskapital aus dem Jahr 1784 mit rund 2750 fl.

Wertanschlag Ostheim und Reippers 1832

Am 19. Juli 1832 ließen die Freiherrn von Stein einen Wertanschlag der Gerechtsame, Besitzungen und Zuständigkeiten in der Stadt Ostheim und zu Reippers (Reupers) erstellen[16]; wahrscheinlich hatte der Ärger

über die bayerischen Besetzungen und die folgenden Vorwürfe der Eisenacher ihre Verkaufsabsichten bestärkt.
Die Schätzung belief sich auf eine Gesamtsumme von 251 162 fl. 51$^{1}/_{8}$ kr.
Im September des gleichen Jahres erfolgte die neuerliche Belehnung Friedrichs und Dietrichs von Stein zu Nordheim mit der früher würzburgischen Kemenate in Ostheim.[17]
Die bayerische Lehnsbefreiung erfolgte am 30. August 1852.[18]

Verkauf der Scheunen und des Hofes des abgebrannten Schlösschens in Ostheim[19]

Die von Steinsche Gutsverwaltung zu Nordheim schickte am 7. September 1887 das folgende Schreiben an die Stadt zur Veröffentlichung durch Anschlag(?), sowie an die Zeitung: Die von Steinsche Gutsverwaltung beabsichtige das ehemalige Schlösschen zu verkaufen.
Um 1810 hatten sich die Steins zu Nordheim in zwei Linien geteilt. Die beiden Brüder Friedrich Georg (1769 – 1851) und sein Bruder Julius Wilhelm Ernst hatten den Steinischen Besitz untereinander geteilt: Ersterer hatte Nordheim erhalten, letzterer gründete die heute noch bestehende Linie Völkershausen. Verkäufer scheint der Herzoglich Sachsen-Meiningische Kammerherr **Friedrich** Karl August (1830 – 1895) zu Nordheim gewesen zu sein, dessen Vater **Christian Siegmund** 1886 gestorben war.

Die Kaufgegenstände sind folgende:
a. Scheuer mit Keller in der Schlossgasse,
b. Spritzenhaus daselbst
c. Hof daselbst
sämtlich im Stadtkataster von Ostheim unter Findbuch Nr. 4 eingetragen.
Diese Gegenstände kommen in 5 Abteilungen zum Verkauf, und zwar: die Scheuern in 4 Abteilungen, jede mit einem der Länge derselben entsprechenden 10 m breiten Teile des Hofes; als 5. Abteilung das Spritzenhaus mit dem übrig bleibenden Teile des Hofes.
Bezüglich der zwischen den einzelnen Abteilungen vorhandenen Schiedwände und Stöcke wird bestimmt, dass solche als gemeinschaftliches Eigentum auf die Käufer der hierdurch begrenzten Gebäudeteile übergehen. Die Abgrenzung der Hofanteile ist durch eingeschlagene Pfähle bezeichnet.
Vom Verkaufe sind ausgeschlossen: die beiden Barrenruthen mit Bretterverschalung, zwei Scheuerleitern und ein Scheuerseil mit Rolle in der ersten Abteilung, ferner alle in sämtlichen Abteilungen etwa vorhandenen beweglichen Gegenstände.
Die Beschreibung der einzelnen Abteilungen ist folgende:

I. Abteilung:
a. eine Scheuer (früher Schafstall) Begrenzt wird diese Scheuer teils durch das Hintergebäude des Rathauses, teils durch die Scheuer des Landwirts Christian Hofmann, gegen Norden durch eine Wand des anliegenden Ställchens. Der Bodenraum oberhalb der Scheuer reicht nördlich ebenso weit als die Scheuer und im Dachraum bilden die Dachsparren, welche über der vorgenannten Wand in senkrechter Richtung mit dieser sich befinden die Grenze gegen Norden.
b. ein 10 m breiter Hofraum von der südlichen bis zur nördlichen Grenze reichend und an das Gebäude sich anschließend.

II. Abteilung:
a. Ein Ställchen und eine Scheuer ...

b. ein 10 m breiter Hofraum von der südlichen bis zur nördlichen Grenze reichend und an das Gebäude sich anschließend.

III. Abteilung

a. Die Hälfte einer Scheuer bestehend aus Tenn und zwei zu beiden Seiten desselben befindlichen Barren. ...
b. ein 10 m breiter Hofraum von der südlichen bis zur nördlichen Grenze reichend und an das Gebäude sich anschließend.

IV. Abteilung

a. eine halbe Scheuer bestehend aus Tenn, einem Barren gegen Süden, bis an die Stöcke, welche diesen Barren von dem angrenzenden Barren der andern Hälfte der Scheune scheidet und einem Barren gegen Norden mit darunter befindlichem Keller.
b. ein Teil des angrenzenden Hofraums von der südlichen Grenze der halben Scheuer bis zur Hofmauer reichend, 10 m breit mit der Hofmauer, soweit diese angrenzt.

V. Abteilung

Spritzenhaus und Hofraum, südlich durch die Einfahrt und die Hofmannsche Gartenmauer begrenzt mit der den Hof gegen Westen und Norden einschließenden Mauer, mit Ausschluß der mit den Scheuern verkauften gegen Osten angrenzenden Hofanteile. Die V. Abteilung hat die Verbindlichkeit zu übernehmen, den Eigentümern der angrenzenden Höfe und Gebäude für sich, ihre Leute und Abmieter den Zutritt zu ihren Besitzungen bzw. gemieteten Räumen, sowie die Ein- und Ausfahrt nach und von denselben jederzeit frei und ungehindert zu gestatten.

Verkaufsbedingungen sind folgende:

1. Die Käufer treten vom 1. April 1888 an in den Besitz und Genuß der Kaufgegenstände und haben die auf denselben ruhenden Steuern, Lasten und Abgaben ingleichen die Brandversicherungsbeiträge vom gleichen Tage an zu übernehmen.
2. Für den baulichen Zustand der Gebäude und Hofmauer, Flächengehalt, Rechte, Steuern, Lasten Abgaben, Grenzen und Servituten wird seitens der Verkäufer eine Gewähr nicht geleistet.
3. Jeder Käufer hat drei zehntel des von ihm zu zahlenden Kaufgeldes bis 31. Dezember 1887 als Anzahlung zu erlegen. Der Rest ist vom 1. April 1888 mit 4 % zu verzinsen und in sieben gleichen Weihnachtsfristen, Weihnachten 1888 bis 1894 an die Verkäufer loco Ostheim zu zahlen.
4. Die Käufer haben die Kosten der Ausfertigung usw. zu tragen.
5. Bezüglich der heutigen Versteigerung gelten folgende Bestimmungen:
   a. Die Kaufgegenstände werden einzeln und im Ganzen versteigert
   b. Der endgültige Zuschlag und die Auswahl unter den Meistbietenden bleibt den Freiherrn von Stein vorbehalten. Bis zum Zuschlag sind sämtliche Meistbietende an ihr Gebot gebunden
   c. Die Mehrgebote sollen nicht unter 10 M betragen.

Bis zur vollständigen Bezahlung bleibt das Eigentumsrecht vorbehalten und es sollen die unbezahlten Kaufgelder nebst 4% Zinsen sofort als Hypothek zugunsten des Verkäufers ins Hypothekenbuch eingetragen werden.

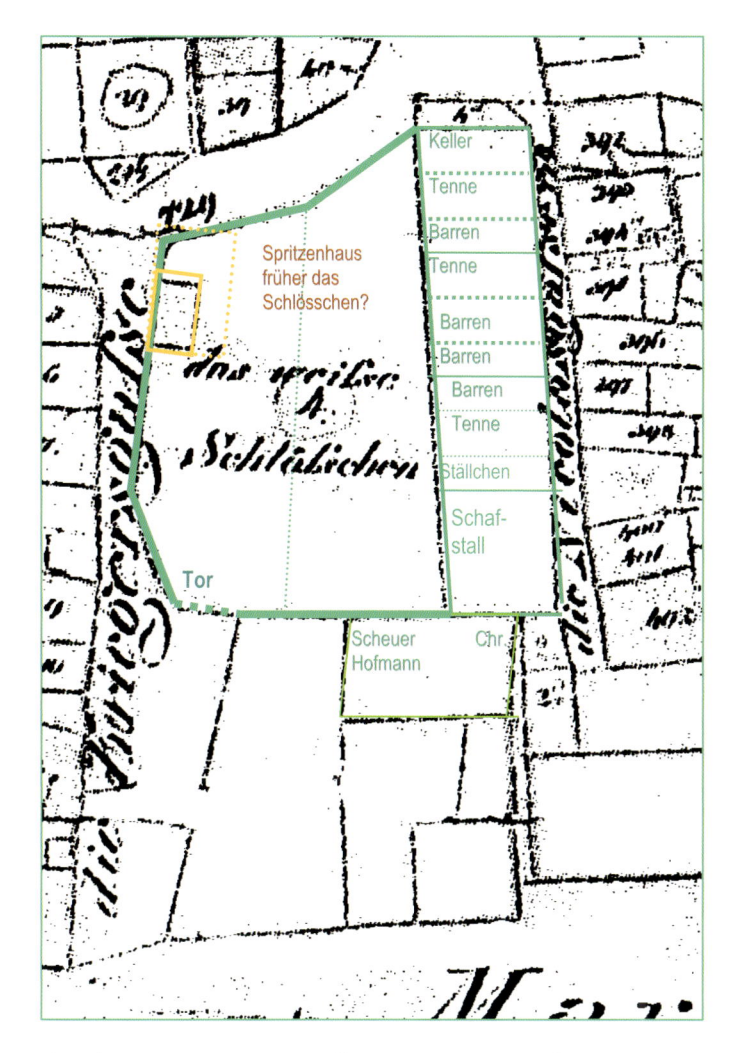

ABBILDUNG 4: AUFTEILUNG DER SCHEUERN DES SCHLÖSSCHENS NACH DER VERKAUFSAUSSCHREIBUNG

Durch drei Schreiben Friedrichs von Stein an seinen Amtmann in Nordheim wird der weitere Verlauf der Verhandlungen klar: Die Bieter auf eine einzelne Abteilung kamen nicht zum Zuge. Weil jemand auf das gesamte Grundstück geboten hatte. Friedrich von Stein schrieb am 23. September 1887 an seinen Verwalter:
Gestern Abend war Herr Ernst Zinn bei mir, erhöhte sein Angebot auf 7000 M und sprach die Bitte und Erwartung aus in erster Linie als Höchstbietender berücksichtigt zu werden, erbot sich auch, die Kaufsumme bar zu erlegen. Zinn ist Mitglied des Gemeinderats und ich glaube, er handelt in der Hauptsache für die Stadt. Ich (von Stein) bin der Meinung, nicht unter 9 – 10 000 M zu verkaufen. Dies würde in erster Linie Ernst Zinn zu eröffnen sein. Den 5 Bietern ist kurz mitzuteilen, dass die Versteigerung nicht erteilt worden ist.
Der Stadt ist der Steinsche Lagerplatz sowie der Turnplatz zu kündigen. An der Mauer müsste etwas gemacht werden, aber nicht mehr als ganz unbedingt notwendig.

Unterschrift: d. O. (der Obige)

ABBILDUNG 5: DIE STEINSCHEN SCHEUNEN UM 1950 (SAMMLUNG HERDA)

Am 26. September 1887 schrieb er:
An Herrn Zinn schrieb ich selber, bot ihm das Ganze für 8500 M an, erwarte Antwort. Den Einzelbietern ist abzuschreiben, wenn nicht bereits geschehen.
Eben erhalte ich Antwort. Hiernach bietet Zinn noch einmal 200 M mehr und schreibt dazu: „Ein Mehrgebot wird unter keinen Umständen zu erzielen sein.

Dann, am 8. Oktober 1887 kam der Durchbruch für die steinische Seite: Friedrich von Stein schrieb:
Eben war der Bürgermeister Streng von Ostheim hier, sagte: er wünsche den Ankauf des ganzen Hofes mit Scheunen durch die Stadt ich solle eine Forderung stellen. Diese gab ich auch: 10000 M, worauf er meinte: 7500 bis 8000 M würde er gegenüber der Stadt vertreten können. Unter 8500 M bin ich der Meinung soll man nicht verkaufen, 9000 M muß man aber zu erreichen suchen. Was ist Ihre Ansicht? Mit Herrn Streng will ich weiter verhandeln. Jedenfalls hat der Versuchs-Verstrich gut gewirkt, da die Stadt wieder als Käuferin kommt.

Eintrag im Ostheimer Stadtbuch:

Jm Jahre 1889 wurde das sog. Schlößchen mit den
4 hierzu gehörigen Scheuern von den Freiherren von Stein
von der Stadtgemeinde für 9000 Mk. angekauft.[20]

[1] AV U 6.
[2] AV U 12 und 17 (gleichlautend); gedruckt in HUB V, CCLXXXIV; Binder, Sondheim, S. 75.
[3] AV U 8 von 1354 Mai 13.
[4] Die Besitzgeschichte des Ostheimer „Schlösschens" ist im Kapitel 7.2 „Die Steins zu Ostheim" zu finden [das sagen Sie im Text ein paar Zeilen weiter oben schon], die Geschichte der Steins in Bastheim im Kap. 3 „Die von Steins in der Fehdezeit".
[5] AV U 179 von 1511 März 7.
[6] Höffig und Backheusen sind anscheinend Flurnamen oder Flurbezeichnungen. Sie können derzeit nicht zugeordnet werden.
[7] AV Fach Ostheim, Akt Höfe in Ostheim.
[8] Susanne Margarete geb. von Stein zu Nordheim, nach dem Tod ihres Gemahls Georg Wilhelm von Stein zu Ostheim (1616 - 1660), den sie 1641 geheiratet hatte.
[9] eigentlich würzburgisches Lehen.
[10] AV Fach Ostheim, Akt Höfe in Ostheim, Nr. 23.
[11] Ostheimer Stadtbuch, S. 583 ff.
[12] Ostheimer Stadtbuch, S. 124hh. – Ihre ebenfalls noch bis 1709 lebende Schwägerin Barbara Veronika geb. von Thumshirn lebte mit ihrem Mann Friedrich Seyfried von Stein im elterlichen Hansteinschen Schloss. (Ostheimer Stadtbuch, S. 124gg) Thumshirn wird hier als Thunsler gelesen.
[13] AV Fach Ostheim, Ostheimer Akten II/XV, 217.
[14] AV Fach Ostheim, Acta (ohne Altnummer) die Verpachtung des Freiherrlich von Steinschen Rittergutes zu Ostheim betreffend mit eingeheftetem Inventario.
[15] AV Fach Ostheim, Akt Inventare und Anschläge der steinschen Güter zu Ostheim.
[16] AV Fach Ostheim, Akt „Anschläge". Geheft „Wertanschlag Ostheim und Reippers" (alte Nummer A). – Ein solcher Wertanschlag ist dreifach vorhanden; ein Wertanschlag hat statt Acker die Grundstücksgrößen in Morgen angegeben und die Grundstücke klassifiziert.
[17] AV U 618, 1832 September 20, Aschaffenburg.
[18] Siegel der Regierung von Unterfranken aufgedrückt auf AV U 629; StAW Rep. FR 14.1, Freiherr v. Stein.
[19] Außen von späterer Hand eingetragen. AV Fach Ostheim, Akt Höfe in Ostheim.
[20] Ostheimer Stadtbuch, f. 885.

8.6 Die Behausung am Kirchberg

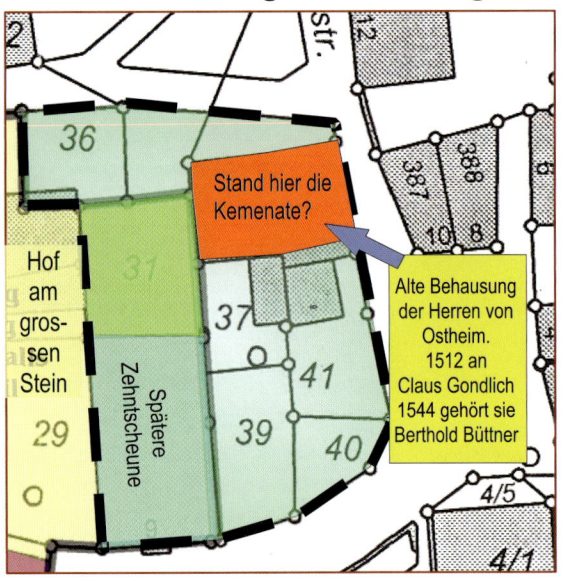

ABBILDUNG 1: DIE BEHAUSUNG AM KIRCHBERG, DIE BEHAUSUNG DER HERREN VON OSTHEIM

In Gerhard Schmidts Nachzeichnung und Ergänzung (1960) des „Plans der Stadt Ostheim vor der Rhön", der von Johann Heinrich Mühlenius 1726 und 1750 vermessen und gezeichnet wurde, ist diese Kemenate als die Alte Kemenate der von Steins zu Ostheim eingezeichnet.[1] Der zugrunde liegende Plan von Mühlenius konnte trotz intensiven Suchens weder im Archiv von Stein, noch im Stadtarchiv gefunden werden. Auch im Nachlass von Dr. Körner ist die Karte nicht aufzufinden.

Über die Kemenate am Kirchberg ist nichts bekannt, bis 1512 Philipp von Stein sie an Klaus Gondlich verleiht.[2] Woher dieses Anwesen in den Besitz der Familie von Stein zu Ostheim gelangte, ist ungewiss, doch läge es nahe, diese Kemenate als alten Steinischen Besitz anzusehen. Die Steins waren nämlich bis zu diesem Zeitpunkt mehrmals Amtmänner auf der Lichtenburg gewesen und vorher und weiterhin Burgleute auf dieser Burg. Wenn man das Beispiel anderer Geschlechter in der Frühzeit betrachtet, hatten alle auch Besitz in Ostheim erhalten oder erworben. Oder hatten sich die Steins vorerst mit dem Ansitz auf der Burg zufriedengegeben?[3]

Nach dem Kauf der Kemenate am Rathaus 1385 und dem ziemlich gleichzeitigen Erwerb des Schlösschens aus dem Erbe der Familie von Steinau hätten die Steins dann drei Kemenaten in ihrem Besitz gehabt. Allerdings spricht dagegen, dass bei der Teilung 1479 nur zwei Kemenaten geteilt werden. Außerdem – die Teilung der steinschen Kemenaten 1479[4] durch eine hohe und breite Mauer zeigt eindeutig, dass das abgebrannte Schlösschen (bei Schmidt mit Nr. 5 bezeichnet) nicht am Kirchberg gestanden haben kann.

Die Kemenate am Kirchberg war vermutlich die „Behausung" der Herren von Ostheim

Diese Kemenate war aber möglicherweise ursprünglich die Behausung der Herren von Ostheim, von der wir 1426 erfahren, als Lorenz von Ostheim seiner Frau Else von Brende die Heiratssumme von 1500 fl **auf seiner Behausung und Gütern zu Ostheim** beweist.[5]
Es fällt auf, dass Lorenz von Ostheim sein Haus nicht „Kemenate" sondern „Behausung" nennt. Sieht man sich die Örtlichkeit genau an, so fällt es schwer, sich hier eine Kemenate vorzustellen, noch viel weniger einen Gutshof auf diesem unebenen und beengten Gelände. Dies mag der Grund gewesen sein, dass dieses Adelsgut immer nur so nebenbei erwähnt und gebraucht wurde.

Lorenz von Ostheim muss eine wichtige, angesehene Persönlichkeit gewesen sein. Er war der Anführer des Trupps, der im Auftrag Bischof Johanns am 30. November 1418 Meiningen von den von der Tanns zurückeroberte.[6] Als 1423 Bischof Johann den Streit zwischen der Gemeinde Ostheim und den Ganerben entschied, war Lorenz einer von diesen.[7] 1427 erhielt der inzwischen zum Ritter geschlagene Herr verschiedene Güter um Hermannsfeld, Alba und Fischbach zu Mannlehen.[8]

Bei vielen Kaufhandlungen in und um Ostheim war Lorenz, u. a. zweimal 1439, als Siegler und Zeuge zu Diensten[9], ebenso der Ritterschaft, als sie begann, sich als Einheit zu formen.[10]

1452 ist Lorenz Vermittler bei einer Heiratsabsprache zwischen Dorothea von Lichtenberg, einer Enkelin des Sintram von Buttlar, und Hermann von Rode.[11] Ein Jahr später entscheidet er als Hofrichter in einem Erbschaftsstreit zwischen Caspar von Stein und Peter von Herbilstadt.[12]

Danach tritt Lorenz von Ostheim nicht mehr in und um Ostheim in Erscheinung, auch nicht seine Söhne Georg und Michael. Es scheint zu diesem Zeitpunkt die „Behausung am Kirchberg" in steinschen Besitz übergegangen zu sein. Zum standesgemäßen Wohnen mag das Anwesen nicht (mehr) geeignet gewesen sein. Die „Behausung" wurde sehr bald an Bürgerliche weiter-„verpachtet". Schon 1512 verleiht, wie gesehen, der Ritter Philipp von Stein dem Claus Gondlich die Kemenate zu Ostheim.[13] Dies war die normale Form der Eigentumsübertragung adeligen Eigen- oder Lehensbesitzes an Bürgerliche. Formal blieb der Adelige Besitzer des „verliehenen" Gutes. Der Beliehene musste dafür bestimmte Erbzinsen[14] zahlen, die entweder in Geld oder in Sachleistungen bestanden. Die Leistungen wurden in Zinsbüchern festgehalten, die von

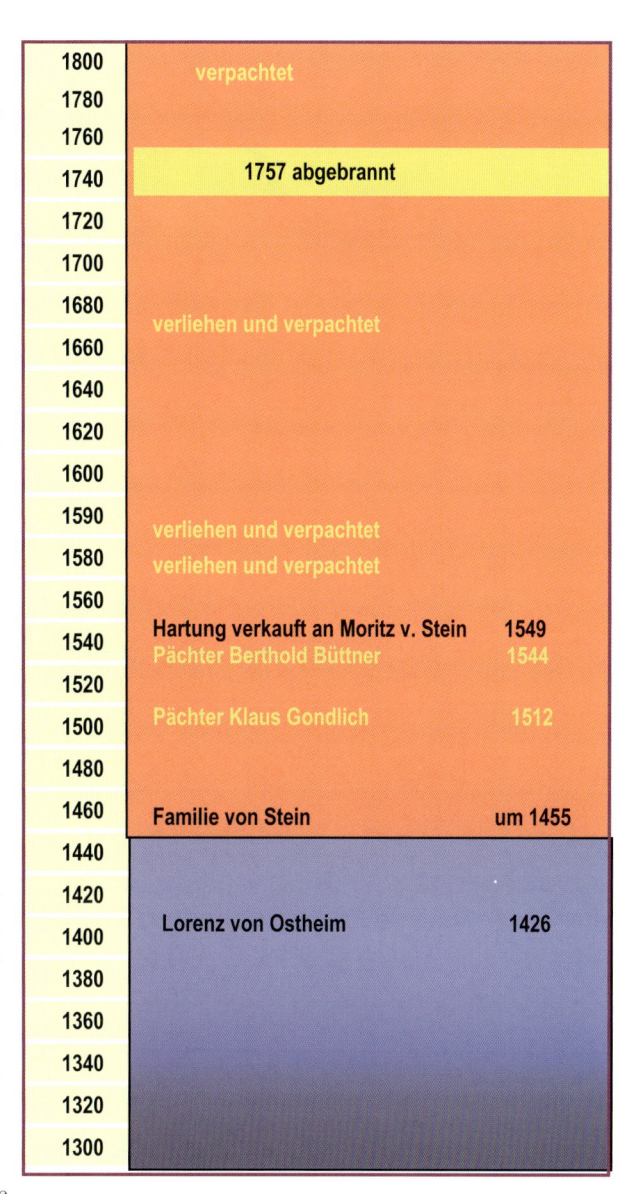

ABBILDUNG 2: BESITZER DER BEHAUSUNG AM KIRCHBERG IN OSTHEIM

den Verwaltern der adeligen Güter geführt wurden. Im Zinsbuch der Familie von Buttlar, das um 1450 erstmals aufgeschrieben wurde, hatten 12 Besitzer von Höfen, Huben oder Häusern dafür „Dienste", also bestimmte Fronarbeiten, zu leisten, Die Dienste bestanden in: „Reben lesen, Heu machen, Kraut setzen und Futter hacken, Flachs raufen und riffeln, Weinbeeren ablesen im Herbst". Als 1544 die Vettern Johann (Hannß) Marschalk zu Ostheim und Georg Sittich Marschalk zu Marisfeld den von ihrem verstorbenen Vetter Wilhelm Marschalk dem Älteren

ABBILDUNG 3: DIE EHEMALIGE BEHAUSUNG DER HERREN VON OSTHEIM AM KIRCHBERG.
BILDETEN DIE BEIDEN HÄUSER FRÜHER EINE KEMENATE?

hinterlassenen oberen Hof zu Ostheim (den Obermarschalkischen Hof), der ihnen gemeinsam zugefallen ist, teilen, erhält Johann die Kemenate und die halbe Hofreite gegen die Behausung des Adolf Heim, Georg Sittich die zwei Hofhäuser und die andere Hälfte der Hofreite gegen Tolde (Tholl) Buedners [Berthold Büttners] Behausung.[15] Daraus wissen wir, dass die benachbarte Kemenate auf jeden Fall weiterhin in bürgerlichem Besitz ist, wie aus dem Lageplan zu ersehen ist.

Was die Bewohner des Anwesens am Kirchberg an Erbzinsen und sonstigen Abgaben zu zahlen hatten, wissen wir nicht. Aber wir wissen, dass diese „Behausung" bereits frühzeitig aufgehört hat, ein Adelssitz zu sein. Dabei mag es dann auch geblieben sein. Jedenfalls waren die Anwesen mit den Flurnummern 37, 37a, 39, 41 und 41 a, die auch heute das Gelände dieses Anwesens einnehmen, noch 1875 der Familie von Stein zinspflichtig; sie wurden zusammen mit den übrigen steinischen Grundstücken abgelöst.

Besitzer der Flurnummer 37 waren zu dieser Zeit Georg Christian Markert, Schreiner, und Frau, die Haus Hofreith und Scheune am Kirchberg 7 besaßen. Die Nummern 37a und 39 gehörten Friedrich Wilhelm Weißenseel, mit Keller unter Haus Kirchberg 7, Haus Scheuer und Hofreith. Inhaber der Flurnummer 41 war Karl Friedrich König mit Wohnhaus Kirchberg 5. Die Flur Nr. 41a war ein Keller des Georg Christoph Streck unter dem Haus Kirchberg 5.[16]

Abbildung 4: Ortszentrum Ostheim um 1906. Zu sehen ist die Tannsche Scheune, wie sie früher aussah, die beiden Häuser der Kemenate am Kirchberg, besonders auch die alte Umwallung der Kemenate am Rathaus.

---

[1] Pampuch / Schmidt / Trost, zwischen S. 24 und 25 und Körner / Schmidt, S. 16 f. Dort auch fälschlicherweise „abgebranntes Schlößchen" genannt.
[2] AV U 546.
[3] vg. Kapitel 5 „Die Steins und die Lichtenburg".
[4] AV U 133.
[5] AV U 60.
[6] Körner, Tann-Nordheim, S. 177.
[7] AV U 54 von 1423 August 22.
[8] StAMgn Hennebergica aus Gotha Urkunden Nr. 551.
[9] AV Cop. 1, S. 17 ff; U 75 und U 87 von 1451 April 4.
[10] StAW Ldf 10, S. 359 – 366 (Vertrag von 1450).
[11] AV U 89 von 1452 November 25.
[12] AV U 90.
[13] AV U 546 von 1512 März 1. Ich sehe in einer "Verleihung" rechtlich den gleichen Vorgang wie heute bei einer Verpachtung. Es muss bei beiden Vorgängen „Grundzins" gezahlt werden.
[14] vg. die Abschnitte über Zinsen und Zehnten in Kapitel 8.13.
[15] StAMgn.Amt Römhild Urkunden Nr. 142 von 1544 Februar 22
[16] AV Fach Ostheim, Auszug aus Grundsteuerkataster von Ostheim 1875.

8.7. Der bibrisch- tannische Hof am Großen Stein

Die Herren von Bibra und ihr Besitz in Ostheim

Drei Zweige aus einem Stamm der Familie von Bibra waren in Ostheim begütert; alle waren Nachkommen des Johann von Bibra (1339 – 1367) und seiner Frau Elisabeth von Thüngen:

Wenn man nach dem Ursprung des Besitzes der Bibras am Obermarschalkischen Hof sucht, liegt zwar die Vermutung nahe, dass er aus dem letzten Viertel des 14. Jahrhunderts stammen könnte, als Christine von Stein, verwitwete von Steinau, Friedrich von Bibra heiratete.

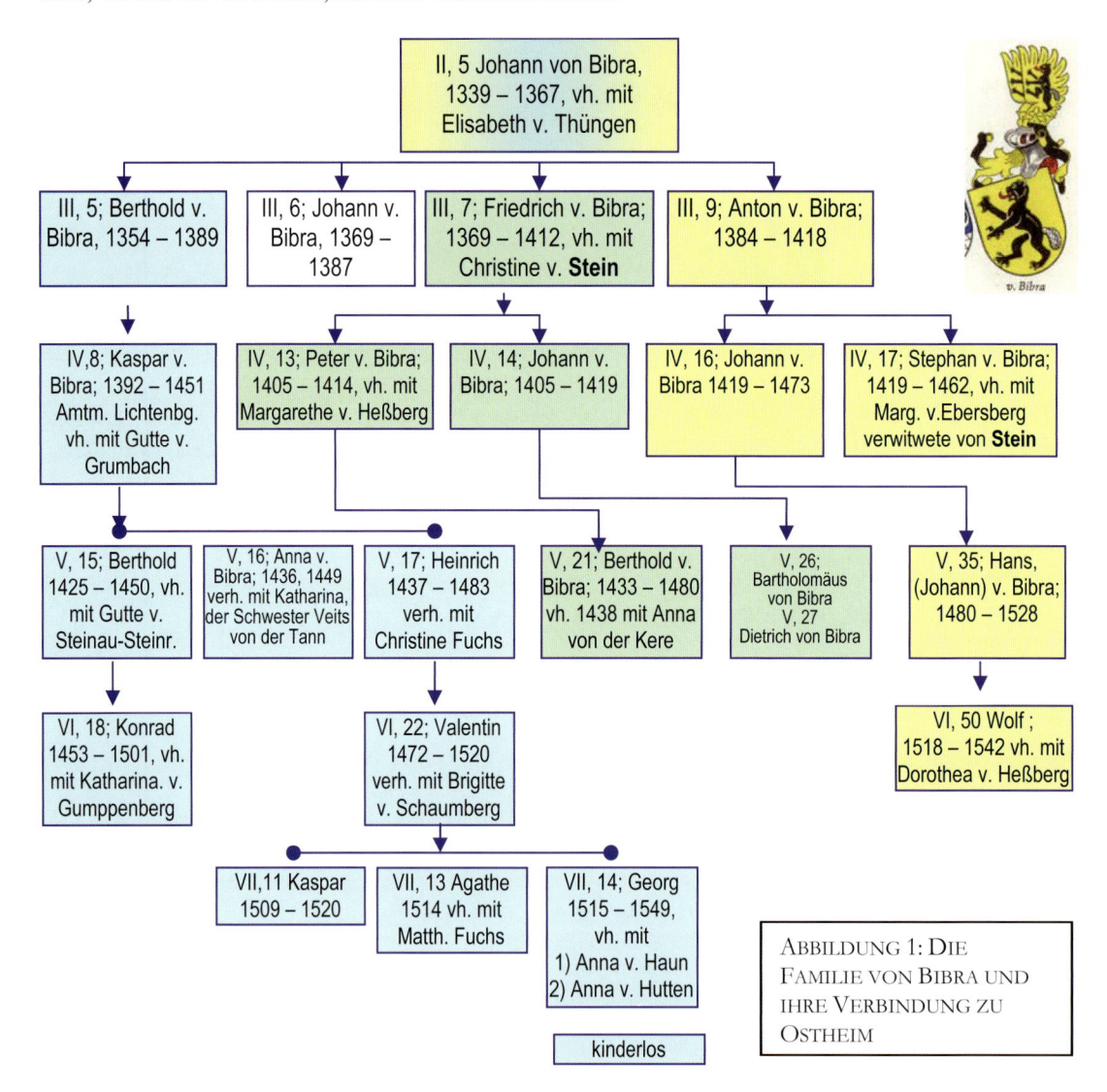

ABBILDUNG 1: DIE FAMILIE VON BIBRA UND IHRE VERBINDUNG ZU OSTHEIM

Es hätte sein können, dass die Söhne Christines, Peter und Johann von Bibra, ihren Besitz in Ostheim geerbt haben. Tatsächlich lässt sich vermutlich freieigener Besitz zu Ostheim und Völkershausen bei den Enkeln Christines, Berthold, Bartholomäus und Dietrich, nachweisen, und zwar in den Jahren 1435, 1438 und 1472.[1] Genaueres über diesen Besitz wissen wir nicht.

Doch das später so genannte Obermarschalkische Gut wurde erst mit der mainzischen Amtmannschaft Kaspars von Bibra (IV, 8) des Älteren auf der Lichtenburg zwischen 1411 und 1425 bibrischer Besitz.[2] Der Erzbischof von Mainz, der 1409 das Amt Lichtenberg von den Landgrafen von Thüringen als Pfand erhalten hatte, hatte Kaspar in dieses Amt berufen. Als Bibra zum zweiten Mal in diesem Amt erwähnt wurde, war dieses bereits seit zwei Jahren an den Bischof Johann von Würzburg verkauft.[3] Als würzburgischen Amtmann finden wir Kaspar von Bibra 1425 und 1426. In der Eigenschaft eines Amtmannes war Kaspar auch für das Hochstift Würzburg in Rottenstein (1402), Mellrichstadt (1419), Bramberg (1420) und (Bad) Neustadt (1421) sowie in Aubstadt (1437) tätig. 1408 bis 1410 war der umtriebige und energische Mann Hauptmann des Hochstifts im Oberland, also dem würzburgischen Gebiet zwischen Münnerstadt, Meiningen und Fladungen. 1398, 1409 und 1423 war er an Landfriedenseinungen maßgeblich beteiligt.[4]

In der Zeit seiner Amtmannschaft auf Lichtenberg erwarb Kaspar Eigentum in Ostheim und Umgebung. 1420 erkaufte er den Besitz von Konrad von Griesheim.[5] Es handelte sich um eine freieigene Kemenate zu Ostheim, die Griesheim selbst bewohnte, jedoch ein Jahr zuvor an Grete von Stein versetzt hatte.[6] Griesheim verkaufte auch den Hof und das Vorwerk zu Ostheim, weiteren Besitz an Weingärten und Gütern in der Ostheimer Markung, Güter zu Sondheim v. d. Rhön und ein Burggut zu Lichtenberg.[7] Seit diesem Verkauf war die Familie Griesheim nicht mehr in dieser Gegend anzutreffen. Kaspar von Bibra vergrößerte diesen Erwerb 1424 durch einen Zukauf von Lutz Markart:[8]

3. März 1424. Lutz Markhart und seine Frau Else verkaufen zu Todkauf Caspar von Bibra und seiner Frau Gute ihren Hof zu Ostheim gelegen unter Lichtenburg mit all seinen Nutzen, Rechten und Zugehörungen, Haus, Hofreit, Zinsen Gülten, Weingärten, Äcker und den Kiliansberg halb gelegen zu dem Welmers und was von haben in dem royde und das Weingartental halb um dreihundert 70 Gulden rheinisch Hans vom Stein und Lorenz vom Stein sollen für Lutz Markart bürgen und notfalls jeder mit einem Knecht und einem Pferd zu Mellrichstadt oder Neustadt in einfahrn und leisten in ein offens Wirtshaus und darin liegen und leisten nach Gastrecht.

Lutz Markart hatte auch ein Burggut auf der Lichtenburg an die Bibras, ebenfalls an Kaspar, verkauft, wie sich aus der Belehnung von 1475 durch Fulda ergibt.[9] Die Besitzungen in der oberen Rhön zu Fladungen, Oberfladungen, Ostheim, Sondheim, Stetten, Ursringen, Elsbach, Frankenheim und Leubach gab Kaspar von Bibra 1436 seiner Tochter Anna, der Braut des Veit von der Tann, zu Mitgift.[10] Nicht, dass Kaspar dadurch verarmt wäre und seinen Söhnen Berthold (V, 15) und Heinrich (V, 17) nichts hätte hinterlassen und der zweiten Tochter Katharina nichts mehr hätte mitgeben können. Wagenhöfer weist für Kaspar Eigenbesitz in etwa 30, Lehensbesitz in circa 110 Orten nach.

Der Heiratsvertrag hat folgenden Inhalt:

Caspar von Bibra gibt dem Veit von der Tann seine Tochter Anna zur Ehe und gibt ihm dazu seine Höfe und Güter, die er hat zu Ostheim und Lichtenberg,, zu Sondheim usw. die er von Cunz Grießheim und Lutz Markhart (der schon gestorben ist) um 1200 Gulden gekauft hat und gibt noch 200 Gulden dazu, zahlbar in den nächsten zwei Jahren, nachdem sie beigelegen sind. Dafür soll Veit der Anna die 1400 Gulden Morgengabe beweisen. Es siegeln Caspar von Bibra, Georg von der Tann, sein Sohn Veit, Wilhelm Marschalk Ritter, Hans Fuchs zu Braidbach, Albrecht von Waldstein und Barthelmes von Bibra.

Der Bräutigam kam aus der Linie der Tanns genannt von Bischofsheim. Sein Großonkel Heinrich (XXVI.) war Amtmann auf Lichtenberg gewesen und hatte den Grundstock zum tannischen Besitz in Ostheim gelegt.

ABBILDUNG 2: WAPPEN DER FAMILIE VON BIBRA

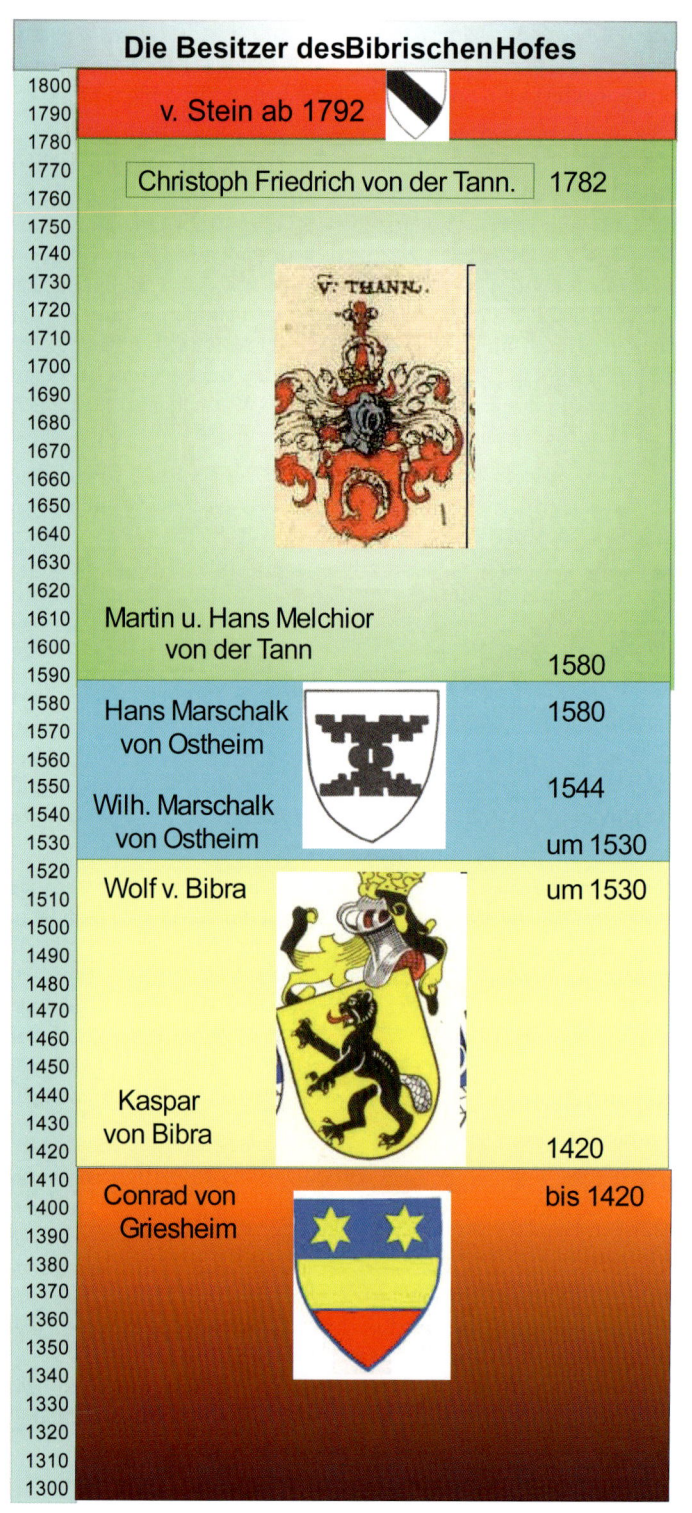

Im Besitz der Ostheimer Kemenate sehen wir trotz der großen Mitgift an Veit von der Tann 1451 den Vetter Kaspars von Bibra, Stephan[11], der auch 1461 zusammen mit seinem Bruder Hans in Ostheim von Würzburg mit Gütern belehnt wird.[12] Stephan war mit Margarethe von Ebersberg verheiratet, welche in erster Ehe Hans von Stein zu Ostheim zum Mann hatte. Sie war die Mutter des Stammhalters Siegfried und des berühmtesten Ostheimers: Hertnid von Stein. Bei ihrer Wiederverheiratung erhielt sie 1000 fl. als Mitgift, verschrieben auf den Zehnten zu Ostheim. Graf Wilhelm von Henneberg genehmigte Gretes Söhnen Siegfried und Hertnid und deren Vormund Caspar von Stein zu Nordheim 1440 diese Verschreibung.[13] Diese zweite Ehe der Grete blieb kinderlos. 1472 starb Stephan, seine Frau schon vor ihm.[14] Stephans Neffe Hans und nach ihm dessen Sohn Wolf von Bibra kommen dann als Ganerben in Vergleichsurkunden vor.[15]

Dass die Kemenate nicht aus dem Besitz Kaspars von Bibra an Veit von der Tann zusammen mit allen anderen Gütern, welche die Mitgift ausmacht, überging, ist vorerst nicht erklärbar. Es mag sein, dass der Übergang schon erfolgte, Veit und seine Frau jedoch die Kemenate nicht bewohnten und sie deshalb an Stephan (käuflich) überließen, der nach seiner Heirat mit der Witwe des Hans von Stein, Grete, dringend eine standesgemäße Wohnung brauchte. Die Existenz einer weiteren – nach dieser und der Rosenauischen, dritten – bibrischen Kemenate anzunehmen, wäre denn doch arg weit hergeholt. Auch für

ABBILDUNG 3: DIE BESITZER DES BIBRISCHEN HOFES.

DAS WAPPEN DER VON GRIESHEIMS WURDE NACH EINEM SIEGEL GEFERTIGT. DIE FARBEN SIND NICHT ORIGINAL

die Annahme, dass die Kemenate aus steinischem Besitz stammt und von Margarethe von Eberberg geb. von Stein mit in die Ehe gebracht wurde, gibt es keinen Anhalt. Im Gegenteil: Die Söhne der Margarethe hatten sich extra ausbedungen, dass alle steinischen Besitztümer nach Margarethes Tod an die Steins zurückfallen, und dies war hier nicht der Fall.

Stephan von Bibra verträgt sich 1457 mit seiner Hausfrau Grete über die von ihnen gemachten Schulden. Sie werden vom Mann übernommen[16].

Stephan von Bibra und seine Frau Grete geb. von Ebersberg, in erster Ehe verh. mit Hans von Stein, Söhne Hertnid und Siegfried verständigen sich für den Fall ihres Todes über die Erbverhältnisse, besonders über den Zehnten und das Schweinsgut[17] *in Ostheim, die wieder an die Steinschen Söhne von Grete zurückfallen sollen. Für den Fall seines Todes verschreibt Stephan seiner Witwe den Hof am See in Kleinbardorf und in Rothhausen. Siegler: Caspar von Stein, Kuntz von Bibra zu Mellrichstadt, Dr. Hertnid von Stein, Hans von Bibra, Siegfried von Stein*[18].

Es besteht auch kaum die Möglichkeit einer Verbindung mit der Verkaufshandlung von 1481: Konrad von Bibra, ein Enkel Kaspars von Bibra (IV, 8) verkauft neben anderen Besitzungen auch seine Kemenate zu Ostheim mit zwei[!] Höfen an seinen Vetter Valentin von Bibra zu Bramberg.[19] Dass der eine der beiden Höfe der Rosenauische ist, wurde im Kapitel dort dargelegt. Der bisher noch nicht geortete zweite Hof kann aber keinesfalls der Hof am Großen Stein gewesen sein, weil dieser nachweislich im Besitz Stephans von Bibra und seiner Erben gewesen ist. Vielleicht ist dieser zweite Hof die Münz, nachdem dort 1571 ein Hans (Johann) von Bibra als Mitbesitzer nachgewiesen ist.[20]

ABBILDUNG 4: DER BIBRISCHE HOF AM GROßEN STEIN HEUTE. BEIDE HÄUSER GEHÖRTEN ZUM HOF.

Der bibrische Hof geht an die Marschalks von Ostheim über

Von den Kindern Wolfs von Bibra und seiner Frau Dorothea geb. von Heßberg bzw. deren Vormündern wurde dann der bibrische Besitz an Wilhelm Marschalk von Ostheim zu Marisfeld verkauft. Wilhelm war ein Enkel des Stammherrn der Marisfelder Linie, Wilhelm. Einer seiner vier Söhne war Bartholomäus. Von dessen drei Söhnen wurde Andreas Domherr zu Bamberg und Würzburg. Der zweite Bruder Georg starb früh. Als auch Wilhelm ohne Leibeserben starb, erbten seine Verwandten Hans und Georg Sittig Marschalk von Ostheim 1544 den „oberen" Hof.[21] Hans (Johann) war der Sohn des Georg Marschalk von Ostheim zu Marisfeld, des Stammherrn der älteren Marisfelder Hauptlinie. Seine Mutter war Margarethe von der Tann, eine Tochter Wolframs von der Tann, von dem wir nicht wissen, aus welcher Linie der Tanns er stammt. Nach der auffälligen Häufung des Namensteils Wolf in der Bastian-Linie von der Tann, (Wolf von der Tann, † 1522, dessen Sohn Hans Wolf von der Tann, † 1555, sowie des Sohnes Wolf von Georg Marschalk und seiner Frau Margarethe) liegt jedoch die Vermutung nahe, dass Wolfram von der Tann aus der Bastianlinie der Tanns genannt zu Bischofsheim stammt. Hans Marschalk, Margarethes geb. von der Tann zweiter Sohn, hatte sich 1515 mit Margarethe, der Tochter des Eckard von Stein zu Nordheim, verheiratet.[22] Im Ehevertrag sollte Margarethe 500 fl. Mitgift erhalten und Hans Marschalk seiner Frau 500 fl. Gegengeld[23] verschreiben. Die Übergabe von Grundbesitz wurde nicht vereinbart. 1520 sicherte Hans seiner Frau Heirats-Gegengeld und Morgengabe in Höhe von 1200 fl. auf seinen Gütern und Besitzungen zu Ostheim, nämlich der Mühle vor dem Hof und weiteren aufgezählten Höfen und Gärten, zu; er hatte also bereits Besitz in Ostheim, und zwar den Hansteinischen und Untermarschalkischen (Altensteinischen) Hof. Georg Sittig Marschalk von Ostheim war ein Sohn seines Bruders Wolf. Sogleich gingen die beiden Erben daran, den Hof untereinander aufzuteilen. Interessant ist an dieser Urkunde, dass wir einiges über die Baulichkeiten des „oberen Hofes" und die Art der Aufteilung erfahren:

. . . Johann erhält die Kemenate und die halbe Hofreite gegen die Behausung des Adolf Heim, Georg Sittich die zwei Hofhäuser und die andere Hälfte der Hofreite gegen Tolde (Tholl) Buedners Behausung. Zum Ausgleich hat Georg Sittich dem Vetter/Onkel noch 40 Gulden rheinisch in fränkischer Landwährung gezahlt. Er soll zudem die halbe Scheuer, die auf des Vetters/Onkels Anteil steht, abreißen. Die zugehörigen Männer, Zinse, Gülten, Äcker, Wiesen und sonstiges sind nach Ausweis zweier Register ebenfalls geteilt worden. 1544 am tag Petri Cathedra. (22. Februar).[24]

Hans Marschalk hatte keine männlichen Nachkommen, sondern fünf Töchter, deren drei älteste mit drei Amtleuten verheiratet waren.[25] Wahrscheinlich 1568, sicher jedoch vor dem 7. Juni 1571, ist er gestorben, denn schon 1568 besaß Georg Sittig den Hof allein. Um das Erbe scheint es eine längere Auseinandersetzung gegeben zu haben. Die Töchter gingen anscheinend ziemlich leer aus, bzw. wurden mit dem Hansteinschen Schloss und der Münz abgefunden. Die Fuldischen Lehen, die Söhne- und Töchterlehen waren, gingen an die Töchter und deren Männer über, wie wir nachfolgend erfahren: Am 7. Juni 1571 belehnt Abt Balthasar von Fulda Arnold von Heldritt zu Gosmersrode und Sigmund Voit von Salzburg zu Rödelmaier wegen ihrer Frauen, desgleichen Georg Voit von Salzburg, Amtmann zu Fladungen und Auersberg, und Wolf Zufraß zu Hampstatt auch wegen ihrer Frauen und für Magdalene ihre Schwägerin, sämtlich Töchter des verstorbenen Hans Marschalk von Ostheim mit ½ Rappershausen, 2 Huben zu Behrungen und einem Gut zu Lanzen (Wüstung Lanzig in der Gemarkung Oberelsbach[26]). Georg Sittig Marschalk von Ostheim starb 1572. Er war Kursächsischer Rat und Hochfürstlich Hennebergischer Amtmann zu Maßfeld und Meiningen. Ob er jemals in Ostheim gewohnt hat, darf bezweifelt werden. Sein Sohn Adam Georg löste den Ostheimer Besitz auf.

ABBILDUNG 5: WAPPEN DER MARSCHALKS VON OSTHEIM

Die Stammtafel der Marschalks von Ostheim zu Marisfeld in Ostheim

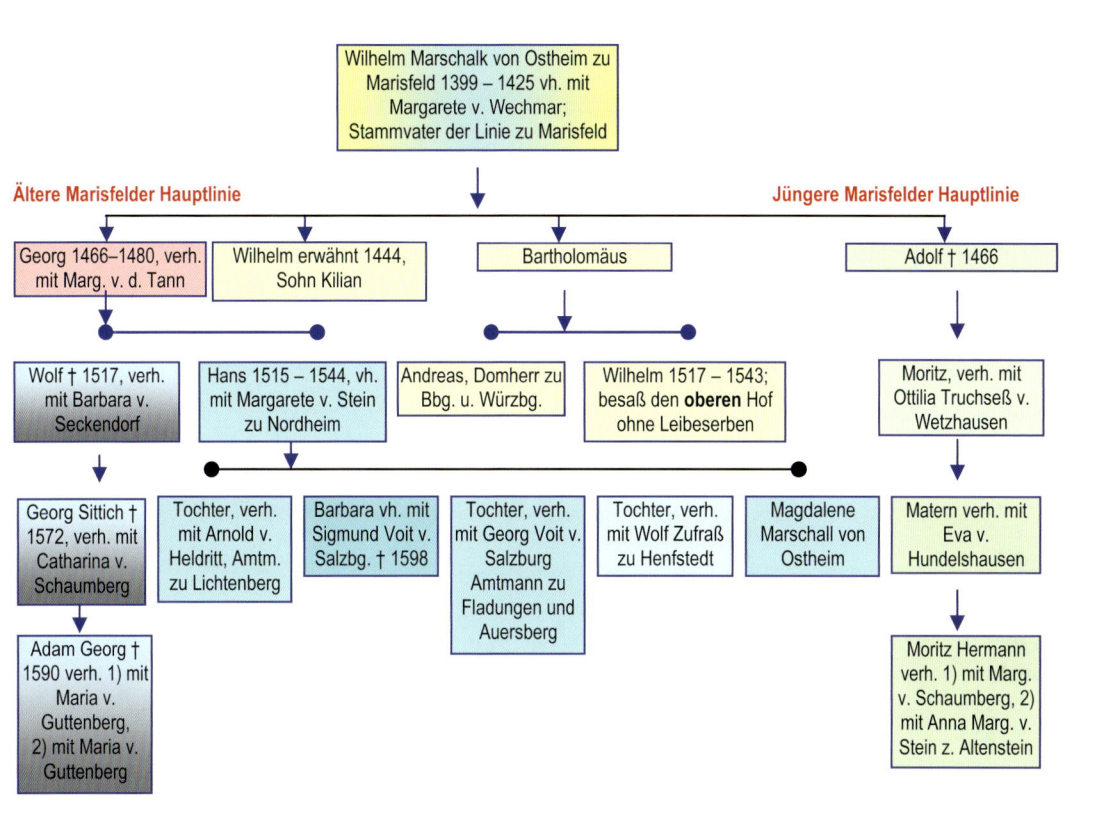

Wilhelm Marschalk von Ostheim zu Marisfeld 1399 – 1425 vh. mit Margarete v. Wechmar; Stammvater der Linie zu Marisfeld

Ältere Marisfelder Hauptlinie

Jüngere Marisfelder Hauptlinie

- Georg 1466–1480, verh. mit Marg. v. d. Tann
- Wilhelm erwähnt 1444, Sohn Kilian
- Bartholomäus
- Adolf † 1466

- Wolf † 1517, verh. mit Barbara v. Seckendorf
- Hans 1515 – 1544, vh. mit Margarete v. Stein zu Nordheim
- Andreas, Domherr zu Bbg. u. Würzbg.
- Wilhelm 1517 – 1543; besaß den **oberen** Hof ohne Leibeserben
- Moritz, verh. mit Ottilia Truchseß v. Wetzhausen

- Georg Sittich † 1572, verh. mit Catharina v. Schaumberg
- Tochter, verh. mit Arnold v. Heldritt, Amtm. zu Lichtenberg
- Barbara vh. mit Sigmund Voit v. Salzbg. † 1598
- Tochter, verh. mit Georg Voit v. Salzburg Amtmann zu Fladungen und Auersberg
- Tochter, verh. mit Wolf Zufraß zu Henfstedt
- Magdalene Marschall von Ostheim
- Matern verh. mit Eva v. Hundelshausen

- Adam Georg † 1590 verh. 1) mit Maria v. Guttenberg, 2) mit Maria v. Guttenberg

- Moritz Hermann verh. 1) mit Marg. v. Schaumberg, 2) mit Anna Marg. v. Stein z. Altenstein

Der bibrische (Obermarschalkische) Hof kommt in den Besitz der Familie von der Tann zu Nordheim

1580 erwarben Martin und sein Bruder Hans Melchior von der Tann aus der Nordheimer Linie, die über lange Zeit nicht als Ganerben in Ostheim vertreten gewesen war, aufs Neue Besitz in Ostheim mit dem Kauf des Marschalkischen Hofes am Großen Stein.[27]

Ob damit allerdings die Kemenate aufs Neue bewohnt wurde, ist nicht sicher. Die wenigen Nordheimer Tanns, welche in Ostheim ihren Sitz nahmen, hatten bald die Auswahl unter drei Ansitzen. Während die 1589 zurückerworbene Kemenate des alten Tannischen, des später so genannte Voitischen Hofes, zu dieser Zeit schon in sehr schlechtem Zustand war,[28] hatte bereits Hans Marschalk von Ostheim, der auch den später so genannten Hansteinischen Hof besaß, diesen bereits bewohnbar ausgebaut. Die Söhne Martins, des Käufers des Obermarschalkischen Hofes, Cuntz (Conrad) und Caspar, wohnten zeitweise in Ostheim, Cuntz während seiner Dienstzeit als kaiserlicher Regimentskommandeur von 1589 bis zu seiner Heirat 1598, wahrscheinlich nicht im Voitischen, sondern im Obermarschalkischen Hof, vielleicht vor 1594 auch im Hansteinischen Schloss. Caspar wohnte ab 1594, seit er in einer Erbteilung die Güter auch zu Ostheim erhielt, im Hansteinischen Schloss, das er um- und ausbaute. Auch Caspars Sohn Hans Conrad, verheiratet mit Sabine Elisabeth von Herda, wohnte dort. Er starb mit 29 Jahren.

ABBILDUNG 6: WAPPEN DER FAMILIE VON DER TANN

Den nun Tannischen Hof übernahm jedoch Hans Conrads Onkel Cuntz von der Tann, nach seinem Tod 1639 dessen Sohn Martin (1612 – 1688). Martins Tochter Sophie heiratete Hans Christoph von Stein zu Nordheim und wohnte mit diesem in der Kemenate am Rathaus. Zusammen mit ihrer Schwester verkaufte sie den übrigen Tannbesitz an ihren Vetter, den Ritterhauptmann Heinrich von der Tann von der Linie vom Gelben Schloss zu Tann (1650 – 1714). Dessen Sohn Christoph Friedrich (1697 – 1785) musste u. a. die drei Ostheimer Güter, das Alt-Tannische, Hansteinische und Altensteinsche oder die Münz, am 8. August 1782 an den Marquis de Soyecourt Schulden halber verkaufen. Förtsch schreibt: „1782. Die zwei Altensteinschen [sic!], nachher Tannschen Rittergüter kamen durch Kauf an den Marquis de Soyecourt, von welchem sie der kaiserliche Kammerherr Freiherr von Stein 1794 um 62 000 Gldn. rheinisch acquirierte und solche bald nachher um 150 000 Gldn. rheinisch an den Grafen Jul. v. Soden überließ. Letzterer vererbte die dazu gehörigen Häuser und Grundstücke als Erbzins[-] und Lehngüter an die Bürger von Ostheim."[29] Der Obermarschalkische Hof wurde 1792 an Dietrich Philipp August Freiherrn von Stein verkauft und blieb bis zum Verkauf an Bürger in Steinschem Besitz.[30]

Alttannsches Lehenbuch 1767

Das Lehenbuch von 1767 wurde noch vom tannischen Verwalter Johann Hofmann angefertigt. Verliehen werden 65 Häuser und Höfe, meist jedoch Haus- oder Hofanteile mit $1/2$, $1/3$, $1/4$ und gar $1/7$ Anteilen. Bis auf etwa 10 Ausnahmen ist bei diesen Häusern, Höfen und Anteilen noch ein zweiter Besitzer oder Besitzerin eingetragen. An Lagebezeichnungen erscheinen die Straßennamen Memelsgasse, Schlossergasse und Menggasse und die Flurnamen „am Pfaffensteig" und „im Roth". Die Lehensnehmer tauchen im Schnitt dreimal, also mit 3 Lehnsobjekten im Verzeichnis auf. Dies weist auf folgendes hin:
- Die Ostheimer bewohnen zu dieser Zeit oft kein ganzes Haus, sondern haben noch Mitbewohner.
- Wer nicht Mitbesitzer ist, muss neben dem Zins an den Grundherrn auch noch Miete an Besitzer der Wohnung zahlen.

- Viele Ostheimer besitzen jedoch neben dem bewohnten Haus noch andere Hausanteile von der Frau, den Eltern, sonstigen Verwandten.
- Von diesen erhalten sie in der Regel Miete.

Namen und Berufe der Lehensnehmer

Bach Caspar Adam	Georg Engel	Massengeils Witwe
Bach Eva Maria	Glaser Joh. Mart. Schneider	Ringler Andr.
Bach Martin, Büttner	Glaser Johann Georg, Glaser	Ringler Anna Elisabeth
Baumann, Hans, Pel.	Hartmann Balthasar, Lohgerber	Ringler Hans Melchior
Döhr Carl Friedr., Schneider	Hartmann Gg., Weisens Rel.	Ringler Johann Caspar, Manger
Döring Johann Ernst	Herget Veit, Schäfer	Schmidt Joseph, Strumpfwirker
Engel Caspar Friedrich, Schuhmacher	Höhn Joh. Mart.	Thon Rat und Amtmann
Engel Georg 1767	Just Melchior	Urban Caspar Adam
Engel, Georg v. Friedr. Erben	König Emmerich Bortenwirker	Wachner Johann Casp.
Fischer Friedr. Wilh. Schlosser	König Michael	Weiß Georg, Glaser
Fischer Joh. Casp. Schlosser	Lang Johannes, Metzger	Weiß Joh. Adam, Strumpfwirker
Friedrich Gregorius, Wwe	Markert Joh. Casp.	Zehner Joh. Gg.
Genßler Johann Christian, Seiler	Markert Johann Caspar	Zinn Christoph, Weißgerber
Genßler Johann Martin	Massengeil Wendel	Zinn Georg jun. Weißgerber

1792 nach dem Verkauf an die von Steins wurde ein neues Lehenbuch mit Nachträgen bis 1826 angelegt. Auch dieses Lehenbuch ist noch vorhanden.

ABBILDUNG 7: ALTER STALL IM BIBRISCH-TANNISCHEN HOF

Die Baulichkeiten des Bibrisch-Tannischen Hofes

Um die gleiche Zeit, zwischen 1770 und 1791 erfolgte auch der Anschlag (Schätzung) des Alt-Tannischen Rittergutes, möglicherweise ebenfalls vom Tannischen Verwalter Johann Hofmann gefertigt. Beide Dokumente, Anschlag wie Lehenbuch, bieten einen seltenen Blick ins 18. Jahrhundert auf die Bewohner wie auf die Baulichkeiten [siehe oben]. Über die Zuordnung des Anschlags zum Adelshof am Großen Stein gibt es keinen eindeutigen Anhaltspunkt, allerdings auch keine Alternativen:

Der Voitische Hof war schon um 1600 ruinös, bald danach unter verschiedene bürgerliche Eigentümer aufgeteilt. Das Hansteinische oder Altensteinische Schloss wären eindeutig zu identifizieren und die Kemenate neben dem Rathaus war zu diesem Zeitpunkt nicht mehr in

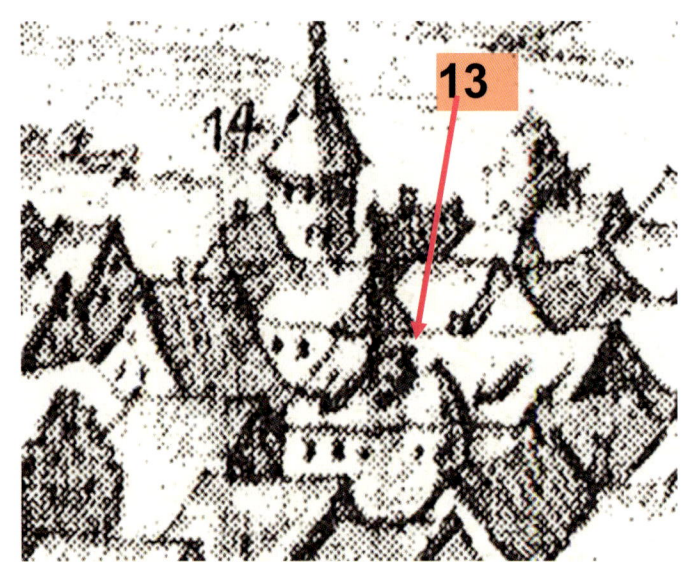

ABBILDUNG 8: AUSSCHNITT AUS FISCHERS ZEICHNUNG OSTHEIMS UM 1700

Tannischer Hand. Sie wird im „Anschlag" als „aquirierbar"[31], also verkäuflich bzw. vermietbar bezeichnet. Interessant ist die Erwähnung eines Turmes und die Tatsache, dass das Hofhaus im Untergeschoss aus Stein aufgeführt ist. Ist dies auch heute noch der Fall, so müssten die Häuser Karlstraße 1 und 2 auf den Grundmauern der alten Kemenate stehen. In Fischers Zeichnung von Ostheim um 1700 ist mit der **Nummer 13** das Tannische Schloss gezeichnet, rechts

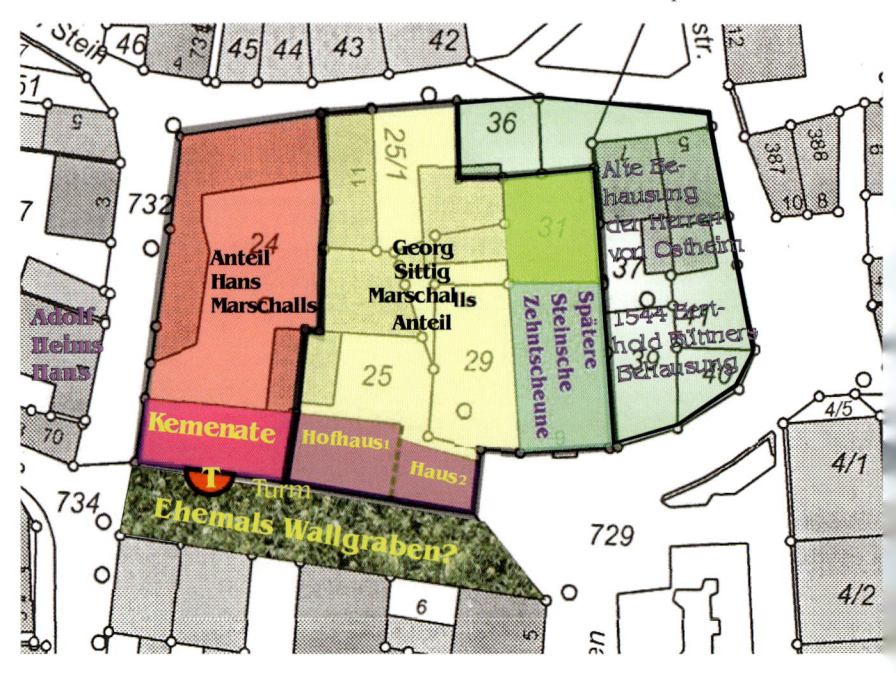

ABBILDUNG 9: MÖGLICHES AUSSEHEN DES OBEREN HOFES DER GEBRÜDER MARSCHALK 1544. LINKS MIT DER FLUR NR. 24 DER ANTEIL VON HANS MIT KEMENATE UND WEHRTURM.

unterhalb des Neuen Tores (Nr. 14)

Deutlich ist auf der Zeichnung in der Mitte des großen Gebäudes ein vorkragender Turm zu sehen, der jedoch das Gebäude nicht überragt. Dieser Turm war auch um 1790 noch vorhanden: In der Beschreibung des Hofes heißt es: *Das Hofhaus mit Stallungen 112 Schuh lang 32 Schuh breit, zwei Stockwerk hoch wovon das untere Stockwerk von Mauerwerk nebst Thurm und Fenstern von gehauenem Stein aufgeführet und das zweite Stock von Holzwerk aufgesetzt*[32]. Der Turm und die Grundmauern müssen also auch den großen Brand von 1757 überstanden haben und wurden beim Neuaufbau 1758 weiter verwendet. Ein Satz zur Annahme eines Wallgrabens: Im Plan von 1831 existiert die Karlstraße noch nicht. Nur ein schmaler Pfad führt von der Rossgasse zum Kirchberg. Die spätere Karlstraße wird von Grundstücken, wahrscheinlich Gärten eingenommen. Es gab also von Westen her keine Verbindung zur Schlossergasse und zum Kirchberg. Warum nicht?

Die einzig sinnvolle Erklärung: Der Adelsitz war ganz früher von Wallgräben umgeben, wie auch das Hansteinische Schloss, und andere sicherlich auch. Im Süden wurde der Wallgraben zwar auch wie auf den anderen Seiten wahrscheinlich nach 1570 eingeebnet, aber nicht zur Straße umgeändert, sondern als Garten beibehalten, wie dies auch mit Stadtgräben weitgehend geschah.

ABBILDUNG 10: GEWÖLBEKELLER IM TANNISCH-BIBRISCHEN HOF, DIE NR. 3 DES ANSCHLAGS

Aus dem Ende des 18. Jahrhunderts existiert der bereits erwähnte

Anschlag eines Ritterguts zu Ostheim an der Rhön[33]

Von dieser Beschreibung und Wertschätzung des Gutes ist zwar kein Datum angegeben, doch entstand das Dokument sicher nach 1769, wahrscheinlich zwischen 11. April 1791 und 8. Februar 1794 vor dem Verkauf an Graf Julius von Soden.

Ostheim an der Rhön, eine Stadt in Franken liegt 3 Stund von Meiningen, 9 Stunden von Fulda und 3 Stunden von Neustadt, in einer schönen Gegend, hat fruchtbaren Ackerbau und guten Wießwuchs. Es wohnen darin an 800 Haushaltungen, die viele und vortheilhafte Manufacturen treiben.

Der Ort ist durchaus evangelisch lutherischer Religion.

Die dasig adeliche Gan Erbschaft ist dem Fränkischen Ritterort Rhön-Werra einverleibt: Sie hat außer ansehnlichen Rittergütern und Zehnden daselbst Ge- und Verbot durch ihren ganerbschaftlichen Syndicus und den Stadtrat, Besetzung eines Geistlichen und derer Schulbedienten, Jagd, Fischerei und dergleichen.

Über eines dieser ganerbschaftlichen reichsfreien Rittergüter ist durch eine besonders von hochlöblicher Rhön-Werraischer Orts-Hauptmannschaft niedergesetzte Commission, deren Protokolle auf Verlangen vorgelegt werden können, folgender Anschlag gefertiget worden:

ABBILDUNG 11: DIE JAHRESZAHL 1758 ÜBER DEM HAUSEINGANG ZEIGT, DASS DAS HAUS IN DIESEM JAHR NACH DEM GROẞEN BRAND AM 18. AUGUST 1757 NEU ERRICHTET WURDE.

		Rheinische Gulden	Kreuzer
1.	*Das Hofhaus mit Stallungen 112 Schuh lang 32 Schuh breit, zwei Stockwerk hoch wovon das untere Stockwerk von Mauerwerk nebst Thurm und Fenstern von gehauenem Stein aufgeführt und das zweite Stock von Holzwerk aufgesetzt*	3937	37
2	*Der neue Scheuerbau 120 Schuh lang, 39 Schuh breit, 2 Stockwerk hoch das untere Stockwerk von Mauer nebst 3 Scheuer Thoren von gehauenen Quadersteinen aufgeführet, das zweite Stock von Holzwerk aufgesetzt, worunter ein großer Keller 36 Schuh lang und 20 Schuh breit nebst neuem Keller Helung? (evt. Höhlung – Gewölbekeller) von 35 Schuh lang und 7 Schuh breit mit begriffen*	3469	15
3	*Der alter Scheuerbau 70 Schuh lang 30 Schuh breit, ein Stockwerk hoch worunter ein großer Keller 37 Schuh lang 26 Schuh breit mit begriffen*	1232	30
4	*Das Waschhaus, 30 Schuh lang 14 Schuh breit ein Stockwerk hoch*	140	
5	*Der Holzschuppen 38 Schuh lang 13 Schuh breit, ein Stockwerk hoch*	30	
6	*Die Schwein Stallungen samt denen Überbauen 50 Schuh lang 6 Schuh breit*	157	30
7	*Ein Keller unter dem Schlossplatz, der zwar unbedacht, aber im Mauerwerk noch gut ist.*	250	
8	*Ein Ziehbrunnen, welcher in der peripherie 15 Schuh ausmacht und 40 Schuh tief ausgemauert ist.*[34]	175	

9	Der unbebaute Schlossplatz so samt Hof und anderen leeren Plätzen 18053 Quadratschuhe enthält, zu 2 gk³⁵ gerechnet	2256		45
10	Artland 336 Acker, 155 Ruthen taxiert 14908 fl. Frk. [Fränkische Gulden]	18635		
11	Krautländer: 1 Acker 49 ³/₈ Ruthen, taxiert auf 183 fl. Fränkisch	228		45
12	40 Acker 59 ³/₈ Ruthen Wiesen taxiert auf 14580 fl. Fränkisch	18226		15
13	70 ⁵/₁₆ Ruthen Garten taxiert auf 200 fl. frk.	250		
14	Der zu diesem Guth gehörige große und kleine Zehnten in Ostheim beträgt nach dem von der Kommission gemachten vieljährigen Rechnungsauszug ein Jahr in das andere 487 fl. 54 kr. Rheinisch. Dieses zu 2 Prozent in Kapital erhöht	24395		
15	Die Hohe und Niedere Jagensgerechtigkeit wie auch Fischerei in dem gemeinen Wasser und in der Sulz Ostheimer Revier ist angeschlagen	600		
16	Das so genannte Seliges Recht oder dass dieses Guth jährlich (2)8 Ruthen Holz aus der gemeinen Waldung zu empfangen hat, welche nach den gezogenen Extracten ein Jahr in das andere 15 Schock betragen wovon das Schock auf dem Stamm zu 50 kr. angeschlagen worden und macht also eine jährliche Revenue von 12 fl. 30 kr. Rheinisch. Diese zu 2 pro Cent in Capital erhöht	625		
17	Die Hutgerechtigkeit für 100 Stück Schafvieh in der Ostheimer Gemarkung ist auf 50 fl. rheinisch jährliche Einkunft taxiert. Diese zu 2 pro Cent in Capital erhöht	2500		
18	An Erbzinsen sind jährlich zu diesem Guthe zu erheben 21 fl. 34 kr. Diese zu 2 pro Cent zu Capital erhöht	1053		
19	Das Lehngeld oder Handlohn von denen Erbzinsgütern beträgt nach einem 10-jährigen Rechnungs-Extract auf ein gemeines Jahr 21 fl. 5³/₄ kr. Diese zu 2 pro Cent zu Capital erhöht	1055		
20	Eine Mühle bei Ostheim³⁶, so vormals eigentümlich war, im Jahr 1769 aber als ein Erbzinslehen vor 2130 fl. Rheinisch und jährlich zu liefernden 1 Malter Korn, 1 Malter Weizen und 1 Malter Gersten Erbzins mit Vorbehalt des Näher[?]- und Verkaufs-Rechts, wann selbige wieder veräußert werden wollte, verkauft worden: Nimmt man nun an, dass sich der Lehnfall alle 20 Jahre ereignet und der Lehnwert derer augenscheinlichen Verbesserungen ungeachtet nur das damalige Kaufgeld ausmache, so kommen zu 5 Prozent 107½ fl., mithin auf 1 Jahr 5 fl. 22½ kr. Wird ferner nach dem gezogenen gemeinen Wert das Malter Korn zu 3 fl. 30 kr., das Malter Weizen zu 4 fl. 40 kr. und das Malter Gerste zu 3 fl. 20 kr. angesetzt, so betragen die jährlichen Einkünfte dieser Mühle an Erbzins und Lehngeld zusammen 16 fl. 52½ kr. Diese zu 2 pro Cent zu Capital erhöht.	843		
		80059		51"

Ein interessanter Aspekt ergibt sich dabei noch bei näherer Betrachtung: „Der neue Scheuerbau" (Nr. 2) existiert wahrscheinlich auch heute noch in Gestalt des Feuerwehrhauses.

Es sieht so aus, als habe diese Scheune ursprünglich zur Behausung am Kirchberg gehört, sei dann nach Aufgabe des Adelshofes 1512 an die Marschalks gekommen, die ziemlich zeitgleich um 1520 den Bibrischen Hof am Großen Stein erwarben, sei darauf als Zehntscheune der Tanns und nach dem Erwerb durch die von Steins als deren Zehntscheuer weiterverwendet worden. Die Jahreszahl 1535 über der Türe des

Feuerwehrhauses weist darauf hin, dass nach dem Erwerb durch die Marschalks die Scheune neu errichtet wurde. Dabei ist eher unwahrscheinlich, dass die Zehntscheune den Brand von 1757 heil überstanden hat.

ABBILDUNG 12: DAS HEUTIGE FEUERWEHRHAUS WAR FRÜHER WOHL TANNISCH/STEINISCHE ZEHNTSCHEUNE. URSPRÜNGLICH GEHÖRTE ES VIELLEICHT ZUR ALTEN STEINISCHEN KEMENATE, DER BEHAUSUNG AM KIRCHBERG.

ABBILDUNG 13 UNTEN: JAHRESZAHL ÜBER DER VORDEREN EINGANGSTÜR

[1] Wagenhöfer, S. 207.
[2] StAW MIB 14, fol. 306 f, Urkunde von 1411 Oktober 5; Bayerisches Staatsarchiv Bamberg, Fränkische Adelsurkunden Lade X 713 Nr. 866, Urkunde von 1425 April 26.
[3] Binder, Lichtenberg, S. 62; 30. Mai 1423.
[4] Sämtliche Angaben über Caspar von Bibra sind aus Wagenhöfer, S 227 ff.
[5] StAW WU 7/123 von 1420 September 30.
[6] StAW WU 44/50b von1419 September 29; es muss sich um Grete geb. von Ebersberg handeln, die später in zweiter Ehe Stephan von Bibra heiratet, vielleicht auch um die Frau Grete des Heinz von Stein zu Bastheim (HUB V, CCCLVI).
[7] vg. Wagner, Mellrichstadt, S. 174.
[8] StAW WU 22/91a von 1424 März 3.
[9] Wagenhöfer, S. 523, Anmerkung.
[10] StAW WU 44/50a von 1436; Wagenhöfer, S. 280.
[11] Hans von Lichtenberg (Marschalk von Ostheim) und seine Frau Margarethe verkaufen an Heinz Beltmann und seine Frau Grete ihre Wiese „das Fleck" unter Ostheim Schlyfgarten zwischen Stein und Rain um 65¼ fl. unwiederkäuflich. Es siegeln Lorenz von Ostheim, Stephan von Bibra, Siegfried von Stein, alle zu Ostheim. AV U 87 von 1451 April 4.
[12] StAW Rep. FR 14,1 U 87 von 1451 April 4; WU, Archiv Irmelshausen AI, Fasc. Beweis in lehnsachen fol. 37 ff, 5. Mai 1461 (aus Wagenhöfer, S. 242 und 247).
[13] AV U 76; Luckhard, S. 129 (Nr. 461) von 1440 Januar 21.
[14] Wagenhöfer, S. 247.
[15] AV Fach Ostheim, Ostheimer Akten II/XVI, 254; 25. Februar 1502; Binder, Lichtenberg, S. 353; Wagenhöfer, der akribisch alle Besitzungen jedes Mitglieds der Familie von Bibra aufzählt, findet für Hans (V, 35) keinen Besitz in Ostheim, auch nicht für Wolf (VI, 50).
[16] AV U 98 von 1457 März 3.
[17] nur in den steinischen Urkunden von 1457 erwähnt.
[18] AV U 99 von 1457 März 3.
[19] StAW Archiv Irmelshausen, Handlungsbuch, fol. 132´ff, 1481 Februar 25.
[20] Binder, Lichtenberg, S. 351.
[21] StAM Amt Römhild Urkunden Nr. 142 von 1544 Februar 22.
[22] AV U 188 von 1515 Mai 4; AV U 199 von 1520 Februar 28.
[23] Gegengeld ist der Geldbetrag oder der Gegenwert in Gütern oder Einnahmen, den der Bräutigam im Ehevertrag der Braut als Gegenleistung (deshalb der Name) für die Mitgift zusagt. Das Gegengeld wurde meist nicht sofort ausgezahlt, sondern nach vollzogener Ehe am Morgen nach der Hochzeitsnacht als „Morgengabe" der Frau übergeben, manchmal erst dann, wenn sich Nachwuchs ankündigte. Die Zinseinnahmen aus dem meist aus Gütern bestehenden oder angelegten Gegengeld sollte den Unterhalt der Frau sichern, auch dann, wenn sie Witwe wurde. Starb sie zuerst, hatten ihre leiblichen Kinder Anspruch auf dieses Geld.
[24] StAMgn Amt Römhild Urkunden Nr. 142.
[25] Die Angaben über die Marschalks von Ostheim stammen von: Biedermann, Tabula 335, Binder, Lichtenberg, S. 473 und S. 356, sowie Rudolf M. Kloos, Nachlaß Marschalk von Ostheim, Urkunden, Neustadt / Aisch 1974, S. 232, Stammtafel. Nach Biedermann besaß Hans Marschalk von Ostheim vier Söhne. Jedoch ist über das weitere Schicksal dieser vier Söhne Georg, Wolf, Seifried und Georg Wolf oder ihrer Familien nichts bekannt. Binder wie auch Körner berufen sich mit besserem Recht auf Schannat, der nur die Töchter kennt.
[26] Lob, S. 157.
[27] Binder, Lichtenberg, S. 354; Körner, / Schmidt, S. 15.
[28] vg. Kapitel 8.1 über diesen Hof.
[29] Förtsch, S. 169. Auch er wusste anscheinend nicht genau, um welche Güter es sich handelte.
[30] dies geht aus den Eintragungen des alttannschen Lehenbuches hervor.
[31] heißt eigentlich: kaufbar.
[32] AV Fach Ostheim, Akt: Höfe in Ostheim, Anschlag eines Rittergutes.
[33] AV Fach Ostheim, Akt: Höfe in Ostheim.
[34] Der Ziehbrunnen ist ein Hinweis auf den Tannischen Hof, weil es nach der Schenk-Chronik (I. S. 131) dort einen gab.
[35] *Gnacken* waren geringhaltige Groschenmünzen aus dem 15./16. Jh., die häufig mit Gegenstempeln zur Abwertung versehen wurden, so z.B. die Würzburger Gnacken, die im Jahr 1496 auf 4 Pfennige gesetzt wurden. Sie wurden in Sachsen, Hessen, von den Grafen von Stolberg und dem Herzog von Braunschweig-Gubenhagen geprägt. 1527 gingen 22 zwölfer Gnacken auf einen Gulden (Cop. 1, S. 616); Um 1700 wurden folgende Preise (in Gnacken) gezählt:

	Gnacken	Pfennig
Lammsbauch	10	6

1 Pfund Wachs	7	
1 Pfund Unschlitt	2	10
Ein Fastnachthuhn	2	10
1 Sommerhahn	1	6
1 Schock Eier	5	
1 Gans	5	8
1 Kapaun (Koppaun)	5	8
1 Frontag	1	6

1767 waren folgende Preise im Tannischen Lehnsbuch verzeichnet:

I. Preise für Naturalien

1 Lammsbauch mit	7 Gnacken	1 Michelshahn	3 Gnacken
1 Pfund Unschlitt	3 Gnacken	1 Schönbrot	3 Gnacken
1 Ei	1 Pfennig	1 Fastnachhuhn	6 Gnacken
1 Frohntag	3 Gnacken.		

Nach dem Stadtbuch / der Schenkchronik kamen meist 42 (auch 40 oder 44) Gnacken auf den Gulden.

[36] Es handelt sich vielleicht um die „**Stocksmühle (Seemühle)**, mit 3 Gängen, war ursprünglich ebenfalls adlicher Besitz und gehörte den Besitzern der Münze, den Herren von Altenstein, welche wegen der Jurisdiktion über diese Mühle mit der fürstlichen Herrschaft lange Zeit im Streit lagen, welcher durch den Tod des Truhenmeisters von Altenstein im Jahr 1735 seine Endschaft erreichte." (Ostheimer Stadtbuch, S. 124aa). Eher noch könnte es sich aber auch um den tannischen Anteil der **Brückenmühle** handeln, vg. der Abschnitt 8.12 über die Mühlen des Ostheimer Adels.

8.8. Der Rosenauische Hof (Gelbes oder Oberes Schloss) der von Steins zu Nordheim

Bisher war die Besitzherkunft des Rosenauischen Hofes ein weiteres ungelöstes Rätsel im Puzzle der Adelsgüter in Ostheim.

Binder kann sich den Namen Rosenauischer Hof nicht erklären. Er führt aus: „Soweit die Nachrichten zurückreichen, war der Rosenauische Hof v. Steinisch, und zwar im Besitze der Ostheimer Linie, welche 1611 mit Moritz Burkhardt ausstarb. Dieser hatte noch als Zugehörung zu diesem Hofe die ‚Moritzmühle' gebaut."[1]

ABBILDUNG 1: DER ROSENAUISCHE HOF HEUTE

Caspar von Stein zu Nordheim erwirbt den Rosenauischen Hof 1590 – 1595

Geklärt sind sicher die Besitzverhältnisse ab dem ausgehenden 16. Jahrhundert:
Caspar von Stein zu Nordheim (1571 – 1602), wohnhaft zu Ruppers[2], Ritterhauptmann des Kantons Rhön-Werra, verheiratet sich 1589 mit Maria Magdalena von Wallenfels (1570 – 10. September 1598), Tochter des Martin von Wallenfels zu Lindenberg und der Anna von Rosenau zu Oeslau. Die Schwiegermutter Caspars besitzt den fünften Teil eines Adelsgutes in Ostheim, sowie das Gut zu Hinterweimarschmieden. Die

restlichen vier Fünftel der Güter in Ostheim und Weimarschmieden gehören den Geschwistern der Schwiegermutter Caspars, Hans Heinrich, Maria, verh. mit ihrem Vetter Otto Heinrich von Rosenau zu Gauerstadt, Barbara, verh. mit Wolf Christoph von Heldritt zu Harras und der unverheirateten Margaretha. Zwischen 1590 und 1595 gelingt es Caspar von Stein, diese Anteile von seiner Schwiegermutter, von deren Geschwistern bzw. von den Kindern von Otto und Maria von Rosenau, Magdalena, verheiratet mit Friedrich Wilhelm von Guttenberg, und Anna Barbara von Rosenau, zu erwerben.³

Die ganze komplizierte Geschichte wird in einer Urkunde von 1595 nochmals zusammengefasst:

ABBILDUNG 2: DER INNENHOF DES GELBEN SCHLOSSES FRÜHER. AQUARELL VON PETER KLIER

*Wolff Christof von Heldritt zu Harras für seine Frau Barbara, Friederich Wilhelm von Guttenberg zu Steinhausen, Fürstlich Bambergischer Rat und Amtmann zu Neukirchen und Marolfstein für seine Frau Magdalena geb. von Rosenau, Wolff Christoff von Heldritt für seine Pflegetochter Anna Barbara geb. von Rosenau, sowie Anna von Wallenfels geb. von Rosenau zu Lindenberg verkauffen zu Todkauf ihrem Aidam, Vetter, Schwager und Gevatter Caspar von Stein zu Nordheim/Gr ihre freieigenen Rosenauischen Güter zu Ostheim und Weimarschmieden. Davon hat Christof von Heldritts Frau ihr Fünftel an Petri Cathedra 1590 um 2100 Gulden, von Heldritts Pflegetochter Anna Barbara und von Guttenbergs Frau jeweils ihr Zehntel um 1050 Gulden an Petri Cathedra 1591 zum selben Zeitpunkt Anna von Wallenfels ihr Fünftel um 1860 fl schließlich am 10. Jan. 1595 den andern halben Teil dieser Güter [richtigerweise ²/₅] den die vorgen. von ihrer Schwester, Base und Geschweihen Margaretha von Rosenau ererbt hatte, um 4650 fl, also insges. um 9660 Gulden an Caspar verkauft. Siegler: Wolff Christoff von Heldritt, Friedrich Wilhelm von Guttenberg, Anna von Wallenfels.*⁴

Einige Ungereimtheiten enthält die Urkunde: Margaretha von Rosenau könnte eigentlich nur zwei Fünftel besessen haben, wenn die übrigen Angaben stimmen. Ihre „Hälfte" wird auch zu einem geringeren Preis verkauft als die erste „Hälfte". Dabei war in dem Anteil der Margaretha möglicherweise auch Hausrat und Ausstattung enthalten, denn Margaretha hat, zumindest zeitweise, das Ostheimer Rosenauschloss bewohnt:

warum sonst würde sie sich in einer Urkunde von 1591 „Margareth von Rosenau zu Ostheim vor der Rhön" nennen?⁵

Als Caspar seiner Frau Maria Magdalena 1598 u. a. den neu erworbenen Hof zu Ostheim als Witwengut verschreibt, erfahren wir auch etwas über die Einnahmen. Der Hof trägt jährlich 30 Malter Korn, fünf Malter Weizen, 10 Malter Gerste, 3 Malter Erbsen Ostheimer Gemäß und 28 Malter Hafer. Dazu erhält Maria Magdalena weiter die Erbzinsen zu Ostheim, nämlich 3 Gulden 4 Schilling 5 neue Pfennig an Geld, 21 Fastnachthühner, 19 Sommerhähne, 4½ schöne Brote, 3 Lammsbäuche, 10 Pfd. Unschlitt, 3½ Pfd. Wachs und 4½ Schock Eier.⁶

Die Familie von Rosenau

Das Schloss Rosenau (vg. Abbildung oben) steht nordöstlich von Coburg auf einem steil zur Itz abfallenden Hügel. Die Anlage geht auf eine mittelalterliche Burg zurück, die erstmals im Jahre 1439 urkundlich erwähnt ist.⁷

Wer war dieses Adelsgeschlecht von Rosenau?

„In Coburg finden sich wohl als die bislang ältesten Nachweise die Brüder Heinz und Günter von Rosenau, die 1434 nobiliert wurden. Vorher wurden diese ‚Müntzmeister' genannt und waren auch als die Münzmeister von Coburg tätig. Der namengebende Ort ist die Rosenau bei Coburg, heute in Coburg gelegen."⁸

Vier Bronzegrabplatten aus der Renaissance an der Nordwand der Kirche von Ahorn, südlich Coburgs, erinnern an Mitglieder der wohlhabenden Familie derer von Rosenau.

Das Wasserschloss von Mitwitz bei Coburg gehörte im Jahre 1266, als der Ort erstmals urkundlich erwähnt wurde, den Herren von Schaumberg, später, ab 1425, den Herren von Rosenau.

ABBILDUNG 3: DAS SCHLOSS ROSENAU BEI COBURG 1821

Nachdem die Rosenaus erst 1434 unter diesem Namen geadelt wurden, liegt die Annahme nahe, dass sie kaum lange vor 1500 in Ostheim begütert wurden, möglicherweise ebenfalls durch Heirat.

ABBILDUNG 4: BRONZEGRABPLATTE DER HERREN VON ROSENAU IN DER KIRCHE ZU AHORN. SIE ZEIGT IHR WAPPEN: SECHS ROSEN, IN ZWEI LÄNGSREIHEN ANGEORDNET.

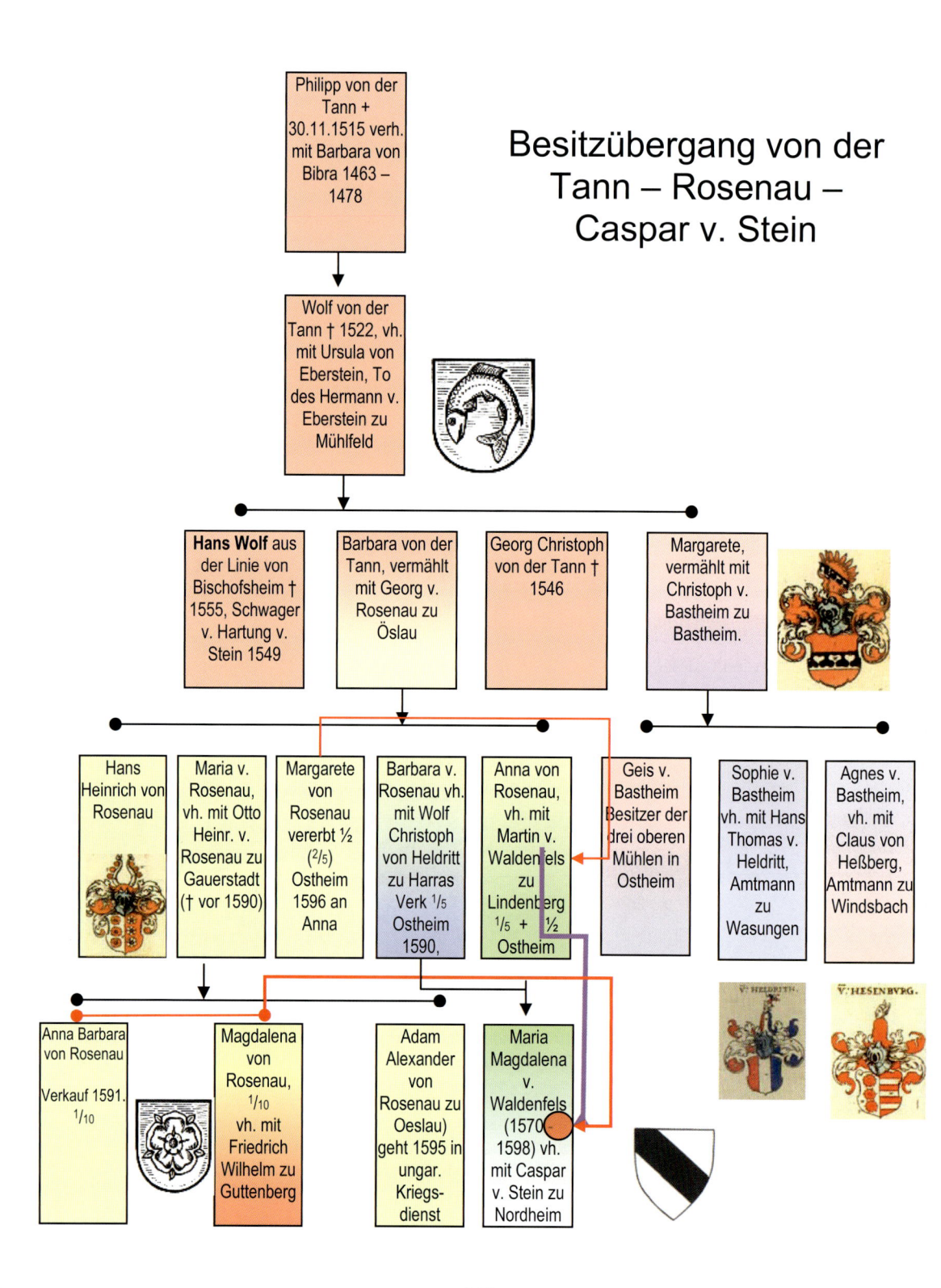

Besitzübergang von der Tann – Rosenau – Caspar v. Stein

Philipp von der Tann + 30.11.1515 verh. mit Barbara von Bibra 1463 – 1478

↓

Wolf von der Tann † 1522, vh. mit Ursula von Eberstein, To des Hermann v. Eberstein zu Mühlfeld

---

- **Hans Wolf** aus der Linie von Bischofsheim † 1555, Schwager v. Hartung v. Stein 1549
- **Barbara von der Tann**, vermählt mit Georg v. Rosenau zu Öslau
- **Georg Christoph von der Tann** † 1546
- **Margarete**, vermählt mit Christoph v. Bastheim zu Bastheim.

- **Hans Heinrich von Rosenau**
- **Maria v. Rosenau**, vh. mit Otto Heinr. v. Rosenau zu Gauerstadt († vor 1590)
- **Margarete von Rosenau** vererbt ½ (²/₅) Ostheim 1596 an Anna
- **Barbara v. Rosenau** vh. mit Wolf Christoph von Heldritt zu Harras Verk ¹/₅ Ostheim 1590,
- **Anna von Rosenau**, vh. mit Martin v. Waldenfels zu Lindenberg ¹/₅ + ½ Ostheim
- **Geis v. Bastheim** Besitzer der drei oberen Mühlen in Ostheim
- **Sophie v. Bastheim** vh. mit Hans Thomas v. Heldritt, Amtmann zu Wasungen
- **Agnes v. Bastheim**, vh. mit Claus von Heßberg, Amtmann zu Windsbach

---

- **Anna Barbara von Rosenau** Verkauf 1591. ¹/₁₀
- **Magdalena von Rosenau**, ¹/₁₀ vh. mit Friedrich Wilhelm zu Guttenberg
- **Adam Alexander von Rosenau zu Oeslau**) geht 1595 in ungar. Kriegsdienst
- **Maria Magdalena v. Waldenfels** (1570 – 1598) vh. mit Caspar v. Stein zu Nordheim

Der Rosenauische Hof im Besitz eines Zweiges der Familie von der Tann bis 1555

Durch das bisher ungedruckte Buch von Hans Körner über die Familie von der Tann bekommen wir den entscheidenden Hinweis auf die Herkunft des Rosenauischen Gutes.

Vorbesitzer war nämlich mit großer Wahrscheinlichkeit Hans Wolf von der Tann, der Letzte aus einer Linie der Bischofsheimer Tanns. Mit Eberhard von der Tann und dessen Brüdern hatte er den Ururgroßvater Friedrich gemeinsam. Körner nennt ihn einen Querulanten, weil er mit seinen tannischen Verwandten in ständige Auseinandersetzungen verwickelt war.

Neben dem Rosenauischen Gut hatten er und seine Voreltern die alte Steinsche Kemenate neben dem Rathaus besessen und diese 1549 an Hartung von Stein verkauft.[9] Hans Wolf starb 1555 ohne eigene Kinder. „Erben waren die Schwestern: Barbara, vermählt mit Georg von Rosenau zu Öslau, und Margarete, vermählt mit Christoph v. Bastheim zu Bastheim. Für die Schulden ihres Bruders mußten sie 800 Gulden aufbringen. Die Schwestern erhoben Anspruch auf die fuldischen Lehen und auf die Eigengüter ihres Bruders und nahmen alles in Besitz." Die Tanns beriefen sich hingegen auf den Tannischen Burgfrieden von 1370, wonach Töchter mit Geldzahlungen abgefunden werden sollten, und erreichten beim Hofgericht in Fulda und schließlich beim Abt selbst ein Urteil in ihrem Sinne.[10]

Der Streit war damit allerdings nicht entschieden. Barbara von Rosenau und Margarete von Bastheim klagten vor dem Reichskammergericht in Speyer gegen dieses Urteil.[11] Der Prozess zog sich über zehn Jahre hin. Schließlich entschloss man sich 1567 zu einer gütlichen Einigung.

Die Schwestern von Hans Wolf von der Tann, Margarete von Bastheim (lebt 1560) und Barbara von Rosenau (tot 1560), und auch deren Ehemänner waren inzwischen verstorben. Erben waren die Kinder.

Von der Rosenauischen Seite waren dies: Hans Heinrich von Rosenau zu Oeslau, Maria, verheiratet mit Otto Heinrich von Rosenau zu Gauerstadt, gestorben vor 1590, Anna, verheiratet mit Martin von Wallenfels zu Lindenberg, Barbara, verheiratet mit Wolf Christoph von Heldritt zu Harras, Margaretha und Ursula, die gleichen Personen, wie sie auch beim Verkauf an Caspar von Stein auftraten.

Zwar waren die Eigengüter Hans Wolfs von der Tann nicht Gegenstand der Auseinandersetzung der Erbschwestern mit den übrigen Tanns. Es gibt auch bisher keine weiteren Unterlagen darüber, dass der Rosenauische Hof zu diesen Eigengütern gehörte, doch ergibt sich dies zwingend aus den bisher vorliegenden Urkunden. Noch eine etwas dunkel gebliebene Aussage bei Förtsch wird aufgrund der jetzigen Erkenntnisse klar: Er schreibt nämlich: „Vor dem dreißigjährigen Kriege hat Herr von Bastheim die drei oberen Mühlen innegehabt. Sie sind dann an Bürger übergegangen."[12]

Also haben auch die von Bastheims nach 1567 Teile des Besitzes von Hans Wolf von der Tann geerbt. Urkundliche Nachrichten schlummern vielleicht noch in irgendeinem Archiv.

Hans Wolf von der Tann war also der Vorbesitzer des nun rosenauischen Gutes gewesen. Wahrscheinlich hat er auch dort gewohnt, da er einerseits Ganerbe war, andererseits seine Mutter, Ursula von Eberstein, nach dem Tod ihres Mannes, Wolf von der Tann, im Jahr 1522, allein in der alten steinischen Kemenate wohnte.[13] 1549 war auch sie verstorben. Wolf von der Tann, Hans Wolfs Vater, ist als Besitzer in Ostheim nicht nachzuweisen, dafür aber sein Vater Philipp von der Tann, der 1515 verstarb.[14] 1502 bei der Gerichtsverhandlung zwischen den Ganerben zu Ostheim und Graf Otto von Henneberg ist Philipp einer der Ganerben, der einzige aus der Familie von der Tann.[15] Im gleichen Jahr geben Philipp von Stein, Ritter, Philipp von der Tann, Wilhelm von Buttlar gen. Neuenburg, Philipp von Stein, Wolf Marschall, alle Ganerben zu Ostheim, einem gewissen Faber zu Ostheim ihre gemeinsame Hüttenstatt im Kirchhof zur Erbpacht gegen 2 Schilling jährlich.[16]

Soweit, also bis etwa 1500, können wir ziemlich sicher auch die Besitzgeschichte des Rosenauischen Gutes zurückverfolgen, denn Ganerbe ist nur der (Mit-)Besitzer eines adeligen Gutes in Ostheim. Was aber war davor?

Besaßen die Herren von Bibra auch den Rosenauischen Hof?

Der Besitzübergang des Rosenauischen Hofes an Philipp von der Tann in der Zeit vor 1500 gibt uns einen Hinweis auf die Familie von Bibra.

Neben dem Besitz der Kemenate am Großen Stein, dem Bibrisch-Tannischen Hof, müssen die Bibras noch eine weitere oder auch nur einen weiteren Hof besessen haben: Konrad von Bibra, ein Enkel Kaspars von Bibra (IV, 8) verkauft 1481 neben anderen Besitzungen auch seine Kemenate zu Ostheim mit zwei[!] Höfen an seinen Vetter Valentin von Bibra zu Bramberg.[17] Die Vettern sind Neffen der Anna von Bibra (V, 16), die 1436 Veit von der Tann geheiratet und ihm den Bibrisch-Tannischen Hof am Großen Stein neben vielen anderen Gütern mit in die Ehe gebracht hatte.[18] Werner Wagenhöfer, der Verfasser eines umfassenden Werkes über die Familie von Bibra und intimer Kenner nahezu aller Details des bibrischen Familienbesitzes, kommentiert dies: „Die Veräußerung [des Bibrisch-Tannischen Hofs als Heiratsgut Annas von Bibra an ihren Ehemann Veit von der Tann] betraf offensichtlich nur einen Teil der von den von Griesheims und den Markarts erworbenen Güter."[19] Neben Anna muss auch ihr Bruder Berthold eine Kemenate in Ostheim vom Vater Kaspar geerbt haben und diese an seinen Sohn Konrad vererbt haben. Über den Verkauf von 1481 weiß Wagenhöfer: „Die freieigenen Güter zu Ostheim v. d. Rhön waren zu diesem Zeitpunkt verschrieben. Die Pfandnehmer bleiben ungenannt. Offensichtlich hat Valentin (VI, 22) von seinem Wiederkaufsrecht keinen Gebrauch gemacht. Jedenfalls wird der Besitz in den Zinsbüchern seines Sohnes Georg (VII, 14) nicht erwähnt."[20]

Wenn wir als den ungenannten Pfandnehmer des Rosenauischen Hofes Philipp von der Tann einsetzen, erhalten wir mit großer Wahrscheinlichkeit die lückenlose Besitzfolge dieses Hofes von den Anfängen bis 1800.

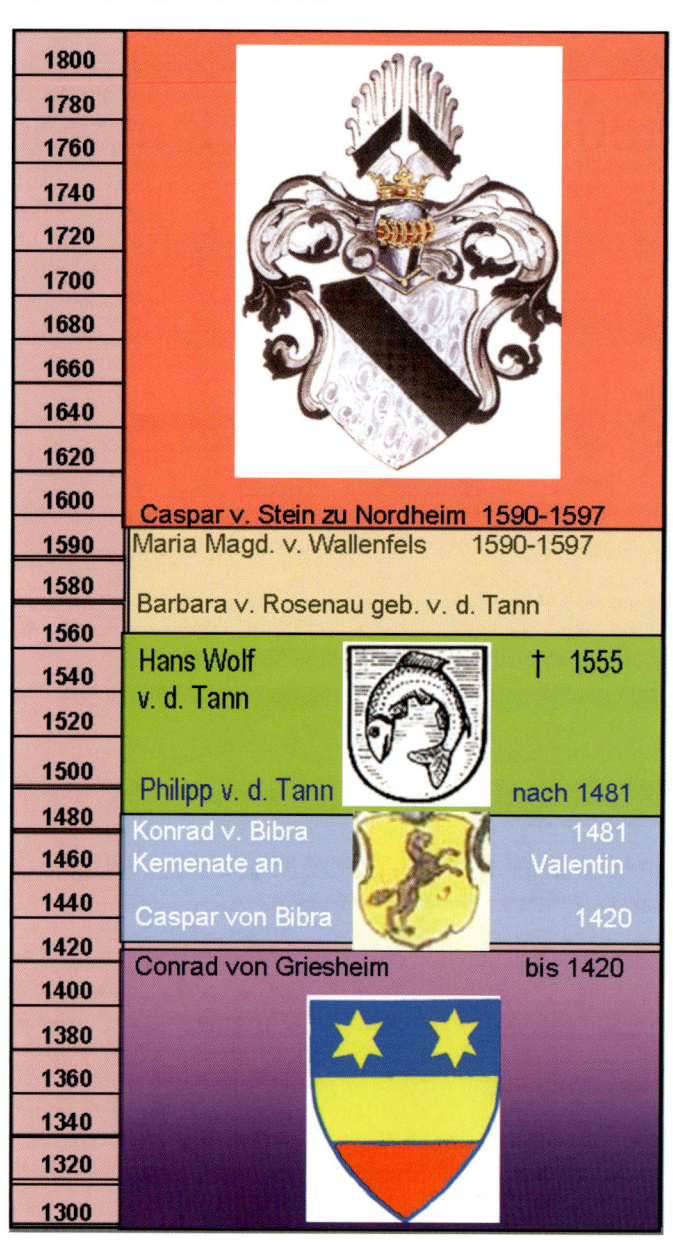

ABBILDUNG 5: BESITZER DES ROSENAUISCHEN HOFES

Der Hof befand sich seit 1596 mehr als 300 Jahre in der Hand der Steins. Im Dreißigjährigen Krieg wurde die „Behausung ruiniert" und war erst seit 1656 wieder bewohnbar. Hier befand sich eine Absteige für die Familie, ferner Wohnung und Amtsräume für den Steinschen Amtmann und den ganerbschaftlichen Syndikus mit dem Archiv. Um 1800 war im Gartensaal ein Liebhabertheater eingerichtet. Zu diesem Hof gehörten die Steinschen Gärten vor dem Brückentor (heute Gartenstraße).[21]

Im Jahre 1754 war der zu den drei von-Steinschen Höfen (dem Weißen Schlösschen, dem Rosenauischen und dem Heldrittschen Hofe) gehörige Grundbesitz, zusammen 473 Acker Artland, 65 Acker Wiesen und gegen 8 Acker Gärten, für 1000 fl. frk. verpachtet.

Nach einer Aufstellung des freiherrlich von-Steinschen Rentmeisters Johann Kaspar Rommel zu Nordheim von 1826 hatte der Rosenauische Hof, „ein in der Hauptstraße an dem besten Platze in der Stadt gelegenes geräumiges Schloß mit Garten, Scheuer und Stallung", einen Wert von 10 000 fl. ohne dazu gehörige Felder, Wiesen, Gärten und Zinsen.[22] Der Hof teilte das Schicksal der übrigen von-Steinschen Güter bis zum Verkauf an Ostheimer Bürger.

---

[1] Binder, Lichtenberg, S. 360.
[2] Gut westlich von Stedtlingen, Schloss im Zug der Bodenreform gesprengt, 1948 mit Neubauern besetzt, 1972 abgesiedelt. (Gerhard Schätzlein/Reinhold Albert. Grenzerfahrungen. Bd. 2 („Bezirk Suhl – Bayern – Hessen. 1972 bis 1988"). Hildburghausen, 2002., S.498 f.).
[3] AV Cop. 1, S. 757, U 302 und S. 762, U 516, U 313.
[4] AV Cop. 1, S. 772, U 215 von 1595 Januar 10.
[5] AV Cop. 1, S. 762.
[6] AV U 320, Cop. 1, S. 372.
[7] in Abbildung 3 in einer Ansicht von Nordwesten aus dem Jahre 1821: aus „Die Queen, die Windsors und die Rosenau". Ausstellung der Landesbibliothek Coburg im März 2006.
[8] frdl. Mitteilung Herr Helmut Wolter, Coburg, am 18. Januar 2005.
[9] vg. Anm. 13.
[10] Fulda, 4. September 1556. StAMbg Tann-Archiv, VIII, 1 c. (aus Körner, von der Tann, S. 67).
[11] Bayerisches Hauptstaatsarchiv München (BayHStAM), Reichskammergericht 2223 (aus Körner, von der Tann, S. 81).
[12] Förtsch, S. 166.
[13] Dies ergibt sich aus den Verkaufsverhandlungen des Jahres 1549 über die alte steinische Kemenate: Am 9. Januar 1549 (Mittwoch nach Epiphanii anno 49) bietet Hans Wolf von der Tann Moritz von Stein, Amtmann zu Lichtenburg, seine Behausung, genannt die Steinische Kemenate, für 425 fl. fränkischer Landeswährung, zahlbar zu Petri Cathedra (22. Februar) zum Kauf an, da er diese Summe Christoffel Truchseß von Unsleben schuldig sei. Falls aus dem Verkauf nichts wird, ist er geneigt, das Haus zu behalten, die Hofreit, Scheuer aber zu verkaufen, wobei er bittet, in diesem Fall das Haus, in dem die verstorbene Mutter gewohnt hatte, abzuteilen oder zuzumauern. AV Cop. 1, S. 852, U 257: Sonntag Letare 1549.
[14] Wagenhöfer, S. 377; Körner, handschriftliche Notiz, freundlicherweise aus dem Nachlass von Frau Körner zur Verfügung gestellt.: Philipp verstarb am 30. November 1515, verheiratet war er mit Barbara von Bibra 1463 – 1478.
[15] AV Fach Ostheim, Ostheimer Akten II/XVI, 254.
[16] AV U 172 von 1502 Februar 27.
[17] StAW Archiv Irmelshausen, Handlungsbuch, fol. 132´ff. von 1481 Februar 25. Mit Höfen könnten Adelshöfe, vielleicht aber auch größere Bauernhöfe oder Haushöfe gemeint sein.
[18] vg. die Stammtafel von Bibra im Kapitel 8.7 „Der bibrisch-tannische Hof am Großen Stein" und die Darstellung des Besitzübergangs an diesen Zweig der Familie von der Tann.
[19] Wagenhöfer, S. 553, Anm. 1.
[20] Wagenhöfer, S. 553, Anm. 2.
[21] Körner / Schmidt, S. 15.
[22] AV Fach Ostheim, Akt Höfe in Ostheim: Nordheim im Grabfeld, 16. Oktober 1826.

8.9. Der Heldrittsche Hof

In den Kunstdenkmälern heißt dieser Hof gegenüber dem Gelben Schloss der „Heldrittsche, später Altsteinsche Hof."[1] 1673 wurde er, so Binder, „Kemmeten" genannt.[2] Derselbe wirft diesen Hof mit dem daneben liegenden Fronhof in einen Topf und schreibt: „Der Heldrittsche Hof ... ist das *dominicale* (Fronhof) ...".

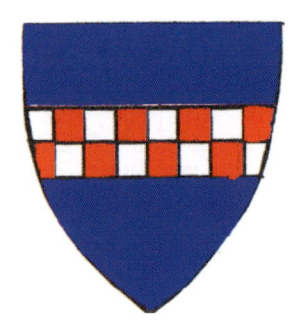

ABBILDUNG 1: WAPPEN DER FAMILIE SCHRIMPF GEN. V. BERG

Die Besitzgeschichte des Heldrittschen Hofes

Erwerb des Hofes durch die Steins von Nordheim

Am Montag Sant Matthestag (St. Matthias, Apostel, 24. Februar) des heiligen zwölfpotten 1455 verkauft Peter Spieß, für sich und alle seine Erben an Caspar von Stein zu Nordheim und seine Hausfrau Margarethe (von Brunn) seine Kemenate zu Ostheim unten (nyeden) im Dorf gelegen mit allem ihren Umfang von Häusern, Hofhäusern, Schaftrieb, Schenkrecht, die Hofstatt bei der Ziegelhütte, eine Hüttenstätte in dem Kirchhof daselbst, alles mit seinen Zugehörungen, sowie das Drittel der Wüstung zu Sulza im Felde derselben Wüstung mit Holz und aller ihrer Zugehörung, dreizehn Acker[3] Wiesen, ein Anspann bei Junker Caspar von Stein im Tymetal (Timmental?) und halbe Hofstatt zu Sulza, das alles freieigen, item [ebenso] anderthalb Vorwerke darauf die obengenannte Kemenate steht , das hat sechs hubrecht. Item zwanzig Acker Wiesen, die in denselben freien Hof gehören, item 4 acker Weingärten im Weingartental geben das vierteil und keinen Zehnten, item im gleichen Feld 50 Artacker, item 4 Pfund Unschlitt von einem

1709	im Ganzen verpachtet
1630	Caspar von Stein
1630	Kinder von Heldritt
um 1530	Stefan von Heldritt
um 1530	Philipp von Stein
1455	Caspar von Stein
ca. 1440 - 1455	Peter Spieß
ca. 1440	Claus Schrimpf

Weingarten gelegen am Pfaffensteig, item drei Pfund Unschlitt und ein Fastnachtshuhn von drei Äckern Weingarten gelegen am Ramsbühl, item ein Pfund wachs von einer Wiesen gelegen unter dem Dorfe, item fünf viertel Wachs von ⁵/4 Wiesen in dem Felde[?] item 3 Pfund Unschlitt von Äckern gelegen zwei hinter dem Felde[?] ein Teil in der obern federn[?] Item 1½ Pfund Unschlitt von einem Weingarten gelegen an dem Brehelberge item 3 Pfund Unschlitt zwei Michelshühner von einem Flecken Weingarten gelegen am Ochsenberge, item zwei Sommerhühner von einem Flecken Weingarten gelegen am zigenserbe[?], item ein Fastnachtshuhn von einem Wiesenfleck unter dem Dorf, item drei Sommerhühner von einer „Wisserunge" [bewässerte Wiese]. Item ein Sommerhuhn von einem Wiesenfleck bei der Obermühle, item 5 Michelshühner von 5 Artäckern gelegen unter dem Dorf, item zwei Pfund Unschlitt von zwei Artäckern gelegen unter dem Dorf, item eine Michelsgans von der Hofstatt gelegen in der alten Gassen, item zwei Gulden auf Sankt Michelstag von der Wiese gelegen in dem Rode, item ein Fastnachtshuhn von einer Wiese zu Sulza, item ein Fastnachtshuhn und einen Weck umb sieben Pfennig von einem Acker Weingarten gelegen an dem Kallenberg zu Oberstreu. So solche obgeschrieben Zins und Güter verkauft werden sollen (sie) Handlohn geben und sind auch alle freiigen Item ein halbes Burggut zu Lichtenberg in dem Schlosse, einen Baumgarten gelegen an dem Pfade als man in das Rott geht, das zu lehen geht von meinem Herrn von Henneberg oder wer das Schloß Lichtenberg innehat und die zwei Acker Wiesen und neuen Artäcker die ich gekauft habe von Wilhelm Jorg und gehen zu Lehen von Erhart von Neuenburg und zinsen jährlich ein Malter Salz[?] und 14 Maß Butter und ein Fastnachtshuhn und ob an diesem Brief an den obgeschriebenen Zinsen, Gülten, Äckern, Wiesen, und an allen obbeschriebenen Punkten Stücken und Siluen zu viel einer oder Andere geschrieben stünden und was dann in meinem Kaufbrief von mir Junker Claus Schrimpf gegeben hat, soll alles ungetreulich sein und den Käufern unschädlich sein, dann ich nicht mehr verkauft habe als ich von dem obgeschriebenen Junker Claus gekauft habe nach meinem Kaufbrief der mir von dem genannten Schrimpff worden ist.⁴

ABBILDUNG 2: DER HELDRITTSCHE HOF IN EINER ALTEN AUFNAHME (SAMMLUNG ELFRIEDE HERDA)

Dieses ausführliche Dokument findet sich nicht in den Urkunden der Familie von Stein, sondern im Fach Ostheim im Akt „Höfe in Ostheim". Das auf Papier geschriebene und der Schrift nach originale Schriftstück ist nicht gesiegelt. Möglicherweise wurde es deshalb nicht in die Urkundensammlung aufgenommen, was aber nicht an der Wahrheit des Inhalts zweifeln lassen sollte. Von dem Verkäufer Peter Spieß ist sonst nichts bekannt. Bei Biedermann ist dieses Geschlecht nicht aufgeführt, wohl aber die Vorbesitzer von Schrimpf im „Siebmacher" und bei Wagner.[5] Der Käufer, Caspar von Stein zu Nordheim, war würzburgischer und hennebergischer geheimer Rat, wohnte in Mellrichstadt und hatte 1426 Margarete von Brunn geheiratet, die aus Münnerstadt stammte. Die Lokalisierung der Kemenate als die spätere heldrittische stimmt auch mit der Ortsangabe der Urkunde „*Ostheim unten (nyeden) im Dorf gelegen*" überein.

Weitere Besitzer des Heldrittschen Hofes

Übergang an die Familie von Heldritt um 1530

Caspars Enkel Philipp von Stein zu Nordheim, 1485 bis 1536 in Urkunden vorkommend, Amtmann zu Bischofsheim, war 1502 Ganerbe in Ostheim, hier Philipp der Jüngere genannt. Verheiratet war er mit Elisabeth von Bibra, der Nichte des Bischofs Lorenz von Bibra.

Ihre Tochter Katerine heiratete um 1530 Stefan von Heldritt, den Sohn von Moritz von Heldritt, der 1543 der erste Vermittler im Streit zwischen den Ganerben und der Stadt[6] gewesen war.

Stefan/Steffen von Heldritt war auch Zeuge bei der Erbauseinandersetzung zwischen Moritz und Hartung von Stein und ihrer Mutter Scholastika von Stein zu Ostheim[7] und beurkundete 1546 die Besitzteilung des bisher gemeinschaftlichen Besitzes der Söhne von Philipp und Scholastika, Moritz und Hartung.[8] Über seine Frau Katerine muss dieser Hof als Heiratsgut in heldrittsches Eigentum übergegangen sein. Allerdings war die Familie von Heldritt 1543 noch nicht unter den Ganerben von Ostheim, wohl aber 1568, hier jedoch Stefans Bruder Hans Thomas.[9] Hans Thomas von Heldritt war 1566 wegen seiner Frau Sophia geb. von Bastheim auch Ganerbe in Willmars.[10]

ABBILDUNG 3: WAPPEN DER FAMILIE VON HELDRITT

Die Steins erhalten den Heldrittschen Hof zurück

Bekannt ist auch, wie der Heldrittsche Hof wieder in die Hände der Steins zu Nordheim kam:
Über Stefan von Heldritts Neffen, Wolf Bastian, war der Heldrittsche Hof an dessen Sohn Martin Geuß gekommen, der, verheiratet mit Sabine von Heßberg, frühestens 1629 starb[11]. Auch seine Frau musste bereits gestorben sein, da sie in den Verkaufsverhandlungen über das Gut nicht mehr auftaucht. Die minderjährigen Kinder bekamen als Vormunde Adam von Bastheim und Alexander von Zweiffel. Diese stellten fest, dass der Besitz ihrer Mündel vollständig überschuldet war und ein Verkauf des Rittergutes Ostheim unumgänglich war.
1630 verkauften sie das Gut zu Ostheim an Caspar von Stein für 7325 fl. Das Kapital ging direkt an die aufgeführten Gläubiger. Ausgezahlt wurde ein Rest von 162 fl. 13½ kr.[12]
Zur Ermittlung des Kaufpreises war bereits 1629 ein „Anschlag über das frei eigentümliche Heldrittsche Rittergut Ostheim erstellt worden:

Acker	Beschreibung		fl.
	Der adelige Wohnsitz mit seiner Freiheit Ganerbinats, Jagens und anderer Gerechtigkeit, fischerei in der Sulz, Holzrecht im Heidelberg, allen und jeden seinen, auf der Hofraidz befindlichen adeligen Gebäuden Hofhaus: Indoch ohne die Mobilien, mit doppelter		3000

	Scheuer, Stallungen	
184	*Acker Ackerland in allen drei Feldern* [Lichtenburger, Dachsberger und Hainhöfer Feld, die drei Teile der Ostheimer Flur] *mit den Krautländern für 50 fl. angeschlagen*	9200
21½	*Acker Wiesen mehrerenteils bester Gattung und größerenteils in beständiger reparierter Wißerung jedoch die in Ostheimer Markung und nicht außerhalb liegen Jeden vor 100 Reichstaler, einen zu 8 Patzen einen Taler gemein*[13]	2581½
	Für 50 Schafe über die man auf diesem Gut zu halten	500 fl.
	insgesamt	15281 fl. 7½ Patzen

Bekannt *Mitverkauft wurden folgende Zinsen und Gefälle:*

fl.	g.	Pf.	
2	12	4,5	an Geld und Erbzins
	19		für ½ Pfund Unschlitt
1			für 2 Lammsbäuche, jeden für ½ fl.
	3		für 2 Schönbrote, jedes für 18 Pf.
3	15		für 52 Frontage, jeden für 2(4?) g.
4	1	6	für 28½ Fastnachthühner jedes zu 3 g.
1	19	3	für 5 Schock Mandeleier jedes Schock für 7 g.
2	4		für 23 Sommerhähne, jeden zu 2 g.
1	8	9	für 4¼ Pfund Wachs zu 7 g.
17	19	10	Summe dieser Gefälle

Ergibt umgerechnet den Wert von 538 fl. 8 Patzen 2¼ kr.

Handlohnsgerechtigkeit und die Lehenbar [eine Bezeichnung, die sonst nicht vorkommt] *wird eins zum andern zu*

ABBILDUNG 4: ALTE HOFMAUER IM HELDRITTSCHEN HOF

Hüllffe [Hilfe oder Hälfte] *nur für 30 fl.
angeschlagen ergibt einen Wert von*   900 fl.
Lateris [Zwischensumme]   1450 fl.

Ferner   250 fl.
*sollen in diesem Anschlag die Weinberge zu Bastheim mit verkauft werden welche ihrer guten Lag 250 fl. wert sind.
Dazu gehören auch 2 gute Keller außerhalb des Schlosses in der Stadt gelegen. Auch wenn sie von den von Heldritt in einem schlechten Zustand hinterlassen wurden, sind sie doch durch Reparierung in einen guten Zustand zu versetzen und ihren Preis wert.*   360 fl.
für das Haus bei der Kaplanei mit seinem darunter liegenden herrlichen Keller   250 fl.
für den Baumgarten an der Stadtmauer, dessen 1 Acker 2 Viertel 9 gerten und 16 Teil am Landt ist.
Zusammen   610 fl.
Summe dieses gesamten Anschlags
17205 fl. 7 Patzen 2 kr

*Actum den 16. Oktober 1629 in Ostheim. An diesem Tag wird der Verkauf ausgehandelt. Wichtigster Punkt:
Die Summa sit* [lat.: sei] **7325 fl**

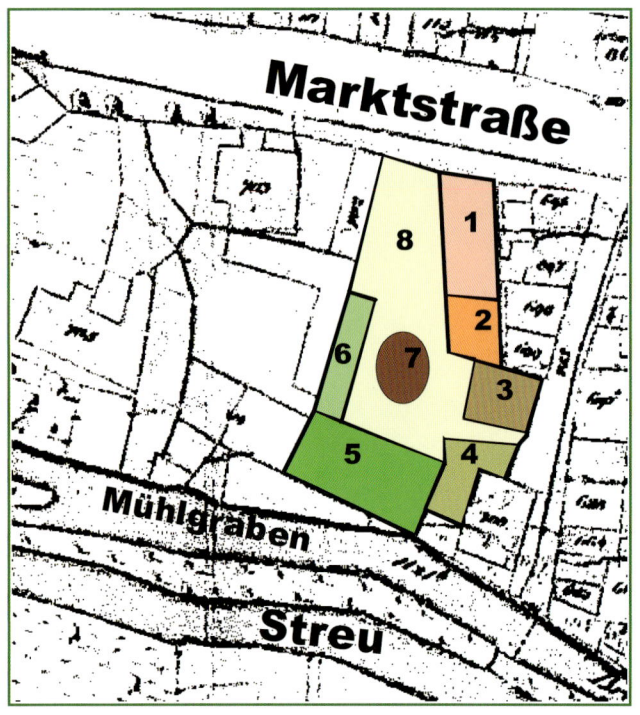

ABBILDUNG 5: DER HELDRITTSCHE HOF: 1) WOHNHAUS, ZWEISTÖCKIG; 2) PFERDE- UND RINDVIEHSTALL; 3) NEUER RINDVIEHSTALL; 4) KÄLBERSTALL; 5) SCHEUNENGEBÄUDE RUHT AUF DER STADTMAUER; 6) SCHWEINESTÄLLE, GÄNSESTÄLLE, HÜHNERHAUS, HOLZREMISE; 9) MISTE

Beschreibung des Heldrittschen Hofes 1805

In der Revision von 1805 durch den freiherrlich steinschen Rentmeister Johann Kaspar Rommel beschreibt dieser auch den Heldrittschen Hof:

„*Der heldrittsche Hof wird gegenwärtig von den Pächtern bewohnt, ist inkl. der mit dem Wohnhaus unter einem Dach befindlichen Ställe 97 Schuh lang und 28 breit.
Das Wohnhaus ist 2 Stock hoch und hat sowohl im unteren als oberen Stock eine heizbare Stube, jede mit einem eisernen Ofen versehen und viele Kammern. In diesem Gebäude befinden sich ferner drei Ställe, ein Pferdestall mit 4 Ständen und 2 Rindviehställe worin 14 Stück Rindvieh stehen können.
Daneben ist ein ganz neu erbauter übersetzter Stall, 36 Schuh lang und 28 breit, auf 20 Stück Rindvieh.
Daran [vgl. Plan] befindet sich der Kälberstall, 26 Schuh lang und 12 breit.
Gegen Mittag wird der Hof von einem Scheunengebäude geschlossen, welches auswärts der Länge nach auf der Stadtmauer ruht. Dieses Gebäude hat 70 Schuh Länge und 37 Schuh Breite und besteht aus einer doppelten und einer einfachen Scheune.
Gegen Abend befinden sich 15 Fach Schweineställe, 2 Gänseställe, ein Hühnerhaus, eine Holzremise.*"[14]

Verpachtung des Freiherrlich von Steinschen Ritterguts zu Ostheim ab 1709

Schon bald nach der Übernahme des Besitzes der Ostheimer Steins durch die Nordheimer wurde der gesamte Besitz in Ostheim zusammengefasst und im Ganzen verpachtet. Der Pächter wohnte im Heldrittschen Hof, wo er auch die Stallungen und Scheunen nutzte. Auch die Nebengebäude im Rosenauischen Schloss konnte er nutzen. Im Rosenauischen Schloss wohnte noch der Syndicus, für den der Pächter bis 1827 eine Kuh mit füttern musste. Der Syndicus konnte auch selbst Vieh halten, das er im Hof des Gutes am Kirchhof, wahrscheinlich dem Bibrischen Hof am Großen Stein, unterbrachte. In der unteren Scheune (dem heutigen Feuerwehrhaus) dieses Hofes wurde allerdings, wie schon zu Stein-Ostheimer Zeiten, das Zehntgetreide untergebracht, dessen Ertrag ebenfalls mitverpachtet war. Die Verpachtung endete mit dem Verkauf der einzelnen Güter an Privatleute.

ABBILDUNG 6: HEUTIGE STRAßENANSICHT DES EHEMALIGEN HELDRITTSCHEN HOFES

[1] Lehfeldt / Voss, S. 243.
[2] Binder, Lichtenberg, S. 359.
[3] Acker ist hier ein Feldmaß, ca. 30 Ar.
[4] AV Fach Ostheim, Akt Höfe in Ostheim, Urkunde von 1455 Februar 24.
[5] Wagner, Mellrichstadt, S. 210.
[6] AV Fach Ostheim, Ostheimer Akten II/XVI, 245.
[7] AV U 220 von 1528 Dezember 16.
[8] AV U 251; StA W Rep. FR 14.1, Freiherr v. Stein.
[9] Binder, Lichtenberg, S. 359.
[10] AV U Cop. I, S. 629; Binder (Lichtenberg, S. 471) sieht Hans Thomas auch 1570 in Ostheim, nennt aber als Ehefrau N. v. Kappel. Bei Sophia handelt es sich um Sophia von Bastheim, die Tochter Christophs von Bastheim und seiner Frau Elisabetha geb. von Grumbach. (Biedermann, Tab. II).
[11] Binder, Lichtenberg, S. 471 sagt zwar, er sei vor 1622 gestorben; wahrscheinlich starb er aber erst frühestens 1629, da der Heldrittsche Hof 1629 von Martin Geuß von Heldritt gekauft werden sollte. (AV Fach Ostheim, Akt Höfe in Ostheim).
[12] AV U 382 von 1630 März 2.
[13] Gemeint ist wahrscheinlich, dass der Taler zu 8 Patzen (Batzen), Batz o. ä gerechnet wird. Batzen sind schweizerische, süddeutsche und oberitalienische Silbermünzen zu 4 Kreuzern, die Ende des 15. Jahrhunderts eingeführt wurden, als die Groschen in der Schweiz und Süddeutschland knapp geworden waren. Schon bald wurden die Batzen in großen Mengen, aber auch in unterschiedlichen Münzfüßen geprägt, zudem verschlechterte sich der Feingehalt zunehmend.
[14] AV Ostheimer Akten, Akt Höfe in Ostheim.

8.10 Der alte Fronhof, das Weyhersche Stiftshaus

Schon 1230 wird von einem Herrenhof in Ostheim berichtet: Bischof Hermann zu Würzburg kauft von Otto dem Jüngeren, Graf von Botenlauben, der geistlich werden will, für 4300 Mark Silber die Schlösser Hiltenburg und Lichtenberg und aufgeführte Ritterbürtige sowie zu genannten Schlössern gehörige Güter, unter anderem in Ostheim einen **Herrenhof** und andere Güter.

Wie in der Grafik unten könnte dieser Herrenhof ausgesehen haben. Wenn wir uns vor Augen halten, dass die Lichtenburg um die Mitte des 12. Jahrhunderts[1], Ostheim aber vielleicht bereits im 6. Jahrhundert entstanden ist[2], dann muss vor der Lichtenburg ein Schutz der Herrschaftsinteressen bestanden haben, der durchaus dieser Herrenhof gewesen sein könnte. Dieser Hof hatte sich, nachdem der Verkauf an Würzburg rückgängig gemacht war, im Besitz der hennebergisch-schleusingischen Familie erhalten. Er kam 1410 mit Zehntrechten an die Herren von Stein zu Ostheim.

Schultes schreibt darüber: „Ungleich beträchtlicher und zugleich für die Geschichte Ostheims merkwürdiger ist der Steinische Erwerb des sogenannten *Hennebergischen Frohnhofs*, welchen die Herren von Stein nebst ¼ und einen halben Theil des Zehenden zu Ostheim im Jahr 1410 von Graf Wilhelm zu Henneberg Schleusinger Linie um 900 fl. käuflich an sich brachten."[3]

Und so lautet bei ihm die Verleihungsurkunde:

„Wir Wilhelm von Gots Gnaden Graf vnd Herre zu **Henneberg** *tun kunt ofenlichen gein alleremenlichen, daz wir für vns vnd alle vnser Erben recht und redelichen verkauft und zu kaufene gegeben haben zu rechten Vrtete vnd ewiglichen vnße* **Fronhof** *zu* **Ostheim** *vnd mit Namen einen virteil vnd einen halben teil an dem*

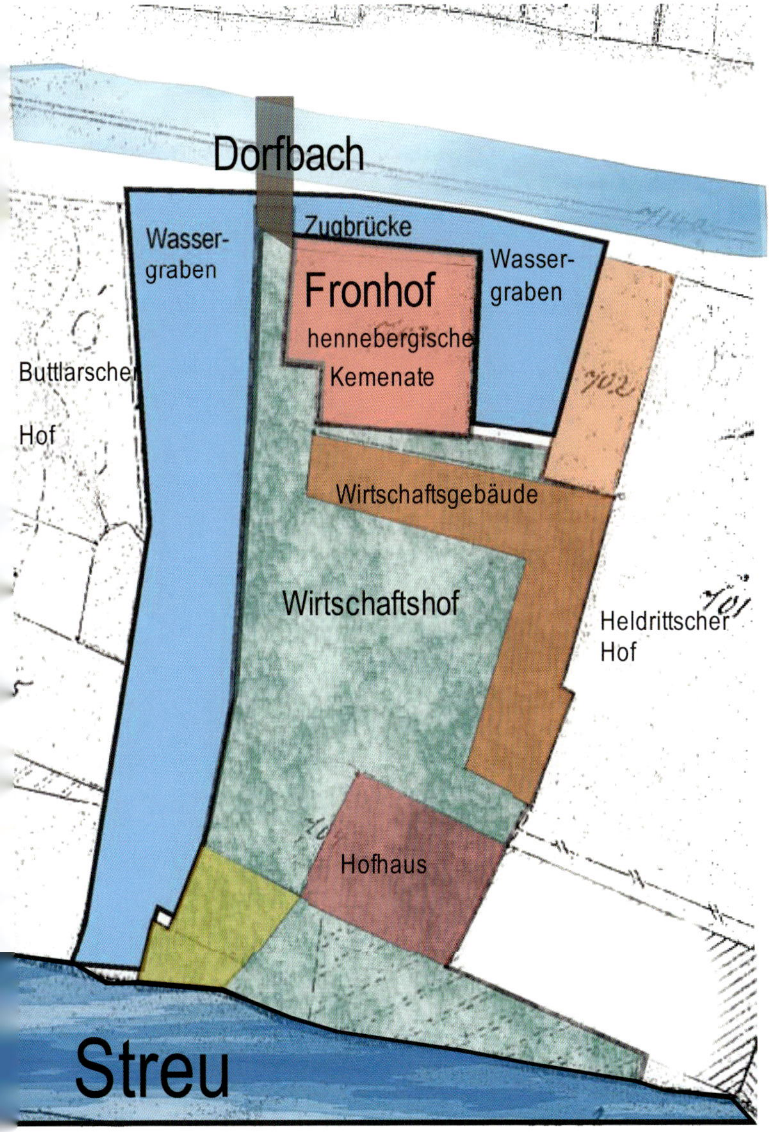

ABBILDUNG 1: PLAN DES FRONHOFS IM MITTELALTER

zehende daselbst mit allen iren Nutzen rechten und zugehornden kleinen vnd großen nichts vzgenomen in Felde vnd in Dorf als wir vnd vnser Herschaft daz herbracht haben vnd vf vns kumen ist, vnße lieben getruwen **Fritzen** vnd **Hertniden vom Stein**, Gebrüdern vnd allen iren Erben zu rechtem Kauf für nunhundert guter wolgewogener Rinischen Guldin der wir ganz und gar von in gewerd und bezalt sin, den abgenanten Hof den virteil vnd den halben virteil des obgenanten zehende den sie mit den halben virteil vnd vir vnd zwentzigsten teil deßelben Zehenden, daz die vor da gehabt, von vns zu Lehen entpfangen haben vnd sie vnd alle ir Erben daz fürbaß ewiglichen von vns vnd vnser Herschaft zu rechten **Mannlehen** haben vnd entpfahen sullen, vnd die nutzen vnd nießen vnd damit tun vnd laßen sollen vnd mugen, als mit andern Manlehen, die von vns vnd der Herschaft von **Hennenberg** zu Lehen gen, ongehindert von vns vnsern Erben vnd alle menlichs, an geverde. Zu Vrkunde so ist vnßer Insigel mit Wißen gehangen an diesen Briff, der geben ist nach Christi Geburt **vierzehen hundert Jar darnach im zehenden Jar** am nechsten Sunabend nach sant Michels tag."⁴

ABBILDUNG 2: DER ALTE FRONHOF, DAS WEYHERSCHE STIFTSHAUS 2007

Auf den Zehnt wird noch näher einzugehen sein.⁵ Die Steins zu Ostheim besaßen jedenfalls seit dieser Zeit wie aus der Urkunde hervorgeht, mit den ⁴/₂₄, die schon seit längerer Zeit in ihrem Besitz waren, und der nun erworbenen ⁹/₂₄ ¹³/₂₄, also 54,2 Prozent des Zehnten. 1498 wurde Philipp von Stein nur noch mit einem Drittel des Zehnten (¼ + ⅓ eines Viertels) belehnt.⁶ 1519⁷, 1537⁸ und 1576⁹ erfolgten weitere Belehnungen in dieser Höhe durch die Grafen von Henneberg. 1610 verlieh Kurfürst Christian II. für sich und seine Brüder und Neffen den männlichen Vertretern der Gesamtfamilie den Fronhof ganz, ¼ und ¹/₁₂ de

Zehnten zu Ostheim.[10] Hiernach wären es nun $4/12$ ($1/3$) des Zehnten gewesen. In dieser Höhe erfolgten auch die nächsten Verleihungen durch Sachsen[11]. 1830/31 versuchte Bayern, sich den steinischen Gesamtbesitz in Ostheim einzuverleiben. Deshalb rückte am 1. Januar 1831 ein königlich Bayerisches Gendarmeriekommando[12] bei dem Gutspächter Michael Hunneshagen in den Heldrittschen Hof ein unter dem Schutz einer Abteilung Königlich Bayerischer Chevauxlegers[13], welche das von-Steinsche Gutsgelände besetzten. Überdies stellte der bayerische Staat am 20. September 1832 auch für die hennebergisch-sächsischen Lehen einen bayerischen Lehnbrief für Dietrich von Stein über Völkershausen, Gruben und den Fronhof zu Ostheim aus, am gleichen Tag auch für Friedrich und Dietrich von Stein.[14] Die bayerische Besitznahme hielt sich. Am 30. August 1852 erfolgte Lehnsbefreiung für Völkershausen, Gruben und den Fronhof zu Ostheim durch die bayerische Regierung.[15] Erst 1873 wurde diese Okkupation von Sachsen-Weimar anerkannt.[16]

Das Fronhofareal „bestand um 1800 nur noch aus einigen Bürgerhäusern, die der Fronhof genannt wurden ([heute] Marktstraße 41[, 43 und 45]) und Erbzins entrichteten, und aus Anteilen am Zehnt."[17] Binder, der, wie gesagt, den Fronhof und den Heldrittschen Hof als eine Einheit ansieht, nimmt an, dass der Fronhof 1630 mitgekauft wurde, als Caspar von Stein zu Nordheim den Heldrittschen Hof erwarb.[18] Die Hofbeschreibung anlässlich dieses Erwerbs zeigt jedoch ganz klar, dass der Heldrittsche Hof allein gekauft wurde.

Die Adelsfamilien um den Fronhof im 18. Jahrhundert (ABBILDUNG 3)

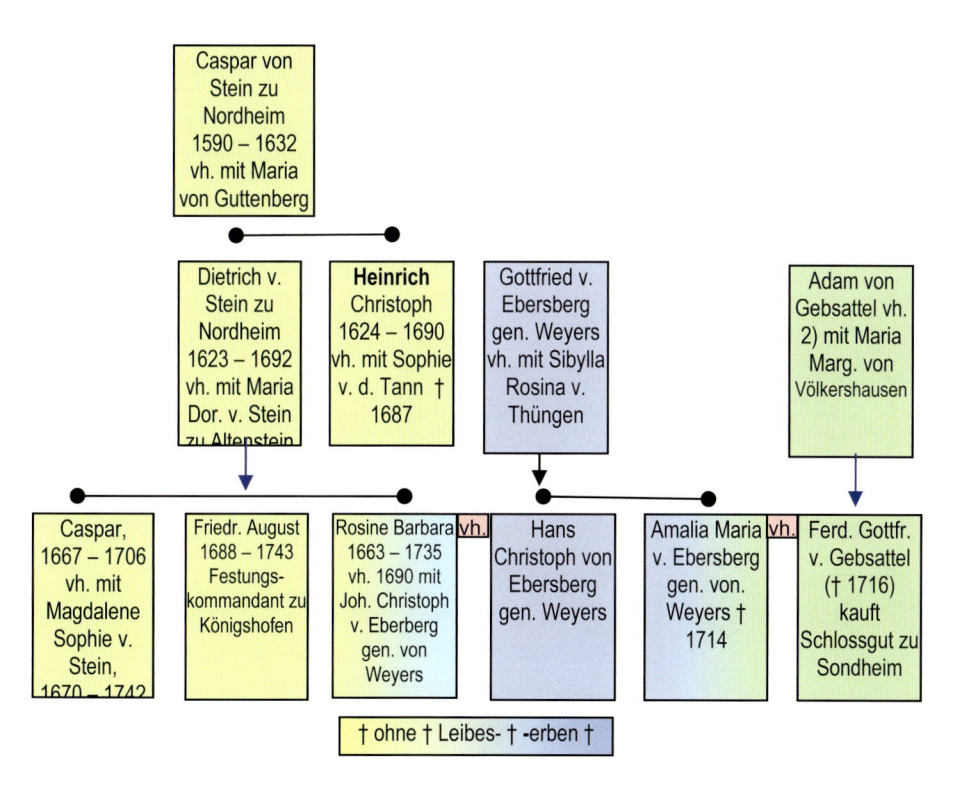

Nominell war der Fronhof mindestens bis 1803 hennebergisch-sächsisches Lehen der Herren von Stein als Mannlehen der Gesamtfamilie, zuerst jedoch den Steins zu Ostheim-Völkershausen zur Nutzung überlassen. Von diesen ging der Fronhof 1705 an die Linie der Steins zu Nordheim über.

In Nordheim hatte 1647, am Ende des Dreißigjährigen Krieges, nach dem Tod seines ältesten Bruders Caspar der gerade erst 24-jährige Dietrich von Stein, der Fünftgeborene, die Verwaltung der Stein-Nordheimischen Besitzungen übernommen. 1662 hatte er die 1631 geborene Maria Dorothea von Stein zu Altenstein geheiratet, die er bei seinen häufigen Aufenthalten bei seinem Bruder Heinrich Christoph in Ostheim kennengelernt hatte. Der Krieg hatte es mit sich gebracht, dass die beiden erst mit 39 und 31 Jahren heiraten konnten. Er hatte auch noch längere Zeit den Bräutigam in seinem Dienst als kurbrandenburgischer Leutnant festgehalten. Die älteste Tochter Rosine Barbara von Stein, wurde am 5. Dezember 1663 zu Nordheim geboren. Am 12. Oktober 1690 wurde sie zu Nordheim mit Johann Christoph Freiherr von Ebersberg genannt von Weyhers verheiratet, der Anfang November 1659 zu Gersfeld[19] geboren worden war. Der Termin war schon so lange angesetzt gewesen, dass ihn auch der Tod des Onkels Heinrich von Stein in Ostheim vier Tage vorher nicht mehr ändern konnte. Dieser **Heinrich** Christoph hatte sich als Truhenmeister des Ritterorts Rhön-Werra verdient gemacht. Sein Bruder Dietrich war als Ritterrat im Dienste der Ritterschaft gestanden, auch Johann Christoph, Herr auf Gersfeld und Kaiserlicher Rat, trat in die Fußstapfen seines Schwiegervaters. 1701 übernahm er das Amt als Ritterhauptmann des Kantons Rhön-Werra und behielt es bis 1731, wenige Jahre vor seinem Tod. Schon vorher, wahrscheinlich nach dem Tod Dietrichs von Stein, war er Ritterrat gewesen. Nachdem die Ehe kinderlos geblieben war, ließen sich Johann Christoph und Rosine Barbara den ehemaligen Fronhof übertragen[20] und gründeten dort zwischen 1720 und 1729 ein adeliges Damenstift. Bereits 1720 hatten die Eheleute 20 000 fl. für diesen Zweck gestiftet. Die Erträge des mit 5% verzinsten Stiftungskapitals sollten dem Unterhalt der Stiftsdamen dienen. Für die fünf Stiftsdamenstellen wurden unverheiratete Damen aus den Familien von Weyhers und von Gebsattel, die mit den von Weyhers nahe verwandt waren[21], bevorzugt, in zweiter Linie kamen andere adelige Fräulein aus dem Kanton Rhön und Werra in Betracht.

Johann Christoph von Ebersberg gen. Weyhers verstarb zu Gersfeld am 16. Juni 1730, seine Frau starb nicht dort, sondern in ihrem Elternhaus in Nordheim am 31. März 1735 und wurde daselbst begraben. Das Stift wurde im Jahr 1800 nach Gersfeld verlegt. Das Stifts- und alle Nebengebäude wurden bald an Nikolaus Manfeld verkauft, von dem sie am 6. November 1810 die sächsische Regierung erwarb.[22]

Es kann bezweifelt werden, ob das Haus bereits vor der Gründung des Damenstifts dreistöckig war, wie Körner/Schmidt meinen.[23] Die Abbildung 3 des Fronhofs zeigt sehr deutlich, dass Erdgeschoß und erster Stock, sowie erster und zweiter Stock durch Lisenen (Steingesimse) voneinander getrennt

ABBILDUNG 4: DER EHEMALIGE FRONHOF, DAS WEYHERSCHE STIFTSHAUS (SAMMLUNG ELFRIEDE HERDA)

waren, nicht jedoch der zweite und dritte Stock, was deutlich zeigt, dass der dritte Stock nachträglich aufgesetzt wurde. Binder hingegen schreibt, Joh. Christoph habe das Haus (neu?) (um-?) gebaut. Sollte dies der Fall gewesen sein, so stammt das 3. Stockwerk erst aus der Zeit nach 1851, als das Gebäude von der Stadt gekauft und als Bürgerschule umgebaut wurde. Für die Unterbringung von 5 Damen dürfte auch das zweistöckige Gebäude ausgereicht haben.

Das Gebäude wurde ab 1810 als Fruchtboden und Amtsarchiv benutzt und von 1853 bis 1952 als Schule (Marktschule oder Bürgerschule). Von 1953 bis 1963 war hier das Heimatmuseum untergebracht.[24]

---

[1] vg. die Kapitel 1 „Ritterschaft und Adel" und 5 „Die Familie Stein zu Ostheim und die Lichtenburg".

[2] Zickgraf, S. 2; Karl Bosl, Franken um 800. Strukturanalyse einer fränkischen Königsprovinz. München, 1959, S. 7 f.. Vor dem späten 7. Jh. konnte bisher allerdings keine sichere fränkische Siedlung in Ostheim nachgewiesen werden. (Peter Vychitil. Völkerwanderungszeit und Frühmittelalter. In: Vor- und Frühzeit Rhön-Grabfeld. Landratsamt Rhön-Grabfeld (Hrg.), Bad Neustadt, 1977. S. 60 – 68. Hier: S. 65 f.).

[3] Schultes, Beschreibung II, 1. Abt., S. 32.

[4] Schultes, Beschreibung II, 1. Abt., S. 137 f, Urkunde X von 1410 Oktober 4; AV U 44.

[5] vg. das Kapitel 8.13 „Besitzungen, Zehnt, Zinsen, Abgaben und Rechte – die Lebensgrundlage des Adels".

[6] AV U 168 von 1498 November 5.

[7] AV U 198 von 1519 Dezember 29.

[8] AV U 233 von 1537 März 7.

[9] AV U 292 von 1576 September 10; Cop. I, S. 23 – 28: „Hier erhalten alle Männer der Gesamtfamilie von Stein: ein Viertel und den dritten Teil eines Viertels am Zehenten zu Ostheim, Ihren Teil Zehents zu Ostheim, soviel sie dessen am Haderthell gehaben mögen mit allen Rechten." vg. Kap. 8.13.

[10] AV U 346 von 1610 März 28.

[11] AV U 350 von 1611, November 8; AV U 604 von 1803 Oktober 17.

[12] AV Fach Ostheim, Ostheimer Akten III/ III, 388, 1. Januar 1831.

[13] AV Fach Ostheim, Ostheimer Akten III/ III, 393.

[14] AV U 619, 620 von 1832 September 20.

[15] AV U 620 Rückseite.

[16] vg. Kap. 13: „Das Ende des steinschen Engagements in Ostheim".

[17] Körner / Schmidt, S. 15.

[18] vg. das Kapitel 8.9 über diesen Hof.

[19] getauft am 6. November 1659 zu Gersfeld.

[20] Eine Urkunde über die Übertragung des Fronhofes an Johann Christoph von Weyers ist nicht bekannt; sie hätte auch nicht ohne Genehmigung der sächsischen Regierung geschehen dürfen, die ja noch 1803 den Hof an die Steins verlieh. Tatsache ist jedoch, dass Johann Christoph dort sein Damenstift einrichtete.

[21] Amalia Maria von Gebsattel, eine geborene von Ebersberg gen. Weyhers, war die Schwester Hans Christophs zu Ebersberg gen. Weyhers (Biedermann, Tab. 148 und 33).

[22] Binder, Lichtenberg S. 360.

[23] Körner / Schmidt, S. 15.

[24] Körner / Schmidt, S. 15/18.

8.11. Der Buttlarsche Hof

Der Buttlarsche Hof in Ostheim nahm im Mittelalter die ganze Südwestecke der Ostheimer Altstadt ein. Mit Sicherheit war der gesamte Hof, gesondert für sich auch das Schloss, im Westen, Norden und Osten durch einen Wassergraben, im Süden durch die Streu geschützt. Auch heute noch lässt sich der mittelalterliche Kern der Anlage erkennen. Wie auch beim Voitischen Hof am anderen Ende der Stadt war die Kemenate vom Wirtschaftshof nochmals durch Graben und Mauer abgeteilt, die letzte Zuflucht, auch wenn der Hof bereits erobert war.

Der Grundrissplan unten wurde ohne große Veränderung aus dem Stadtplan von 1830/31 herausgezogen, wobei von der Annahme ausgegangen wurde, dass der heutige Garten mit Grünfläche um das ehemalige Buttlarsche Schloss früher wasserführender Burggraben war, ähnlich wie dies heute noch beim Wasserschloss

ABBILDUNG 1: DAS BUTTLARSCHE WASSERSCHLOSS IM MITTELALTER, AQUARELL VON PETER KLIER 2005

Roßrieth der Fall ist. Hinweise auf einen Burggraben um diesen Hof im Jahr 1570 finden sich in den „Bau- und Kunst-Denkmälern Thüringens" und bei Binder.[1] In einem Vertrag vom 10. Dezember wurde Hans Veit von Obernitz von der Dorfgemeinde erlaubt, das Streuwasser unter der oberen (Moritz-?)Mühle mit etlichen Bäumen gefasst und durch den Dorfgraben neben seinem Hofhaus in seinen Burggraben zu leiten, damit er seine Behausung wirksamer schützen kann und die Fische in seinem Graben besser gedeihen. Als Gegenleistung verpflichtete er sich, 35 Gulden zum Bau der Dorfmauer beizusteuern und auf seine Kosten den Wasserdurchlass durch die Mauer zu sichern.[2]

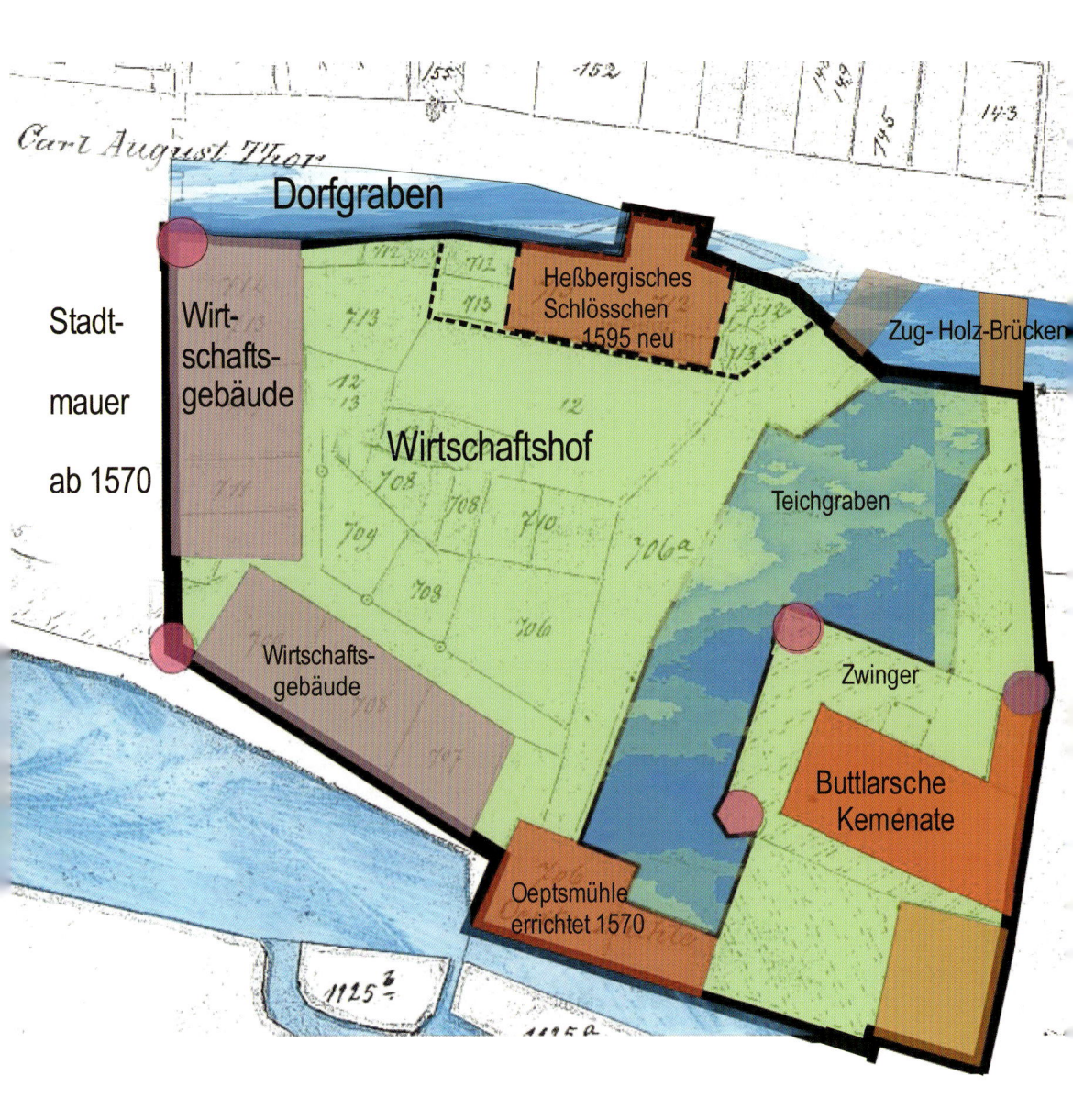

ABBILDUNG 2: PLANSKIZZE DES MÖGLICHEN AUSSEHENS DES BUTTLARSCHEN HOFES IM MITTELALTER

Aus dieser Belegstelle kann geschlossen werden, dass
- der Burggraben bereits vorher existiert hat,
- bereits vorher Fische im Burggraben gehalten wurden,
- um 1570 die Stadtmauer gebaut wurde,
- durch den Bau der Stadtmauer die alte Art der Bewässerung nicht mehr funktionierte.

Die Besitzer des Buttlarschen Hofes (des Öppischen Schlosses und des Hessbergischen Hofes)

(ABBILDUNG 3)

1800		
1780		
1760		
1740	Gut zerschlagen und verkauft	
1720	Sächsische Regierung	ab 1686
1700	von Oeppe	1659 – 1686
1680		
1660		
1640	von Bronsart	1651 – 1659
1620	von Heßberg	1590 – 1650
1600		
1590		
1580	von Boyneburg	1561 – 1590
1560	von Obernitz	1561 – 1577
1540	von Buttlar	1561
1520		
1500		
1480		
1460		
1440		
1420	von Buttlar	1423
1400		
1380		
1360		
1340		
1320		
1300		

Die Familie von Buttlar gen. Neuenburg in Ostheim

Biedermann schreibt 1749 in seinem „Geschlechtsregister Der Reichsfrey unmittelbaren Ritterschaft Landes zu Franken Löblichen Orts Rhön und Werra": „Die Herren von Buttlar haben sich nunmehro so weit ausgebreitet, dass man sie aus vielen Ländern Europas zusammen suchen muß. Franken, Hessen, Sachsen, Curland, Böhmen, Bayern, Engeland und Irrland, zeigen dieselben vor. Sie haben alle einerley Ursprung, aber nicht alle einerley Wappen."[3] Tatsächlich stammen alle vom Stammhaus im nordhessischen Ort Buttlar ab, der heute noch die buttlarsche Butte, ein Gefäß zum Wassertragen, im Wappen führt. Nach Biedermann ist Samson von Buttlar der Stammvater dieses Geschlechts[4]. Er nahm 1235 an dem berühmten Turnier teil, das Kaiser Friedrich II. zu Würzburg veranstaltete.

Wüstung oder Burg Neuenburg und die Nikolauskirche

Binder leitet den Beinamen „von der Neuenburg" von der ehemaligen Neuenburg (Nauenburg) bei Liebenstein ab, wenn auch mit einem Fragezeichen versehen[5].
Ein Hinweis auf eine andere Herkunft des Beinamens findet sich in einem Zinsbuch der Buttlars mit dem langen Titel „Lehn- und Zinsbuch 1546, Ostheim, Oberelsbach, Ginolfs, Fladungen, Clausberg und Willmars denen Gebrüdern von Buttlern Neuburg genannt nachgehends an den von Hessberg, ferner an den von Bronßart und letzlich an die von Öppe käufflich kommen."
Dieses Lehn- und Zinsbuch findet sich im Archiv der Familie von Stein in Völkershausen.[6]
Dass in der Beschreibung des Zinsbuches immer „ich/mir und meine/meinen Erben" steht, ist damit zu erklären, dass dies eine

ABBILDUNG 4: WAPPEN DER FAMILIE VON BUTTLAR, DIE (WASSER)BUTTE (SIEBMACHER)

Abschrift von früheren Zinsbüchern ist. Der hier beschriebene Besitzstand geht mit Sicherheit auf den Vater Wilhelm der Besitzer von 1546, Ernst und Friedrich von Buttlar zu der Neuenburg, zurück, der hier in der Ichform seine Güter beschreibt, also auf die Zeit um 1500, wenn nicht gar auf Urgroßvater Sintram und die Zeit um 1450.
Auf Seite LVII steht: „Die Gerechtigkeit und Zins **zu der Neuenburg**
Item 33 Groschen Michaelis von einem Gut mit seiner Zugehörung **in der Neuenburg** gelegen.
Item 6 Behemisch von dem Haberkorns gute mit seiner Zugehörung zu Schafhausen gelegen.
Item 13 Groschen Michaelis von einem Gute mit seiner Zugehörung **in der Neuenburg** gelegen.
Item 13 Groschen Michaelis von einem Gute mit seiner Zugehörung **in der Neuenburg** gelegen.
Item 10 Groschen auf Michaelis von dem Claßgut zu Kaltensundheim
Zwei Flecken Ackers, unter der Burg gelegen, einer auf dem Hohenrod, einer am Claßberg an dem Claßpfad gehören noch zum Besitz der Buttlar zu der Neuenburg."
Sollte es wirklich eine *Neuenburg* gegeben haben? Wenn ja, müsste sie in der näheren Umgebung von Schafhausen gelegen haben.
Tatsächlich liegt zwischen Schafhausen, Gerthausen und Weimarschmieden der „Klausberg", 522 m hoch, ein langgestreckter Höhenrücken, der sich mit steil abfallender West- und flacher Ostseite von Süden nach Norden zieht. Auf dem Rücken führt ein Holzabfuhrweg entlang, auf dessen östlicher Seite deutlich sichtbar eine Ruine zu finden ist, erkennbar allerdings eher durch die Löcher, aus denen die Steine bis auf die Grundmauern abgefahren wurden.

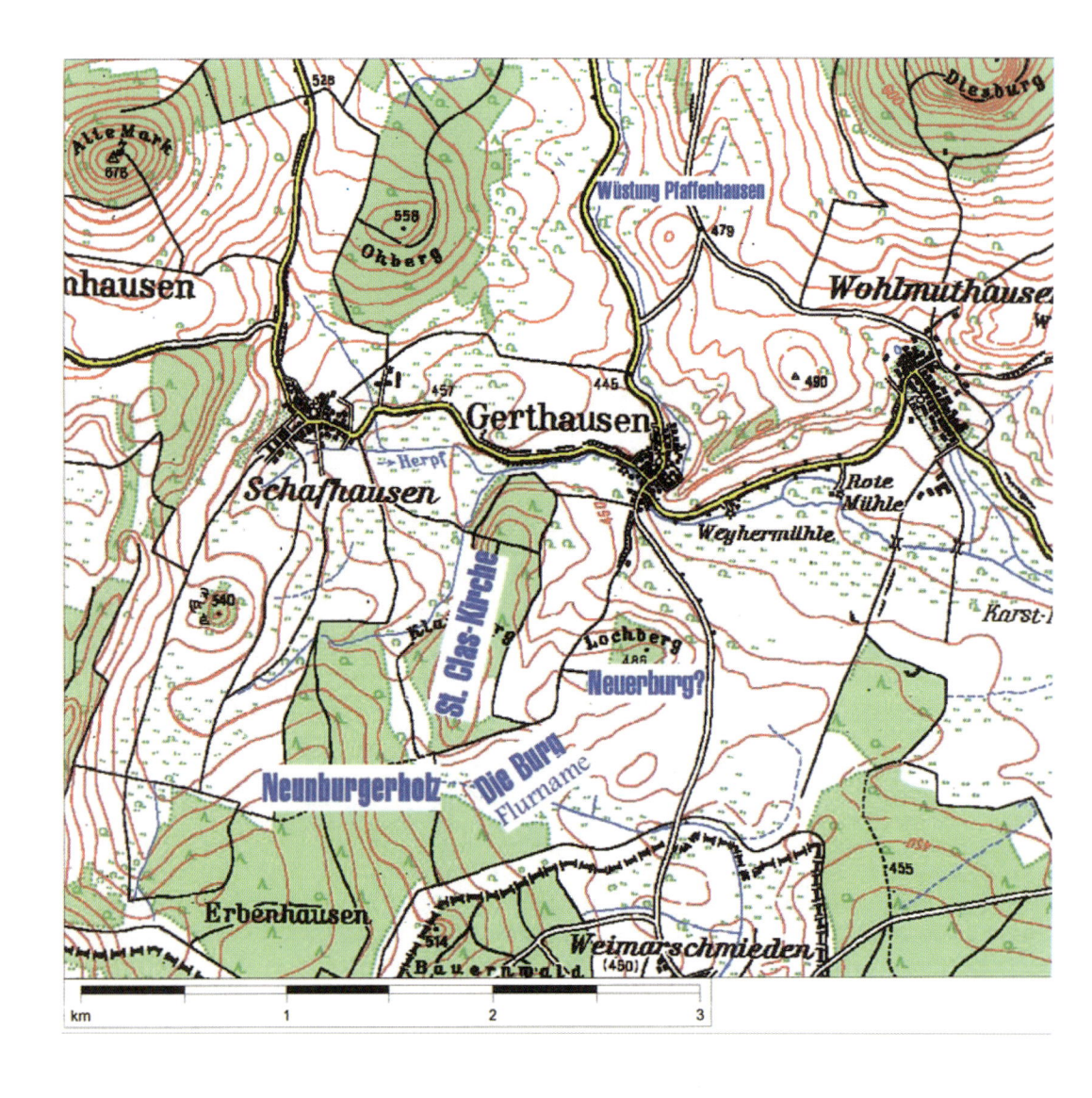

ABBILDUNG 5: LAGE DER BUTTLAR-NEUERBURGISCHEN BESITZUNGEN UM GERTHAUSEN/ SCHAFHAUSEN

Alte Gerthäuser und Helmershäuser wissen, dass dort eine Kirche stand. Sie erzählen, dass von dort ein unterirdischer Gang bis zur Hutsburg führte. Doch auch Schultes kennt die Kirche. Er schreibt darüber: „Zwischen Gert- und Schafhausen ist der sogenannte *Clasberg* anzutreffen, auf welchen man in der Vorzeit dem heil. Nicolaus zu Ehren eine Kapelle erbauet und mit einigen umliegenden Gütern ausgestattet hatte. Ihr Stifter ist unbekannt. Die Güter sind der Herrschaft zinßbar und gehören den Einwohnern von Schaf- und Gerthausen." [7]

ABBILDUNG 6:
DAS
BUTTLARSCHE
(ÖPPISCHE)
SCHLOSS 2005

Nach Ausweis des Zinsbuches gehörte der Klausberg „als er umbfangen hat" und die Kirche darauf den Buttlars, ebenso die Gehölze südlich davon. Für die Unterhaltung der Kirche hatten sie ebenfalls Mittel bereitgestellt. Das „Neuenburgs Erb" war an Hans Rott zu Gerthausen verliehen, wie es von seinem Vater

auf ihn kam. „Solch Lehen und Zins steht Sankt Claß zu", schreibt das Zinsbuch, sie waren also Stiftungsgut des Nikolauskirchleins.
„Item 1 Malter korns, hatt man an die Claßkirchenn gebenn, sollen die Spiegel Itzerlichen awßrichten." (Ebenso sollte die Familie Spiegel jährlich 1 Malter Roggen an die St. Nikolauskirche geben.), heißt es an anderer Stelle.
Doch auch die Burg oder die Erinnerung an die Burg ist bis heute lebendig. Südöstlich des Klausbergs gibt es den Flurnamen: „Die Burg". Und in der topographischen Karte 1:10 000 von Erbenhausen heißt der Wald, der sich südwestlich des Klausbergs bis zur bayerischen Grenze hinzieht, immer noch „Neunburgerholz".[8]
Allerdings fanden sich trotz all dieser Belege keine Ruinen oder sonstige Hinweise auf eine Siedlung oder Burg in diesem Bereich.

Die ersten Buttlars von der Neuenburg

Sintram II. (1327 – 34) ist nach Brandis, dem ersten Biographen der Familie von Buttlar, Stammvater der Linie, die sich den Zunamen „von der Neuenburg" gab. Als erster benutzte dessen Sohn Johannes IV. diesen Beinamen. Johannes war Probst zu Andreasberg bei Fulda gewesen und hatte 1335 auf sein geistliches Amt verzichtet. Sein Enkel war Sintram IV. von Buttlar genannt von der Neuenburg. Er hatte ursprünglich seinen Sitz in Hermannsfeld und verlegte ihn als erster nach Ostheim. 1423 ist er einer der Ganerben in Ostheim.[9]

Als 1439 Heinz Furstein und seine Frau Else ihren Hof zu Stetten, der Lehen der Grafen von Henneberg ist, um 85 fl. an Günther Vasold und seine Frau Ymel verkaufen, besiegeln Ritter Lorenz von Ostheim und Sintram von Neuenburg die Verkaufsurkunde.[10]

1441 machte Sintram IV. seine Behausung zu Ostheim und alle Eigengüter dem Fürsten Wilhelm von Henneberg-Schleusingen lehnbar.[11] Daneben erhielt er 1444 als ein Lehen des Grafen Georg von Henneberg-Römhild die „buntt".[12] Knapp 10 Jahre später war er tot. Seine Tochter Margarethe, die Hans von Lichtenberg[13] geheiratet hatte, gab ihrer Tochter Dorothea bei deren Hochzeit mit Hermann von Rode 1452 den Schafhof zu Ostheim als Mitgift. Der Hof lag bei dem Tor, dem späteren Brückentor, der Ziegelhütten gegenüber. Margarethe hatte ihn von ihrem (verstorbenen) Vater Sintram geerbt.[14] 1503 verleiht Graf Hermann zu Henneberg Kilian Schmidt zu Ostheim und seinen Erben den Schafhof, von dem jährlich ein Fastnachtshuhn fällig ist.

Der übrige Besitz Sintrams wurde unter seinen Söhnen aufgeteilt. Der Älteste, Reichard, erscheint 1459 als Ganerbe zu Ostheim in einer Auseinandersetzung mit Martin Stapf, Pfarrer zu Sondheim und Kaplan der Nikolauskapelle in Ostheim[15]. Um 1460 hatten die Steins und die Buttlars gemeinsam einen „Krieg" ausgefochten. Die Ostheimer Hintersassen, also alle die, die ihnen zins- oder gültpflichtig waren, in Häusern der Steins oder Buttlars wohnten oder Äcker von ihnen gepachtet hatten, hatten sie „in ihrem Krieg" unterstützt. Sicherlich war es auch nur eine Auseinandersetzung mit Graf Georg von Henneberg gewesen, jedoch hatte sich der Graf nach Ansicht der beiden Ganerben wegen dieses Beistandes gegen die Helfer am Dorfgericht zu Ostheim „vergangen".[16] Domdechant und Protonotar Hertnid von Stein, der sich immer um seinen Bruder, die Familie und die Ganerben kümmerte, klagte 1466 am kaiserlichen Kammergericht gegen das Vorgehen des Grafen im Auftrag von Bruder Siegfried und Reichard von Buttlar.[17]

ABBILDUNG 7: INSCHRIFT AM HEẞBERGISCHEN SCHLÖSSCHEN

ABBILDUNG 8: DAS HEẞBERGISCHE SCHLOSS (SAMMLUNG ELFR. HERDA)

Die Familie der Buttlar von der Neuenburg (ABBILDUNG 9)

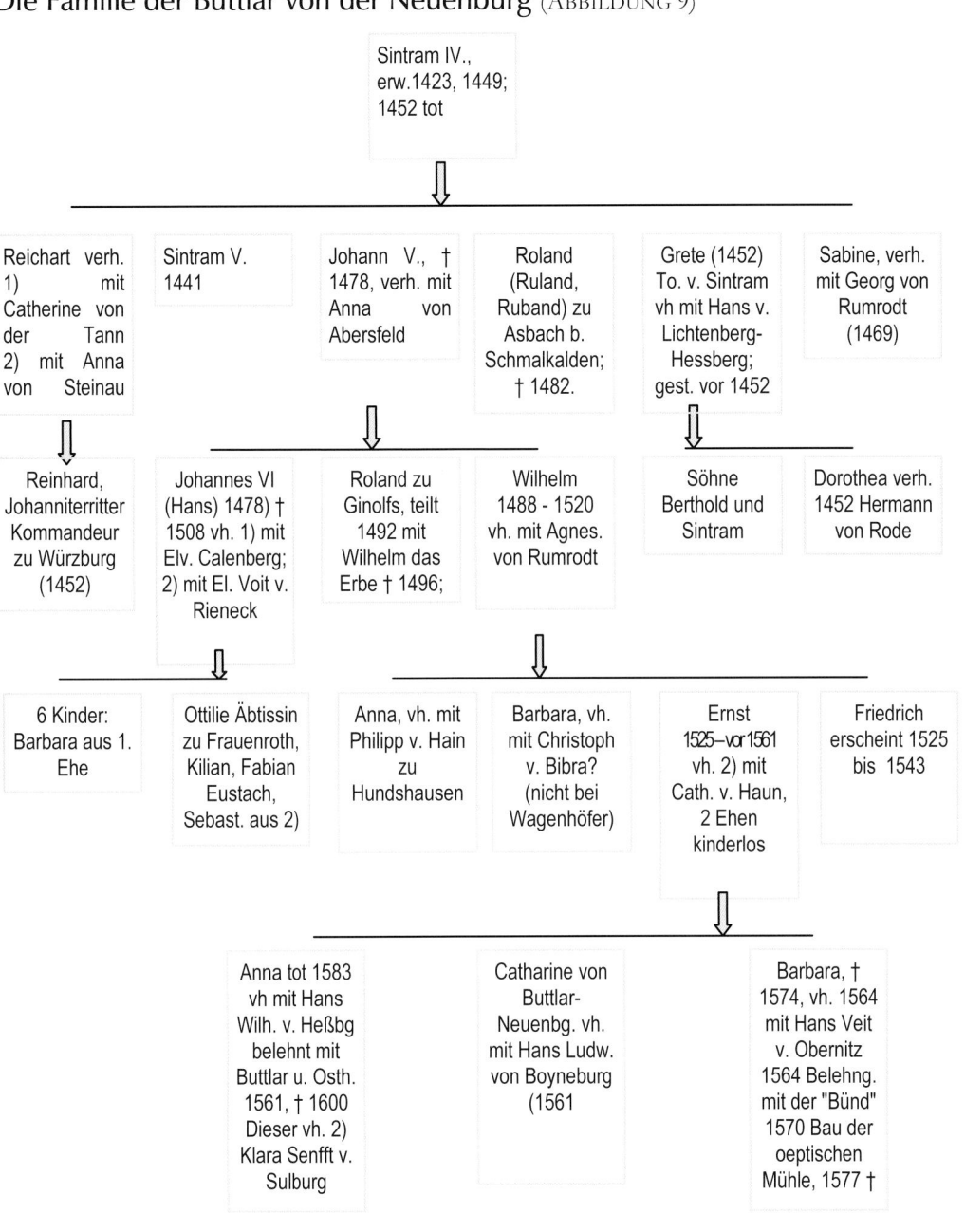

Sintram IV., erw.1423, 1449; 1452 tot

─────

- **Reichart** verh. 1) mit Catherine von der Tann 2) mit Anna von Steinau
- **Sintram V.** 1441
- **Johann V.**, † 1478, verh. mit Anna von Abersfeld
- **Roland** (Ruland, Ruband) zu Asbach b. Schmalkalden; † 1482.
- **Grete** (1452) To. v. Sintram vh mit Hans v. Lichtenberg-Hessberg; gest. vor 1452
- **Sabine**, verh. mit Georg von Rumrodt (1469)

─────

- **Reinhard**, Johanniterritter Kommandeur zu Würzburg (1452)
- **Johannes VI (Hans)** 1478) † 1508 vh. 1) mit Elv. Calenberg; 2) mit El. Voit v. Rieneck
- **Roland zu Ginolfs**, teilt 1492 mit Wilhelm das Erbe † 1496;
- **Wilhelm** 1488 - 1520 vh. mit Agnes. von Rumrodt
- **Söhne Berthold und Sintram**
- **Dorothea** verh. 1452 Hermann von Rode

─────

- **6 Kinder:** Barbara aus 1. Ehe
- **Ottilie** Äbtissin zu Frauenroth, Kilian, Fabian Eustach, Sebast. aus 2)
- **Anna**, vh. mit Philipp v. Hain zu Hundshausen
- **Barbara**, vh. mit Christoph v. Bibra? (nicht bei Wagenhöfer)
- **Ernst** 1525–vor 1561 vh. 2) mit Cath. v. Haun, 2 Ehen kinderlos
- **Friedrich** erscheint 1525 bis 1543

─────

- **Anna** tot 1583 vh mit Hans Wilh. v. Heßbg belehnt mit Buttlar u. Osth. 1561, † 1600 Dieser vh. 2) Klara Senfft v. Sulburg
- **Catharine von Buttlar-Neuenbg.** vh. mit Hans Ludw. von Boyneburg (1561
- **Barbara**, † 1574, vh. 1564 mit Hans Veit v. Obernitz 1564 Belehng. mit der "Bünd" 1570 Bau der oeptischen Mühle, 1577 †

Das Geschlecht der Buttlars von der Neuenburg bis zum Aussterben 1561

Reichard von Buttlar hatte in erster Ehe Catherine von der Tann, nach deren Tod Anna von Steinau gen. Steinrück geheiratet. Vielleicht hängt der Verkauf des Schafhofs damit zusammen, dass sein einziger uns bekannter Nachkomme geistlich geworden und damit von der Erbfolge ausgeschieden war. Sohn Reinhard war nämlich in den Johanniterorden eingetreten und in Würzburg zum Komtur des Ordens aufgestiegen. In dieser Eigenschaft hatte er die Urkunde von 1452 gesiegelt. Die Tatsache, dass die Urkunde im Archiv der Familie von Stein aufbewahrt wird, deutet darauf, dass dieser Hof später an diese Familie gekommen ist.[18] Reichards Erbe und damit auch die Ostheimer Güter gingen an seinen Bruder Johannes (V.), welcher 1456 das an Wedekind von Rumrod verpfändete Stammgut Buttlar wieder ausgelöst hatte.[19]

Johannes, mit Anna von Abersfeld verheiratet, starb bereits zwei Jahre nach seinem Bruder. Die buttlar-neuenburgischen Besitzungen fielen an Johannes' Söhne Johannes/Hans (VI.), Roland und Wilhelm (II.). Obwohl Hans bis 1508 lebte und einer seiner Söhne bis 1543 nachweisbar war, teilten sich 1492 nur Roland, der seinen Wohnsitz zu Ginolfs genommen hatte, und Wilhelm den Besitz:

Wilhelm von Buttlar, genannt von Neuenburg (Neunburgk), teilt Otto, Grafen und Herrn zu Henneberg mit, er habe mit seinem Bruder Roland das väterliche und mütterliche Erbe geteilt; jeder habe eine Hälfte der Lehen und der übrigen Güter erhalten. Wilhelm hatte vom Grafen di bunte von 18½ Acker am dannntzberg zu Ostheim zu Lehen nach Ausweis einer Urkunde von Mantagk nach allerheligen dagk [3. Nov.] *1488 und ersucht den Grafen nun, den Bruder mit der Hälfte davon zu belehnen. Er sagt diese Hälfte auf und kündigt sein Siegel an. Der do geben ist 1492 samstages nach dem Sonndage Reminiscere.* [20]

Graf Otto zu Henneberg belehnte 1488 auch dessen Enkel Wilhelm mit der „Beunde". Zum Lehen gehörten auch noch 18½ Acker am Tanzberg als lichtenbergisches Lehen, wahrscheinlich noch aus einem Burglehen stammend. Anscheinend hieß die Fläche am Tanzberg „Bünd".[21] 1492 teilt jetzt Wilhelm von Buttlar dem Grafen Otto mit, er habe mit seinem Bruder Roland das väterliche und mütterliche Erbe geteilt, jeder habe eine Hälfte der Lehen und der übrigen Güter erhalten. Roland starb bereits 1496, die Besitzungen der Neuenburgs verblieben ungeteilt in Wilhelms Hand.

1507 verkaufte Wilhelm Teile seines Besitzes.[22] Die übrigen Güter erbten gemeinsam Wilhelms Söhne Ernst und Friedrich. Sie wurden auch 1525 und 1536 von den Grafen Hermann und Berthold zu Henneberg mit den römhildischen Lehen der Bündt am Tanzberg belehnt.[23] Auch 1543 waren die Brüder noch gemeinsam Ganerben von Ostheim.[24] Während Friedrich ohne Nachkommen blieb, hatte Ernst, verheiratet mit einer nicht mit Vornamen bekannten Frau von Haun, drei Töchter, jedoch keine

ABBILDUNG 10: BARBARA VON OBERNITZ GEB. VON BUTTLAR.
Umschrift: Anno ·M·D·LXXIIII· den ·IIII· Febrvary·
ist die ·edle ·vnd ,erentuge[n]tsame ·Frav·
Barbara ·Hans,Veiten, von Obernitz Hausfrav ·ein
geborne ·von ·Butlar ·genant ·von der ·Neunburgk· die
letzte ·ires „alt" [AL:Z7] Geschlechts, in Gott entschlaffen·
Der G G (Der Gott g(e)nade).

Söhne.

Das Erbe der Buttlars (ABBILDUNG 11)

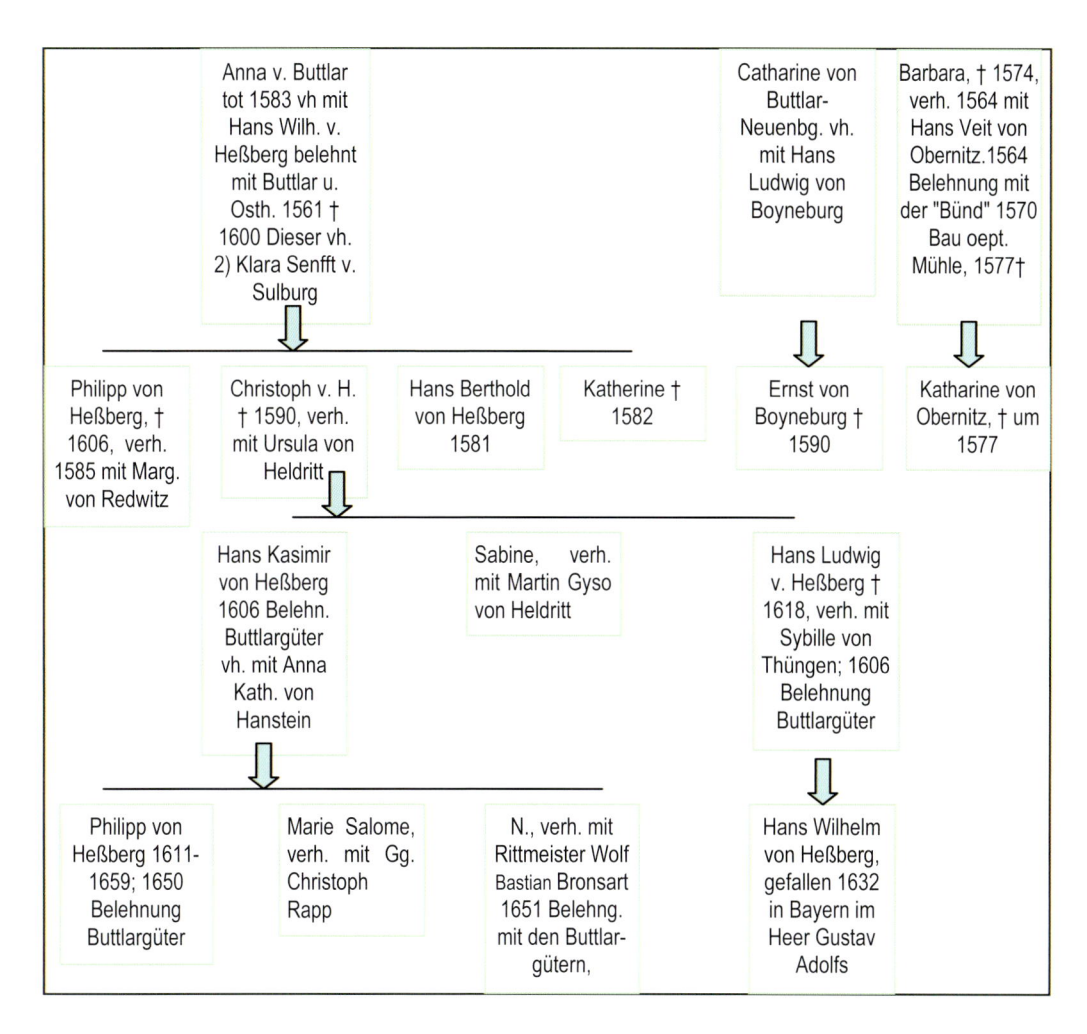

```
┌─────────────────────────────────────────────────────────────────────────────────────────────────┐
│                    Anna v. Buttlar                           Catharine von    Barbara, † 1574,  │
│                    tot 1583 vh mit                           Buttlar-         verh. 1564 mit    │
│                    Hans Wilh. v.                             Neuenbg. vh.     Hans Veit von     │
│                    Heßberg belehnt                           mit Hans         Obernitz.1564     │
│                    mit Buttlar u.                            Ludwig von       Belehnung mit     │
│                    Osth. 1561 †                              Boyneburg        der "Bünd" 1570   │
│                    1600 Dieser vh.                                            Bau oept.         │
│                    2) Klara Senfft v.                                         Mühle, 1577†      │
│                    Sulburg                                                                       │
└─────────────────────────────────────────────────────────────────────────────────────────────────┘
```

Philipp von Heßberg, † 1606, verh. 1585 mit Marg. von Redwitz	Christoph v. H. † 1590, verh. mit Ursula von Heldritt	Hans Berthold von Heßberg 1581	Katherine † 1582		Ernst von Boyneburg † 1590	Katharine von Obernitz, † um 1577

| | Hans Kasimir von Heßberg 1606 Belehn. Buttlargüter vh. mit Anna Kath. von Hanstein | | Sabine, verh. mit Martin Gyso von Heldritt | | Hans Ludwig v. Heßberg † 1618, verh. mit Sybille von Thüngen; 1606 Belehnung Buttlargüter | |

Philipp von Heßberg 1611-1659; 1650 Belehnung Buttlargüter	Marie Salome, verh. mit Gg. Christoph Rapp	N., verh. mit Rittmeister Wolf Bastian Bronsart 1651 Belehng. mit den Buttlargütern,	Hans Wilhelm von Heßberg, gefallen 1632 in Bayern im Heer Gustav Adolfs

Als Ernst 1561 starb, machte Graf Georg Ernst von Henneberg das bisherige Mannlehen zu einem Söhne- und Töchterlehen, das heißt, die Familie behielt das Lehen, auch wenn die Nachkommen Mädchen waren[25], und gab es an Hans Wilhelm von Heßberg zu Bedheim für seine Frau Anna, Hans Ludwig von Boyneburg zu Lengsfeld[26] für seine Frau Catherine und Extel Fritz von Rumrod als Vormund für Ernsts jüngste Tochter Barbara, die 1564 Hans Veit von Obernitz zu Bucha heiratete.[27]

Nach acht Jahren gemeinsamen Besitzes teilten die drei Töchter und ihre Ehemänner das Erbe auf. Dem Hans Veit von Obernitz fiel durch Los das Gut zu Ostheim zu. Am 16. Oktober 1564 wurde Obernitz auch für seine Frau mit der Bünd belehnt.[28] Nachdem nun deshalb auch Streitigkeiten mit den Boyneburgischen Kindern beigelegt waren, verzichtete Hans Wilhelm von Heßberg im Namen seiner Ehefrau auf alle Rechte an dem hennebergischen Lehen zu Ostheim.[29]

ABBILDUNG 12: STAMMWAPPEN DER FAMILIE VON BOYNEBURG (-HOHENSTEIN) (SIEBMACHER)

ABBILDUNG 13: WAPPEN DER VON BRONSART (1651 – 1659 IM BUTTLARSCHEN HOF)

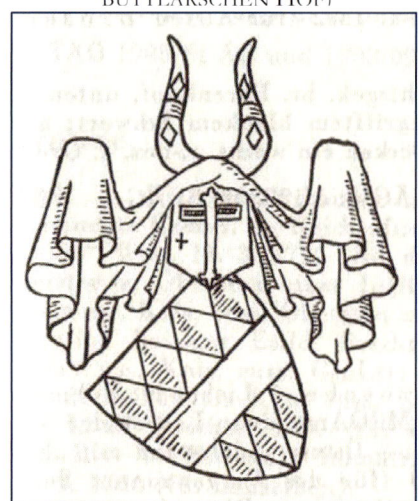

1583 jedoch wurden die Heßbergs und Boyneburgs von Graf Georg Ernst wieder mit den buttlarschen Erbgütern belehnt. Was war geschehen?

1570 war Hans Veits von Obernitz Sohn Christian gestorben, sein verbliebener Sohn Ernst 1573 in einem Wassergraben ertrunken. Die Mutter Barbara geb. von Buttlar war 1574, 1577 Hans Veit von Obernitz selbst gestorben. Übrig blieb allein die Tochter Katherine, die im selben Jahr zusammen mit den Heßbergs und Boyneburgs belehnt wurde.[30]

1582 oder 1583 scheint Katherine von Obernitz als Letzte der Familie verschieden zu sein, denn am 24. April 1583 wurden nur Hans Wilhelm von Heßberg zu Bedheim als Vormund seiner mit der verstorbenen Anna geb. von Buttlar gezeugten Söhne Philipp, Christoph und Hans Berthold, sowie Ernst von Boyneburg, Sohn des verstorbenen Hans Ludwig von Boyneburg und der ebenfalls verschiedenen Margarete geb. von Buttlar, mit den buttlarschen Gütern zu Ostheim und Willmars belehnt[31], und als schließlich auch noch 1590 Ernst von Boyneburg „jämmerlich entleibt worden" war, wie Binder berichtet, war schließlich der Weg frei für die Alleinbelehnung der heßbergischen Nachkommen der Familie Buttlar, gegen Ansprüche seitens der Familie von Boyneburg.[32]

1606 werden Hans Kasimir und Hans Ludwig von Heßberg, am 16. Juli 1650 des ersteren Sohn Philipp mit den Gütern belehnt, „wie dieselben von seinem Vatter und Vettern, Hanßen Ludtwig von Hessbergk von weilandt Ernsten von Bettlern von der Naumburgk genant durch mittel ihrer Mutter auch weylandt Hanß Wilhelms von Hessbergk Haußfrawen, Annen, geb. v. Buttlar erblich an sie gelanget", „auf Söhne und Töchter" belehnt. Die Schwiegersöhne Hans Kasimirs waren Georg Christoph Rapp auf Hausen und Rittmeister Wolf Bastian von Bronsart, welcher 1651 mit sämtlichen Buttlar-Neuenburgischen Gütern belehnt wurde und sie 1659 für 11600 fl. gegen bare Zahlung an die Witwe Joh. Wilhelms von Öppe, kur- und fürstlich Sächsischen Kriegsrats und Amtmanns zu Maßfeld und Meiningen, Dorothea geb. v. Wulfen (Wolf) verkaufte. Nach ihrem Tode im April 1665 übernahm ihr Sohn Rudolf die Bewirtschaftung des Gutes. Der „kahle Edelmann", wie man ihn wegen seiner Glatze verspottete[33], wurde, nachdem er vermutlich am Tage vorher gestorben war, am 25. September

ABBILDUNG 14: STAMMWAPPEN DER FAMILIE VON HEßBERG (SIEBMACHER)

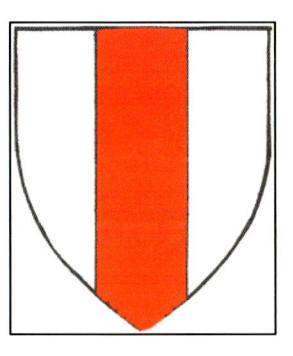

ABBILDUNG 15: WAPPEN V. OBERNITZ (SIEBMACHER)

1682 in der Kirche „neben die alte Orgelstiege" begraben.

Rudolf von Oeppe – die Familie stammt vermutlich aus dem allemannisch-schweizerischen Raum – war im 30-jährigen Krieg in kaiserliche Dienste getreten, wo er bis zum Oberstleutnant aufstieg und mit seinem Regiment bzw. seiner Abteilung Breda gegen die Niederländer zu verteidigen hatte. In dieser Funktion empfahl er den jungen Dietrich von Stein zu Nordheim, der wegen verschiedener Händel die Hochschule zu Altdorf hatte verlassen müssen, als Soldat an den Captain Despon der dortigen Garnison. Dietrichs Bruder Caspar, der für den verstorbenen Vater für die Brüder zu sorgen hatte, hätte lieber gehabt, dass Dietrich als Page in den Dienst des Prinzen von Oranien tritt, wo auch der junge Öppe sei.[34]

Die sogenannte neue Rupperser Lehnschaft gehörte den von Oeppes aus dem Besitz der von Buttlars zu Ostheim. Dieser Besitz wurde im Jahr 1687 durch Heinrich Christoph von Stein zu Nordheim als Vormund der Freiherrn Erdmann und Carl von Stein für 630 fl. erkauft. Die Neu-Rupperser Lehnschaft ist sachsen-meiningisches Lehen. In den Lehenbriefen wird sie „Die sieben Güter und Männer zu Willmars genannt.[35]

Sein Erbe, Ferdinand Johann(es) von Öppe auf Scheider im Anhaltischen, entschloss sich, das Gut wegen der darauf lastenden Hypothekenschulden von 6220 fl. (obgleich es bei der Ritterschaft mit 6000 fl. immatrikuliert war und z. Z. auf 16 700 fl. taxiert wurde) zu verkaufen. Trotz aller Bemühungen fand sich aber kein adliger Käufer. Das Stift Würzburg ließ ihm durch geheime Agenten 12 000 fl. bieten. Weil jedoch die sächsische Regierung dies verhindern wollte, musste sie es kaufen.

Am 20. September 1686 musste Hauptmann von Thüna, der zweite Mann der Witwe Rudolfs von Oeppe, den Hof räumen, da die Regierung durch ihre Beamten die Bewirtschaftung übernehmen ließ. Aber schon im April des folgenden Jahres beschloss der Herzog, das Gut zu zerschlagen.[36]

Der buttlarsche Hof war wohl nie wirklich geteilt, jedenfalls nicht zwischen Heßberg und Öppe, sondern um 1595 beim Erbstreit zwischen Heßberg und Boyneburg zwar abgeteilt, doch in Zehntberechtigung (und Belehnung) ungeteilt. Das Heßbergische Schlösschen heißt so, weil es von Hans Wilhelm von Hessberg 1595 erbaut wurde, das Öppische

ABBILDUNG 16: GRABMAL DES HANS VEIT VON OBERNITZ.
UMSCHRIFT: A(n)no ·1·5·77 den ·11· Feb(rvar) ist ·der ·edel vnd ·ernveste ·Ivnker Hans ·Veit von ·Obernitz ·wonhaftig zv · Bvcha ·Ostheim vnd Breitense[e] ·Fvrst(lich) Sechs(ischer) Hofrat vnd ·Hofrichter ·in Got selig zv ·Esperfelt ·entschlaffen ·seines · Alters ·57 ·Iar vnd ·liget ·alhier ·neben ·seim · Weibe vnd Schwieger ·begraben ·Dem Got genade ·

Schloss, weil es die Familie von Öppe als letzte Adelsfamilie bewohnte.

Besitzungen und Rechte des Buttlarschen Hofes

Zum Buttlarschen Anwesen gehörten nach dem Zinsbuch von 1546 zwei Höfe, der „große Hof" und der „kleine Hof". Während der große Hof mit Sicherheit der Hof hinter dem heßbergischen Schlösschen ist, ist der kleine Hof nicht mit Sicherheit zu lokalisieren. Sollte dies vielleicht gar der Hof östlich vom öppischen Schlösschen, hinter dem ehemaligen Fronhof sein? Er gehörte früher den Herren von Rumrod. Wilhelm von Buttlar erwarb den kleinen Hof um 1478 von seinem Schwiegervater Caspar von Rumrod mit einem Zwölftel am Zehnt samt sieben Gütern und Männern daselbst [in Ostheim].[37]

Zu jedem der Höfe gehörten Weingärten, Wiesen, Krautländer, Baumgärten und Äcker, alle vermessen und abgesteint. Während der Weinberg in einem Stück im Heimbach [Hämig?] gelegen war, lag der eine Baumgarten „meinem Haus gegenüber an dem Wasser", der andere „jenseits dem Dorfgraben, jenseits meiner oberen Scheune".

Zum großen Hof gehörten 31, zum kleinen 30 Ackergrundstücke. Um einen ungefähren Begriff von der Größe des Grundbesitzes zu geben, wurden die Grundstücke in Hektar umgerechnet, wobei 1 Acker mit 0,23865 ha angesetzt wurde (Kasseler Acker). Danach hatte der große Hof 40,27 ha und der kleine Hof 9,13 ha umfasst. Damit nicht genug: Die Buttlars besaßen noch dazu im Jahr 1546 und davor 158 Grundstücke, die sie an Ostheimer Bürger gegen Zinszahlung verliehen hatten.[38]

ABBILDUNG 17: ÖPPISCHES WAPPEN (SIEBMACHER)

[1] Lehfeldt / Voss, S. 269 f; Binder, Lichtenberg, S. 367.
[2] Binder, Lichtenberg, S. 367.
[3] Biedermann, Tab. 221
[4] Biedermann, Tab. 221 bis 232.
[5] Binder, Lichtenberg S. 361, Anm. 2
[6] AV Fach Ostheim. – Das Zinsbuch ist 20 x 17 groß, in Pergament eingebunden, das auf der Innenseite mit einem älteren Buttlarischen Dokument beschrieben ist. Dass das Zinsbuch im Besitz der Familie von Stein ist, zeigt, dass diese zumindest einen Teil der Güter erworben hat.
[7] Schultes, Beschreibung II. 1. Abt., S. 74.
[8] Karte M-32-57-A-d-1, Ausgabe 1989.
[9] AV U 54 von 1423 April 28.
[10] AV U 75 von 1439 Mai 9.
[11] Binder, Lichtenberg, S. 361.
[12] StAMgn Herrschaft Henneberg-Schwarza Nr. 160 f. 80r von 1444 September 3.
[13] Die von Lichtenbergs nannten sich zeitweise und später ständig von Heßberg.
[14] AV U 89 von 1452 November 25.
[15] AV U 101.
[16] AV U 115. – 1459 war Graf Georg noch als Schiedsrichter zwischen den Ganerben und Pfarrer Stapf zu Sondheim aufgetreten (AV U 107).
[17] AV U 115.
[18] Beim Verkauf eines Besitztums wurden früher dem Käufer alle mit diesem Grundstück in Zusammenhang stehenden Urkunden ausgehändigt, wahrscheinlich deshalb, damit der Verkäufer keine Möglichkeit haben konnte, noch einmal Besitzansprüche anzumelden.
[19] Rudolf von Buttlar-Elberberg. Stammbuch der Althessischen Ritterschaft, enthaltend die Stammtafeln der im ehemaligen Kurfürstenthum Hessen ansässigen zur Althessischen Ritterschaft gehörigen Geschlechter. Kassel, 1888. f. 57.
[20] StAMgn Herrschaft Henneberg-Schwarza Urkunden Nr. 147 von 1492 März 24.
[21] StAMgn Herrschaft Henneberg-Schwarza Nr. 165 f. 20r von 1488 November 3. „Die Bünd **von** 18 Acker am Tanzberg" ist ein Stück Land von 18 Acker Größe und ist am Tanzberg. (vg. Binder, Lichtenberg, S. 364) und nicht ein Feldstück in der Flur „Bündt" südlich von Ostheim.
[22] 1507 Nov. 2: StAW Lehenbücher 31 f. 157'.
[23] StAMgn Herrschaft Henneberg-Schwarza Nr. 166 f. 264r-v von 1525 Januar 2; Herrschaft Henneberg-Schwarza Urkunden Nr. 117 von 1536 Juli 6.
[24] AV U 245 von 1543 Juli 23.
[25] Im Gegensatz zum Mannlehen: Hatte eine Familie ein Mannlehen erhalten, so „fiel dieses heim", wurde vom Lehensherrn eingezogen, wenn kein männlicher Erbe mehr dawar.
[26] Am 29. September 1545 setzt Georg Ernst Graf zu Henneberg Valentin von Stein zu Nordheim zu Bürgen bei der Aufnahme von 8000 fl. von Fabian von Utenhofen, Wilhelm von Herta und Hartmut von Boyneburgk wegen ihres Pflegsohnes Ludwig von Boyneburgk, Sohn des Ludwig von Boyneburgk des Älteren und verspricht, ihn schadlos zu halten (AV U 250).
[27] Schultes, Beschreibung I, S. 74 (Dort allerdings Hans Ludwig von *Buttlar*).
[28] Binder, Lichtenberg, S. 364; vg. Anm. 21.
[29] StAMgn Hennebergica aus Gotha Urkunden Nr. 371 von 1572 Dezember 16.
[30] sämtlich aus Binder, Lichtenberg, S. 367 f; Hans Veit von Obernitz starb am 11. Februar 1577, die Belehnung erfolgte am 21. Oktober 1577.
[31] StAMgn Hennebergica aus Gotha Urkunden Nr. 373 von 1583 April 24.
[32] Binder, Lichtenberg, S. 368 f.
[33] Binder, Lichtenberg, S. 371.
[34] AV Fach Kriege, Akt „Schriftverkehr Caspars von Stein".
[35] Willmarser Erbzinsbuch über die sog. neue Rupperser Lehnschaft, Abschrift im Gemeindearchiv Willmars.
[36] Binder, Lichtenberg, S. 369 ff.
[37] AV Fach Ostheim, Lehn- und Zinsbuch der von Buttlars von 1546; Binder (Lichtenberg, S. 369) bezeichnet Wilhelms Vater Johann (Hans) von Buttlar als den Erwerber dieses Anteils.
[38] AV Fach Ostheim Lehn- und Zinsbuch der von Buttlars von 1546. Über Zinsen weiter im Kapitel 8.13 „Besitzungen, Zehnt, Zinsen, Abgaben und Rechte – die Lebensgrundlagen des Adels".

8. 12 Die Mühlen des Ostheimer Adels

Vier Mühlen waren im Besitz des Ostheimer Adels. Es waren 3 Mühlen direkt im Stadtbereich und eine knapp darunter. Es waren die ältesten Mühlen in Ostheim, und die Ganerben wachten eifersüchtig darüber, dass niemand sonst sich erkühnte, eine Mühle zu bauen.

Die Brückenmühle, ehemals Mittelmühle

Die am frühesten dokumentierte Mühle ist eine Mühle im Besitz der Familie von der Tann. Sie stammt mit Sicherheit bereits aus der Zeit, als die Tanns in Ostheim ansässig wurden, wenn nicht aus noch früherer Zeit. 1365 erwarb Heinrich von der Tann, Amtmann auf Lichtenberg in fuldischen Diensten, die **Niedermühle** in Ostheim als Pfand des Stifts Fulda.[1] 1372 musste er anerkennen, dass das Stift Fulda die **Mittelmühle** wieder einlösen kann.[2] Trotz der unterschiedlichen Bezeichnung muss es sich um ein und dieselbe Mühle handeln, die in Adelsbesitz geblieben ist, denn eine Mühle als fuldischer Besitz oder fuldisches Lehen kommt nach diesen Erwähnungen nicht wieder vor. Die Bezeichnung „Niedermühle" ergibt dabei nur einen Sinn, wenn auch eine Obermühle vorhanden ist; eine „Mittelmühle" legt nahe, dass eine Mühle darüber und eine darunter liegt. Sollte es sich bei diesen unterschiedlichen Bezeichnungen nicht nur um eine Verschreibung handeln, so müsste innerhalb der sieben Jahre zwischen den beiden Erwähnungen eine dritte Mühle unterhalb der vorherigen „Niedermühle" gebaut worden sein. Stimmt diese Annahme, so war diese Mühle die spätere Brückenmühle, die vor Erbauung der Brücke[3] zwischen 1452 und 1476 Mittelmühle hieß, wie Körner bestätigt.[4]

ABBILDUNG 1: DIE FRÜHESTE ABBILDUNG DER BRÜCKENMÜHLE 1700

Sehr wahrscheinlich war diese Mittelmühle seit sehr frühen Zeiten unter den Familien von der Tann und von Stein aufgeteilt. Körner weiß von Belehnungen der Tanns durch den Bischof, gleichzeitig wurde immer wieder ein Anteil der Mühle durch den Bischof an die Familie von Stein verliehen, seit Philipp von Stein das Schlösschen mit Zugehör 1511 dem Bischof zu Lehen aufgetragen hatte.[5]

Dass es sich dabei nur um einen Anteil an der Brückenmühle handelt, ist mehrfach bezeugt: z. B. 1546 hatten die Steins nur einen Anteil an der Mühle: Hartung erhielt in der 2. Ostheimer Teilung der von Steins zu Ostheim u. a. den steinschen Anteil an der Mühle.[6] Ebenso erhielt Christoph von Stein in der 3. Ostheimer Teilung nur einen „Anteil an der Mühle.[7]

Dieser steinsche Anteil an der Brückenmühle war bereits früh verpachtet: „Vor dem dreißigjährigen Krieg hat Ad. Herrmann die fünfte Mühle gehabt, danach Georg Keller. (Brückenmühle.)"[8]

ABBILDUNG 2: DIE BRÜCKENMÜHLE 2007

Am 28. Februar 1675 verkauften die fünf Söhne Georg Wilhelms von Stein zu Ostheim auf Völkershausen (1616 – 1660), Caspar Otto, Friedrich Siegfried, Georg Christian, Christoph Ernst und Hartmann ihren Teil der Brückenmühle. Die drei letzteren befanden sich in Kriegsdiensten (Türkenkriege). Käufer war der Handelsmann Wolfgang Herbert aus Sondheim, der die Mittelmühle oder Brückenmühle mit zwei Mahlmühlen und einem Schlaggang mit Genehmigung der übrigen Erben von Matthes Schmidt, dem Pfarrer Johann Herbert in Tann und Pfarrer Johann Albrecht Wacker in Stedtlingen mit allen aufgezählten Zugehörungen wie Werken, Gebäuden, Hallunng [Halle, auch heute noch Halling in der Mundart] , halbe Hofrieth, den Garten, eine ¾ Rute breit, ²/₃ Schweinestall an Michel Ballings Behausung nebst Gebrauch der Fahrt und Trift und Gangs aus dieser Hofrieth, das Wasserwehr und dessen Recht, wie das auch Matthes Schmidt gebraucht und genutzt hat (anscheinend der Vor-Inhaber). Herbert hat als Erbzins die Steinschen Erbzinsen, 17 Malter Korn, Ostheimer Gemäß, zu Petri Cathedra, 1 ßr⁹ Leinkuchen auf Ostern zu zahlen und dem Vernehmen nach tannischer Seite 20 Malter Korn, Mellrichstädter Gemäß, und 6 Gulden für ein gemästetes Schwein unwiderruflich. Das Kaufgeld ist auf zwei Mal, nämlich anfangs 30 fl. später 750 fl. bar bezahlt, so dass sich die Verkäufer aller Rechte begeben. Der Käufer hat darauf auch den üblichen Handlohn von 21 Gulden bezahlt. Der Steinische Anteil an der Brückenmühle hat die gleiche Immunität und Freiheit wie das steinische Rittergut. Deshalb soll Herbert ausdrücklich niemand anderem als den Steins zu Gebot und Verbot stehen, Hilfe und Schutz suchen.[10]

1694 unterschreiben Friedrich Seyfart und Christoph Ernst von Stein, beide auf Völkershausen, eine Schuldverschreibung für ihre Schwägerin Christine Sophie geborene Gräfin von Tettenbach und Rheinstein, die

Frau ihres Bruder Caspar Otto. Christina Sophia hat den Brüdern mit Zustimmung ihres Mannes aus ihrem Heiratsgut 900 Gulden fränkisch zur Abtragung einiger Schulden vorgestreckt, die diese mit 45 Gulden jährlich verzinsen wollen. Dafür verschreiben sie ihr die auf der Brückenmühle zu Ostheim haftenden 10 Malter jährliches Zinskorn, sowie ihr Gehölz in Weimarschmieden unterpfänd-lich.[11]

Der Steinische Teil der Brückenmühle wird 1704 beim Übergang der Besitzungen der Steins zu Ostheim-Völkers-hausen an die Steins zu Nordheim durch Caspar von Stein an den Schwager des letzten Ostheimer Stein, Valentin Voit von Salzburg, verkauft zusammen mit der Kemenate am Rathaus und anderen Zugehörungen mit den auf berührter Mühle beim Brückentor hergebrachten Gülden, Zinsen und anderen berechtigten Gefällen, nämlich

- 10 Malter Korn, Neustädter Gemäß à 2 fl.
- 1 Fastnachthuhn à 2 g.
- 1 M[12] Eier à 3 Pf.
- 1 Metze Juni-Küken? [13]

Die Kemenate am Rathaus mit der Brückenmühle fiel später wieder an die Familie von Stein zu Nordheim zurück. 1760 wurde das Anwesen an Kaspar Wienröder verkauft, musste jedoch dafür Erbzinsen zahlen. 1826, als zu Verkaufszwecken ein Kostenanschlag des steinschen Ritterguts in Ostheim erstellt wurde, gehörten die Erbzinsen von der Brückenmühle noch mit zu den Einnahmen.

ABBILDUNG 3: PETER KLIERS SICHT DER BRÜCKENMÜHLE IM MITTELALTER

Der tannische Anteil an der Brückenmühle

Um 1792, wahrscheinlich zwischen 11. April 1791 und 8. Februar 1794 vor dem Verkauf an Graf Julius von Soden erstellten die Steins, die zwischenzeitlich das tannische Obermarschalkische Gut erworben hatten, eine Wertschätzung dieses Alt-Tannischen Ritterguts.
Unter der Nummer 20 der dazu gehörigen Besitzteile war aufgeführt:

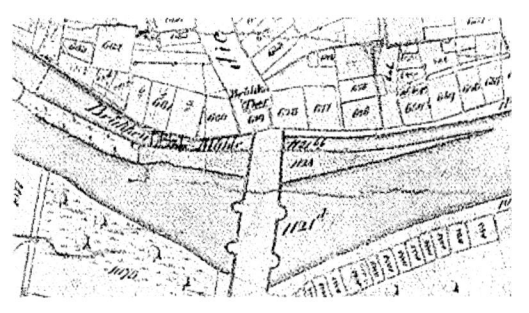

ABBILDUNG 4: DIE BRÜCKENMÜHLE IM STADTPLAN VON 1830

20. Eine Mühle bei Ostheim, so vormals eigentümlich war, im Jahr 1769 aber als ein Erbzinslehen vor 2130 fl. Rheinisch und jährlich zu liefernden 1 Malter Korn, 1 Malter Weizen und 1 Malter Gersten Erbzins mit Vorbehalt des Näher?- und Verkaufs-Rechts, wann selbige wieder veräußert werden wollte, verkauft worden: Nimmt man nun an, dass sich der Lehnfall alle 20 Jahre ereignet und der Lehnwert derer augenscheinlichen Verbesserungen ungeachtet nur das damalige Kaufgeld ausmache, so kommen zu 5 Prozent 107 ½ fl, mithin auf 1 Jahr 5 fl. 22½ kr. Wird ferner nach dem gezogenen gemeinen Wert das Malter Korn zu 3 fl. 30 kr, das Malter Weizen zu 4 fl. 40 kr. und das Malter Gerste zu 3 fl. 20 kr. angesetzt, so betragen die jährlichen Einkünfte dieser Mühle an Erbzins und Lehngeld zusammen 16 fl. 52½ kr. Diese zu 2 pro Cent zu Capital erhöhet 843 fl.

Das Ostheimer Stadtbuch schreibt über die Brückenmühle, eigentlich die Brückenmühlen, da sie ja zwei Besitzer und zwei unterschiedliche Inhaber hatte[14]: „Die nächste Mühle welche ebenfalls mit der Stadt verbunden ist, die sogenannte **Brückenmühle**, ebenfalls eine Getreide-Mahlmühle mit zwei Gängen, gehört dem sogenannten „weißen Geschlecht" (wahrscheinlich den Besitzern des weißen Schloßes, welches an der Schloßgasse gestanden hat und im Jahr 1710 [1708] abgebrannt ist). Die Zeit ihrer Erbauung ist unbekannt. Sie war ehedem im Besitze der Freiherren von Stein. Seit mehreren Jahren ist sie im Besitze zweier Eigentümer."[15]
Noch 1873 erhielt die Familie von Stein von Bayern den Lehnbrief für die Brückenmühle.[16]

Die Seemühle oder Stocksmühle

„Die zunächst darunter liegende Mahlmühle gleichfalls mit der Stadt verbunden, die ehemalige Seemühle jetzige **Stocksmühle**, mit 3 Gängen, war ursprünglich ebenfalls adlicher Besitz und gehörte den Besitzern der Münze, den Herren von Altenstein, welche wegen der Jurisdiktion über diese Mühle mit der fürstlichen Herrschaft lange Zeit im Streit lagen, welcher durch den Tod des Truhenmeisters von Altenstein im Jahr 1735 seine Endschaft erreichte. Der Erbauer dieser Mühle ist unbekannt. Dieselbe wurde im Jahr 1681 von Georg Stock für 1000 fl. käuflich erworben. Die Stadt ist im Besitze eines Durchgangsrechts nach dem ihr zustehenden Besitz, der Stäudig genannt." So beschreibt das Ostheimer Stadtbuch die Seemühle[17] und Hans Körner weiß: „Der Untermarschalkische Hof mit der Seemühle gehörte seit Ende des 15. Jahrhun-

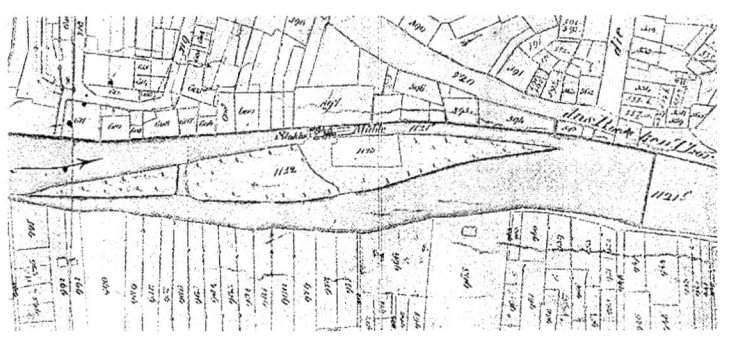

ABBILDUNG 5: DIE SEEMÜHLE ODER STOCKSMÜHLE IM STADTPLAN VON 1830

derts den Marschalk von Ostheim, die ihn wohl von den Tann erworben hatten. Er kam im Erbgang über die v. Heßberg wieder an die Tann, die ihn bald nach 1626 an den Lichtenberger Amtmann Eitel Heinrich v. Stein zum Altenstein verkauften."
Die ersten nachweisbaren Besitzer der Münz und der Seemühle waren die Herren von der Tann aus der Bastianlinie.[18] Margarethe von der Tann, die Tochter Wolframs und seiner Frau Margaretha geb. von Seckendorf, heiratete vor 1490 Georg Marschalk von Ostheim und brachte ihm die Münz mit der Seemühle mit in die Ehe.
1520 sicherte Hans Marschalk von Ostheim, einer der Söhne Georgs, seiner Frau Margarethe geb. von Stein Heirats-Gegengeld und Morgengabe in Höhe von 1200 fl. auf seinen Gütern und Höfen zu Ostheim, nämlich die Mühle vor dem Hof und weitere „gezählte"[19] Höfe und Gärten zu Ostheim. Außerdem quittiert Hans Marschalk dem Eckard von Stein, seinem Schwiegervater, 500 fl. Heiratsgut und 50 fl.[20]

ABBILDUNG 6: DIE SEEMÜHLE 1936 VON DER STADTSEITE HER GESEHEN. (E. HERDA)

1571 beschweren sich die Brüder Georg und Siegmund Voit von Salzburg, beide Schwiegersöhne Hans Marschalks und im gleichen Jahr mit den fuldischen Lehen Hans Marschalks begabt,[21] sowie Hans von Bibra als Besitzer der Seemühle über den Neubau der Amtmannsmühle.
1590 verkaufte Erbmarschall Georg Adam Marschalk von Ostheim, der Großneffe des Hans Marschalk, die Münz mit der Seemühle an Sebastian von Stein zu Altenstein[22]. Dessen Enkel, Kasimir Christian verpachtete 1621 die Seemühle an Jakob Amerell, 1681 kaufte Georg Stock die Seemühle für 1000 Gulden, die dann Stocksmühle genannt wurde. Vorher, 1667 war sie im Besitz von Rudolf Gödelmann. 1909 war R. Schneider der Besitzer. Elfriede Herda ergänzt die Liste der Besitzer: „1858 – 1887 gehörte sie der Familie Willing, wodurch auch der Name Willingsmühle entstand. 1919 – 1939 betrieb die Familie Graumann die Mühle und verkaufte sie an Tischlermeister Hermann Grenzer. Er baute den Mahlgang und das Mühlrad ab, nachdem ein Brand am 6. September 1936 Schäden angerichtet hatte, wie auf dem Bild zu sehen ist. 2002 entstand auf dem Platz eine komfortable Wohnanlage."[23]

ABBILDUNG 7:
SEEMÜHLE UND ROCKENTOR CA. 1700

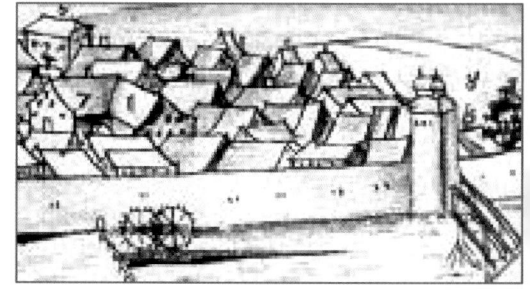

Die Öppische Mühle

In den Ausführungen zur Brückenmühle wurde dargelegt, dass bereits 1365 eine Mühle oberhalb dieser Mühle existiert haben muss. Dabei ist im Zinsbuch der Familie von Buttlar aus der Zeit zwischen 1450 und 1550 nichts über eine Mühle zu vernehmen. Alle Autoren kennen die Mühle nur aus einer späteren Zeit. Förtsch schreibt: „1565 hat Herr von Oept die vierte Mühle für sich, um sein eigenes Getreide zu mahlen, erbaut. Sie ist dann mit dem Oeptschen Gute 1683 von der Herrschaft gekauft worden."[24] Ähnlich sieht dies auch Binder und schreibt: „Um diese Zeit [1570] baute er [*Hans Veit von Obernitz*] auch seine neue Mühle (die spätere „Öptsmühle"), die in dem Voit-Ri[e]neckschen Mühlenbaustreite Erwähnung fand"[25], und zum Mühlenstreit notiert er: „nachdem der Schösser [Amtmannsvertreter; Keller] nachgewiesen, daß auch der Hofrat Hans Veit v. Obernitz eine neue Mühle erbaut habe, bestätigt Herzog Joh. Wilhelm, obgleich die Ganerben sich an ihn als den ‚Landes Furst und grundts Herr dieses orts' wenden, am 14. Nov. 1572 einen am 5. Sept. 1571 zustandegekommenen Receß, wonach v. Ri[e]neck u. a. die Kosten bezahlen sollte."[26]"

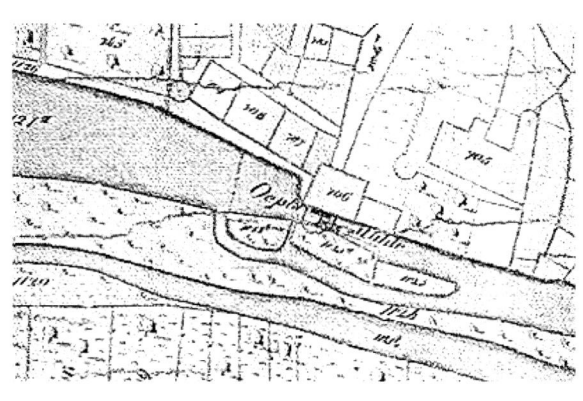

ABBILDUNG 8: DIE LAGE DER ÖPPISCHEN MÜHLE NACH DEM STADTPLAN VON 1830

Trotz fehlender Quellen scheint eine Ober-Mühle am Ort der Öppischen Mühle bereits vor 1365 sehr wahrscheinlich. Elfriede Herda und Reinhold Albert schreiben allerdings, dass diese Mühle bereits 1441 erstmals erwähnt wurde, also noch zu der Zeit, als die Herren von Buttlar Besitzer dieses Hofs waren. Im Erb- und Zinsbuch der Buttlar von 1546, das auch den Stand von 1470 widerspiegelt, wird eine Mühle jedoch nicht erwähnt, wobei es verwundern würde, wenn eine solche privilegierte Lage am Fluss, wie sie ja die Mühle auch heute besitzt, nicht genutzt worden wäre. Hierfür gibt es zwei Erklärungen: Zum ersten könnte man die Mühle, wie es Förtsch auch für den Herrn von Oept erwähnt, nur zum Mahlen des eigenen Getreides genutzt und sie durch seine eigenen Bedien-steten betrieben haben. Eine zweite Erklärung wäre: Die Mühle ist zwischen 1441 und 1470 eingegangen und dann erst ca. 1565 von Herrn von Obernitz wieder errichtet worden. Tatsächlich sind jedoch die beiden, bei der Brückenmühle aufgeführten Urkunden von 1365 und 1372 der Beweis für die Existenz auch der öppischen Mühle bereits zu dieser Zeit:

ABBILDUNG 9: DIE ÖPPISCHE MÜHLE FRÜHER (HERDA)

Wenn es 1365 die **Niedermühle** und 1372 die **Mittelmühle** gab, muss es auch eine Obermühle gegeben haben, welche nur diese Mühle gewesen sein kann. Es ist also fest anzunehmen, dass die Familie von Buttlar bereits im 14. Jahrhundert eine Mühle besaß, die jedoch um 1450 einging und um 1565 wieder eingerichtet wurde. Die Mühle wurde bis nach dem zweiten Weltkrieg, zuletzt von Max Rakow betrieben. Das Gebäude existiert bis heute.

ABBILDUNG 10: DIE ÖPPISCHE MÜHLE UM 1700 (FISCHER)

ABBILDUNG 11: DIE ÖPPISCHE MÜHLE HEUTE

Die Voitische Mühle/Außenmühle/Amtmannsmühle

Diese Mühle war außerhalb der Stadtmauer um 1570 von Christoph Voit v. Rieneck (deshalb auch „Voitenmühle" genannt) erbaut worden. „Am 26. Mai 1571 beschweren sich Georg und Siegmund Voit v. Salzburg und Hans v. Bibra, zu deren untermarschalkischem Hofe die Seemühle gehörte, und Hans v. Stein, der Lehnsherr der Brückenmühle, bei der Regierung, daß Chr. Voit v. Ri[e]neck ohne Erlaubnis außerhalb des Dorffriedens, der erst so viel zu erbauen gekostet habe und dessen Zweck bei solchem Durchbrechen der Ordnung ein verfehlter sei, eine Mühle bauen lasse, durch welche ihren für den Bedarf der Einwohner völlig ausreichenden Mühlen großer Abbruch geschehe.[27] Die Gemeinde verwahrt sich in ähnlicher Weise gegen eine neue Mühle. Da die „wasserverständigen Männer" aber ihr Gutachten dahin abgaben, daß dieselbe den beiden alten Mühlen ... nicht ... durch Schmälerung der Wasserkraft schaden könne, und nachdem der Schösser nachgewiesen, daß auch der Hofrat Hans Veit v. Obernitz eine neue Mühle erbaut habe, bestätigt Herzog Joh. Wilhelm, obgleich die Ganerben sich an ihn als den „Landes Furst und grundts Herr dieses orts" wenden, am 14. Nov. 1572 einen am 5. Sept. 1571 zustandegekommenen Receß, wonach v. Ri[e]neck u. a. die Kosten bezahlen sollte."[28]

1575 kam es zwischen der Gemeinde, dem Besitzer der Seemühle und dem Voit von Rieneck, dem Besitzer der Außenmühle, zu einem Prozess, welcher dahin entschieden wurde, dass der Eigentümer der Letzteren verpflichtet ist, über das Wasser einen Grundbaum zu setzen, das Wässern der Plankenwiesen zu gestatten und bei hohem Wasserstand die Schützbretter zu ziehen, damit die Stadt keinen Nachteil erleide.[29]

Heinrich von der Tann erbaute die Außenmühle 1703 neu. 1706 verkaufte er sie für 5½ Hundert und alle Jahre 20 Malter Korn als Erbzins und die Verpflichtung, zwei Jagdhunde aufzuziehen. Der Kauf wurde aber rückgängig gemacht.[30]

Christoph Friedrich von der Tann verkaufte die „tannische" oder „Außenmühle" 1769 an den sachsen-eisenachischen Amtmann Johann Heinrich Christian Thon für 2130 Gulden rheinisch. Seitdem hieß sie „Amtmannsmühle".

ABBILDUNG 12: DIE AMTMANNSMÜHLE, 1960 VOR DEM ABRISS FOTOGRAFIERT. (SAMMLUNG ELFRIEDE HERDA).

ABBILDUNG 13: DIE AMTMANNSMÜHLE NACH EINEM GEMÄLDE VON R. BECHSTEIN (E. HERDA)

Die Moritzmühle oder Engelsmühle

Binder berichtet über diese Mühle im Zusammenhang mit dem Rosenauschloss: „Soweit die Nachrichten zurückreichen, war der Rosenauische Hof v. Steinisch, und zwar im Besitz der Ostheimer Linie, welche 1611 mit Moritz Burkhardt ausstarb. Dieser hatte noch als Zugehörung zu diesem Hofe die ‚Moritzmühle' gebaut."[31] Wahrscheinlich aufgrund dieser Notiz schreibt E. Herda, die Moritz- oder Engelsmühle sei vor dem Dreißigjährigen Krieg erbaut worden.[32]

In den steinischen Unterlagen über Ostheim ist nichts über eine solche Mühle berichtet. Auch in den drei Teilungen der Ostheimer Steins ist diese Mühle nicht verzeichnet. Allerdings findet sich in einer Urkunde von 1528 ein etwas unverständlicher Hinweis:

Scholastika von Stein wird, nachdem ihr Heiratsgut mit 4400 fl. und nun der Hof zu Sondheim mit 1000 fl. belastet wurde, nun die Behausung zu Ostheim zugesprochen mit Scheunen, dazu Brennholz zu Völkershausen, das Viertel Zehnt zu Ostheim, welches mit 1400 fl. veranschlagt ist. Sie hat keinen Anteil am Haderteil. Ferner erhält sie 4 Güter in Oberelsbach, die halbe

Mühle vor dem Obertor zu Ostheim und des steinschen Oberelsbach. Dafür stellt sie Revers aus, dass sie, wenn die Güter zu Sondheim wieder frei gemacht werden, von diesen Einnahmen zurücktreten soll.[33]

Scholastika war die zweite Frau Philipps von Stein, der 1518 gestorben war und einen großen Schuldenberg hinterlassen hatte. Sollte der Hinweis auf die Mühle **vor** dem Obertor die Moritzmühle meinen? Doch welches war das Obertor? Es gab zu dieser Zeit nur drei Tore, das Falltor, das Rockentor und das Brückentor, sowie die Tanzpforte. Das Rockentor wird 1459 erwähnt[34], ein Garten vor dem Falltor und ein Haus am Falltor im buttlarschen Zinsbuch von 1450 – 1546, das Brückentor ebenfalls in der Zeit zwischen 1450 und 1546 in diesem Zinsbuch, wobei die namengebende erste Brücke erst um 1470 erbaut wurde[35]. Es kann aber durchaus sein, dass das vorherige Obertor noch längere Zeit diesen Namen trug, bis sich der Name Brückentor einbürgerte. Das Neutor wurde erst 1664 erbaut.[36] Vorher war Richtung Tanzberg nur eine Pforte, die **Tanzpforte**. Bei der ersten Ostheimer Teilung der Steins heißt es: „Moritz und Hartung sollten erhalten 1. die Kemenate in Ostheim, 2. Den Bauhof daselbst mit Gefällen, großen und kleinen Zehnt in Ostheim, den Garten unter der **Denzpforten** in Ostheim"[37] ebenso 1546 und 1569.[38] Aus diesen Gründen wird mit „Mühle vor dem Obertor" eher die Brückenmühle als die Moritzmühle gemeint sein. Vielleicht ist aber Binder nur einer Verwechslung erlegen, denn um 1603 ist Moritz Burkhard von Stein tatsächlich mit einem Mühlenprojekt zugange. Ein Notariatsinstrument über diese Mühle wird auch in Ostheim aufgesetzt. Er will jedoch seine Mahlmühle bei Sondheim und nicht bei Ostheim in eine Papiermühle umwandeln.[39]

Das Stadtbuch schreibt denn auch: „Die nächste Mühle unter der Vorgenannten, die erste über der an der Stadt liegenden Brücke, die **Moritzenmühle**, wurde im Jahr 1703 zu einer Getreide-Mahlmühle mit einer besonderen Loh- und Oelmühle erbaut. Im Jahr 1870 wurde eine Schneidmühle in derselben eingerichtet. Die Loh- und Oelmühle ging von dieser Zeit an ein. (Das Gebäude wurde zu einer Schlächterei eingerichtet)[40]." Über die Neuzeit berichtet E. Herda weiter: „Die Moritz- oder Engelsmühle ... brannte 1899 ab. Nach Wiederaufbau des Anwesens entstand hier Anfang des Jahres 1900 das erste „Hallenbad". Besitzer Engel baute eine Bretterhalle über den Mühlgraben. Durch eine Bretterwand waren die Geschlechter getrennt. Für fünf Pfennig konnte man eine Stunde baden. Heute befindet sich hier die Arztpraxis Schneider."[41]

Es ist wohl richtig, dass diese Mühle erst 1703 entstanden ist. 1571, als Christoph Voit von Rieneck seine Außenmühle bauen wollte, bestanden nur die beiden alten Mühlen und die Obernitzsche (Öppische) Mühle. In den dann folgenden Zeiten wäre ein Mühlenbau nicht undokumentiert geblieben, ganz abgesehen davon, dass man in Zeiten, in denen man sich durch eine Stadtmauer schützte, niemals eine neue Mühle auf ungeschütztem Gelände errichtet hätte.

Ungeklärt ist bisher die Notiz bei Förtsch, vor dem dreißigjährigen Krieg habe Herr von Bastheim die drei oberen Mühlen innegehabt. Sie seien dann an Bürger übergegangen.[42] Der Hintergrund mag im Aussterben der Ostheim/Sondheimer Steins im Mannesstamm liegen, als der Letzte, Moritz Burkhardt, 1609 starb.[43] Seine Schwester Anna Sophie, verheiratet mit Adam von und zu Bastheim, erbte die Steinischen Eigengüter und die fuldischen Lehen. Allerdings war der steinische Anteil an der Brückenmühle würzburgisches Mannlehen, und die übrigen Mühlen waren zu diesem Zeitpunkt nicht in steinschem Besitz, jedenfalls ist nichts darüber bekannt. Wahrscheinlich ist die Verbindung über die Bastianlinie der von der Tanns, als die Tochter Wolfs von der Tann († 1522), Margarete, Christoph von Bastheim heiratete und diesem nach dem Tod ihres Bruders Hans Wolf die Hälfte des Familienbesitzes einbrachte. Die andere Hälfte erbte ihre Schwester Barbara, verheiratete von Rosenau, die dann dem Rosenauischen Hof seinen Namen gab.[44]

Die Mühlenbesichtigung, ein heißes Eisen

Lange Jahre hatte sich ein Streit um die amtliche Besichtigung der Mühlen im Adelsbesitz hingezogen. Bereits 1667 hatte das Amt festgelegt, wie die Mühlenbesichtigung durchzuführen sei. Der Text im Stadtbuch lautet in heutigem Deutsch[45]:

Wenn diese [am Rand nachgetragen:] *auch in den adeligen freien Sitzen* besichtigt werden, führen der Amtmann, der Schultheiß und beide Bürgermeister mit dem Stadtschreiber, dem Torwart und dem Stadtknecht die Besichtigung durch. Nun nimmt man einen Strick vom Wagen, zieht ihn in der Zarge um den Stein herum.[46] Danach lässt man das Mühlrad gehen. Wenn sich nun der Strick mit dem Stein herumbewegt und die Zarge bewegt sich nicht, so ist diese zu weit eingestellt und der Müller ist straffällig. Regt sich aber die Zarge und will sich mitdrehen, so ist es recht.

Auch werden die Gefäße nachgemessen und geprüft, ob sie richtig sind. Werden die Maße unrichtig befunden und es fällt eine Strafe an, so wird das Strafgeld durch alle Prüfer verzehrt (und vertrunken). Bei größeren Strafgeldern steht die Hälfte dem Fürsten und Herrn zu.

Für das Amt Lichtenberg war das Ganze eine Art Mühlen-TÜV und ein Akt der Lebensmittelüberwachung, wie wir heute sagen würden. Die Ganerben sahen darin jedoch eine Amtsanmaßung und einen Eingriff in ritterschaftlich ganerbschaftliche Rechte. Sie versuchten, die Prüfung zu verweigern, protestierten dagegen und sahen darin einen Grund, an den Kaiser zu appellieren.

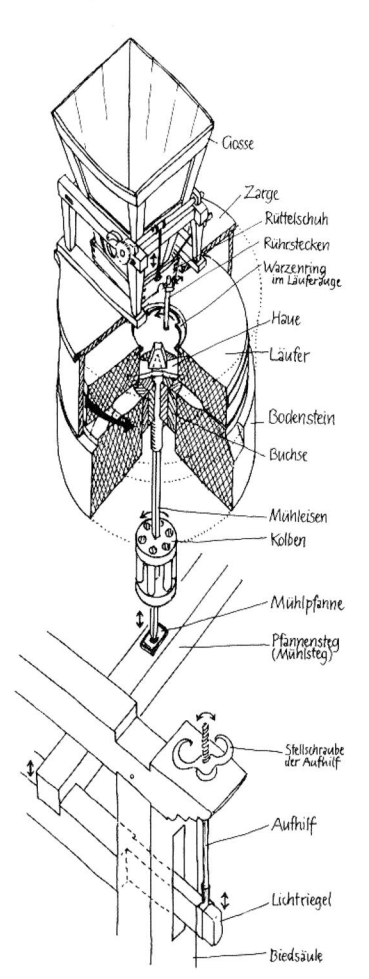

„1712 beschweren sich die Ganerben, daß der Amtmann auch *ihre* Mühlen habe besichtigen lassen. Die Regierung wies jedoch diese Klage zurück und berief sich dabei darauf, daß dies von jeher geschehen, wie denn Fr. Seb. v. Stein z. Altenstein als Amtmann bei einer solchen Gelegenheit sogar mit seiner eigenen Mühle den Anfang gemacht habe."[47]

1722 führte der ganerbschaftliche Syndicus (Rechtsanwalt) Heinrich Anton Wlöme in einer neuerlichen Klage „wegen des teils alten, teils von neuem vorgenommenen Attentats und Contravention gegen das kaiserliche Mandat [s. unten] in Sachen Ganerben gegen das fürstliche Haus Sachsen-Eisenach" unter Punkt 4 aus[48]:

4. Man hat angefangen, sich neben der Mühlenschau andere Rechtssprechungen auf den ganerbschaftlichen Mühlen anzumaßen, so schreibt man vor, wie es sich mit der Sperrung der sogenannten Mühlpforte zu verhalten habe. Die Ganerben haben zwar dagegen protestiert, doch keine Antwort erhalten. Auch in Schuldsachen nimmt das Amt Pfändungen in den Mühlen vor. Auch andere Rechtsanmaßungen werden im beigefügten Protestschreiben dokumentiert. Dabei ergibt sich aus der beigelegten Kopie von 1581 ganz klar, dass der Rat der Stadt bittet, eine solche Mühlenbesichtigung durchführen zu lassen.

1717 hatten sich die Ganerben zu Ostheim in einer Klage vor dem Kaiserlichen Reichshofrat beschwert, dass „das Amt Lichtenberg seine Rechtsprechung auch auf die adeligen Mühlen ausdehnen" will.[49] Hierauf erhielt die sächsische Regierung wirklich ein Mandat, nicht ferner gegen

ABBILDUNG 14: SCHEMA EINER MAHLGANGEINRICHTUNG AUS: MÜHLEN UND MÜLLER IN FRANKEN abgeschlossene Verträge zu handeln, angemaßte Rechte wieder aufzugeben. Dieses von Sachsen zwar angefochtene, aber nie zurückgenommene Mandat des Reichshofrats von 1717 wurde aber als zu Recht bestehend vom Adel bis zuletzt in Streitfällen gegen das Haus Sachsen und das Amt ins Feld geführt.

Die Ostheimer Badestube

Öffentliche Badestuben wurden nach dem Verschwinden der römischen Thermen erst im 12. Jahrhundert in den Städten eingerichtet. Ausgelöst wurde diese Entwicklung unter anderem von der aus den arabischen Ländern herrührenden Badekultur, die durch die Kreuzzugsteilnehmer aus dem Orient mitgebracht wurde. Das gemeinsame Wannenbad zielte weniger auf die Körperhygiene; Baden war in erster Linie ein gesellschaftliches Ereignis und diente der Begegnung und Unterhaltung. Ein Schwitzbad hingegen hatte eher therapeutischen Charakter; das Schwitzen war als Mittel zur Ausscheidung negativer Körpersäfte bekannt. Die Städte hatten mehrere Anstalten; in Nürnberg wurden allein 17 Badestuben betrieben. Im fränkischen Raum lässt sich die Einführung von Badstuben im 14. Jahrhundert nachweisen.

1327 hören wir von einer Badestube zu Ochsenfurt, 1367 zu Unterschwappach, 1386 zu Heidingsfeld, 1390 zu Hellmitzheim[50]

Zu Coburg gehörten 1348 die Einkünfte der zwei Badstuben den von Schaumbergs als hennebergisches Lehen.[51]

Straßen, Wege und Gassen, die auf die Existenz von Badstuben oder Badehäusern in Unterfranken hinweisen, mit dem Namen Badgasse, Badersgasse, Badergasse und ähnlich gibt es auch heute noch in fast 40 Orten des Regierungsbezirks.

Überraschend hoch ist die Dichte der heute in den Straßennamen noch lebendigen Zeugen mittelalterlicher und frühneuzeitlicher Sitten und Gebräuche. Auch in unserer engeren Umgebung sind Badstuben dokumentiert: Schon zwischen 1303 und 1313 erhielt Heinrich von Schneeberg von Bischof Andreas zu Würzburg die Badstube und einen Hof in Bischofsheim zu Lehen.[52] Als Lehen Fürstbischofs Gottfried von Hohenlohe und seines Nachfolgers Wolfram von Grumbach ist eine *stupa balnearum* (lat.: Badstube) in Meiningen erwähnt[53]. 1344 ist in Königshofen eine kurz zuvor errichtete Badstube belegt.[54] Um 1350 hatte Heinrich Truchseß von Bischof Albrecht von Hohenlohe zu Würzburg Güter zu Bastheim oberhalb der Badstube (super estuario et domo in Bastheim – lat.: über der heizbaren Stube und Haus in B.) und der Burg zu Lehen.[55]

Auch in Stockheim gab es eine gemeindliche Badstube, nach der die Badgasse benannt wurde. 1625 war Meister Peter Ries Bader daselbst. Von 1644 bis 1648 wurde die Badstube von der Gemeinde an Barbara

ABBILDUNG 15: BADEHAUS IM MITTELALTER

Rös(in) verpachtet.⁵⁶

In Fladungen wird 1572 eine Badestube erwähnt. Der Bader kurierte Krankheiten und Verletzungen. Daneben besorgte er auch die Leichenschau am Zentgericht.⁵⁷ Noch 1702 kommt ein Baderssohn im Ostheimer Stadtbuch vor.⁵⁸ Etwa 1366 erhielt Hans von Stein neben anderen Besitztümern auch die halbe Aumühle und die Badstube (stupam balnei ante civitatem – lat.: Badestube vor der Stadt) in Mellrichstadt⁵⁹ von Fürstbischof Albrecht von Würzburg zu Lehen. 1429 teilten sich die Herren von Stein beider Linien in die Badstube in Mellrichstadt unten an der Streu neben der Eichersmühle, die ebenfalls im Besitz der Familie war.⁶⁰

Die Badstuben waren geradezu zentrale Einrichtungen, und der Betreiber eines solchen Hauses war, wie die Häufigkeit des Familiennamens Bader lehrt, eine für das städtische Leben charakteristische Person. In den Badhäusern und -stuben wurde ein vielfältiger Service geboten. Hier wurden die Haare und der Bart geschnitten, hier konnte man zur Ader gelassen und anderweitig medizinisch behandelt werden. Die Bader übten auch wundärztliche Tätigkeiten aus. Ein anderer Grund für den Besuch einer Badstube konnte die Geselligkeit sein und womöglich eine gewisse Libertinage, die einen hier erwartete.⁶¹

Der Bader, ein Handwerk, zu dessen Zunft anfangs auch die Ärzte gezählt wurden, versorgte nicht nur das eigentliche Bad, er bot auch „Wellness" mit Salbölen und Duftessenzen an. Knochenbrüche und Verrenkungen behandelte er ebenso wie Zahnschmerzen. Die Niederlassung ausgebildeter Ärzte in den Städten ist eine Erscheinung der Neuzeit.⁶²

Obwohl der Beruf des Baders ebenso wie der des Schinders als „unehrlich" galt, ließ man sich vom Bader die Zähne ziehen, Geschwüre behandeln und gebrochene Knochen schienen. Darüber hinaus schröpfte der Bader viele seiner Patienten oder ließ sie zur Ader. Beim Schröpfen setzten die Bader erhitzte Glasglocken über Hauteinritzungen, um dem Körper auf diese Weise Blut zu entziehen. Wie beim Aderlass sollte so das richtige Verhältnis der Flüssigkeiten im Körper wiederhergestellt werden.⁶³

Eine solche Badestube gab es bis in die Neuzeit auch in **Ostheim**. Im Lehn- und Zinsbuch von 1546 der Buttlars ist die Badstube aufgeführt. Sie war ein freies Gut, also Eigenbesitz der Herren von Buttlar. Der Inhaber, Hans Rodt, hatte an die Buttlars jährlich 1 Gulden auf Sankt Walburgis und einen Gulden auf St. Michael und ein Fastnachtshuhn als Pacht zu zahlen. Sicher lag die Badestube unten an der Streu, vielleicht in der Nähe der später so genannten Öptsmühle. Jedenfalls benötigten die Bader viel Wasser für die Badestube. Die Verbindung zwischen Mühle und Badstube wird von zwei Quellen unterstrichen, in Mellrichstadt und Coburg. Auch in Bastheim hat die Badestube am Elsbach oder einem seiner Mühlbäche gestanden.

Wie der Ostheimer Bader Hans Rodt seinen Beruf ausgeübt hat, wissen wir nicht genau. Allerdings wissen wir, was Sintram von Buttlar von ihm erwartete: Er und sein ganzes Gesinde soll der Bader „baden, köpffen und scheren, als oft das not ist, umbsonst."

Baden, Köpffen, also Kopfhaar schneiden, und (der

ABBILDUNG 16: EIN RITTER SITZT IN EINEM BADEZUBER, BESTREUT MIT BLÜTEN. DREI JUNGFRAUEN BEDIENEN IHN, WÄHREND EINE MAGD DAS FEUER UNTER DEM WASSERKESSEL SCHÜRT.

Bart) scheren, das dürften auch sonst in Ostheim die Aufgaben des Baders gewesen sein. Wahrscheinlich war auch nicht alle Tage Badetag, sondern nur samstags, wie dies bis in die heutige Zeit in vielen Familien Sitte war, denn das Ostheimer Stadtbuch schreibt dazu aus dem Jahr 1667: „Badtstub(e). Vff den Sonabent hadt die Baderin od(er) ein bader ein bret[?] macht ein zu sezen; wenn aber daß bad auß ist, muß solches wider raußgethan werd(en)." [64]

Wir erfahren aus diesem kurzen Satz:
- Die Badstube wird 1667 von einer Frau betrieben, konnte aber auch wie früher von Männern unterhalten werden.
- Die Badstube liegt direkt an einem Mühlgraben, denn nur ein solcher kann durch Einsetzen eines Brettes so hoch aufgestaut werden, dass das Wasser direkt vom Untergeschoß des Badhauses aus zu erreichen ist.
- Die Vorschrift, dass das Brett wieder entfernt werden muss, wenn niemand mehr das Bad benutzt, lässt darauf schließen, dass das Wasser nur dann abgezweigt werden durfte, wenn es nicht zum Mahlen benutzt wurde.

Obwohl bereits 1591 erstmals in Ostheim eine private Badstube erwähnt wird, und zwar im Pfarrhaus, wo dem Pfarrer Frank bei seinem Einzug von Michael Hans Müller ein kleiner Schemel oder ein Bänklein in die Badstube gefertigt wird[65], ist auch noch 1679 im Stadtbuch der Bader Hanß Casper Schütz erwähnt.[66]

ABBILDUNG 17: FRAUENBAD IM MITTELALTER, NACHGESTELLT

Natürlich wurde in der Badstube nicht nur die Reinlichkeit gepflegt, sondern es wurde auch gegessen und getrunken, wie die folgenden Nachrichten zeigen:

1579 am 13. März saßen neben anderen Wolf Weiß und Schultheiß Conrad Zinn im Badershaus, das zu dieser Zeit Hans Bopp betrieb. Zumindest Wolf Weiß war schon betrunken, sonst hätte er nicht den Schultheißen „ohn alle vrsach" vor Zeugen einen Schelmen gescholten und geheißen. Conrad Zinn wollte das nicht auf sich sitzen lassen und zeigte die Sache beim Amtmann Arnold von Heldritt an in der Absicht, daraus ein offizielles Gerichtsverfahren zu machen. Doch die Bitten vieler Freunde und die reumütige Abbitte des Sünders bewogen den Schultheißen, die Sache auf sich beruhen zu lassen. Weiß sagte, er wisse gar nicht mehr, dass er Zinn beschimpft habe; „er wisse nichts denn Ehr, Liebs und alles guts

ABBILDUNG 18: PETER KLIERS VORSTELLUNG DER BADEFREUDEN IN DER MELLRICHSTÄDTER BADSTUBE

von Conrad Zÿnn Schulthessen zu sagen."[67]
Ein Ereignis von 1608, im Willmarser Urbar aufgezeichnet, mag ein weiteres Licht auf das Badeleben in Ostheim werfen:
Nota

Catarina.. , sonst die Volken genannt ging an diesem Tag nach Ostheim ins Bad. An diesem Tag war ein sehr bös Wetter mit schwerem und grausamen Windbrausen. Sie ging also dort ins Haus des Betz Reuß und trank erst ein Krüglein Wein und ging dann ins Bad, badete und ging danach in Betz Wickers Haus und trank noch zwei Krüglein. Dann wollte sie heimgehen, obwohl die Wirtin sie gewarnt hatte und angeboten hatte, sie solle bei ihr bleiben, hat sies nicht gewollt und sich auf den Weg gemacht. Doch als sie hinauskam ist ihr der Kopf vielleicht so wüst geworden, daß sie vom Fahrweg abgekommen, durch den Dreck gelaufen, einmal gefallen, dann wieder gegangen ist. Doch obwohl Hans Thomas, Müller zu Willmars als auch Jacob Back zu Ostheim, die nach Lichtenberg gehend sie auf den Pfad bringen wollten, hat sie nur geflucht, so daß sie weitergingen. Als die Frau nahe Lichtenburg gekommen war, ist sie vom Weg ab und den Berg hinabgekommenan die Wiesen unten und die ganze Nacht herumgeirrt, bis sie endlich auf Sonntag vom Schöffen zu Ostheim Betz Reuss gefunden wurde, der es den Herren in Ostheim anzeigte. Die schickten den Sohn der Hofbäuerin Anna Schöpler mit einem Karren hinaus mit Stoffel Zehner, Thomas Duhner, auch Michel Kolb aus Willmars kam mit. Als sie die Frau auf den Karren heben wollten, hat sie gesagt: Heb Dich von mir und hat geflucht. Endlich ist sie auf Willmars gefahren worden. Als sie auf die Willmarser Ecke an den Grubenacker kamen … und als sie nach Willmars kamen haben sie sie mit warmem Wasser gewaschen, denn sie war gar beschissen. Da hat sie die Achsel noch einmal hoch gezogen und ist also blieben (verstorben). Dies wurde der Sächsischen Regierung zu Meiningen angezeigt, wo der Befehl erging, den Zentgrafen zu Mellrichstadt zu informieren und die Frau dann zu bestatten.[68].

Zur Lokalisierung der Badstube mag auch die nachfolgende Geschichte aus dem Stadtbuch helfen:

Nachtstreuner und Gassenhetzer

Am 16. Januar 1669 tobten einige junge Burschen, die freitags zuvor abends auf den Gassen Mutwillen getrieben hatten, so sehr herum, dass sich die Tochter der Willen Utlich ein Bein brach. Einer der Burschen war der Sohn des Hessenbauern. [wahrscheinlich die Söhne eines Bauern namens Heß] Der Stadtknecht wollte ihn (wie die anderen) vor den Schultheißen laden, doch der Junge lachte nur darüber und steckte sich hinter Junker Heinrich von Stein. Dieser schickte am darauffolgenden Sonntag Hans Dietmar zum Schultheiß, wo er der Freiheit wegen gegen die Vorladung protestieren musste. Er würde den Jungen selbst strafen ins Gefängnis stecken und ihn nicht nur eine Stunde darin lassen. Ihm wurde zur Antwort gegeben, er möge den Jungen nur gleich strafen. Würden aber des Hessenbauern Söhne nochmals bei Nacht angetroffen werden, so sollten sie genügend bestraft werden. Dann könne der Edelmann danach klagen, solange er wolle und versuchen dieses Haus neben der Badstube in die Ganerbenfreiheit zu ziehen, doch es gehöre nicht dazu, sondern es sei ein Bürgerhaus und in früheren Zeiten sei eine Mauer zwischen diesem Hof und dem Edelhof gestanden. Auch hätten Bürger darin gewohnt wie Caspar Kramer und nach ihm sein Sohn. Vorher habe einer darin gewohnt, der sei kein Bürger gewesen, habe aber einen Krämerladen betreiben wollen. Das sei ihm verwehrt und alles weggenommen worden, so dass dieses Haus nicht in die Freiheit gehörig ist.[69]

Eigentlich kann es sich bei dem Hof nur um den landwirtschaftlichen Betrieb des Fronhofs handeln, der zwischen dem steinischen Heldrittschen Hof und dem buttlarschen Besitz liegt. Die angrenzende Badstube müsste demnach auf buttlarschem Grund an der Streu neben dem Fronhof gelegen haben.

Noch 1710 bestand die Badstube. Bei der „Renovatio Wein, Bier und Brande weins tranck Steüer freyheit", sollte diese Steuer auch auf die Badestuben ausgedehnt werden[70].

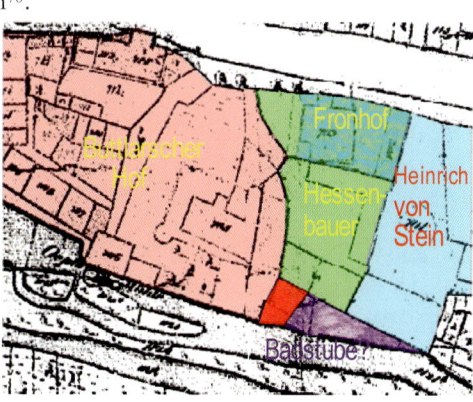

ABBILDUNG 19: MÖGLICHER STANDORT DER BADSTUBE

Die Badstube in Mellrichstadt

„Der Besitz von Badestuben und Mühlen ist neben Gerichtsbarkeit, Patronat und Erbschenke stets ein altes grundherrliches Merkmal. Sie waren begehrte Stücke", schreibt von Schaumberg.[71] Spätestens seit Beginn des 14. Jahrhunderts war die Familie von Stein in Mellrichstadt im Besitz zweier dieser begehrten Besitztümer als Lehen der Bischöfe von Würzburg.
Schon um 1305 hatte Siegfried II., der Sohn des Stammvaters Siegfried I., als Burglehen unter anderem ein

ABBILDUNG 20: DIE MELLRICHSTÄDTER BADSTUBE VON SÜDEN, VOM JENSEITIGEN STREUUFER

Gut und eine Mühle neben der Burg Mellrichstadt erhalten.[72] Damit wurde er auch von Fürstbischof Albrecht von Hohenlohe (1345 - 1372) beliehen. 1327 erwarb Siegfried II. durch Tausch mit seinem Eigengut in Unsleben noch einen größeren Besitz hinzu.[73] 1330 verzichtete Siegfried der Jüngere auf einen Hof in Mellrichstadt beim Pfarrhaus aus dem Nachlass Conrads von der Kere zugunsten Hermanns von Sternberg, welcher nun damit belehnt wurde.[74] Um 1366 trennte sich der Sohn Siegfrieds II., Johann, von einem Teil des würzburgischen Lehenguts in Mellrichstadt. Er bat Fürstbischof Albrecht von Hohenlohe, dem Eberhard von Maßbach, möglicherweise seinem Schwiegersohn, ein Vorwerk in Mellrichstadt, die [Burg-]Mühle unterhalb der Burg, das Burggut daselbst, die halbe Aumühle und die Badstube vor der Stadtmauer (stupam balnei ante civitatem) mit einem weiteren Gut zu verleihen.[75]
Wie die Badstube wieder an die Familie von Stein zurückfiel, ist nicht bekannt, doch 1429 ist sie wieder im Besitz des Geschlechts.

In diesem Jahr teilten sich die Herren von Stein beider Linien in die Badstube in Mellrichstadt unten an der Streu neben der Eichersmühle, die ebenfalls im Besitz der Familie war. Ehrhardt und Caspar von Stein, Vettern zu Nordheim verkauften dem Siegfried von Stein, Ritter, dem Hans und Lorenz von Stein und deren weiteren Brüdern 1/6 vom Zoll in Mellrichstadt um 20 Gulden und die Hälfte der Badstube um 30 fl.[76] Die Anteile waren vorher im Besitz des verstorbenen Hans von Stein gewesen. Durch diesen Kauf besaßen die Nordheimer und die Ostheimer Steins je die Hälfte des Zolls und der Badstube.

Die äußere Badstube neben der Eichersmühle, dem alten Wehr gegenüber, wurde auch 1440 erwähnt, als Hans Mack, Bürger zu Mellrichstadt, und Barbe, seine eheliche Wirtin, 1 Ort(gulden) jährlicher und ewiger Gülte je auf den Dienstag in der Karwoche auf der Badstube, vor der Stadt Mellrichstadt gelegen, dem Spital in Mellrichstadt vermachten.[77]

Im 16. Jahrhundert sehen wir die Familie Groß zu Helmershausen im Besitz der Eichersmühle vor der Badpforte. Die Badstube war namengebend für die Westpforte durch die Stadtmauer geworden. 1537 erhielt Caspar Groß zu Helmershausen, der Sohn Wilhelms die Eichersmühle von Bischof Conrad zu Lehen[78]. Am Samstag, den 5. Juni 1574 verlieh Bischof Julius von Würzburg Sittich Groß von Helmershausen, dem Sohn von Caspar Groß, die „Aichelmühle" vor der Badpforte zu Mellrichstadt mit 8 Acker Zugehörung zu Söhn- und Töchterlehen. „1575 hat Valtin *Böhn* solche Badstube inne und an sich gekauft; wegen dieser Badstube hatte er keine Erbhuldigung geleistet, sondern wegen seiner bürgerl[ichen] Güter. – Diese Badstube hatte an die Herrn v. *Stein* jährlich 1 fl. 3 Batzen für 3 lb. Wachs, 4 Batzen 16 d. für 1 Lammsbauch, 16 Batzen 4 d. für 1 Weihnachtenbrod und 1 fl. für 10 Pfund Unslit zu entrichten."[79]

Nach dem Tode Caspar Groß' hatten seine Söhne Sittich, Lorenz und Caspar, der eine Zeitlang außer Landes gewesen und man nicht wusste, ob er noch lebe oder tot sei, sowie seine Tochter Cordula die Verlassenschaft geteilt; die Mühle war auf Sittich gefallen. Inhaber der Mühle war Haintz Trapp gen. Heß. Von der Badestube ist dabei nicht die Rede, auch nicht, als Sittich Groß, den es nach Tübingen verschlagen hatte, die Mühle vier Jahre später an Caspar von Stein zu Nordheim um 300 Gulden verkaufte.[80] Bei den folgenden Belehnungen 1578, 1623, 1643, 1674 und 1684 wurde die Ayersmühle, wie sie seit 1623 genannt wurde, allein verliehen[81]

ABBILDUNG 21: DIE BADSTUBE 1988. (ZEICHNUNG VON ANTON HIPPELI)

ABBILDUNG 22: ÜBERREST DER BADSTUBE IN MELLRICHSTADT 2007. IM HINTERGRUND DIE EICHERSMÜHLE

ABBILDUNG 23: INSCHRIFT IM TORBOGEN DES BADHAUS-UNTERGESCHOSSES: BC 1709 15 (STEINMETZZEICHEN) 85

Seit 1429 wurde die Badstube nicht mehr verliehen. Erst am 20. Juni 1693 wurden die Söhne Dietrichs von Stein, Caspar und Dietrich August, von Fürstbischof Johann Gottfried von Guttenberg wieder mit der Ayersmühle und der Badstube in Mellrichstadt beliehen.[82]

War nun die Badestube seit 1429 stets im Besitz der von Stein geblieben, oder war sie immer Zubehör der Eichersmühle gewesen? Nachdem jedoch Valtin Böhn 1575, also vor dem Verkauf der Eichersmühle an die Steins, diesen Abgaben zahlen musste, dürfte diese Frage geklärt sein. Die Steins waren das ganze Mittelalter über im Besitz der Badstube. Letztmals 1740 verlieh Fürstbischof Friedrich Karl Ayersmühle und Badstube in Mellrichstadt an Johann Philipp Ernst von Stein.[83] Da wurde das Haus jedoch schon mehrere Jahre als Gerberei genutzt.[84] Valentin Luttdorf, Käufer dieser Badstube, hatte im Jahr 1731 eine Gerberei eingerichtet; er hatte deshalb viel Anstand und Streitigkeiten mit dem Aichersmüller.

Über den Badebetrieb in dieser Badstube wissen wir noch nichts Konkretes. Doch können wir durch Vergleich mit anderen Badstuben einiges übernehmen. Jedenfalls war die Nähe zu einem Wasserlauf die Grundvoraussetzung für den Betrieb. So wie auch in Ostheim war auch das Badehaus in Mellrichstadt kurz vor einem Wehr gebaut, wo das Wasser nach Belieben so hoch angestaut werden konnte, dass es leicht geschöpft werden konnte, denn der Wasserverbrauch war ja nicht unerheblich. Nur bei einer gut funktionierenden Wasserversorgung konnte eine solche Anstalt auch in die Innenstadt verlegt werden. In (Bad) Neustadt lagen die beiden 1472 bezeugten Badstuben vor den Toren der Stadt, vor dem Spörleinstor und vor der Salzpforte, wahrscheinlich an einem Seitenarm von Brend und Saale[85]. In Mellrichstadt lag die neue Badstube im Laurentiusviertel, dem Viertel südlich der Stadtpfarrkirche an der Stadtmauer.[86] Diese war im Besitz der Stadt. Viele Bedingungen, die für den Betrieb dieser Badeanstalt 1560 galten, werden wohl auch für die alte Badstube an der Eichersmühle gegolten haben[87]:

- Der Bader hat zusammen mit geschickten Knechten und Mägden für einen geordneten Betrieb zu sorgen. Die Badstube war also durchaus kein Ein-Mann-Betrieb.
- Er soll die Badstube dreimal in der Woche für die gesamte Bevölkerung öffnen. (In Ostheim war dies nur samstags)
- Nachdem auch in Neustadt der Stadtrat, Stadtschreiber und Freibote zu besonderen Gelegenheiten das Bad aufsuchen konnten und dies aus dem Stadtsäckel mit 8 Pfg. bezahlt wurde, kann sich der etwas unverständliche Absatz im Mellrichstädter Vertrag, dass der Bader viermal jährlich, zu jeder Goldfasten, ein Bad zu machen hat, „Gott dem Allmächtigen zu Lob und Ehre und gemeiner Bürgerschaft zu Nutz und Gutem", auch auf eine solche Übung beziehen. Auch die Herren von Buttlar als Lehnsherren hatten sich ja für das Badhaus in Ostheim besondere Leistungen ausbedungen.
- Für den Inhaber der inneren Badstube, wie auch für Themar, galt die Pflicht, „so oft die Bürger in vorfallenden Heerzügen und Kriegsläuften ausgeschickt würden: habe er mit einer gerüsteten Feuerbüchse mitzuziehen oder einen tüchtigen Knecht mit seinem Werkzeug und Rüstung mitzuschicken." In Themar hat der Bader die Pflicht bei Kriegszügen mit den Bürgern zu ziehen und die Wunden umsonst zu verbinden und zu heilen.

ABBILDUNG 24: DAS BADHAUS IN MELLRICHSTADT UM 1900 (TRETTER). DURCH STURM ENTWURZELTE BÄUME HATTEN DAS GEBÄUDE BESCHÄDIGT.

- Seltsam mutet uns heute die Einrichtung von „Seelbädern" an, die sowohl für die innere Badstube in Mellrichstadt, als auch für die Badstube in Themar bezeugt sind. In Themar hatten die Grafen von Henneberg solche eingerichtet. Dort soll ein jeder Bader jährlich und ewiglich am Samstag nach Ostern für die Herrschaft von Henneberg und alle Vorfahren und Nachkommen zu Heil und Trost ein Seelenbad haben und machen. Dieses Seelenbad soll vom Ortspfarrer am Ostersonntag oder Ostermontag von der Kanzel abgekündigt werden. Am Samstag des Seelenbades soll der Ortspfarrer mit seinem Kaplan nachts eine gesungene Vigil und am Sonntag danach, Quasimodogeniti, eine gesungene Seelenmesse der Herrschaft und ihren Vorfahren und Nachkommen zum Heil und Trost halten und deren auch bei der Predigt auf der Kanzel nach guter Gewohnheit gedenken.
- In Mellrichstadt hat der Bürger Kaspar Brummer bei der Verleihung durch den Stadtrat die Aufgabe übernommen, „jährlich zwischen Ostern und Pfingsten ein Seelbad, so (ca. 1427) durch Weylandt den Ehrwürdigen und Edlen Herrn, Conraden von der Kere, Domherren zu Wirzburg und Pfarrherrn zu Mellerichstat sel. seiner Seele zu Heil und Trost gestift worden, zu machen und zu halten und arme Leute darin baden zu lassen."
- Bei beiden Seelbädern finden sich viele Ähnlichkeiten. Beide werden um die Mitte des 15. Jahrhundert gestiftet. Beide Stifter sind bedeutende Adelige. Heil und Trost erwarten beide Stifter dadurch für sich und ihre Familien.
- Möglicherweise haben diese Seelenbäder den gleichen religiösen Ursprung wie die traditionelle Fußwaschung des Papstes alljährlich am Abend des Gründonnerstags im Gedenken an Jesu Fußwaschung seiner Jünger. Während heute die Fußwaschung 13 Seminaristen des päpstlichen Instituts zuteil wird, diese vor 100 Jahren an – auch als solche gekleideten – Pilgern stattfand, waren es noch früher arme Leute, die dieses Segens zuteil wurden.

Gegen Ende des Mittelalters kamen die öffentlichen Wannenbäder aus der Mode. Die Kirche hatte ihre Bedenken gegen die Geschlechtervermischung angemeldet, die Badestuben waren als unsittlich verschrien und als Ort, an dem man sich mit ansteckenden Krankheiten wie Cholera und Syphilis infizieren konnte. Das Wasser als Reinigungsmittel wurde in den nächsten Jahrhunderten durch wohlriechende Düfte ersetzt. Das Badhaus in Mellrichstadt ist das einzige Zeugnis nun fast verrottete Zeugnis dieser mittelalterlichen Kultur.

---

[1] Wagner, Mellrichstadt, S. 198; 1365 Januar 2.
[2] StAMbg. K. 432 Bl. 207ᵉ von, 1372 Februar 23.
[3] Aus dem „Lehn- und Zinsbuch der von Buttlars von 1546" (AV Fach Ostheim) lässt sich ersehen, dass die Brücke zwischen diesen beiden Daten erbaut wurde.
[4] „Zu diesem Hof [….] gehörte die *Mittel-* oder *Brückenmühle*, mit der aber die Herren v. der Tann weiterhin vom Bischof von Würzburg belehnt wurden" (Körner, von der Tann, S. 616; auch in Körner / Schmidt (S. 13) erwähnt).
[5] AV U 179 von 1511 März 7.
[6] AV U 251 von 1546 Februar 22.
[7] AV U 278/324 von 1569 Juni 3.
[8] Förtsch, S. 165.
[9] Diese Bezeichnung ist nicht bekannt.
[10] Kopie eines Vertrags, unterschrieben von Caspar Otto und Friedrich Seyfried von Stein vom 28. Februar 1675 (Fach Ostheim, Akt: Höfe in Ostheim, ohne alte Aktennummer).
[11] AV Fach Familie von Stein, Akt von Stein zu Ostheim – Lebensläufe; vom 18. Januar 1694.
[12] Hier ist kein sinnvolles Maß zu erkennen.
[13] AV Fach Ostheim, Akt Höfe in Ostheim.
[14] Herda / Albert (S. 116) weiß ebenfalls, dass die Brücken- oder Mittelmühle „eigentlich aus zwei Mühlen" besteht.
[15] Ostheimer Stadtbuch f. 124zz (v).
[16] AV Fach Ostheim, Ostheim Akten II/XXI, 345.
[17] Ostheimer Stadtbuch f. 124 aaa.
[18] vg. Kapitel 8.2. „Untermarschalkischer Hof (die Münz, das Altensteinsche Schloss)".
[19] vielleicht: in der Zahl bekannt, also *gezählt* im Gegensatz zu *ungezählt*.
[20] AV U 199 von 1520 Februar 28..
[21] Binder, Lichtenberg S. 351, 26. Mai 1571; AV U 282 von 1571 Juni 7.
[22] Binder, Lichtenberg, S. 355. Wie Georg Adam zwischen 1571 und ca. 1590 in den Besitz der Münz und der Seemühle kam, wissen wir nicht. Nachdem Binder für den Besitzübergang kein Datum angibt, kann es sich auch nur um eine Annahme Binders handeln. Körner

(Körner / Schmidt, S. 13) gibt an, der Untermarschalkische Hof sei über die von Heßbergs an die Tanns gekommen, die ihn bald nach 1626 an Eitel Heinrich von Stein zu Altenstein verkauft hätten.

[23] Förtsch S. 165 und Herda / Albert, S. 116.
[24] Förtsch S. 165. — Dies ist falsch, denn damals war das Gut im Besitz von Hans Veit von Obernitz. Oeppe besaß es von 1659 bis 1686.
[25] Binder, Lichtenberg, S. 367.
[26] Binder, Lichtenberg, S. 351 f.
[27] Neben Hans von Bibra hatte Christoph (Stoffel) von Stein im Dezember 1570 auch Otto Heinrich von Rosenau wegen des „Mühlenbanns" angeschrieben. Dieser hatte am 10. Dezember 1570 geantwortet. (AV Fach Familie von Stein, Akt Verschiedene Familiensachen).
[28] Binder, Lichtenberg, S. 351 f.
[29] Ostheimer Stadtbuch f. 124aaa.
[30] Förtsch, S. 165.
[31] Binder, Lichtenberg, S. 360.
[32] Herda / Albert, S. 114.
[33] AV U 220 von 1528 Dezember 16.
[34] AV 101 von 1459 Mai 23.
[35] Zum Bau der ersten Brücke über die Streu kann man Folgendes feststellen: Durch zwei Einträge über den Schafhof im Zinsbuch von Buttlar erfahren wir, dass vor der Steinernen Torbrücke, von deren Bau 1604 Förtsch erzählt , bereits eine Brücke bestanden hatte. 1452 wird die Lage des Schafhofs so beschrieben: „zu Ostheim bei dem Tor der Ziegelhütten gegenüber." 1476 macht „Wiprecht Smidt seinen freieigenen Hof zu Ostheim **bei der Brücke**, Schafhof genannt und von Richard von Newmburg gekauft", Graf Otto von Henneberg-Römhild lehnbar.
Da der Hof jetzt, 1476, „bei der Brücke" liegt, ist als sicher anzunehmen, dass diese zwischen 1452 und 1476 erbaut wurde. Erst seitdem hieß das Tor „Brückentor." Das Tor hatte sicherlich bereits vor dem Brückenbau existiert. Wahrscheinlich war vorher die Streu an dieser Stelle durch eine Furt überquert worden. Um 1470 war dann eine Brücke, vielleicht als Holzbrücke entstanden. Der Brückenbau des Jahres 1604 muss also ein (nun steinerner) Nachfolgebau gewesen sein.
[36] Ostheimer Stadtbuch, S. 124xx.
[37] AV U 247/248 von 1545 Februar 22.
[38] AV U 278/324.
[39] AV U 336 von 603 August 6: Ostheim in der Oberstube der Steinschen Behausung. Notariatsinstrument über die von Moritz (Burkhard 1575 - 1609) von Stein bei der Umänderung seiner Mahlmühle bei Sondheim v. d. Rh. in eine Papiermühle geleistete Sicherheitserklärung für die sächsische Regierung. Die Gemeinde und der Amtsschösser zu Lichtenberg hatten Bedenken geäußert.
[40] Ostheimer Stadtbuch S. 124 zz f
[41] Herda / Albert, S. 114 f.
[42] Förtsch, S. 166.
[43] vg. Kap. 7.2 "Die Steins zu Ostheim". Binder hat als Todesjahr 1611.
[44] vg. Kap. 8.8 „Rosenauischer Hof (Gelbes oder Oberes Schloss) der von Steins zu Nordheim".
[45] Ostheimer Stadtbuch, S. 62 (um 1667).
[46] Die Mahlsteine (Läufer und Bodenstein) werden durch die Zarge, einen runden hölzernen Mantel mit Deckel (dem Schild) abgedeckt. Die Zarge fängt zugleich das gemahlene Gut auf. Fränkisches Freilandmuseum Bad Windsheim (Hrg.), Mühlen und Müller in Franken, 2. Auflage, Bad Windsheim, 1992, S. 50 und Zeichnung auf S. 45.
[47] Dies und das Nachfolgende aus Binder, Lichtenberg, S. 305 ff.
[48] AV Fach Ostheim, Akte „Acta judicialia in Sachen derer Herrn Ganerben zu Ostheim contra Sachsen-Eisenach [1543 – 1727]" (alte Aktennummer 130) („Acta judicalia"); 26. Dezember 1722.
[49] AV: aus dem Anschreiben 1727 „derer Herrn Ganerben zu Ostheim contra Sachsen-Eisenach [1543 – 1727]"; Geheftband von 100 bis 150 Seiten ohne Einband mit der obigen Überschrift Alte Nummerierung 130.
[50] Engel, Urkundenregesten der Städte, S. 17 (Nr. 26), S. 106 (Nr. 186) und S. 157 (Nr. 294).
[51] von Schaumberg / Engel, Regesten von Schaumberg I, S. 3 (Nr. 22).
[52] Franz Bungert. Chronik von Unsleben. Beiträge zur Geschichte des Dorfes. Unsleben, 2002. S. 133.
[53] Hoffmann, Das älteste Lehenbuch I, S. 130 f. (Nr. 1236) und S. 213 (Nr. 2010).
[54] Sperl, S. 27 und 44.
[55] Hoffmann, Lehenbuch Hohenlohe I, S. 169 (Nr. 1337).
[56] Müller, Bezirk Mellerichstadt, S. 296.
[57] Helmut Kiesel, Chronik der Stadt Fladungen – anlässlich der 650-Jahrfeier der Stadterhebung, Fladungen, 1985, S. 38.
[58] Ostheimer Stadtbuch, S. 558.
[59] Hoffmann, Lehenbuch von Hohenlohe I, S. .237 (Nr. 1889) von 1366 November 13.
[60] AV U 68 von 1429 Mai 14: Ehrhardt und Caspar von Stein, Vettern, geben dem Siegfried von Stein, Ritter, dem Hans und Lorenz von Stein und deren Brüdern ¹/6 vom Zoll in Mellrichstadt, den früher Hans von Stein selig hatte, um 20 fl. Wenn sie das Sechstel einlösen, so hätten diese Löser und die Aussteller je die Hälfte. Ferner geben die Aussteller die Hälfte der Badstube zu lösen um 30 fl, die ebenfalls Hans innegehabt hat. Gleiche Halbierung wie oben.
[61] Hartmut Boockmann. Die Stadt im späten Mittelalter. München, 1986. S. 85.

[62] Wolfgang Jahn (Hrg.). Edel und Frei. Franken im Mittelalter. Katalog zur Landesausstellung 2004. Pfalzmuseum Forchheim. 11. Mai bis 24. Oktober 2004. Stuttgart, 2004, S. 336 ff, die Abbildung „Badezuber" auf S. 336.
[63] Nick Yapp / Dirk Katzschmann (Redakteur der deutschen Ausgabe). Lebensalltag im Mittelalter (Reisen in die Vergangenheit)., Stuttgart 1997. S. 124. In den uns vorliegenden Unterlagen lässt sich die „Unehrlichkeit" des Berufsstands nicht erkennen.
[64] Ostheimer Stadtbuch, S. 66.
[65] Ostheimer Stadtbuch, S. 721.
[66] Ostheimer Stadtbuch, S. 453.
[67] Ostheimer Stadtbuch, S. 143.
[68] Gemeindebuch - Urbar der Gemeinde Willmars im Landeskirchlichen Archiv Bayern in Nürnberg Bestand Pfarramt Willmars Nr. 45a Bl. IV.
[69] Ostheimer Stadtbuch, S. 400.
[70] Ostheimer Stadtbuch, S. 590.
[71] von Schaumberg / Engel, Regesten von Schaumberg II, S. 179, Anmerkungen zu Nr. 22.
[72] Hoffmann, Das älteste Lehenbuch I, S. 38 (Nr. 72). Obwohl Siegfried I. noch lebte, dürfte hier sein Sohn aus erster Ehe der Empfänger sein, da er hier nicht als miles, Ritter, bezeichnet wird. Siegfried I., miles, empfängt 1306/7 vom Bischof 2 Drittel Zehnt zu Hendungen, 1308 den vierten Teil der Burg Bastheim. (Wagner, Mellrichstadt S. 191 und Hoffmann, Das älteste Lehenbuch I, S. 94 (Nr. 846) und S. 98 (Nr. 896). Bei der Mühle dürfte es sich um die Burgmühle handeln.
[73] Monumenta Boica XXXIX, S. 305 ff, Urk. CLI.
[74] Hoffmann, Das älteste Lehenbuch I, S. 290 (Nr. 2780). Ob mit dem jüngeren Siegfried Siegfried II. oder sein Stiefbruder Siegfried III. gemeint ist, kann nicht sicher entschieden werden.
[75] Hoffmann, Lehenbuch von Hohenlohe I, S. 237 (Nr. 1889).
[76] AV U 68 von 1429 Mai 14.
[77] Müller, Bezirk Mellerichstadt, S. 378.
[78] AV Cop. I, S. 432. Die Bezeichnung der Mühle wechselt. Sie wird auch Aichel-, Eichel-, später Ayersmühle genannt.
[79] Müller, Bezirk Mellerichstadt, S. 378 f.
[80] Cop. I, S. 429; AV U 296 von 1578 September 15.
[81] AV Cop. I, S. 439 von 1578 August 11; S. 374 von 1623 Dezember 18; S. 402 von 1643 Oktober 1, S. 436 von 1674 Februar 1 und S. 458 von 1684 April 23.
[82] AV U 476 von 1693 Juni 20.
[83] AV Cop. I, S. 530 von 1740 Oktober 13.
[84] Müller, Bezirk Mellerichstadt, S. 379.
[85] Benkert, Bad Neustadt, S. 78.
[86] Die von Müller (Bezirk Mellerichstadt, S. 379) angegebene Hausnummer 219 des Jahres 1701 müsste sich, wenn die Hausnummern noch mit dem Plan von 1887 übereinstimmen nach Max Schweser (Der Bürgerturm erzählt. Mellrichstadt, 1974. S. 147) beim Linsenbrunnen (Sport-Link) befunden haben, was dieser aber wenige Zeilen später selbst verwirft. Wahrscheinlicher ist Müller zufolge ein Standort im Bereich Bibergasse – Untere Torgasse.
[87] Müller, Bezirk Mellerichstadt, S. 378. – Die Badstube in Themar, die Schultes (D. G. II. Urkundenbuch, XXVI von 1457 Januar 9) anführt, hat viele ähnliche Bedingungen.

8.13 Besitzungen, Zehnt, Zinsen, Abgaben und Rechte – die Lebensgrundlagen des Adels

Im Laufe der geschichtlichen Betrachtung hat die Einschätzung des Adels und seiner Lebensgrundlagen viele Höhen und Tiefen durchlaufen. Sie waren Blutsauger, die dem „Armen Mann" das letzte Hemd nahmen oder auch „arme Ritter", die gezwungen waren, als Raubritter ihr Leben zu fristen.

Wovon lebte der Adel wirklich?

Das Einkommen des Adels im ausgehenden Mittelalter und in der Neuzeit bis etwa 1800 setzte sich zusammen aus:

- Besitzungen und Gütern, die selbst verwaltet oder kurzfristig auf ein oder mehrere Jahre verpachtet wurden (Adelshöfe);
- Einnahmen aus dem Zehnt;
- Besitzungen und Gütern, die gegen Zinszahlungen auf Erbpacht verliehen wurden;
- althergebrachten Gefällen und Abgaben;
- Kriegsdienste für den Kaiser, für geistliche oder weltliche Fürsten und
- Verwaltungsdienste, z. B. als Amtmänner für diese Herren.

Eigenbesitz und Lehen

Das Einkommen aus Grundbesitz und Rechten war entweder frei eigen, frei verfügbar und frei vererbbar oder es wurde dem Adeligen vom König oder von Fürsten erblich verliehen.

„Dem Königtum und bald auch den Herren der geistlichen und weltlichen Reichsfürstentümer durch Burghut, Kriegszug und Verwaltungsdienst unentbehrlich geworden, gewannen die Familien des von Hause aus unfreien Ministerialenstandes vor allem an den Verzahnungs- und Bruchzonen zwischen den Territorien Besitz, Herrschaftsrechte und Selbstbewußtsein."[1] So erklärt Riedenauer die Entstehung des Ritterstandes. Den Gewinn an Besitz- und Herrschaftsrechten in Ostheim erläutert Schultes so: „ Für ihre Dienste verlieh ihnen [den adeligen Familien] der Landsherr den Niesbrauch gewisser Güter, unter den Namen eines Burgguts, wozu einige Untersaßen gehörten, welche dem Burgmann unterworfen waren."[2]

Damit ist aber wohl die Entstehung des Lehenbesitzes der Ritterschaft erklärt, nicht jedoch das Vorhandensein umfangreicher „freieigener" Besitztümer. Schultes versucht diesen Eigenbesitz damit zu erklären, dass der Erhalt der Burggüter „für de[n] hiesigen Adel gewiß eine sehr fruchtbare Gelegenheit [war,] seine Besitzungen, durch successive Erkaufung der bürgerlichen Güter, zu erweitern, die zu Lehn erhaltenen Grundstücke mit seinem Eigenthum zu vermengen und die zum Burgguth gehörigen Leibeigenen in der Folge der Zeit, als seine eigenen Unterthanen, [zu] betrachten. So entstanden denn nach und nach eine Menge adlicher Wohnsitze zu Ostheim, mit welchen nicht nur ansehnliche Feldgüter, sondern auch die Vogtei und Lehnsherrlichkeit über viele Einwohner verbunden waren."[3] Dass Schultes diese Entwicklung mit einer Beschwerde der Stadt Ostheim aus dem späten 16. Jahrhundert begründet, ist nicht sehr stichhaltig. Sollte diese Besitzentwicklung so geschehen sein, müsste sie sehr viel früher vor sich gegangen sein. Zickgraf legt diese Entstehung in die Mitte des 14. Jahrhunderts, „als die Erstaufnahme der ältesten Lehnbücher und Urbare … viele zweifelhafte Rechte des Adels anrührte."[4]

Mir scheint die Herleitung adeligen Eigenbesitzes allein aus der Unterschlagung von Lehengut doch ziemlich einseitig gesehen. Schon seit der ersten Auseinandersetzung mit dem Landesherrn berufen sich die Adeligen zur Verteidigung ihrer Rechte auf altes Herkommen. Auch in diesen Streitigkeiten werden die Eigenbesitzrechte des Niederadels weder angegriffen noch angetastet. Bereits die ältesten Käufe sind Erwerbungen von anderen Besitzern aus dem gleichen Stand. Woher stammt also der Eigenbesitz?

- Ungeachtet der Möglichkeit, dass Entfremdungen geistlichen und hochadeligen Lehnsbesitzes durch die niederadeligen Lehnsinhaber stattgefunden haben könnten, hat dieser Besitz größtenteils andere Wurzeln.

Die Wurzeln des niederadligen Eigenbesitzes.

Karl Bosl hat sehr ausführlich belegt und dargestellt, dass es im frühmittelalterlichen Franken neben den unfreien Unterschichten der „behausten und unbehausten Leibeigenen" eine „provinzielle Grundbesitzerschicht" der „maiores natu" [lat. Bedeutendere an Geburt] gab.[5] Die Siedlungsentwicklung ist weitgehend durch diese Grundbesitzerschicht geprägt. Als erste Periode des Landesausbaus ist, hauptsächlich durch fuldische Urkunden, die Gründung der Dörfer mit der Namensendung -hausen nachweisbar. Zickgraf vermutet, „dass in dieser ersten Siedlungsperiode, die sicher noch bis weit in die Urkundenzeit hineinreicht, der kleinere Grundbesitz die führende Rolle hat"[6], da sich die Personennamen nach denen diese Orte benannt wurden, gelegentlich unter den kleinen Grundbesitzern der betreffenden Mark nachweisen lassen.

In unserem Bereich waren dies unter anderen

> - Isanperath[7], der Eußenhausen gegründet haben könnte,
> - Folcger[8], der sich in Völkershausen niederließ,
> - Folcolt[9], der Volkers, später eine Wüstung bei Brüchs, rodete,
> - Rumprath[10], der in Rappershausen siedelte,
> - Betto[11], der erste Besiedler Bettenhausens,
> - Helmerih[12] der Erstbesitzer Helmershausens.
> - Auf einen Embricho[13] könnte Reichenhausen, auf Erbo[14] Erbenhausen auf Gerrat[15] Gerthausen und auf Uolfmunt[16] Wohlmuthhausen zurückzuführen sein.

Diese – anzunehmenden – Gründer und ihre Nachkommen waren bereits Grundherren, also Besitzer von eigenem Grund und Boden, und besaßen ebenso zins- und abgabepflichtige Untertanen. Alle diese Ortsgründer sind in der Zeit zwischen 770 und nach 900 nachweisbar. Sie besaßen in aller Regel in dem nach ihnen benannten neugegründeten Ort einen Hof, der von „unbehausten Leibeigenen", wie sie Bosl nennt, bearbeitet wurde, während die „behausten Leibeigenen" im eigenen Haus wohnten und eigene Grundstücke gegen Zahlung von Abgaben bearbeiteten. Auf diese später so genannten „Edelfreien" werden die Könige zurückgegriffen haben, wenn sie Kriege führten, sie allein hatten die finanziellen Mittel, sich mit Pferd und Waffen auszurüsten. Dies war sicherlich eine der Wurzeln des späteren Ritterstandes.

Natürlich hat sich innerhalb eines Zeitraumes von 400 bis 500 Jahren vieles geändert. Der Bedarf an ausgebildeten Reitersoldaten führte dazu, dass die Knechte der Grundherren und des Hochadels auch zu solchen Reitersoldaten ausgebildet und im Laufe der Jahrhunderte ihren früheren Herren gleichgestellt wurden. Frühere Herren und frühere Knechte wurden für ihre Kriegsdienste, die erst ab dem späten 12. Jahrhundert auch Burghutdienste wurden, mit Besitz und Einkommen ihrer Anführer aus dem Hochadel belohnt, also belehnt. Da Herren und Knechte ab etwa 1200 zu einem neuen Stand, dem Ritterstand zusammenwuchsen, wurden durch gegenseitige Heirat und Verkauf die Eigengüter und auch die eigenen Untertanen Gemeinbesitz für den neuen Stand.

Diese Wurzel des Eigenbesitzes aus Rodungsland erklärt auch, warum die Ritterschaft sehr viele Wüstungen in ihrem Besitz hatte, da ja ihre Vorfahren diese ausgebaut hatten. Im Besitz der Familie von Stein waren die

Wüstungen Gruben unter Hildenberg[17], Lanzig bei Oberelsbach[18], Pfaffenhausen, nördlich Wohlmuthausen[19], Reuppers, Gemarkung Roth[20], Rode bei Hermannsfeld[21], Rodlins bei Bischofs[22] und Zella bei Westenfeld[23], im Besitz der Buttlars war der Klausberg, die Neuerburg und die Wüstungen zu Nanzig (Lanzig, bei Oberelsbach) und Gräfenhahn bei Weisbach.[24]

Der Eigenbesitz der Steins zu Ostheim

Den größten Teil des Eigenbesitzes der von Steins zu Ostheim erfassen wir in den Teilungen der Jahre 1479[25], 1545[26], 1546[27] und 1569[28], sowie in den Papieren beim Übergang an die von Steins zu Nordheim um 1705. Nicht aufgeführt sind Besitzungen, die nur den Nordheimer Steins gehörten.

Bastheim	Weinberge[29].
Heufelder in der Rhön	Sie wurden 1574 durch Junker Hans von Stein an die Gemeinden Sondheim, Urspringen, Stetten, Roth, Oberwaldbehrungen und Heufurt verkauft[30].
Ostheim	In Ostheim waren folgende Güter freies Eigentum: Das Schlösschen bis 1511, die Kemenate am Rathaus, das Gelbe Schloss, außerdem der Bauhof[31] mit Zubehör, ein großer Garten an der Tanzpforte, Bauten unter der Tanzpforte[32], Weinberge, ein großer Keller unter dem Stadel und Hausplatz sowie Keller.
Sondheim v. d. Rhön	In Sondheim war der gesamte Besitz Lehnsbesitz.
Rannungen Kissingen	Aussteuer der Scholastica von Stein, geb. von Herbilstadt, Eigengut, 1608 an Würzburg verkauft.
Reupers	Mit über 400 bayer Tagwerk Wald und Artland im Besitz der Steins ab 1393; wird 1595 an die Gemeinde Stetten verkauft.
Kaltensundheim	Güter, Einkünfte[33].
Nordheim v. d. Rhön	Hof, den Eckard von Stein zu Nordheim um 1500 von Hans Buttlar gekauft hatte; wurde 1527 an Eckards Töchter vererbt[34].
Pfaffenhausen	Güter, Einkünfte[35].
Weimarschmieden	Güter, Einkünfte; sie wurden 1704 mit 8293 fl. veranschlagt und mit der Kemenate am Rathaus an Valentin Voit von Salzburg verkauft.[36]
Westhausen	Güter, Einkünfte[37].
Willmars	Zehnt auf der Mühle 1381[38].

Die Lehen

Von vier Herrschaften erhielten die Steins Besitzungen und Einnahmen zu Lehen.

Henneberg-Schleusingen

Von der Schleusinger Linie der Henneberger erhielten die Steins zu gesamter Hand seit mindestens 1317 drei Teile des Zehnten zu Hendungen, den Zehnten zu Häselrieth (Lkrs. Hildburghausen) ganz, sieben und noch einmal 14 Morgen Weingarten zu Unsleben, ein Lehengut in Oberelsbach, die Vogtei über (die Wüstung?) Rode bei Hermannsfeld und einen Fischteich daselbst, eine Hube zu Wolfmannshausen und ein Burggut zu Henneberg.[39] 1410 kauften die Ostheimer Steins auch noch den Fronhof zu Ostheim, dazu noch Anteile am Zehnt.[40]

Das Dorf Völkershausen, im Jahr 1350 von Henneberg an die von Schrimpfs verpfändet, geht 1378 als Lehen an Johann von Stein.[41] Obwohl Philipp von Stein 1498 die Anteile Christophs von Stein und seines Vetters, des Domherrn Siegfried von Stein, zusätzlich erhält, werden er und nach ihm seine Söhne nur mit der Hälfte der Völkershäuser Besitzungen belehnt, die andere Hälfte ist Eigentum, wie aus den Ostheimer Erbschaftsauseinandersetzungen der Jahre 1705 – 1729 hervorgeht.[42]

Henneberg-Römhild

1492 belehnte Graf Otto von Henneberg-Römhild Hertnid und Philipp von Stein mit einem Burggut mit allen Nutzungen und Rechten.[43] Die Vorfahren waren seit 1342 mit den Burglehen zu Lichtenberg durch Fulda, Mainz und die Landgrafen von Thüringen belehnt worden.[44] Neben zwei Sitzen in der inneren und äußeren Burg gehörten 1503 dazu „Güter im rode, ein Acker Weingarten unten am reusin (reusten 1512) nach Ostheim hin und ein Stück Pflugacker zwischen dem steudich unnd der newsetz." 1512 übergab Philipp freiwillig, wie er betonte, diese Güter an Graf Hermann zu Henneberg, weil ihm dieser 700 Gulden geliehen hatte.[45] Von Römhild wurden die Steins weiterhin gemeinsam mit 90 Maltern Sackzehnt zu Hendungen, einem Anteil am kleinen Zehnt belehnt, bis dieser Besitztitel 1531 von den Erben Philipps von Stein[46] an Philipp Voit von Salzburg verkauft wurde.[47] Allerdings war dies nur ein Teil der Einnahmen zu Hendungen.

Sachsen nach dem Aussterben des Hauses Henneberg

Am ausführlichsten wird dieser sächsische Gemeinbesitz dargestellt in einem Lehensrevers von 1610[48]:

1610 März 28, Meiningen

Lehnsrevers der Brüder Kaspar Wilhelm und Hans vom Stein zu Völkershausen sowie des Hans Bronsart zu Schwickershausen und des Kaspar von der Tann als Vormünder des Kaspar vom Stein, Sohnes des † Kaspar vom Stein zu Nordheim im Grabfeld, gegen Kurfürst Christian II. und die Herzöge zu Sachsen. Die Lehnsurkunde ist inseriert; Lehnsobjekte, verliehen nach dem Tod des Moritz Burkhard vom Stein zu Ost- und Sondheim: 1. halber Burgwall zu Völkershausen mit der Hälfte des Dorfes, des großen und kleinen Zehnten mit allem Zubehör in Dorf, Mark und Feld, hatten Siegfried vom Stein und danach sein Sohn Philipp. 2. Wüstung Gruben unter Hiltenberg; Fronhof zu Ostheim ganz; ein Viertel des Zehnten zu Ostheim und ein Drittel eines weiteren Viertels; Anteil des Zehnten zu Ostheim am hadertheile; alles Zubehör, ausgenommen der Wildbann, hatten zuvor † Moritz vom Stein und sein † Sohn Hans. 3. Ruppers mit Sitz und allem Zubehör in Burg und Feld. 4. Turm am Hermannsfelder See. 5. Güter zu Haselbach mit aufgezähltem Zubehör, hatten die Brüder Heinrich und Andreas von Wechmar von der Grafschaft, hat Philipp vom Stein, Großvater des † Kaspar, von diesen gekauft. 6. freier Hof zu Mellrichstadt hinter der Oberkirche am Endsee mit aufgezählten Rechten und Freiheiten, hatten Wilhelm Groß und danach dessen Tochtermann Nikolaus von Schiltitz, ist dann kaufweise an Balthasar von Bastheim und Georg von Zweiffel gelangt, hat Kaspar vom Stein der Ältere 1586 von Georg von Zweiffel gekauft. Sekretsiegel der hennebergischen Regierung. „Der geben ist zu Meinungen am achtundzwantzigsten monatstag Martii 1610". Kaspar Wilhelm vom Stein übernimmt für sich, Bruder und Vetter die Verpflichtungen und siegelt.

Würzburg

Aus dem Auftrag zum Burgenbau gegenüber Steinach und aus der Vogtei über Mellrichstadt hatte sich der Besitz des Burgstalls zu Steineck, die Fischweide (Fischerei) in der Saale und der kleine Zoll zu Mellrichstadt erhalten.[49] Aus einer Verpfändung der Hiltenburg stammt der Besitz des Fronhofs zu Sondheim als würzburgisches Lehen.[50]

Seit 1324 hatten die Steins auch Anteil an der Wasserburg Bastheim mit Zugehörungen als Lehen von Würzburg.[51] 1515 dürfte das „Bastheimische Intermezzo" zu Ende gewesen sein. Aber noch bis 1709 gehörte ein Ellerfeld mit 2½ Acker in der Bastheimer Markung den Steins.

Fulda

Fuldische Lehen waren verschiedene Besitztitel, solange Fulda im Besitz des Amtes Lichtenberg war. Die Lehenschaft ging danach an die weiteren Amtsinhaber über und landete über Henneberg-Römhild bei Sachsen. Dies gilt für den Rappenhof in Sondheim v. d. Rhön, den „oberen Steinischen Sitz", der erst 1588 von Hans von Stein erworben worden war[52]. Fuldisches Lehen war auch das Schlossgut in Sondheim, das aus dem Erbe Gyso von Steinaus stammt und nach dessen Tod um 1380 durch seine Tochter Felice an Siegfried (IV.) von Stein vererbt wurde.[53] 1686 wurde das Schlossgut an Gottfried von Gebsattel verkauft. Auch Weimarschmieden war, zumindest teilweise fuldisches Lehen gewesen, wie sich aus einer Notiz bei den Erbauseinandersetzungen 1704 ergibt.[54] Fuldisches Lehen zur gesamten Hand waren auch die Baunachgüter, die seit 1441 in Besitz der Familie von Stein nachweisbar sind. Der letzte Ostheim-Völkershäuser Stein, Caspar Otto verkaufte um 1700 diese Güter ohne die Zustimmung der Nordheimer Vettern.

Lehen zur gesamten Hand

Ein großer Teil der Lehen wurde „zur gesamten Hand" dem jeweils Ältesten für die Gesamtfamilie verliehen. Dazu gehörte das Burggrafenamt[55] so wie alle Würzburger Lehen.[56]

Auch die „Baunachgüter", Zinsen und Einnahmen aus verschiedenen Orten an der Baunach, die von Fulda zu Lehen gingen, wurden dem jeweils Ältesten der Familie verliehen, 1539 war dies Siegfried von Stein.[57]

Der jeweils Älteste wurde auch bei der Beleihung mit der großen Kemenate zu Ruppers bedacht.

Auch die Sondheimer Güter waren Gemeinschaftslehen für beide Linien. Wie sich jedoch aus den Unterlagen der Ostheimer Erbschaft nach 1704 ergibt, hatten die Ostheimer Steins allein die Einnahmen aus dem Verkauf 1686 erhalten.[58] Ebenso hatten sie Ruppers der Gesamtfamilie „alieniert", das Gut also ohne Wissen und Zustimmung der Nordheimer Steins verkauft.

Mit dem Fronhof zu Ostheim und dem Zehnten war 1458, wie auch vorher und nachher, nur die Ostheimer Familie mit ihren verschiedenen Zweigen beliehen worden[59], während 1576 alle Henneberg-Schleusinger Lehen durch Graf Georg Ernst an alle männlichen Steins sowohl der Ostheimer wie auch der Nordheimer Linie verliehen wurden.[60] Was diese Änderung verursachte, ist unerfindlich. Sollte hier versucht werden, die Steinschen Güter in der Familie zu halten, nachdem nur noch 3 männliche Nachkommen aus der Gesamtfamilie existierten?

Der Familienälteste hatte aus diesen Belehnungen zur gesamten Hand gewisse Rechte, die wir fassen können, als Eckard von Stein 1518 auf diese tauschweise verzichtete.[61] Ob der Älteste die gesamte Nutzung der Lehengüter für sich erhielt, geht aus den Unterlagen nicht eindeutig hervor.

Mannlehen oder Söhn- und Töchterlehen

Die Hennebergischen Lehen der Steins wurden ebenso wie die Würzburger Lehen als Mannlehen[62] vergeben. Nur die männlichen Nachkommen einer Gesamtfamilie wurden Lehensnachfolger. War kein männlicher Nachkomme mehr vorhanden, fiel das Lehen heim; es wurde vom Lehnsherrn eingezogen und (meist) an andere Adelsfamilien verliehen. Dieser Heimfall blieb der Familie von Stein erspart.

Die fuldischen Lehen andererseits waren Söhne- und Töchterlehen. „Die Rechtsbücher des 13. Jahrhunderts, vor allem der Sachsenspiegel kannten die Lehenvergabe an Frauen und das weibliche Erbrecht noch nicht. Auch die ältesten Würzburger Lehenbücher dürften „im Regelfall" nur Mannlehen verliehen haben. Durch die Einführung des sogenannten langobardischen Lehnsrechts anstelle des alten deutschen Lehnsrechtes konnten „Lehen an Frauen und Seitenverwandte", also nicht nur vom Vater auf den Sohn wie vorher, „verliehen werden".[63]

Der Versuch, Lehen an Seitenverwandte weiterzugeben, war einer der Gründe für die großen Auseinandersetzungen zwischen Würzburg und den Hennebergern in der ersten Hälfte des 13. Jahrhunderts gewesen, als Poppo VII. von Henneberg nach dem Tod seines Neffen Berthold III. 1218 versuchte, dessen Nachfolge anzutreten und dabei nicht auf die Stiftslehen verzichten wollte.[64]

Wie im Fall des Erbes durch Seitenverwandte konnten Frauen erst beim Fehlen männlicher Leibeserben in ein Söhne- und Töchterlehen eintreten. Frauen konnten auch nicht selbst das Lehen-Erbe antreten, sondern mussten sie durch männliche Träger empfangen.[65] Das so empfangene Lehengut ging dadurch dem Familienstamm verloren, wie dies auch bei den Eigengütern der Fall war.

Bereits vor dem Aussterben der Ostheimer Linie 1705 musste die Familie von Stein so mehrmals große Verluste an Lehen- und Eigengut hinnehmen: Als 1527 Eckard (Eucharius) von Stein starb, hinterließ er nur zwei Töchter, Margarethe, die seit 1515 mit Hans Marschalk von Ostheim verheiratet war, und Barbara, die im gleichen Jahr Heinz von Wambach, den Amtmann zu Henneberg, geheiratet hatte. Auf das Erbe erhoben auch der Neffe Eckards, Philipp, Anspruch, der einzige männliche Nachfolge der Nordheimer Linie. Es kam jedoch nicht zu tätlichen Auseinandersetzungen, sondern zu einer Schlichtung durch fünf von beiden Seiten anerkannte angesehene Theidingsmänner. Die Männer der beiden Töchter bekamen dadurch alle Eigengüter und die fuldischen Lehen.[66] Ebenso verlor die Familie von Stein nach dem söhnelosen Tod Moritz-Burkhards von Stein 1609 die steinschen Güter zu Sondheim v. d. Rhön an dessen Schwester Anna Sophie und deren Ehemann Adam von und zu Bastheim.[67]

Während Söhne- und Töchterlehen und Eigenbesitz in nicht unerheblichem Maß dem Stamm verloren gingen, kam anderer Besitz teilweise durch glückliche Heiraten wieder dazu. Erinnert sei nur an die reiche Heirat Siegfrieds I. von Stein mit Christine von Schaumberg oder seines Enkels Siegfried IV. mit Felice von Steinau, die ihm umfangreichen Besitz auch in Ostheim mitbrachte. Dadurch ist es schwer, auf den ursprünglichen Besitz zu schließen.

Allerdings lag es manchmal auch im Interesse einer Adelsfamilie, Mannlehen in Söhne- und Töchterlehen umwandeln zu lassen, Sintram von Buttlar hatte so 1447 seine vorherigen henneberg-schleusingischen Mannlehen umwandeln lassen.[68] Erst zwei Generationen später trat der „Ernstfall" ein. Der söhnelos um 1560 verstorbene Ernst von Buttlar konnte die Lehen seinen drei Töchtern weitervererben.[69]

Die Lehnsauftragung

Eines muss man noch dazurechnen: Die Lehnbarmachung, Lehnsauftragung: Verhältnismäßig oft machen Adelige oder auch Bürger Eigengüter einem Höhergestellten lehnbar. Für die Zeit bis 1500 stellt Baum etwa 150 Lehnsauftragungen an die Würzburger Bischöfe fest.[70] Durch diese Lehnbarmachungen wurde die Besitzlandschaft sicher mehr verändert, als durch – unbelegte – Entfremdungen. Als Beispiele in Ostheim seien nur genannt:

1441 macht Sintram von Buttlar gen. von der Neuerburg Graf Wilhelm von Henneberg-Schleusingen seine Behausung zu Ostheim sowie alle seine Eigengüter lehnbar[71], soweit sie nicht schon dem Hochstift Mainz, der damaligen Herrschaft in Ostheim, als Lehen zustanden.

1476 belehnt Otto Graf zu Henneberg-Römhild Wibrecht Smid (Schmidt) und seine Erben mit dem Schafhof zu Ostheim. Smid hatte den Hof als freies Eigen gekauft und der Herrschaft aufgetragen.

1503 trägt Michael Dyme von Bedheim Hermann Grafen und Herrn zu Henneberg sein freieigenes Gütlein mit Behausung „untter der danntzpfortten" zu Ostheim mit Zubehör in Dorf und Feld, wie er es von Konrad (Conntzen) Delbach gekauft hat, zu Zinslehen auf.

1511 belehnt Lorenz Bischof zu Würzburg Ritter Philipp von Stein mit Kemenate und Hofgut zu Ostheim, $151^{1}/_{2}$ Acker und 21 Acker Wiesen, Schäferei usw., die Philipp am selben Tage dem Bischof zu Lehen angetragen hat. Vorher war sie sein freies Eigentum.

Der Grundbesitz der Familie von Stein in Ostheim

1750 hat der Geometer Johann Heinrich Mühlenius die steinschen Grundstücke, also die Grundstücke, die im Eigenbesitz waren, vermessen. Die Aufstellung befindet sich heute auch im Stadtarchiv.[72] Danach besaß die Familie von Stein damals:

Acker	Ruthen	Flur	Zahl der Grundstücke	Hektar
165,13	5,13	Lichtenberger Felder	80	47,8212
137,13	1,00	Dachsberger und Eckersthaler Felder	87	39,7064
169,63	11,75	Hehnhofer Felder	82	49,1362
471,88	17,88	**Summe der drei Felder**	**249**	**136,6638**
2,50	2,13	Summe der Krautländer	4	0,7277
61,63	8,75	Summe der Wiesen	13	17,8594
7,88	19,00	Summe der Gärten		2,3146
548,13	7,75	Summe aller Hochfreiherrlich immediaten reichsfreien Steinischen Grundstücke außerhalb der Stadt Ostheim [also in der Flurgemarkung]		**158,7236**

Die Cameralgerechtsame in Ostheim

Cameralgerechtsame[73], die der Familie von Stein im Jahr 1805 zustanden, waren

- der Zehnt
- die Holzungsrechte im Heidelberg
- die Schäferei
- und die Hirtenschutt.

Der Zehnt in Ostheim

Der Zehnt war die wohl am reichsten sprudelnde Einnahmequelle der Steins in Ostheim. Der Zehnt war ursprünglich eine Abgabe, die die Kirche von ihren Gläubigen auf Grund biblischer Stellen beanspruchte.[74] Im späten Mittelalter war diese Abgabe eines Zehntels von allen Erträgen in den Händen der weltlichen und geistlichen Fürsten, die den Zehnt großenteils weiterverkauften und verliehen. Die Gesamtfamilie von Stein bekam Zehnte in Ostheim, in Hendungen, in Häselrieth und seit 1492 in Alsleben[75] In Ostheim stand den Steins von jedem Ertrag im Feld und im Stall zeitweise über die Hälfte, langzeitig ein Drittel, um 1800 100 Prozent des Zehnten zu. Aus den verschiedenen Belehnungen errechnet sich folgender Anteil der von Steins:

		v. Stein	v. Buttlar	v. d. Tann	sonstige
1317	Johann von Ostheim 1/8[76]				12,5 %

1359	Johann von Ostheim $1/4$ [77]		25 %		
1379	Heinz v. Stein und Frau Felice $1/48$	$1/48$			
1379	Heinz von der Tann und Frau Felice[78] $1/48$			$1/48$	
1385	Albrecht von Roßdorf $1/8$ [79]		12,5 %		
1410[80]	Die Steins besitzen bereits: $1/8 + 1/24 = 4/24$. Sie erkaufen von Henneberg: $1/4 + 1/2$ Viertel= $9/24$	54,2 %			
1450	Sintram v. Buttlar gen. v. d. Neuerburg besitzt $1/6$ [81]	16,7 %			
1458[82]	Die Steins besitzen die Hälfte und ein weiteres $1/24$	54,2 %			
1498[83]	Philipp, wie vorher Christoph, erhält $1/4$ (ererbt) + $1/3$ von einem Viertel (von Christoph von Stein gekauft) = $1/3$. Die restlichen $5/24$ waren Eigentum (vgl. die „Nota" weiter unten)	54,2 %			
1519[84]	Siegfried Moritz Hartung werden belehnt	54,2 %	25 %		
1537	Moritz und Hartung unbenannt				
1546	Wilhelm v. Buttlar gen. v. d. Neuerburg erkauft zu seinem $1/6$ noch $1/12$ von seinem Schwiegervater/Schwager Caspar von Rumrodt[85]		25 %		
1576[86]	Philipp zu Völk., Hans zu Ostheim, Caspar zu Nordh. $1/4$ und $1/12$	54,2 %			
1580	Der bibrisch-tannische Hof Am Großen Stein hat $1/3$ des Zehntrechts[87]			33,3 %	
1610[88]	Caspar Wilh. zu Völk. + Br. Hans + Caspar zu Nordh. $1/3$	54,2 %	öppisch	Obermarschalkisch	Untermarschalkisch
1670	$26/48$ von Stein, $15/96$ von der Tann, $15/96$ oder $7/48$ von Oeppe[89]	54,2 %	15,6 %	15,6 %	15,6 %
1803[90]	Hennebergische Belehnung der Steins: $1/3$	$1/3$			
1803	Im Anschlag von 1803 steht: *$13/24$ des Zehnds gehörten von jeher der steinschen Familie Die übrigen $11/24$ wurden mit dem Erkauf der Tann- und Hansteinischen Güter erworben[91]*.	54,2 %			
1832[92]	Bayerischer Lehnsbrief				
1852	Lehnsbefreiung				

Einfuhr und Aufteilung des Zehntgetreides

Was in der Theorie noch einfach klingt, war für die vier „Zehner" – das waren die Leute, welche die richtige Einbringung des Zehnts zu überwachen hatten – ein schwieriges Problem, das einmal gelöst, sich jahrhundertelang weitervererbte.

Im Erbzinsbuch Georg Wilhelms von Stein zu Völkershausen von 1647/62 findet sich auf den Seiten 130 bis 132 eine anschauliche Darstellung der praktischen Durchführung:[93]

Gründliche Nachricht wegen Teilung und Einführung des Zehendgetreides in Ostheim beedes der Winter- als Sommerfrucht

Es berichten auf Erinnerung ihrer geleisteten Pflicht Michael Reußenberger, 69 Jahre alt und 42 Jahre Steinischer Zehner wie auch Hans Kolb der Ältere sonst grosch genannt, seines Alters 76 Jahre welcher auf die 48 Jahr Tännischer und Marschalkischer Zehner gewesen, dass, nachdem die vier Zehner in den Feldern darin sie sich des Zehend zusammentragens halber, wie vor altera herkommen, verlosten, die Zehnntfrucht gesammelt und darauf selbige eingeführt werden müsste, würden zur Einführung solches Zehends jedesmal vier Wägen auf einmal fortgeschickt und müsste anfangs dazu hergeben zwei Wägen der vom Stein Völkershausen, dann einen Wagen das Heßbergisch oder Bronsartisch/öppische Gut und einen Wagen die Tännische und Marschalkische. Wann nun jeder Wagen und also gedachte 4 Wägen miteinander neunmal gefahren, hielte der Bronsartische/öppische Wagen sechs Fuhren hernacher ime, dagegen müssten die Tännischen und Marschalkischen mit zwei Wägen nebst den zwei Steinischen Wägen dreimal nacheinander fahren, nächst diesem, wann solche Fuhren also getan müsste zusambt einem Tännischen oder Marschalkischen Wagen drei Völkershäuser Wägen darunter der dritte der Haderwagen genannt auch dreimal nacheinander fahren. Da nun alle bemelte Fuhren solchergestalt verrichtet würde wiederum angefangen und also fortgefahren wie itzo gedacht, wann gleich 2, 3, 4 oder mehrmals dieses geschehen sollte. Wofern sichs aber begeben möchte, dass die Zehnt-Winterfrucht eingeführt und bei dem letzten Fahren ein oder der ander seine behörige Fuhre, wie vorher beschrieben nicht vollendet, so müsste der oder diejenige welche nicht ganz abgefahren, mit der Zehnt- Sommerfruchteinführung seine Fuhren vollends ergänzen und jeder auf seine getanen Fuhren zählen, dann hernachmals ferner, wie bei der Einführung des Zehend-Wintergetreides beschehen, bis zu Ende und die Zehent-Sommerfrucht alle eingebracht mit den Fuhren continuiert werden, wo aber in solchem Jahr ein oder ander bei letzter Zehendfuhre nicht völlig verricht noch abgefahren hätte er künftig des nachfolgenden Jahres nicht daraufzuzahlen sondern würde wiederum auf ein neues als obgemelt angefangen und selbiges Jahr über auch also gehalten.

Ferner berichten obgedachte beide alte Zehner, dass, so oft mit vorberührten 4 Wägen es sei gleich Winter- oder Sommerfrucht nach dem Zehend gefahren und bis vor die Stadttore oder auch wohl gar in die Stadt gebracht, so dann um 4 Wägen uff dere jedem insonderheit anderthalb schock Garben drüber und drunter nichts mehres sich befinden müsste, gelost würde, welche ins Steinische Völkershausen, wie auch tännische, marschalkische Bronsart/öppische Haus fahren und abladen müssten. Wann nun solche Verlosung geschehen wär derjenige Wagen so ins Bronsartische Haus fahren sollte, denen beeden ins Steinische Haus fahren und den Wägen jedesmals einen Mandel Garben, (15 Garben) es mögte vor Getreid sein was es wolle, zurückzugeben schuldig, so der Haderteil gennenet wird, Ingleichen müsste solche dem bronsart/öppischen Haus durchs Los zukommende Fuhre denen von der Tann und Marschalcken jedesmal entwenden 22 Garben oder die vierte Fuhre abfolgen lassen. Da nun solche vierte Fuhre gegeben wird und also der vom Stein die ihr davon gebührende Ein mandel Garben nicht bekommt, so müsste der nächste hernach ins Bronsart/öppische Haus verloste Wagen als 5. Fuhre bemeltem vom Stein ein Halb Schock Garben auf seine ihm gebührende beide Wägen zurückgeben, da sichs aber zutrüge, dass dem Bronsart/öppischen Haus zuletzt keine vier vollständigen Fuhren am Zehend zukämen, hätten von jeder völligen derer Bronsart/öppischen zuständigen Fuhre sowohl der vom Stein 15 Garben, als auch die Tännischen und Marschallischen 22 Garben zugewarten, von einer unvollkömmlichen Fuhre aber müsste endlich nach proportion und Abrechnung dem vom Stein als auch Tann und Marschalk ihr behöriger Anteil davon gereicht und gefolgt werden, es mögte vor Frucht sein, was es wolle, welches alles von alters Herkommen und vor also in wehrenden ihren Zehners Diensten so lang ihren gedächte auch denen vor ihren gewesenen Zehnern bericht volgt, es is dato dergestalt gehalten worden. Actum den 11. Februarii 1656

Hochadelich Steinscher Vogt allhiero in Ostheimb Johann Georg Mey

in fidem subscripsitheria [*subscripsitheria* ist möglicherweise verschrieben oder verlesen; es hat wohl etwas mit "manu propria" "mit eigener Hand unterschrieben" zu tun].

Abbildung 1: Bauer zahlt Zehnt oder Erbzins im Mittelalter

Aufteilung des Zehnts und des Haderteils auf die verschiedenen Besitzer 1546 und später

Zehntbesitzer	v. Stein	Bronsart/ Oeppe	Tann/ Marschalk	gesamt	Erläuterung
Getreidewagen	30	9	18	57	
Garben auf den Wagen	2700	810	1260	5130	
Prozent-Anteil	52,6	15,8	31,6	100	
		Haderteil		Haderteil	
Garben	285	43	112	440	Ein Getreidewagen hatte 1½ Schock Garben = 90 Garben
Prozentanteil an den Garben	64,8	9,8	25,5	100	
Prozentanteil des Haderteils vom Zehnt	10,6	5,3	6,9	8,58	

Das Haderteil

Hader(n) ist mittelhochdeutsch ein zerrissenes Stück Zeug, Lumpen, wie im Wort Haderlump; nach Brockhaus sind *Hadern* Abfälle von textilen Geweben. Hadern waren meines Wissens die ausgedroschenen Teile des Getreides, also nicht nur die Spreu, sondern auch das Stroh. Nachdem jedoch in Ostheim der Getreidezehnt auf den Feldern eingenommen wurde und nicht wie in anderen Orten als Sackzehnt nach dem Dreschen, wurde das Haderteil neben dem Getreidezehnt auf dem Feld erhoben. Es sollte wahrscheinlich 10 Prozent des Zehnten erbringen, tatsächlich erhielten die Steins 10,8 %, die Bronsarts/Oeppes/Hessbergs 5,3 %, die Tanns/Marschalks 6,9 % Haderteil aus dem Zehnt. Das Haderteil wurde eigens mitverliehen, aber nicht quantifiziert, so 1498: „… wie Philipp das am haderteile haben mag, …"[94], 1519 „ … ⅓ vom Viertel zu Anteil am Haderteil[?], …"[95] 1576 „…soviel sie dessen am Haderteil gehabt mögen,…"[96]

Im Zinsbuch der Herren von Buttlar gen. von der Neuerburg hört sich die Aufteilung jedoch anders an:

Er, der Neuerburger hatte an dem Hader Viertel des Zehends zu gedachtem Ostheim das halbe Teil, und Hans Marschalk daran ein Viertel. An dem andern Viertel hatten Moritz und Hartung vom Stein zwei Teile und er Neuenburger das dritte Teil und gebühret ihm an solchem Hader Viertheil allweg sieben Fuhren und Hans Marschalk drei Fuhren, Moritz und Hartung von Stein aber zwei Fuhren an der Frucht. Wenn diese Fuhren also herumkommen und es vonnöten mögte wieder anheben wer da wolle, diese Unterrichtung hetten seine Eltern von Melchior Schöttel Ihrem Zehner angenommen, der bei zweiunddreißig Jahren des Orts am Zehend gewesen, wäre geschehen auf den Sonntag Cantate im 1510ten Jahr nach Christi unseres Herrn Geburt.

Danach würde das Haderteil ¼ des Getreidezehnts ausmachen, von dem die Buttlars ⁷⁄₁₂, die Marschalks ³⁄₁₂ und die Steins ²⁄₁₂ gehabt hätten. Wahrscheinlich war die Aufteilung bis 1546 so. Nach den Angaben von 1656 betrug allerdings der Haderanteil nur knapp 10 Prozent.

Der Kleinzehnt

1458 wird Siegfried von Stein als Lehensträger für alle Steins mit der Hälfte und einem weiteren $^1/_{24}$ des Zehnten zu Ostheim samt Zubehör in Dorf und Feld, soweit die Mark reicht, sowie dem gleich großen Anteil am kleinen Zehnten von den Grafen zu Henneberg belehnt.[97]

Aufgeführt werden im Lehn- und Zinsbuch der von Buttlars von 1546 folgende Kleinzehnten:

Wein, Lämmer, Gänse, Hähne, Kälber, Getreide von den Hofstätten, Heu und Grummet, Kraut, Flachs, Wicken und Rüben.

Das war sehr oft Gegenstand von Auseinandersetzungen. So entschieden Philipp von Heßberg zu Bedheim und Friedrich von Obernitz, Amtmann zu Römhild, am 26. Juli 1550 den Streit zwischen den Ganerben und der Stadt Ostheim.

Nachdem die Ganerben den Originalvertrag, den Bischof Johann von Würzburg aufgerichtet hatte, bei dem Termin zu Römhild vorgelegt hatten, entschieden die Räte, dass es bei diesem Vertrag in allen Punkten bleiben soll.[98]

Die Mansfeldische Kanzlei zu Römhild gab am gleichen Tag als Anlage zum Zehnten in Ostheim den nachfolgenden Bescheid heraus:

1. *Was bisher zehentbar war, ist auch jetzt zu verzehenten, was nicht zehentbar war, bleibt zehentfrei.*
2. *Den Weinzehend von dem Wein, wie er hier gewachsen ist,*
3. *Gelbe Rüben und Zwiebeln nach Herkommen zehnten,*
4. *nicht in die Heuhaufen hüten noch darin weiden.*

Item die Gebrechen, so die Ganerben an dem Zehent zu Ostheim haben:

1. *Am Wein- oder Mostzehent. Dieser soll gegeben werden, wenn er in Kufen gefüllt ist, und dann auf den Kirchhof getragen werden.*
2. *Zehent Pensum: Davon soll jeglicher seinen rechten Zehent unberauft geben. Wenn einer die Summe von 10 nicht erreicht, wird ins nächste Jahr weitergezählt.*
3. *Die jungen Schweine: hier gilt die gleiche Zählweise – Übertrag aufs nächste Jahr.*
4. *Mit dem Hüten im Wiesengrund, das sich die Nachbarn fleissenn wenn sie das Ihre hinwegbringen und danach den Zehentjunkern das Ihre verhüten und verfüllen.*
5. *Mit den Zehentlämmern soll der Zehner seine Zahl herausholen, jedoch nicht das Beste und schlechteste, sondern den Durchschnitt. Auch wird ins kommende Jahr weitergezählt.*
6. *Für Hühner und Gänse wollen etliche Geld geben. Dazu haben sie nicht das Recht, vielmehr wird aufs näcbse Jahr weitergezählt, wenn keine Zehnerzahl erreicht ist.*
7. *Zum siebenten unterstehen sich die Nachbarn, Artäcker und Wiesen zu teilen und daraus zwei zu machen und wollen nur von einem Teil Zehent geben. Das geht so nicht.*
8. *Die Krautländer betreffend: Hier ist alles zehntbar. Das gilt auch für gesäte Gelberüben*
9. *Auch von den Gemeindewiesen ist zu zehnten.*
10. *Wegen des rhein[Feld-Rain?] Zehents ist mit dem Schultheißen zu reden.*

1734 war wegen des „junge-Hühner-Zehnts" zwischen dem Stadtrat und den Ganerben ein Streit entstanden.

In einem Schreiben, den Lebendzehend oder junge-Hühner-Zehend betreffend, gab das Amt Lichtenberg an den Herrn von Stein den Bescheid[99] *„dass denen Herrn Imploranten von jeder in hiesigen Haushaltungen erzeugten ersten Brut, wenn sie aus dem Hafermaß hüpfen können ein Küchlein statt des Zehends ohne weitere Einrede des Stadtrats* *einzunehmen unbenommen bleibe, dagegen aber man beim fürstlichen Amte zu Ihnen sich versehe, dass sie bei gar geringen Herden und zumal bei armen Leuten es so genau nicht nehmen werden."*

Der Zehntertrag der Familie von Stein in Ostheim um 1800

Aus einem Wertberechnung (Anschlag) der Ostheimer Güter der Familie von Stein aus dem Jahr 1802 oder 1803 stammt die nachfolgende Aufstellung:

Die Zehntgerechtigkeit im großen, kleinen und lebendigen Zehnt erstreckt sich über die ganze in ungefähr 11 000 Acker bestehende Flurmarkung, ausgenommen

a) einige Äcker und Krautländer,

b) die neuerlich zerschlagenen alttannisch und hansteinschen Güter,

c) einige Grundstücke der Pfarrei bzw. Superintendentur.

Den Wert des Zehnts kann man nach dem Angebot des herzoglichen Hauses zu Eisenach ermessen, das vorgeschlagen hatte, den Feldzehnt in einen Fruchtzehnt zu verwandeln und jährlich 400 mt [Malter] von den Zehntpflichtigen geboten hatte. Den Malter zu 4 fl rhein. angeschlagen würde dies 1600 fl ergeben. Zu 2% verzinst ergäbe sich ein Kapitalwert von 80 000 fl. Da aber der Zehnt mitverpachtet ist, bleibt er außer Ansatz.

Nota

$^{13}/_{24}$ des Zehnds gehörten von jeher der steinschen Familie, die übrigen $^{11}/_{24}$ wurden mit dem Erkauf der Tann- und Hansteinischen Güter erworben. Von den ersten $^{13}/_{24}$ ist die Hälfte schon seit langer Zeit dem Völkershäuser Gut zugeschlagen, gegenwärtig nebst demselben verpachtet und in diesem Anschlag nicht inbegriffen.

Ein Datum ist nicht angegeben. Durch den Hinweis auf die kürzlich durch Graf von Soden verkauften Tann- und Hansteinischen Güter und 1800 als letztes Ergebnisjahr dürfte 1802/03 richtig sein.

Ertrag des großen Getreidezehnts 1829[100]

Am 5. November 1829 wurde von den Zehntern Kaspar Streng, Michael Marschall, Bernhard Scheublein und Christian Keller Bericht über den Ertrag des großen Getreidezehnts für das Jahr 1829 erstellt:

Die Aufstellung wurde von uns in Garben und Fuhren umgerechnet.

Getreidezehnt 1829 inklusive Völkershäuser Anteil	Garben	Getreidefuhren
1. Wintergetreide		
Korn im Hainhöfer Feld	9630	107
Winterweizen	7022	78
2. Sommergetreide		
Sommerweizen im Lichtenberger Feld	229	2,5
Gerste	4559	51
Gersten- und Hafergemeng	1010	11
Erbsen	60	1
Linsen		
Garben insgesamt	**22510**	**250**

Beschwerden zum Zehnt

1423 musste Bischof Johann von Würzburg große Auseinandersetzungen zwischen seinen Burgleuten sowie den Schultheißen, Dorfsmeistern und der Gemeinde zu Ostheim schlichten. Dabei ging es im 3. Punkt auch um den Zehnt. Bischof Johann entschied also:

3. Item von des Zehents wegen um dessentwegen sie in Zwietracht sind, scheiden und sprechen wir daß nun fürbaß daß die Burgleute jährlich einen redlichen unverleumbten Mann zu einem Zehender aus den Nachbarn zu Ostheim mit Wissen und Willen der Gemeinde, ob sie dessen nit ihnen über(ein)kommen möchten, nehmen und setzen sollen. Kommt kein Einvernehmen zustande, so sollen die Burgleute einen anderen ehrlichen Mann nehmen und setzen, der aber zum einen Teil ihnen aber auch den Schultheißen, der Herrschaft und der Gemeinde geloben und schwören soll mit dem Zehenten getreulich umzugehen und den armen und reichen recht zu tun als denn von den Flurschützen, Hegern und Kirchnern oben geschrieben ist. Jedoch sollen die mehrgenannten armen Leut den Zehenten der jetzt Zehender ist, den Zehenden dies Jahr verfallen und erschienen wer hiezwischen und S. Martinstag, schirst geben und antworten, und welcher denselben Zehendner seinen Zehend also geantwortet und gegeben hat, dem sollen die mehrgenannten Burgleute seine Pfänder, die ihnen von Zehends wegen genommen wären ungefehrlich wieder zuschicken. Wäre es aber dass vielleicht von solchen Pfändern eins oder mehr vor diesem unseren gegenwärtigen Ausspruch vergangen wäre, so behalten wir uns Macht, zu erläutern, wie es mit diesen vorher genommenen Pfändern beschehen und gehalten werden solle. Und wenn dann ein solcher Zehent zu Ostheim jährlich beisammen und eingebracht wird, so sollen dann die armen Leute dasselbig in Recht thun, geloben und schwehren, dass sie recht gezehndet haben, wie das auch von alters herkommen, ob sie das anders nit erlassen werde mögen, ohngefehrde.

Probleme beim Einsammeln des Zehnts

Das Einsammeln des Zehnts verlief nicht immer beschwerdefrei. Ein Beispiel dafür zeigt anschaulich, wie dies in der Praxis vor sich ging:[101]

Am 16. September 1762 wurden dem Freiherrlich ganerbschaftlichen Syndikat verschiedene Beschwerden gegen die ganerblichen Zehner zu Ostheim vorgelegt.

Es war ein Schreiben des tannischen Gerichtsverwalters Johann Gottlieb Schüler, welcher folgendes ausführte:

1. Von alters her war es Recht und Herkommen, dass die Wagen, die den Zehend einbrachten, wenn sie beladen heimfuhren, vor dem Tor aufeinander warten mussten, um verlost zu werden. Doch bereits 1761 beim Weizeneinfahren, als auch am 15. September 1762 beim Gerstenführen wartete der Steinische Zehner mit seiner Fuhre nicht auf die anderen, sondern fuhr mit seiner Fuhre zur steinischen Scheune, ohne mit ins Los zu gehen.

2. Das Zusammentragen des Zehends wird immer nachlässiger gehandhabt. Öfters finden sich Zehendgarben, ja ganze Haufen noch auf dem Feld, wenn der Zehend schon eingebracht ist. Das Ergebnis solcher Vergesslichkeit: Die Garben und Haufen verderben auf dem Feld und werden unbrauchbar.

3. Die Zehendgarben sollten auf jeden Fall zu Haufen zusammengetragen werden, damit sie nicht verloren gehen, oder vom Vieh beschädigt werden und die Zehendwagen nicht auf dem ganzen Feld herumfahren müssen. So wurde im vergangenen Jahr das Geschirr von Hans Diemer etliche Male von einer Garbe zur anderen über Gräben und Felder gesprengt, während die anderen mit ihren Wagen bequem fahren konnten.

Schüler brachte diese Fälle beim Syndicus zur Anzeige, weil er sonst seiner Herrschaft Schaden zugefügt hätte.

Er hatte Zeugenaussagen beigefügt:

- *Der tannische Zehner Johannes Stapf beschwerte sich. Als er heute Zehend fuhr, kam seine Fuhre mit der steinischen am Tor zusammen, doch Hans Diemer, der die dritte Fuhre einzubringen hatte kam und kam nicht. Als er nach 1½ Stunden endlich eintraf, war der steinische Zehner schon weggefahren. Überhaupt mache ihm sein Kamerad Hans Diemer allerhand Verdrießlichkeiten. Stapf habe ihn wegen seines langen Ausbleibens zur Rede gestellt, da hätte der ihn ein Geifermaul und einen Rotzjungen geschimpft. Schon früh hätten sie lange auf Diemer warten müssen und als er endlich kam, sei er blind voll gewesen, was auch der Verwalter Schüler bestätigte: Er sei schon sehr besoffen gewesen, noch ehe das Brot und Bier, das auf jede Fuhre gegeben wird, ausgeteilt war. Außerdem täte Diemer seine Schuldigkeit auf dem Feld nicht. Er, Stapf müsse für Diemer das Brot mitverdienen. Diemer sei ein Süffling, zu dessen unordentlichem Wesen man nicht länger schweigen könne.*
- *Lorenz Göpfert, der am 15. September mit Hans Diemer Zehend gefahren hatte, sagte aus, er habe so lange auf Diemer warten müssen, dass die drei anderen Zehntwagen bereits beladen gewesen wären, als ihr Wagen in die Kehl gekommen wäre. Darauf wären sie zurückgefahren und hätten auf dem Mehlweg geladen. Bei der zweiten Fuhre konnten die anderen Wagen im unteren Feld laden, während er wieder in die Kehl mußte und so noch länger brauchte. Deshalb also die Verspätung am Nachmittag.*

Am 20. September kamen die beiden freiherrlichen Ganerbschaftssyndici, der tannische Gerichtsverwalter Christian Salomon Schüler und der steinische Amtmann Johann Gottlieb Ludwig, sowie der tannische Gerichtsverwalter Johann Gottlieb Schüler und der steinische Verwalter Philipp Ernst Diemer zusammen.

Als erstes hörten sie die steinischen Zehner Hartmann Schmidt und Johannes Streng. Diese sagten sie wollten das Vieh nicht zu lange stehen lassen und seien deshalb früher weggefahren. Auch bei dem Vorfall vor zwei Jahren sei Diemer die Ursache gewesen.

Auf den Vorwurf des Gremiums, warum sie das nicht gemeldet hätten, sagten die beiden, Diemer sei ein arger Mann, mit dem sie sich nicht behängen wollten.

Hans Diemer sagte, sein Hauskreuz sei an allem schuld. Er habe eine kranke, blinde Frau daheim gehabt und sich daher sehr übel behelfen müssen. Künftig würde das nicht mehr vorkommen, weil seine Frau gestorben sei.

Der Vorfall vom 15. September komme daher, dass er tags zuvor neu geheiratet habe und sich am Morgen danach etwas verschlafen habe. Man könne ihm nicht nachsagen, dass er sich heuer betrunken habe. Der letzte Rausch habe noch von der Hochzeit hergerührt.

Den Stapf habe er einen Rotzjungen geschimpft, weil er den steinischen Zehnern zu viel nachgebe und diese habe fortfahren lassen. Der Völkershäuser Wagen sei auch schon mehrmals länger ausgeblieben und man habe doch auf ihn warten müssen.

Verwalter Diemer warf Hans Diemer vor, dieser sei ihm vor zwei Jahren schon grob im Felde begegnet. Auf die Drohung Schülers mit einer Anzeige beim tannischen Syndicus habe er gesagt, er frage so wenig nach dem Schüler wie nach Diemer.

Hans Diemer wollte einen Eid darauf schwören, dass er das nicht gesagt habe, doch der Verwalter sagte, der Mann sei besoffen gewesen. Er wolle das für diesmal verzeihen, aber ein andermal hart dreinschlagen, wenn ihm wieder ein Zehner auf solche Art begegnete.

Johannes Streng: Er und Hans Stapf wären die neuesten Zehner, sie würden von den anderen sofort abgeputzt, wenn sie zur Ordnung mahnten. Hans Stapf bestätigte das; auch Verwalter Diemer hatte das schon gehört.

Vom ganerblichen Syndicat erging folgender Abschied: Die beiden steinischen Zehner erhalten einen strengen Verweis. Dem Hans Diemer wird vieles seiner Trunkenheit zugeschrieben. Er habe sich in jeder Hinsicht zu bessern. Im Wiederholungsfall würde dies an die Zehendherrschaft weiterberichtet.

Der Streit ums Nachrecht

„Nachrecht" war das Recht, auch von jedem angefangenen Haufen den 10. Teil zu verlangen oder die Schuld auf den nächsten Acker oder auf das nächste Jahr zu übertragen. Die Bauern banden sonst die Garben so, dass beispielsweise nur 19 Haufen herauskamen, so dass von 9 Haufen der Zehnt gespart wurde. Außerdem mussten die Bauern einen Eid ablegen, dass sie recht gezehntet haben. Für die Zehntherren war dieses Nachrecht sehr wichtig, denn hier war für die „armen Leute", wie das gemeine Volk das ganze Mittelalter hindurch genannt wurde, eine Hintertüre, um den drückenden Zehnt wenigstens teilweise abzumildern.[102]

Schon 1522 entschieden die hennebergischen Räte: *In Sachen des Nachrechts am Zehendts zu Ostheim zwischen den Ganerben solches Zehendts und den armen Leuten daselbst achten beide unserer regierenden Herren zu Henneberg ihre verordnete Räte, dass die armen Leute zu Ostheim solch Nachrecht nach Laut des Entscheids durch Bischof Johann von Würzburg löblichen Gedächtnisses ... tun sollen.*

Bei ihrer Beschwerde an die Grafen Hans Georg und Hans Albrecht von Mansfeld 1550 am Valentinstag sagten Schultheiß, Vierer und Zwölfer zu Ostheim aus: Sie hätten seit Menschengedenken kein Nachrecht leisten müssen, und jetzt kämen die Ganerben mit dem Schiedsspruch eines Bischofs Johann von Würzburg daher. Sie zweifeln dieses Beweisstück an und bitten die Grafen um eine glaubhafte Abschrift dieses Dokuments, da das der Gemeinde in einem großen Brand verloren wurde.

Darauf wurden die Ganerben wie auch Hans Wolf von der Tann, der auch Ansprüche auf den Zehnt zu erheben hatte, auf die Kanzlei nach Römhild geladen. Nachdem diese dort das Originaldokument vorgelegt hatten, entschieden Philipp von Heßberg zu Bedheim und Friedrich von Obernitz, Amtmann zu Römhild, den Streit zwischen den Ganerben und der Stadt Ostheim zugunsten der Beklagten.

Dass der Zehnt und das Nachrecht richtig geliefert wurden, mussten die Ostheimer beeiden, und zwar am Tage Pauli Bekehrung (25. Januar). 1556 wird berichtet, wie die Nachbarn das Nachrecht getan haben:

Auf heute dato Pauli Bekehrung des 56. Jahrs, hat Schultheiß und ganze Gemeinde zu Ostheim den Zehent junkern das Nachrecht getan, erstlich uns angelobt, nachfolgend das Nachrecht mit dem Eide bedeutet, von Worten zu Worten wie flogt.

Nun heb ein jeder zwen Finger auf und sprech mir nach:

Als ich mit neuen angelobt hab und mit Worten unterschieden bin, dass ich meinen rechten gebührenden Zehent unvervorteilt klein und groß gegeben hab, wie von alter Herkommen ist, das helfe mir Gott und sein heiliges Wort.

Weitere Cameralsgerechtsame 1805[103]

Holzrechte

Der Steinischen Herrschaft stehen folgende Holzrechte zu:

12	Gerten auf den	Marisfelder (Obermarschalkischen) Hof
8	Gerten auf den	Voitischen Hof
8	Gerten auf den	Steinischen Hof (Schlösschen)
8	Gerten auf die alte Kemenate (am Rathaus)	
12	Gerten auf den	Hansteinischen Hof
8	Gerten auf die Münze	
16	Gerten auf den	Heldrittschen Hof (mit Rosenau?)
4	Gerten bekomme der adelige Oberheimbürge (Syndicus Eydam)	

Gegenwärtig werden auf 2 Gerten 55 Wellen (Reisig) abgegeben, bei der neuen Einrichtung 1 Schock auf 2 Gerten. Klafterholz wurde, da das Holz sehr jung abgetrieben wurde, nicht gemacht.

Ehemals tannisch waren der Marisfelder, der Voitische, der Hansteinische und der Münzhof.

Die Schäferei

Die alten steinischen Besitzungen sind berechtigt, 150 Schafe zu halten. Die ehemals tannischen dürfen 100 Stück halten. Von diesen 100 ist die Berechtigung für 50 Schafe 1801 an den Hofrat Thon für 100 Laubtaler verkauft worden, die anderen sind für 6 fl fränk. Extrapacht an den Pächter Peter Neuschwanger vergeben, der berechtigt ist, 200 Stück zu halten und unter die Gemeindeschäferei zu treiben.

Den Schafpferch[104] mit insgesamt 600 Schafen bekommt der Pächter, wenn die Reihe an ihn kommt, jedesmal für 8 Nächte hintereinander auf die alten steinischen Besitzungen (ohne die tannischen). Es werden drei Höfe gerechnet, und jedesmal wenn die Reihe an einen der Höfe kommt, bekommt er für 8 Nächte den Pferch, der in 2 Jahren etwa 3mal herumkommt. Wer den Pferch hat, gibt dem Schäfer früh einen Branntwein und Mittags 2 Maß Bier. Für je 25 Schafe erhält der Schäfer 6 Maß Korn, 1 Maß Weizen, ½ Maß Erbsen oder Linsen und 1 Maß Hafer.

Die schafweideberechtigten Bürger müssen an die Landesherrschaft jährlich eine Abgabe, die Herrenhämmel genannt, geben. Diese Abgabe wurde nun seit längerer Zeit dadurch aufgebracht, dass der Pferch von Mariä Geburt bis Simon Juda, also vom 8. September bis 28. Oktober von jedem Bürger bezahlt werden musste. In der Zeit ging der Pferch am Pächter vorbei. Der Steinsche Rentmeister Rommel schätzt den Nachteil für das Gut auf 24 fl.

Hirtenlohn

Der Oberheimbürge darf nach Herkommen 12 Schafe frei vor den Hirten treiben, was jetzt dem Pächter zugute kommt. Was er mehr treibt, muss er im Frühjahr mit einer Metze und im Herbst mit einer Metze und einem Köpfchen Korn verschütten (zur Schut treiben).

Heuzins von der Wiese im Markenloh

Von der Haufenwiese über der Stadt im Markenloh wurde erst der Zehnt und dann der dritte Haufe Heu als Zins abgegeben. Vom Grummet werde kein Zins abgegeben

Leinkuchen von der Brückenmühle

Die Brückenmühle gibt jährlich einen Zentner Leinkuchen[105] als Zins, den der Pächter wie seine Vorgänger einnimmt.

Häuser und Grundstücke in Ostheim im Adelsbesitz

Es würde viel zu weit führen, alle Häuser und Grundstücke im Adelsbesitz einzeln aufzuzählen, doch lohnt es sich schon, sich diesen Bereich etwas näher anzusehen. Binder gab bereits an, dass $9/10$ von Ostheim den adeligen Ganerben gehörte.

Die Adelshöfe und die dazu gehörigen landwirtschaftlichen Grundstücke

Schon die Adelshöfe allein hatten mit den von ihren Besitzern selbst bearbeiteten Flächen einen beträchtlichen Umfang. Wir kennen diese Fläche nicht. Auch die Amtsbeschreibung von 1643/1672 gibt darüber keine Auskunft.

Das Buttlarsche Gut

umfasste 1546 mit zwei Höfen 61 Feldgrundstücke mit 50 – 60 ha, drei Wiesen mit 4 – 5 ha, 2 Krautländer, die etwa 0,4 bis 0,5 ha groß waren, Baumgärten und Weinberge.[106]

Das Rittergut der Freiherrn von Stein

hatte 1832 an Rustikalien (landwirtschaftlichen Flächen)[107]

	bei 0,25 Hektar/Morgen	bei 0,35 Hektar/Morgen
a) 473½ Morgen an Artland (Ackerland)	118,4	165,7
b) 63¾ Morgen an Wiesen	15,9	22,3
c) 2½ Morgen an Krautland	0,6	0,9
d) 1 Morgen an Gärten	0,3	0,4
	135 ha	189,3

1826 hatten die Feldgrundstücke des Steinschen Rittergutes nach einer Aufstellung von Rentmeister Joh. Kaspar Rommel 543 Acker umfasst, was auf dieselbe Gesamtfläche hinauskommt. Das Rittergut wurde dabei aus der landwirtschaftlichen Fläche von 3 bis 4 Adelshöfen gebildet.

Wir können also mit aller Unsicherheit annehmen, dass die Inhaber der Adelshöfe durchschnittlich 40 bis 50 Hektar Feldfläche selbst bewirtschafteten.

Die Lehensgrundstücke – die Erbzinslehen[108]

Zu jedem Adelshof gehörten Anwesen und landwirtschaftliche Flächen, die an Ostheimer Bürger gegen Zinszahlung verlehnt – vermietet oder verpachtet waren. Der Pachtzins war höchst unterschiedlich, wahrscheinlich bereits seit dem Frühmittelalter an die Bedürfnisse der Verpächter angepasst, die möglichst alle ihre Bedürfnisse aus dem eigenen Umkreis decken wollten.

Einen Überblick über das, was an Abgaben zu zahlen war, gibt das Erbzinsbuch Georg Wilhelms von Stein zu Ostheim von 1666, wobei zu berücksichtigen ist, dass so kurz nach dem 30-jährigen Krieg noch nicht alles gezahlt werden konnte.

Georg Wilhelm erhielt von seinen Lehensnehmern insgesamt:

10½ Malter Korn	13 fl. 17 Schilling 6 Pf. an Geld	29 Fastnachtshühner
15 Sommerhähne	3 Michelhähne *sind gangbar*	13 Gänse *vacat sind ungangbar*
5½ Schock Eier	6 Schönbrote auf Weihnachten	5 Pfund 3 Virling Wachs
4 Pfund 1 Virling Unschlitt[109]	1 Schock klein Küken	33 Frontage
2 Lammsbäuche zu Ostern		

Im steinschen Erbzinsbuch für die Jahre von 1647 bis 1666 ist nicht für einzelne Grundstück zu zinsen, sondern für jede Hube, die aus etwa 20 bis 40 Grundstücken bestand.

So zinst die erste Schweinshube

Ein Schwein, das 5½ fl. wert ist oder solche 5½ uff den Oberßten		2 Malter Weizen
2 Michelshühner	2 Fastnachtshühner	2 Schneidtage

Im Zinsbuch der von Buttlars von 1546 kommen folgende Zinszahlungen vor für eine Hofreit und von einem Erbe:

4 Malter Korn	2 Malter Haber	1 Schönbrot
1 Fastnachtshuhn	1 Schock Eier	Rebenlesen
Heu machen	Kraut setzen	Futter hacken

Flachs raufen und riffeln	Weinbeeren ablesen im Herbst	2 Malter Korn an die Frühmesse
Für ein freies Gut war zu geben:		
10 Groschen auf Michaelis	Ein Lammsbauch zu Ostern	1 Schönbrot zu Weihnachten
1 Fastnachtshuhn	2 Schneidtage	
Heu machen	Kraut setzen	Futter hacken
Flachs raufen und riffeln	Weinbeeren ablesen im Herbst	

Die geforderten Feldarbeiten wurden dabei immer als „seind Dienst" zusammengefasst.

Für weitere Zinsgüter gab es neben den bisher bereits genannten Zinsgaben noch

1 Sommerhahn	1 Pfund Wachs	1 Schock Eier
1 (gemästete) Gans	Gulden, Groschen, Schillinge	7 Viertel Butter, Ostheimer Maß
1 Schwein für den Pfarrer oder	das Geld dafür (5 Gulden)	

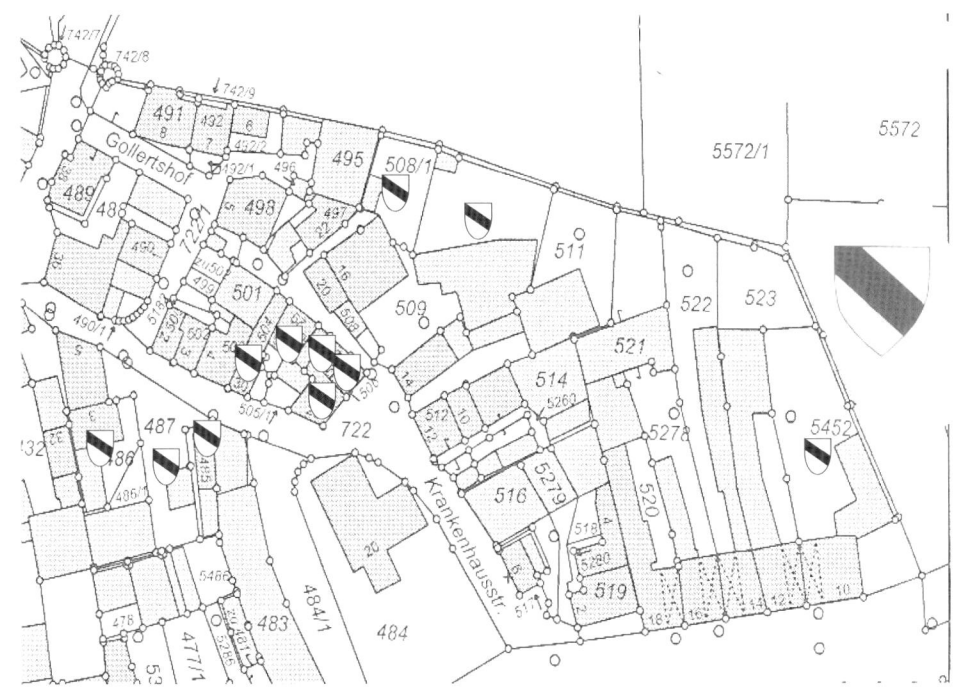

ABBILDUNG 2: GRUNDBESITZ DER FREIHERRN VON STEIN 1865 IN OSTHEIM-NORDOST. ALLE HÄUSER UND GRUNDSTÜCKE MIT DEM STEINSCHEN WAPPEN WAREN IM BESITZ DER FAMILIE.

ABBILDUNG 3: GRUNDBESITZ DER FREIHERRN VON STEIN 1865 IN OSTHEIM IM SÜDWESTLICHEN VIERTEL. ALLE HÄUSER UND GRUNDSTÜCKE MIT DEM STEINSCHEN WAPPEN WAREN IM BESITZ DIESER FAMILIE UND GEGEN ERBZINS VERMIETET.

Das war wesentlich abwechslungsreicher als das übliche Abgabenspektrum – Geld, Getreide, Hühner, Wein.[110]

Für das Krautland wurde der Krautzins fast immer in Geld berechnet; wie auch in anderen Fällen die Geldzahlung die Zahlung von Naturalien ablöste.

Bei über 30 Lehenstücken steht die Bemerkung: Schlecht (Slecht)[111] Lehen Zins zu Ostheim von Geld, Getreide, Hühnern und Gänsen.

Acht Pächter hatten Unschlitt als Zins zu zahlen, neun Wachszins. Wachs wie auch Unschlitt aus Hammel- oder Rindstalg wurde zur Beleuchtung im Haus, besonders aber auch in der Kirche gebraucht.

In einer Aufstellung der Erbzinsen von 1852 zum Zwecke des Verkaufs an die Stadt Ostheim.[112] findet sich eine Aufteilung der Geldzinsen nach den alten Ganerbenhöfen:

Verzeichnis der grundherrlichen Gefälle zu Ostheim

Erbzinsen

Fl.	Kr. (Xr.)	Name des Hofs	Erläuterung
30	52¾	Alttannsche Lehnschaft	Wahrscheinlich die Erbzinsen, die dem ehemaligen Voitischen Hof zustanden
70	47¾	Völkershäuser Rosenausche Lehnschaft	Die Erbzinsen für das Schlösschen und den Rosenauischen Hof
2	10	Hansteinsche Lehnschaft	Der zum Hof zugehörige Grundbesitz war 1750 zum (Ober)Marschalkischen, hier neutannischen Hof geschlagen worden.
21	32¼	Alte Münzlehnschaft	Eine Aufteilung der Erbzinsen des Münzgutes ist derzeit nicht sicher zu erklären. Anzunehmen ist eine Vermietung an zwei Parteien.
4	58	Neue Münzlehnschaft	
291	16¾	Neutannsche Lehnschaft	Damit ist der Bibrisch-Tannisch-(Ober)Marschalkische Hof Am Großen Stein gemeint
3	45	Haus des Joh. Adam Hofmann am Rathaus	Die ehemalige stein-tannische Kemenate am Rathaus
-	20	Vormals Major Köhlers Haus	Möglicherweise der ehemalige heldrittsche Hof

Die höchst unterschiedlichen Beträge bei den einzelnen Höfen kommen sicherlich aus früheren Übernahmen und Zusammenlegungen.

1852 anlässlich der Verkaufsverhandlungen mit der Stadt Ostheim wurden die Erbzinsen nochmals berechnet. Es ergab sich die Summe von 433 Gulden, 22½ Kreuzer. Dazu kam noch das Gültgetreide[113], mit 15 Malter 1⁴/9 Metzen Korn und etwa 1 Malter 3⁷/9 Metzen Hafer[114], alles Mellrichstädter Gemäß. Zu den Gefällen gehörte noch der Handlohn, eine Art Verkaufssteuer, wobei der Lehnsherr 5 Prozent des Verkaufspreises vom Käufer bekam.

In dieser Verhandlung wurden die Bürger aufgelistet, die Rückstände bei der Bezahlung der Erbzinsen hatten. Die Namensliste enthält in alphabetischer Reihenfolge 471 Namen.

Die Häuser und Höfe der Freiherrn von Stein 1865.

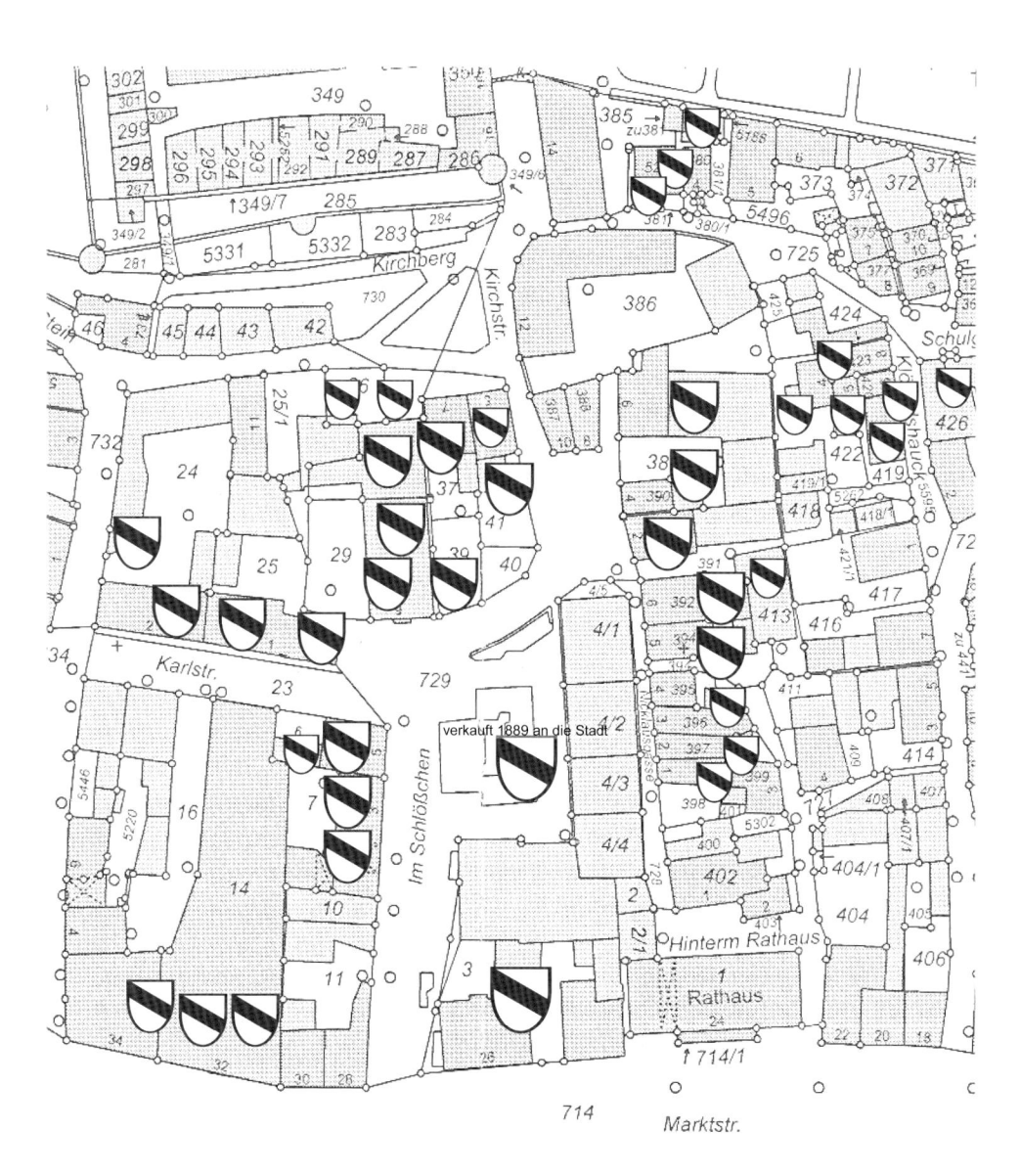

ABBILDUNG 4: GRUNDBESITZ DER FREIHERRN VON STEIN IN OSTHEIMS MITTE 1865. ALLE HÄUSER UND GRUNDSTÜCKE MIT DEM STEINSCHEN WAPPEN WAREN IM BESITZ DER FAMILIE.

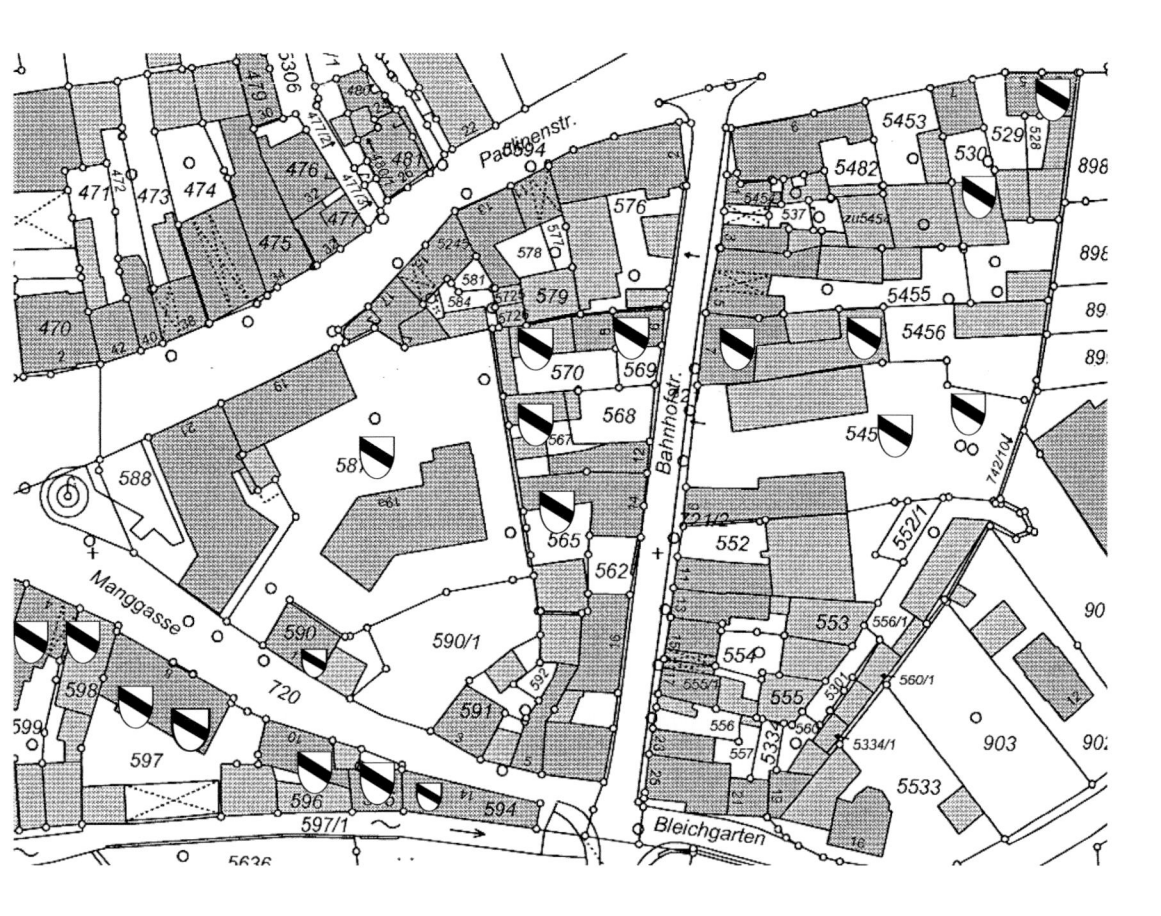

ABBILDUNG 5: GRUNDBESITZ DER FREIHERRN VON STEIN 1865 IN OSTHEIM-SÜDOST. ALLE HÄUSER UND GRUNDSTÜCKE MIT DEM STEINSCHEN WAPPEN WAREN IM BESITZ DER FAMILIE.

Den Buttlars gehörten 1546 26 Häuser, Höfe, Hofreiten oder Güter; zum alttannschen Gut gehörten in einer Aufstellung von 1767 50 Objekte innerhalb der Stadt.

Diese Grundstücke konnten jedoch nicht lokalisiert werden. Dies änderte sich durch die Neuvermessung 1830 und die darauf folgende Festlegung neuer Flur- und Grundstücksnummern, die im Wesentlichen bis heute gelten. Obwohl die Steins im 19. Jahrhundert immer wieder Grundstücke veräußert hatten, geben die verbliebenen schon einen guten Überblick über den Steinbesitz in Ostheim.

Das Verzeichnis des Steinbesitzes wurde auf dem aktuellen Stadtplan eingetragen. Zusammengelegte oder neu nummerierte Grundstücke konnten durch den Vergleich aller Grundstücke lokalisiert werden.

Die Rechtsstellung der Ganerben gegenüber der Stadt

Der hochadelige Steinsche Vogt in Ostheim, Georg Mey, stellte 1656 die folgenden Rechte der Ganerben zusammen:[115]

Es ist auch zu wissen daß vermöge derer zwischen der fürstlichen Herrschaft und adeligen Ganerben von vordenklichen Jahren her aufgerichteten Verträgen dahin verabschiedet worden und auch von alters also herkommen.

1. *Wann kurz vor Petri das Ruggericht oder also genannte Einungs-Mahl allhier in Ostheim gehalten wird, dass allewege der adelige Heimbürge nebst den Zehntherren dabei anwesend sein muß oder an deren Statt Gevollmächtigte dazu gesendet werden. Bei welchem Ruggericht alle in die Rug gebrachten Feldschäden auch am Zehend geben bevor*

der Verbrechungen und Unrechthandlungen mit gewisser Straf verbüßt und solche durch Herrn Stadtschultheiß und gemeiner Stadt Schut-Heimbürgen wegen dabei aufgangener Zehrung gegen dem adel. Heimbürgen allwege berechnet werden müssen.

2. *Werden alle Jahr die gemeine Diener als Stadtknecht, Flurschützen, Hirten, Torwärter, Waagemeister, Vieh-Eicher, Brunnenwärter, Totengräber und der in der Kirche bei währendem Gottesdienst umhergehet, Frühlingszeit in Beywesenheit des adel. Heimbürgers oder dessen Gevollmächtigten und Gegenwart des Herrn Stadtschultheißen, beiden Bürgermeistern und anderen Ratspersonen mit Pflichten und Hand-geloben angenommen und sitzt Herr Stadtschultheiß oben, danach der adelige Heimbürg, alsdann beide Bürgermeister und ganze Rat und geschicht eines jeden angeloben der reihe und session nach.*

3. *Wann das Stadt- oder sogenannte Petersgericht gehalten wird, hat der adelige Heimbürge oder ein Gevollmächtigter von demselben den Beisitz mit, biß nach Vollendung deßen, verbleibt auch bei dero hirnechst haltender Mahlzeit; der adel. Heimburg oder dessen Mandatario hat seinen Sitz nechst an dem Herrn Amtmann der förder sitzen.*

4. *Ingleichen, da in dem Heidelberg, als gemeiner Waldung holz ausgeteilt wird, muß solches mit Wissen und Willen des Adel. Heimbürgers geschehen, der dann jemand statt derer Herrn Adel. Ganerben darzu verordnet, so bei der*

5. *Ausgebung von Anfang bis zum Ende ist; Es müssen auch die Gemeine Schut-Heimbürgen allezeit ein richtiges Verzeichnis über das ausgeteilte Holz umb Nachricht willen überantwortten*

6. *Wenn die Hirten-Schut um Walburgis und Michaelis eingenommen werden solle, muß es gleichfalls mit vorbewußtes adeliges Heimbürgen geschehen, welcher dazu Jemanden dazu abzuordnen hat, um zu observieren, dass einen wie dem andern solchenfalls recht widerfahren und geschehen mögte. Und zwar alles vorher bemelt nach Ausweisung obangezogener Verträgen und bisheriger observantz continuation.*

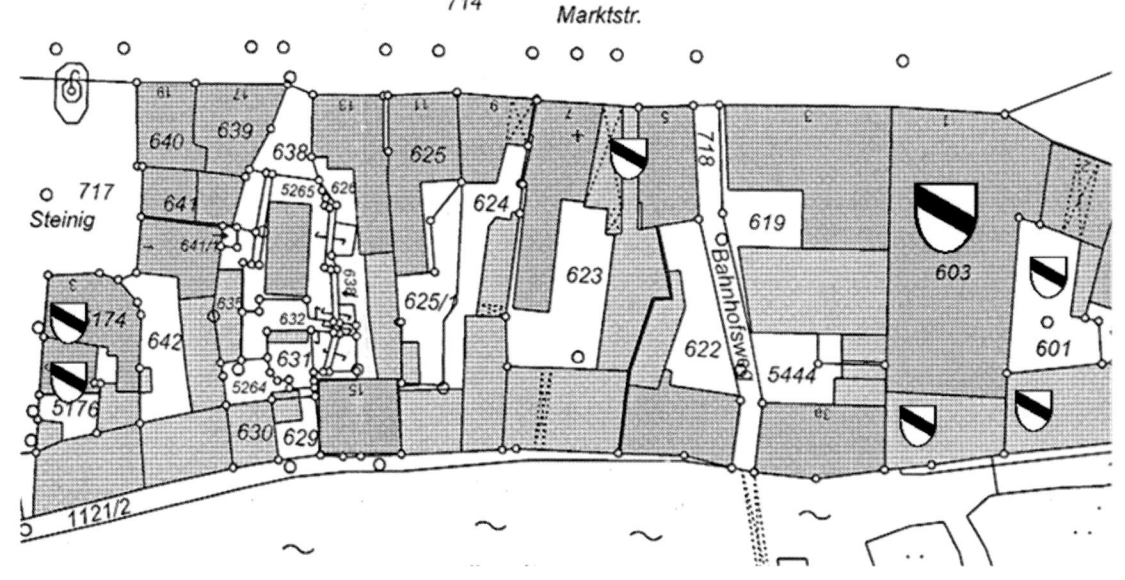

ABBILDUNG 6: GRUNDBESITZ DER FREIHERRN VON STEIN 1865 IN OSTHEIM SÜDLICH DER MARKTSTRAßE. ALLE HÄUSER UND GRUNDSTÜCKE MIT DEM STEINSCHEN WAPPEN WAREN IM BESITZ DER FAMILIE.

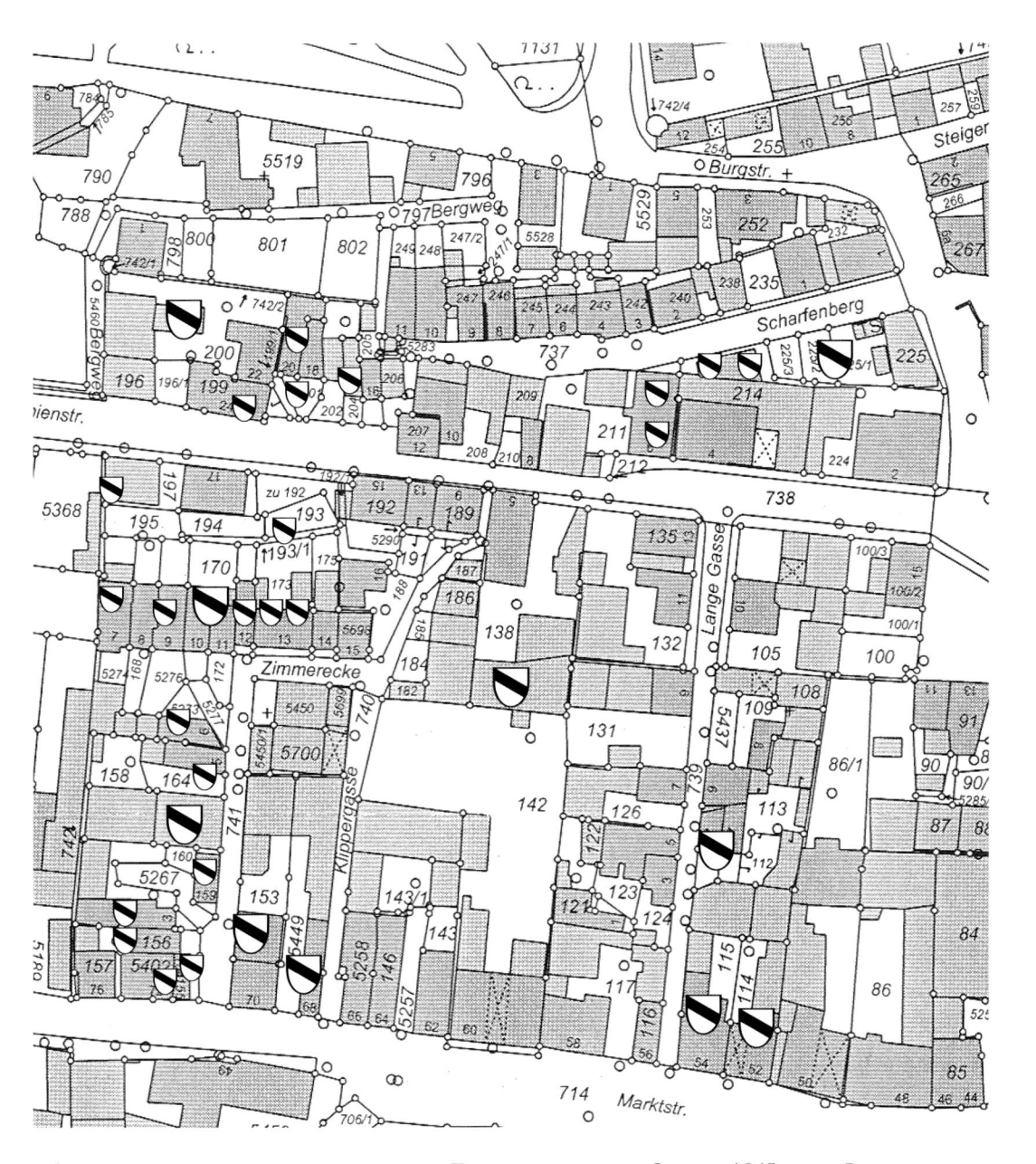

ABBILDUNG 7: GRUNDBESITZ DER FREIHERRN VON STEIN 1865 IN OSTHEIM IM NORDWESTLICHEN VIERTEL. ALLE HÄUSER UND GRUNDSTÜCKE MIT DEM STEINSCHEN WAPPEN WAREN IM BESITZ DER FAMILIE.

[1] Erwin Riedenauer, Entwicklung und Rolle des ritterschaftlichen Adels, in: Peter Kolb / Ernst-Günter Krenig (Hrgg.). Unterfränkische Geschichte Band 3, Würzburg 1995, S. 81 – 130. Hier: S. 81.
[2] Schultes, Beschreibung II, S. 30.
[3] Schultes, Beschreibung II, S. 30f.
[4] Zickgraf, S. 135.
[5] Bosl, Franken um 800, S. 7 ff, 21 und 44 ff.
[6] Zickgraf, S. 4 f.
[7] Stengel Edmund E. (Bearb.), Urkundenbuch des Klosters Fulda, Bd. 1: Die Zeit der Äbte Sturmi und Baugulf (Veröffentlichungen der Historischen Kommission für Hessen und Waldeck X, l) Marburg, 1958, S. 227 ff. (Nr. 154), Zeuge bei einer Schenkung der Äbtissin Emhilt zu Milz.
[8] Dronke, CDF, S. 136 (Nr. 269), Zeuge bei einer Schenkung in Sondheim /Rh.
[9] Dronke, CDF, S. 226 (Nr. 513) von 838.
[10] Dronke, CDF, S. 21 (Nr. 32) von 770.
[11] Dronke, CDF, S. 97 f. (Nr. 173) von 801, Zeuge einer Schenkung in Saal u. a.
[12] Dronke, CDF, S. 175 f. (Nr. 388) von 819, wo Helmrih als Gaurichter amtiert.
[13] Dronke, CDF, S. 297 f. (Nr. 648) von 901 bei einer Schenkung in Gerthausen (Gerratuhuson).
[14] Dronke, CDF, S. 218 (Nr. 492) von 836, Zeuge in Sundheim (Sondheim/Rh.).
[15] Dronke, CDF, S. 167 (Nr. 354), wo Gerrat als Besitzer in Hoitine, dem Markenmittelpunkt um den Hutsberg erscheint.
[16] Dronke, CDF, S. 193 (Nr. 433) von 824, wo Uolfmunt in einer Schenkung in Sundheim testiert.
[17] AV U 35 von 1393.
[18] Buttlarsches Erb- und Zinsbuch, Die Herrlichkeiten Zinsen und Dienste zum Nantzen S. LXVIII.
[19] AV U 247 von 1545.
[20] AV U 247 von 1545.
[21] AV U 247 von 1545.
[22] AV U 2 von 1317.
[23] AV U 83 von 1447.
[24] AV Fach Ostheim, Buttlarsches Lehn- und Zinsbuch von 1546.
[25] AV U 133 von 1479 Dezember 5.
[26] AV U 247 von 1545 Februar 22.
[27] AV U 251, 253 von 1546 Februar 22.
[28] AV U 278/324 von 1569 Juni 3.
[29] AV U 247 von 1545 Februar 22; gingen in der Erbteilung an Siegfried. Vg. auch im Kapitel 3 „Die Steins und die Fehdezeit" den Abschnitt „Das Bastheimer Intermezzo".
[30] Binder, Sondheim, S 76.
[31] Er konnte bisher nicht lokalisiert werden.
[32] Wurden 1546 genannt. AV U 251.
[33] Wurden 1546 im Teilungsvertrag erwähnt. AV U 251.
[34] AV Cop. I, S. 616.
[35] AV U 247 von 1545 Februar 22.
[36] AV Fach Ostheim, Akt mit alter Inventar Nr. 26 ᵈ.
[37] AV 247 von 1545 Februar 22.
[38] AV Cop. I, S. 415.
[39] AV U 5.
[40] AV U 44.
[41] HUB II, S. 89 f, Nr. CXLV; AV U 23.
[42] AV Fach Ostheim, Akt mit alter Inventar Nr. 26 ᵈ.
[43] StAMgn Herrschaft Henneberg-Schwarza Nr. 165 f. 21r; AV 164.
[44] vg. Kapitel 5 „Die Steins und die Lichtenburg".
[45] StAMgn Herrschaft Henneberg-Schwarza Nr. 162 f. 70v f.
[46] Kann eigentlich nur der 1518 gestorbene Philipp von Stein zu Ostheim sein. Philipp von Nordheim starb erst 1536.
[47] Cop. I, S. 300.
[48] StAMgn Hennebergica aus Gotha Urkunden Nr. 735.
[49] AV U 70.
[50] Schultes, Beschreibung II, S. 142 ff, Urk. XIII; Binder, Sondheim S. 87.
[51] Hoffmann, Das älteste Lehenbuch I, S. 239 (Nr. 2262); vg. Kapitel 3 „Die von Steins in der Fehdezeit".
[52] Binder, Sondheim, S. 80.
[53] Binder, Sondheim, S. 76; Gyso von Steinau hatte 1371 ein „Vorwerk" zu Sondheim von Heinrich von Waltershausen erworben (AV U 16); 1402 gaben Siegfried von Stein und seine Söhne Fritz und Hertnid ihrem Knecht Brune ihr Gut zu Sondheim, gen. Hildebrandgut

und eine Hoffläche über der Kemenate in Erbpacht. (AV U 40). Es sieht also so aus, als wären die Steins bereits im Besitz der Kemenate gewesen. Nach den Angaben der Urkunde müsste das Hildebrandgut der spätere Ebersteinsche Hof gewesen sein.

54 „Das bei der Weimarschmiede befindliche Fuldische Lehen nach dem Anschlag Caspar Ottos von Stein."
55 z. B. StAMgn Hennebergica aus Gotha Urkunden Nr. 732 von 1527 Januar 7; Lehnsrevers Philipps von Stein.
56 AV U 70 von 1429 Juli 7; Erhard von Stein wird als Ältester wird mit Steineck, der Fischweide in der Saale und dem kleinen Zoll zu Mellrichstadt belehnt.
57 AV U 239 von 1539 April 30.
58 AV Fach Ostheim, Akt mit alter Inventar Nr. 26 ^{d} . „Hiernach ist zu erinnern, dass die freiherrlich steinsche Linie zu Nordheim im Grabfeld bei den Verkäufen der Sondheimer Güter die insgesamt in vestitura [was heißt das?] gestanden und in solchen Verkauf nicht consentiret hat, wie billig, auch deswegen satisfaction zu suchen hat."
59 StAMgn Hennebergica aus Gotha Urkunden Nr. 723 von 1458 Juli 30.
60 AV U 292a von 1576 September 10.
61 AV U 191, Cop. 1, S. 603, von 1518 August 26.
62 vg. Baum , Band 4 Anhang (2), S.. 94 ff.
63 Baum, Band 4 Anhang (2), S. 93.
64 Kurz dargestellt in Zickgraf, S. 85.
65 Baum, Band 4 Anhang (2), S. 96.
66 AV Cop. 1, S. 616.
67 vg. das Kapitel 7.2 über die Steins zu Ostheim.
68 Schultes, Beschreibung II, S. 33. Die Urkunde, auf der diese Information beruht ist mir nicht bekannt.
69 vg. dazu den Abschnitt 8.11 über den buttlarschen Hof.
70 Baum, Band 4 Anhang (2), S. 97.
71 Binder, Lichtenberg, S. 361.
72 StAO VIII, 50; vollständige Aufstellung in AV Fach Ostheim, Akt Höfe in Ostheim.
73 AV Fach Ostheim, Akt Inventare und Anschläge der Steinschen Güter zu Ostheim, Revision von 1805; mit *Cameralien* war alles gemeint, was mit der „Schatzkammer" zu tun hatte, also hier mit den Einnahmen.
74 3. Mose, Vers 30: Alle Zehnten im Lande, vom Ertrag des Landes und von den Früchten der Bäume, gehören dem HERRN und sollen dem HERRN heilig sein. … Und alle Zehnten von Rindern und Schafen, alles was unter dem Hirtenstab hindurchgeht, jedes zehnte davon soll heilig sein dem HERRN. …
75 AV U 155 von 1492 Juni 28.
76 Mötsch / Witter, S. 216 (Nr. 135).
77 Mötsch / Witter, S. 240 (Nr. 370).
78 AV U 24 von 1379.
79 Mötsch / Witter, S. 216 (Nr. 135).
80 Schultes, Beschreibung, S. 137.
81 AV Fach Ostheim, Buttlarsches Lehn- und Zinsbuch von 1546.
82 StAMgn Hennebergica aus Gotha Urkunden Nr. 723 von 1458 Juli 30.
83 StAMgn Hennebergica aus Gotha Urkunden Nr. 729 von 1498 November 5.
84 StAMgn Hennebergica aus Gotha Urkunden Nr. 731 von 1519 Dezember 29.
85 AV Fach Ostheim, Buttlarsches Lehn- und Zinsbuch von 1546.
86 AV Cop. 1, S. 689.
87 Körner / Schmidt, S. 15.
88 StAMgn Hennebergica aus Gotha Urkunden Nr. 735 von 1610 März 28.
89 Binder, Lichtenberg S. 374. Binder rechnet: Stein 50%, Tann 31% und Öppe 19%.
90 AV U 604 von 1803 Oktober 17.
91 Die Tannischen Zehnten wurden wahrscheinlich 1791/2 mit den tannischen Gütern erworben und ihrem Weiterverkauf an Graf von Soden nicht mit verkauft. Über den Kauf der hansteinischen Zehnten kann vorerst nur gemutmaßt werden: Die einzige Verbindung zwischen Hanstein und Stein ist über Christoph Ernst von Stein, (* 1. Februar 1647), welcher am 18. November 1694 Magdalene Margarete von Buttlar geheiratet hatte († 1731); nach Christoph Ernsts Tod am 17. Oktober 1696 vermählte sich Magdalene Margarete wieder mit Ernst Wilhelm von Hanstein (*1658, Ganerbe zu Ostheim, † 12. März 1710). Wie Hanstein in den Besitz der vorher v. bronsartischen / öppischen Zehnten kam, ist unbekannt. Einzige Vermutung: Der Zehntanteil gehörte zu der neuen Rupperser Lehnschaft.
92 AV U 619, 620 von 1832 September 20.
93 AV Erbzinsbuch Georg Wilhelms von Stein zu Völkershausen von 1647/62. — vg. ähnliche, aber weniger komplizierte Beschreibung im Ostheimer Stadtbuch, S. 91.
94 StAMgn Hennebergica aus Gotha Urkunden Nr. 730 von 1498 November 5.
95 AV U 198.
96 AV Cop 1, S. 689.
97 StAMgn Hennebergica aus Gotha Urkunden Nr. 723 von 1458 Juli 30.
98 AV Fach Ostheim, Akt Judicalia in Ostheim, Alte Aktennummer 146.

[99] AV Fach Ostheim, Akt Judicalia in Ostheim, Alte Aktennummer 150, von 1734 Juli 9.
[100] AV Fach Ostheim, Akt Inventare und Anschläge der Steinschen Güter zu Ostheim.
[101] AV Fach Ostheim, Akt Judicalia in Ostheim, Alte Aktennummer 149. Vg. auch Ostheimer Stadtbuch S. 599 von 1711.
[102] AV Fach Ostheim, Akt Fach Ganerben judicalia, alte Aktennummer 145.
[103] AV Fach Ostheim, Akt Inventare und Anschläge der Steinschen Güter zu Ostheim, Revision von 1805.
[104] Die 600 Schafe wurden über Nacht in ein Gatter gesperrt. Dieses Gatter war versetzbar und wurde nach der Zahl der Schafe der einzelnen Besitzer auf deren Feld gesetzt. Der Schafkot war ein begehrter Dünger in dieser düngerarmen Zeit.
[105] Leinkuchen sind kreisrund gepresste Rückstände aus der Leinölgewinnung; eiweißhaltiges Kraftfutter von mildem Geschmack, deshalb besonders geeignet zur Aufzucht von Jungtieren und als Heilmittel bei Durchfall.
[106] AV Fach Ostheim, Buttlarsches Lehn- und Zinsbuch von 1546. Ein Acker wurde als Kasseler Acker zu 23,865 Ar gerechnet. Die Angaben über die Fläche eines Ackers schwanken jedoch von 23 bis 33 Ar. Der Weimarer Acker mit 28,497 Ar befindet sich gerade in der Mitte dieser Spannbreite.
[107] Es scheint sich trotz der Angabe in Morgen immer noch um die gleichen Grundstücke zu handeln wie bei der Vermessung von Mühlenius 1750, wo 158,7 ha errechnet wurden.
[108] Erbzins: Abgabe auf vererbliches und veräußerliches *Untereigentum* an einem (besonders landwirtschaftlichen) Grundstück *(Erbzinsgut)*, an dem ein Grundherr das Obereigentum besitzt, zu dessen Anerkennung der *Erbzinsmann* regelmäßig Abgaben zahlt; im Mittelalter in Deutschland weit verbreitet, zur Zeit der Bauernbefreiung abgelöst.
[109] Eine andere Bezeichnung für Talg, aus Schlachtabfällen von Wiederkäuern, vorwiegend Rindern und Schafen, gewonnenes, festes Körperfett, für die Herstellung von Kerzen und Seifen. – Ein Vierling ist vermutlich ein Viertel Pfund.
[110] Baum, Band 4 Anhang (2) S. 98.
[111] Unter „schlecht" könnte „schlicht, einfach" verstanden werden, nachdem bei diesem Lehen Wachs und Talg zu zinsen war könnte mit „sleht" vielleicht „Schlitt (mhd. slit)" gemeint sein, Schlitt für Wachs, Unschlitt für Talg.
[112] StAO XIX, 124 von 1852, vg. dazu auch Kapitel 13 "Das Ende des von–Stein'schen Engagements in Ostheim".
[113] Gülte bedeutet im Mittelhochdeutschen etwas, was abzugelten ist, also eine „Bringschuld" (vg. Matthias Lexers mittelhochdeutsches Taschenwörterbuch, Stuttgart 1959, S. 78, vg. Krünitz-Online, wonach das Wort sowohl Bezahlung, wie auch Schuld bedeutete). Gült ist hier mit Zins gleichzusetzen und bedeutet, dass die Pacht für ein Grundstück in Korn (Roggen) oder Hafer zu entrichten war.
[114] In Ostheim betrug 1 Malter Korngemäß 117,64 l, Hafergemäß 169,40 l, 1 Maß Korngemäß 14,71 l, Hafergemäß 21,18 l, 1 Metze Korngemäß 3,68 l, Hafergemäß 5,29 l. Mellrichstädter Gemäß waren beim Korn: 1 Malter = 8 Maß = 115,5 l, beim Hafer: 1 Malter = 8 Maß = 177 l (Jauernig, Umrechnung der alten in Thüringen gebr. Maße, 1929).
[115] AV Fach Ostheim, Erbzinsbuch Georg Wilhelms von Stein zu Völkershausen von 1647/62.

9. Die von Steins und die Kirche[1]

Beziehungen zum Würzburger Bischof

Wie wir schon gesehen haben, hatten die Herren von Stein (als Adels- / Ritterfamilie) im Mittelalter enge Beziehungen zur Kirche, d. h. vor allem zu den Bischöfen in Würzburg. Diese unbestreitbare Tatsache drückt Thumser wohl etwas einseitig aus, indem er sagt: „Im Gegensatz zu manch anderer Adelsfamilie im hennebergischen Einflußbereich war ihre Politik das ganze Mittelalter hindurch primär auf Würzburg hin ausgerichtet. Als Ministeriale der Bischöfe ins Land gekommen, verstanden sie sich als stiftischer Landadel, waren in den bischöflichen Lehenhof einbezogen und fungierten im Norden des Hochstifts, vor allem in Mellrichstadt, immer wieder als Amtleute."[2] Außerdem waren sie Gesandte, Kammerherrn, Geheimräte und Offiziere über viele Generationen, so unter anderen:

Siegfried I. [I = 1. Generation], der Stammvater, war 1310 Amtmann zu Mellrichstadt[3].
Heinrich [II], sein Sohn, war 1353 ebenfalls dort Vogt[4].
Siegfried III. [II] war 1334/7 Amtmann in Neustadt[5] und 1350 Vogt zu Fladungen[6].
Caspar zu Nordheim [V] (ca. 1397 – 1460) war würzburgischer und hennebergischer Geheimer Rat.[7]
Hertnid zu Ostheim [VII] war 1490 Amtmann.[8]
Philipp zu Nordheim [VII] war 1496 Amtmann zu Bischofsheim.[9]
Caspar zu Nordheim [X] war während der Zeit des schwedischen Herzogtums Franken ab Juni 1632 Amtmann zu Wildberg und Rottenstein[10].
Caspar zu Nordheim [XII] war würzburgischer und braunschweigischer Gesandter[11].
Friedrich August zu Nordheim [XII], Generalmajor, war 1720 Amtmann zu Münnerstadt und Mellrichstadt und Kommandant von Königshofen[12].
Johann Philipp Ernst zu Nordheim [XII] war würzburgischer Kammerherr und 1740 Amtmann zu (Wald)Aschach[13].
Friedrich Georg zu Nordheim [XV] war großherzoglich toskanischer und würzburgischer Kammerherr.[14]

Mitglieder der Familie waren Domkapitulare, meist in Würzburg, aber auch in Bamberg und Mainz:

Heinrich zu Ostheim [III] war 1351 – 1390 (†) Domherr zu Würzburg, auch 1380 Domkantor und 1388 / 1390 Dechant[15].
Wolfram zu Ostheim [III] war 1350 – 1377 (†) Domherr zu Würzburg[16].
Siegfried zu Ostheim [IV] war 1380 – 1398 (†) Domherr zu Würzburg[17].
Claus zu Ostheim [IV] war 1400 Domherr zu Mainz[18].
Hertnid zu Ostheim [VI] war 1459 – 1491 (†) Domdechant zu Bamberg[19].
Siegfried zu Ostheim [VII] war 1473 (†) Domherr zu Würzburg[20].
Johann zu Ostheim [VII] war 1473/4 – 1505 (†) Domherr zu Bamberg und Würzburg[21].

ABBILDUNG 1: HEINRICH VON STEINS († 1390) GRABDENKMAL IN DER SEPULTUR DES WÜRZBURGER DOMS. DOPPELBILDNIS MIT DOMHERR MORITZ VON BERLICHINGEN († 1553).

STEIN HATTE ALS DECHANT DIE PRIESTERWEIHE UND IST DESHALB MIT KELCH DARGESTELLT (AMRHEIN), IHM ZU FÜßEN SEIN WAPPEN (AUS: JOHANN OCTAVIAN SALVER, PROBEN DES HOHEN TEUTSCHEN REICHS-ADELS ODER SAMMLUNGEN ALTER DENKMÄLER, GRABSTEINEN, WAPPEN, INN- UND URSCHRIFTEN … WÜRZBURG, 1775. S. 489 (MIT IRRIGER BESCHREIBUNG UND FALSCHER ABZEICHNUNG VON STEINS TODESJAHR!).

ROTER SANDSTEIN, STARK ABGETRETEN; HÖHE: 120 CM; BREITE: 100 CM. BILD UND WOHL AUCH UMSCHRIFT ERST 1553 ENTSTANDEN, ALS BERLICHINGEN IN STEINS GRAB BEIGESETZT WURDE.

UMSCHRIFT: AN(N)O • M • CCCCC // ME(N)SIS • DECEMBRIS • OBIJT • VENERABILIS • VIR D(OMI)N(U)S HEINRICVS // A • STEIN • DE OSTHEIM • // ECCL(ES)IE • H(UIUS) • CANONIC(US) • AC DECAN(US) • CUIUS A(N)I(M)A IN • PACE REQ(U)I(E)SC(A)T A(MEN) (IM JAHRE 1500 [!] DES MONATS DEZEMBER STARB DER EHRWÜRDIGE MANN HERR HEINRICH VON STEIN VON OSTHEIM, DIESER KIRCHE DOMHERR UND DECHANT, DESSEN SEELE IN FRIEDEN RUHE. AMEN.)

Abbildung 2: Grabmal des Domherrn Johann von Stein († 1505) an der Westwand der Nagelkapelle des Bamberger Doms (frdl. Mitteilung Herr Paul Bellendorf, Bamberg).

Bronze; Höhe: 222 cm; Breite: 82 cm.

Umschrift: • Anno • d(omi)ni M • ccccc // v • die • vero • q(ua)rta • mensis • februarij • obijt • ven(er)abil(is) • d(omi)n(us) • Johannes // vo(m) • Stein • Bamberg //en(sis) • et • Herbipolen(sis) • ecc(le)sia(ru)m • cano(n)ic(us) cujus • a(n)i(m)a • requiescat • in • pace • amen. (Im Jahre des Herren 1505, am vierten Tag aber des Monats Februar starb der ehrwürdige Herr Johannes von Stein, Domherr der Bamberger und Würzburger Kirchen, dessen Seele in Frieden ruhe. Amen.)

Georg (Jörg) zu Nordheim [VI] wurde 1458 von Nicolaus Milensis, Weihbischof des Bischofs Peter von Naumburg, in der Kirche zu Zeitz zum Akoluthen geweiht; er wird auch öfters als Scholastikus zu Würzburg bezeichnet[22]. Nachdem er bis 1467 immer wieder in Urkunden als Lehensträger und Vertreter der Familie bei Rittertagen[23] auftaucht, scheint er doch nicht nur Gefallen am geistlichen Gewand gehabt zu haben. Ab 1467 ist er nicht mehr unter den Belehnten der Familie von Stein; d. h. er ist möglicherweise gestorben[24].

Eine weitere wichtige Funktion in Würzburg war für die Familie von Stein das ihnen von den Burggrafen von Würzburg, den Grafen von Henneberg, verliehene Amt der Vizeburggrafen, bzw. das Burggrafenamt selbst, das nach Verzicht der Henneberger 1230 bis 1584 erblich in der Familie blieb[25]. Und wie wir schon gesehen haben, bekamen sie 1296 vom Bischof sogar den Auftrag zum (Wiederauf-) Bau einer Burg[26].

Das Kloster Wechterswinkel

Wahrscheinlich wurde um 1140 durch Bischof Embricho im Elsbachtal das Frauenkloster Wechterswinkel gegründet, in dem nur adelige Fräulein Aufnahme fanden. Stiftungen an dieses Kloster wurden auch von dem in Ostheim ansässigen Adel in großer Zahl gemacht, so 1264, als der Würzburger Domherr Theodericus Kyseling und sein Bruder Gottfried dem Kloster „pro remedio animae" (zum Seelenheil) drei Huben in Ostheim übergaben[27].

1265 vermachte Conrad von Fladungen seine würzburgischen Lehen in Nordheim und Ostheim dem Kloster.[28] Siegfried III. von Stein und seine Frau Elsbeth verkauften am 6. August 1341 ihren Teil am halben Zehnt „zu Richerbach" (Reyersbach) an das Kloster[29].

Relativ bald wurden Stiftungen an das Kloster nicht mehr zum Heil der eigenen Seele gemacht, sondern zur Versorgung der im Kloster untergebrachten unverheirateten Töchter. So wollte 1301 und 1305 Heinrich genannt der Klopfer, Bürger zu Würzburg, dass seine dem Kloster übergebenen Güter ausschließlich für seine im Kloster befindlichen Töchter Elisabeth, Lutgardis und Gertrudis verwendet werden[30].

„Der Adel gab zwar […] seinen in das Kloster eintretenden Töchtern gewöhnlich große Einkünfte mit, betrachtete aber hiedurch das Kloster als eine Versorgungs-Anstalt für seine Töchter, und zwang solche mit Gewalt in's Kloster, so daß bald Zwietracht unter den Klosterfrauen selbst entstand. Hieraus folgten fortwährende Streitigkeiten, Zänkereien; der Neid und Widerwillen wurde immer größer und artete zuletzt in Thätlichkeiten aus. Umsonst waren die Ermahnungen und Gebote der Aebtissin und Priorin; man errichtete von beiden Seiten Bündnisse und betrachtete die Klostergüter als Privateigenthum. Nur mit größter Mühe gelang es dem Bischofe Mangold die Ruhe wieder herzustellen, nachdem die aufrührischen Klosterfrauen bestraft waren und die päpstliche Absolution erlangt hatten."[31] Das heißt, in diesem Streit im Jahre 1298 musste sogar der Papst eingeschaltet werden, um Frieden zu schaffen.

Auch die Steins "versorgten" ihre Töchter im Kloster: Caspar zu Nordheim [V] verschrieb 1458 seinen Töchtern Margarete und Else, Nonnen im Kloster Wechterswinkel, Gefälle zu Nordheim v. d. Rhön, Ostheim und Oberstreu[32]. Heinz und Hans von Stein, die Brüder der Nonnen, führten 1461 zwar ihres Vaters letzten Willen aus und gaben die angekündigten Güter an das Kloster, verfügten jedoch, dass sie nach dem Tode ihrer Schwestern wieder zurückfallen sollten[33].

Sicherlich sind noch viel mehr Töchter aus der Familie von Stein in ein Kloster eingetreten, ohne dass es aktenkundig wurde. Bekannt ist nur noch Dorothea von Stein [VII], die, 1515 erstmals als „priorissa" erwähnt, die Abtei als 19. Äbtissin von 1524 bis zu ihrem Tod 1539 führte.[34]

Noch einmal erfahren wir 1589 von einer Nonne aus der Familie von Stein: Margarete zu Ostheim, geborene Voit von Salzburg, Witwe des 1587 verstorbenen Philipp zu Völkershausen [IX], ging nach seinem Tod ins Kloster, in welches, wissen wir nicht.[35]

ABBILDUNG 3: ROMANISCHES EINGANGSTOR UND 4: APSIS DER KIRCHE IN WECHTERSWINKEL

Abbildung 5: Die Klosterkirche zu Wechterswinkel, Frontansicht 2008

Kirchliche Stiftungen der Herren von Stein und daraus fließende Rechte

Der Stammvater des Geschlechts ist als Stifter das erste Mal genannt, als er mit seinem „Bruder" Kiseling dem Zisterzienserinnenkloster Sonnefeld bei Coburg den Zehnten von „Vurwinsdorf"[36] verlieh. Sicherlich die bedeutendste Stiftung der Familie von Stein war die Errichtung und Ausstattung der Sebastianskapelle in Mellrichstadt 1356 durch Mitglieder der Familie für ihr Seelenheil. Noch heute befindet sich dieses Denkmal mittelalterlicher Frömmigkeit neben der Kreisgalerie[37].

Später führte die Familie auch in Ostheim fromme Stiftungen durch: Fritz [IV] und sein Neffe Hans [V] von Stein stifteten 1415 ein Seelgerät (Stiftung zum Seelenheil) zu Ostheim. Der Pfarrer sollte der Eltern, ihrer selbst und der Erben alle Goldfasten[38] gedenken, außerdem sie jeden Sonntag im Gebet mit Namen nennen. Er erhielt dafür von der Hube, die der alte Richelspach innehatte, jährlich am 25. Juli, dem Jakobstag, u. a. einen Malter Weizen. Bei Nichteinhaltung der Bestimmungen würden die Einkünfte gesperrt[39].

Knapp vierzig Jahre später erneuerte der frisch gebackene „Doctor legum" Hertnid von Stein, ein Sohn des Stifters Hans von 1415, gleich nach seiner Rückkehr vom Studium in Bologna 1454[40] zusammen mit seinem Bruder Sifrid die Stiftung einer Frühmesserstelle in Ostheim[41]. Über die ursprüngliche Stiftung wissen wir nichts. Es ist nur klar, dass dies eine Erneuerung war, weil in der gleich zu erwähnenden Bestätigungsurkunde „de novo" (lat.: von Neuem) steht und der schon eingestellte Frühmesser genannt wird. Die Tatsache aber, dass diese Frühmesserstelle, wie Binder sagt, in der würzburgischen Diözesanmatrikel als zum Kapitel Mellrichstadt gehörig erwähnt wird, kann nicht als Beweis für ihr früheres Bestehen herangezogen werden, weil die Matrikel nicht 1453, sondern erst etwa zehn Jahre später entstand[42]. Der Bischof von Würzburg

Gottfried Schenk von Limpurg bestätigte am 14. Oktober 1454 diese Stiftung am Altar des Heiligen Kreuzes und der hl. Jungfrau und Märtyrerin Katharina mit Zustimmung des Frühmessers Paul Eseltreiber und des Pfarrers Albert Schweinefleisch[43]. Die Ausstattung waren gewisse Immobilien, jährliche Einkünfte und Zehnten im Werte von 30 rheinischen Gulden; daneben war der Frühmesser von geistlichen und weltlichen Lasten und Steuern befreit; außerdem besaß er ein Hut- und Holzrecht. Dafür musste er in Ostheim wohnen und gemeinsam mit dem Pfarrer sonn- und festtags die Messen lesen und singen, an mindestens drei Werktagen morgens vor Aufbruch zur Arbeit eine Messe halten[44] und an Prozessionen teilnehmen, außer wenn er durch einen „rechtmäßigen und vernünftigen" Grund daran gehindert wurde. Er sollte sich aber nicht in die eigentlichen Pfarramtsgeschäfte einmischen, kein Sakrament reichen (außer bei Lebensgefahr) und sich dem Pfarrer gegenüber ehrerbietig und dienstfertig erzeigen. Das Präsentationsrecht innerhalb eines Jahres nach Freiwerden der Stelle hatten Hertnid, Sifrid und ihre Nachkommen. Diese Stiftung war nach der Reformation als „Kaplanei" oder „Diakonat" mit der Völkerhäuser Pfarrstelle verbunden und bestand bis 1895.

Der prozessionsfreudigen Ostheimer Gemeinde verschaffte Hertnid 1459 auch eine päpstliche Prozessionserlaubnis, als das unverhüllte Herumtragen der Monstranz,

ABBILDUNG 6: DIE SEBASTIANSKAPELLE IN MELLRICHSTADT, EINE STIFTUNG DER FAMILIE VON STEIN

außer am Fronleichnamstage, verboten war[45]. Zugleich brachte er einen Ablassbrief für die Marienkirche zu Ostheim mit nach Hause, wodurch der Gemeinde Einnahmen zur baulichen Verbesserung der Kirche zuflossen.

1589 gab Johann Casimir, Herzog von Sachsen-Coburg, seine Zustimmung dazu, dass die wohl seit der Reformation gesperrten Einnahmen des Frühmessers für einen Kaplan / Diakon verwendet wurden und das Präsentationsrecht der Steins bestehen blieb:

„Johannes Casimir Hertzog zu Sachßen.

Lieber Getreüer, wir sind Unterthenig berichtet worden, was du [*Caspar von Stein († 1602)*] wegen der Früemeß, die vor alters zum Gottes dinste gen Ostheim gestifftet, zue etlich mahlen anhero gelangen laßen, und deine Unterthenige bitte, daß der arrest, so für vielen Jahren vf solche Zins v(nd) einkom(m)en angeleget, wiederümb eröfnet, mit fernerm angehenckten Erbieten und darneben vorgeschlagen Mitteln, wie solche Stifftung angewendet werden möchte; daraus verstanden, wan wir dann darüber erkündigung nehm(e)n laßen, v(nd) so viel befinden, daß diese Stifftung beßer nicht dan zue erhaltung eines Caplans angeleget werden kan, und wo ferne du dasjenige, was du über die arrestirten Zinßen, an Ackern und Wiesen, zue berührter frühemeße gehörig, wiederümb darzu restituiren und erstatten wirst, wie dir in alwege gebühret, und wir nicht nach geben könn(e)n, d(aß) es davon abgesondert werde. Vf den Fall wehre uns nicht entgegen und könten wohl geschehen laßen, daß das jus præsentandi beÿ dir und deinen Nachkom(m)(e)n bleiben mögte, do nun dieses richtig und dem Diacono ein gewißes zur besoldung gemacht würde, köntestu zwo oder 3 persohn(e)n zum examen und Probpretigt anhero præsentiren v(nd) vorstellen; welcher dann unter ihn(e)n gnugsam graificiret [= *begnadet; geeignet*] befund(e)n, der solte vff vorher gehende Ordination darzu eingewiesen v(nd) confirmiret werd(en); daran geschieht p. [= „*etc.*", d. h. „*unsere gnädige Meinung*" o. ä.]. Datum Coburg, am 14. Jan. a(nn)o 1589."[46]

1595 verbot das Konsistorium in Coburg dem Pfarrer, den vorgeschlagenen Kandidaten die Probepredigt ablegen zu lassen, weil die von Steins ihn nicht vorher in Coburg präsentiert hatten. 1601 wurden dann mehrere Kandidaten zugelassen[47] und schließlich als Kaplan der Schulmeister von Irmelshausen Christoph Schemel eingeführt.

1669 geschah Folgendes:

„Alß gedachter H(err) Caplan [*Daniel Krieg*] den 13. julii, dinstags zu abendt, seel. verschieden, ist andern tags Mittwochens H(err) lorenz Vrben vnd der Stadtschreiber Hanß Christ(ian) heÿm zu Juncker Heinrichen von Stein [*Heinrich Christoph*[48], *† 1690*], alß Ad(eligen) Gahn Erben, abgeschicket word(en) im nahmen Stadtsch(ultheisen), Burg(er)m(eister) v(nd) Rath, vnd ihme anzubring(en), weiln nunmehro der H(err) Caplan verstorben vnd deßen diaconatsstelle wider zu ersez(en) sein wölle, werden nötig fall(en), d(aß) man es ahn d(as) Consistorium belang(en) laß(en); wan nun die vf Ad(eliger) Seitten auch etw(as) dabeÿ thun oder bericht(en) wollen, Hette man derentweg(en) Raths halb(en) ihn(en) solches eröf(nen) laß(en). Er geantworttet, d(aß) er schon des H(errn) Caplans seel. Absterb(en) vernom(m)en, vnd könte es vnß nicht verdenckh(en), wenn wir es an behörigen orth berichtet(en). Jnzwischen wolten Sie ihres orts zu behaupten ihr recht vnd, w(as) ihnen dißfalß auch obligen würde, schont in obacht nehmen; verhoffeten, vf allen seitten beÿ dem, wozu ieder zeit [*darüber: theil*] berechtigt, zu v(er)bleiben. Vnd im abschieden bade v(nd) erinnerte Er, d(aß) wir iedoch in vnserm bericht auch ihrer, d(aß) sie d(as) jus præsentandi alhier hetten vnd ohne zweifel eine qualificirte persohn vorstell(en) würde, auch gedenckh(en) vnd melden sollten; waß d(as) übrige anlanget wolt(en) sie schon auch gebührend(er) maß(en) beobach(ten)."

Bei der Investitur des berühmten Kaplans Hartmann Schenk (1669 – 1681) gab es Schwierigkeiten: „Den 10. Aprilis, Sondags nach Ostern, 1670 kam der H(err) Superintendent vnd Sein Sohn, vnd ward der H(err)

ABBILDUNG 7: DIE OSTHEIMER KIRCHE GEMALT 1921 VON PEDRO SCHMIEGELOW (ELFRIEDE HERDA)

M(agister) [*Schenk*] investirt. Es ging ein Scrupel vor: die kirchen patroni Von Stein beder linien wolten beÿ dem altar Mitt beÿ treden vnd stehen; solches wolt der H(err) Superintend(ent) Nitt guthheißen. Es verzog sich auch Sondags fru die kirch(en) biß 8 vhr, vnd musten die von Stein einen Schein od(er) Revers von sich geben, welches der H(err) Superint(endent) vor vftredung der Canzel haben wolte; der aber nach der Predigt erst [?] versigelt v(nd) fertig worden; kamen auch beede von Stein in die adjunctur [= *Pfarramt*] v(nd) gingen darnach im process in die Kirch(en). Alß nun der H(err) Superintende(nt) die Pretigt abgeleget, wurd die investitur vorgenom(m)en; in der Mitten Stund d(er) H(err) Superintendent, vf der Rechten Seitten der H(err) Ambt[*mann*] Georg Laurenz He[*he*]r, dann Heinrich Christoph von Stein, item [*Caspar Otto (1643 −1704)*] von Stein zu völckershausen, vnten vf der ander treppen vorm altar der H(err) Adjunct(us) vnd der Magister [*Schenk*], vf der lencken Seitten des altars H(err) Stadtschultheß, bede Bürgermeistere, item die Gemeine Vierer."[49]

Im Mai 1694 bestellte das Konsistorium in Eisenach Schenks Sohn Lorenz Hartmann, den einzigen Präsentierten, weil die gesamte Bürgerschaft für ihn gestimmt hatte, allerdings unter der Voraussetzung, dass dies nicht als Präzedenzfall angesehen werden soll und bei der nächsten Präsentation zwei oder drei „düchtige Subjecta" vorgeschlagen werden[50].

Nachdem er 1705 als Pfarrer nach Rodach versetzt worden war, präsentierten die Patrone nach längerer Verzögerung schließlich den Magister Joseph Seyler. Seine Probepredigt „ging aber nicht aller dings wohl ab, in deme die pronunciation [= *Aussprache*] gar zu schwach, und als die vota [= *Stimmen*] von der Bürgerschafft colligiret [= *gesammelt*] wurde[*n*], sagten fast alle biß vf etliche wenige, so forne gestanden, Nein, sie wolten ihn nicht haben, könten ihn nicht verstehen." Darauf kam vom Konsistorium der Befehl an den Amtmann und Stadtschultheißen, die Bürgerschaft zu überreden, „daß sie ja sagten, in deme man der Hoffnung lebete, daß wan die Bürgerschafft seiner Sprache und der Mag(ister) Seÿler der kirchen gewohnet, als dann man ihn wohl verstehen würde". Dies wurde abgelehnt, und Vertreter der Stadt berichteten dem Präsentator. „Der H(er)r Baron[51] von Stein excusiret sich auch, und zwar mit diesen worttn, daß er vermeinet, der Stad Ostheim einen großen gefallen zu erweisen, in deme er einen solchen gelehrten Mann præsentiret Hette; weilen er aber nicht beliebt worden, so müste er es in so weith geschehen laßen, versatze an beÿ, man solte ihme nur sagen, wem man haben wolte; die antwort gefiele aber, daß, wann sie den H(err)n Sartorium præsentiren würden, die Bürgerschafft wohl gleich ja sagen und nichts dificultiren [= *Schwierigkeiten machen*] würde; der H(er)r Baron antworttete zwar jocosè [= *im Scherz*], daß er noch 3 bis 4 præsentiren wolte, so sölten wir den besten heraus lesen; darauf wurde den 29. Aug. 1706 der H(er)r Georg Chrisitan Sartori(us) præsentiret, und als die vota colligiret, sagte ieder Mann ja, ja"[52].

Da bis ins 19. Jahrhundert Schule eng mit der Kirche verbunden war, hatten die Freiherren von Stein als „Patrone" auch ein Mitspracherecht bei der Bestellung des Schulrektors, des ersten Lehrers. Es ist nicht klar, wie und wann dies anfing. Aber im Vertrag von 1797 über die Rechte der Ganerben mit Herzog Carl August heißt es, dass die Ganerben oder ihr Syndikus bei der Verpflichtung des Rektors anwesend seien und außerdem bei seiner Wahl neben dem geistlichen Untergericht und der Stadtgemeinde eine der drei Stimmen hatten. Dieses Recht wurde auch manchmal *Präsentationsrecht* genannt, weil jeder der drei Stimmberechtigten für verschiedene Personen stimmen konnte, weshalb sich Bewerber auch direkt bei den Freiherren von Stein bewarben oder vorstellten. Auch dies Recht führte zu Problemen: Im Jahre 1855 z. B. kam es zum Streit, weil beim Wahlgang am 23. Mai der Kandidat Carl Hausmann, an den die von-Stein'sche Stimme ging, zwei Stimmen und Carl Ludwig Metzner auch zwei Stimmen erhielt, also gegen die Vorschriften vier Stimmen abgegeben wurden. Als sich wegen der Stimmengleichheit das Staatsministerium für Metzner entschied, beschwerten sich sowohl die Stadt als auch die von Steins: Das geistliche Untergericht habe nur eine Stimme, nicht jedes Glied (Pfarrer und Amtmann) eine. Es blieb aber schließlich bei dieser Entscheidung[53].

Die Ganerben hatten auch die Berechtigung, sich in der Kirche begraben zu lassen, wobei die Herren von Stein allein das Recht hatten, im Chor beerdigt zu werden. Davon zeugen heute noch die aufgestellten Grabsteine.

Die Nikolauskapelle

„Das Gebäude der ehemaligen Nikolauskapelle ist hinter dem Rathause nach Norden zu in der Nikolausgasse gelegen. Ob sie ehemals die einzige Kirche des Ortes gewesen? Und wann sie entstanden? Eine Jahreszahl mit hennebergischem Wappen deutet auf eine Erneuerung im Jahre 1518. Jedenfalls war auch sie von einem Friedhofe umgeben." sagt 1909 Förtsch (S. 70), und wir können heute eigentlich seine Fragen auch nicht beantworten. Der Friedhof, der sich durch öfters gefundene Gräber im Umkreis zeigt[54], weist aber wohl schon darauf hin, dass sie die Hauptkirche gewesen war, bevor die Marienkirche mit Friedhof darum

ABBILDUNG 8: DAS "EULENLOCH" DER NIKOLAUSKAPELLE

angelegt wurde. Ebensowenig können wir die Richtigkeit dessen bestätigen, was die Ganerben 1581 behaupteten, nämlich dass diese Kirche von ihren Vorfahren gestiftet worden sei. Sie wollten sie deshalb renovieren und die reine christliche Lehre darin treiben lassen – denn sie war spätestens seit der Reformation außer Gebrauch. Der Amtmann Veit von Heldritt antwortete, das sei nur das Recht seiner Herrschaft, und wenn sie Geld ausgeben wollten, so sei an der Pfarrkirche genug zu bauen[55]. Ein Jahr später wurde die Kapelle an die Gemeinde verkauft[56].

Vorher hatte es Uneinigkeiten wegen der Einkünfte gegeben, die mit dieser Kapelle verbunden waren. Die Grafen Georg und Wilhelm von Henneberg, entschieden am 16. und 23. Mai 1459 einen Streit zwischen Hertnid von Stein, Lorenz von Ostheim, Stefan von Bibra, Gyso und Siegfried von Stein, Reichart von Neuenburg und anderen, die Anteil am Zehnt zu Ostheim hatten, einerseits und Martin Stapf, Pfarrer zu Sondheim und Kaplan der Nikolauskapelle in Ostheim, andererseits. Hertnid, der gerade auf Romreise war, hatte schon den Auftrag, die päpstliche Entscheidung anzurufen, als man sich auf die Schlichtung einigte. Es handelte sich um Abgaben vom *Rommersbühl*, ferner um die Zehnten über der Tränke *im Rod* unter Lichtenberg, *auf dem Neusitz* bis zum *Weingartental*, Wiesen an der Sulz, auf der *Bünd* und *am geweihten Brunnen*[57] und einer Hofstatt am Rockentor. Alle

ABBILDUNG 9: JAHRESZAHL EINER RENOVIERUNG AN DER VORMALIGEN NIKOLAUSKAPELLE

335

ABBILDUNG 10: HENNEBERGISCH-
RÖMHILDISCHES WAPPEN AN DER EHEMALIGEN
NIKOLAUSKAPELLE

Zehnten wurden der Nikolauskapelle zugeschrieben mit der Auflage, jedes Jahr am 12. November Vigilien und Seelenmessen für alle, die Teil an solchen Zehnten gehabt oder noch hatten, sie seien am Leben oder tot, ordentlich zu begehen[58].

„Abzuweisen ist die weitverbreitete Meinung, die sich von Geschlecht zu Geschlecht und aus einem Buche in das andere fortgepflanzt hat, es habe bei der Kapelle ein Kloster gestanden. Sie gründet sich lediglich auf die Inschrift des Grabsteines des Junkers Hans Christophel von Stein [...] in der Hauptkirche, der 1576 gestorben ist. Diese besagt aber, er sei »zu Meincz selig entschlaffen, leyd in Sand Augustinner Kloster begraben«. Dieses »zu Meincz« hat man einfach übersehen."[59]

1546 und nochmals 1569 ist die Pflicht der Familie von Stein zur Lieferung von jährlich 18 Maß Korn an den Frühmesser einer *Kapelle Maria-Magdalena* in Ostheim urkundlich belegt[60]: 1546 erhielt Moritz von Stein zu Ostheim bei der Teilung des Gemeinbesitzes zwischen ihm und seinem Bruder Hartung den Ostheimer Anteil mit der Pflicht der Zahlung an den Frühmesser. 1569 kam es zu einer abermaligen Erbteilung, diesmal zwischen Hans und Christoph, den Söhnen von Moritz. Hier übernahm Christoph diese Verpflichtung. Nachdem einerseits außer in diesen beiden Urkunden eine Maria-Magdalena-Kapelle nirgends erwähnt wird, andererseits die auch später noch existierenden Abgaben an den Kaplan der Nikolauskapelle hier nicht genannt werden, könnte es sich um ein und dieselbe Kapelle handeln, die uns als Nikolauskapelle bekannt ist. Warum sie allerdings kurzzeitig umbenannt hätte werden sollen, ist völlig unklar. Deshalb ist es viel wahrscheinlicher, dass es sich dabei um die damals südlich der Streubrücke stehende Kapelle, deren Name nie genannt wird, handelt[61].

Die Reformation in Ostheim

Wie anderswo wurde auch in Ostheim die Reformation unter Mitwirkung des Ortsadels eingeführt. Graf Berthold XVI. von Henneberg-Römhild nahm im Jahre 1545 die Reformation für sein Gebiet an, und die Grafen von Mansfeld, denen das Amt Lichtenberg zwischen 1548 und 1555 gehörte, waren in verschiedene Linien gespalten, deren Haltung der Reformation gegenüber unterschiedlich war und die teilweise eher für die Einführung des sog. Augsburger Interims, d. h. einer Lehre zwischen der katholischen und lutherischen[62], waren. 1548 kam Ostheim vielleicht zum ersten Mal mit der neuen Kirchenlehre in direkten Kontakt. Das Ostheimer Stadtbuch (S. 11) berichtet: „Anno 1548 sind in der Kirchen zu Ostheim die Bäpstische Ceremonien abgeschafft vnd Reformation angefangen worden", was auch ziemlich wörtlich in der Chronik des Johannes Schenk steht[63]. Damit stimmte der Eintrag in der Familienbibel der Familie Schenk von 1600 überein, der lautete: „Im Jahre 1548, den vierten Tag im Weinmonat [*4. Oktober*] ist die erste lutherische Predigt in unserer Kirche gehalten worden, auf den Tag unserer Kirchweihe, den Sonntag nach Michaelistag."[64]

Wer der Prediger war, ist unbekannt, jedenfalls kaum der Ortspfarrer, wie man nach Schultes meinen könnte[65]. Wenn diese Nachricht überhaupt stimmt, ist es klar, dass die Reformation damals nur „angefangen worden" ist. Darauf deutet auch ein Eintrag im Ostheimer Beerdigungsbuch, wo es unter 1636 Nr. 37 heißt, dass der am 10. Mai 88jährig gestorbene Baltzer Maßengeil der erste gewesen sei, der in Ostheim evangelisch getauft worden sei[66]. Eine andere Nachricht gibt die erste evangelische Predigt für den 13. August 1553 an, als Pfarrer Paul Schmidt (Faber) aus Römhild hier gepredigt haben soll[67]. 1553 ersuchten auf jeden Fall die Ostheimer Edelleute in ihrem und der Gemeinde Namen den Oberamtmann Christoph Stammer zu Römhild, den Magister Adam Rüdiger, den Römhilder Superintendenten, nach Ostheim zu senden, um ihren Pfarrer Johann Zinn in der evangelischen Lehre, von der er noch wenig verstehe, zu unterrichten. Dies wurde ihnen unter der Bedingung gewährt, den Magister, »wenn er seinen Weg wieder heim nehmen wird, wyderumb zu geleytten, damit er vor bösen Buben zu seinm gewahrsam sicher zurückkommen möge«. Im selben Jahr wurde »Diaconus Sebastianus Holzer Mürstadiensis [*aus Münnerstadt*]« von dem neuen Mansfeldischen Amtmann auf Lichtenberg, Hans Friedrich von Künsberg, auf die zweite Pfarrstelle (Kaplanei) in Ostheim als Prediger »vociert und gesetzt«. Er war aber noch nicht ordiniert[68], was bald nachgeholt wurde. Er war der erste evangelische Geistliche in Ostheim, fand aber keinen direkten Nachfolger in seinem Amt.

Moritz von Stein († 1560) war, wie berichtet, Amtmann des Amtes Lichtenberg von 1546 bis 1553, also zur Zeit der ersten Reformierungen im Amte. Binder sagt, er „verordnete" für mehrere Amtsorte evangelische Geistliche[69]. Er war auch nach seinem „Amte" als Ganerbe mit der Ostheimer Reformation befasst und hat sicherlich die Bitte der Adeligen mitunterzeichnet; auf jeden Fall richtete Stammer im August 1553 Schreiben auch an ihn.

Aber erst nach einer Visitation 1556, in deren Verlauf der „katholische" Pfarrer („Meßpfaff") Zinn entlassen wurde, weil er nur gezwungenermaßen ein wenig reformiert hatte, war Ostheim wirklich evangelisch. Die Adeligen hatten allerdings noch versucht, Zinn zu halten, und wollten dann wenigstens Einfluss auf die Neubestellung nehmen; es „würde von Nöten sein mit ihrem Vorwissen und Rat einen andern an seine Statt zu verordnen oder würde solcher folgender Pfarrherr wenig Gunst oder Förderung bei ihnen haben"[70].

Kirchenbau und Adelsstand

Nach der Reformation war die Marienkirche für die Gemeinde zu klein und wurde ab 1579 umgebaut und vergrößert[71].

Auf ein Anschreiben von Pfarrer, Schulmeister, Bürgermeister und Rat zu Ostheim über den Kirchenbau haben die Ganerben Caspar Wilhelm von Stein, Adam Melchior Marschalk von Ostheim, Caspar von Stein und Hans Sigmund Voit bei einer Ganerbensitzung am 2. Mai 1617 beschlossen, dass jeder für seine Person 62½ fl. zum Kirchenbau geben soll[72] und dazu für sich nach seinem Gefallen seinen Kirchenstand auf der Westempore errichtet[73]. Als 1738 beschlossen worden war, ein neues Orgelwerk fertigen und die Kirche renovieren zu lassen, zugleich auch ein „Neues Chor und eine Emporkirche [*Empore*]" bauen zu lassen, bat das geistliche Untergericht samt dem Stadtrat die Ganerben um eine freiwillige Beisteuer dazu, zumal die ganerbschaftlichen Stühle zugleich mit repariert und mit mehr Licht versehen werden sollten. Sie entsprachen dieser Bitte[74].

Ihrer moralischen Verpflichtung der örtlichen Kirche gegenüber kam die Familie von Stein auch sonst in vielfältiger Weise nach; z. B. zahlte 1516, als die Heiligenmeister in Nürnberg bei zwei Meistern drei Messgewänder kauften, Junker Philipp von Stein acht Gulden[75]. Auch gaben die von Steins Holz aus ihren Wäldern billig zur Errichtung der sog. Neuen Schule am Kirchberg 1652 und zum Kaplaneiumbau 1671 ab. Sie hatten auch einen Klingelbeutel für die Kirche gespendet, den Freiherr Friedrich von Bibra auf das „unterthänige Ansuchen" des Ostheimer Pfarrers und ersten Lichtenberger Superintendenten Höpfner 1755 reparieren und mit einem neuen silbernen Deckel und Wappenschild verzieren ließ[76].

Verpflichtend waren Zahlungen, auch anderer Ganerben, an die Pfarrei: Im Jahr 1546 erfahren wir von Zahlungen der von Steins zu Ostheim: neben den 18 Maß Korn für den Frühmesser in der Kapelle Maria-Magdalena 1 fl. 14 kr. an den Pfarrer wegen eines Gedächtnisgottesdienstes[77].

Am 19. März 1797 schrieb Amtmann Thon an den Grafen von Soden und mahnte die für die Jahre 1794, 1795 und 1796 rückständigen Beiträge für die Pfarrbesoldung in Höhe von jährlich 10 Maß Korn an[78], und am 13. Januar 1849 schrieb der Superintendent Berger an die Stein'sche Rentei in Nordheim: „Die hiesige Oberpfarrei hat alljährlich von der Freihrrl. von Stein. Rentei 5 fl. rhn. sogen. Salvegeld, sowie 3½ Mltr. Korn zu empfangen." und bat um Bezahlung. Der Termin sei Martini. Noch 1891 wurde diese Bezahlung gefordert[79].

Die oben erwähnten adeligen Kirchenstände auf der Empore gaben öfters zu Beschwerden Anlass: Alle Ganerben schrieben am 10. April 1752 an den Herzog von Sachsen-Gotha, die drei unter Vormundschaft stehenden von-Stein'schen Fräuleins hätten das ihren minderjährigen Brüdern[80] zustehende Haus in Ostheim bezogen und den ganerblichen Kirchenstand zu „betreten" begonnen, gleichzeitig ihre Bedienten in unterhalb stehende Kirchenstühle, die auch den Ganerben zustanden, verwiesen; da aber diese, weil seit vielen Jahren kein Ganerbe anwesend gewesen war, „von allerhand, auch geringen Bürgersleuten, nach und nach, *occupiert* worden" seien, hätten sie sie mit einer verschließbaren Türe versehen. Dagegen hätten sich die Käufer der Öppischen Mühle beim Amt beschwert, weil sie das Recht mitgekauft hätten; woraufhin Amtmann Erdmann die Herausgabe des Schlüssels gefordert hätte. Die Ganerben baten nun den Herzog, ihr Recht wieder herzustellen; sie behaupteten sogar, es sei nicht klar, ob von Öppe überhaupt Ganerbe gewesen sei und damit irgendwelche Rechte verkauft hätten werden können[81]. Am 29. Dezember 1791 beschwerte sich das geistliche Untergericht bei den beiden Pächtern Nicolaus Mannfeld und Martin Rothhaupt darüber, dass im ganerblichen Kirchenstuhl besonders beim weiblichen Gesinde viel Unfug durch Plaudern und dergleichen beim Gottesdienst getrieben würde, was auch davon käme, dass dort viele Leute säßen, die gar nicht in diesen Stuhl gehörten. Die beiden Pächter wurden allen Ernstes ermahnt, dies abzustellen. Auch Amtmann Thon forderte in ähnlicher Weise den ganerbschaftlichen Syndicus Gensler auf, diese Zustände zu ändern, „denn man kann sich die Sacra nicht stören lassen, ohne wirksame Mittel dagegen vorzuwenden"[82]. Im Jahre 1822 wurde das Gesuch der Frau des Ostheimer Arztes Dr. Heim, am Sonntag den Ganerbenstand frequentieren zu dürfen, genehmigt, wie 1817 schon dieselbe Bitte des Amtsadvokaten Stumpf. Dazu hatte der ganerbliche / von-Stein'sche Syndikus berichtet, Stumpf zeige damit Respekt, so dass das Gesuch genehmigt werden könne. Ein Großteil der Ostheimer Honoratioren besuche ohne Erlaubnis den Stand, was eine Anmaßung sei und der Zurechtweisung bedürfe. Der hochfreiherrliche Syndikus finde oft selbst keinen Platz im Stand[83]. Dieser Kirchenstand der Freiherren von Stein wurde beim Kirchenumbau 1894 in den Chorraum verlegt[84], wo er heute noch neben der Orgel zu sehen ist.

Auch in der Gottesackerkirche, die 1663/4 auf dem 1613 eingeweihten neuen Friedhof gebaut worden war, wurde begraben[85], und dort befand sich auch ein Adelsstand. 1699 wehrten sich die Bürger gegen Fuhren, di70e sie wegen dieses Adelsstandes machen sollten, und am 17. Juli wurde an den Diakon Lorenz

ABBILDUNG 11: DER EHEMALIGE STEINISCHE ADELSSTAND IN DER OSTHEIMER KIRCHE NACH SEINER VERLEGUNG IN DEN CHORRAUM NEBEN DER ORGEL HEUTE.

Hartmann Schenk, der zwischen zwei Pfarrern Vertreter war, folgender Brief geschrieben:
„Hoch Ehrwürdiger großachtbar und wohlgelahrter H(er)r Diacone, Hoch geehrter H(er)r gevatter. Deme selben Habe [*ich*] durch dieses Nachrichtlich hinterbringen wollen, daß vf heütigem raths tage, nach deme ich der jenigen gemeinen fuhren, so zu bevorstehenden Gottes Acker Kirchen bau nötig, gedacht, mir zur Antwortt gegeben worden, daß sich die Bürgerschafft zum höchsten beschwehret, daß ihnen solche fuhren zu gemuthet würden, in deme es vf seitten der Bürgerschafft vor unnötig geachtet; wann aber diese Fuhren von dem legirten [= *gestifteten*] Gelde bezahlet würden, wolten sie sich gerne und willig darzu gebrauchen laßen, wie dann absonderlich præsumiret [= *vermutet, geargwöhnt*] würde, das heüt oder Morgen einiges Erbschafft recht vf diesen Stand mögte gesucht werden, wor wieder gleichfalß zu protestiren. Welches freündlicher maßen nicht bergen wollen vnd verharre Ew. [= *Euer*] Hoch Ehrw. Joh. Adam Schmid Stad Schultheiß. M(anu) P(ropria) [= *mit eigener Hand*]"[86].

Die Gottesackerkirche wurde 1836 wegen Baufälligkeit das letzte Mal benutzt und 1851 abgebrochen. Ihr Material wurde verkauft und das Geld zum neuen Schulhausbau in der Marktstraße verwendet. Westlich ihres Standortes wurde 1892 die jetzige Leichenhalle errichtet.

---

1 vgl. auch die Behandlung kirchlicher Rechte der Ganerben in Kap. 10 „Die Ganerben erstreben ‚Herrschaftsrechte' in Ostheim".
2 THUMSER, S. 5. — Wenn Thumser behauptet, die Steins seien als Ministeriale der Bischöfe ins Land gekommen, so ist das sicher keine unbezweifelbare Tatsache.
3 AV: U 3.
4 HIMMELSTEIN, S. 170 und Heimatblätter 1934, S. 67. -*Vogt* war damals eigentlich dasselbe wie *Amtmann*.
5 WAGNER, Mellrichstadt. S. 192; ENGEL, Urkundenregesten der Städte. S. 34 (Nr. 54).
6 ENGEL, Urkundenregesten der Städte. S. 65 f. (Nr. 104) von 1350 Juli 23.
7 KÖRNER, „Genealogisches Handbuch", S. 319.
8 AV: Cop. I, S. 6.
9 AV: U 188.
10 KÖRNER, „Genealogisches Handbuch". S. 320.
11 KÖRNER, „Genealogisches Handbuch". S. 321.
12 AV: U 517.
13 AV: U 526. — Waldaschach ist Aschach bei Bad Kissingen.
14 KÖRNER, „Genealogisches Handbuch". S. 325.
15 AMRHEIN I. S. 213 (Nr. 650) und HUB IV, LXV von 1390 Mai 21.
16 AMRHEIN I. S. 211 (Nr. 643) und ENGEL, Urkundenregesten der Städte. S. 55 (Nr. 88).
17 AMRHEIN I. S. 229 (Nr. 689).
18 HUB IV, CX von 1400 September 26.
19 vgl. Kapitel 6 „Hertnid von Stein, der bekannteste Sproß der Familie".
20 AMRHEIN I. S. 275 (Nr. 836).
21 AMRHEIN II. S. 197 f. (Nr. 1333) und THUMSER, S. 161.
22 AV: U 104; Cop. I, S. 411 von 1458 September 23. — Ein **Akolyth** (lateinisch: Acolythus, auch *Akoluth*; griechisch: Begleiter / Gefolgsmann; hier Begleiter, Helfer des Bischofs) ist ein männlicher Laienchrist, der dazu amtlich bestellt ist, im Gottesdienst der (lateinischen) katholischen Kirche einen besonderen liturgischen Dienst auszuüben. Bis 1972 war das Amt die höchste, die vierte Stufe der niederen Weihen. — Ein **Scholastikus** war ein Domherr, der für Schulen zuständig war.
23 StAW: WU Libell 181.
24 AV: U 103, U 112 und U 117; Cop I, S. 658.
25 nachweisbar ab 1317 (AV: U 2); vgl. Kapitel 2 „Die ersten Generationen der Familie".
26 vgl. Kapitel 2 „Die ersten Generationen der Familie".
27 HIMMELSTEIN, S. 148 f. und Heimatblätter 1934, S. 55. — Wagner (Mellrichstadt. S. 180) spricht in diesem Zusammenhang von Verkauf.
28 1265 Juli 15. HIMMELSTEIN, S. 149 und Heimatblätter 1934, S. 55.
29 HIMMELSTEIN, S. 167 und Heimatblätter 1934, S. 66.
30 HIMMELSTEIN, S. 158 und 159 und Heimatblätter 1934, S. 37, 40 und 61.
31 ANONYMUS. Wechterswinkel, ehemaliges Cisterzienser-Frauen-Kloster im Regierungs-Bezirke Unterfranken und Aschaffenburg. In: Kalender für katholische Christen auf das Jahr 1870. 30. Jahrgang (1870). S. 98 (und Heimatblätter 1934, S. 37). — vgl. auch FRIES II. S. 238.
32 AV: U 105a von 1458 Januar 1.

[33] AV: U 108a von 1461 Januar 20.
[34] HIMMELSTEIN, S. 123 und Heimatblätter 1934, S. 40.
[35] AV: U 301.
[36] Wüstung Firmelsdorf bei Sonnefeld (WAGNER, Mellrichstadt. S. 191).
[37] vgl. in Kapitel 2 „Die ersten Generationen der Familie" den Abschnitt über diese Stiftung.
[38] auch *Quatember*: Mittwoch, Freitag und Samstag von vier Fasten- und Gebetswochen im Kirchenjahr nach den Festen Pfingsten, Kreuzerhöhung (14. September), Sankt-Lucia-Tag (13. Dezember) und dem 1. Fastensonntag; im nicht-sakralen Bereich daher auch: vierteljährlich wiederkehrender Termin (Dt. Rechtswörterbuch).
[39] AV: U 638 von 1415 Januar 22.
[40] THUMSER, S. 21.
[41] Ein Frühmessamt, immer eine Stiftung, war eine zweite Pfarrstelle neben der des Hauptpfarrers, der am Hauptaltar Messen hielt. Der Frühmesser musste an einem zweiten Altar, der in der Regel auch mit der Frühmessstelle gestiftet wurde – beim Ostheimer Altar ist dies nicht überliefert –, seine Messen lesen.
[42] BINDER, Lichtenberg. S. 377. — Der Bearbeiter und Herausgeber FRANZ J. BENDEL (Die Würzburger Diözesanmatrikel aus der Mitte des 15. Jahrhunderts. In: Würzburger Diözesangeschichtsblätter. 2. Jg. 1934, 2. Heft (auch als Sonderdruck), S. I – XXX und 1 – 46) ermittelte (S. X) für die Abfassung (ohne Nachträge) als *terminus ante quem* den 31. Juli 1465/66 und als *terminus post quem* den 17. August 1464. Die Matrikel selbst ist leider mit dem größten Teil der Würzburger Parochial- und Kapitelakten am 16. März 1945 verbrannt.
[43] AV: U 93 (ohne Siegel — Auf der Rückseite befindet sich ein genaues Verzeichnis der Einkünfte.) und Cop. I, S. 855. — Vielleicht hat die Tatsache, dass der Altar auch der Heilligen Katharina geweiht war, erwas damit zu tun, dass man, etwa durch eine Verwechslung, behauptet hat, die gesamte Kirche sei keine Marien-, sondern eine Katharinenkirche gewesen (z. B. in Johann Christian Junckers „Ehre der gefürsteten Grafschaft Henneberg").
[44] „omnibus ac singulis hebdomatibus ad minus tres missas, demane in aurora, ante operariorum exitum, diebus non festivis". — Deshalb hieß er ja auch *Frühmesser*. — FÖRTSCH, S. 79 sagt, er habe an jedem Werktag mindestens drei Messen zu lesen gehabt, was falsch ist. — Die Bedingungen für den Frühmesser waren ganz ähnlich denen für den Vikar der Sebastianskapelle in Mellrichstadt (vgl. den Abschnitt „Die Stiftung der Sebastianskapelle in Mellrichstadt" in Kapitel 2.
[45] BINDER, Lichtenberg. S. 378 Anm. 2: „Kardinal Nikolaus („tunc in partibus Alamanie apostolice sedis Legatus") hatte verfügt, daß außer am Fronleichnamstage die Monstranz nicht mehr unverhüllt umgetragen werden dürfe („ut sacramentum Eukaristie absque uelamento ipso de Corporis dundaxat excepto publice deferri non deberet"). Das hatte den damals noch bigotten Ostheimern böses Blut gemacht, ja es kamen deshalb bei den Prozessionen „scandala" vor. Auf Dr. Hertnids v. Stein „demütiges Bitten" hob der Papst die Giltigkeit jener Verfügung für Ostheim auf, d. d. Genis (? Senis?) 1459 pridie Kal. Aprilis." — Die Bulle Papst Pius' II. „Quanto sacratissimi" wurde am 31. März in Siena (lat: Senis) ausgestellt (THUMSER, S. 37).
[46] StAO: Ostheimer Stadtbuch. S. 18 f..
[47] Ostheimer Stadtbuch. S. 19 ff. (Brief des Konsistoriums vom 15. März 1595) und S. 17 (Brief der fürstlichen Regierung vom 12. Januar 1601). - Bei der **Kaplans- / Diakonsbestellung** sollten, wie gesehen, zwei bis drei Kandidaten von den Steins, die Kandidaten invitierten (einluden), dem Konsistorium präsentiert (vorgeschlagen) werden; sie hielten eine Probepredigt; danach wurden sie von der Bürgerschaft eligiert (gewählt), in Eisenach examiniert (geprüft); der Geeignetste wurde konfirmiert (bestätigt), vociert (berufen), ordiniert (in einer gottesdienstlichen Handlung mit der Befugnis, kirchliche Amtshandlungen auszuführen, versehen), und schließlich introduziert (ebenfalls in einer gottesdienstlichen Handlung eingeführt) oder investiert („eingekleidet"). - Im Ostheimer Stadtbuch gibt es zwei Listen von Kaplanen: Die eine (S. 12) fängt mit *Schemel* an; die andere (S. vi) nennt, wie auch FÖRTSCH, S. 95, noch Gabriel *Weidner* (1589 – 1595) und Johann *Mai* (1595 – 1601).
[48] „Junker Heinrich" (zu Nordheim), der nach der Hochzeit mit Sophie von der Tann in der Kemenate neben dem Rathaus wohnte.
[49] Ostheimer Stadtbuch. S. 412.
[50] Ostheimer Stadtbuch. S. 22 f. und S. 513 ff.. — Die von Steins hatten außerdem das Einladungsschreiben des Konsistoriums zur Probepredigt „unterschlagen" und zurückbehalten und den Kandidaten von sich aus eingeladen.
[51] sicherlich Caspar Freiherr von Stein zu Nordheim (1667 – 1706), der 1704 1705 mit seinem Bruder und seinen Vettern die Steins zu Ostheim beerbte, die 1704 /im Januar 1705 im Mannesstamm ausstarben.ausgestorben waren.
[52] Ostheimer Stadtbuch. S. 569 f.. - Georg Christian war Sohn des Kaplans Johann Friedrich Sartorius (1681 – 1692). — Im Ostheimer Stadtbuch gibt es noch einige weitere Nachrichten zur Kaplanei, die aber nichts bedeutend Neues bringen.
[53] AV: Fach „Ostheim". Akte „Ostheim – Kirche, Schule". „Acta betreffend das den Frh. von Stein als Ganerben zu Ostheim bei Besetzung des Rectorats daselbst zustehende Stimmrecht, insbes. die Rect. Wahlen in den Jahren 1853, 1855, 1856". — In seiner Sitzung hatte der Schulvorstand am 18. Mai mit 3 : 1 für Hausmann gestimmt, und das Weimarer Staatsministerium Departement der Justiz und des Cultus schrieb in seinem Beschluss vom 16. Juni, dass ihnen der Vertrag von 1797 nicht vorliege und seit über 100 Jahren immer vier Stimmen abgegeben würden (StAO XIV, 97. f. 22 und 25).
[54] JAHN, WALTER. Vor- und frühgeschichtliche Funde aus Ostheim. In: Stadt Ostheim v. d. Rh. (Hrg.). 400 Jahre Stadt Ostheim vor der Rhön. Ostheim, 1996. S. 36 – 51. Hier. S. 51. — Schon früher wurden „vielfach Spuren von alten Gräbern" gefunden (REIN, WILHELM. Ein unbekanntes Kloster in Ostheim vor der Rhön Würzburger Diöcese. In: AU 16 (1863). S. 318 – 320. Hier: S. 319).
[55] [THON, HEINRICH CHRISTIAN KASPAR.] Auf Acten und Urkunden gegründete Darstellung des gegenwärtigen Besitzstandes der ganerbschaftlichen Verfassung zu Ostheim, im Amte Lichtenberg, in Beziehung auf die von ihrem Ursprung her entwickelte herzoglich Sächsische Landeshoheit daselbst. Mit Urkunden Lit A. bis Mm. o. O., 1797. Hier: „Beilagen. S. 44 ff. (Brief vom 30.

Dezember 1581). – In diesem Brief ist von „Capellnn, Altem Hauß, Sampt deme darzu gehorenden Platz" die Rede; dieses alte Haus war vermutlich das Haus, das später zum Rathaus umgebaut wurde (BINDER, S. 345, der auch sagt: „Der zum Hause gehörig gewesene Platz wurde zum Marktplatz mitverwendet." und FÖRTSCH, S. 10, der diesen Satz auch zitiert). − Die Pfarrkirche wurde ja ab 1579 umgebaut und vergrößert.

56 Dazu sagt das Ostheimer Stadtbuch (S. 1214vv): „Im Jahr 1589 wurde dieses Haus in ein Gemeinde-Backhaus verwandelt, anfangs verpachtet und im Jahr 1704 an Dietrich Schenk für 300 Thlr. verkauft. Der Grund hierzu lag in dem damals hier herrschenden Geldmangel, so daß die Stadt, welche wegen den Einquartirungen und wegen Ankauf des Lichtenburger Kammerguts Geld benöthigt war, außer zum Verkauf dieses Backhauses auch zum Verkauf verschiedener Feldgrundstücke schreiten mußte." und die Schenk'sche Chronik I des Johannes Schenk (S. 295; vgl. Anm. 63): „1703 ist daß Fürst liche Kam(m)er guth [*Dies ist in Chronik III mit Bleistift in „gemeine Backhaus" verbessert*] ver kaufft worten; so ist es meinen Seelichen Vatter gahr vil mahl ange botten worten. Er hat es aber nicht kauffen wollen. Ent lich hat ihn meine Seeliche mutter beretet, daß es mein Seelicher Vatter ge kaufft hat 1704, d(*en*) 13. Augusti vor 360 fl. bargelt [*Ostheimer Stadtbuch. S. 562: Kauf des Backhauses durch Dietrich Schenk vor dem 22. Mai 1704*]; er hat 40 fl. gleich nein gebaut." — „Sie [*die Nikolauskapelle*] blieb Backhaus, bis ihr jetziger Besitzer 1864 den Spar- und Vorschußverein darin aufnahm. Unmittelbar unter dem Chorgewölbe ist jetzt der Altar des Götzen Mammon aufgerichtet, dessen Macht hier dem Volkswohle dienstbar gemacht wird." (1896; BINDER, Lichtenberg. S. 380. Anm. 1).

57 Die genannten Fluren liegen nordwestlich (*Rommersbühl*) und nördlich der Stadt, außer der bekannten *Bündt* und dem *Geweihten Brunnen*, der an der Bundesstraße am westlichen Stadtausgang liegt.

58 AV: U 101 und 107. — Graf Wilhelm IV. von Henneberg-Schleusingen war Lehnsherr des Zehnten und Graf GeorgGerog I. von Henneberg-Römhild Lehnsherr der Kapelle (vgl. Römhilder Wappen an der Kapelle!).

59 FÖRTSCH, S. 71. — Die Mär vom Augustinerkloster in Ostheim ist allerdings nicht ganz so alt, wie Förtsch meint. Sie stammt aus REIN. Er hat nicht nur das „zu Mainz" übersehen, sondern auch noch den Namen des Verstorbenen als *Georg* angegeben. — SCHULTES (Beschreibung II. S. 41) sagt, es habe hier ein Karthäuserkloster gegeben (was auch das Ostheimer Stadtbuch (S. 124vv) wiederholt). Dies ist aber wohl eine Verwechslung (Verlesung) mit der Karthause in Astheim am Main.

60 AV: U 251 und 253 bzw. U 278, 324.

61 In einer Urkunde vom 26. Juni 1657 im Kirchturmknopf der Michaelskirche heißt es z. B. auf dem zweiten Blatt: „vor dem brucken thor, an der ecke vor d.[*er*] linden, wo die Kirschbaume stehen, ist eine Capelle gestanden und das allmargk [*? vielleicht: Fundament*] noch gesehen worden." (ZEITEL, KARL. Die kirchlichen Urkunden im Kirchturmknopf der Michaelskirche zu Ostheim v. d. Rhön. In: Jahrbuch 19 (2004) des Hennebergisch-Fränkischen Geschichtsvereins. S. 219 – 282. Hier: S. 238).

62 Auf dem sog. *geharnischten Reichstag* wurde 1548 eine für die Zwischenzeit bis zur Beendigung eines freien Konzils auf deutschem Boden geltende Regelung der kirchlichen Frage beschlossen. Der Papst hatte die vom Kaiser geforderte Rückverlegung des Konzils von Bologna nach Trient abgelehnt, aber er erkannte dann sogar das Interim an.

63 Die „Hauß Cronica" des Ostheimer Bäckers Johannes Schenk (1700 – 1785) (Schenk'sche Chronik I,) und ihre beiden Abschriften und Fortführungen (II und III) liegen digitalisiert vor. Diese Nachricht steht auf den Seiten S. 3 und 13 und auf den entsprechenden Seiten der beiden Abschriften.

64 FÖRTSCH, S. 80. — Im Ostheimer Stadtbuch (S. 124u) hat es Bürgermeister Johann Valentin Gastpari ca. 1885 – auch nicht richtig – folgendermaßen formuliert: „Hier in Ostheim ist Luthers Lehre zuerst im Jahre 1548 am Tage unserer Kirchweyh, am 4. October, dem Sonntag nach Michaeli durch den damaligen Pfarrer Johann Zinn, welcher bis dahin katholischer Pfarrer hier war und nach der Lehre Luthers Unterricht in Römhild genommen hatte, verkündigt worden.". — 1548 war Michaeli (29. September) ein Samstag, so dass Kirchweih am 30. September (oder vielleicht 7. Oktober) war. Der 4. Oktober war in den Jahren 1551 und 1556 der Sonntag nach Michaeli. Der Fehler könnte durch ein Verlesen einer arabischen 7 als 4 geschehen sein. Die Bibel ist aber nicht mehr vorhanden. Mit dem „Tag unserer Kirchweih" könnte auch der Tag der Einweihung der neuen „Michaelskirche" 1619 gemeint sein.

65 SCHULTES, Beschreibung II. S. 41.

66 FÖRTSCH, S. 82. Anm. 1) hat sich beim Alter verlesen. — SCHULTES (Beschreibung II. S. 41) meint, der Ostheimer Pfarrer Zinn habe als „evangelischer Prediger" die Taufe vorgenommen, was sicher nicht stimmt.

67 FÖRTSCH, S. 82; auch in Schenk'scher Chronik I, S. 13 und (285), woher es Förtsch wohl auch hat.

68 GERMANN, WILHELM. D. Johann Forster[,] der Hennebergische Reformator[,] ein Mitarbeiter und Mitstreiter D. Martin Luthers. In urkundlichen Nachrichten nebst Urkunden zur Hennebergischen Kirchengeschichte. Festschrift zum 350jährigen Hennebergischen Reformationsjubiläum. Wasungen, 1894. Urkundenanhang, S. 83.

69 BINDER, Lichtenberg. S. 176.

70 Nach der Visitation erklärten die Visitatoren, Zinn habe an die zwei Jahre das Evangelium gepredigt, sei aber noch *neutralis*, weil „er leider das Papstum oder die Meß nie angetastet, auch andere, so die päpstlichen Greuel angegriffen, nicht hat um sich leiden wollen." Die Gemeinde hatte sich beklagt, er habe zwar drei Jahre zuvor die „papistische Meß" fallen gelassen, doch das Papsttum nicht öffentlich widerrufen, noch gestraft. Er habe nur auf Drängen der Mansfelder Räte das ganze Sakrament gereicht, aber in lateinischer Sprache, „er wolle kein gestümmelte Meß mehr halten, hat also unsere Communion geschändet". Die Gemeinde sei mehr vom Christentum abgeführt, als zur rechten Lehre von ihrem Pfarrherrn gewiesen worden. Er halte auch keine „Kinderlehr". Sie sagten weiter aus, „daß er gottlos lebe und sei ein Gotteslästerer und Säufer, in Summa sein Leben sei einem Priesterstand nicht gleich". Es sei voller Ärgernis, denn er verachte den Ehestand und behelfe sich mit Konkubinen. Ebenso zeche und schlemme er mit den Edelleuten. Vom Kaplan zeugten die Gmeindevertreter, er habe rein gelehrt; es sei ihm aber vom Pfarrherrn nicht gestattet worden, das Papsttum anzutasten. Auch er folge bisweilen dem Beispiel des Pfarrers und tränke. Moritz von Stein wurde aufgefordert, die „Frühmeßregister und Originalien" herauszugeben. Da er sich weigerte und zur Antwort gab: „Dieweil seine Voreltern die Frühmeß zu bestellen inne gehabt

und ihm solch Recht entzogen würde, wäre er bedacht das Lehen der Frühmeß anderswohin zu verwenden", wurde dem Amtsvogt zu Lichtenberg schriftlich befohlen, alles Einkommen der Frühmesse einzuziehen. (GERMANN. Urkundenanhang, S. 83 (Zitate im Text: S. 85); teils wiedergegeben bei FÖRTSCH, S. 82).

[71] Natürlich wuchs die Stadtbevölkerung, aber auch die neue Lehre bewirkte einen größeren Platzbedarf in der Kirche, weil praktisch die gesamte Gemeinde auf einmal in die Kirche passen und auch sitzen können musste, was vorher nicht der Fall gewesen war.

[72] Das Ostheimer Stadtbuch (S. 124ff) sagt zum Kirchenbau: „Die hochfürstliche Landesherrschaft hatte zu dem Kirchenbau 1 Schock Bauholz, sowie fünfzig Gulden zur Herstellung der Fenster und dreißig Gulden zum Orgelbau gegeben. Die Stadt gab aus dem Heidelberg und besonders aus dem Kählbauholz 16 Schock Bauholz. Für alte als Nutzholz unbrauchbare Bäume und anderes Holz wurden 1146 fl. gelöst und wurde dieser Erlös zum Kirchenbau verwendet. Viele hiesige Einwohner lieferten freiwillige Beiträge an Geld und an Korn auf das Rathhaus. Während des Kirchenbaues wurden 4096 Laib Brod gebacken und unter die Arbeitsleute vertheilt.

Zur Bestreitung der beträchtlichen Summe von 17.140 fl. 4 g. hat die Gemeinde Ostheim weder um eine Collecte nachgesucht noch erhalten. Das Geschenk der gnädigsten Herrschaft ist schon oben bemerkt. Von adeligen Familien waren eingegangen 534 fl. 10 g. 6 Pfennig, von einzelnen Familien aus der Bürgerschaft 40 fl. Das Uebrige hat die hiesige Stadtgemeinde alles aus ihren Mitteln bestritten."

[73] Das Ostheimer Stadtbuch (S. 124ff) sagt zum Adelsstand: „Die Herren Ganerben hatten in früherer Zeit hier gewisse Ehrenvorzüge, wozu auch gehörte, daß sie in der neuen Kirche einen besondern Kirchenstand haben durften, jedoch ohne Bezeichnung durch ihr Wappen. Es ist daher der adelige Stand mit einem Wappen nicht, dagegen ist der Amtsstand mit dem hochfürstlichen kunstvoll ausgearbeiteten Wappen geziert." — 1738 wurde die neue Döring-Orgel auf dem Ostchor hinter dem Altar aufgestellt. Der Adelsstand blieb bis 1894 auf der Westempore. Von 1894 bis 1975 war die Orgel auf der Westempore.

[74] AV: Fach „Ostheim". Akte „Kirchenangelegenheiten". Alte Aktennummer 137. — Von den Ganerben wurde Folgendes gespendet: Johann Philipp Ernst von Stein 10 fl.; Tannische Vormundschaft (Christoph Friedrich Freiherr von und zu der Tann) 10 fl.; E. J. von Stein 20 fl.; Hanstein 10 fl.; Altensteinische Vormundschaft 4 Louis d'or (5 fl.).

[75] AV: Fach „Ostheim". Akte mit alter Aktennummer 141 oder noch älterer Aktennummer 13.

[76] AV: Fach „Ostheim". Akte „Ostheim – Kirche, Schule". — Er ist heute noch vorhanden.

[77] AV: U 251 und 253.

[78] AV: Fach „Ostheim". Akte „Vermischte Nachrichten von der Consistorialjurisdiction auf den ganerblichen Gütern 1717 – 1723". (alte Aktennummer 135) („Vermischte Nachrichten").

[79] AV: Fach „Ostheim". Akte „Ostheim – Kirche, Schule".

[80] Dies waren die Kinder Johann Philipp Ernsts: 1.) Magdalene Sophie Agnese (1728 – 1753); 2.) Eleonore Friederike (1731 – 1780); 3.) Wilhelmine Rosine (1733 – 1769); 4.) Friedrich Carl (1740 – 1770) und 5.) Dietrich Philipp August (1741 – 1803).

[81] AV: Fach „Ostheim". Akte „Ostheim – Kirche, Schule". — Im Vertrag vom 15. Dezember 1797 zwischen Dietrich von Stein und Herzog CarlKarl August (s. Kapitel 10 „Die Ganerben erstreben ‚Herrschaftsrechte' in Ostheim" Abschnitt „Einigung Dietrich von Steins mit Herzog CarlKarl August von 1797") wird in § 15e festgesetzt, dass der Öppische Anteil des Adelsstandes bei den Käufern liegt.

[82] AV: Akte „Vermischte Nachrichten".

[83] AV: Fach „Ostheim". Akte „Ostheim – Kirche, Schule". — In der „Kirchenstuhlordnung im Fürstenthum Eisenach" vom 6. Oktober 1613 heißt es im letzten Paragraphen (§ 28), adelige Personen, die Anrecht auf Freistühle hätten, aber nicht am Ort lebten, sollten dahin gehalten werden, dass sie andere *ehrliche Personen hineinzutreten dulden mögen*; der Pfarrer solle gewisse *Honoratioren dahin einstellen* (StAO XIV, 9).

[84] Ostheimer Stadtbuch. f. 892.

[85] Ostheimer Stadtbuch. S. 480.

[86] Ostheimer Stadtbuch. S. 544.

10. Die Ganerben erstreben „Herrschaftsrechte" in Ostheim

Die Herren von Stein als Ostheimer Ganerben

Als Ganerben bezeichnet man, wie schon kurz erwähnt, einen Zusammenschluss von adeligen Personen und Familien, der ursprünglich bestand zur gemeinschaftlichen Benutzung und Verteidigung einer Burg (z. B. der Salzburg bei Bad Neustadt, auf der bis zu sieben Familien in Ansitzen saßen, oder der Reichsburg Friedberg in der Wetterau), dann aber auch zur Sicherung des Besitzes an Eigen- und Lehngütern. 1403 wurden z. B. die Adelsgeschlechter, welche gemeinsam Ebersberg, Poppenhausen und Weyhers[1] bewohnten, Ganerben genannt.

Alle in Ostheim wohnenden Adeligen wurden vor der Mitte des 15. Jahrhunderts als „Burgleute" bezeichnet, so 1423 in Bischof Johanns Schied. Als „Burgleute" bezeichnet sie auch 1457[2] noch Graf Georg von Henneberg. Ihre Funktion in der Burg Lichtenberg wurde allerdings im 15. Jahrhundert unwichtiger, so dass diese Bezeichnung langsam verschwand. In einem Schiedsspruch der Grafen Wilhelm und Georg von Henneberg wurden die Ostheimer Adeligen 1459 erstmals als „Ganerben" bezeichnet[3]. 1479 nannten die Steins die adeligen Mitbewohner in Ostheim „Genossen", und ab 1494 scheinen sie sich selbst Ganerben genannt zu haben[4]. Aber nicht nur Binder bezweifelt, dass Ostheim eine echte Ganerbenstadt war, obwohl die Adeligen bis zu $9/10$ der Stadt als Allodial oder zu Lehen besaßen; aber die entscheidende Frage ist, wie weit allein der Besitz berechtigt, von Ganerben zu sprechen, und welche „Herrschaftsrechte" dazu notwendig waren. Bei letzterer Nennung war auf jeden Fall auch die Familie von Stein mit Hertnid († 1502), dem Cousin des Domdechanten, vertreten, der, wie wir weiter unten sehen werden, für die „Ganerbenschaft" Beschwerden vorbrachte. Sie war weiterhin mit beiden Linien (Ostheim und Nordheim i. Gr.) beteiligt. Neun Ganerben waren es, die 1502 genannt wurden: vier aus der Familie von Stein[5], zwei (Buttlars) von der Neuerburg, je ein von Marschalk, von der Tann und von Bibra. Das bedeutet, als Ganerben wurden alle Adeligen bezeichnet, die in Ostheim Anteile an einem der ursprünglichen Burggüter oder einem der späteren Rittersitze („Schlösser" oder adeligen Höfe) hatten. Die Zahl der Ganerben wechselte natürlich dauernd, wurde aber im Laufe der Zeit immer geringer, und am Ende des 18. Jahrhundert waren es nur noch zwei (Marquis de Soyecourt / Graf Julius von Soden und Freiherr Dietrich Philipp August von Stein), am Anfang des 19. Jahrhunderts nur noch Dietrich Carl August von Stein.

Die Ostheimer Ganerben wählten später aus ihren Reihen einen Vorsteher (den „Heimbürgen" bzw. „Oberheimbürgen"). Gemeinsame Angelegenheiten berieten sie auf Ganerbentagen, deren letzter 1755 stattfand. Die ihnen zustehenden Rechte wurden von einem eigenen Syndikus gewahrt.

Auf jeden Fall wurden sie schon früh als Gemeinschaft anerkannt, denn z. B. vertrug sich am 23. Juli 1543 Graf Berthold XVI. von Henneberg-Römhild mit ihnen[6] – als Ganerben sind genannt Ernst und Friedrich Buttlar von der Neuerburg, die Vettern Hans und Sittig Marschalk, die Vettern Georg und Wilhelm von Bibra als Vormünder des Wolf von Bibra, die Ostheimer Stein-Brüder Moritz und Hartung, sowie ihr Nordheimer Vetter Valtin und Hans Wolf und Georg von der Tann –. Es ging um die Türkensteuer[7], die der Graf von den Ganerben erheben wollte, und Vermittler waren Moritz von Heldritt, Burkhard von Erthal, Hieronymus Marschalk von Walldorf und Hans Marschalk von Ostheim, Amtmann zu Lichtenberg. Folgendes wurde vereinbart: 1) Der Prozess beim Reichskammergericht wird eingestellt. 2) Die bisher entrichtete Türkensteuer wird nicht erstattet. 3) Künftige Türkensteuern sollen von den Personen und Gütern zu Ostheim selbst angeschlagen werden und dann an den Amtmann von Lichtenberg abgeführt werden. 4) Weitere Steuern außer der Türkensteuer darf Henneberg nicht erheben. Am 23. August 1555 schloss die Ostheimer Ganerbengemeinschaft wieder einen Vertrag, diesmal mit der Stadt wegen der Zehnterhebung[8].

Die Rechte der reichsunmittelbaren Ritter in Ostheim

Im Mittelalter waren Gemengelagen ganz normal, d. h. dass die Rechte und Besitzungen der verschiedenen geistlichen und weltlichen Herren vermischt waren; in der Neuzeit versuchten dann die Herren ihre Rechte und Gebiete immer mehr zu bereinigen. Nachdem nun, wie geschildert, die Ritter allmählich ihre Reichsfreiheit durchgesetzt hatten, waren auch die Herren von Stein für ihre Rittergüter[9] *reichsfrei*, was an und für sich dieser allgemeinen Entwicklung in Bezug auf die „Landesherren" entgegenlief. Wie weit sich diese Freiheit ebenso auf ihre Besitzungen in Ostheim bezog, bzw. wie weit sie hier neben den Hennebergern oder sächsischen Herzögen *Herrschaft* ausüben konnten, war allerdings sehr umstritten. Dies galt auch für die anderen Ganerben, die Nachkommen oder Nachfolger der ehemaligen Burgleute auf Lichtenberg. Sie hatten sich in der Stadt ansässig gemacht. Damit saßen sie sozusagen zwischen der „Herrschaft" und den Bürgern, und es ist klar, dass es bei solch nahem Zusammenleben mit den Bürgern der Stadt leicht und oft zu Streitigkeiten, die damals *Irrungen*, *Gebrechen* oder *Späne* hießen, kam, und worum es dabei u. a. ging, ist aus Schiedssprüchen der Lichtenberger Herrschaft gut zu erkennen:

Am 22. August 1423 z. B. entschied der Würzburger Bischof Johann II. von Brunn u. a., dass die adeligen Burgleute auf Lichtenberg (auch die Brüder Sifrid und Hans und ihr Onkel Fritz und sein Sohn Lorenz von Stein) genauso wie die sogenannten armen Leute, d. h. die normalen Untertanen, Gaden in der Kirchenburg haben durften (eine Hüttenstadt / -stätte im Kirchhof[10]) und dass der Kirchner deswegen ihnen angeloben und schwören solle, wie den anderen Bürgern auch. Ebenso sollen sie zusammen die Flurschützen, Holzheger und den Kirchner einsetzen und nach ihrem Besitz entlohnen. Den Zehner, der die Zehntabgabe überwachte[11], sollen die Burgleute aus der Bürgerschaft nehmen und mit Willen und Wissen der Gemeinde einsetzen. Zudem hatten sich Bürger darüber beschwert, dass die Burgleute einem Verkauf ihrer Lehen nur dann zustimmten, wenn der Käufer schwor, dass er zum Burgmann wegen Recht komme, d. h. dass er dessen Gerichtsbarkeit über ihn

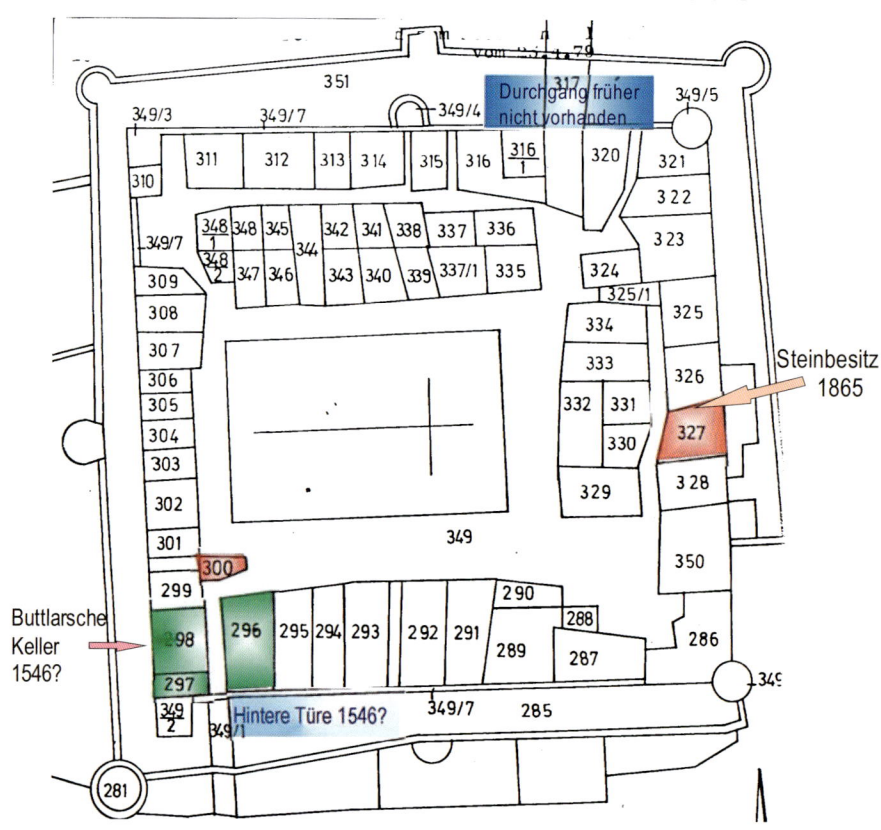

ABBILDUNG 1: GADENKELLER MIT DEN HEUTIGEN FLURNUMMERN

anerkenne. Der Bischof entschied, dass die Eide ungültig seien und das Dorfgericht zuständig sei, wenn es dem Adeligen nicht gelinge, innerhalb von dreimal vierzehn Tagen[12] den Streit zu schlichten. Wenn aber auf Gemeindegrund gebaut werden solle, so haben die Adeligen genauso ein Mitspracherecht[13].

Wie üblich, ergaben sich bald wieder (auch aus den obigen Bestimmungen) neue Irrungen, die Graf Georg von Henneberg-Römhild am 11. Juli 1457 zu schlichten versuchte[14], indem er im Ganzen den alten Schied erneuerte. Aus dem Recht des Besitzes von Gaden ergab sich nach Meinung der Gemeinde auch für die Adeligen die Verpflichtung, wie die anderen Bürger für Bau, Bewahrung und Bewachung des Kirchhofes zu sorgen. Der Graf entschied aber, dass, weil die Bauern von Ostheim, die größeren Teils Lehnsnehmer der Burgleute seien[15], die Kirchenburg versorgten, die Adeligen nur dazu verpflichtet seien, bei Krieg je einen reisigen Knecht[16] dorthin zu schicken und für ihre Bestellung zu sorgen. Ein neuer Streitpunkt war die Landleite, die Umgehung der Grenzen. Der Graf entschied wie sie in Bezug auf die "Kemmaten, Mauren, höffen, Zeunen oder Blancken[17]" der Burgleute zu geschehen habe.

Auf der anderen Seite gab es natürlich auch – und vor allem – viele *Irrungen, Späne, Klagen, Verordnung* und *Gebrechen* zwischen den Ostheimer Ganerben und den Herren des Amtes Lichtenberg. Als 1409 Erzbischof Johann II. von Mainz das Amt von Friedrich d. J., Landgrafen von Thüringen, erwarb, bestätigte er in einem Brief vom 21. Dezember alle hergebrachten Rechte der Ritter, ohne dass sie allerdings genannt wurden[18], was natürlich schon auf mögliches Streitpotenzial verweist.

Dieser entstand auf jeden Fall mit den Grafen von Henneberg-Römhild, denen das Amt 1433 verpfändet wurde. Darüber wurde dann um die Jahrhundertwende entschieden. Bischof Rudolf II. von Scherenberg hatte für den 12. August 1494 einen *Tag*, d. h. ein Treffen, anberaumt, wo Hertnid von Stein und Wilhelm von Neuenburg schon eine Menge Klagen vorgebracht hatten; aber über die Entscheidung war der Bischof gestorben, und sein Nachfolger, Lorenz von Bibra, setzte ein neues Treffen für die „Klageerhebung" auf den 17. August 1495 an. Beide Seiten antworteten auf die jeweiligen Punkte im Laufe der nächsten Zeit fünfmal. Dann wurden die vier Klagen des Grafen Otto III. und die 33 Beschwerden aller Ganerben von einer Kommission unter dem Bildhäuser Abt in zwölf Wochen und sechs Tagen (d. h. in zwei *Sächsischen Fristen*) entschieden und unter dem Datum 25. Februar 1502 die Entscheidung bekanntgegeben[19]. Im Großen und Ganzen ging es nur um Einzelentscheidungen und um ganz spezielle Fälle, wo die Ganerben ihre Rechte oder die ihrer Männer verletzt fühlten und meistens Recht bekamen; und da die Ostheimer damals größtenteils Männer der Ganerben waren, galt das praktisch für die ganze Gemeinde.

Der Schied beschränkte herrschaftliche Rechte auf das, was nach altem Herkommen oder dem Weistum[20] gefordert werden konnte, und in einer Erläuterung dieses Schieds[21] sagte der Bischof am 2. September 1510 ausdrücklich, dass die Forderungen des Weistums auch für die Lehnsmänner der Ganerben galten. So bezeichnete der Schiedsspruch manche Handlung Ottos oder seiner Beamten als unrechtmäßig. Otto selbst gestand ein, dass er auf dem Marschalk'schen Freien Hof[22] nicht zu gebieten habe, was wohl auch für die anderen galt, so dass in diesem Schied die Freiheit der Ganerbenhöfe bestätigt wurde. Fronen wurden im Ganzen auf die Burg Lichtenberg beschränkt, und geforderte Arbeiten am Hermannsfelder See und in Kaltensundheim und Fuhren zur Jagd und nach Aschach wurden für nicht rechtmäßig erklärt. Die Ganerben bekamen ihre beanspruchten Rechte, wie ihre Vorfahren Rehe, Bären und Schweine (Hohe Jagd!) im Waldbezirk Höhn zu jagen und Fische und Krebse in der Sulz zu fangen, zugesprochen[23]. Andererseits wurde Otto zugestanden, dass die Schultheißen von der Gemeinde gewählt würden (ohne besondere Vorrechte der Ganerben) und vor allem dass es gegen das Recht war, dass die Männer der Ganerben ihre Pflicht Otto gegenüber aufgesagt hatten, nachdem der Schultheiß sie nicht ihrer Gelübde und Eide entbunden hatte.

1643 sagt der Amtmann Kasimir Christian von Stein zum Altenstein, selbst einer der Ganerben, in seiner Amtsbeschreibung: „In allen dieses Ambts eingehörigen Dorffschaften sowoln im städtlein ostheimb gegen die bürgerschaft hat mein gn. Fürst vnd Herr alle mueglichen gebot vnd verbot, außgenommen die Centbahrliche *jurisdiction*"[24]. Bei einer Zeugenvernehmung 1733 sagte der achtzigjährige Stadtschultheiß Heym aus, „daß die Verbrechen der ganerbschaftlichen Bedienten jedes Mahl von Fürstlicher Landesherrschaft bestraft worden, daß die Ganerben sich nie einer vogteilichen Jurisdiction zu Ostheim angemaßt, vielmehr sich zu Beytreibung ihrer Zinßen sogar Amtshülfe ausbitten müssen"[25]. Das Ostheimer Stadtbuch schreibt Folgendes über das Einigsmahl, ein Stadtgericht[26], aus dem man die sehr beschränkten Gerichtsrechte der Ganerben ersehen kann: „Vor Petterstag, Ehe die dinstpotten sich verendern vnd scherzen, wirdt allweg daß einigsmahl etwa 8 tag vor hero gehalten; dabeÿ erscheinen auch die Ad(eligen) Gan Erben. Aber der Stadtschultheß im Nahmen Fürst(l.) herschafft hegt daß gericht, vnd do etwaß straf fellig vorfelt, spricht er zu erst d(as) Vrthel, die Vmbsizende darnach fragende, waß ihre meinung seÿ, vnd greif ihm keiner von Ad(eligen) beÿsizern vor, in einer sachen erst zu sprechen, so lang d(as) gericht gehegt; […] Vnd solches gelt oder ein gebracht rug [die Strafe] wird hernacher verzehrt vnd von Schuthheimbürger rechnung darüber gethan vnd andern tags fruhe offentlich im beÿ sein der Schuthheimbürg(en) v(nd) wer da ist, gerechnet, w(as) v(er)zehr von posten zu posten abgezahlt; vnd bekömpt iährlich der Ad(elige) GahnErbe abschrifft von der rechnung. Wennauch solchs gelt rauß verthan, hat ein Stadtschultheß es anzuzeig(en) v(nd) der Zech ein end zu mach(en); in A(nn)o 1667 wurd beÿ die 2½ fl. mehr v(er)than; musten etliche A(cker) holz derentweg(en) v(er)kaufft werd(en)."[27]

Im Ostheimer Weistum kommen die Ganerben als solche noch nicht vor, aber es heißt: „Item unser gnedig herr hat auch dz recht, ob guetter in Zwitracht kehmen, so hat er macht ein gebot doran zu legen, biß es hie an seinem gericht außgetragen wird mit recht; nun ist ein schied geschehen, zwischen der herrschafft und dem Adel, da reden wir nichts ein."[28]

Auch bei der Verwaltung der Stadt wollten die Ganerben mehr mitreden als andere Bürger: Hier ging es unter anderem darum, inwieweit sie die städtischen Beamten und „Diener" mitbestimmen und wie diese ihnen „angeloben" sollten. So wurde z. B. 1676 Junker Heinrich von Stein davon verständigt, dass der neue Stadtschultheß Johann Zehner vereidigt und vorgestellt werden solle. Er schickte schließlich Dr. Klinghammer mit dem Auftrag zu sagen, dass der Schultheß auch den Ganerben angeloben müsse. Als Beweis brachte er einen Brief, „a(nn)o 1502 datiert, von Graf Bertolt von Henneberg vfgericht, in 22 Punct". Man antwortete kurz, dass der Brief nicht mehr gültig sei, und fuhr mit dem Geschäft fort[29].

Neben den Bestrebungen der Ganerben, sich in Ostheim weitere stadtherrschaftliche und gerichtliche Befugnisse zuzulegen, gab es, um nur noch einige Dinge zu nennen, auch Versuche, in kirchlichen Angelegenheiten mehr Rechte zu bekommen. Hier war das einzige unangefochtene Vorrecht der Ganerben das der Präsentation des Kaplans, das der Familie von Stein zustand, weil sie ursprünglich, wie im vorigen Kapitel gesehen, durch eine Stiftung diesen Posten ermöglicht hatte. Allerdings gewährte das Konsistorium ihnen nur das Recht und die Pflicht, zwei bis drei Kandidaten zu benennen; alles Weitere lag in der Hand der Herrschaft. Die von Steins durften die Kandidaten z.B. nicht zur Probepredigt einladen[30].

Der Gottesdienst fand in der Kirche für alle statt, wie die herrschaftliche Seite behauptete; es habe nur mit spezieller Erlaubnis hie und da eine Taufe oder Hochzeit in einem adeligen Ansitz gegeben, woraus dann manchmal Ganerben Sonderrechte auch in Bezug auf Kirchliches ableiten hätten wollen. Deshalb durften z. B. 1711 die Voiten von Salzburg den Leichnam ihrer Mutter erst nach Rödelmaier zum Erbbegräbnis bringen, nachdem sie einen Revers ausgeschrieben hatten, dies solle den hergebrachten Episkopalrechten der Herrschaft nicht präjudizieren[31]. Als eine der Töchter Caspar Ottos, des Letzten der Ostheimer Linie, die verwitwete Truhenmeisterin Polyxena Magdalena Sabina von Stein zu Altenstein, am 3. April 1736 in Ostheim gestorben war, gab es Probleme wegen der Beerdigung am 5. April: Der Stadtrat weigerte sich, die Leiche zu tragen, bevor 6 Reichstaler für den verstorbenen Herrn Truhenmeister von Altenstein und 6 Taler für diese Leiche aufs Rathaus gezahlt wären; der fürstliche Amtsvorstand Erdmann habe dies bei Strafe so geboten, und falls ganerbschaftliche Diener zum Tragen gebraucht werden sollten, würde man fürstlicherseits die Kirche schließen. Der ganerbschaftliche Beamte, Syndicus Fischer, fragte Stadtschultheß Gödelmann, der zugab, dass diejenigen, die 3, 4 und 5 Taler gezahlt hätten, zwar Adelige gewesen seien; doch hätte man für die Beerdigung der Frau Rittmeisterin von Stein, der Witwe Caspar Ottos, und des Verwalters von Diemar kein Geld bekommen; aber nachdem Frau Truhenmeisterin von Altenstein zu ihren Lebzeiten davon gesprochen habe, es sei eine Schuldigkeit des Stadtrats, die Ganerben zu Grabe zu tragen, wolle man sich keine Lasten aufbürden lassen. Fischer jedoch wollte keinen Groschen zahlen und protestierte feierlich, nachdem Herr von Wildungen, der Vormund der altensteinschen Kinder, bereits etwas gezahlt hatte, besonders gegen jedes Präjudiz[32].

Die Ganerben behaupteten auch, sie hätten seit dem Westfälischen Frieden wie der übrige Reichsadel das Recht, kirchliche Handlungen (in ihren Freihöfen) durchführen zu lassen, ohne den Pfarrer um Erlaubnis zu bitten[33]. So sagten Adelige 1726 aus, Taufen seien z. B. 1690, 1696 und 1699 und eine Trauung 1701 ohne Protest veranstaltet worden und bei einem Todesfall sei die Kirche ihnen ohne weiteres geöffnet worden. Allerdings untersagte im selben Jahr der Pfarrer dem Kaplan, eine Privattaufe durchzuführen, und Freiherr von Stein zum Altenstein fragte ihn schließlich unter Protest um Erlaubnis, weil das Neugeborene schon sehr schwach war[34]. Die Eisenacher Regierung sagte sogar, durch all die fortlaufenden Kränkungen werde das Recht, das aus dem Westfälischen Frieden herrühre, in Frage gestellt. Das ginge so weit, dass sich die Ganerben anmaßten, dem Diakon Weisungen zu erteilen[35].

Einer der Vorfälle, der zu der weiter unten behandelten Beschwerde der Ganerben von 1717 führte, war die ganerbschaftliche Bestrafung von Georg Deutinger und Ursula Zahner wegen außerehelicher Schwängerung (und späterer Eheschließung). Das Oberkonsistorium zu Eisenach ließ die Entschuldigung der Ganerben für ihr Vorgehen nicht gelten und forderte im Namen des Herzogs Johann Wilhelm, dass Herr von Altenstein die Strafe zurücknimmt und sich künftig aller Neuerungen enthält, um nicht zu weiteren Anordnungen Anlass zu geben. Den Ganerben stehe gar keine Rechtsprechung in Kirchensachen zu. Hauptmann, Räte und Ausschuss des Ritterorts Rhön und Werra schrieben aber an die Ganerben zu Ostheim, sie seien der Meinung, dass die Reichsritterschaft bezüglich der geistlichen Rechte sowohl nach dem Religionsfrieden als nach dem Herkommen auf fester rechtlicher Grundlage stehe. Allerdings komme es hier auch auf schriftliche Verträge an, von denen sich in den örtlichen Archiven nichts finden ließe[36].

Ein weiterer Streitpunkt war die Mühlenbesichtigung des Amtes auch bei den Ganerben, von der sie meinten befreit zu sein; aber Thon sagt, selbst der Ganerbe Friedrich Sebastian von Stein zum Altenstein habe ab 1676 als Amtmann diese Besichtigung durchgeführt und bei seiner eigenen Mühle angefangen[37]. Nach dem Brand im Stein'schen Schloss 1708 wurden die Feuermeister angewiesen, auch in den adeligen Freihöfen zu kontrollieren[38]. Von der Besichtigung der Taubenschläge durch den Torwart der Lichtenburg waren die Freihöfe allerdings befreit[39].

Wegen Steuern kam es, wie man sich denken kann, öfters zum Streit. Am 8. März 1530 z. B. erwirkte Graf Hermann von Henneberg-Römhild beim Reichskammergericht in Speyer ein Mandat, das bestimmte, dass die Lehnsleute der Burgmänner wie andere Untertanen auch Steuern bezahlen müssen. Damit war der Streit nicht beigelegt: Wie oben berichtet, gab es auch Streit um die Türkensteuer, der 1543 geschlichtet wurde; 1583 erklärten sich die Ganerben, wie Thon es darstellt, bereit, die Landsteuer künftig zu zahlen, wenn ihnen die Rückstände erlassen würden, was dann auch geschehen sei, und in einem Vergleich vom 19. Oktober 1597 wurde bestimmt, dass ihre Leute auch die Türkensteuer zahlen müssen, nur dass die Ganerben sie selbst einsammeln und an das Amt abliefern können und, wie die Ganerben 1717 noch hinzufügten, sonst keine Steuern zu fordern seien[40].

Am 11. März 1717 baten die Ganerben den kaiserlichen Reichshofrat um ein Mandat zu ihren Gunsten. Sie hätten bisher Verträge und Konventionen unverbrüchlich gehalten, würden aber von Herzog Johann Wilhelm von Sachsen-Eisenach in ihrem Besitz und Abgaben durch Gewalttaten und Pfändungen bedrängt und beschwert, weil ihre Lehnsleute direkt mit Landsteuer belegt würden, obwohl ihre Felder und Güter dem Reich unmittelbar seien, das *Jus Episcopale* ihnen streitig gemacht, ihr Jagdrecht durch neue Hegezeiten eingeschränkt und ihre Mühlen besichtigt würden. Weiterhin hätten sie u. a. das Recht, bei der Abhörung der Heiligenrechnung hinzugezogen zu werden, beim Kirchnergelübde dabei zu sein und die Gerichtsbarkeit über ihre Knechte auszuüben – und dasselbe gelte auch für Ehr-, Unzuchts- und andere die Kirchenzucht betreffende Fälle[41]. Der Kirchner müsse ihnen auf Verlangen den Kirchhof- bzw. Kirchenschlüssel aushändigen[42]. Sie erhielten tatsächlich ein Mandat: Die sächsische Regierung wurde aufgefordert, sich an Verträge zu halten und angemaßte Rechte wieder aufzugeben. Nach einer Erwiderung der Regierung und weiteren Einwänden beiderseits zog sich die Sache bis 1724 hin, blieb aber schließlich ohne positives Ergebnis für die Adeligen. Trotzdem versuchte man später, sagt Binder, sich auf das voreilig erlassene Mandat von 1717 zu berufen[43].

1722 wurde auch Pfarrer Limpert zu Nordheim im Grabfeld von den Ganerben beauftragt, eine Taufe in Ostheim durchzuführen, um die ganerbschaftliche Episkopalgerechtigkeit zu demonstrieren, und dafür von der Obrigkeit mit einer hohen Strafe belegt, die anscheinend von den Ganerben ersetzt wurde[44].

Als 1782 Marquis de Soyecourt von den von der Tanns neben Neustädtles auch den Voitischen Hof, die Münz und das Hansteinsche Schloss kaufte, wurde ihm versichert, er habe auch hier alle *Gebot und Verbot*, und er benahm sich auch entsprechend. Er ließ z. B. seine Lehnsleute unmittelbar zitieren und an den Toren der Höfe „Markgräflich Soyecourt'scher Freihof" anschlagen[45]; ebenso erkannte er seinen einzigen Mitganerben, *Dietrich* Philipp August von Stein, nicht als adeligen Heimbürgen an und unterließ es, seinen Ganerbiats-Syndikus ordnungsgemäß zu bevollmächtigen[46].

1791 kaufte Dietrich von Stein diese Güter des Marquis, verkaufte sie aber 1794 wieder weiter an Julius Graf von Soden[47]. Dieser erhob wieder, wie die Ganerben schon teilweise vor 1423, den Anspruch auf Gerichtsbarkeit über seine Lehnsleute, was Amtmann Thon im Dezember 1795 im Stadtgericht verbot. Von-Soden'sche Beamte bezeichneten einen Lehnsmann als „Gräflich Soden'schen Untertan" und unternahmen andere Dinge, die gegen die „uneingeschränkte geistliche und weltliche Hoheit des Hauses Sachsen" gerichtet waren[48]. Als der Amtmann Thon im Stadtgericht eine Verbesserung des Gemeindewaldes am Heidelberg vorschlug, schrieb Graf Soden am 15. Januar 1795 einen Brief an den Stadtrat[49], in dem er nach Binders Interpretation „ganz als Mitregent der reichsunmittelbaren Ganerbenstadt Ostheim auftritt". Er nannte seine drei Güter reichsunmittelbar und behauptete, er habe nach den Schieden des 15. Jahrhunderts das „actuelle und vollständige MitEigenthums-Recht an allem Gemeindl. Stadt Vermögen"; er wolle die freie Ostheimer Verfassung, die unter dem Schutze der deutschen Reichsgesetze stehe, schützen und vor willkürlichen Veränderungen bewahren. Als dieser Brief in der Stadt bekannt wurde, gab es Unruhe, so dass sogar Soldaten geschickt werden mussten, weil „durch die von dem ganerblichen Syndicus unternommene Ausstreuung mehrerer Abschriften dieses vom Stadtrath unterdrückten Schreibens unter die Bürgerschaft leicht eine damahls besonders bedenkliche Stimmung und Gährung unter einem Theil der sonst gut gesinnten treuen Gemeinde entstehen oder Nahrung finden konnte"[50]. Graf Soden hat auch durch seinen Syndikus seine Lehnsleute davon abhalten wollen, eine neue Steuer für die Kriegsbedürfnisse zu zahlen. Amtmann Thon ließ Ende Oktober und Anfang November 1795, wie schon in der Soyecourt'schen Streitsache 1788, Zeugenaussagen machen. Sechs Zeugen, hier der Schultheiß, die Bürgermeister, der Stadtschreiber und zwei Achtmänner, sagten zu 66 Behauptungen über das Verhältnis der Ganerben aus. Sie meinten z. B., dass alle Bürger nur dem Stadtrat und dem herzoglichen Amt gerichtlich unterworfen seien und die Ganerben nie die geringste Gerichtsbarkeit gehabt hätten. Was Graf Soden gemacht habe, seien Neuerungen.

Graf Soden hatte 1794 auch im Namen Dietrich Philipp Augusts von Stein für den ganerbschaftlichen Syndicus die folgende Anweisung, aus der man erkennen kann, welche Rechte er beanspruchte, erlassen:

ABBILDUNG 2: SIEGEL UND UNTERSCHRIFT GRAF SODENS

I.) Die vom Syndikat erstellte „Darstellung des Besitzstandes der Ganerbschaftlichen Rechte" sei sorgfältig zu prüfen und daraus gründliche Instruktion zu fertigen.

II.) Bis dahin habe der Syndikus diese Rechte, und zwar soweit es die Gräflich Soden'schen „Jura Castri" (die (reichsritterschaftlichen) Rechte im Freihof[51]) betrifft, in Abstimmung mit dem Soden'schen Amtmann Eydam sowohl gegen Eisenach[52] als auch gegen den Stadtrat zu behaupten und gegen alle Eingriffe zu protestieren.

III.) Über die Abhaltung des Rügegerichts und Abhörung der Stadtrechnung seien sogleich Protokolle zu fertigen.

IV.) Das ganerbschaftliche Archiv solle wegen der obigen Frage genau durchsucht und ein vollständiges Repertorium angefertigt werden.

Am 26. Dezember 1794 – Gensler hatte anscheinend seine Hausaufgaben gemacht – erließ der Graf eine weitere Anweisung:

1. Nachdem die herrschaftlichen Castra zentfrei seien, solle im Fall eines todeswürdigen Verbrechens der Delinquent sofort fortgeschafft werden, in allen übrigen Fällen solle er in den Adelshöfen eingesperrt und verhört werden. Die Protokolle seien an die Herrschaft einzusenden. Allen würzburgischen oder eisenachischen Anmaßungen sei standhaft zu begegnen.
2. Auch über die Mietleute in den Adelshöfen und deren Gesinde sei die Gerichtsbarkeit ausschließend zu behaupten.
   a. In bürgerlichen Klagesachen sei gemäß Gesetzbuch vom 23. Dezember 1793 zu verfahren.
   b. In Inventursachen[53] sei die Obsignatur (Versiegelung) auf der Stelle vorzunehmen und allen eisenachischen Anmaßungen aufs Standhafteste zu begegnen.
   c. In Heiratssachen seien die Heiratsbriefe auszustellen.
   d. Falls in Vormundschaftssachen ein eisenachischer Bürger zum Vormund ernannt werde, müsse er den Ganerben gegenüber verpflichtet werden und ihnen Rechnung ablegen.
   e. In Ganthfällen (Versteigerungen) seien die Mobilien und Immobilien zu verzeichnen und die Listen an die Schlösser anzuschlagen. Der Verkauf sei in den Castris vorzunehmen.
3. Eingriffen in Polizeisachen, wozu die öffentlichen Lustbarkeiten zählten, solle man sich auf das Allerstandhafteste widersetzen.
4. Für die Geistliche Gerichtsbarkeit gelte:
   a. Die Untersuchung und Entscheidung über alle Verlöbnis- und Ehestreitigkeitssachen, wie
   b. auch Dispense innerhalb der Trauerzeit seien Eisenach durchaus nicht einzuräumen.
   c. Die Ostheimer Geistlichkeit könne zwar innerhalb der Adelshöfe Kranke besuchen, dürfe aber keinerlei geistliche Akte wie Trauungen oder Kindstaufen durchführen. Zu kirchlichen Akten innerhalb der Castra sei der Steinische Filialpfarrer zu Völkershausen[54] beizuziehen.
   d. Die Leichen dürften vom Pfarrer nicht in den Adelshöfen abgeholt werden, sondern müssten vor den Toren übergeben werden.
5. Bewohner der Castra dürften sich in keinem Amt verhören lassen, auch nicht als Zeugen, und müssten den Versuch unverzüglich anzeigen. Zuwiderhandlung werde mit sofortiger Kündigung bestraft. Sollte ein eisenachischer Gerichtsdiener es wagen, einen Adelshof zu betreten, sei er das erste Mal zu verwarnen, beim zweiten Mal etliche Stunden einzusperren[55].

Wegen dieser neuerlichen Schwierigkeiten verfasste Amtmann Thon dann im Jahre 1797 anonym seine Schrift, die auf vielen angeführten Dokumenten fußte und in der er zum Ergebnis kam, dass Ostheim keine wirkliche Ganerbenstadt sei und auch die „eingesessenen Unterthanen von Adel" unter der landesfürstlichen Oberbotmäßigkeit der sächsischen Herzöge stünden und diese auch die ausschließliche zivile und geistliche Gerichtsbarkeit hätten[56].

Einigung Dietrich von Steins mit Herzog Carl August von 1797

Binder meint: „Obgleich in derselben [*Schrift*] die vollständige Oberherrlichkeit Sachsens über Ostheim scharf und zweifellos nachgewiesen war, ließ sich Herzog Carl August doch herbei, mit dem Freiherrn [*Dietrich Philipp August*] v. Stein, als dem zu dieser Zeit alleinigen Ganerben (Graf Soden hatte inzwischen seine Ostheimer Besitzungen teils an diesen, teils an die Bürgerschaft, die nun über die Hälfte der früheren ganerblichen Feldgüter besaß, verkauft[57]) einen Vergleich [...] zu schließen."[58]

Darin wurde zwar die Reichsunmittelbarkeit der Ganerben anerkannt, ihre daraus fließenden Rechte aber sehr stark, d. h. nur auf ihre Freihöfe und die ab 1794 verkauften Stücke beschränkt. Die Ganerben behielten innerhalb dieser Höfe die Gerichtsbarkeit über ihre Diener und Pächter, aber nur wenn sie keine sächsischen Untertanen waren. Ansonsten wurden ihre hergebrachten Rechte der Jagd, Fischerei und ihrer Teilnahme an der Verwaltung (aber im Grunde nur weil sie Mitbürger der Stadt waren) fortgeschrieben. Ihre Rechte bei der Schultheißenwahl waren auf bis zu vier Extrastimmen erweitert; sie oder ihr Syndikus, der mit Archiv und Siegel versehen die Ganerbiatsrechte ausüben sollte, waren bei Gericht und bei der Verpflichtung des Rektors, Kirchners und der Totengräber anwesend, und die Gemeindediener (der Stadtknecht, die Flurer, Schäfer, Hirten, Holzheger, Brunnen- und Nachtwächter, auch der Kirchner und die Steinsetzer, aber nicht die Torwächter und der Rektor) mussten auch ihnen jährlich Handgelöbnis tun. Bei der Wahl des Kirchners und des Rektors hatten sie neben dem großherzoglichen Geistlichen Untergericht und dem Stadtrat eine Stimme. Bei Feldfrevel und Zehntvergehen waren sie Mitrichter. – Dazu sagt das Ostheimer Stadtbuch (S. 68 ff.): „In vnterschiedlichen fallen vnd stücken haben die Zehent Junckere oder Ad(elige) Gan Erben auch zu befehlen vnd Nebens einem Stadtschultheißen zu richten vnd zu straffen. Vnd gehet solches d(as) F(ürstliche) Ampt nichts ahn; wird auch darinnen nit ersucht." und führt dann diese und andere Rechte der Ganerben und sonstige Verfahrensweisen zwischen Stadt und Adeligen auf[59]. – Auch die Veräußerung von Gemeindegut bedurfte ihrer Zustimmung als Mitbesitzer. Als besondere Ehrenvorzüge behielten sie den eigenen Kirchenstand für sich und ihre Diener, Pächter und Dienstboten[60], den Einschluss in das sonn- und feiertägliche Kirchengebet, das Totenläuten für sich und ihre nächsten Verwandten, die Beerdigung in der Kirche, die allerdings damals

ABBILDUNG 3:
DIETRICH PHILIPP AUGUST VON STEIN (1741-1803)

nicht mehr üblich war[61], die Ausstellung eines Trauersprügels[62] vor dem Altar. Die Lehrer und Geistlichen mussten durch Tragen von Trauerfloren vier Wochen lang trauern[63], und die Ganerben durften bei ihren Grüften in der Kirche oder auf dem Kirchhof bleibende Monumente errichten. Sie konnten in ihren Freihöfen eigenes Maß und Gewicht benützen, außer bei Mietern, die Stadtbürger waren, und dort Tänze veranstalten, aber nicht an Fasten- und Bußtagen und bei Landestrauer. Weiterhin durften sie Leichname nach Meldung und Bezahlung eines Honorars aus der Stadt abfahren. Ihre ab 1794 verkauften Lehnsgrundstücke sollten weder von den Ganerben selbst noch von Eisenach mit neuen Abgaben belegt werden. Man sieht also hier wieder dieselben, meist recht unbedeutenden Punkte wie bei den Schieden des 15. Jahrhunderts, und wenn man ehrlich ist, haben die Ganerben in 400 Jahren ihre Rechte in Ostheim kaum ausdehnen können, außer bei der Gerichtsbarkeit auf ihren Freihöfen. Sie haben sich nicht gegen Staats- und Kirchenbehörden, die auf ihre Rechte Acht gaben, durchsetzen können; nur wenn diese nicht „wachsam" waren, konnten sie gelegentlich und für kürzere Zeiten gewisse Rechte beanspruchen, die ihnen dann aber wieder streitig gemacht wurden[64]. Ebenso hatten die Lehnsherren Probleme mit ihren Lehnsleuten: Außer dass z. B. die feststehenden Abgaben durch die Inflation immer weniger wert waren, musste der Ostheimer Lehnsadministrator, „da die Lehnleute zu Ostheim in Bezahlung der Erbzinse sehr nachlässig" seien, 1801 angewiesen werden, sich Mühe zu geben, die rückständigen Reste durch Exekution beizutreiben. Ebenso sollte er dafür Sorge tragen, seit vielen Jahren verloren gegangene Lehen wieder aufzufinden und die Erbzinse darauf wieder in Gang zu bringen[65].

„Wenige Jahre später", sagt Binder, „– und alle dergleichen Streitigkeiten wären von selbst gegenstandslos geworden: die napoleonischen Kriege machten der Reichsunmittelbarkeit des Adels und dem größten Teile der 304 „Staaten" und den etwa anderthalbtausend Stäätchen des heiligen römischen Reichs ein Ende."[66]

Die Stadt- und Gemeindeordnungen im 19. Jahrhundert

Nachdem es eine „durch einige Beschwerden und Anzeigen" veranlasste kommissarische Untersuchung der Verhältnisse in Ostheim gegeben hatte, erließ Herzog Carl August durch die Regierung in Eisenach am 29. September 1813 eine Stadtordnung für Ostheim, die zu Michaeli (29. September) in Kraft trat. Sie bestimmte, dass die städtische Jurisdiktion auf den Herzog, vertreten durch das Justizamt, überging, und regelte sonst nur die Aufgaben, Gehälter etc. der neuen Stadt"beamten" und -diener, so dass die Ganerben darin überhaupt nicht erwähnt sind. Die neue Verfassung wurde nach einer vierjährigen Probezeit verlängert und galt dann bis 1832[67].

In diesem Jahr wurde dann am 13. August eine vollständige Stadtordnung für Ostheim erlassen, die u. a. auch die Rechte und Pflichten der Bürger festlegte und ab 1. September galt[68]. Sie erfolgte „mit geeigneter Berücksichtigung des, zwischen dem vormaligen Fürstenthum Sachsen-Eisenach und den Ganerben zu Ostheim, am 15. December 1797 zu Stande gekommenen, Rezesses". In § 2 werden die Bewohner der Stein'schen Gebäude[69] als außerhalb des Stadtgemeindeverbandes stehend bezeichnet, allerdings nur nach den Bestimmungen des 1797er-Vertrages (§ 11 a und b dort: Dies gilt nicht für sächsische Untertanen.). Bei der Erwähnung des Holzrechtes der Bürger im Heidelberg (Seligrechtsholz) ist auf § 16 des Vertrages hingewiesen, wo unter Punkt a steht, „daß die Mitbenutzung des Heydelbergs nach dem Regulativ vom 30ten April 1796 welches Vertragsweise angenommen worden, sich richtet". Beim städtischen Rügegericht (§ 39, 3) hatte der ganerbliche Syndikus weiterhin den Beisitz. Auch die alten Rechte der Ganerben bei der Wahl, Präsentation und Verpflichtung der vier Lehrer und der Gemeindediener blieben erhalten. Nach § 107 müssen die Ganerben einer Veräußerung, Verpachtung und Verpfändung gemeindlicher Grundstücke (bei den Fällen des § 16 t des Vertrages[70]) vorher zustimmen.

Am 19. Juni hatte zwar der Syndikus einige Einwendungen des Ganerben vorgebracht, die aber keine Änderungen bewirkten[71].

Diese spezielle Ostheimer Stadtordnung wurde am 1. August 1850 durch die allgemeine weimarische Gemeindeordnung vom 22. Februar ersetzt, die wiederum am 18. Januar 1854 revidiert und dann durch die neue Gemeindeordnung vom 24. Juni 1874 abgelöst wurde. In diesen Ordnungen war, weil sie nicht nur für Ostheim galten, von den Ganerben nicht mehr die Rede; nach Artikel 27 von 1850 bestand auch kein Unterschied durch Geburt, Geschlecht, Beruf oder Religion in Hinsicht auf das Bürgerrecht mehr[72].

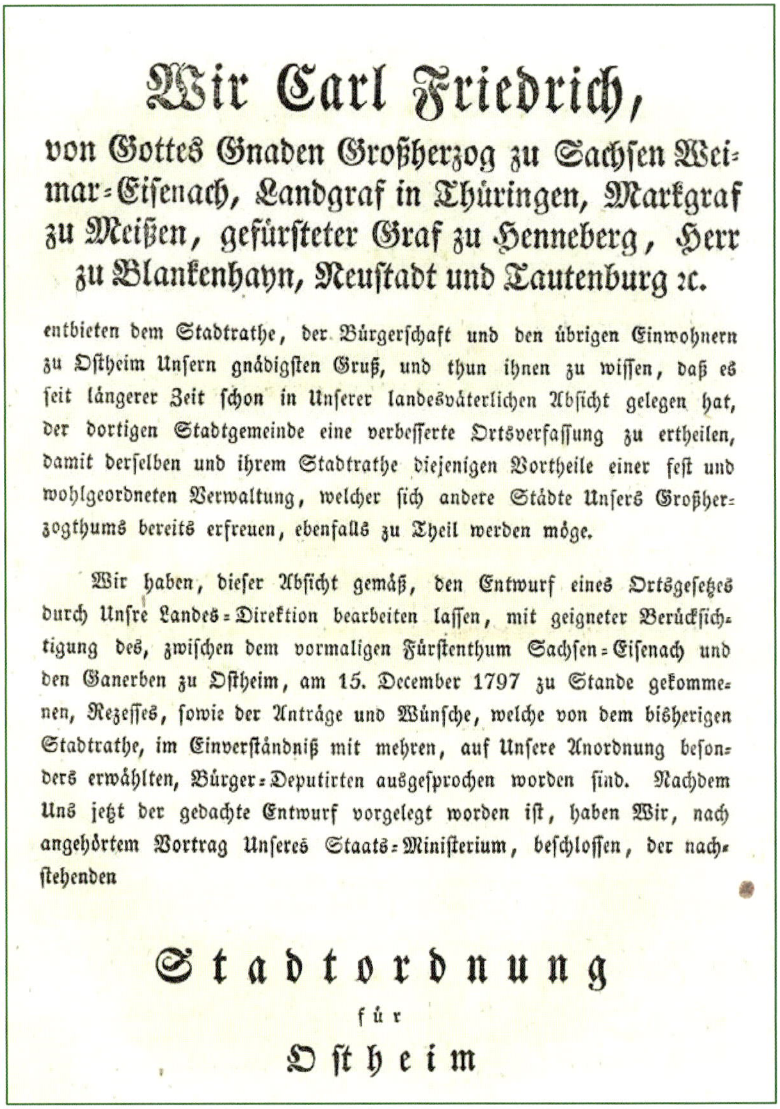

Wir Carl Friedrich, von Gottes Gnaden Großherzog zu Sachsen Weimar=Eisenach, Landgraf in Thüringen, Markgraf zu Meißen, gefürsteter Graf zu Henneberg, Herr zu Blankenhayn, Neustadt und Tautenburg rc.

entbieten dem Stadtrathe, der Bürgerschaft und den übrigen Einwohnern zu Ostheim Unsern gnädigsten Gruß, und thun ihnen zu wissen, daß es seit längerer Zeit schon in Unserer landesväterlichen Absicht gelegen hat, der dortigen Stadtgemeinde eine verbesserte Ortsverfassung zu ertheilen, damit derselben und ihrem Stadtrathe diejenigen Vortheile einer fest und wohlgeordneten Verwaltung, welcher sich andere Städte Unsers Großherzogthums bereits erfreuen, ebenfalls zu Theil werden möge.

Wir haben, dieser Absicht gemäß, den Entwurf eines Ortsgesetzes durch Unsre Landes=Direktion bearbeiten lassen, mit geigneter Berücksichtigung des, zwischen dem vormaligen Fürstenthum Sachsen=Eisenach und den Ganerben zu Ostheim, am 15. December 1797 zu Stande gekommenen, Rezesses, sowie der Anträge und Wünsche, welche von dem bisherigen Stadtrathe, im Einverständniß mit mehren, auf Unsere Anordnung besonders erwählten, Bürger=Deputirten ausgesprochen worden sind. Nachdem Uns jetzt der gedachte Entwurf vorgelegt worden ist, haben Wir, nach angehörtem Vortrag Unseres Staats=Ministerium, beschlossen, der nachstehenden

Stadtordnung

für

Ostheim

ABBILDUNG 4: ERSTE SEITE DER STADTORDNUNG VON 1832

---

[1] LUCKHARD, S. 86 f. (Nr. 303).
[2] AV: U 100 von 1457 Juli 11.
[3] AV: U 107 von 1459 Mai 16.
[4] BINDER, Lichtenberg. S. 303.
[5] In der Urkunde sind aufgeführt: Fritz (1487 - 1502), Hertnid (1486 - 1502), Philipp der Ältere (1477 - 1518) alle zu Ostheim, und Philipp der Jüngere zu Nordheim (1485 - 1536). — Die Jahreszahlen sind die Jahre der Erst- und Letztnennung.
[6] AV: U 245. — KÖRNER (Kanton Rhön und Werra. S. 60) sagt fälschlicherweise Graf *Wilhelm* [VI.] von Henneberg, der zwar zur selben Zeit regierte, aber über Henneberg-Schleusingen, und das Amt Lichtenberg gehörte damals zu Henneberg-Römhild.
[7] eine Abgabe zur Unterstützung des Kampfes des Deutschen Reiches gegen die Türken.

8   AV: Fach „Ostheim". „Ostheimer Akten" II/XIX, 272. — vgl. auch Schied vom 26. Juli 1550 in Abschnitt „Der Kleinzehnt" in Kapitel 8.13 „Besitzungen, Zehnt, Zinsen, Abgaben und Rechte – die Lebensgrundlagen des Adels".
9   Völkershausen, Nordheim i. Gr. etc..
10 Wo diese(r) Gaden war(en), ist völlig unklar. Vermutlich hat jeder Ganerbe für sein Haus einen Gaden bekommen, d. h. man baute ihn wahrscheinlich jetzt neu. Deshalb könnte es sich um die Gadengruppe, die östlich der Kirche frei (nicht an die Kirchhofmauer angelehnt) steht, handeln. Allerdings muss man dabei berücksichtigen, dass damals der Kirchhof noch Friedhof war, und es gibt keine Hinweise darauf, sondern spätere Berichte sagen z. B.: Am 27. Februar 1502 verpachteten Philipp von Stein, Ritter, Philipp von der Tann, Wilhelm von Buttlar gen. Neuenburg, Philipp von Stein und Wolf Marschalk, alle Ganerben zu Ostheim, ihre gemeinsame Hüttenstatt im Kirchhof (AV: U 172) – Dies klingt nach <u>einem</u> Gaden. – 1546 haben die von Buttlars eine Hütte und Keller auf dem Kirchhofe bei der hintern Türe gegenüber der Kirche und einen Gaden auf dem Kirchhof bei dem hintern Turm, „do das Bollwerk uff ist", gegen Zins verliehen. – Am 3. Juli [1884] wurde von den städtischen Arbeitern beim Wegräumen des Schuttes von dem von den Freiherren von Stein erkauften Platz im Kirchhof in der Nähe der Kirchnerwohnung ein silberner Becher, sowie eine Anzahl Silbermünzen aufgefunden." (Ostheimer Stadtbuch. f. 880. Hier handelte es sich um den zweiten 36 m² großen Gaden nördlich der Kirchhofschule – Nr. 327 im Grundsteuerkataster von 1865 und auf dem Mosebach-Plan der Stadt von 1830/1). Dieser und der Kellereingang am Kirchhof (Nr. 300; 19 m²) wurde 1884 an die Stadt verkauft.
11 Die Familie von Stein hatte, wie gesehen, ab 1410 die Hälfte des Ostheimer Zehnts inne.
12 Die alte rechtliche Frist von vierzehn Tagen wurde schon früh verdreifacht und ergab dann die sog. *Sächsische Frist* (d. h. nach sächsischen Recht) von sechs Wochen und drei Tagen.
13 AV: U 54 und THON, Beilagen. S. 1 ff. (Thon und andere bezeichnen diesen Schied fälschlich als *Vertrag zwischen Ganerben und Nachbarn*.). — Die Schrift Thons erschien anonym. Auch Schultes kannte den Namen des Verfassers noch nicht, denn er erwähnt die Schrift anonym und sagt anderswo, dass Thon mehrere Schriften verfasst habe (SCHULTES, Beschreibung II. 1. Abt.. S. 34 f. und 43). Erst Binder nennt den Autor. Er war Amtmann des Amtes Lichtenberg von 1784 bis 1807 (†). Deshalb sind seine Aussagen teils etwas einseitig - und Schultes, der auch vom herrschaftlichen Standpunkt aus schrieb, denn er wollte als sächsischer Beamter die sächsischen Rechte v. a. gegen Würzburg beweisen, und Binder, der als Pfarrer auch eher auf der Seite der Obrigkeit stand, haben sich stark auf ihn gestützt. - Sein Sohn Georg Philipp Friedrich war Amtsvogt, seit 1796 Amtsverweser und dann sein Nachfolger im Amt. — Thon war selbst Besitzer von reichsfreien Rittergütern, der Vorderen und Hinteren Weimarschmiede.
14 THON, Beilagen. S. 10 ff. (Auch dieser Schied wird von ihm als *Vertrag* bezeichnet).
15 Dies waren kurz nach 1700 noch neun Zehntel der Bevölkerung (KÖRNER, HANS. Geschichte von Ostheim vor der Rhön. In: Stadt Ostheim v. d. Rh. (Hrg.). 400 Jahre Stadt Ostheim vor der Rhön. Ostheim, 1996. S. 13 – 35. Hier: S. 28).
16 Ein *Reisiger* war ein (zum Kriegszug (= Reise)) bewaffneter Mann (zu Pferd).
17 *Blanken* oder *Planken* war eine hölzerne Einzäunung, z. B. auch von Dörfern und Städten.
18 „Wir Johann von Gottes Gnaden des heiligen Stuhls zu Mainz Erzbischof des Heiligen Römischen Reiches in deutschen Landen Erzkanzler bekennen für uns, unsere Nachkommen und Stifte und tun kund allen denen, die diesen Brief sehen, hören oder hören lesen, dass wir alle unser Name Ritter und Knechte gemeinlichen des Gerichts zu Lichtenberg unser lieben getreuen bei solchen Rechten und Gnaden wollen lassen an ihren Lehen als sie die von alter von dem Stifte zu Fulde und den hochgeborenen Fürsten, den Landgrafen von Thüringen hergebracht und gehabt haben und wollen ihnen die auch in keiner Weise verrücken." (AV: Fach „Reichsritterschaft". Akte Reichsritterschaft 1618/48".
19 AV: Fach „Ostheim". „Ostheimer Akten" II/XVI, 254. — Die Akte besteht aus 29 vorn und hinten eng beschriebenen Pergamentblättern im Format 36 x 26 cm, die von einer dicken Pergamenthaut umhüllt sind. Die Blätter sind zum Siegeln gelocht; es hängt auch noch ein Stück Schnur im letzten Blatt. — Otto hatte am 4. Juni 1501 das Amt vor seinem kinderlosen Tod (9. Juni 1502) an seinen Neffen Hermann VIII. verkauft.
20 Das Ostheimer Weistum entstand spätestens in der zweiten Hälfte des 15. Jahrhunderts als Aufzeichnung alten Herkommens, wurde auf dem jährlichen Petersgericht verlesen und galt, noch 1832 von Großherzog Carl Friedrich bestätigt, bis 1848.
21 AV: U 176 Libell.
22 Dies war die *Münz*. — *Freihof* heißt normalerweise nur, dass der Hof von gewissen ganz unterschiedlichen Lehnspflichten befreit ist, z. B. von Abgaben oder Fronen; hier bedeutet es aber eher „reichsfrei". THON (S. 32. Anm. ††) sagt aber wohl zu Recht, dass dies nicht bedeuten könne, dass damit den Ganerben vom Grafen auch religiöse Rechte auf ihren Höfen eingeräumt worden wären, denn die hatte damals noch der Bischof (ius episcopale = Bischofsrecht) und sie gingen erst nach der Reformation in den evangelischen Ländern auf die weltliche Herrschaft über.
23 Es ging u. a. auch um
Folge und **Eile**, die beschränkt wurden (Das Wort *Folge* hat zwei Bedeutungen: 1. Land-, Heerfolge, d. h. die Verpflichtung der Untertanen, dem Herrschaftsträger für Kriegszüge (persönlich und / oder mit Ausrüstung) zur Verfügung zu stehen, und 2. Nachfolge, -eile, d. h. die Verfolgung von Verbrechern. Diese Verpflichtung hatten auch die Männer auf den Freihöfen.),
Atzung und **Lager** (Dies ist die Verpflichtung, die hier auch eingeschränkt wurde, herrschaftliche Bediente zu bestimmten Anlässen, z. B. Jagden, zu verköstigen und zu beherbergen.),
Hut- und Viehtrieb (Hier war es das Recht der Ostheimer, ihr Vieh in den *Höhn* zu treiben. Dieses Recht wurde im Jahr 1865 vom Staat mit 600 Taler abgelöst (Ostheimer Stadtbuch. S. 124i).),
Schafweide (Hier ging es um das Aufstellen der Pferche durch den Vogt in bestimmten (gehegten) Fluren.),
den **Bannwein** (Dies war das herrschaftliche Recht, eine bestimmte Menge Weins jährlich für teureres Geld verkaufen zu lassen, bevor anderer Wein ausgeschenkt werden durfte. Dieses Recht durfte nicht ausgeweitet werden.)

und den **Güldenzoll** (Dies war im Würzburgischen die Abgabe von einem Gulden auf ein Fuder Wein (fast 9 hl). Dieser würzburgische Zoll bestand in Ostheim noch bis ins 19. Jahrhundert.).

[24] Archiv des Evangelisch-Lutherischen Pfarramtes Sondheim v. d. Rhön Nr. 2 [Abschrift der Amtsbeschreibung von Pfarrer Carl Binder]. S. 31. — Hier ist nicht klar, wer unter die „Bürgerschaft" zu zählen ist, sicherlich nicht die adeligen Ganerben selbst, aber ihre Lehnsleute und eventuell auch ihre Bedienten.

[25] THON, S. 24.

[26] Dies war ein „Rügegericht" für Feldschäden und Zehntvergehen (Mitteilung des Vogtes Georg Mey von 1656 im Erbzinsbuch Georg Wilhelms im Völkershäuser Archiv). Daneben gab es noch das sog. Stadt- oder Petersgericht.

[27] Ostheimer Stadtbuch. S. 84. — Vgl. dazu auch in Anmerkung 59 den achten Punkt. — Zu den Gerichtsrechten der Ganerben schreibt das Ostheimer Stadtbuch z. B. auch noch auf Seite 483:

„Anno 1687. Mittwochen, den 30. Martii wurde das Stadtgericht gehalten, vnd war Juncker Heinrich von Stein auch dabeÿ. Jn deme sichs nun lang damit verzogen wegen vnterschiedlicher Clagen, die angebracht worden, Muste nun vfschub mit der verhör der Raths rechnung geschehen, daß solche andern Tags vf Donnerstag sölte abgehört werden; der von Stein errinnerte Zwar die Rathsrechnung, daß damit möge fortgefahren werden, es vnterbliebe aber doch; frühe morgens nun schickte der von Stein seinen diener vf rathhauß vnd ließ fragen, wenn es sölte angehen mit der rechnung. Er wölle auch dabeÿ sein; der Stadtschulthes ließ ihm sagen, d(aß) er noch nichts vom H(err)n Ambtman gehört habe; er wiße es nicht, wenn es werde angehen. Es wurde aber vor der sachen vnterredt vnd wurd erkant, welches auch der H(er)r Gerichtshalter oder Ambtsrichter zu Kalten Suntheim bezeügte, d(aß) die Edelleuth oder Ad(eligen) GanErb zwar eine Stelle oder einen Siz beÿ dem Pettersgericht hetten; vnd wenn die rechnung so balt abgehöret würde, so wehre derselbe auch dabeÿ vnd hörete mit zu, wie ander darzu beruffene auch theten. Wenn die rechnung aber Andern Tags abgehört würde, so were nicht nötig, d(aß) der selbe eben dabeÿ sein müße. Vnd wurd H(err) Jörg Pfefferkorn dahin zu dem von stein abgefertiget vnd muste ihm Vnsere Meinung eröfnen, der solche aber in Vnguth vfgenom(m)en, d(aß) er vnser Vorhaben vf den abent schon vermercket hette. Er wehre izunder der Öber Gahn Erb vnd gebühr ihm, d(aß) er abhör der rechnung wehre oder den dörffte, welches vor deßen auch geschehen vnd also herkommen; daß er begehre, dabeÿ zu sein, daß thue er der Bürgerschafft zum besten, damit der selbe kein vnrecht geschehe. Eßen vnd trinckens wegen komme er nicht darzu, er habe solches zu haus selbsten; wenn ihm solches verwehret werd(en) sölte, so würd er seine Notturfft weiders zu such(en) vnd zu and(en) hab(en). Mann fuhr aber mit der rechnung fort, vnd kam er nicht darzu.",

auf Seite 388:

„Montags, den 9. Martii 1668 Ward d(as) Petters gericht alhier gehalten, vnd erschiene Zum ersten mahl dabeÿ Juncker Heinrich von Stein, **alß erwehlter GanErb**, vnd brachte H(errn) Geörg Andeß(en) Schüz(en), den Ad(eligen) Consulent(en) v(nd) rechts gelehrt(en) mit sich, d(aß) er ein Siz oder auch 2 Siz beÿm Petters gericht hatte, welches wider daß alte herkom(m)en war. Vff dinstag hernach schickte der Von Stein H(err)n Schüzen widerums vfs rathhauß mit begehren, weiln von alters herkom(m)en, d(aß) d(er) Öberste GanErbe auch beÿ der Verhör der Heilgen rechnung gewesen, d(aß) H(err) Schütz Stadt seiner dobeÿ sein sölte. Es protestirte aber, mit vorher gepflogenen raths der Adjunctur vnd deß Stadtschulthes(en), d(as) F(ürstl.) Ambt darwider, daß wie sie es befunden, auch dobeÿ bleiben wölte, vnd begehrten, daß der von Stein d(as) recht beweisen sölte, Zumaln aber wurde wider die 2 Sitz d(ie) der von Stein vorigen tags vorgenom(m)en, protestirt, daß man nit verhoffe, dorinn dem rath eine neüerung vf zu pörten oder zu seinem vortheil vorgenom(m)en zu sein, Sondern viel mehr etwa auf vnwißenheit gescheh(en) zu sein; darumb man denn auch deß Junckers verschonet vnd selbigen nit beschimpffen wöllen, vnd w(aß) der einwendung mehr wahren, welches H(err) Schütz dem von Stein wider sag(en) muste, vnd kam solcher auch selbig(en) abents nit wider vfs rathhauß; H(err) Schütz aber würd darzu gebetten vnd gelath(en), erschiene auch. Es über schickte aber der von Stein 2 schreiben vnd wolte domit den beÿsiz zur Heil(gen) rechnung beweisen; allein es wurd nit vor genugsam erkant vnd darwider ein anders ein gewend."

und auf Seite 601 f.:

„Actum der 13. Jun. 1713. Nach deme beschloßen war, daß den 14. Jun. das Peters oder Stadt Gericht soll gehalten werden, wurde solches den tag vor hero, alß den 12. Jun., dem ad(el.) Gesambtschafft(l.) Gerichts inspectori durch den gemeinen vierer Alexander Stocken angezeiget, welcher sich auch vor geschehene invitation bedancket; es hatte aber gedachter H(er)r gerichts inspector Henrich Anton Wlöme gleich darauf ein Schreiben ahn den H(err)n Ambtmann abgehen laßen und vorstellig gemacht, daß ihme das Stadt gericht zwar einseitig angekündiget worden, es seÿ aber ad(el.) die observantz [= *Herkommen*], daß alle ad(el.) gan Erben darümb ersucht und es einem ieden besonder müste notificiret werden, mit dem zu satz, daß das Hoch Fürst(l.) Ambt befehlen möge, daß solches vngeseümbt auch dem H(err)n Obristen von Stein [*Friedrich August († 1743)*], H(err)n von Altenstein und dem Tannischen verwalther Veit henrich Schneidern mögte wißent gemacht werden; nach deme sich nun das F(ürstl.) Ambt recht informiren laßen, muste der gemeine vierer Georg Schmid besagtem ad(el.) Heimbürgen mündlich hinterbringen, daß das Stadt gericht keinen aufschub leide, und mache man sich ein sonderbahre Freüde, wann ihr Gnaden H(er)r Obrist von Stein dem Stadt gericht Persöhnlich beÿ wohnen und die ad(el.) Heimbürgenstelle selbsten præsentiren wolle; wann aber solches (nicht) beliebig, so seÿ mann des H(err)n inspectoris im Namen aller gewärthig; im übrigen seÿ es nicht herkom(m)ens, daß solches, wie er verlanget, einem ieden in sonderheit kund gemacht würde, daman zu mahlen ihnen nicht mehr alß einen Sitz beÿ diesem gericht gestünde, der gleichen protestation den 9. Mart(ii) a(nn)o 1668, wie in diesem buch zu ersehen [*siehe Stadtbuch. S. 388 (hier oben)*], geschehen. Es hatte aber der H(er)r Gerichts inspector zur antwortt gegeben, daß er gemeinet, weil iezu weilen noch großer raum seÿ, daß die ad(el.) H(err)n ganErben alle darzu gehörten; worauf der H(er)r Gerichts inspector auch alleine erschienen und alles beÿ der observantz verblieben."

[28] BINDER, Lichtenberg. S. 339 und DINKLAGE, KARL. Fränkische Bauernweistümer, (Veröffentlichungen der Gesellschaft für Fränkische Geschichte X/4). Würzburg, 1954. S. 91 Nr. 6, (auch: FÖRTSCH, S. 13). — Unter dem erwähnten Schied verstehen Binder

und andere den von 1423 („bestätigt 1457"); nur kann man diesen kaum als einen Schied zwischen der Herrschaft und dem Adel bezeichnen.

29 Ostheimer Stadtbuch. S. 440.
30 Ostheimer Stadtbuch. S. 17 ff. und 513 ff..
31 THON, S. 23 und Ostheimer Stadtbuch. S. 592. — Thon sagt noch, sie hätten auch zugesichert, die Stolgebühren (Zahlungen für Taufen, Trauungen und Beerdigungen) zu bezahlen, was allerdings im Stadtbuch nicht steht. — *Revers* – Erklärung über eigene Verpflichtungen; *Episkopalrechte* – Rechte in der Kirche, die dem Bischof zustanden; *präjudizieren* – einen Präzendenzfall schaffen, auf den man sich später berufen kann.
32 AV: Fach „Familie von Stein". Akte „von Stein zu Ostheim – Lebensläufe". Protokoll Fischers zur Beerdigung.
33 Artikel V § 28 gab den Reichsrittern dieses Recht, aber mit der Einschränkung: „nisi forte in quibusdam locis ratione bonorum et respectu territorii vel domicilii aliis Statibus reperiantur subjecti" (wenn sie nicht an gewissen Orten in Bezug auf ihre Güter und in Rücksicht auf das Territorium und den Wohnsitz anderen Staaten unterworfen gefunden werden).
34 AV: Fach „Ostheim". Akte „Kindtaufen in den ganerblichen Häusern betreffend" (alte Archivnummern 138 und 142).
35 AV: Akte „Vermischte Nachrichten". Schreiben vom 19. Januar 1717.
36 AV: Akte „Vermischte Nachrichten". Schreiben des Oberkonsistoriums vom 24. August 1716 und der Ritterschaft aus Eisenach vom 25. November 1716.
37 THON, S. 23. — Im Ostheimer Stadtbuch wird z. B. auf Seite 600 berichtet, dass am 1. September 1712 eine Besichtigung <u>aller</u> Mühlen stattfand, wobei trotz Protestes des ganerblichen Gerichtsinspektors auch die adeligen Mühlen bestraft wurden.
38 THON, S. 23.
39 Ostheimer Stadtbuch. S. 62. — Bei ½ Gulden Strafe war es verboten, dort Schnüre oder Stricke aufzuhängen, um Tauben zu fangen.
40 THON, S. 14 und 18 und AV: Akte „Acta judicialia".
41 vgl. oben.
42 Am 29. November 1727 sagten Kammerjunker Johann Philipp Ernst von Stein (1700 – 1746) und Herr von Altenstein aus, dass „niemahls der Schlüßel zur Kirche vom Schulmeister abgefordert, sondern nur die Aufschließung der Kirche, dem alten Herkommen gemäs, verlangt worden" sei (THON, Beilagen. S. 52).
43 THON, S. 32 f., BINDER, Lichtenberg. S. 306 f. und AV: Akte „Acta judicialia".
44 AV: Akte „Vermischte Nachrichten". Schreiben der Ganerben vom 7. März 1722 und Schreiben vom 24. Februar 1723.
45 was nicht erlaubt war, weil *Markgraf* ein Reichsfürst war (AV: Fach „Ostheim". Akte Nr. 131 / 186). — vgl. dazu Abschnitt „Ausverkauf an einen Bourbonenspross" in Kapitel 8.2 „Untermarschalkischer Hof (die Münz / das Altensteinsche Schloss)".
46 BINDER, Lichtenberg. S. 308 ff. und AV: Fach „Ostheim". Akte Nr. 131 / 186.
47 Graf Friedrich Julius Heinrich von Soden von Sassanfart ist in Kapitel 8.2. in Abschnitt „Reichsgraf Julius von Soden wird Besitzer der drei tannischen Güter zu Ostheim 1794" näher beschrieben.
48 BINDER, Lichtenberg. S. 311.
49 BINDER, Lichtenberg. S. 311 ff. Anm. und THON, Beilagen. S. 105 f..
50 THON, S. 41.
51 *Castrum*:: lat. eigentlich „Lager, Burg" (später auch „Schloss"; hier: „reichsfreier Hof"). Genitiv Singular: *Castri*; Nominativ Plural: *Castra*; Dativ / Ablativ Plural: *Castris*.
52 Der Eisenacher Landesteil des Herzogtums Sachsen-Weimar-Eisenach hatte noch eine eigene Verwaltung.
53 *Inventur* ist auch hier die Auflistung von Gegenständen, aber sicherlich bei Erbschaftssachen. Die Oekonomische Encyclopädie von J. G. Krünitz (im Internet) sagt nämlich im Artikel „Inventarium" u. a. „Bey Berichtigung einer Erbschafts=Masse, und ihrer Vertheilung unter die wirklichen Erben, kommen viererley Geschäfte vor; nähmlich: die Versiegelung der Verlassenschaft; die Aufforderung unbekannter Erben; die Verfertigung eines Inventarium, und die wirklichen Erbvertheilungen".
54 Von Soden schreibt (sicher versehentlich) *Neustädtles*.
55 vgl. die teils etwas anders ausgedrückte Instruktion Sodens an den Ganerbiatssyndikus vom 30. April 1795 in Anmerkung 62.
56 THON, S. 29 und 42 f.. — Bei der Gerichtsbarkeit ist die Würzburger Zentgerechtigkeit über Ostheim, die durch das Zentgericht in Mellrichstadt ausgeübt wurde und die es damals noch gab, natürlich ausgenommen. Auch hier war es nicht ganz klar, ob die Ganerbenhöfe wirklich zentfrei waren. Das Würzburger Zentrecht über Ostheim hörte 1810 auf, während über die Stein'schen Höfe das Landgericht Mellrichstadt weiter das hohe Gerichtsrecht ausübte.
57 Die Kemenate am Rathaus, die Behausung am Kirchberg, der Fronhof, das Öppische/Heßbergische Schloss waren schon an Bürger verkauft. Graf Soden verkaufte das Hansteinsche Schloss und den Voitischen Hof an Bürger und 1797 nur die Münz an Dietrich.
58 BINDER, Lichtenberg. S. 314. — Der Vertrag ist zitiert bei SCHULTES, S. 208 ff. (Dort ist er in der Überschrift unter dem Datum 15. September, das oft zitiert wird, angegeben; im Text aber heißt es „15. **Dezember**".) - Er wurde von Thon und dem von-Stein'schen Amtmann Tröbert und dem Ganerbensyndikus und Rentsekretär in Ostheim Johann Caspar Genßler ausgehandelt und am 26. Dezember von Carl August und am 22. Januar 1798 von Dietrich ratifiziert.
59 „Alß
1. so Ein burger od(er) Jemandt vnrecht gezehent vnd vntüchtige garben od(er) flachs Bussen ligenlaßen od(er) sonsten in anderm mehr an dem Zehent gefrevelt od(er) gar keinen lig(en) laßen; in diesen fällen mußen die Zehner den vngebührlich(en) Zehent vf seinem orth od(er) Stelle ligen laßen, es den Zehent Herren vnd dem Stadtschultheßen an zeigen; die nehmen den frevel vor vnd dictiren verdiende Buss darüber, ohne des F(ürstlichen) Ampt wiß(en).

2. hat ein bürger an einem Acker, wiesen od(er) lehnbaren stück, so den Ad(eligen) lehn Herrn zustending, fehl od(er) mangel vnd muß d(as) lehnbuch vfgeschlagen werden, so kan ihn der LehnHerr ohne deß fürst(lichen) Ampts vorwiß(en) dabeÿ manuteniren [*unterhalten, aufrechterhalten, fördern*], Jedoch mit Obrigkeit(licher) handtbiedung deß Stadtschulttheß(en), der den Herrn diener od(er) Stadtknecht die Partheÿen vorzubescheiden, darzu verleiben vnd auch selbst beÿ d(er) sachen sein muß; Den vor sich selbsten haben die Ad(eligen) Gahn Erben den Gemeinen Stadtdiener nichts zu befehlen.

3. Wenn Holz Solle im Heidelbergk verkaufft werden vnd daß man Gemeind wegen geltes benöttigt, wird solches dem Ad(eligen) Gahn Erben od(er) deßen bedienten angezeigt; die Erleüben es, vnd wird darüf fort gefahren; denn wenn es hinder ihrem wißen geschieht, so haben sie darwider zu protestiren.

4. Wenn die Ad(eligen) Gahn v(nd) Zehent Herrn vf d(as) Rathhauß wollen, eine sache zu richt(en) willens, muß der Stadtschultheß vmb eröfnung vnd verleibung, angesprochen werden; trifft es eine sache in der bürgerschafft an – er seÿ, wer er wolle –, so muß der Stadtschultheß dabeÿ sein vnd hat ahn Stadt vnsers Gnedig(en) Fürst(en) vnd Herr(n) in Vnberechtsamen Vorhaben darwider zu reden; wenn er aber in der sach(e)n nitt ersucht, auch nit darzu gefordert wird, ist er nit schültig, d(as) Rathhauß vffmachen zu laßen.

5. waß die Bürgerschafft vff Seitt(en) gegen dem Heidelbergk disseits deß waß(er) berechtigt, zu mahln in dem weidwerck mit hasen, fuchs, vögel, auch mit fisch(en) fahen [= *fangen*], solches recht haben auch die Von Adel, Vnd seint Ad(elige) mitbürgere.

6. Wenn ein fluhrweg schädlich vnd zu verbieden, geschiehet solches mit der Ad(eligen) Heimburgen vnd Zehent Junckern wißen vnd beÿhülff.

7. Wenn die nacht Wächter, Toden gräber, [*ein bis zwei Wörter unleserlich gemacht*], fluhr knecht vnd gemeine diner angenom(m)en vnd beaÿdiget werden vfm rathhauß, muß alweg deß Ad(eligen) Heimbürgens bedienter dabeÿ sein.

8. Vff dem Einigsmahl [*Dieses Gericht fand jährlich ca. acht Tage vor dem Petersgericht statt (Ostheimer Stadtbuch. S. 84) und behandelte, wie in Anm. 26 gesagt, Flur- und Zehntfrevel; es ist das später so genannte „Rügegericht"*] seint Alle Ad(eligen) Zehent Junckere nebens deß heim bürgens bedienten dabeÿ, vnd wird d(as) gericht von dem Stadtschultheß(en) gehegt v(nd) gehalten vnd den andern tag die rechnung durch den Stadtschreiber gemacht, v(nd) bekömpt d(er) Ad(elige) heimburg abschrifft davon.

9. Wenn auch das Heidelberger Holz außgegeben werden soll, wird solches dem Ad(eligen) heimburgen oder deßen bedienten angeteüdt, vnd gehet selbiger mit vnd hillfft die schläg machen; im fall ers nit kan, muß ein Zehner mit gehen, welcher nun darzu Hilfft; der geneüst auch der Mahlzeit.

10. So man die Michels vnd Walpurg Schuth [*gestrichen:* ein] Ein nimbt, gehet der Gan Erben diener vf walpurgi früe mit vnd hillfft die Viehe Zucht vfzeichnen; ist auch hernach dabeÿ, wenn die Schuth [*Abgabe auf Vieh*] ein genom(m)en wird, v(nd) geneüst d(er) Mahlzeit. Vndt ist dieses, alß des Öbersten Gan Erbens, Viehe d(er) Schud [*über der Zeile eingefügt:*] NICHT befreÿet.

11. Auch haben solche in den Geistlich(en) sachen, alß beÿ der Chur- vnd wehlung eines Schulmeisters, ihr votum oder wahl darbeÿ zu geben vnd in vnterbleibung darwid(er) zu protestiren.

12. [*kein Eintrag*]" (Ostheimer Stadtbuch. S. 68 f.).

[60] Er war damals auf der *einen* Westempore, ab 1894, als der Chorraum frei gemacht und die Orgel auf die Westempore kam, über der Sakristei im Chor.

[61] Nach dem Ostheimer Stadtbuch (S. 124hh) wurde Christian Wilhelm von Stein zum Altenstein als letzter Adeliger 1734 dort begraben.

[62] Auch *Castrum doloris* (lat. wörtlich: Schmerzensburg) genannt. Ein Sprügel oder Spriegel ist ein Prügel, dicker Stock. Ein *Castrum doloris* war dasselbe wie ein *Katafalk*, auf dem der Leichnam aufgebahrt war. Als die Toten nicht mehr in die Kirche gebracht wurden, war es nur noch ein Scheingerüst, teils eine kleine (tempelartige) mit Malereien und Inschriften versehene temporäre hölzerne Baulichkeit.

[63] Bei einem Todesfall im Jahre 1810 wurde allerdings entgegen diesen Bestimmungen nur von der Kanzel abgekündigt (AV: Akte „Acta judicialia").

[64] Welche Rechte die Ganerben meinten beanspruchen zu dürfen, geht klar aus einer von Julius Graf Soden unterzeichneten Instruktion an den Ganerbiatssyndikus vom 30. April 1795 hervor (AV: Fach „Ostheim". Nr. 78): Man erkenne keine Eisenacher Landeshoheit oder Landesherrschaft über Ostheim, dort bestehe eine städtische Verfassung, in der jeder (auch Würzburg) gewisse Rechte habe, die man genau achten, aber jeglicher Abweichung von der Verfassung durch eisenachische Schritte widersprechen solle. Ebenso solle man die Rechte, aus denen die Ganerben verdrängt worden seien, versuchen wiederzuerlangen, wenigstens zu protestieren und durch Reichsgerichte einen Vergleich zu bekommen trachten. So habe Eisenach auch kein allgemeines Jus Episkopale, sondern nur einzelne kirchliche Rechte. Das öffentliche Kirchengebet [das immer eine Fürbitte für die Orts-, Landesherrschaft oder den Kaiser beinhaltete] solle nicht willkürlich unterbleiben. Das Recht auf Trauergeläute und die Aufstellung eines Castrum Doloris, wozu der Kirchenschlüssel vom Kirchner auszuhändigen sei, solle durchgesetzt werden (oder, wie bei anderen Punkten auch gesagt, protestiert und nur der Gewalt gewichen werden). Der „herrschaftliche" Kirchenstand sei Eigentum; dort sei die Gerichtsbarkeit zu behaupten und niemand ohne Erlaubnis Eintritt zu gewähren, evtl. zu bestrafen. Die Rechte bezüglich der Gruften und des Hinwegführens von Leichen ohne Bezahlung von Stolgebühren seien zu wahren; ebenso das Recht auf den Schlüssel zum Kirchhof. Fürbitten und Danksagungen für Kranke seien vom Pfarrer direkt zu verlangen. Bei der Wahl des Rektors, Kirchners und Schuldieners habe der Amtmann und der Superintendent nur eine Stimme zusammen; der Rektor müsse den Ganerben auch Pflicht und Handgelöbnis leisten, und bei der gemeinsamen Verpflichtung des Kirchners und Schuldieners dürfe der Syndikus die Schlüssel nur alleine überreichen. Auf das Recht bei der Wahl des Totengräbers und seiner gemeinschaftlichen Verpflichtung solle gegenüber dem Stadtrat beharrt werden. Der Syndikus solle die Heiligenrechnungen nicht abhören. Aus der Vocation und Präsentation der Geistlichen (außer den Kaplans) seien die Ganerben völlig verdrängt worden; dies solle wieder rückgängig gemacht werden. Das Miteigentumsrecht an städtischen Gütern (Gebäuden, Waldungen, Huten und Grundstücken) solle bei jeder Gelegenheit behauptet werden. Bei dem Stadtgericht habe man ein Erinnerungsrecht bei Mängeln der Stadtrechnung und könne sie mit beurteilen und abstellen. Man solle auf „Verbesserung des Stadt-

Rechts" dringen. Der Syndikus solle Protokolle der Verhandlungen des Rügegerichts einsenden und die eisenachische Regulierung wegen der Teilung der Rügestrafen nicht anerkennen. Er solle auf der Konkurrenz (sich berührende Rechte) der Ganerben bei der Wahl der übrigen Gemeindediener, auch bei den Steinsetzern auf gemeinschaftlicher Wahl und Handgelöbnis beharren. Bei der Schultheißenwahl sollen die Ganerben nicht nur eine Stimme, sondern wenigstens so viele Stimmen haben, wie sie Schlösser besitzen; der Schultheiß soll ihnen Handgelöbnis leisten, da sein Eid auch auf ihre Rechte laute. Über die Lehnsleute wird in Lehnssachen Gerichtsbarkeit behauptet, der Syndikus soll gegen den neuerlich im Bürgereid eingeschobenen Ausdruck „Erbherr" für den Herzog protestieren. Bei der Mühlenschau soll auf Konkurrenz beharrt werden. Die Zehntstrafen am Rügegericht sollen wie bisher bleiben, auch die Gerichtsbarkeit und Verpflichtung der Zehner. Der Syndikus solle ein Gutachten verfassen, wie den zunehmenden Einschränkungen des Zehnten, z. B. durch Verkleinerung der Grundstücke (da Felder mit unter zehn Garben zehntfrei waren), entgegengewirkt werden könne. Und schließlich solle bei der Hohen und Niederen Jagd auf der Unabhängigkeit der Ganerben von den Hegezeiten bestanden werden.

[65] AV: Fach „Ostheim". Nr. 82 (Instruktion *Dietrich* Philipp August von Steins für den Rentsekretär und Lehnsadminstrator zu Ostheim Gottfried Tröbert vom 21. November 1801).

[66] BINDER, Lichtenberg. S. 314. — Siehe dazu Kapitel 13 „Das Ende des von-Stein'schen Engagements in Ostheim".

[67] StAO XXX, 3. f. 1 – 21. — Auch die elf Postskripta befassen sich nur mit speziellen Problemen der Verwaltung. — Das Ostheimer Stadtbuch (S. 124n) sagt dazu: „Die dem Stadtrath bis dahin zugestandene Jurisdiction wurde aufgehoben und dem herzogl. Justizamte übertragen, der Stadtrath in seiner seitherigen Form und Personal aufgelöst und an die Stelle des bisherigen zahlreichen Stadtrathspersonals ein Stadtvorsteher und Kämmerer, ein Stadtsyndicus und Stadtraths-Actuar, ein Con[t]roleur, welche Landesherrschafts wegen aufgestellt wurden, neben den bisher angestellten Stadtförster, 4 Gemeinde Stadtvormünder, aus jedem Stadtviertel einer, welche unter der Concurrenz der Herren Ganerben die Bürger durch Stimmenmehrheit wählten und zur Besorgung des Stadtregiments und Administrirung des städtischen Vermögens angestellt wurden." und (S. 124n f.): „Am 18. Juni 1817 hatte Ostheim die Freude, nach einem Zeitraum von 21 Jahren seinen geliebten Landesvater Carl August wieder in seiner Mitte zu sehen. Höchstderselbe erkundigte sich nach allen Verhältnissen, insbesondere wie sich die im Jahr 1813 der Stadt verliehene provisorische Verfassung bis dahin bewährt habe, und freute sich zu hören, daß der Stadtrath die ihm hierdurch überwiesenen Geschäfte gut geführt habe und daß die Bürgerschaft mit dieser neuen Einrichtung zufrieden sei. Auch in den späteren Jahren 1821 und 1826, in welchen die Stadt Ostheim mit dem hohen Besuch seines geliebten Landesvaters beehrt wurde, erklärte man sich mit der im Jahr 1813 in Kraft getretenen städtischen Verfassung allerseits zufrieden, und so hatte die hohe Landesregierung keine Veranlassung, dahin zu wirken, daß dieselbe aufgehoben werde."

[68] StAO: Bücher Nr. 113. Druck: StAO XI, 8 (ohne Einschluss in die Foliierung beigelegt). – Das Ostheimer Stadtbuch (S. 124o) sagt dazu: „Im Jahr 1830 wurden jedoch unter der hiesigen Bürgerschaft Wünsche laut, daß die städtische Verfassung in mehrfacher Beziehung verbessert werden möge, welche Wünsche zur Kenntniß des nunmehr regierenden Großherzogs Carl Friedrich gelangten; weshalb der Herr Präsident der Großherzogl. Landesdirection von Schwendler den hohen Auftrag erhielt, sich nach Ostheim zu begeben und das Nöthige wegen Einführung einer neuen Stadtordnung einzuleiten, welchen derselbe am 10. und 11. Dezember 1830 mit Zuziehung der zu diesem Zweck gewählten Deputirten zur Ausführung brachte. Unterm 13. August 1832 ist von dem Großherzog Carl Friedrich der Stadt Ostheim die Stadtverordnung verliehen und damit eine verbesserte Ortsverfassung ertheilt worden. Durch diese Stadtordnung ist die Lichtenburg dem hiesigen Gemeindebezirk einverleibt, das Verhältniß der Freiherr(l.) von Steinschen Freihöfe bestimmt; auch sind sowohl die Rechte der Stadt als auch die mit dem Ortsbürgerrechte verbundenen Gerechtsamen aufs Neue verbrieft."

[69] Nach § 1 bestanden die ganerbschaftlichen, jetzt freiherrlich von Steinschen, Freihöfe, nur noch aus folgenden Gebäuden: dem Hofhause (jetzt dem Pachthofe)[= Heldritt'scher Hof], dem obern Schlösschen (der ganerbschaftlichen Rentei)[= Rosenauisches Schloss], dem Münzschlosse, der Gutsscheune [im sog. „verbrannten Schloss" / Stein'schen Hof am Rathaus/ „Schlösschen"] und der Zehntscheune im Tannischen Hofe [dem Obermarschalk'schen Hof], nebst den dazu gehörigen Nebengebäuden.

[70] Dieser Abschnitt des Vertrages steht nicht in der Schultes'schen Abschrift; er entspricht aber auch keinem der anderen zitierten, und da weder im Archiv in Weimar noch in Völkershausen ein Original oder eine handschriftliche Abschrift des Vertrages gefunden wurde, konnte nicht überprüft werden, was hier los ist. Vermutlich hat Schultes nicht alles kopiert.

[71] StAO XI, 8. f. 60 ff.. – Unter Punkt 5 heißt es, dass den Plenarsitzungen des Stadtrats der Syndikus beizuwohnen habe (Anmerkung in anderer Hand am Rand: Dazu sei kein Grund vorhanden.), in Punkt 6 werden die Schiede von 1423 und 1457 nochmals erwähnt (am Rand: Das habe nur noch historischen Wert.), in Punkt 11 wird gefordert, dass die ganerblichen Rechte in der Stadtordnung im Allgemeinen verwahrt werden sollen (am Rand: Dies geschehe nicht im Allgemeinen, sondern wie im Rezess bestimmt und durch das Herkommen bestätigt.) und in Punkt 7 wird auf die vier Stimmen der Ganerben bei der Stadtschultheißenwahl hingewiesen.

[72] Revidierte Gemeindeordnung in: Sammlung Großherzoglich S. Weimar-Eisenachischer Gesetze, Verordnungen und Curricularbefehle in chronologischer Ordnung. 10. Bd.. Eisenach, 1854. S. 553 ff.. – Mit der Revision trat diese Gemeindeordnung anscheinend erst wirklich in Kraft.

11. Weitere interessante Familienmitglieder, die mit Ostheim verbunden waren

Caspar Vater und Sohn im Dienste der Ritterschaft[1]

Caspar, der Sohn Valtins von Stein zu Nordheim und Kunigundes geb. von Rosenberg, wird 1571 erstmals genannt, wurde aber ca. 1645 geboren. Er heiratete am 13. Januar 1589 in Nordheim Maria Magdalena von Wallenfels[2]. Caspar kaufte 1590 Weimarschmieden und Güter in Ostheim. Er war Truhenmeister und Ritterhauptmann des Kantons Rhön und Werra, sowie Ritterschaftsdirektor des Fränkischen Kreises[3]. Caspars Rechnung als Truhenmeister für das Jahr 1591/92 sah im Groben folgendermaßen aus: An Einnahmen erhielt er von drei Rittern je 475 fl.. Die Ausgaben bestanden aus 58 fl. an Auslagen, je 1000 fl. Rückzahlung an drei Ritter, die sie vorgestreckt hatten (auch der "unmündige von Stein zu Sondheim" Moritz Burkhardt (1575 – 1609)), plus je 50 fl. Zinsen und 22 fl. zur Aufrechnung der Taler und dem eigenen Verzehr und Lohn für Boten nach einer genauen Auflistung (28 Punkte; z. B. „1 fl. 15 ß [= *Schilling*] 4 nd. [= *neue Pfennig*] habe ich auf dem Hinabwege nach Hammelburg benebend Martin v. d. Tann[,] als wir uns etlicher Sachen halber vor dem hammelburgischen Tage zu unterreden gehabt[,] verzehrt den 4. 10. 1591"; Botengänge sind nach Meilen aufgeschrieben)[4].

Seine Frau starb am 10. September 1598 zu Nordheim und wurde daselbst begraben. Am 9. Januar 1602 starb Caspar zu Ruppers und wurde zu Nordheim begraben.

Caspar und mehrere andere fränkische Adelige haben für große Summen Schulden von Conrad und Wilhelm von Grumbach, Vater und Sohn, gebürgt. Eine Aufstellung Caspars „gegen wen und für wieviel ich für meinen freundlichen lieben Vetter Cunrad von Grumbach Bürge worden bin" weist sechs Bürgschaften von insgesamt 26 500 Gulden auf. Die Grumbachs zeigten sich als Betrüger, weil sie eine ihnen zugefallene Erbschaft heimlich verkauft hatten. Die Bürgen schrieben am 5. Oktober 1595, sie hätten erfahren, dass die zwei am Kaiserhof in Prag angehalten worden seien und noch in Haft säßen. Sie klagten zum nächsten Reichstag zu Regensburg und hätten als Anwalt Dr. Georg Hahn verpflichtet. Sie verlangten und sprächen dazu auch den kaiserlichen Kommissar Bischof Julius zu Würzburg an, dass die Grumbachs die Ankläger aus ihrer Bürgschaft entlassen, andernfalls sie sie vor das kaiserliche Hofgericht oder ein anderes Gericht zitierten. Caspar musste sich selbst Geld leihen und hat Georg Friedrich von der Tann „umb ein Anlehen und Vorsetzung einer Summe geldes freundlich angesonnen und gepethen". Dieser antwortete am 22. Oktober 1595 aus Tann, bei ihm stehe der Kauf mehrerer Güter innerhalb 14 Tagen an. Sollte der Kauf scheitern, würde er die Summe verleihen. Wahrscheinlich hat Caspar als Bürge einspringen müssen, denn in einem Brief vom 15. Dezember 1600 schrieb Georg Sigmund Wolfskehl aus Würzburg an Caspar von Stein, dass Wolf von Grumbach ein Gut verkauft habe. Aus dem Erlös seien einige Schuldner bedient worden, aber Grumbach habe auch verlauten lassen, er gedenke, nichts weiter zu geben. Sein Vater sei nicht berechtigt gewesen, die Lehnssachen zu belasten.

Neben seinen vielen Tätigkeiten für die Ritterschaft wurde Caspar auch sonst als Schiedsrichter gerne gerufen:

1595 sollte er z. B. Erbauseinandersetzungen nach dem Tode des Joachim Fuchs zu Wonfurt und Rügheim am 13. Dezember 1594 schlichten helfen. Das Schloss Wonfurt (südwestlich Haßfurts) war hennebergisches Söhne- und Töchterlehen; deshalb beanspruchten es die Vormünder der beiden Töchter für diese, während ein Fuchs'scher Verwandter es für sich wollte. Eine erste Zusammenkunft war an zu unterschiedlichen Vorstellungen gescheitert, eine zweite sollte am 22. Mai früh zu Haßfurt stattfinden. Er wurde eingeladen, am Tag zuvor zu Joachims Tochter Eva Cordula zu kommen und von da am anderen Morgen nach Haßfurt zu reisen[5].

Am 28. Januar 1596 schrieben die in Tann anwesenden Ganerben von und zu der Tann, Melchior Annarck, Hans Melchior, Alexander, Cunrad und Christoph Adolf an Caspar und erinnerten daran, dass ihre Vorfahren wohlbedacht untereinander einen Burgfrieden errichtet hätten. Ein solcher Burgfriede solle Zwistigkeiten mit Hilfe von drei erwählten Schiedsrichtern ausräumen. Bis jetzt seien dazu erwählt Eustachius von Schlitz gen. von Görtz, Fuldischer Statthalter, Reinhard von Paumbach, hersfeldischer Rat und Marschall, und Karl von Döringberg, fuldischer Rat und Amtmann auf Fürsteneck. Einer davon habe aus Alters- und anderen Gründen abgesagt und vorgeschlagen, Caspar von Stein zu wählen. Und so ergehe die Bitte aller an ihn, dieses Amt anzunehmen. Vermutlich hat er angenommen, denn am 11. März 1600 schrieb er an sämtliche dreizehn adeligen Ganerben zu der Tann wegen der Beilegung von Unstimmigkeiten.

Caspars älterer Sohn, „Caspar von Stein[,] war Herr zu Ruppers, Ost- und Nordheim, Oberstreu, Filke, oftmaliger Abgesandter der damals sehr bedrängten Evangelischen Kreisstände nach Wien, Regensburg, Mainz, München, Sachsen, Würzburg, Nürnberg usw.[,] dann des Heil. Römischen Reiches unmittelbaren Freyen Ritterschaft Orts Rhön und Werra im Lande Franken wohlerbetener Hauptmann"[6], war auch schwedischer Geheimrat und während der schwedischen Besetzung Frankens Landrichter zu Franken und ab Juni 1632 Amtmann zu Wildberg und Rottenstein samt der Vogtei Sulzfeld.
Caspar wurde am 25. September 1590, Dienstag nach Sankt Matthias, um 12 Uhr Mittags geboren. Er hatte Unterricht durch Privatlehrer; am 14. September 1603 kam er nach Schleusingen in die Schule und zog am 2. Dezember 1608 auf die Universität Leipzig (und war bei vornehmen Leuten, bei denen er etwas hat sehen und lernen können zu Tisch und Herberge). Der junge Adelige studierte Philosophie, Jura und besuchte *Exercitia in declamando et disputando* (lat.: Übungen im Deklamieren und Diskutieren). 1611 ging er für drei Jahre nach Köln zum Jurastudium; dabei war er auch *in disputationibus publicis* (an öffentlichen Debatten) beteiligt.
1615 unternahm er eine Reise durch die Niederlande, England, Frankreich, die Schweiz, Italien, einmal durch Deutschland, „als ich mich eine Woche oder etliche zu Straßburg, Heidelberg, Speyer und Frankfurt aufgehalten", und kam am 13. Februar 1616 wieder nach Hause, wo er sich um das väterliche Erbe kümmerte.
Caspar hatte neun Söhne und drei Töchter mit seiner Frau Rosina Maria geb. von Guttenberg-Steinenhaus (* 28. November 1592, † 14. Juli 1639 zu Ostheim), die er am 16. Februar 1618 geheiratet hatte[7].
„Anno 1625 bin ich Abgesandter gewesen zu Würzburg, da alle katholischen Stände und die ganze Liga in vollen Rat audiens gegeben." Er war damals als ältester Ritterrat Hauptmanns-Verweser im Ort Rhön und Werra.
Caspar wurde Abgesandter aller Kreise der fränkischen Ritterschaft beim Mainzer Erzbischof und Kurfürsten Georg Friedrich von Greiffenklau zu Vollraths (1626 - 1629) „uff schaffen burgk" (Aschaffenburg).
1628 wurde er Gesandter der Ritterschaft bei Kurfürst Johann Georg von Sachsen auf Schloss Augustusburg bei Chemnitz.
Caspar zog am 20. Februar 1629 als Gesandter der Ritterschaft auf den Kollegialtag zu Regensburg, bei welchem Kaiser Ferdinand II., die Kurfürsten zu Mainz, Trier, Köln, Bayern, der König in Ungarn (der Sohn Kaiser Ferdinands, der spätere Kaiser Ferdinand III.), Pfalzgraf Wolfgang Wilhelm von Pfalz-Neuburg und Landgraf Jörg (Georg II. von Hessen-Darmstadt) waren. Am 28. Juli 1629 war er in gleicher Mission beim bayerischen Kurfürsten Maximilian in München.
„1630 bin ich wegen der Religionsverfolgung Abgesandter bei den evangelischen Kreisständen zu Nürnberg gewesen."
„Den 29. 12. 1630 bin ich, Caspar vom Stein bey dem Kaiser Ferdinando zu Wien Abgesander gewesen wegen der confiscierten Güter, und abgenommen und 21 Wochen daselbst aufgewartet und den Sonntag Quasimodogeniti [*27. April*] wieder nach Haus gelanget, Anno 1631."
Gleich mit der Ernennung zum Amtmann zu Rottenstein bekam Caspar am 14. Juni 1632 einen Auftrag der königlichen Majestät zu Schweden verordneten Statthalter, Kanzler und Räte der Landesregierung des Herzogtums zu Franken in Würzburg. Nicolaus Dechant, Keller zu Stadtlauringen, habe mitgeteilt, dort quartierten noch Goldsteinische Reiter[8], die nicht abziehen wollten, sondern auch das dort befindliche Wein-

und Getreidelager nach Gefallen benutzten, auch das vorher bereits ausgesaugte Landvolk mit unerschwinglichen Geld- und anderen Forderungen aufs Höchste beschwerten und sie zum Teil von Haus und Hof verjagten. Deswegen bäte er, die armen Leute nicht ohne Hilfe zu lassen, sondern das Amt mit einem qualifizierten Amtmann zu besetzen. Caspar wird aufgefordert, sich nunmehr wirklich zu unterfangen, den von der Soldateska übrig gelassenen Wein und Getreidevorrat bestermaßen in Acht zu nehmen und nach Königshofen führen zu lassen, auch den noch zurückgebliebenen Offizieren allen Ernstes zu übermitteln, dass sie die bereits empfangenen Befehlen gemäß in guter Manier „delogierten" (abzögen). Im Fall, dass sie sich widersetzten und die armen Leute weiter drangsalierten, habe Caspar mit Zuziehung des Kommandanten von Königshofen, der gleichzeitig informiert werde, die Soldaten zum Abzug zu zwingen[9].

„Den 28. 09. 1632 ist unser lieber Vater selig Caspar vom Stein an einem hitzigen Fieber schwach gelegen, am Michaelisabend [*28. November*] sanft und selig verschieden und zu Nordheim begraben. Gott sei ihm gnädig".
1640 zogen seine Söhne Heinrich Christoph, Carl[10], Lorenz und Ludwig nach Schleusingen auf die Schule. Heinrich Christoph ging am 23. April 1643 von Schleusingen an die Universität nach Preußen, 1645 Carl nach Altdorf. Am 26. November 1648 kehrte Heinrich Christoph aus Preußen wieder nach Hause zurück. Am 3. April 1649 kamen auch die Brüder Lorenz und Ludwig von Schleusingen zurück.

Caspar von Stein zu Nordheim (1667 – 1706)[11]

Caspar zu Ostheim und Nordheim, Oberstreu, Völkershausen, Ruppers, Berkach und Weimarschmieden usw. wurde am 16. März 1667 in Nordheim geboren. Seine Eltern waren Dietrich von Stein, der Sohn von Caspar († 1632), und Maria Dorothea geb. von Stein zu Altenstein. 1682 ging er ans Gymnasium in Schleusingen, 1685 ans Casimirianum in Coburg; er studierte ab 1687 in Wittenberg, wechselte 1688 nach Tübingen, von wo er wegen der französischen Besetzung wieder zurückkehren musste; dann war er noch einige Monate an der Universität in Gießen und später in Leyden (bis 1690). Er reiste schon früh mit anderen Gesandten zur holländischen Armee und nach England. Er war kurze Zeit im Dienst des jüngsten Sohns des Kurfürsten von Brandenburg, Markgraf Christian Ludwig zu Brandenburg-Schwedt, wurde aber von seinem Vater wegen des damaligen großen Kriegsgetümmels des sog. Pfälzischen Krieges (1688 – 1697) nach Hause geholt. 1692 reiste er mit Staatsminister und Kammerpräsident Baron von Görtz an den kaiserlichen Hof nach Wien. Am 14. April 1692 starb sein Vater, und er wurde im nächsten Jahr mit den Würzburger Lehen belehnt und Kammerjunker beim Würzburger Bischof Johann Gottfried von Guttenberg, zwei Jahre später Hofrat, dann Oberamtmann und Geheimrat; er führte für ihn viele wichtige Gesandtschaften durch, verschiedene Male zur kaiserlichen Armee am Oberrhein, auch bei der letzten Belagerung und Eroberung von Landau, zum Kaiser und zu verschiedenen Reichs-, Kreis- und Fürstentagen.

Er heiratete am 11. Dezember 1698 Magdalena Sophie Freiin von Stein, Tochter des ersten Freiherren Carl, und hatte drei Söhne und zwei Töchter mit ihr. Er übernahm 1705 die Erbschaft der ausgestorbenen Ostheimer Linie und wurde zugleich für seinen Bruder, den würzburgischen Obristen Friedrich August, und die Vettern Erdmann und Carl Freiherrn von Stein, mit den Ostheimer Lehen vom Würzburger Bischof belehnt[12].

1705 nahm er Abschied, ging in herzoglich Braunschweig-Wolfenbüttler Dienste und wurde auch dort Geheimer Rat. Im Mai 1706 schickte ihn der Herzog an die Kur- und Fürstlichen Höfe Mainz, Düsseldorf und Kassel. Am 28. Mai in hochwichtiger Gesandtschaft von Mainz nach Düsseldorf zu Wasser unterwegs wurde er eine Stunde unter Bingen bei der Clemens-Kapelle von einer französischen Schnapphahnen-Partei[13] erschossen. Der Kammerdiener Johann Heinrich Spitzbarth schrieb am 28. Mai aus Dreieckshausen bei Bingen[14] an die Witwe Caspars: Sie seien am vorherigen Tag um 7 Uhr von Mainz abgereist und wollten auf dem Rhein bis Koblenz und vollends nach Düsseldorf reisen. Die Schiffsleute hätten versichert, man könne ohne Gefahr den Rhein hin und wieder passieren. Am 28. früh um halb sieben sei das große Unglück geschehen. Die Franzosen hätten das Boot angerufen und den Schiffsleuten befohlen, auf die rechte Seite des Rheins zu fahren. Die Schiffsleute seien voller Angst gewesen und hätten nicht so schnell auf die andere Seite kommen können. Da hätten die Franzosen mit vollem Feuer auf das Schiff gefeuert. Ein Schuss sei von der Seite durch den Himmel der Kutsche, in der er gesessen sei, unten in den Kopf des Gnädigen Herrn. Als das Schießen immer stärker geworden und keine Errettung dagewesen sei, seien sie auf die rechte Seite gefahren und hätten sich mit großem Geschrei und Klagen wegen des Todes des Gnädigen Herrn ergeben. Sie seien total ausgeplündert, die Kutsche nicht mitgenommen worden, die Pferde aber doch; kein einziger Pfennig sei übrig geblieben. Er habe den Leichnam aus der Kutsche heben und ihm die Hosen ausziehen müssen, um zu sehen, ob nichts darin verborgen sei. Sie hätten sehr gebeten, sie bei der Leiche zu lassen, doch sie hätten alle drei Stunden weit durch den Dreieckshäuser Wald halb auf den erbeuteten Pferden, halb zu Fuß bis Stromberg marschieren müssen, wo der Capitain ihn mit der Versicherung, er sei der Schütze gewesen, zur Todesstelle zurückgeschickt habe. Als er zurückgekommen sei, sei das Schiff bereits fort gewesen. Die Leiche sei ins Pfarrhaus, das katholisch und mainzerisch war, verbracht worden. Der Amtmann von Bingen habe den Vorfall sofort nach Mainz berichtet. Er glaube, der Leichnam werde sich bei der jetzigen großen Hitze schwerlich über drei Tage halten. Er habe bereits einen Sarg bestellt und wolle am nächstenTag mit dem Amtmann reden, da er meine, dass die Witwe den Leichnam schwerlich in fremden Landen liegen lassen wolle. Er wolle den Leichnam einbalsamieren lassen. Mit der Bezahlung wolle er den Residenten Goedecken von Adlersberg zu Frankfurt gegen Quittungen beauftragen. Er erwarte baldige Antwort. Auf Veranlassung des Erzbischofs von Mainz wurde der Leichnam zu Bingen an einen kühlen Ort verbracht, nachdem er wegen der Hitze seziert, ausgeweidet und einbalsamiert worden war. Um den 7. Juni kam der Befehl zum Abtransport des Leichnams nach Nordheim, wo er am 13. Juni ankam und am 25. beerdigt wurde. Die Leichenpredigt wurde am 2. Juli zu Nordheim und am 4. Juli zu Völkershausen von Christian Burckhardt Kühn, Pfarrer zu Nordheim, gehalten.

Dietrich Philipp August von Stein, der „Fürst der Rhön"[15]

Dietrich Philipp August wurde am 4. September 1741 in Völkershausen geboren. Seine Eltern waren Johann Philipp Ernst von Stein, Ritterrat, würzburgischer Kammerherr und Oberamtmann zu Aschach und Burgmann der Reichsburg Friedberg in der Wetterau, Sohn von Caspar († 1706), und Eleonore Sophie geb. Freiin Diede zum Fürstenstein. Seit 1748 war Dietrich Philipp August Vollwaise. Zusammen mit seinem älteren einzigen Bruder Friedrich Carl wuchs er bei seinem Großvater, dem Geheimen Kriegsrat und Obersten Georg Ludwig Freiherr Diede zum Fürstenstein, in Hannover auf. Sie studierten an der Universität Göttingen und traten dann in die englisch-hannoversche Armee ein. Auf Geheiß des Kaisers mussten sie diese 1759 verlassen[16].
Am 13. Juli 1760 heiratete er Susanne Freiin von und zu der Tann, welche am 21. September 1737 zu Tann geboren war. Die Hochzeit fand wegen der Unruhen des Siebenjährigen Krieges, die auch die Rhön betrafen, in Heidelberg statt. Hier besaß ihre Mutter ein Haus.
Sein Bruder trat in den Deutschen Orden ein und leistete 1766 Verzicht auf den Mitbesitz. Er ging zur russischen Armee und fiel 1770 als Führer von zwei russischen Grenadierkompanien beim Sturm auf die türkische Festung Bender in Bessarabien. Dietrich Philipp August war nun der einzige männliche von Stein und Alleinbesitzer der Güter in Nordheim, Ostheim, Völkershausen, Ruppers, Weimarschmieden und Berkach. Altenplos bei Bayreuth war schon 1764 verkauft worden. Vom Vormund waren Sands 1750 und Rappershausen 1757 gekauft worden. Zur Arrondierung erwarb Stein 1768 Roßrieth (wo das Stein'sche Patrimonialgericht eingerichtet wurde) und 1798 Schwickershausen und die Wüstung Debertshausen bei Nordheim. Stein wurde 1764 zum kaiserlichen Kämmerer ernannt, wurde Burgmann der Reichsburg Friedberg und hier 1789 Regimentsburgmann (das Stein'sche Wappen ist am Brunnen der Burg zu sehen). Er war ältester Ritterrat (Stellvertreter des Hauptmannes) des Kantons Rhön und Werra der Reichsritterschaft (damit verbunden der Titel „kaiserlicher wirklicher Rat") und eine zuverlässige Stütze seines Schwagers, des Ritterhauptmanns Friedrich von der Tann. In Ostheim kaufte er 1791 die ehemals tannischen Güter des Marquis de Soyecourt (Voitischer Hof, Münz und Hansteinsches Schloss und Obermarschalkischer Hof), die

er aber 1794 an den Grafen von Soden weiterverkaufte. 1797 übernahm er die Münz wieder. Er begann aber 1801 mit dem Verkauf der von-Steinschen Grundstücke in Ostheim.
»Es kam seinem Selbstbewußtsein entgegen, daß man ihn den „Fürsten der Rhön" nannte. […] Friedrich Schiller hatte Nordheim im Winter 1784 von seinem Exil in Bauerbach aus besucht und an seinen Gönner Gottfried Körner in Dresden von dem „hochtrabenden, fürstlichen Fuß" geschrieben, auf dem man dort lebe: „Hier ist statt eines Hauses ein Schloß, Hof statt Gesellschaft, Tafel statt Mittagessen." Der Baron war für Schiller „ein imposanter Mensch von sehr viel guten und glänzenden Eigenschaften, voll Unterhaltung und Anstand". Schillers Landsmann Hölderlin kam einige Jahre später in die Gegend als Hauslehrer der Kinder von Charlotte v. Kalb geb. Marschall v. Ostheim in Waltershausen. [*Sie war eine Nichte Steins und sein Mündel und war in Nordheim und Völkershausen aufgewachsen.*] Von der Pfingstreise 1794 schrieb er aus Völkershausen an seinen Schwager: Wir sind hier „bei der sehr zahlreichen zum Teil interessanten v. Steinischen Familie auf Besuch. Die Lage des hiesigen Gutes ist die angenehmste von der Welt, in der Nachbarschaft des Rhöngebirges, das Franken vom Fuldischen Lande trennt"«[17].
Susanne von Stein starb am 15. Februar 1797 in Nordheim im Grabfeld, ihr Mann am 5. Juni 1803 in Völkershausen. Das Ehepaar hatte sechzehn Kinder. Vier Töchter starben früh, zwei wurden Stiftsdamen, sechs heirateten. Von den vier Söhnen setzten zwei die Familie fort. Sie wurden Stammväter der Linien in Nordheim, die 1922 im Mannestamm ausstarb, und in Völkershausen.
Als Dietrich Philipp August gestorben war, teilten seine drei überlebenden Söhne, der 1769 geborene **Friedrich** Georg, sowie die ein Jahr jüngeren Zwillinge **Christian** Carl und Julius **Wilhelm** Ernst das Erbe untereinander. Man musste versuchen die Güter, die bisher einen Herrn getragen hatten, für drei ausreichend zu machen. Alle Mobilien wurden noch im Jahr 1803 versteigert. Rentmeister Kaspar Rommel wurde am 16. Juni angewiesen, alle persönlichen Verwilligungen und Verbindlichkeiten des Vaters aufzukündigen[18].
Bei einer Zusammenkunft in Völkershausen am 31. Juli 1803 wurde unter den Brüdern im Beisein von Rentmeister August Müller folgendes verhandelt: Zur Verbesserung der Einnahmen aus den Gütern sind die Erbzinsen in Geld auszuzahlen. Über die Schutzjuden ist ein genaues Verzeichnis zu erstellen und ans Rentamt zu geben. Die an Juden bisher vermieteten Häuser sind entweder an diese zu verkaufen oder den Mietern innerhalb von 3 Monaten zu kündigen. Wenn möglich, sollte der Hauszins einiger Wohnungen in Nordheim erhöht werden. Weiter wurden noch folgende Bereiche überprüft: Brauzins, Lehngeld-Einkünfte, Handlohn[19], Lehnsveränderungen, Ein- und Abzug, wo nachzuprüfen sei, welche Herrschaft dies bereits aufgehoben habe, Strafgelder, Handwerksgelder, Pachtgelder, der Pachtbrief über den sog. Mellrichstädter Kleinen Zoll, ebenso die Aschenpacht und die Lumpenpacht[20], Entschädigung für die nicht gehaltenen 100 Schafe auf dem tannischen Gut in Ostheim, Mieterhöhung in den Ostheimer Gebäuden, Holzgelder, Jagdrevenuen, Fischeinnahmen und der Getreideverkauf. Um den „Branntweinblasenzins" gab es in der kommenden Zeit viele Schwierigkeiten mit einzelnen Dörfern. Auch der Bereich Ausgaben wurde überprüft. So sollte Friedrich vierteljährlich 600 fl., Wilhelm und Christian je 400 fl. bekommen.
Am 8. August wurde wieder verhandelt und u. a. beschlossen: Jeder der drei Brüder musste 11750 fl. Schulden übernehmen, und Friedrich bekam das Schloss Nordheim mit Garten und Wiese, Christian das schöne Völkershäuser Schloss nebst Garten und englischen Anlagen und Wilhelm das neueingerichtete und mit einem Garten versehene Berkacher Schloss. Dazu gab es noch Ausgleichungen[21].

Dietrich Carl August (1793 – 1867)[22]

„Der dritte Sohn Dietrich Philipp Augusts, [*Julius*] Wilhelm [*Ernst*] (1770 – 1816), hatte mit seinen Brüdern die Hohe Carlsschule in Stuttgart besucht und als Leutnant bei der kursächsischen Garde in Dresden gedient, ehe er 1792 als Hof- und Jagdjunker nach Weimar kam und 1795 Kammerherr und Oberforstmeister des Herzogs Carl August wurde. Hier vermählte er sich 1792 mit Amalie Gräfin Bachoff v. Echt, einer Tochter des dänischen Gesandten in Wien und am Reichstag und einer geborenen Gräfin v. Ronow und Biberstein aus böhmischem Uradel".

Dietrich Carl August war das einzige Kind dieser Ehe, geboren am 14. Mai 1793 in Weimar. Er wurde von Hauslehrern unterrichtet und konnte mit zehn Jahren schon gut reiten und schießen. Er dachte immer gern an das heitere Leben und an seine glückliche Jugend im klassischen Weimar zurück: „Eine Jugend, aufgewachsen unter den Augen von Wieland, Goethe, Herder, Schiller, mußte notwendig einen ästhetischen Schwung bekommen. Alles wurde gleich romantisiert oder dramatisiert, und wenn wir uns auch prügelten, so taten wir dieses nicht wie gemeine Gassenjungen, sondern mit einem gewissen Anstand in kriegerischen und ritterlichen Formen."[23]

Das Hofleben mochte Dietrich wenig. Am liebsten war ihm der Umgang mit den Söhnen der Familien Egloffstein, Marschall, Goethe und Wolzogen.

ABBILDUNG 1: DIETRICH CARL AUGUST FREIHERR VON STEIN, ÖLGEMÄLDE WAHRSCHEINLICH VOM MALER BACH IM SCHLOSS ZU VÖLKERSHAUSEN

Als Dreizehnjähriger erlebte er die Niederlage bei Jena und Auerstedt mit; trotzdem wollte er eigentlich die Militärlaufbahn einschlagen. Aber da er nicht unter den verhassten Franzosen dienen wollte, entschied er sich für den Forstberuf, lernte allerdings beim Wildmeister in Ettersburg bei Weimar nur die praktische Seite kennen. Er bekam weder im Privatunterricht noch in der Lehre viel Wissenschaft beigebracht. Diese lernte er erst bei Heinrich Cotta, der seit 1786 in Zillbach, einem Dorf und gleichnamigem Waldgebiet (damals weimarische Exklave) bei Wasungen, eine zunächst private Forstlehranstalt führte und als einer der ersten Waldbau und Forsteinrichtung nach modernen Methoden lehrte. Ihm verdankte Stein eine gründliche wissenschaftliche Ausbildung. Er ging mit ihm auch nach Tharandt bei Dresden.

Im Dezember 1812 wurde er zum Würzburger Kämmerer und Jagdjunker ernannt. Er wollte dann möglichst bald für die deutsche Sache gegen Napoleon kämpfen, und so zog er, nachdem er am 6. Februar 1814 zum Offizier im Freiwilligen Jagdbataillon in Würzburg ernannt worden war, nach Frankreich. Am 4. Oktober 1815 heiratete er seine Cousine Henriette Freiin von Günderrode aus Höchst bei Frankfurt, aus welcher Ehe vier Söhne[24] und sieben Töchter entsprangen. Als sein Vater fünf Monate später gestorben war, musste er sich um das verschuldete Gut Völkershausen kümmern, wobei der Entschuldungsplan viele Einschränkungen beinhaltete. Er sollte auch in den meisten seiner späteren staatlichen Posten mit Schuldenmanagement zu tun haben! Er wurde Chef des 1. Bataillons der Landwehr im Distrikt Mellrichstadt und gleichzeitig einer der sechs ritterschaftlichen Deputierten im Landtag von Sachsen-Hildburghausen, wo seine Hauptaufgabe die Ordnung des Etats und der Steuern wurde. Er schlug vor, alle (indirekten) Steuern abzuschaffen und nur die Einkommensteuer als gerechteste Besteuerungsart bestehen zu lassen. Seine erfolgversprechenden

Vorschläge etc. brachten ihm Beförderungen und Anstellungen bei anderen Fürsten ein: Zuerst entwarf er ein Grundgesetz für den jungen Herzog Bernhard von Sachsen-Meiningen, wo er dann auch den ersten Landtag als Landmarschall leitete. Seine Beliebtheit und Achtung bewirkte, dass er auch in die bayerische Zweite Kammer gewählt und zum Landrat (Regierungspräsident) in Würzburg ernannt wurde; er musste allerdings um Beurlaubung bitten, weil er anderweitig beschäftigt war. Er war im Folgenden stark beteiligt an der Formierung der deutschen Zollvereine, an thüringischen Einigungsplänen und später sogar an der Gestaltung Deutschlands nach der 1848er-Revolution.

Anfang der Dreißigerjahre bot man ihm im Auftrag des Fürsten von Waldeck und Pyrmont den Posten als Minister an, der Waldecks Finanzen ordnen und seinen Anschluss an den preußisch-hessischen Zollverein durchführen sollte. Stein wollte dies annehmen, konnte aber nicht sofort den Dienst antreten, weil in unserer Gegend die asiatische Cholera ausgebrochen war[25] und er seine Frau und die neun Kindern im Alter von 3 bis 12 Jahren nicht ohne Arzt und Apotheke allein lassen wollte. Außerdem war die Verwaltung der Güter durch gemeinschaftlichen Besitz von Eigen- und Lehengütern mit dem Bruder seines Vaters, Friedrich (1769 – 1851) und die verschiedene Landeshoheit ziemlich verwickelt und erschwert. Als Dietrich 1831 in Völkershausen die Verwaltung voll übernahm, wurde der Wald lediglich nach der Fläche bewirtschaftet und jährlich ein Schlag von 80 Morgen nach den Regeln der Mittelwaldwirtschaft mit 25jährigem Umtrieb geführt. Kulturen gab es überhaupt nicht. Als Cotta-Schüler ließ Stein 1833 einen Wirtschafts- und Kulturplan für das Völkershäuser Revier entwerfen: Der größere Teil wurde in Nadelholz umgewandelt, der kleinere als Baumwald behandelt, Kulturen angelegt und mit Verhauungen geschützt. Wegen Ostheim machte er der bayerischen Kreisregierung in Würzburg das Angebot, sie solle die dortigen von-Stein'schen Besitzungen erwerben und damit eine bayerische Kolonie schaffen. Dann hätte Bayern einen besseren Stand in den Verhandlungen, die es wegen Einbeziehung der Enklave Ostheim zu Beginn der 30er Jahre mit Weimar führte. Die Finanzkammer in Würzburg, von Heinrich von der Tann beeinflusst, war der Meinung, »je mehr Verwicklungen, desto mehr Fuß« sei dort zu fassen. Das Ministerium in München dagegen scheute gerade diese Verwicklungen, und schließlich verhinderte die schlechte finanzielle Lage des Staates den Kauf. Dann verkaufte Dietrich 1834 zwei Drittel seines Besitzes in Ostheim an Bürger.

Im Übrigen wollte Stein gemeinsam mit seinen Standesgenossen in Unterfranken vorgehen und setzte bei ihnen Ende September 1831 eine Denkschrift in Umlauf[26]. Hier entwickelte er seine Gedanken über die seit 25 Jahren von Grund auf veränderte Stellung der ehemaligen Reichsritterschaft: »Der Adel kann nur dann die Förderung seiner Interessen von der Staatsregierung verlangen und erwarten, wenn diese Interessen mit denen der Staatswirtschaft im allgemeinen nicht in Widerspruch stehen.«[27] Er hielt das Lehnswesen für veraltet und für die Güter für schädlich und glaubte, dass die Patrimonialgerichtsbarkeit nicht wirklich gerecht sei. Die Rechtspflege habe unabhängig und gegen persönlichen, ungesetzlichen Einfluss gesichert zu sein. Er meinte auch nicht, dass die Rechtshoheit Würde und Ansehen der Gutsherrn sichere. Unter den Grundlasten schließlich seien viele von der Art, dass sie den Belasteten mehr schadeten als den Berechtigten nützten. Stein riet deshalb seinen Standesgenossen: 1. die Aufhebung des Lehnsverbandes zu fordern, 2. die Gerichtsbarkeit an den Staat abzutreten und 3. die Grundlasten, nach dem Durchschnittsertrag mit 4% zu Kapital erhoben, ablösen zu lassen, alles Dinge die nicht lange danach in die Tat umgesetzt wurden. 1835 trat Dietrich die Gerichtsbarkeit nach einem bayerischen Landtagsbeschluss von 1831 an den Staat ab, und er suchte eine gleiche Regelung, auch Aufhebung des Lehnsverbandes und der Feudallasten, im meiningischen Landtag zu erreichen, in den er als Mitbesitzer von Berkach und Nordheim am 25. Juli 1832 durch Nachwahl wieder gelangt war. Er übernahm auch dort sofort wieder eine führende Rolle, und den Rest seiner „Beamtenlaufbahn" verbrachte er im Herzogtum Sachsen Coburg und Gotha als Regierungspräsident, Obersteuerdirektor und Staatsminister, wo es ihm gelang, zeitgemäße Reformen zu bewerkstelligen und durch geschickte Politik die Revolution im Land einigermaßen unter Kontrolle zu halten.

Trotz seiner großen Fortschritte war ihm der eigentliche Durchbruch nicht möglich, weil die Fürstenwelt noch nicht dafür bereit war. Am 9. November 1849 wurde sein Antrag auf Austritt aus dem Staatsdienst genehmigt.

Dietrich Carl August Freiherr von Stein starb am 3. Dezember 1867 und wurde in der von ihm erbauten Familiengruft in Völkershausen beigesetzt.

---

[1] AV: Fach „Familie von Stein". Akten „Caspar von Stein ca. 1545 – 1602" und „Caspar von Stein 1590 – 1632". Lebenslauf des Sohnes Lorenz von Stein († 20. Dezember 1684), Akte mit eigenhändigen biografischen Notizen Caspars und seiner von Pfarrer Johann Wilhelm Hase zu Nordheim / Gr. gehaltenen Leichenpredigt.

[2] Maria Magdalena wurde 1570 zu Lindenberg (südwestlich Kulmbachs) geboren. Ihre Eltern waren Martin von Wallenfels-Katschenreuth und Anna von Rosenau.

[3] Der Ritterhauptmann des Kantons Rhön und Werra war alle zehn Jahre an der Reihe, für zwei Jahre das Direktorium zu übernehmen (WAGNER, Neustadt. S. 228 und Mellrichstadt. S. 241).

[4] AV: Fach „Reichsritterschaft". Akte „Reichsritter vor 1600".

[5] AV: Fach „Familie von Stein". Akte „Caspar von Stein ca. 1545 – 1602". Brief an Caspar von Dietrich Truchseß von Wetzhausen für sich und Wolf Dietrich und Seyfried von Stein zu Altenstein für ihre Base Eva Cordula vom 5. April 1595 und TITTMANN, S. 460.

[6] AV: Fach "Familie von Stein". Akte "Caspar von Stein 1590 - 1632". Leichenpredigt für seinen Sohn Lorenz, gehalten am 21. Januar 1685 in der St. Veitskirche in Wunsiedel durch Magister Johann Conrad Saher, Erstem Pfarrer und Superintendenten zu Wunsiedel.

[7] In seiner Leichenpredigt sagte Pfarrer Hase: „Da sollt aber einer nun eine disciplin und Kinderzucht gesehen haben mit was Ernst und Eyfer man dieselbe zur Gottesfurcht, Gehorsam, Fleiß und Tugend angewiesen? Was da für Ordnung und Aufsicht gehalten worden? Wie da die Edlen Kinderlein vom kleinsten bis zum grössesten, vom ältesten biß zum jüngsten, in ihren exercitiis Pietatis, morum & literarum [*lat.: Übungen der Frömmigkeit, der Sitten/ des Charakters und der Wissenschaften/ Literatur*] allezeit haben müssen so richtig erfunden werden? Wie ernstlich der ist gestraft worden, der da seumig gewesen, und nu das allergeringste übersehen? Ich für meine Person muß mit Wahrheit bekennen, dass ich dergleichen noch an keinem Ort gesehen, ja dass es irgent wo also hergienge, geglaübt hätte."

[8] Wilhelm von Goldstein war schwedischer Generalleutnant der Kavallerie.

[9] AV: Fach „Familie von Stein". Akte „Caspar von Stein 1590 – 1632".

[10] Carl (1626 – 1675) wurde Kanzler zu Bayreuth und bekam am 3. Juli 1669 den Reichsfreiherrntitel.

[11] AV: Fach „Familie von Stein". Akte „Caspar von Stein † 1706". Mehrere Angaben sind aus der Leichenpredigt daselbst.

[12] vgl. Abschnitt „Caspar Otto († 1704), der letzte der Ostheimer Linie" in Kapitel 7.4 „Die Linie der Steins zu Ostheim in Völkershausen bis zu ihrem Aussterben".

[13] *Schnapphahnen* waren (berittene) Wegelagerer.

[14] Das heutige *Trechtingshausen* liegt ca. 7 km nordwestlich Bingens auf der *linken* Rheinseite.

[15] KÖRNER, Kanton Rhön und Werra. S. 104 ff..

[16] weil im sog. Siebenjährigen Krieg England im Bündnis mit Preußen gegen Österreich und das Reich kämpfte.

[17] KÖRNER, Kanton Rhön und Werra. S. 105 f..

[18] Dies betraf einige Pensionen und u. a. Folgendes: Beim Nordheimer Herrschaftshaus war es schon sehr lang bestehendes Herkommen, dass eine arme alte Person jeden Mittag 1 Stück Brot und Essen bekommt. Zu der Zeit genoss diese Wohltat Catharina Margarethe Eisel, die Schulgreth, eine 70-jährige Witwe, die sich mit Waschen ernährte und an der Waschgelte (Waschtrog) krumm gewachsen war. Nebst der Speisung des Mittags erhielt sie auch wöchentlich 2 Batzen Almosen. Den Sohn des Gartenknechts in Nordheim hatte der Vater Weber lernen lassen wollen. Dazu war für ihn bereits das Aufgeld bezahlt und 5 Laubtaler Lehrgeld zu zahlen versprochen worden. Auch erhielt er an 2 Tagen wöchentlich Mittag- und Abendessen.

[19] Handlohn war eine Steuer beim Verkauf von Immobilien, meist 5%.

[20] Das Recht, Asche und Lumpen einzusammeln und zu verwerten, wurde verpachtet.

[21] AV: Fach „Familie von Stein". Akte „ Akt Familie von Steins um 1800". Protokoll vom 8. August 1803..

[22] KÖRNER, HANS. Dietrich Freiherr von Stein (1793 – 1867). Ein liberaler fränkisch-thüringischer Staatsmann im Vormärz und in der Revolution von 1848/49. In: Jahrbuch der Coburger Landesstiftung 1960. S. 59 – 154 (folgendes Zitat: S. 59).

[23] VON STEIN, CAROLINE. Aus dem Leben meines Vaters Dietrich, Freiherrn von Stein. Frankfurt a. M. 1871. S. 8 f. (nach KÖRNER, Dietrich Freiherr von Stein. S. 60).

[24] Von diesen führten drei die Familie weiter: Heinrich Rudolphs (1817 – 1889) Zweig starb mit Enkel Wilhelm Rudolph Otto 1936, Bernhard Ferdinands (1827 – 1901) mit Otto Karl August 1984 im Mannesstamm aus, während der Zweig Karl Ludwig (1828 – 1915) heute noch blüht.

[25] Ostheimer Stadtbuch., f. 825: „Jm Jahr 1831 hatte sich die asiatische Cholera auf alle Länder Europa's verbreitet und hat auch in Deutschland und namentlich in den großen Städten sehr viele Menschen hinweggerafft. Bis in die Stadt Ostheim ist diese schreckliche Seuche – Gott sei Dank – nicht vorgedrungen. Ueberhaupt ist die hiesige Gegend bis auf 20 Stunden in nördlicher Entfernung hiervon verschont geblieben. An der König(l.) Bayrischen - Großherzoglich- und Herzog(l.) Sächs. Grenze war ein Militair Corton gezogen. Jn Eussenhausen war eine Condumazanstalt [*Kontumaz = Quaratäne*] errichtet; überhaupt wurde von den Regierungen alles aufgewendet, um eine Weiterverbreitung dieser Krankheit zu verhüten."

[26] Der Entwurf ist vom 25. September 1831 datiert.

[27] KÖRNER, Dietrich Freiherr von Stein. S. 84.

12. Die Reichsritterschaft im 17. und 18. Jahrhundert

Die Ritterschaft unter Henneberg und Sachsen

„Zunächst war die Reichritterschaft ein persönlicher Verband von Adelsherren zu gegenseitiger Unterstützung. Der persönliche Eintrag in die Rittermatrikel bedeutete die Aufnahme in die Gemeinschaft der reichsfreien Ritter. Der erbitterte Kampf, den die Landesherren mit allen Mitteln persönlicher Schikane gegen die einzelnen Reichsritter führten, bewirkte jedoch im Lauf des 16. und des 17. Jahrhunderts eine langsame Umbildung. Die Reichsritterschaft beschritt den gleichen Weg, den das Landesfürstentum schon vor zwei Jahrhunderten betreten hatte, sie territorialisierte sich. Seit dem Beginn des 17. Jahrhunderts hing die Zugehörigkeit zur Ritterschaft nicht mehr an der Person, wie im Anfang, auch nicht mehr am Geschlecht, wie im späteren 16. Jahrhundert, sondern sie war ein Anhängsel bestimmter Güter, das selbst bei Übergang derselben an Landadel oder an Bürger nicht verloren ging. [...] Die Zugehörigkeit einzelner Adelsgeschlechter zur Reichsritterschaft ist endgültig erst gegen Ende des 18. Jahrhunderts seitens der Landesherrschaft anerkannt worden. Bis dahin herrschte ein rechtlich unentschiedener, zwischen striktem Verbot und stillschweigender Anerkennung schwankender Zustand. Die Henneberger betrachteten ihren Adel als landsässig und zwangen widersätzliche Edelleute zum Widerruf ihres Eintrags in die Rittermatrikel."[1] Trotzdem hatten sich 1577 u. a. die Marschalks von Ostheim und die von der Tanns in die Listen der „befreiten Ritterschaft" eingetragen, und in anderen Registern befinden sich auch die von Steins und von Bibras.

Graf Wilhelm von Henneberg-Schleusingen hatte am 1. September 1554 mit den sächsischen Herzögen den Erbverbrüderungsvertrag von Kahla geschlossen, in dem bestimmt wurde, dass gegen sofortige Übernahme der hennebergischen Schulden (über 130 000 Gulden) nach Aussterben des Hauses Henneberg die Grafschaft an die ernestinische Linie Sachsens fallen solle. Für diesen Fall befahl Graf Wilhelm seinen Untertanen, seinen Rechtsnachfolgern Erbhuldigung zu tun, und wies seine adeligen Lehnsleute an, jenen auf dieselbe Weise wie seinen Vorfahren und ihm zugetan zu bleiben, versicherte ihnen aber, „daß sie auch alsdann weniger nicht, dann bey unsern Vorfahren und uns herkommen, bey allen ihren Freiheiten, Lehn-Gebräuchen, Pflichten und altem Herkommen, nach Sitt und Gewohnheit der Herrschafft Henneberg und des Landes zu Francken, gelassen, gehandhabt und geschützt" werden. Fast wörtlich dasselbe versicherten ihnen die sächsischen Herzöge[2].

Nachdem Graf Georg Ernst von Henneberg als Letzter seines Stammes am 27. Dezember 1583 des alten Kalenders[3] gestorben war, verlangte das Haus Sachsen von den Rittern praktisch den Erbhuldigungseid, obwohl sie freie Lehen innegehabt hatten.

Deshalb erbat der Ort Rhön und Werra der freien Reichsritterschaft in Franken von der Universität zu Jena ein juristisches Gutachten, das am 27. August 1609 von Ordinarius, Dekan, Senior und den anderen Doktoren der Juristischen Fakultät geliefert wurde und aussagte, bei der Belehnung könne nur der gewöhnliche Lehnseid, jedoch kein Landes- oder Erbhuldigungseid verlangt werden. Auch nach dem Tod eines Fürsten sei eine Erbhuldigung über den gewöhnlichen Lehnseid hinaus nicht statthaft. Dieser Rechtsauffassung folgte auch das Reichskammergericht in Speyer und sagte, dass nach täglicher Erfahrung nicht nur Geringere von Höheren, sondern auch Personen gleichen Standes, auch wohl Höhere, wie Kurfürsten und Fürsten, von anderen geringeren Ständen Güter zu Lehen empfangen, aber deshalb nicht der Lehnsherren Untertanen werden; so könne dem Lehnnehmer nur des Lehens wegen keine Erbhuldigungspflicht abverlangt werden. Es seien also die Grafen von Henneberg nicht Landesfürsten, sondern Lehnsherren, die Adeligen nicht Landsassen oder Untertanen, sondern Lehnnehmer gewesen.

Schließlich sei es unstreitig, dass das Fürstentum Henneberg jederzeit in den fränkischen Kreis gehört habe und noch gehöre, auch dass die hier ansässigen Adeligen Mitglieder der freien Fränkischen Reichsritterschaft gewesen seien und noch seien. Deswegen seien die Junker gar wohl befugt, sich der Eidesleistung zu widersetzen[4].

Auch wegen neuer Steuern gab es Verdruss: Am 25. November 1595 beschwerten sich in einem Schreiben an Caspar von Stein, Hauptmann des Orts Rhön und Werra, drei Herren von der Tann, dass nicht nur ihre armen Untertanen zu Schafhausen mit beschwerlichen und ungewöhnlichen Land- und Trankstreuern belegt würden, sondern diese auch auf ihre freien Rittergüter ausgedehnt worden seien, wobei ihnen auferlegt würde, zum Steuertermin den Einnehmern auch ein ordentliches Register vorzulegen. Im Fall einer Weigerung könnten sie der Gewalt des Amtes Lichtenberg nicht lange widerstehen, wenn sie nicht Hilfe der Ritterschaft erreichten. Sie baten Caspar um Hilfe, hofften, dass sich der Advokat der Ritterschaft zu Speyer der Sache annehme, und schlugen vor, die Steuern nicht zu zahlen, sondern bis zu einer rechtlichen Entscheidung zu hinterlegen.[5]

Ritterordnung und Matrikel

Rechte und Pflichten der Angehörigen der Ritterschaft wurden, wie schon oben erwähnt, in Ritterordnungen festgelegt, und für den Fränkischen Ritterkreis arbeiteten Martin von der Tann (zu Nordheim v. d. Rh. und Oberwaldbehrungen) und Caspar von Stein (zu Nordheim i. Gr.) die erste allgemeine Ritterordnung aus, die auf dem Rittertag zu Schweinfurt am 3. September 1590 verabschiedet und von Kaiser Ferdinand II. 1652 bestätigt wurde[6]. Sie richtete sich nach den seit der Einung von 1517 gehaltenen Gebräuchen[7]. Treue dem Kaiser gegenüber und das Einhalten des Religions- und Landfriedens waren darin festgelegt und das Schiedsgericht untereinander geregelt. Ungehorsame Mitglieder sollen vor den Hauptmann geladen, bei Nichterscheinen von aller „Gemeinschaft und Gesellschaft" ausgeschlossen sein. Weil mehrere Geschlechter in Armut geraten seien, sollen von den Freunden und auch vom Kantonsvorstand Mittel der Abhilfe gesucht werden. Der Witwen und Waisen soll man sich annehmen und ihnen Vormund und Pfleger bestellen. Ferner wurde die Organisation und die Besteuerung der Ritterschaft geregelt. Jedes über 15 Jahre alte Mitglied soll die Ordnung eigenhändig unterschreiben und besiegeln und dann ein gedrucktes Exemplar erhalten[8].

Aber das Einsammeln der finanziellen Mittel war immer ein Problem; deshalb musste die Ritterschaft auch Schulden machen:

Im Stein'schen Archiv befindet sich eine Aufstellung der Schulden des Orts Rhön und Werra von frühestens Ende 1605[9]:

		Gulden
1.	*Von den 1584 bewilligten 30 000 fl. verblieben als Schuld*	1169
2.	*Von den 1602 bewilligten 60 000 fl. verblieben als Schuld*	6666
3.	*Von den in Bamberg 1605 bewilligten 18 000 fl. hat der Ort noch zu zahlen*	3000
4.	*Den Nürnberger Kaufleuten ist man nach der Abrechnung am 20. 9. 1605 schuldig*	8050
5.	*Bei Herrn Statthalter Bernhard Marschalk ist entlehnt worden*	4000
6.	*Der Marisfeldischen Vormundschaft ist man schuldig*	600
7.	*Herrn Dr. Syxtinus[? Syndicus?] ist man für seine Bestallung schuldig*	600
8.	*Dem Sohn Caspars von Stein ist man schuldig*	500
9.	*Zum Direktorium*	200
10.	*Zur Beförderung etlicher Sachen*	167

11.	*Kosten für die Abzahlung des Advokaten*	337
12.	*Zu den Reichstagen*	167
	Summe	25456

So klagten der Hauptmann und der Truhenmeister des Ritterorts Rhön und Werra in einem gedruckten Rundbrief vom 10. Dezember 1607 (auch an die Vormünder Caspars, des Sohnes des 1602 verstorbenen Caspar von Stein) über die vielen ausgeschriebenen Rittertage, bei denen nur wenige erschienen waren und mit den übrigen nicht abgerechnet hatte werden können. Sie sähen sich nicht nur von den Nürnberger Kaufleuten bedrängt, sondern auch vom Direktorium und dem kaiserlichen Kommissar, dem Bischof von Bamberg. Philipp Probst, einer der Gläubiger, habe beim kaiserlichen Hof einen „scharfen und ernsten Proceß" angestrengt und die anderen Kaufleute drohten ebenfalls damit, falls nicht endlich die Schulden samt den Zinsen gezahlt würden. Dann stünde nicht allein „unser Verderben" darauf, es würde auch kein ehrlicher Mann der Ritterschaft mehr einen Pfennig leihen. Deshalb setzten sie einen weiteren Ortstag auf den 8. Januar 1608 nach Schweinfurt an. Am 6. Mai 1608 schrieben Caspar von der Tann zu Ostheim und Wilhelm Sebastian Speßhardt zu Unsleben, auf diesem Rittertag sei wieder einmal klar die Diskrepanz zwischen der bestehenden Matrikel und der Wirklichkeit zutage getreten. Es sei also dringend notwendig, diese zu ergänzen und zu berichtigen. Die beiden beklagten sich darüber, dass es Mitglieder gebe, welche sich weigerten, die bei adeligem Treu und Glauben abzugebende Selbstveranlagung zu ergänzen oder auszufüllen, sondern einfach bei der alten Anlage bleiben wollten. Die Unterschriebenen könnten sich jedoch dieser Aufgabe nicht entziehen und bäten nochmals dringend um Bearbeitung der Matrikel. Am 6. Juni wurde auf einem allgemeinen ritterlichen Ausschusstag in Rothenburg, bei dem wieder wenige Mitglieder erschienen waren, beschlossen, einen ernsthaften Exekutionsprozess gegen die säumigen Ritter-Orte vorzunehmen. Man lud unter allerschlimmsten Vorstellungen auf Montag, den 1. August nach Schweinfurt. Nichts außer Gottes Gewalt dürfe die Mitglieder hindern, damit „unsere Beschwerden abgewendet, der eingerissene Ungehorsam gewehret, die Schulden bezahlt, Treu und Glaube gerettet" werden könnten. Am 19. August 1608 sandte Kaiser Rudolf II. aus Prag ein gedrucktes Mahnschreiben an die Ritterschaft in Franken und am 29. Oktober verfertigten der Hauptmann und die Räte des Ritterorts Baunach, die damaligen Direktoren, ein gedrucktes Schreiben wegen der Rückstände, die der Ort Rhön und Werra als einziger noch nicht gezahlt habe, und so wolle das Direktorium vermöge des zu Rothenburg beschlossenen Abschieds den Exekutionsprozess in Gang setzen, wenn nicht innerhalb der nächsten Tage das Geld in Nürnberg sei, „... weil ohne Geld kein expedition [= *Unternehmung*] vonstatten kann gehen, cum peculia sit rerum agendarum nervus"[10].

Ein Rittertag des Kantons Rhön und Werra in diesem Jahr beschloss endlich die Anlage einer neuen vom Kaiser geforderten Matrikel. In ihr waren die freien adeligen Güter eines jeden Mitglieds und nach freiwilliger Selbsteinschätzung deren Wert verzeichnet, der dann als Grundlage für Beiträge an die gemeinsame Kasse oder „Truhe" genommen wurde. Caspar Wilhelm von Stein zu Völkershausen gab z. B. am 26. Mai 1611 in seinen „Specificationes[11]" an: 2 Güter zu je 400 fl., 8 Güter zu je 200 fl. und 8 „Hintersiedlings Heuser"[12] in Völkershausen, 6 Güter zu je 200 fl. und 11 „Hintersiedlings Heuser" in Willmars und 2 Höfe zu je 200 fl. und 2 halbe Höfe zu je 100 fl. in Oberfilke.

Nach diesen Angaben wurden auch die Ritter- und die Türkensteuer, die über die Ortstruhe verrechnet wurde, veranlagt. In den Dokumenten zeigt sich immer wieder, wie schwierig es war, die Zahlungen (pünktlich) einzutreiben. So schrieb z. B. Kaiser Rudolf II. am 20. Juli 1582 an alle „ungehorsamen" Adeligen des Ritterorts Rhön und Werra und ging auf die sechsjährige Umlage gegen die Türken ein, die einige Mitglieder des Ritterorts nicht zahlen wollten. Er drohte mit einem „Mandatum poenale" (Strafbefehl) am kaiserlichen Kammergericht und einem Strafzuschlag in doppelter Höhe, wenn die ausstehenden Gelder nicht bis 4. Februar 1583 gezahlt seien[13]. Ebenso schrieben 1596 der Hauptmann Caspar von Stein und die Räte des Orts Rhön und Werra an die Mitglieder, es habe sich herausgestellt, dass die verordneten Einnehmer wegen säumiger Zahlungen mehr verzehrt als eingenommen haben. Der Ritterort musste deshalb bereits 3000 Gulden aufnehmen und trotzdem seien noch 350 Gulden ausständig. Falls das Geld nicht bis 28. und 29. Dezember nach Schweinfurt an die Einnehmer gezahlt werde, müssten die Säumigen beim Kaiser namhaft gemacht und vor das kaiserliche Hoflager zitiert werden. Doch am 5. Januar 1597 musste nochmals gemahnt werden: Die ganze Fränkische Ritterschaft habe, wie andere Kreisstände auch, mit allen sechs Ritterorten einen sechsmonatigen Reiterdienst in Ungarn gegen den „Erbfeind Christlichs namens, die Türken", geleistet. Die Reiter seien größtenteils wieder daheim angelangt und warteten auf ihren versprochenen Monatssold. Das Geld für die Kontributionen[14] müsse endlich zusammenkommen, „damit unsere Reuter welche zur Erhaltung unserer Adelichen wohlhergebrachten Freyheit sich wider den Erbfeind gebrauchen lassen und ihr Leib und leben dargesetzt, der erbarkeit und billigkeit gemäß Jres solds entrichtet und gemeine Ritterschaft nicht in Schimpff, hohn und spott gedeyen möchte."[15]

Der Kaiser verlangte im Jahr 1598 als weitere Türkenhilfe 500 Pferde oder das entsprechende Geld von den fränkischen Rittern, und 1614 versprachen ihm die sechs Ritterorte 30 000 Gulden. Dazu sagte der entsprechende Rundbrief: „Wann dann sonderlich bei dißen schweren Zeiten, da wir und unsere betrangte Mitglieder allerhöchstgedachter Kayserl. Mayestät hülff am meisten bedürfften[,]in alle weg von nöthen sein will solche anstellung zu machen, dass solche bewilligte Summ etwas zuvor zusammen geprecht und auf versprochenen termin ihrer Kay.[serlichen] May[estä]t. gelieffert." [16]

Bei einem Treffen in Ostheim 1633 beschloss man, den Kanton in vier Quartiere, nämlich das Saale-, Main-, Henneberg- und buchische Quartier einzuteilen, und verordnete jedem Quartier einen Ritterrat, mit dem Ziel, dass die Beschlüsse dieser Räte zusammen mit dem Hauptmann, soweit es das allgemeine ritterliche Wesen betraf, von den inkorporierten Orts- und Quartiers-Mitgliedern ohne Disput und Weigerung akzeptiert würden[17].

Nach dem Dreißigjährigen Krieg musste die Rittermatrikel nach dem aktuellen Vermögen neu geordnet werden, so dass wieder nach diesem Schlüssel an den Ritterort gezahlt werden konnte, wobei Säumige weiterhin die doppelte Summe zahlen mussten. Dabei gab es Uneinigkeit, und wegen der Matrikel und der bisherigen so „unerträglichen als ungleichen" Steuer ist der Ritterort Rhön und Werra in eine gefährliche und beschwerliche Spaltung geraten[18]. Trotz vieler Ortstage und Zusammenkünfte wurde bis 1666 noch keine Lösung gefunden und die Querelen waren nicht beendet[19]. Für den 28. Juni 1666 wurde wieder ein allgemeiner Rittertag des Orts Rhön und Werra wegen dieser Differenzen nach Neustadt an der Saale ausgeschrieben, und in den Jahren 1685 bis 1700 fand eine Neuerstellung der Ritterschaftsmatrikel unter den zu dieser Sache verordneten kaiserlichen Kommissaren, einem Herrn von Riedesel, Hans von Bibra, Johann Gottfried von Gebsattel und Heinrich von der Tann, statt[20].

Auseinandersetzungen mit Würzburg und der Dreißigjährige Krieg

Am 16. September 1616 schrieb Kaiser Matthias aus Prag an die Bischöfe zu Bamberg und Würzburg, die Ritterschaft ihrer Beschwerden halber klaglos zu stellen. Es gehe ihm darum, die Ritterschaft, die bisher treu zu Kaiser und Reich gestanden habe, nicht in ein feindliches Lager zu treiben. Er erinnere deshalb an die schweren, gefährlichen und „misstrauigen" Zeitläufte und die Probleme im Reich zwischen den Kurfürsten, Ständen und Mitgliedern ungeachtet aller Versuche der kaiserlichen Regierung zur Heilung und Linderung. Leider versuchten etliche Nachbarn des Reichs, ein Mitglied des Reichs nach dem andern ihrem Oberhaupt abspenstig zu machen. Dem Kaiser und allen gehorsamen Ständen wie auch den Geistlichen Stiftern sei viel daran gelegen, neben anderen die Reichsfreie Ritterschaft als getreue Vasallen und mit gutem Willen auch gegen die Bistümer zu erhalten. Deshalb sei er betrübt, dass die Ritterschaft verschiedene Beschwerden vorgebracht habe. Er begehre von den beiden Bischöfen, die Beschwerden entweder gänzlich abzustellen oder doch solche Moderation anzustellen, wie es auch bei anderen Bistümern und Stiftern nützlich sei[21].

Als ab 1627 die kaiserlich-katholische Partei im Dreißigjährigen Krieg vorerst die Überhand gewonnen hatte, führte Bischof Philipp Adolf von Ehrenberg (1623 – 1631), wie auch der Abt von Fulda, gegenreformatorische Maßnahmen durch und ließ teilweise auch in ritterschaftlichen Orten ein Mandat vom 28. Februar 1628 anschlagen, das seinen evangelischen Untertanen befahl, zur „allein seligmachenden" katholischen Religion zurückzukehren, dem katholischen Pfarrer Folge zu leisten, die Feiertage zu heiligen und den neuen Kalender zu halten[22] oder ihre Güter zu verkaufen und innerhalb von vier Wochen den Ort zu räumen. Mit Datum 25. August 1628 musste der Bischof das Mandat wiederholen[23], weil es anscheinend nicht die erwartete Wirkung gezeigt hatte.

Am 5. Oktober 1628 schrieb der Kaiser an den Bischof, weil er auf den adeligen Gebieten, Flecken und Dörfern gegen den aufgerichteten Religions- und Profanfrieden des Heiligen Reichs gehandelt habe. Die Ritterschaft aller sechs Orte habe klagend vorgebracht, dass, obwohl die Augsburgische Konfession im Reich zugelassen sei, sie mit offener Gewalt und mit vielen dem Landfrieden zuwiderlaufenden Feindseligkeiten hintertrieben werde. Auch hielte der Bischof seine erbgehuldigten Untertanen durch schärfste und verpönte Hinderungen dahin und zwinge sie, dass sie weder normale noch außerordentliche Anlagen und Sammlungen für ihre von der Ritterschaft zu Lehen rührenden Stücke und Güter zahlen dürften, wodurch ihre adeligen Mitglieder gezwungen seien, zur Vermeidung allerhand beschwerlicher Ungelegenheiten ihre Güter zu deren unwiderbringlichem Schaden und Nachteil anzugreifen und zu versetzen. Trotz Protestes habe der Bischof nicht davon abgelassen, die Ritterschaft um ihre Privilegien, Rechte und Gerechtigkeiten zu bringen. Er scheine entschlossen, die Ritterschaft in die Landsässerei zu führen. Deshalb bat der Kaiser als vorgesetztes Oberhaupt, die Bedrängnisse und Beschwerungen einzustellen und die Ritterschaft bei ihrer althergebrachten Liberalität zu belassen[24].

Einer Klage an den Kaiser vom 6. August 1629 wegen „Beschwerungen" des Bischofs von Würzburg fügte die Ritterschaft insgesamt 107 Schriftstücke bei, welche diese Bedrückungen erläutern und beweisen sollten. Dabei sind auch einige wenige Beschwerden aus dem Bereich des Orts Rhön und Werra[25]. Darauf wiederholte der Kaiser am 29. Oktober sein Befehlsschreiben vom vorherigen Jahr[26].

Ein Fränkischer Ritter-Abschied der vier Orte Altmühl, Gebirg, Steigerwald und Baunach, aufgerichtet am 18. Juni 1630, bestimmte in Erwartung der Ankunft des Kaisers eine Abordnung, die ihm eine persönliche Aufwartung machen und ihre Beschwerden vortragen soll. Es ging u. a. um die Störung der Religionsausübung durch fortdauernde Anschläge darauf, die unaufhörlichen Kriegsbeschwerden durch Einlagerungen und Kontributionen und allgemein die immer weiter einreißenden Bedrängnisse und Neuerungen in Bezug auf die ritterlichen Freiheiten[27].

„Der 1618 ausbrechende Dreißigjährige Krieg warf die Reichsritterschaft in ihrer Entwicklung schwer zurück, ja bedrohte ihre Existenz überhaupt. Sie wurde von den Kriegsereignissen meist schwerer betroffen als die Reichsstände und die Reichsstädte. Der Kleine muß eben in Kriegszeiten häufig mehr leiden als der Große. Von den Schlägen, die die reichsritterschaftlichen Familien während des Dreißigjährigen Krieges z. B. in Franken erlitten, haben sich durchaus nicht alle wieder erholt."[28]

Durch seine zentrale Lage nämlich wurde Franken auch dann stark mitgenommen, wenn hier nicht gekämpft wurde, denn es gab dauernde Durchzüge und Einquartierungen der verschiedensten militärischen Einheiten beider Seiten.

Allzu viel geben die Quellen für unser Gebiet nicht her, und die bekannten „Gräuel" etc. sollen hier nicht noch einmal wiederholt werden. Um aber ein paar Streiflichter auf die Bedrängnisse des Adels in dieser Zeit zu werfen, soll neben kurzen Bemerkungen zum allgemeinen Verlauf des Krieges nur noch einiges aus dem Völkershäuser Archiv folgen, das die Familie von Stein oder Ostheim betrifft:

Die ersten beiden Abschnitte des langen Krieges (der von Ploetz u. a. so genannte Böhmisch-Pfälzische Krieg (1618 – 1623) und der Dänisch-Niedersächsische Krieg (1625 – 1629)) fanden, wie diese Namen schon sagen, nicht in Franken statt. Der Anlass für den großen Krieg waren ursprünglich ein Bruderzwist im Hause Habsburg und Auseinandersetzungen in Böhmen[29], die bald aber auch konfessionelle Gegensätze schürten, so dass ein Religionskrieg daraus entstand. Ebenso war es ein Kampf der Stände untereinander. In ihn griffen dann König Christian IV. von Dänemark und andere europäische Mächte ein.

Am 14. Januar 1620 schrieben Hauptmann, Räte und Ausschuss des Orts Rhön und Werra an Caspar Wilhelm von Stein zu Völkershausen und Ostheim, es sei leider nunmehr land- und reichskundig, in welch äußerst gefährlichem Zustand „unser geliebtes Vaterland deutscher Nation" nun bei dem jetzt überall durchziehenden Kriegsvolk zu Ross und Fuß begriffen sei, was ihnen und ihren Untertanen gleichsam über Nacht zu unerträglichem Nachteil und Jammer ausschlagen möchte. Der Kaiser könne ihnen nicht helfen, weil er mit den Kriegen in Böhmen und Österreich vollauf zu tun habe. Deswegen hätten sich die Ritterorte hin- und her beraten und schließlich auf dem letzten Ritterkonvent (der allerdings nur schlecht besucht war) beschlossen, sich des Schutzes und Rückhaltes der unierten kur- und fürstlichen Häuser, Grafen und Städte[30] zu versichern. Andererseits wolle der Ort Rhön und Werra eine Anzahl Reiter werben und in ständiger Bereitschaft halten, damit man gegen Raub und Plünderung nicht ganz schutzlos sei. Das koste für jedes Mitglied 1% und die Untertanen 5 Batzen, die bis 29. März nach Schweinfurt zu liefern seien[31].

Am 2. April 1622 schrieben die in Obermaßfeld anwesenden adeligen Mitglieder des Orts Rhön und Werra an das Direktorium der Reichsritterschaft, sie seien zusammengekommen, um über das Mitgeteilte zu beraten. Gerne hätten sie alles persönlich mit dem Direktorium besprochen, was aber wegen vergangener und noch gewärtiger Durchzüge nicht möglich sei. Sie fänden die Mahnung des Kaisers zu steter Bereitschaft gegen die Mansfeldischen Kriegshandlungen sehr schwer und desto gefährlicher, weil sie sich und ihre adeligen Mitglieder sowohl auf dem einen als dem andern Weg ins Unglück stürzen könnten. Sie fürchteten einerseits die Ungnade des Kaisers, andererseits die noch zunehmende Mansfeldische Kriegsmacht, gegen die die zerstreute Ritterschaft kein Gegner sei. Wie auch die Direktion im vergangenen Krieg setzten sie lieber auf Neutralität, obwohl der Kaiser das Recht anmahnte, in allgemeinen Kriegsnotfällen die freie Ritterschaft als seine Vasallen für sich einsetzen zu können. Caspar von Stein und die übrigen Mitglieder des Ritterorts verwahrten sich jedoch dagegen, da sie als freie Franken nicht *Vasallen* seien, welche Bezeichnung nicht weit von der Leibeigenschaft entfernt sei, und sie von ihren Voreltern her einem römischen Kaiser weder Treuepflicht noch Kriegsdienste zu leisten schuldig seien, noch jemals geleistet hätten. Auch der Kriegsdienst gegen die Türken sei nicht aus Pflicht, sondern aus freiem Willen geschehen. Die Ritter zu Rhön und Werra böten, falls das allzu hoch brennende Kriegsfeuer nicht auf anderem Weg gedämpft werden könne, zur Wahrung ihrer Freiheiten an, darüber mit den übrigen Ritterkreisen Schwaben und Rheinstrom zu beraten, wie man insgesamt einer wirklichen Kriegsnot entgegentreten könne und dazu eventuell eine Anzahl Reiter werben oder eine gewisse Geldsumme zahlen solle[32].

Bei den ersten Einquartierungen 1622 ging es bei der Familie von Stein im Schlösschen wohl noch recht großzügig zu. Für den hatzfeldischen Regimentsquartiermeister[33] mit Gesinde wurde für Fleisch, kleine Fische und Krebse, frische Butter, Eier, etliche Maß Wein, einen Hasen, ein junges Kalb, ein junges Schwein, drei junge Tauben, „die der Herr Quartiermeister in seiner Küche verspeiste", Weiß- und Schwarzbrot, Stroh, Heu und Hafer für die Pferde 10 fl. 20 g. ausgegeben[34].

Zwischen 1622 und 1627 richtete der Stadtrat zu Ostheim verschiedene Bittschreiben an die Herrn Ganerben um Unterstützung mit Hafer bei Einquartierungen[35].

1625 wies General Tilly Caspar von Stein zu Nordheim, den ältesten Ritterrat des Orts Rhön und Werra als Hauptmannschafts-Verweser, an, innerhalb von 14 Tagen 25 gute Wagen mit je vier Pferden und zwei Knechten bereitzuhalten. Dieser Fuhrpark wurde von der fränkischen Ritterschaft oft ergänzt. Im Februar 1626 musste sie für den Proviantkommissar 100 „wohlgerüstete Fuhren ausstaffieren und einschicken"[36].

Auch Proviant, Futter, Kontributionen und Zahlungen, mit denen Einquartierungen vermieden werden sollten, wurden nur zögernd, wenn überhaupt, geliefert und gezahlt – auch die Steins waren öfters in Verzug.

Der Kaiserliche Kommissar für die Reichsritterschaft versprach am 19. Juli 1626, dass sowohl die adeligen Mitglieder der fränkischen Ritterorte als auch deren Untertanen die langwierigen Durchzüge gänzlich vermeiden könnten. Deshalb stimmte die Ritterschaft einer Zahlung von 25 000 fl., auf drei Jahre verteilt, zu[37]. Doch schon Ende 1626 galt die Zusage nicht mehr. Die kaiserliche Partei hatte am 27. August 1626 die Dänen bei Lutter am Barenberg bei Salzgitter besiegt. Die kaiserlichen Armeen unter Tilly und Wallenstein hatten keinen ernstzunehmenden Gegner mehr. Im Winter 1626/27 gab es die ersten Wintereinquartierungen der kaiserlich-ligistischen Armeen in Franken. Die fränkische Reichsritterschaft musste sich bereit erklären, drei Kompanien aus dem Regiment des kaiserlichen Kriegsrats und Obristen Freiherrn Otto Friedrich von Schönberg[38] aufzunehmen. Sie konnte nur noch versuchen, bestimmte Bedingungen auszuhandeln:

- Unter Hinweis auf verschiedene Parolen des Kaisers und des bayerischen Kurfürsten baten sie den Kreisobristen und General Tilly, außer dieser Zuteilung nichts weiter zu erheben.
- Man hoffte, dass sich die angedeutete kurze Zeit der Einquartierung nicht auf zwei oder drei Monate erstrecke.
- Für jede Kompanie sollten nicht mehr als 100 Pferde, für die Bagage nicht mehr als 25 Pferde verpflegt werden müssen.
- Die Einquartierungskosten sollten sich auf bloße Verproviantierung erstrecken, nicht noch auf Geldkontributionen.
- Von der Ritterschaft wurden feste Verpflegungssätze vereinbart (z. B. für einen Rittmeister 26, einen Leutnant 15 Taler und für einen normalen Reiter 2 Pfund Brot, 2 Pfund Fleisch, 1 Maß Wein oder 2 Maß Bier, für ein Dienstpferd 30 Pfund Hafer, für ein Wagenpferd 6 Pfund Hafer, 8 Pfund Heu und 2 Bund Stroh).
- Sie wünschten, dass vom bayerischen Kurfürsten schnell die Einverständniserklärung und Einweisung komme, der Anmarsch der drei Kompanien so lange eingestellt und das Gebiet des Adels und der adeligen Dorfschaften nicht in Mitleidenschaft gezogen werde[39].

Den adeligen Mitgliedern des Ritterorts Rhön und Werra wurde im Dezember 1626 von Schönberg Befreiung von Einquartierung zugesagt. Sie mussten ihm jedoch wöchentlich 436 Reichstaler bezahlen.

1627 summierten sich die Schönberg'schen Kontributionen auf 26 Wochen, und es war schon wieder eine neue Kontribution fällig. Die Erben Caspar Wilhelms von Stein († 1622) schuldeten auch für 26 Wochen Kaiserlich Manteuffelscher Kontribution[40] 25 fl., wobei sie die Kosten für die Unterbringung eines Reiters abziehen konnten[41]. Allein in den ersten vier Monaten 1627 haben Caspar von Stein 426 fl., Caspar Wilhelm von Steins Erben 293 fl. nach Schweinfurt zum Sekretär der Reichsritterschaft Reder geliefert[42].

Maria Salome, Caspar Wilhelms Witwe, erhielt im März 1627 vier Salvaguardien, d. h. Bestätigungen, dass ihr Schloss in Völkershausen und drei andere Objekte unbehelligt durch kaiserliche Truppen bleiben sollten.[43]

Ende Juli 1627 erfuhren die Steins und die anderen Ganerben vom Ritterhauptmann von Steinau, dass drei Regimenter des spanischen Obersten Don Vertugo Gubernator begehrten, bei der fränkischen Ritterschaft und den fränkischen Reichsstädten Quartier zu nehmen. Eine Abordnung sollte dies gegen das Angebot einer Geldzahlung verhindern. Weil das Spanisch-Verdugische Kriegsvolk im Fränkischen Kreis sehr übel hauste, sollte die Ritterschaft mit eigenen Pferden und Schützen dagegen einschreiten. Caspar von Stein, der dieses Einschreiten in Neustadt an der Aisch mit ausgehandelt hatte, schaffte es trotz dringender Bitten auch an die brandenburgisch-ansbachischen Kommissare nicht, ein koordiniertes Handeln der Ritterschaft und der fränkischen Reichsstände zu erreichen. Sie mussten es weiter dulden. 1628 halfen auch Schutzzusagen von Generalleutnant Graf Tilly und eine kaiserliche Salva Guardia nichts.

In einem Schreiben, das der Lichtenberger Amtmann Eitel Heinrich von Stein zum Altenstein am 28. November 1628 an Caspar von Stein zu Nordheim sandte, heißt es, Herzog Johann Ernst zu Sachsen-Eisenach, Georg Friedrich von Erffa, Eitel Heinrich sowie Caspar sollten wegen der täglichen Unterhaltung der in Ostheim liegenden Tillyschen Leib-Kompanie einen Akkord treffen. Es gehe vor allem um Erleichterung. Deshalb werde Caspar gebeten, unter Hintansetzung anderer Geschäfte in Eitel Heinrichs Amtshaus, die Lichtenburg, zu kommen[44].

Die Zeit bis zur Ankunft König Gustav Adolfs von Schweden war angefüllt von immer weiteren Einquartierungen und Kontributionen, besonders durch die Reiter des Regiments Schlabinski, wobei die Generäle sich immer wieder bemühten, die Disziplin der Truppen einigermaßen im Zaum zu halten.

Der dritte Abschnitt des Dreißigjährigen Krieges war der so genannte Schwedische Krieg, weil König Gustav Adolf von Schweden am 6. Juli 1630 auf der Insel Usedom landete, um die protestantische Sache zu unterstützen, aber auch um schwedische Interessen in Deutschland zu wahren. Die kaiserliche Armee war nämlich bis Vorpommern vorgedrungen. Gustav Adolf zog dann, auch durch Franken – so nahm er am 10. Oktober 1631 Königshofen ein –, als Sieger bis nach München. Nach dem Tod des Königs in der siegreichen Schlacht bei Lützen am 16. November 1632 führte u. a. Herzog Bernhard von Sachsen-Weimar (1604 – 1639) die protestantisch-schwedische Sache weiter. Am 20. Juni / 29. Juli 1633 bekam er das Herzogtum Franken des Bischofs von Würzburg. Durch die völlige Niederlage bei Nördlingen am 5. und 6. September 1634 allerdings verloren die Schweden Süddeutschland, und Bernhard musste Franken wieder räumen.

Die geschlagene schwedische Armee wurde in unsere Gegend durch die leichten kroatischen Reiterregimenter des Generals Isolani[45] verfolgt. Die Folgen für evangelische Orte waren fürchterlich.

Als Gustav Adolf 1631 Franken erobert hatte, bestätigte er die Reichsritterschaft als unmittelbaren Stand und Mitglied des Reiches und erkannte ihre Religionsfreiheit an; aber sie hatte keinen Einfluss mehr auf die Regierung wie in den Domkapiteln[46].

Am 17. Oktober 1631 schrieb der stein-nordheimische Vogt zu Ostheim Matthes Schmidt aus Berkach an seinen Bruder, der elende Zustand im Streugrund werde ihm längst bekannt sein. Der Freibauer ihres Junkers (wohl in Oberstreu) sei am Tag vorher mit Weib und Kind samt dem Vieh zu ihm gekommen und habe berichtet, dass alle Gemächer geöffnet und die Kasten und Türen zerschlagen wären, auch das Gemach, worin das Zeug der adeligen Frau gewesen sei. Die Reiter würden gewiss alles wegführen. Deshalb habe er in der Nacht Leute nach Oberstreu geschickt, die jetzt zurückgekommen seien, 28 Malter Hafer, 5 Malter Erbsen, 6 Malter Weizen und 1 Malter Linsen gerettet und gesagt hätten, dass 20 Reiter im Kirchhof gewesen seien. Wenn möglich, hätte er auch angeordnet, den Wein des Junkers herauszubringen, wenn derselbige noch da sei; doch dürfe man sich am Tag nicht dorthin wagen.

ABBILDUNG 1: DER KAISERLICHE GENERAL ALBRECHT VON WALLENSTEIN

Neues wisse er nicht, als dass sich Pappenheim⁴⁷ gegen Köln gewendet haben soll, der König (von Schweden) habe Würzburg belagert und Herzog Bernhard würde mit seiner Armee noch eine Zeitlang um Königshofen still liegen. Inzwischen würde der Streugrund sehr viel aushalten müssen. „Gott behüt uns alle."⁴⁸

Am 13. November 1631 sandte das Direktorium der Reichsfreien Ritterschaft Orts Rhön und Werra u. a. an Caspar von Stein zu Nordheim ein Schreiben, in dem es hieß, er werde sich zweifelsfrei erinnern, wie auf dem jüngsten Tag zu Ostheim vor der Rhön der gemeine einhellige Schluss dahin gegangen sei, wie den adeligen Mitgliedern ein Schutz gegen die schädlichen Plünderungen und Verderben gesteuert werden könne. Das Direktorium habe sich darauf zum König von Schweden nach Würzburg begeben und vermittelt, dass dem fränkischen Adel aller sechs Orte Salva Guardia erteilt werde und dass sie in Zukunft von der Soldateska unvergewaltigt blieben. Dafür musste das Direktorium versprechen, monatlich 4000 Reichstaler an die königliche Kriegskasse zu liefern. Caspar wurde aufgefordert, dafür zu sorgen, dass der Ort Rhön und Werra von jeden 100 Gulden Vermögen 15 Kreuzer oder einen Ortsgulden⁴⁹ monatlich pünktlich schicke, damit für den König kein Anlass bestehe, sein Schutzversprechen zu widerrufen⁵⁰.

Als nach dem Abzug der Schweden 1634 die Kaiserlichen hier hausten und sich Isolani selbst Mitte Oktober in Ostheim aufhielt, lieferte Georg Wilhelm von Stein „zu des Städtleins besserer Erhaltung vor [= *für*] die Officiers" 27 Eimer Wein (à 5 Taler), Bier für 15 Taler und zahlte 149 Taler bar als „Verehrung", wie man Zahlungen an Offiziere nannte⁵¹. Allgemein bekannt ist die Geschichte um die Verteidigung der Kirchenburg durch zehn Bürger.

Im letzten Abschnitt des Krieges von 1635 bis 1648, dem so genannten Schwedisch-Französischen Krieg oder dem „totalen Krieg", weil nun Schweden mit Frankreich verbündet war und zügellose Kämpfe auf zwei getrennten Schauplätzen (Sachsen / Böhmen und Südwestdeutschland) stattfanden, wurde Franken immer wieder von beiden Seiten heimgesucht.

ABBILDUNG 2: KÖNIG GUSTAV ADOLF

Am 17. Juli 1635 berichtete Matthes Schmidt an Rosina Maria, die Witwe Caspars († 1632), die wahrscheinlich in Meiningen weilte, er sei am vorigen Tag in Filke gewesen und habe dem Bauern Simon befohlen, auch das Getreide des andern Hofs schneiden zu lassen, da niemand da sei, aber das Getreide gesondert zu verwahren. Nachdem auch kein Vieh da sei, solle man überlegen, wie das Getreide eingebracht werden könne, wenn es geschnitten sei. Der Bauer sei auch damit zufrieden. Er halte es für besser, wenn beide Höfe bebaut würden, auch wenn nicht viel dabei herausspringe. Das Haus sei sowieso übel hergerichtet, Fenster, Türen und Banden seien zerstört. Es dürfte an die 200 Reichstaler kosten, bis es wieder hergerichtet sei. Die Uhr, Glocke, Bräupfanne und ein Eisenofen seien nach Fladungen gekommen, das andere, Bettzeug, Wännlein und auch ein Ofen, nach Mellrichstadt. Ein Eisenofen sei noch da. In Ruppers seien am vorigen Tag mit zwei Pferden zehn Fuder Heu eingeführt worden, an diesem und nächsten Tag werde alles, was dürr sei, wie auch das Heu des Bauern, hoffentlich eingefahren und in den inwendigen Stadel geführt. Sie müssten diese vier Tage das Wetter ausnutzen, bis dann die (Getreide-)Schneidernte beginne. Cuntz von der Tann habe geschrieben, sein Sohn Josua sei erschossen worden, als er mit seiner Kompanie den Einfall zweier spanischer Kompanien auf sein Quartier „Premeleiden" abwehren wollte, wovon ein Schuss zum Maul hinein und durch den Kopf gegangen sei. Schmidt habe das Schreiben weitergeschickt, es sei aber keine Antwort erfolgt. Die Steins würden wissen, wie sie an Cuntz schreiben. Schmidt hoffte auf eine Salva Guardia, damit die Ernte auch sicher eingebracht werden könne. Davon müssten von Berkach und Nordheim 10 bis 20 Malter nach Meiningen gebracht werden. Er schickte ein Töpfchen mit Honig mit und schrieb, dass auch noch Butter zum Preis von 6 Batzen zu erhalten sei[52].

Im Mai 1636 informierte Vogt Schmidt Rosina Maria, dass zu den 80 „Artolerie Pferd" samt deren Knechten und Offizieren, die bereits in Ostheim liegen, noch die Bagage des Schlickschen Regiments[53] nebst einem Hauptmann und anderen Offizieren angekommen sei und im Städtchen und den Amtsdörfern quartieren sollen, wovon die adelige Frau von Stein des Obristen 24 Pferde und

ABBILDUNG 3: ISOLANI, DER BEFEHLSHABER DER KROATISCHEN TRUPPEN IN DER KAISERLICHEN ARMEE

Gesinde, Cuntz von der Tann den Obristwachtmeister, Heßberg den Hauptmann sowie die Bagage zugeteilt bekommen hätten. Die adelige Vogtei, d. h. Schmidt in seinem Haus, sollte den Regimentsquartiermeister halten, welcher acht Pferde, drei Knechte, eine Magd, ein Weib und ein Kind habe, und weil die Pferde in seinem Haus nicht untergebracht werden könnten, habe er sie in das Rosenauische Haus gelegt, ungeachtet dessen, dass kein Ofen in der Stube sei und in der Küche fast der halbe Boden herabgefallen sei. Er habe die Decke notdürftig mit Brettern zulegen lassen. Weil kein Mensch hier ohne Einquartierung sei und kein Ausweichquartier gefunden werden könne und er, der Vogt, bei der schwedischen und Schlickschen Einquartierung fast alles verbraucht habe, wisse er nicht, wie der Quartiermeister unterhalten werden könne. Weder Fleisch noch Brot, viel weniger noch anderes sei vorhanden, würde aber bereits mit Ungestüm verlangt, besonders Hafer. Deshalb habe er jetzt Fleisch, Brot, Bier und Wein und, was er in dieser bösen Zeit bekommen konnte, hinauf ins Quartier geschickt. Schmidt bat nun Frau Rosina Maria untertänig, sie möge die adelige Frau in Völkershausen[54] bitten, ihnen mit Hafer, Bier und auch Brot auszuhelfen, denn er habe nicht ein Körnlein und kein Maß Bier. Hafer und Gerste habe er zur Bestellung der Gutsfelder verbraucht, welche gottlob alle bestellt seien. Ohne Hilfe von Rosina Maria wisse er nicht, wie er den Quartiermeister unterhalten soll, und, wenn es lang währen sollte, werde alles zu Grund verderbt. Die Wiesen seien alle kahl, und wenn, wie angedroht, das Wintergetreide auf dem Feld verfüttert werde, werde vollends alles gar aus sein. Eine Aufstellung der Kosten für diese Einquartierung vom 26. April bis zum 8. Mai für Lebensmittel und anderes, das an den Schlickschen Regimentsquartiermeister geliefert werden musste, sagt, dass z. B. ein Viertel einer Kuh (von Frau von Stein zu Völkershausen gekauft), 48 Pfund Rindfleisch, 30

Pfund Kalbfleisch, 39 Pfund dürres Rindfleisch, Fisch, ein „Kalbsgelüng", ein „Kalbsgröß" [= *Gekröse*], drei Maß Butter, drei Eimer Bier (in der Stadt gekauft), 1½ Maß Salz, Essig, Gewürz, Weck, 4 Malter 6 Maß Haber (auf Lichtenberg, d. h. vom Amt, und in der Stadt gekauft) und Heu geliefert worden seien, für insgesamt 41 fl. und 17 g.. Dazu kamen noch 58 Laib Brot bis zum 18. Mai, zusammen 306 Pfund. Für Erbsen, Linsen, Dörrobst, Mehl und Kuchenspeis habe er nichts gesetzt, fügte Vogt Schmidt hinzu. Vier Eimer Wein 13 Maß seien „ufgangen, hab zwei Fäßlein und zwo Flaschen füllen müssen, so über ein Aymer gehalten, und ist bey einer gasterei mehr alß ein Aymer drangegangen, ist sonsten des tag 8 mas auch biß in 20 Mas ufgangen. 2 Schock 6 Ayer, welche ich von den Zinseiern nehmen will. Ist aber bis dato noch nicht ein einziges zu bekommen oder herauszubringen erwest."[55]

Und so geht es in allen Briefen weiter: Im April 1637 sagte Schmidt z. B., dass täglich die Kroaten (Crabaten) stark über die Rhön her streiften, man dürfe im Streutal nichts in den Dörfern sehen lassen, und schon gar nicht auf den Feldern, wie nötig auch die Arbeit sei. Eine Krankheit habe viel Vieh dahingerafft. Er könne das Hofgut nicht mehr ganz besäen.

Am 1. Mai schrieb er an Frau von Stein, er habe ihre Antwort dem Amtmann übergeben, der zur Antwort gegeben habe, er habe nicht ein Maß zu verleihen, wolle aber ein bis 3 Malter, das Maß für 3 Batzen, verkaufen. Jetzt sei jedoch schon der sechste Tag verflossen und er habe weder Hafer noch das Geld dafür. In der ganzen Stadt sei nicht ein einziges Maß mehr zu erhalten. Überdies komme jetzt noch die Bagage des gesamten Regiments hierher, weil sie sich auf den Dörfern nicht trauten. Alle Ostheimer hofften, dass stündlich der Aufbruch des Regiments erfolge. Von den Zinspflichtigen könne er nicht ein Ei, geschweige denn etwas anderes bekommen. Sie gäben ihm noch lose Worte.

Schmidt berichtete am 3. Januar 1638 an Friedrich Möller, den Stein'schen Vogt zu Nordheim, dass bei einer weiteren Einquartierung die von Adel auch wirklich belegt worden seien, weil nicht der Ärmste habe verschont bleiben können, und 1642 schrieb er, für den steinischen Hof in Ostheim habe sich kein Hofbauer mehr gefunden, nachdem der letzte weg sei. Also werde es notwendig sein, den Hof selbst mit einem Lohnbauern zu bestellen, wozu sich ein alter steinischer Diener bereiterklärt habe.

Am 2. Januar 1643 schrieb Schmidt aus Ostheim an Caspar von Stein[56], derzeit zu Pottenstein, er habe ihn wohl tausendmal während der weimarischen und kroatischen Durchzüge hergewünscht. Nun sei gottlob der Schreck vorübergegangen. Nordheim habe es nicht betroffen, da es mit genugsamer Salva Guardia versehen gewesen sei, Ostheim habe zwar keine Einquartierung gehabt, sich aus dieser jedoch mit über 1000 Reichstalern lösen müssen.

Vogt Matthes Schmidt schrieb am 12. Februar 1644 an Friedrich Möller, er sehne den Tag herbei, wo er einmal nicht über Einquartierungen schreiben müsse. Es liege aber an der Verfassung dieses Ortes, dass keiner von Adel von Einquartierung befreit sei.

Dass auch der Herzog sich im Krieg zwar um das Wohlergehen seiner Untertanen kümmerte, aber selbst nicht viel ausrichten konnte, zeigt folgender Ausschnitt aus

ABBILDUNG 4: FELDLAGER IM 30-JÄHRIGEN KRIEG – NACHGESTELLT AUF EINEM DER VIELEN JUBILÄUMSFESTE

einem amtlichen Schreiben an den Amtmann von Lich-tenberg:

„Von Gottes gnaden Johann Ernst pp

…. Vndt demnach Wier insonderheit berichtet, wie der Ackerbaw, nicht allein von verderbten vnd dürfftigen Vnterthanen, aus noth Vnd mangel geschirr vnd Saamens, sondern auch von andern auß Vorsatz oder auch auß trotz, vndt Vngehorsamb, vnbestellet gelaßen, vnd dadurch ihnen vnd gemeinem Nutzen mercklichen geschadet, Zuförderst aber vnser fürstlich *interesse* vnverantwortlichen hindan gesetzt, welches wier der gestallt ferner nicht nachsehen können.

Alß ist vnser gnediger befehl, du wollest alle vnd iede, vnsers dir vertrauten Ambts Vnterthanen, mit allem ernst dahin anweisen, das sie, beÿ Vermeidung andern einsehens, den Acker, zu bevorstehender Winter- vndt künfftig hoffender Sommersaat, der gebühr zuerrichten vnd bestatten, vnd darunter vorsetzlichen nichts verabseumen, oder erwinden laßen mögen.

Weil auch beÿ diesen noch immer *continuirenden* gefährlichen Kriegsleufften, noch zur Zeit verborgen, wie sichs annahenden Herbst vnd winter, mit Durchzügen vnd Einquartierungen (welche doch Gott der Allmechtige inn gnaden verhütten, enden vnd wendten wolle) etwa anlaßen möchte, gleichwol für augen, wie vnnachtbarlich sich theils deren erweisen, beÿ welchen die armen veriagten leute, mit ihren vbrigen wenigen Vermögen, Zuflucht gesucht: So wollest Du gedachte Deine Ambtsanbefohlene nicht weniger dahin erinnern, damit daß ienige, so vber die schuldige Ambtsgefälle vbrig, inn deß Ambts verwahrung vffschnütten vnd vnserm schutz vbergeben, do dann iedwedern das seinige zue vnentbehrlichen behuff vnd nothurfft, wieder abgefolgt vnd Niemanden zur Vngebühr ichtwas vorenthalten werden soll, des gnedigen Versehens, weil solches den Vnterthanen zum Besten wolmeintlich angesehen, sie werden sich dieser vnserer gnedigen Verordnung desto williger vndt gefolgiger erzeigen.

Ahn dem geschiht Vnsere gefellige meinung, vnd wier sindt dir mit gnaden gewogen.

Datum Eÿsenach den 9. *Octobris*, *Anno* 1638."[57]

Im Jahre 1648 noch plünderte eine Rotte schwedischer Reiter in Völkershausen und Ruppers und ritt dann nach Berkach. Dort wurden sie von Bauern unter Führung von Dietrich von Stein zu Nordheim[58] angegriffen; auch Bürger aus Mellrichstadt beteiligten sich, wurden aber zersprengt und niedergemacht. Dietrich zahlte den Hinterbliebenen und „etlich zwanzig hart beschädigten" Bürgern insgesamt 350 fl. an Unterstützungen[59].

Die weitere Entwicklung

Die Reichsritterschaft wurde in den Westfälischen Frieden korporativ eingeschlossen und damit reichsrechtlich – auch von den Ständen – anerkannt: Die Mitglieder der Reichsritterschaft sollten frei und reichsunmittelbar und keiner reichsständischen Landeshoheit unterworfen sein. Sie erhielten das Jus Reformandi, hatten also über die Zulassung einer Religionsgemeinschaft in ihrem Gebiet zu entscheiden.

„Im Übrigen aber erwiesen sich die geistlichen Fürsten in Franken, Schwaben und am Rhein als die Protektoren der Reichsritterschaft. Obwohl die reichsritterschaftlichen Familien bis ins 18. Jahrhundert ganz offiziell als Vasallen der Fürstbischöfe von Bamberg, Würzburg oder der Erzbischöfe von Mainz und Trier bezeichnet wurden, so ließ man doch zu, daß sie sich mehr und mehr emanzipierten und die Ritterkantone und Ritterkreise stärkere Bedeutung gewannen.

Dies war insofern verständlich, als die geistlichen Fürsten in jenen Gebieten selbst fast durchweg aus der Ritterschaft hervorgegangen und ihre Familien in den dortigen Domkapiteln vertreten waren."[60]

Leopold I. (1640 – 1658 – 1705) war nach dem Krieg lange Kaiser und konnte so seine geschickte Politik gegenüber den Reichsrittern durchsetzen. Er suchte sich die Ritter einerseits zu verpflichten, indem er ihnen Privilegien (z. B. das Prädikat „Edel- und Wohlgeboren", Zollfreiheit und Judenschutz) gewährte. „Die bedeutendsten ritterschaftlichen Familien aber wollte er durch Erhebung in den Reichsgrafenstand und durch

Aufnahme unter die Reichsstände an sein Haus binden, sie damit gleichzeitig von den übrigen ritterschaftlichen Familien trennen und deren Stellung dadurch schwächen."[61]

Trotzdem schafften es die Reichsritter, bis zum Ende des 18. Jahrhunderts ihre großen Freiheiten zu bewahren und sie sogar noch auszubauen. Es kommt einem dabei manchmal so vor, als ob sie unter dem Vorwand der Wahrung uralter Rechte neue zu gewinnen suchten. Was sie aber nie erreichten, war die Erlangung der Zentgerichtsbarkeit, die allermeist beim Territorialherrn blieb. Auch die kaiserlichen Privilegien, die die Reichsritterschaft im Laufe der Zeit für sich erreichen und in Anspruch nehmen konnte, änderten an dieser Zuständigkeit nichts. Ebenso schafften sie nicht die Ausbildung eines wirklichen Reichsritterterritoriums, sondern blieben doch immer einzelne Mitglieder der Reichsritterschaft. Dies kann man heute noch an den gesetzten Grenzsteinen ihrer Gebiete sehen, die nie das Kantonswappen oder z. B. R*h*W tragen. Wenn nicht, wie meist, nur die Gemeindeinitialen darauf stehen, zeigen sie die einzelnen Adelswappen, wie z. B. die Tann'sche Forelle auf den Steinen um das Stadt-Tann'sche Gebiet oder an der Neustädtleser Grenze gegen Nordheim v. d. Rh., oder die Familieninitialen, wie z. B. das Tann'sche T auf Steinen an den Grenzen von Frankenheim und Birx. Grenzsteine mit dem Stein'schen Wappen sind nicht bekannt.

Der Buchische Streit

Seit dem Dreißigjährigen Krieg schwelte Streit im Ritterort Rhön und Werra. Das buchische Quartier der Ritter, die im Herrschaftsbereich des Fürstabts von Fulda lebten, lehnte es ab, die ausgehandelte Matrikel anzuerkennen. Der Grund war, dass im Krieg das Stift Fulda die Gunst der Zeit genutzt und die Mitglieder der Reichsritterschaft in seinem Machtbereich gezwungen hatte, Steuern an es zu zahlen, wogegen die Reichsritter zwar protestiert und Beschwerdebriefe an den Kaiser abgesandt hatten, aber aufgrund der Machtverhältnisse noch keine Änderung herbeiführen hatten können. Infolgedessen weigerten sich die Mitglieder des buchischen Quartiers, bis zur Klärung dieser Auseinandersetzung doppelt Steuern zu zahlen. Dazu kam noch, dass durch die Kriegsverhältnisse das fuldische Quartier den anderen ziemlich entfremdet war[62]. Als einziges Quartier besaß es eine eigene Kanzlei (ab 1662 in Tann), Kasse, Matrikel, eigenes Archiv und Siegel (es zeigt den kaiserlichen Doppeladler, dem ein Brustschild mit einer Buche aufgelegt ist; die Umschrift lautet: ROHN U. WERRA BUCHISCHEN QUARTIERS).

Der Streit mit dem Abt wurde 1656 beigelegt, wobei die Adeligen ihre Rechte durchsetzen konnten, der innerhalb des Ritterorts um die Zusammengehörigkeit vorerst einmal 1666[63].

Die Eroberung der Burg Thundorf 1669

Georg Dietrich, Wilhelm Ulrich, Wilhelm Ludwig und Georg Wilhelm von Schaumberg zu Thundorf hatten einen Juden gefangen genommen, der unter dem Schutz Ulrichs von Steinau genannt Steinrück stand. Was die von Schaumbergs dem Juden vorwarfen, ist nicht bekannt. Jedenfalls verklagte Steinau sie bei der Ritterschaft zu Franken. Diese erkannte die Klage als berechtigt an und wies, da sich die Schaumbergs weigerten, den Juden herauszugeben, den Ritterort Rhön und Werra an, den Juden herauszuholen, was dieser nun im Einverständnis mit dem Bischof zu Würzburg auch in die Wege leitete.

Am 17. Mai 1669 beauftragten Otto Hermann von der Tann und Hans von Bibra namens der ganzen Hauptmannschaft, Räten und Ausschuss des Orts Rhön und Werra ihren Major Becker, Sekretär Limbach und andere Angehörige, gemeinsam mit entliehenen Musketieren aus der würzburgischen Festung Königshofen und Ausschüssern aus Stadtlauringen nach Thundorf zu marschieren, um den Juden mit Gewalt aus der Burg zu befreien, sofern er nicht gütlich ausgeliefert werde. Sie fielen mit 100 Bewaffneten sowie mit einem Karren, der mit Hauen, Schaufeln und Bicken (Pickeln) beladen war, am 18. Mai nachts um 2 Uhr zu Thundorf ein. Sie hausten in den nächsten Tagen schrecklich im Dorf und verwüsteten trotz schließlicher Herausgabe des Juden auch die Burg ziemlich. Als sich die Schaumberger darüber beschwerten und auf den kaiserlichen Burgfrieden hinwiesen, sagte Limbach, hätten die Schaumberger die kaiserlichen Privilegien, so habe die Ritterschaft Macht, sie zu brechen. Auf eine Beschwerde beim Bischof, besonders auch wegen des Verhaltens eines würzburgischen Offiziers und seiner Mannschaft, antwortete dieser am 24. Mai, er sei den Klägern mit Gnaden gewogen, in der Sache hätten sie sich jedoch mit der Hauptmannschaft des Ritterorts auseinanderzusetzen[64].

Neubauten in der Barockzeit

„Zu Beginn des 18. Jahrhunderts waren die Schäden aus dem Dreißigjährigen Krieg weitgehend behoben. Jetzt konnte auch die Ritterschaft daran denken, ihre Burg und ihr altes »festes« oder »wehrhaft Haus« (das Tannische in Huflar bei Fladungen ist noch zu sehen) dem Stil der Barockzeit entsprechend umzugestalten oder ein Schloß neu zu bauen. Die Amtshäuser, Gutshöfe, Schulen und Pfarrhäuser wurden einbezogen. Vor allem ersetzten die Patrone die »Notkirchlein« der ersten Nachkriegsjahre durch stattliche Bauten. Mit Wappen, Initialen, Inschrift und Jahreszahl bekannte sich der Bauherr stolz zu seiner Leistung, bei der ihn oft berühmte Baumeister der fürstlichen Residenzen beraten hatten."[65]

So wurde auch in Nordheim i. Gr. 1708 der Neubau des Schlosses[66] begonnen, und der Bau der Kirche, in der die alten Grabsteine der Herrschaft wieder angebracht wurden, war 1742 beendet. In Völkershausen ließ Carl Freiherr von Stein 1722 bis 1731 Schloss, Kirche und Gutshof bauen, wobei die Pläne Balthasar Neumann vorgelegt worden sein sollen. Johann Philipp Ernst ließ 1741 die Kirche in Filke bauen.

Der Siebenjährige Krieg 1756 – 1763[67]

Wieder kamen Kämpfe, Spann- und Fourageforderungen und Einquartierungen ins Land, als Preußen, Hessen und Hannover, verbündet mit England, gegen die kaiserlichen und Reichstruppen und Frankreich kämpften.

Am 28. Juni 1757 schrieb z. B. Kaiser Franz aus Wien, zwei kaiserliche Husarenregimenter mit jeweils 1000 Mann würden aus Böhmen zur französischen Hilfsarmee nach Westfalen abgeschickt und auf ihrem Marsch den fränkischen Kreis mit Würzburg berühren. Er bitte die Betroffenen um ungehinderten Durchzug und Verpflegung gegen bare Bezahlung – und es wurde auch bezahlt, aber sicherlich nicht immer; auf jeden Fall war auch der Ersatz mit viel Mühseligkeiten verbunden.

Der Kaiser erteilte zwar am 4. August 1757 ein Schutz- und Schirmmandat für die Reichsritterschaft im fränkischen Kreis und ein Exemtionspatent (Befehl zur Ausnahme) von Militärbeschwerungen, Quartier und Verpflegungen, Logierungen, Kantonierungen (Einquartierungen) und Postierungen, Refraichier- und Lazarettquartier usw.. Aber obwohl solche Befreiungen sicher noch mehrmals ausgesprochen wurden, kam es selbstverständlich zu großen Belastungen auch für die reichsritterschaftlichen Gebiete, wie nachfolgende Beispiele zeigen[68].

Als der meiningische Amtmann zu Maßfeld Heinrich Schroeter am 29. August 1757 auch Stein'sche Orte mit Vorspanndiensten und Sonstigem belastete, wurde dagegen am 23. September Protest eingelegt und auf Rezesse mit Sachsen-Meiningen von 1708 verwiesen. Darauf schrieb Schroeter an den steinischen Amtmann Ludwig in Völkershausen, eine bekannte Regel des Lehnrechts: „Getreuer Herr – getreuer Knecht" bleibe von fortwährendem, unveränderlichem Effekt. Wenn also der Herr leide, müsse Letzterer notwendig mittragen. Da nun der Herzog zum Dienst am Heiligen Römischen Reich seine eigene Residenz, die fürstlichen Kammergüter und Lande willig dargebe, könne sich der Lehnsmann dieser allgemeinen Landeslast unmöglich entziehen. Es seien die Zeiten der Kriegsläufte, die jetzigen turbulenten Umstände wohl genüglich bekannt. Die Reichs-Hilfsarmee müsse vollständig von dem Lande, wo sie zu stehen komme, mit Lebensmitteln versorgt werden. Nachdem die hiesige Gegend von den starken Durchzügen ohnehin gänzlich erschöpft sei, müssten alle Möglichkeiten ergriffen werden, um noch größeres Übel abzuwenden. Es käme Schroeter nicht in den Sinn, die Privilegien und Konzessionen des Barons von Stein anzugreifen, sondern es geschehe aus wahrem nachbarlichen Wohlmeinen, dass man seine Ortschaften zur Lieferung beiziehe, damit nicht Kriegsvölker dorthin gewiesen würden, weil es dort alles im Überfluss gebe. Schroeter schlug vor, dass die von-Stein'schen Orte der nächsten Heulieferung ganz enthoben werden, wenn sie bei der Haferlieferung noch ein Malter mehr übernehmen.

Ende September berichtete man u. a. aus dem von-Stein'schen Gut Ruppers, es habe drei Paar Ochsen gehabt, und weil ein meiningisches Kommando diese ebenfalls als Vorspann verlangte, habe man zwei Paar gegeben. Das herrschaftliche Thurmgut habe auch drei Paar Ochsen gehabt, wohin der Landknecht aus Maßfeld mit Landmiliz eingefallen sei und zwei Paar mit Gewalt genommen habe; der dortige Bauernsohn habe noch dazu Schläge bekommen.

Am 11. November 1759 schrieb Schroeter, dass die alliierte Armee für alle im Amt Untermaßfeld gelegenen Orte abermals 240 je mit vier Pferden oder drei Paar Ochsen bespannte und mit genügend Säcken versehene Wagen verlange. Für die ritterschaftlichen Orte Völkershausen, Thurmgut mit der Hasel- und Schreckenmühle, Ober- und Unterfilke, Sands und Willmars seien dies acht.

Am 20. November schrieben einige steinische Schultheißen an Amtmann Ludwig in Völkershausen, sie seien wegen der französischen Anforderung beisammen gewesen. Sie würden dem Ritterschaftskommissar Schneider in Schweinfurt gerne eine Belohnung geben, wenn er oder die Regierung in Schweinfurt eine andere Einteilung erreichen könnte, damit die verlangten Fuhren nicht alleine auf ihnen blieben. Kein Ort könne mehr die Fuhrlasten ertragen; notfalls müssten sie versuchen, für Geld anderswo ein Fuhrwerk aufzutreiben.

Vier Tage später schrieben Hauptmann, Räte und Ausschuss der freien Reichsritterschaft in Franken Orts Rhön und Werra, der Kaiser bitte die fränkische Reichsritterschaft, ihre entbehrlichen Fouragevorräte den königlich französischen Truppen gegen bare Bezahlung zur Verfügung zu stellen und damit ihnen auf ihrem Hilfszug beizustehen. Das Direktorium unterstütze diese Bitte und zweifle an dem Erfolg keineswegs.

Als im Februar 1761 französische Truppen (2300 Mann und 750 Pferde) ins Amt „Ostheim" verlegt werden sollten, wobei die Kavallerie nur in der Stadt einquartiert werden könne, wollte Amtmann Johann Heinrich Christian Thon, dass sich auch die Ganerben beteiligten, auch an der Fourageversorgung. Diese versuchten, sich herauszuhalten, und meinten, sie hätten nur ihren Anteil an der der Stadt Ostheim auferlegten Menge zu tragen. Am 3. Februar 1761 schrieb der Geheim- und Ritterrat von und zu der Tann aus Schweinfurt an die reichsadeligen Ganerben zu Ostheim, es sei allerdings etwas sehr Hartes und Ungewöhnliches, dass auch die reichsadelige Kaste zu Winterquartieren und Fourage-Lieferungen herangezogen werde, da in dem kaiserlichen Exemtions-Patent die Reichsritterschaft mit ihren Gütern, Haus und Hof von Winterquartieren und aller Verpflegung gänzlich befreit worden sei. Nachdem aber die Beschwerungen von den französischen Truppen vorgenommen würden, deren Kommandant nicht zu erweichen gewesen sei, rate er, sich darein zu schicken, jedoch zu versuchen, mit dem französischen General ein Abkommen zu treffen, damit die adeligen Häuser von Einquartierung frei blieben. Auch zu Thüngen, Gräfendorf, Wolfsmünster[69] und anderen Orten hätten französische Einquartierungen nolenter volenter (= ob man wollte oder nicht) erduldet werden müssen.

Im Dezember 1761 rückte schon wieder ein französisches Kavallerieregiment in Ostheim ins Winterquartier ein[70].

Teilnahme an den Koalitionskriegen

In den seit 1792 mit dem revolutionären Frankreich geführten Kriegen des Reiches und anderer europäischer Mächte wurden auch die Reichsritter zu aktiver Waffenhilfe aufgefordert, und 1797 erinnerte der Ritterhauptmann des Kantons Rhön und Werra Friedrich Freiherr von der Tann die Mitglieder an ihre originäre Aufgabe des Schutzes des Kaisers und Reiches. Der Beitrag zu den Kriegen sollte, wie wir noch sehen werden, zur endgültigen Vernichtung der Reichsritterschaft beitragen.

[1] ZICKGRAF, S. 136 f..
[2] AV: Fach „Reichsritterschaft". Akte „Ritterschaftliche Rechte" und LÜNIG, Reichsarchiv 12. S. 11 f. (Revers Wilhelms von Henneberg vom 7. Oktober 1555; Zitat: S. 11) und S. 12 (Revers Johann Friedrich des Jüngeren und seiner Brüder vom selben Datum).
[3] 6. Januar 1584 nach dem heutigen Kalender.
[4] AV: Fach „Reichsritterschaft". Akte „Ritterschaftliche Rechte". Leider fehlt die letzte Seite mit Datumsangabe.
[5] AV: Fach „Reichsritterschaft". Akte „Reichsritterschaft 1572 – 1599".
[6] LÜNIG, Reichsarchiv 12. S. 15.
[7] vgl. Kapitel 4 „Die Entstehung der Reichsritterschaft" Abschnitt „Ritter erwerben die Reichsunmittelbarkeit".
[8] KÖRNER, Kanton Rhön und Werra. S. 66. — Diese Ordnung wurde (nach der Kriegsunruhe) 1661 überarbeitet und von Kaiser Leopold I. bestätigt. — Druck der Version mit Bestätigung vom 24. Januar 1718 in: Des heiligen römischen Reichs ohnmittelbarfreyer Ritterschaft der sechs Orte in Franken erneuerte, vermehrte und confirmirte Ordnungen, ... o.O. 1772. S. 3 ff. (nach WAGNER, Mellrichstadt. S. 239. Anmerkung 10).
[9] AV: Fach „Reichsritterschaft". Akte „Ritterschaft 1600 bis 1618".
[10] AV: Fach „Reichsritterschaft". Akte „Ritterschaft 1600 bis 1618". — Der lateinische Satz bedeutet: „weil Geld die Sehne / der Muskel der zu betreibenden Unternehmungen ist".
[11] *Einzelaufzählungen*. — StAMbg: Bestand 109. Nr. 474. Produkt Nr. 52 (nach WAGNER, Mellrichstadt. S. 239. Anmerkung).
[12] Ein Hintersiedler oder Hintersasse war ein (halb)freier Bauer, der von einem Grundherrn dinglich abhängig war und sein Gut nicht freieigen besaß.
[13] AV: Fach „Reichsritterschaft". Akte „Reichsritter vor 1600".
[14] *Kontributionen* sind „Geldbeiträge". — Meistens scheinen damit die Beiträge für die Kriegsführung des Kaisers gemeint zu sein.
[15] AV: Fach „Reichsritterschaft". Akte „Reichsritterschaft 1572 – 1639".
[16] AV: Fach „Reichsritterschaft". Akte „Reichsritterschaft 1572 – 1639". Rundbriefe vom 15. August 1598 und 22. Juni 1614.
[17] AV: Fach "Reichsritterschaft". Akte „Reichsritter 1618/48".
[18] vgl. Abschnitt „Der Buchische Streit" weiter unten.
[19] AV: Fach „Reichsritterschaft". Akte „Reichsritter 1618/48" (Extrakt eines Stein'schen Rezesses vom 16. Oktober 1654 und Schreiben vom 20. / 30. Dezember 1657) und „Akten der Ritterschaft von 1650 – 1669" (Ausschreibung vom 26. Mai 1666 eines allgemeinen Rittertags des Orts Rhön und Werra wegen Differenzen bezüglich der Matrikel nach Neustadt an der Saale am 28. Juni 1666).
[20] AV: Fach „Reichsritterschaft". Akten der Ritterschaft von 1650 – 1669.
[21] AV: Fach „Reichsritterschaft". Akte „Reichsritterschaftliche Rechte" (in Kopie).
[22] Bei seiner Kalenderreform glich Papst Gregor XIII. die seit der Julianischen Reform entstandene Zeitverschiebung aus, indem er auf den 4. Oktober 1682 den 15. Oktober folgen ließ. Aber die meisten katholischen Länder (auch die katholischen Teile Deutschlands) übernahmen den reformierten Kalender erst später zu verschiedenen Zeiten, z. B. das Bistum Würzburg ab 15. November 1683 (nach dem 4. November), die evangelischen und orthodoxen Länder vorerst überhaupt nicht. Ab dem Zeitpunkt, an dem die katholischen Länder Deutschlands den neuen Kalender anwendeten, bis zum 18. / 28. Februar 1700, wonach auch die protestantischen Länder die Kalenderreform mitmachten und auf das "katholische" Datum (1. März) vorrückten, klaffte eine Lücke von zehn Tagen (neun "Datums"-Tagen) zwischen den evangelischen und katholischen Datumsangaben, die zu manchen Verwirrungen bei protestantisch-katholischer Kommunikation führen konnte, denn nicht immer setzte man zum Datum „stylo veteri (sic!) / novo" (nach altem / neuem Stil) o. ä..
[23] StAW: Ldf 41. S. 394 ff. (Mandat vom 28. Februar) und 479 ff. (Mandat vom 25. August).
[24] AV: Fach „Reichsritterschaft". Akte „Ritterschaftliche Rechte" und LÜNIG, Reichsarchiv 12. S. 58.
[25] AV: Fach „Reichsritterschaft". Akte „Ritterschaftliche Rechte".
[26] AV: Fach „Reichsritterschaft". Akte „Reichsritter 1618/48".
[27] AV: Fach „Reichsritterschaft". Akte „Ritterschaftliche Rechte".
[28] DOMARUS, S. 154. — Interessanterweise schreibt TITTMANN (S. 589), die Verschuldung der Reichsritter habe schon im halben Jahrhundert vor dem Krieg angefangen und sei durch ihn nur verstärkt worden. Sie rühre daher, dass die Ritter ihre Töchter versorgen mussten, nachdem bei den evangelischen Adelsfamilien durch die Reformation die Klöster als Versorgungsinstitutionen weggefallen waren. Dazu hätten sie ihre Güter beleihen müssen.
[29] Es ging eigentlich um die Unterwerfung Böhmens unter Habsburg; dabei entwickelte sich dort eine protestantische Adelsrevolte.
[30] Die *Union* (1608 – 1621) war ein Bündnis evangelischer Reichsstände (ursprünglich acht Fürsten und 17 Städte). Dagegen formierte sich 1609 die katholische *Liga* (ohne Österreich) unter bayerischer Führung.
[31] AV: Fach „Reichsritterschaft". Akte „Reichsritter 1618/48".
[32] AV: Fach „Reichsritterschaft". Akte „Reichsritterschaft 1572 – 1639". — Graf Peter Ernst II. von Mansfeld (1580 – 1626) war ein Söldnerführer der protestantischen Seite. Ab 1618 beteiligte er sich am Krieg in Böhmen als General des Königreichs Savoyen, führte dann in der Kurpfalz Krieg ab 1621 und wurde am 25. April 1626 an der Elbbrücke bei Dessau von Wallenstein vernichtend geschlagen. Er starb kurz darauf unter mysteriösen Umständen in Dalmatien, wo er neue Truppen anwerben wollte.
[33] Melchior von Hatzfeld, der spätere Graf zu Gleichen und Herr zu Wildenberg (1593 – 1658), war kaiserlicher General, später Generalfeldzeugmeister.
[34] AV: Fach „Ostheim". „Ostheimer Akten" II/XII, 203. — Ein *Maß* als Wein- (/Bier-)maß war vermutlich ca. 1 Liter. Wein wurde auch in *Eimern* (70 – 80 Liter) gemessen.

35 AV: Fach „Ostheim". „Ostheimer Akten" II/XII, 203.
36 KÖRNER, Kanton Rhön und Werra. S. 73.
37 AV: Fach „Reichsritterschaft". Akte „Reichsritter 1618/48".
38 Schönberg oder Schönburg († 1631) war ligistischer Generalfeldzeugmeister. Sein Regiment wird als „Raub- und Pressur-Regiment" bezeichnet (WEIGEL, HELMUT. Franken im Dreißigjährigen Krieg. Versuch einer Überschau von Nürnberg aus. In: Zeitschrift für bayerische Landesgeschichte 5 (1932). S. 1 – 50 und 198 – 218. Hier S. 23).
39 AV: Fach „Reichsritterschaft". Akte „Reichsritter 1618/48".
40 Eberhardt von Manteuffel († 1633) war bayerischer Oberst.
41 AV: Fach „Reichsritterschaf" . Akte „Reichsritter 1618/48".
42 AV: Fach „Reichsritterschaft". Akte „Reichsritter 1618/48".
43 Wie genau die Salvaguardien gehandhabt wurden, ist nicht bekannt: Einerseits wurden, wie hier, Schutzbriefe erteilt, welche die Inhaber dann den Truppenführern vorzeigten, andrerseits erhielten die Adelsgüter einen Wachtposten, der verpflegt werden musste und Schutz vor seinen Gefährten, aber teils auch vor Plünderern und Räubern gewährte. Eine kaiserliche Salva Guardia ist eine allgemeine Schutz- und Immunitätszusage des Kaisers.
44 AV: Fach „Familie von Stein". Akte „Caspar von Stein 1590 – 1632".
45 Johann Ludwig (Giovan Ludovico) Hektor Graf von Isolani (auch: Isolano) (1586 – 1640) stammte aus einem zypriotischen Adelsgeschlecht und wurde schließlich Führer der gesamten kroatischen Reiterei.
46 KÖRNER, Kanton Rhön und Werra. S. 76.
47 Graf Gottfried Heinrich von Pappenheim (1594 – 1632) war ein kaiserlicher Reiterführer; die Schiller'schen „Pappenheimer" waren seine Reiter.
48 AV: „Briefe von Matthes Schmidt".
49 Ein *Ortsgulden* war ein Viertel Gulden (1 fl. = 60 Kreuzer).
50 AV: Fach „Reichsritterschaft". Akte „Reichsritterschaft 1572 – 1639".
51 KÖRNER, Kanton Rhön und Werra. S. 77.
52 AV: „Briefe von Matthes Schmidt".
53 Graf Heinrich von Schlick war Führer der Aufständischen in Böhmen, wechselte aber nach der Schlacht am Weißen Berg 1620 geschickt die Seite und wurde kaiserlicher Befehlshaber und schließlich Feldmarschall.
54 wohl Maria Salome von Stein, geb. Voit von Salzburg (1581 – 1638), die Witwe Caspar Wilhelms von Stein zu Völkershausen, der 1622 gestorben war.
55 Dieser und die folgenden Briefe: AV: „Briefe von Matthes Schmidt". — Es ist erstaunlich, dass irgendwie überhaupt noch Vieh und auch Geld für Salvaguardien trotz der „jahrelangen" Plünderungen und Zahlungen vorhanden war.
56 Sohn Caspars († 1632); 1619 – 1647.
57 Abschrift Carl Binders. Archiv des Evangelisch-Lutherischen Pfarramtes Sondheim v. d. Rh., Nr. 2. — Herzog Johann Ernst von Sachsen-(Coburg-)Eisenach (I) (9. Juli 1566 – 23. Oktober 1638). Er regierte ab 1570/72 mit seinem Bruder Johann Casimir zusammen; sie teilten ihr Land 1996, und er beerbte seinen Bruder 1633.
58 Sohn Caspars († 1632); 1623 – 1692.
59 KÖRNER, Kanton Rhön und Werra. S. 81.
60 DOMARUS, S. 149.
61 DOMARUS, S. 158.
62 Noch 1779 erschien in Meiningen eine anonyme Schrift mit dem Titel: „Gründliche Abfertigung der grundlosen Belehrung des ohnbefangenen Publici von dem Verhältniß des ReichsRitterOrts Rhön und Werra gegen das Buchische Quartier und der neuerlich aufgestellten seltsamen Meinung ob seye letzteres dem erstern subordiniret".
63 KÖRNER, Kanton Rhön und Werra. S. 84 ff.
64 AV: Fach „Reichsritterschaft". Akte „Schaumberg in Thundorf".
65 KÖRNER, Kanton Rhön und Werra. S. 94 f..
66 Dieses Schloss wurde nach dem Zweiten Weltkrieg in den 50er Jahren gesprengt,
67 Nach dem Österreichischen Erbfolgekrieg um Maria Theresia (1740 – 1748) mit dem Erwerb Schlesiens durch Preußen, war das Verhältnis der beiden Staaten nicht bereinigt, ebenso wenig das zwischen England und Frankreich, vor allem in der Kolonien in Indien und Nordamerika. So kam es im Jahre 1756 zu erneuten Kämpfen in Europa.
68 AV: Fach „Kriege". Akte „Siebenjähriger Krieg" (alte Nummer 384).
69 bei Gräfendorf an der Fränkischen Saale.
70 AV: Fach „Kriege". Akte „Siebenjähriger Krieg" (alte Nummer 384).

13. Das Ende des von-Stein'schen Engagements in Ostheim

Zeitalter der Veränderungen[1]

Die Folgen der Französischen Revolution machten der „Verfassung" des Deutschen Reiches, wie sie Jahrhunderte lang bestanden hatte, ein jähes Ende. Dies bedeutete auch, dass die immer größer werdende Selbstständigkeit der Reichsritterschaft abrupt verschwand. Schon nach dem Ersten Koalitionskrieg (1792 – 1797), in dem europäische Mächte nach der Kriegserklärung Frankreichs an Österreich versucht hatten, die Revolution in Frankreich rückgängig zu machen, und in dem Napoleon die militärische Führung Frankreichs übernommen hatte, musste Österreich im Frieden von Campoformio (in Venetien; 17. Oktober 1797) Frankreich das 1792 eroberte gesamte linke Rheinufer zugestehen. Dasselbe hatten schon Preußen und Hessen-Kassel 1795 und Württemberg und Baden 1796 getan[2]. Im Zweiten Koalitionskrieg (1799 – 1802) wurde dies im Frieden von Lunéville am 9. Februar 1801 von Österreich bestätigt. Diejenigen Reichsfürsten, die damit Gebiete verloren, sollten mit durch Säkularisation im Reich gewonnenen Territorien entschädigt werden, d. h. die Kirchenfürsten mussten ihre weltliche Herrschaft aufgeben; ebenso sollten die meisten Reichsstädte mediatisiert werden, d. h. ihre Reichsunmittelbarkeit einbüßen und unter die Landeshoheit[3] anderer Stände kommen. Bayern verlor u. a. den größeren Teil der Rheinpfalz[4], das Fürstentum Zweibrücken und das Herzogtum Jülich. Am 24. August 1801 und am 23./24. Mai 1802 hatte sich Bayern – wie andere Staaten auch – in Paris seine Entschädigungen gesichert. Somit standen die Vertragsgrundlinien schon fest, als sich die außerordentliche Reichsdeputation[5] ab 24. August 1802 in Regensburg traf und die Gebietsveränderungen im abschließenden Reichsdeputationshauptschluss vom 25. Februar 1803 festlegte. Gleich nach Zusammentreten der Deputation ließ auch Bayern die neuen Gebiete, u. a. das Hochstift Würzburg / Herzogtum Franken, militärisch provisorisch besetzen, um sie gegen andere Mächte, wie z. B. Württemberg, zu sichern, dort Besitzergreifungspatente vom 22. November anschlagen[6] und nach dem Deputationsschluss vom 15. November[7] gegen Ende des Monats auch zivil in Besitz nehmen (Würzburg z. B. am 29. November und den folgenden Tagen). Später hat man Patente auch „in den Reichsunmittelbahren, dem Furstenthum Würzburg Jn Lehn gehenden Ortschafften affigiren laßen"[8]. Was aber der Reichsdeputationshauptschluss gar nicht bestimmt hatte, war die Mediatisierung der Reichsritterschaft, deren Bestand durch den Wortlaut des Paragraphen 28 sogar bestätigt wurde; sie entsprach aber dem Zeitgeist. „»Der Zeitgeist selbst«, heißt es in einer Flugschrift des Jahres 1806, »bringt es mit sich, daß die stärkeren deutschen Reichsstände darnach trachten müssen, ihre Landeshoheit zur Souveränität zu erweitern, mithin von Kaiser und Reich sich freimachen. Zu diesem Zwecke müssen sie sich arrondieren, d. h. den Besitz schwächerer Stände an sich bringen, und konsolidieren, d. h. einem Schutz gewährenden Völkerbunde sich anschließen. Die Opfer der neuen Ordnung sind zu beklagen, aber der neuzeitliche Entwickelungsprozeß ist nicht aufzuhalten.«"[9]. Schon seit 1792 und endgültig 1796 hatte Preußen seine Ritterschaft in Franken unterworfen[10]. Dasselbe versuchte nun auch Bayern.

Lokale Auswirkungen

Konfrontation mit Bayern

Am 9. Oktober 1803 erklärte Bayern auch für Franken die Besitzergreifung über die bayerischen Lehen und Allodialgüter (Eigenbesitz) der Reichsritter, aber auch teils über sächsische Lehen[11]. Das kurfürstliche fränkische General-Landes-Kommissariat in Bamberg sagte, Kurfürst Maximilian Joseph musste es bei seinem Regierungsantritt in Franken auffallen, „jenes ursprüngliche verfassungsmäßige Verhältniß des Adels zum Landesherrn gänzlich aufgelößt zu finden." Überall, selbst mitten im fürstlichen Staatsgebiet, sei er auf „gefreyte Besitzer" gestoßen, die zu dem Staat, in dem sie lebten, in keiner Beziehung stehen wollten, die zwar am Schutz und an den wohltätigen Folgen des Gesellschaftsvertrages dieses Staates teilnehmen, sich aber den daraus resultierenden Lasten entziehen und unbedenklich der Ankündigung des erbfürstlichen Hauses mit Protesten beggenen. Zum Wohl der fränkischen Provinzen sehe sich deshalb das Kurhaus gezwungen, die Verfassung der würzburgischen und bambergischen Ritterschaft auf den Punkt zurückzuführen, von welchem sie sich auf eine rechtsbeständige Weise nie hätte entfernen können. Durch den veränderten Zeitgeist und den Übergang einer geistlichen Wahlregierung zur erbfürstlichen Regierung sei eine Revision der Verfassung notwendig geworden. Man heftete Besitzergreifungspatente in ritterschaftlichen Dörfern, teils mit militärischen Mitteln, an.

In unserer Gegend hatte die Familie der Freiherren von Stein außer in Ostheim noch in anderen Orten Besitzungen oder besaßen sie ganz. Nachdem Dietrich Philipp August von Stein, „der Fürst der Rhön", am 5. Juni 1803 gestorben war, verwalteten seine drei überlebenden Söhne, der Würzburger Kammerherr *Friedrich* Georg, der preußische Leutnant / Rittmeister *Christian* Karl und der Meininger Kammerherr und Oberforstmeister Julius *Wilhelm* Ernst, gemeinsam den Besitz. Er bildete ein Amt mit Sitz in Nordheim im Grabfeld, das Johann Adam Tröbert führte[12]. Hier kündigten sich die Neuerungen Mitte 1803 an: Tröbert schrieb in seinem „unterthänigen Bericht" vom 12. Juli u. a., der bayerische Kurfürst habe befohlen, die Kanzlei des Orts Rhön und Werra innerhalb von 14 Tagen aus Schweinfurt, das nun bayerisch war, über die Grenze abzuziehen[13]. Ende Juli wurden von-Stein'sche Schultheißen nach Mellrichstadt zitiert, ohne dass man sagte, wozu, vermutlich zur förmlichen Huldigung. Ihnen wurde von ihrer Herrschaft bei Strafe verboten zu gehen, und von bayerischer Seite wurde mit Zwangsmaßnahmen gedroht, die die ritterschaftliche Seite dann erst abwarten wollte[14]. Wirklich ernst wurde es, als am 4. November der Mellrichstädter Amtsadministrator Linder den Schultheißen von Mühlfeld, Bibra und Nordheim sein Kommen für den 7. November ankündigte, um eine kurfürstliche Verordnung (die Besitzergreifung nämlich) öffentlich zu verkünden. Sie sollten sich einheimisch erhalten. Aus Völkershausen wurde dem Lichtenberger Amtsverweser Thon[15] berichtet, Linder habe ein Protestschreiben Christian Freiherrn von Steins ohne Empfangsbestätigung geöffnet und unbeantwortet zurückgeschickt. Als Linder am 7. November Nachmittags in Nordheim erschien, erklärte Tröbert, die Gemeinde müsse sich nichts anhören als Zentsachen[16], die Freiherren von Stein seien noch die einzige und rechtmäßige Herrschaft des Dorfes, das Dorf liege außerhalb des bayerischen Gebiets und sei gegen Kurbayern ganz purifiziert, Bayern habe dort nur geringes Lehen und auch das Zentrecht sei eingeschränkt, und protestierte im Namen seiner Herrschaft gegen alle Eingriffe von bayerischer Seite in die Rechte der Reichsritterschaft; man werde an den Kaiser appellieren. Linder habe außerdem durch die unbeantwortete Zurücksendung des Schreibens den Freiherrn von Stein persönlich beleidigt. Linder erklärte, er dürfe einen Protest weder annehmen noch davon Kenntnis nehmen und er habe nicht vorgehabt, Leutnant von Stein zu beleidigen. Und so musste man schließlich die wenigen im Dorfe anwesenden Nachbarn versammeln, und das Schreiben wurde verlesen und an das Schultor angeschlagen. Ähnliches geschah in anderen von-Stein'schen Orten, und alle reichsritterschaftlichen Lehnsgrundstücke in anderen Orten wurden mit bayerischer Steuer belegt. Thon schrieb am 9. November, endlich sei der letzte entscheidende Schlag von Kurbayern gegen die Reichsritterschaft geschehen. Er meine, dass pure Unrichtigkeiten als Gründe der Besitzergreifung vorgeschoben worden seien und Kurbayern sich eigenmächtig zum Richter aufwerfe und mit der Exekution beginne, wenn man es nicht einfach als Landraub bezeichnen wolle. Nicht nur er war überrascht, dass sogar sächsische Lehen besetzt wurden. Thon und der Weimarer Regierungsrat August Müller protestierten als Vertreter der verreisten von-Stein-Brüder, begründeten ihren Protest und versicherten, dass sie jeden Eingriff in ihre Rechte und Befugnisse einem höchsten Richter vorlegen würden. Die Freiherren von Stein verordneten ihren Schultheißen, sich bei 20 Reichstaler Strafe zu keiner Verbindlichkeit zu Kurbayern zu verstehen und nichts außer Zentsachen anzuhören. Wie üblich bei solchen Streitigkeiten, waren damit die örtlichen Beamten in einer Zwickmühle[17], denn sie wurden von beiden Seiten bedroht. So wurde z. B. Amtmann Tröbert zum 2. Dezember 1803 nach Mellrichstadt beordert, um seine „Huldigungspflicht" abzulegen. Sogar der Meininger Herzog hatte den Rat gegeben, den Eid zu leisten, weil sonst Sequestration[18] drohe. Ein erzwungener Eid sei nicht bindend. Als Tröbert mit schwerem Herzen in Mellrichstadt erschien, wurde er wie andere ritterschaftliche Beamte zwar freundlich begrüßt und brachte seinen Protest vor, dass er den Freiherren von Stein eidlich verpflichtet sei;

der bayerische Landkommissar Then antwortete darauf aber kühl, er könne auf Proteste keine Rücksicht nehmen und müsse ihn im Falle einer Weigerung so behandeln, als sei er nicht erschienen, was militärische Exekution bedeutete[19]. Tröbert leistete also schließlich den Eid. Während der ganzen Zeit paradierten vor dem Amtshaus 30 Mann bayerische Infanterie und 20 Chevaulegers und der Donner eines großen Geschützes erschütterte die ganze Stadt und die Umgegend. Nach der Eidesleistung wurde ihnen eine Mahlzeit gereicht, „bei der es meinen H[errn] Collegen sehr wohl schmeckte, ich aber kaum etliche Bißen mit Mühe verschlucken konnte. Dis und der Gram mir eine totale Indigestion veruhrsacht hat."[20] Für ihn war es einer der traurigsten Tage, wie er am 3. Dezember berichtete.

Die fränkische Reichsritterschaft meinte, dass eine „Verwechselung des Reichsritterschäftlichen mit dem Churfürstlichen Gebiete zum Grund liegen müsse"[21], und protestierte gegen solche Maßnahmen: „Die bayerische Regierung solle sich der Reichsverfassung entsprechend verhalten, die Begriffe ‚Landeshoheit' und ‚Lehnsherrlichkeit' unterscheiden, die Patente abnehmen, die Truppen zurückziehen und alle entstandenen Kosten ersetzen."[22] Bayern aber setzte den Kampf gegen die Ritter fort: Ohne Ablegung des Untertaneneids wurde z. B. keiner aus einem Rittergeschlecht zu Zivil- oder Militärämtern zugelassen, worauf nachgeborene Söhne angewiesen waren, und Pensionen wurden nicht gezahlt. Man suchte durch Dokumente in den Archiven nachzuweisen, dass der Adel einstmals „landsässig" gewesen, d. h. unter der Hoheit eines Fürsten (hier des Bischofs von Würzburg) gestanden war. Dies bestätigte sich für einen „sehr beträchtlichen Teil" der Rittergüter; sie seien Hochstifts-Lehen gewesen und könnten deshalb als „unveräußerter und unveräußerlicher Bestandteil" Bayerns gelten. Man setzte auf Zermürbung des Widerstandes und freiwillige Unterwerfung des Adels. Es wurde eine „Baierisch-Fränkische Ritterschaft in den Fürstentümern Würzburg und Bamberg" mit Landsässigkeit, aber auch gewissen Privilegien gebildet. Zum 15. November rief man eine handverlesene Schar von 13 fränkischen Adeligen, „die das Vertrauen sein.[er] Churfürstl. Durchlaucht so wie ihrer Genossen vorzüglich verdienen", nach Bamberg ein[23], wo ihnen die neue Verfassung eröffnet und nach Anhörung von Erinnerungen und Wünschen zur unmittelbaren Sanktionierung (Anerkennung) vorgelegt werden sollte[24]. Das Gremium war nur teilweise und unter größtem Druck durch Exekutionskommandos bereit, mit Bayern zusammenzuarbeiten[25], und bis zum 23. Dezember 1803 hatten von den 176 Mitgliedern aus 77 Familien des Ritterkantons Rhön und Werra zwar 87 den Huldigungseid abgelegt, aber gerade die einflussreichsten Geschlechter hatten ihn verweigert, unter ihnen auch die Freiherrn von Stein[26]. Ihnen war im November eine Eidesformel zugeschickt worden, die sie innerhalb von acht Tagen eigenhändig unterzeichnen und zurückschicken sollten. Der Hauptgrund, der für die Weigerung vorgebracht wurde, war die Tatsache, dass sie dem Kaiser einen dreifachen Eid geleistet hätten, den sie damit brechen würden. Deshalb wurden Anfang Januar 1804 die von-Steinschen Besitzungen in Sequestration genommen. Der Verwalter Kaspar Rommel konnte durch Ablegung des Huldigungseids am 10. Januar 1804 nur eine „fremde" Sequestration verhindern; sie wurde dann durch Then ausgeübt.

Auch Sachsen-Meiningen reagierte, um seine Ansprüche gegenüber Bayern zu wahren. Herzog Georg I. ließ durch Patent vom 22. November 1803 von Völkershausen und praktisch allen anderen von-Stein'schen Gütern provisorisch Besitz ergreifen und am 30. November darüber dem Kaiser Bericht erstatten, worin ausdrücklich betont wurde, dass man sich dazu nur wegen des bayerischen Vorgehens genötigt sah[27].

Auch dagegen protestierten die Freiherren von Stein; sie erkannten aber gleichzeitig als positiv an, dass das Meininger Vorgehen nur provisorisch geschehen sei und wieder rückgängig gemacht werde, wenn die bayerische Bedrohung aufhöre[28].

Diese und die bayerischen Besitzergreifungspatente wurden mehrmals, teils unter Militärbegleitung, entfernt und neue angeheftet. Am 18. Dezember berichtete Tröbert, fast täglich durchkreuzten sich Auftritte, Zirkulare, Bekanntmachungen, Pönalverordnungen[29], bald von diesem, bald von jenem; bald wisse man nicht mehr, was man tun und lassen solle.

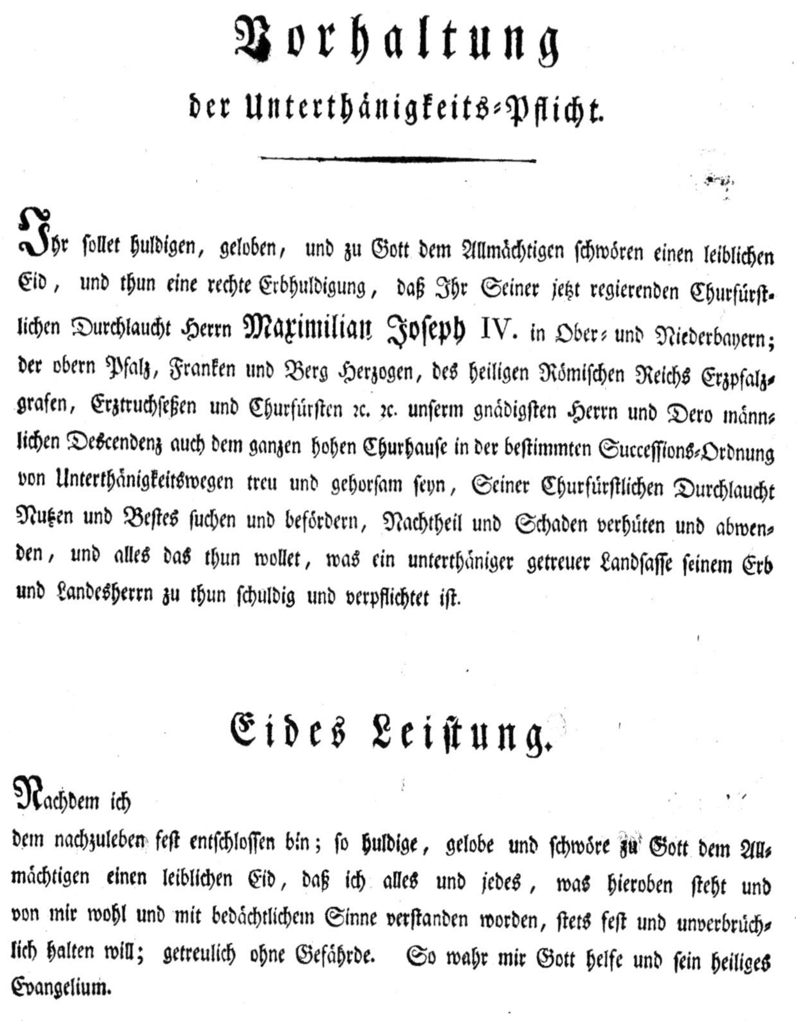

ABBILDUNG 1:
VORGESCHRIEBENER
TEXT DER
BAYERISCHEN
EIDESLEISTUNG 1803

Vorhaltung
der Unterthänigkeits-Pflicht.

Ihr sollet huldigen, geloben, und zu Gott dem Allmächtigen schwören einen leiblichen Eid, und thun eine rechte Erbhuldigung, daß Ihr Seiner jetzt regierenden Churfürstlichen Durchlaucht Herrn **Maximilian Joseph** IV. in Ober= und Niederbayern; der obern Pfalz, Franken und Berg Herzogen, des heiligen Römischen Reichs Erzpfalzgrafen, Erztruchseßen und Churfürsten ꝛc. ꝛc. unserm gnädigsten Herrn und Dero männlichen Descendenz auch dem ganzen hohen Churhause in der bestimmten Successions-Ordnung von Unterthänigkeitswegen treu und gehorsam seyn, Seiner Churfürstlichen Durchlaucht Nutzen und Bestes suchen und befördern, Nachtheil und Schaden verhüten und abwenden, und alles das thun wollet, was ein unterthäniger getreuer Landsaße seinem Erb und Landesherrn zu thun schuldig und verpflichtet ist.

Eides Leistung.

Nachdem ich dem nachzuleben fest entschlossen bin; so huldige, gelobe und schwöre zu Gott dem Allmächtigen einen leiblichen Eid, daß ich alles und jedes, was hieroben steht und von mir wohl und mit bedächtlichem Sinne verstanden worden, stets fest und unverbrüchlich halten will; getreulich ohne Gefährde. So wahr mir Gott helfe und sein heiliges Evangelium.

Die Rittergüter an der Grenze[30] galten als unter sächsischem Schutz stehend, wenn sie nicht sogar, wie Völkershausen, sächsische Lehen waren. Auf jeden Fall hatte Würzburg dort keinerlei Rechte gehabt, auf die sich Bayern jetzt hätte stützen können. Eine amtliche bayerische „Beschreibung der ritterschaftlichen Güter im Amte Mellerichstadt" sagt ausdrücklich: „Ich finde keine Anzeigen davon, daß Völkershausen jemals zum geschlossenen Amtsbezirke gehört, oder daß das Fürstenthum Würtzburg jemals Landeshoheitsrechte und besonders Civil- und Criminal-Jurisdiction über Völkershausen ausgeübt habe."[31]

Die Ritterschaft berichtete dem Kaiser und beschwerte sich über das unrechtmäßige Vorgehen des bayerischen Kurfürsten (und natürlich anderer Fürsten, die dasselbe unternommen hatten). Der Kaiser gewährte daher am 3. November 1803 der Reichsritterschaft seinen Schutz[32] und befahl in seinem Reskript vom 23. Januar 1804 die Rücknahme der Besitzergreifungen, die Annullierung der Huldigungseide und die Wiederherstellung des früheren Besitzstandes (vom 1. Dezember 1802). Dieses kaiserliche Konservatorium[33] veranlasste die Fürsten, teils sehr zögerlich, ihre Maßnahmen gegen die Ritter wieder zurückzunehmen. Ein meiningisches Patent vom 24. Februar ordnete die Wiederabnahme der Besitzergreifungspatente an, worüber dem Kaiser am 10. April berichtet wurde[34]. Auch der bayerische Minister(präsident) von Montgelas glaubte, es sei unter den gegebenen Umständen ratsam, vorerst nachzugeben. Das bayerische General-Landes-Kommissariat erklärte am 5. und 23. Februar 1804, Seine Kurfürstliche Durchlaucht habe sich in seinen Hoffnungen getäuscht gesehen, weil "Leidenschaft und Patheygeist mehrere Rittergutsbesitzer verleitet haben [...] zu den allerstürmischsten Klagen und Beschwerden bey Kaiserlicher Majestät und den höchsten Reichsgerichten zu reitzen"; deshalb habe er befohlen, dass diejenigen Verordnungen, welche wegen Unterwerfung der in

Franken eingesessenen adeligen Gutsbesitzer erlassen wurden, zurückgenommen werden[35]. Die kurbayerische Sequestration der von-Stein'schen Güter wurde aufgehoben und Anfang April der vorherige Zustand wieder hergestellt[36].

Schon im Jahre 1803 hatte Friedrich Graf von Thürheim, der General-Landes-Kommissar, dem Kurfürsten vorgeschlagen, Ausgleichsverhandlungen mit den sächsischen Nachbarn zu beginnen[37], und mit Sachsen-Weimar-Eisenach kam bereits im Vertrag von Würzburg vom 21. Februar 1804[38] eine Übereinkunft zustande, die auch von beiden Seiten im April ratifiziert wurde. Sie sah vor, dass die sächsische Lehnsherrlichkeit über Besitz der Freiherrn von Erthal und Rosenbach und Erbzinsrechte in Maßbach, Volkershausen, Poppenlauer (Landkreis Bad Kissingen) und anderen Orten im bayerischen Gebiet, deren Heimfall an Sachsen-Weimar infolge des Aussterbens des Mannesstammes unmittelbar bevorstand, dann ausgetauscht werden sollen gegen bayerische Lehen in Sondheim v. d. Rh. (den sog. von-Gebsattel'schen Fronhof) und in Ostheim (Teile der von-Stein'schen Güter) und andere Zent-, Erbzins-, Zoll- und Jagdrechte im Amt Lichtenberg[39]. Letztere waren aber im Wert geringer als erstere, so dass Bayern eine später zu entscheidende Kompensation durch Abtretung von Teilen des Amtes Fladungen zusagte. Als der Heimfall dann aber tatsächlich geschah (Lothar Franz Michael von Erthal starb am 4. Dezember 1805 und Karl Josef von Rosenbach am 25. August 1806), konnte aus Gründen, die wir noch sehen werden, diese Übereinkunft nicht mehr greifen.

Schon nach weniger als zwei Jahren aber war der Kaiser nicht mehr in der Lage, die Reichsritter zu schützen; denn diesmal kam der Angriff von Napoleon persönlich, der den Rittern ihre aktive Beteiligung an den Koalitionskriegen zum Vorwurf machte[40]. Er wollte auch endlich Ruhe in den mit ihm verbündeten süddeutschen Staaten Bayern, Württemberg und Baden. Im Tagesbefehl vom 19. Dezember 1805 machte Marschall Berthier die Anordnung Napoleons bekannt, die französischen Kommandeure sollten deren Fürsten zur Durchsetzung ihrer Souveränität bei der Inbesitznahme der ritterschaftlichen Güter mit Waffengewalt unterstützen; die Ritterschaft befinde sich nämlich im Kriegszustand mit Frankreich, da sie österreichische Soldatenwerbung in ihren Gebieten erlaubt habe[41]. Im Frieden von Pressburg am 26. Dezember 1805 wurde diesen Staaten nochmals die volle Souveränität zugestanden, so dass sie zur Erzielung eines geschlossenen Territoriums gegen alle Enklaven vorgehen konnten. Dies wurde ebenso explizit in der Rheinbundakte vom 12. Juli 1806 bestätigt[42].

Am 13. November 1805 schon schrieb Graf von Thürheim, jetzt Präsident der Kurfürstlichen Landes-Direktion in Würzburg als Lehnshof, im Namen des Kurfürsten von Pfalzbayern an Wilhelm Freiherrn von Stein zu Nordheim, der unerwartete feindliche Einfall in die älteren Erblande erfordere Zurüstungen und Anstrengungen, bei welchen alle Mittel, die in der gesetzlichen Verfassung liegen, aufgeboten werden müssten. So seien auch die Ritterdienste der Vasallen des Fürstentums Würzburg gefordert. Nachdem aber ein Ritterzug praktisch unmöglich sei, soll von Stein für zwei zu stellende Ritterlehnpferde 902 fl., also für diesen und den vorherigen Krieg 1804 fl. innerhalb von 14 Tagen zahlen. Am 6. Dezember schrieb Wilhelm aus Völkershausen an den Vorstand des Kantons Rhön und Werra, Friedrich Freiherr von der Tann, er habe zwar mehrere würzburgische Lehen, die in sechs verschiedenen Lehnsbriefen verliehen werden, allein es bestünden diese Lehen nur in Teilen des Völkershäuser und Ostheimer Gutes, welches aufgetragenes Lehen[43] sei, dann aus Zehnten, Anteilen, Zinsen und Gülten[44]. Sollten hiervon 3608 fl. bezahlt werden und nicht einmal für den gegenwärtigen Krieg weitere Anforderungen gedeckt sein, so würden diese Lehnstücke, die von seinen Vorfahren teuer erworben worden seien, fast allen Wert verlieren. Die Forderung nach der Stellung zweier Lehnspferde sei überhaupt nicht begründet und stehe in keiner Weise im Verhältnis zum Wert der Lehen, sondern wurde willkürlich für jedes Lehen gefordert. Dieselbe Forderung nach der Stellung von zwei Ritterpferden oder 4 Fußknechten oder dafür 20 Reichstaler habe 1688 Fürstbischof Johann Gottfried von Guttenberg gegen alles Recht und Billigkeit erhoben, worauf der Vorstand des Ritterorts Rhön und Werra zur Antwort gegeben habe: „... dass von einem Lehn es sei groß, mittelmäßig oder gering im Ertrag oder auch seiner Natur und Eigenschaft ganz frei, nicht ein, sondern zwei Lehnsreiter und dazu von jedem Teilhaber gestellt, auch gar noch anscheinend verpflegt und erhalten werden sollen, sei so wenig in den

Lehnrechten, dem Herkommen und der Billigkeit gegründet, so wenig den Vasallen damit aufzukommen und eine solche übermäßige Beschwerde sich aufbürden zu lassen tunlich und vor ihrer kaiserlichen Majestät und den Nachkommen zu verantworten sei"[45]. Der Vorstand des Ritterorts beschwerte sich am 8. Dezember in Würzburg, und man erreichte im Laufe der Zeit, dass Würzburg nicht mehr auf die Rückstände aus den vorherigen Kriegen, als Bayern noch gar nicht der Lehnsherr war, bestand und dass die Forderung für den letzten Feldzug auf 640 fl. herabgesetzt wurde. Nachdem die Brüder Friedrich und Wilhelm 200 fl. gezahlt und nochmals um Ermäßigung gebeten hatten, u. a. weil ihr ererbtes Vermögen völlig überschuldet sei, setzte das General-Landes-Kommissariat in Bamberg[46] am 13. September 1806 die Summe auf 320 fl. fest[47]. Im Dezember 1805 wurde durch Anschlagen des bayerischen Wappens und von Patenten von den ritterschaftlichen Orten Besitz ergriffen.

Herzogin Luise Eleonore, die Vormündin ihres Sohnes Herzog Bernhards II. von Sachsen-Meiningen, musste am 11. Januar 1806 Schritte unternehmen, um Meiningens Rechte in den Orten Nordheim i. Gr., Schwickershausen, Roßrieth, Völkershausen, Willmars, Filke und Ruppers zu wahren. Diese Orte seien „ganz unleugbar in dem Herzoglich S.-Meiningischen *Territorio* gelegen und von demselben *inclavirt*"[48]. Ein Kommissar protestierte in diesen Orten feierlich gegen Eingriffe in die Landeshoheit, eine Untersuchung der meiningischen Rechte wurde angestellt und in einem Bericht niedergelegt, und ein kaiserlicher Notar und ein Vermessungsbeamter befragten Zeugen und legten protokollarisch den genauen Verlauf der alten Hoheitsgrenze fest. Das Ergebnis war auch, dass diese Orte in meiningischem Territorium lagen. Bayern erklärte demgegenüber am 13. Januar, „»daß die ritterschaftlichen Orte Höchheim, Irmelshausen, Willmars, Ober- und Unterfilke, Nordheim, Bibra, Mühlfeld und Schwickershausen teils mittel-, teils unmittelbar und durch Zusammenhang unter sich innerhalb der würzburgischen Landesgrenze gelegen sind«. Ein zwischen beiden Staaten geplanter und bereits auf einer Konferenz zu Schweinfurt 1804/05 vorbereiteter Austausch der gegenseitigen Rechte kam nicht mehr zustande."[49] Karl Tilch sagt, ungefähr ein Jahr später sei es doch zu Austausch- bzw. Abgrenzungsverhandlungen zwischen Graf Thürheim und dem Meininger Kanzler Uttenhoven gekommen, die am 13. Februar 1806 eine Übereinkunft zustande brachten: „Bayern verpflichtet sich, alle Rechte in den im sächsischen Gebiet liegenden Orten Walldorf, Gleicherwiesen sowie in Gollmuthhausen abzutreten und außerdem »die erworbenen Hoheitsrechte über die reichsritterschaftlichen Orte, Gutsbesitzer und Untertanen zu Höchheim, Irmelshausen, Willmars, Ober- und Unterfilke, Nordheim (im Grabfeld), Bibra und Mühlfeld zu cedieren«, d. h. abzutreten. Sachsen Meiningen verpflichtete sich dagegen an Bayern eine Ausgleichszahlung zu leisten für den Ausfall der Steuern in den abgetretenen Orten."[50] Diese Übereinkunft wurde von Meiningen bereits am 19. Februar ratifiziert, nur Bayern zögerte, und der Vertrag kam aus Gründen, die unten dargelegt werden, nicht zustande.

Am 26. Januar 1806 gab der Fränkische Ritterkreis dem Reichstag in Regensburg seine Vernichtung bekannt.

Unter dem Großherzogtum Würzburg

Nach dem Pressburger Frieden musste Bayern am 1. Februar 1806 das Herzogtum Franken in dem Umfang, den es beim Reichsdeputationshauptschluss gehabt hatte, gegen Entschädigung durch Tirol, Vorarlberg und Lindau an den damaligen Kurfürsten von Salzburg abtreten[51]. Es behielt aber daher u. a. die später erworbenen reichsritterschaftlichen Gebiete[52], die Reichsstadt Schweinfurt und die Reichsdörfer Gochsheim und Sennfeld und die Besitzungen des Deutschen Ordens bei Münnerstadt. Bayern konnte die Rittergüter zwar nicht auf Dauer behaupten, v. a. weil sie meist mitten im Würzburger Gebiet verstreut oder sogar zwischen Würzburg und Sachsen oder in Sachsen lagen. Deshalb hielt es König Max Joseph, der den Vergleich vom 13. Februar zwar „für unser Interesse nicht ganz ungünstig" fand, jedoch für besser, „die Ratifizierung noch *auf einige Zeit* auszusetzen, bis wir die wahren Gesinnungen des Herrn Kurfürsten von Würzburg über den Ihm gemachten Antrag wegen der in dem Würzburgischen gelegenen und von Uns okkupirten ritterschaftlichen Besitzungen bestimmter erfahren". Er befürchtete nämlich, dass Bayern eventuell Würzburg für Verluste kompensieren müsse[53]. Wäre es bei diesem Vertrag geblieben, sähe heute die Ländergrenze ganz anders aus. Die Rittergüter wurden Ende Oktober 1806 an Würzburg abgetreten[54]. Die anderen Gebiete gingen erst im Pariser Vertrag vom 26. Mai 1810 zwischen Bayern und dem Großherzogtum Würzburg an Würzburg über.

Bei seinem Beitritt zum Rheinbund am 25. September 1806 erhielt Würzburg im Artikel 4 des Akzessionsvertrages (Beitrittsvertrages) ausdrücklich die Souveränitätsrechte über die ritterschaftlichen Gebiete, die gegen die sächsischen Staaten lagen oder dort enklaviert und Würzburg lehnbar waren[55].

Die sächsischen Staaten erkannten die bayerischen / würzburgischen Hoheitsansprüche über die Rittergüter, außer natürlich bei klaren ehemaligen würzburgischen Lehen, nicht an. Ihr Beitritt zum Rheinbund am 15. Dezember 1806 konnte jedoch den Verlust dieser Gebiete nicht mehr verhindern – am selben Tag überreichte nämlich der französische Kommissar Hirsinger in Würzburg eine Liste mit allen Gebieten und Rechten, auf die Würzburg Anspruch hatte[56]; was er allerdings verhinderte, war, dass Würzburg die gesamte sachsen-weimarische Enklave Ostheim (und auch das Sachsen-Hildburghäuser Königsberg) schluckte. Am 16. Dezember 1806 wurde den Freiherren von Stein aus Würzburg die amtliche Mitteilung gemacht, dass ihre Besitzungen zu Ostheim, Sondheim, Nordheim, Ober- und Unterfilke, Willmars, Rupprechtshof (Ruppers), Völkershausen, Berkach, Sands, Schwickers-, Deberts- und Rappershausen vermöge einer förmlichen Überweisungsakte vom 15. des Monats von Seiner Exzellenz dem Kaiserlich Französischen beim Würzburger höchsten Hofe akkreditierten Minister und General-Kommissär Hirsinger an den Großherzog übergeben worden seien. Friedrich Freiherr von Stein antwortete u. a. am 29. Dezember 1806: „Die treue Anhänglichkeit an das allerhöchste Kaÿserl. Königl. Hauß Oesterreich, die meine Vorfahren und ich stets, und auch noch neuerer Zeit zu zeigen uns beflißen haben, macht es mir sehr erfreulich, daß ich nach Auflösung der ehemals ritterschaftlichen Verfaßung einen Prinzen aus diesem erlauchten Hauße als meinen höchsten Souverain zu verehren habe."[57] Anfang Januar 1807 wurde die Besitzergreifung durch Anheftung des großherzoglich würzburgischen Wappens und eines Patents und durch Verpflichtung auf den Huldigungs- und Untertänigkeitseid der von-Stein'schen Justizbeamten, Schultheißen und Gemeinden vollzogen. Würzburgerseits wurde das Verhältnis zum Großherzog durch „Die Landesherrliche Bestimmung der Rechte und Verbindlichkeiten der adelichen Gutsbesitzer und ihrer Unterthanen im Großherzogthum Würzburg" in weit über hundert Paragraphen festgelegt[58].

Gleichzeitig machte Sachsen-Weimar Anstalten, seine Rechte zu verteidigen: Am 13. Januar 1807 schrieb Vater Thon an die Freiherren von Stein, er habe vom Herzog den Auftrag erhalten, von den an die herzoglichen Lande angrenzenden oder inclavierten vorher reichsunmittelbaren Besitzungen, unter anderem von Völkershausen, Ruppers, Sands, Ober- und Unterfilke, den sämtlichen Ostheimer Gütern und von Reupers, einer Wüstung westlich Roths, durch Anschlag eines Patents Besitz zu ergreifen[59].

Im Januar 1807 wurden von Würzburg u. a. zwei Chevaulegers auf Kosten der Freiherren von Stein nach Ostheim verlegt, um die würzburgischen Territorialzeichen an vier von-Stein'schen Häusern zu bewachen. Als sich Friedrich in Würzburg beschwerte und nochmals seine Treue und seinen Gehorsam betonte, bekam er zur Antwort, die Maßnahme sei gar nicht gegen ihn, sondern gegen den „Sachsen Eisenachischen Hofrath und Amtmann *Thon*" gerichtet, der auch die Kosten tragen müsse[60].

Nach dem sächsischen Beitritt zum Rheinbund musste Würzburg aber mit diesen Staaten über die Rittergüter an der Grenze verhandeln, weil der Artikel 25 der Rheinbundakte eine Teilung vorsah. Mit Sachsen-Weimar kam keine Einigung zustande, weil Weimar vorerst hauptsächlich darauf bedacht war, durch Austausch eine Landverbindung zur Exklave Ostheim zu erhalten, der weimarische Herzog, z. B. zum Austausch der gesamten Ostheimer Exklave, was später Bayern erreichen wollte, keine angestammten Untertanen abtreten wollte und man sich nicht über die Rechtmäßigkeit der würzburgischen Hoheitsansprüche über die Erthal'schen und Rosenbach'schen Lehen verständigen konnte[61]. Mit Sachsen-Meiningen einigte sich Würzburg auf einen Austausch, der die heutige Landesgrenze ergab[62]. Damit war Völkershausen endgültig würzburgisch bzw. bayerisch geworden, und die Ostheimer Besitzungen der Freiherren von Stein wurden von Bayern der Gemeinde Völkershausen zugewiesen, über die auch die Grundsteuer abgewickelt wurde.

Das weitere Schicksal der von-Stein'schen Güter und Rechte in Ostheim

Als Würzburg 1814 wieder bayerisch geworden war, wollte Sachsen-Weimar den durch die Übernahme Würzburgs durch Erzherzog Ferdinand hinfällig gewordenen Vertrag von 1804 wieder aufnehmen, Bayern verweigerte dies aber. Weitere Verhandlungen in dieser Richtung brachten auch kein Ergebnis[63]. Streitpunkte blieben weiterhin die Erthal'schen und Rosenbach'schen Lehen und das Ausmaß der würzburgischen / bayerischen Lehen der Familie von Stein in Ostheim und der Familie von Gebsattel in Sondheim, denn große Teile dieser Güter waren Allodialbesitz gewesen, auf den Würzburg bzw. Bayern keine Anrechte hatte[64]. Bayern beanspruchte die Hoheit über den Gesamtbesitz, während Weimar dies natürlich ablehnte. Dass Bayern wusste, dass seine Forderungen überzogen waren, zeigt sich darin, dass 1804 nur vom Fronhof in Sondheim und einem Teil der von-Stein'schen Güter die Rede war und dass König Max I. Josef 1817 die Rückgabe eines Teiles der Güter erwog[65].

Bayern setzte aber dann seine über die (würzburgische) Lehnschaft über das „Schlösschen" und die ehemals hennerbergische über den Fronhof weit hinausreichenden Hoheitsansprüche in Ostheim mit Gewalt durch: 1830 z. B. rückte ein königlich bayerisches Gendarmeriekommando bei dem Gutspächter Michael Hunneshagen ein. Was sich dabei zugetragen hat, erzählt eine Akte im Völkershäuser Archiv. Auch 1831 wurden bayerische Chevaulegers in das freiherrlich von Stein'sche Gutsgelände einquartiert[66].

„Bayern übte auch in den Steinschen Höfen und Häusern in Ostheim durch das Landgericht Mellrichstadt die hohe Gerichtsbarkeit aus, weil es ja hier die Rechte der Ritterschaft übernommen hatte. Die Steuern für diese Grundbesitzungen gingen an das bayerische Rentamt, die aus den Grundlasten zog das weimarische ein.

Diesem Mißstand, der sich ähnlich in vielen anderen Steinschen Dörfern zeigte und kostspielig und unnütz war, suchte Dietrich Freiherr v. Stein aus der Völkershäuser Linie (später Staatsminister von Sachsen-Coburg) zu Beginn der 1830er Jahre ein Ende zu machen. Er bot der Regierung des Untermainkreises in Würzburg seine Freihöfe und seinen Landbesitz in Ostheim zum Kauf an. Man sollte sich damit eine ‚bayerische Kolonie' schaffen. In den Freihöfen mit 38 Gemächern und weiterem Baugrund sei Wohnraum für 20 bis 30 Familien zu schaffen. (Die Stadt hatte damals 514 Wohnräume und 2636 Einwohner.) Die Stallungen böten Platz für 300 Schafe, 40 Stück Rindvieh, 16 Pferde und 24 Schweine. Der Landbesitz (ca. 150 ha) sei ohnehin zur Hälfte bayerisches Lehen, allerdings aus 273 Einzelstücken bestehend. Bayern mußte aus finanziellen Gründen ablehnen. Die Herren v. Stein ließen daraufhin ²/₃ ihres Ostheimer Besitzes versteigern. (Die letzten Steinschen Wiesen wurden 1954 verkauft.) [...] Das Lehnsverhältnis der Herren v. Stein zum Königreich Bayern war 1832 in einer Lehnsurkunde bekräftigt worden. Erst 1852 wurde es abgelöst, und zwar unentgeltlich, da es sich bei einem Teil um ein (1511!) ‚aufgetragenes Lehen' handelte."[67]

Im Jahre 1801 wurden die zehntfreien Grundstücke in Ostheim versteigert[68], und auch nach dem Verkauf der Allodialbesitzungen an Acker, Wiesen, Krautland und Gärten 1834[69] – das waren die oben erwähnten zwei Drittel des von-Stein'schen Besitzes – blieben die Hoheitsverhältnisse, wie sie vorher bestanden hatten, und die Abtretung der Patrimonialgerichtsbarkeit an den Staat und Aufhebung der Lehnsherrlichkeit hatten keinen Einfluss darauf. Letzteres bedeutete eigentlich nur, dass die „Lehen" nicht mehr an Bayern zurückfallen konnten.

Nachdem im Jahre 1798 ein wegen Unordnung bei Einsammeln des Zehnten durch den Zehntpächter vorgeschlagener Ankauf der Zehntrechte der Freiherren von Stein durch die Güterbesitzer nicht zu Stande kam[70], wurden durch Vertrag vom 10. September 1838 im Jahre 1839 die Zehntrechte von der Stadt Ostheim für 60 000 fl. rhn. angekauft. Mit diesem Zehntkauf ging die tannische Scheuer, die beiden Keller im Kirchhof und beim Großen Stein, die steinischen Jagdrechte, die Berechtigung des dritten Haufens Heu von der sog. Haufenwiese, sowie auch die Verpflichtung zur Haltung des Faselviehes[71] auf die Stadt über. Die Ansprüche der Freiherren von Stein auf Holz aus dem städtischen Wald am Heidelberg wurden auf 6 Schock Reisig jährlich herabgesetzt. Die Steins durften aber weiter 100 Schafe auf ihrem Besitz halten[72]. 1838 wurde der Rest des von-Stein'schen Gutes einzeln auf 18 Jahre an Bürger verpachtet[73].

Anfang der Fünfzigerjahre gab es zähe Verhandlungen zwischen der Stadt und dem Rentamt in Nordheim i. Gr. wegen des Ablösung durch die Stadt der Gefälle (Zinszahlungen etc.)auf der Stadt gehörenden ehemalig von-Stein'schen Grundstücken. Die Stadt hatte Rückstände nicht bezahlt und war deswegen verklagt worden. 1856 bot die Stadt 7500 fl. als Ablösesumme und 2000 fl. für die Rückstände, welches Angebot die Rentei kurz und knapp ablehnte, denn sie forderte 10 450 fl. Ablöse, 3500 fl. Erbzins-, 1200 fl. Gült- und 2200 fl. Lehngeldrückstände[74]. Diese schwierigen Verhandlungen müssen zu einem Ergebnis gekommen sein, was in den Akten in Ostheim allerdings nicht enthalten ist, denn 1864 ging es bei neuerlichen Gesprächen um die Zahlung und Ablösung der den von Steins zustehenden Erbzinsen und Lehngelder auf Grundstücken, die der Stadt gehörten, nur um die Summe von 161 fl. 30 Kr., welches der zwanzigfache Jahresbetrag als Ablösung war. Am 8. März 1872 schrieb die Rentei an die Stadt, sie habe wieder ehemalig Stein'sche Grundstücke gekauft, deren Abgaben dann 1875 abgelöst wurden[75]. Die Ablösung derselben Abgaben auf den in Privathand sich befindlichen Grundstücken geschah auch 1875[76].

1864 gab es Verhandlungen zwischen der Stadt und dem Staat, der das städtische Hutrecht im Waldbezirk Höhn ablösen wollte; dabei ging es auch um das staatliche Fischrecht in den Flüssen, das wiederum die Stadt haben wollte. Die Hälfte des Fischrechts in der Sulz stand allerdings den Freiherren von Stein zu, die durch ihre Rentei in Nordheim am 8. Dezember erklären ließen, sie wollten die staatliche Hälfte kaufen. Als aber die Stadt ihnen darlegte, dass die Verhandlungen mit dem Staat praktisch schon abgeschlossen seien, erklärten sie sich am 9. Januar 1865 bereit, auf das Übereinkommen vom 10. Oktober 1864 einzugehen und das Recht auch für 5 Taler an Ostheim abzutreten[77]. Im Jahre 1888 wurde, wie in Kapitel 8.5 beschrieben, das sog. Schlösschen, das nach dem Brand nur noch aus vier Scheuern bestand, zum Verkauf angeboten und 1889 von der Stadtgemeinde für 9000 Mark gekauft. In Folge der Separation wurde 1891 ebenso das Schaf-Hutrecht der Freiherren von Stein in hiesiger Flur mit 1000 Mark aus der Separationskasse abgelöst[78].

Beim Streit zwischen Sachsen-Weimar und Bayern wegen der Hoheitsansprüche auf die von-Stein'schen Grundstücke ergab sich lange nichts Neues. Erst nachdem Weimar 1868 praktisch die bayerischen Hoheitsansprüche, d. h. den Status quo anerkannt hatte, um Verhandlungen in Gang zu bringen und dem stärkeren Nachbarn gegenüber eine bessere Ausgangsposition zu haben[79], ließ sich Bayern wieder zu Verhandlungen über einen Austausch bewegen. Sie wurden durch den Deutsch-Französischen Krieg verzögert und bestanden aus zehn Sitzungen vom 23. Mai bis 19. Oktober 1872 in Meiningen[80].

Der abschließende Staatsvertrag vom 17. April 1873 bestimmte in Artikel 1, dass Bayern 157,870 ha an „Lehnsgrundstücken" abtrat. Davon lagen 93,753 ha in Ostheim (429 Objekte). Nach Artikel 2 behielt Bayern 10,547 ha in Ostheim (53 Objekte), weil sie in den sächsischen Abtretungsgebieten (siehe weiter unten) und ein Grundstück direkt an der Grenze lagen. Somit hatten die im Vertrag als unter bayerischer Souveränität stehend anerkannten Gebiete in Ostheim aus 482 Objekten à 104,300 ha bestanden[81]. Der Artikel 5 nennt die sächsischen Abtretungen für die Hoheitsänderungen[82]; sie bestanden im Ostheimer Gebiet aus einem großen Stück Land im Hainhöfer Feld, dem sog. „Bayern", welches der Gemeinde Stockheim zugeteilt wurde, aber heute noch ganz in Händen Ostheimer Bauern ist, und einem Stück an der Streu gegen Nordheim zu.

„Beide Parteien verzichteten in Artikel 10 auf alle Zeiten auf Ansprüche, v. a. auch monetärer Art, die aus lehnsherrlichen Rechten in früherer Zeit erworben worden waren, insbesondere verzichtete Bayern auf ehemalige reichsritterschaftliche Besitzungen in Birx und Frankenheim. Das Patronatsrecht [*über die Kirche*] in Maßbach blieb Sachsen-Weimar erhalten (Artikel 11)."[83]

Artikel 3 des Vertrages bestimmte, dass der Austausch ab dem 1. Januar 1875 gelte, so dass ab diesem Zeitpunkt die (ehemalig) von-Stein'schen Besitzungen in Ostheim ganz unter weimarischer Souveränität standen.

[1] Im Folgenden ist das Allgemeine aus: HOFMANN, HANNS HUBERT. Franken seit dem Ende des alten Reiches (HAB. Franken II / 2) München 1955. S. 5 ff. und 45 ff. — KÖRNER, Kanton Rhön und Werra. S. 104 ff.. — LAUTER, KARL THEODOR. Die Entstehung der Exklave Ostheim vor der Rhön (Zeitschrift des Vereins für Thüringische Geschichte und Altertumskunde 43 (= NF 35)) 1941, S. 101 – 132; separater Nachdruck Sondheim v. d. Rhön, 1981. Hier S. 118 ff. — TILCH, KARL. Als Stockheim sächsisch werden sollte. In: Heimat-Jahrbuch des Landkreises Rhön-Grabfeld 1989 (Mellrichstadt, o.J. [1988]). S. 226 – 245. — WAGNER, Mellrichstadt. S. 297 f. und 328 f..

[2] Nach dem Krieg sollte im Kongress von Rastatt (1797 – 1799) u. a. das Reich neu gegliedert werden. Der Ausbruch neuer Feindseligkeiten verhinderte aber ein abschließendes Ergebnis. Auf ihn konnte aber 1802/3 aufgebaut werden.

[3] Dieser Begriff hatte sich in der Neuzeit erst langsam aus verschiedenen religiösen und weltlichen Rechten (v. a. der Lehnsherrlichkeit und Hohen Gerichtsbarkeit) entwickelt.

[4] Das linksrheinische Gebiet (und Zweibrücken) kam 1815 wieder an Bayern; der rechtsrheinische Rest ging 1803 auf Dauer verloren.

[5] eine Abordnung, ein Ausschuss des Reichstages.

[6] am 6. Januar 1803 im Regierungsblatt für die Churpfalz-baierischen Fürstenthümer in Franken 1803. S. 3 veröffentlicht.

[7] ein Vor- oder Teilbeschluss.

[8] AV: Fach „Reichsritterschaft". Akte „Nordheimer Amtsakten. Briefe und Verträge von 1803 bis 1810" („Briefe 1803 – 1810"). Schreiben vom 3. März 1803 an Meininger Herzog.

[9] DOEBERL, M[ICHAEL]. Entwickelungsgeschichte Bayerns. 3 Bde.. Hier Bd. 2. 1. und 2. Auflage. München, 1912. S. 348.

[10] MÜLLER, HEINRICH. Der letzte Kampf der Reichsritterschaft um ihre Selbständigkeit (1790 – 1815) (Historische Studien. Heft 77). Berlin, 1910. S. 60 ff..

[11] veröffentlicht am 27. Oktober im Regierungsblatt für die Churpfalz-baierischen Fürstenthümer in Franken 1803. S. 261 ff. (das folgende Zitat: S. 262). — AV: Fach „Reichsritterschaft". Akte „Acta die von Kurpfalz Bayern versuchten Eingriffe in die Rechte und Privilegien der Fränkischen Reichsritterschaft betreffend 1803" (alte Aktennummer 94) („Eingriffe 1803"). — Danach auch das Folgende (Dokumente vom 12. Juli, 4., 5. und 7. November 1803 etc.).

[12] Sein Sohn Johann Christian Gottfried war Amtssekretär bzw. Ostheimer Rentsekretär und Lehnsadministrator und folgte ihm 1807/8 als Amtmann nach.

[13] Dem Kanton Steigerwald seien nur 24 Stunden verwilligt worden.

[14] AV: Akte „Briefe 1803 – 1810". Amtsprotokolle vom 25. – 29. Juli 1803.

[15] Zu dieser Zeit waren sowohl Vater als auch Sohn Thon in dieser Angelegenheit aktiv: Heinrich Christian Kaspar Thon (* 1730 auf Lichtenberg) war ab 1758 Amtsvogt, später Amtsverweser seines Vaters und von 1784 bis 1807 (†) Amtmann auf Lichtenberg. Sein Sohn Georg Philipp Friedrich Thon war Amtsvogt, ab 1796 Amtsverweser und von 1808 bis 1816 Amtmann (BINDER, Lichtenberg, S. 196 f.).

[16] Nordheim i. Gr. war der Zent Mellrichstadt unterworfen, allerdings nur mit den sog. Vier Hohen Rügen (Mord, Diebstahl, Brandstiftung und Notzucht), wobei die Zent nicht ins Dorf „einfallen" durfte, sondern der Delinquent am Tor übergeben werden musste. Folgende reichsritterschaftliche Orte gehörten noch zur Mellrichstädter Zent: Bahra, Berkach, Bibra, Mühlfeld, Schwickershausen und Willmars.

[17] Dies galt auch für die Untertanen, die z. B. Rittersteuer zahlen mussten, wogegen Linder Einwendungen machte, während sie der Amtmann eintreiben musste. Ein Meiningisches Patent vom 24. November 1803 sagt, dass in Zukunft die Steuern *provisorie* in Meiningen zu deponieren seien (StAMgn: Staatsministerium, Abteilung des Innern 10.148. f. 7) und ein Zirkular vom 28. November 1803 des provisorischen Direktoriums der bayerisch-fränkischen Ritterschaft sagt, sie sei bei Vermeidung der Exekution nach Bamberg zu entrichten (AV: Akte „Eingriffe 1803").

[18] *Sequestration* (auch *Sequester*) ist Beschlagnahme oder Zwangsverwaltung.

[19] Dies geschah z. B. bei Gersfeld und der Salzburg, deren Vertreter nicht erschienen waren. Dorthin wurden Soldaten verlegt und so lange auf Kosten der dortigen Herren gelassen, bis die Huldigung geschah.

[20] AV: Akte „Briefe 1803 – 1810". Bericht Tröberts vom 3. Dezember 1803.

[21] AV: Akte „Briefe 1803 – 1810". Gedrucktes Zirkular der Reichsritterschaft vom 15. Dezember 1803.

[22] KÖRNER, Kanton Rhön und Werra. S. 106.

[23] Unter ihnen war auch Graf Julius von Soden. HANKE (S. 154) sagt: „Soden hatte sich während der Verhandlungsführung den bayerischen Plänen gegenüber sehr aufgeschlossen gezeigt." Deshalb wurde er von Graf Thürheim zu einem der beiden Ritterhauptleuten gemacht, die mit dem Direktor zusammen das provisorische Direktorium der „Baierisch-Fränkischen Ritterschaft" bildeten.

[24] Besitzergreifungserklärung vom 9. Oktober 1803 (s. Anm. 11; Zitat S. 263).

[25] MÜLLER, Der letzte Kampf. S. 138.

[26] KÖRNER, Kanton Rhön und Werra. S. 106 ff..

[27] LAUTER, S. 118 f.. — Es gibt natürlich auch negativere Interpretationen dieses Vorgehens. — Wortlaut des Patents: „ ... Als finden Wir Uns zur Erhaltung, Unserer Territorialgerechtsame, und zu Vermeidung nicht abzuwendender Collisionen, so genöthigt, als verpflichtet *provisorie* und bis vor der unmittelbaren Reichsritterschaft an anderes mit des Churfürsten Liebden verglichen, ... die Landeshoheit ... zu exerciren. ..." (StAMgn: Staatsministerium, Abteilung des Innern. 10.131). Die Patente wurden jeweils an drei Stellen angeheftet: am adeligen Sitz, an der Kirchen- oder Schultüre und am Gemeindehaus (a.a.O. 10.145. f. 1).

[28] Allerdings hat auch Meiningen eine Erbhuldigung wenigstens erwogen (s. Entwurf einer Erbhuldigungsformel mit Verbesserungen), und am 1. November 1803 stimmte Meiningen Verhandlungen zur vollständigen Purifikation der beiden Territorien zu und benannte

einen Kommissär dazu (StAMgn: Staatsministerium, Abteilung des Innern 10.148. f. 19 und f. 12 f.). Als man meiningerseits ein Grundgelöbnis von Tröbert forderte, lehnte er ab, und als er gefragt wurde, warum er in Mellrichstadt geschworen habe, erwiderte er, „daß iener Eÿd nicht anders als durch Gewalt erzwungen worden, welches ich auch in ofentlichen Huldigungs versamlung erklährte. Dieses habe ich aber von Meininger Seits nicht zu befürchten[,] weil von dort aus in allen Stücken ordnungsmäßig verfahren worden und ein Gleiches auch in Zukunfft zu hoffen seÿ." (AV: Akte „Briefe 1803 – 1810". Protokoll Tröberts vom 17. Dezember 1803).

[29] *Pönal*verordnungen sind Strafverordnungen.
[30] Rittergüter im „Bereich" des Landkreises Rhön-Grabfeld, auf die Bayern oder Würzburg Anspruch erhob, waren vor allem Huflar und Oberwaldbehrungen (um 1800 beide: von der Tann), Hinter- und Vorderweimarschmieden (Thon; Sachsen-Weimarer Lehen) und Neustädtler (von Soden), Ober- und Unterfilke (von Stein), Schmerbach (von Speßhardt / von Wildungen), Ruppers (von Stein), Willmars (von Stein; auch von Wildunger und Meininger Eigenbesitz), Völkershausen (von Stein), Mühlfeld (von Seefried), Bibra, Höchheim und Irmelshausen (alle drei: von Bibra), Nordheim i. Gr. und Berkach (beide: von Stein; alle Lehen oder Einfluss von Sachsen-Meiningen, teils mit Sachsen-Coburg bzw. -Gotha gemeinsam); Sands, Roßrieth und Bahra (alle drei: von Stein) werden als sachsen-gothaische, Rentwertshausen (Muth), Schwickershausen (von Stein) und Debertshausen (von Stein; damals ein Hof nördlich Nordheims i. Gr.) als Sachsen-Hildburghäuser und Rappershausen (von Stein) als fuldische Lehen bezeichnet.
[31] MÜLLER, Mellerichstadt. S. 155.
[32] AV: Akte „Eingriffe 1803". — Er erwartete aber zuversichtlich, dass keine Mitglieder der Ritterschaft seine allerhöchste Fürsorge durch einzelne Vergleiche und Unterwerfungsverträge vereiteln werden. — Trotz dieser Schutzzusage hatte man hier teils wenig Hoffnung auf eine wirksame kaiserliche Unterstützung (z. B. AV: Akte „Eingriffe 1803". Dokument vom 12. 11. 1803 und Akte „Briefe 1803 – 1810". Bericht Tröberts vom 3. Dezember 1803 (Kammerrat von Bibra habe gesagt, „es seÿ ofenbahr am Tage daß der Kaÿser nicht helfen wolle oder könne.")).
[33] *Reskript*: Schreiben; *Konservatorium*: Befehl, etwas bei Alten zu lassen.
[34] AV: Akte „Eingriffe 1803". Dokument vom 24. Februar; StAMng: Staatsministerium, Abteilung des Innern. 10.131. Patent vom 24. Februar 1804.
[35] Regierungsblatt für die Churpfalz-baierischen Fürstenthümer in Franken 1804. S. 48. — Zitat: AV: Akte „Briefe 1803 – 1810". Gedrucktes Publikandum vom 5. Febr. 1804.
[36] AV: Akte „Eingriffe 1803". Dokument vom 12. April 1804.
[37] TILCH, Stockheim. S. 227.
[38] BayHStAM: Bayern Urkunden 1729 und Thüringisches Hauptstaatsarchiv Weimar: Urkunde 1804 April 4.
[39] Das waren die ehemalig würzburgischen Zentgerichtsrechte über die fünf Vordergerichtsorte des Amtes Lichtenberg (Ostheim, Sondheim, Urspringen, Stetten und Melpers), Birx und Frankenheim, der Güldenzoll in Ostheim (eine Abgabe von einem Gulden auf jedes Fuder Wein), der Stellberger Zoll, die Jagdrechte im Melperser und Frankenheimer Gebiet, die Hoheit über den Höhl (die würzburgische Landwehr, die an der Nordgrenze der Gemeinde Melpers durch sächsisches Gebiet führte) und Erbzinsrechte in Sachsen-Weimarer Gebiet.
[40] 1797 hatte, wie wir schon gesehen haben, der Direktor des Fränkischen Ritterkreises Friedrich Freiherr von der Tann seine Mitglieder daran erinnert, dass es die originäre Aufgabe der Ritter sei, Kaiser und Reich zu schützen und zu unterstützen (KÖRNER, Kanton Rhön und Werra. S. 104).
[41] Ein Zirkular (Rundschreiben) des Ritterorts Rhön und Werra streitet das Vorhandensein von Werbungen allerdings völlig ab (AV: Fach „Reichsritterschaft". Akte „Acta über die neuerlichen Kurpfalzbayerischen Angriffe 1805/06 gegen die unmittelbare freie Reichsritterschaft" („neuerliche Angriffe 1805/6"). Dokument vom 6. Januar 1806).
[42] Der Rheinbund war ein Bündnis zwischen Frankreich und Bayern, Württemberg, Baden, Hessen-Darmstadt und dem Kurfürst-Erzkanzler, dem später noch mehrere Staaten beitraten. — Nach Artikel 25 der Akte erhielten die Verbündeten die volle Souveränität über die ritterschaftlichen Güter innerhalb ihrer Besitzungen. Die zwischen zwei verbündeten Staaten liegenden Rittergüter sollten möglichst gleichmäßig geteilt werden, ohne dass eine Zerstückelung oder Gebietsvermischung entstand. Daraus zogen die Mitglieder auch das Recht, Rittergüter, die zwischen ihrem Gebiet und dem von Nichtmitgliedern lagen, zu besetzen (HOFMANN, Franken. S. 55. — LAUTER, S. 122.). Es wurde auch nicht ausdrücklich bestimmt, was mit den Lehen anderer Staaten im eigenen Gebiet geschehen solle, sie waren aber in dem allgemeinem Ausdruck *les terres équestres* (die ritterlichen Gebiete) mit eingeschlossen.
[43] Ein „aufgetragenes Lehen" entstand, wenn sich ein Grundbesitzer (evtl. nur mit Teilen seines Besitzes) freiwillig unter den Schutz eines Lehnsherren begab.
[44] *Gült* war eine Abgabe auf Land, ähnlich dem *Erbzins*.
[45] AV: Fach „Reichsritterschaft". Akten „Das Ende der Reichsritterschaft 1803 – 1808". „Nachrichten welche sich im hiesigen Archiv, die von dem Hochstift Würzburg geforderten Lehndienste betreffend, finden." (Dies ist eine von Verwalter Rommel am 7. Dezember 1805 gefertigte Zusammenstellung).
[46] Inzwischen war Würzburg nicht mehr in bayerischer Hand (s. unten).
[47] AV: Fach „Reichsritterschaft". Akten „Das Ende der Reichsritterschaft 1803 – 1808". Passim (Zitat in Dokument vom 6. Dezember 1805) und „neuerliche Angriffe 1805/6". Dokument vom 26. November 1805.
[48] von Luise am 5. Januar morgens um ½ 6 Uhr verfasst (StAMgn: Staatsministerium, Abteilung des Innern 10.151. f. 1).
[49] LAUTER, S. 119 f. (Zitate: S. 120). — Diese Verhandlungen wurden im Dezember 1804 vorbereitet und am 1. – 3. Februar 1805 durchgeführt. Der abschließende Bericht sagt: "Es war ganz unmöglich eine Uebereinkunft beÿ der ietzigen zusam(m)enkunft schon zu bewürken." Man konnte sich nicht einmal darüber einigen, ob es eine Territoriallinie / Landesgrenze schon gebe oder geben solle und

⁵⁰ wie wegen der Römhilder Besitzungen verfahren werden solle (StAMgn: Staatsministerium, Abteilung des Innern 10.282/3; Zitat: 10.283. f. 53).
⁵⁰ TILCH, Stockheim. S. 228 (BayHStAM: Akten des Ministeriums des Königlichen Hauses und des Äußern (Ma) 89 958, Schriftstück 2).
⁵¹ Erzherzog Ferdinand, ein Bruder des Kaisers, hatte 1802 das Großherzogtum Toskana verloren und dafür die Gebiete des Erzbistums Salzburg, der Probstei Berchtesgaden und Teile der Bistümer Eichstädt und Passau erhalten. — Die Übernahme geschah am 1. Februar 1806.
⁵² Im Patent vom „31ten Jänner" 1806 heißt es: „und sämmtliche in Folge der Uns friedensschlußmäßig zugesicherten vollen Souveränität Unserer Hoheit unterzogene GebietsPuncte". (AV: Akte „Briefe" 1803 – 1810). — Ab da war das Königliche Territorial-Distrikt-Kommissariat in Münnerstadt zuständig.
⁵³ TILCH, Stockheim. S. 228 (BayHStAM: Ma 89 958, Schriftstück 6).
⁵⁴ AV: Akte „Briefe 1803 – 1810". Bericht vom 31. Oktober 1806, in dem Tröbert sagt, am 30. Oktober sei der Distriktkommissar Verr aus Münnerstadt dagewesen und habe erklärt, „alle zeithero unter Jhro Königl. Baÿerisch. Mst. Hoheit gestandene im wirzburg. Lande inclavirte ritterschaftl. Orte" seien an Würzburg abgetreten.
⁵⁵ HOFMANN, Franken. S. 56 f. — LAUTER, S. 122 f..
⁵⁶ In dieser sog. Hirsingerliste standen u. a. alle in Anm. 30 genannten reichsritterschaftlichen Gebiete außer Nordheim i. Gr., Huflar, Oberwaldbehrungen, Roßrieth und Bahra (CHROUST, ANTON. Geschichte des Grossherzogtums Würzburg (1806 – 1814). Die äussere Politik des Grossherzogtums (VGFG IX/1). Würzburg, 1932. S. 515).
⁵⁷ In einem Brief vom 26. Dezember 1806 drückt Friedrich seine „Freude über die glückliche Wendung der Dinge, nach welcher ich mit meinem Bruder endlich unter die weise und humane Regierung S[eine]r Königl. Hoheit des H[errn] Erz- und Grosherzogs von Würzburg gekommen sind" (beide: AV: Akte „Briefe 1803 – 1810").
⁵⁸ AV: Akte „Briefe 1803 – 1810". Bemerkungen dazu. Ohne Datum am Ende des Abschnitts „1806".
⁵⁹ AV: Fach „Reichsritterschaft". Akte „Herrschaftliche Acta, die erfolgte großherzoglich würzburgische Besitznahme der bisherigen unmittelbaren Reichsritterschaft betreffend. 1806". Dokumente vom 16. Dezember 1806, 8. Januar 1806 (muss heißen *1807*) und 12. und 13. Januar 1807. — Hier gab es Überschneidungen mit Ansprüchen Sachsen-Meiningens.
⁶⁰ AV: Akte „Briefe 1803 – 1810". Dokument vom 19. und Briefe vom 28. Januar und 1. Februar 1807. — Im Juli 1808 gab es Korrespondenz wegen des fehlenden Hoheitswappens am (sog. abgebrannten) Schlösschen. Man sagte, die Witterung habe es verursacht (a.a.O.: Protokoll vom 2. und Brief vom 16. Juli 1808).
⁶¹ TILCH, Stockheim. S. 231.
⁶² Würzburger Vertrag vom 20. Juni 1808. StAMgn: Geheimes Archiv Meiningen, Urkunden B 2 Nr. 65; Druck: Regierungsblatt für das Großherzogthum Würzburg. 6. Jahrgang (1808). S. 72 ff. — Später gab es nur noch kleinere Grenzregulierungen.
⁶³ vgl. LAUTER, S. 124 ff.. — TILCH. Stockheim, S. 229 ff.. — ders. Die Territorialverhandlungen zwischen dem Königreich Bayern und dem Großherzogtum Sachsen-Weimar-Eisenach von 1824 bis 1873. In: Heimat-Jahrbuch des Landkreises Rhön-Grabfeld 1990 (Mellrichstadt, o.J. [1989]). S. 291 – 313.
⁶⁴ Urkunden und andere Dokumente sind oft bei der Bezeichnung solcher Besitzrechte sehr ungenau. Anfangs wusste man sicher sehr wohl, wovon die Rede war; das änderte sich aber im Laufe der Zeit, und bei den weiteren Belehnungen wurde der alte Text wieder abgeschrieben, ohne genau zu bezeichnen, was gemeint war. Dazu gab es allerdings teils andere Aufstellungen. In Ostheim aber waren die Lehnsverhältnisse eigentlich klar: Würzburgisches / bayerisches Lehen war nur das „Schlösschen" mit der Brückenmühle und den dazugehörigen Äckern, Wiesen und Gärten, die allerdings nicht mehr aus dem gesamten steinischen Besitz auszuscheiden waren. Das war nach Aussage des Nordheimer Rentmeisters Rommel in seinem Kostenanschlag vom 16. Oktober 1826 (s. Kapitel 8.5) nur **ein Viertel** des damaligen von-Stein'schen Gesamtbesitzes und des Zehnts in Ostheim (AV: Fach „Ostheim". Akte „Inventare und Anschläge der steinschen Güter zu Ostheim"), und Anfang der Dreißigerjahre sprach Dietrich Freiherr von Stein von **der Hälfte** (s. weiter unten).
⁶⁵ Schreiben des bayerischen Staatsministeriums des Königlichen Hauses und des Äußeren vom 7. November 1871. StAW: Regierungsabgabe 1943/45, Nr. 9659. f. 29.
⁶⁶ AV: Fach „Ostheim". „Ostheimer Akten" III/III, 388 und 393.
⁶⁷ KÖRNER, Ostheim 1983. S. 51 f.. — AV: U 179 von 1511 März 7; U 619 und 620 (Lehnsbriefe von 1832 September 20 für Friedrich und Dietrich von Stein); U 629 (auf Rückseite von U 620) (Lehnsbefreiung von 1852 August 30).
⁶⁸ AV: Fach „Ostheim". „Ostheimer Akten" III/III, 395.
⁶⁹ AV: Fach „Ostheim". „Ostheimer Akten" III/III, 410 und 411 und X, 439. — BINDER (Lichtenberg. S. 361. Anmerkung) sagt, man habe 46 002 fl. erlöst.
⁷⁰ StAO XXXI, 11. — Die von Steins hätten zugestimmt, aber die Bürger waren sich nicht einig.
⁷¹ männliche Zuchttiere.
⁷² Ostheimer Stadtbuch. S. 124c f. und f. 832v. f. — Die Stadt lieh sich das Geld vom Kaufmann Carl Eichel in Eisenach. Justizrat Schmid bekam die Ehrenbürgerschaft wegen seiner Verdienste um die Zehntablösung.
⁷³ Ostheimer Stadtbuch. f. 830v.
⁷⁴ StAO XIX, 124.
⁷⁵ StAO XIX, 143. f. 18 f. und 34.
⁷⁶ StAO XXVII, 39a, besonders Protokoll der Sitzung der Censiten (Abgabenpflichtigen) am 14. März 1875, in der man einstimmig mit dem Ergebnis der Verhandlungen einverstanden war.
⁷⁷ StAO XIX, 125.

[78] Ostheimer Stadtbuch. f. 885 und 888. — Die erste Flurbereinigung hat anscheinend einiges Geld in den Stadtsäckel gebracht.
[79] Am 17. September 1868 schreibt das Sächsische Staatsministerium an das Bayerische Ministerium des Äußeren: In Ostheim und Sondheim befänden sich eine sehr große Anzahl einzelner zerstreut liegender Grundstücke zur Zeit tatsächlich unter königlich bayerischer Hoheit. Dies sei störend bei der staatlichen Verwaltung, insbesondere in Justiz-, Polizei- und Steuerangelegenheiten und auch in mehrfacher Beziehung mit erheblichen Nachteilen für die Bevölkerung verbunden. Außerdem stelle sich die neuerdings in Anregung gekommene, bei der großen Zerstückelung des Grundbesitzes dringend wünschenswerte Grundstückszusammenlegung in den beiden Fluren bei dem Fortbestand jener Hoheitsverhältnisse als unausführbar dar (StAW: Regierungsabgabe 1943/45, Nr. 9659. f. 34 f.).
[80] vgl. VON BERCHEM, INGO. Entwicklung und heutiger Zustand der Grenze um die ehemalige thüringische Exklave Ostheim v. d. Rhön. In: JbHFG 9 (1994), S. 139 –175. Hier: S. 148 ff..
[81] vgl. dazu die abweichenden Angaben oben. — Bei KÖRNER (Ostheim 1983. S. 44) heißt es: „Ihm [*Dietrich Philipp August Freiherrn von Stein; 1797*] gehörte jetzt neben $1/4$ des Zehnten $1/12$ der Feldmark (541 Acker = ca. 155 Hektar) – allerdings in etwa 250 zerstreut liegenden Feld- und Wiesengrundstücken, wobei die Wiesen $1/7$ ausmachten. ‚Lehen' und ‚Eigen' war dabei nicht mehr zu unterscheiden, auch die frühere Zugehörigkeit der Flurstücke zu den verschiedenen Gütern ließ sich um 1800 nicht mehr festlegen".
[82] Hier waren nicht nur die Lehnsgrundstücke, sondern auch Grenzregulierungen u. a. vertreten. Weimar zahlte auch einen monetären Ausgleich für den höheren Wert der bayerischen Abtretungen.
[83] VON BERCHEM, S. 151. — Weimar hat damit also praktisch auch auf alle Rechte aus den Rosenbach'schen und Erthal'schen Lehen verzichtet.

Verzeichnis

der verwendeten Unterlagen aus dem Archiv der Freiherren von Stein in Völkershausen (AV)

mit Vermerken, in welchem Kapitel und welcher Anmerkung die Aktenangaben (zum ersten Mal) vorkommen und mit welchem Kurztitel sie evtl. weiterhin zitiert werden:

Urkunden (1, 3) (z. B. U 1)

Copialbuch I der Herren von Stein zu Ostheim und Nordheim (2, 23; Cop. I)

Fach „Ostheim":

Akte „Höfe in Ostheim" (7.1, 27)

„Ostheimer Akten" (7.3, 14)

Briefe von Stein-Nordheim (7.4, 46)

Erbzinsbuch 1647 bis 1662 (7.4, 65)

Briefe von Matthes Schmidt an Stein-Nordheim und an Fr. Müller, Steinschen Vogt in Nordheim 1621 – 1649. (7.4, 68; „Briefe von Matthes Schmidt")

Akte mit alter Inventar-Nummer 26 ^{d} (7.4, 80)

Akte mit alter Aktennummer 131 (8.2, 24)

Akte „Inventare und Anschläge der Steinschen Güter zu Ostheim" (8.4, 13)

Acta (ohne Altnummer) die Verpachtung des Freiherrlich von Steinschen Rittergutes zu Ostheim betreffend mit eingeheftetem Inventario (8.5, 14)

Akte „Anschläge". Geheft „Wertanschlag Ostheim und Reippers"(alte Nummer A) (8.5, 16)

Auszug aus Grundsteuerkataster von Ostheim 1875 (8.6, 16)

Lehn- und Zinsbuch der von Buttlars von 1546 (8.11, 37)

Akte „Acta judicialia in Sachen derer Herrn Ganerben zu Ostheim contra Sachsen-Eisenach [1543 – 1727]" (alte Aktennummer 130) (8.12, 48; „Acta judicialia")

aus dem Anschreiben 1727 „derer Herrn Ganerben zu Ostheim contra Sachsen-Eisenach [1543 – 1727]"; Geheftband von 100 bis 150 Seiten ohne Einband mit der obigen Überschrift (alte Nummerierung 130) (8.12, 49)

Erbzinsbuch Georg Wilhelms von Stein zu Völkershausen von 1647/62 (8.13, 93; „Erbzinsbuch Georg Wilhelms")

Akte „judicialia in Ostheim" (alte Aktennummern 146 etc.) (8.13, 98)

Akte „Ganerben judicialia"(alte Aktennummer 145) (8.13, 102)

Akte „Ostheim – Kirche, Schule" (9, 53)

Akte „Kirchenangelegenheiten" (alte Aktennummer 137) (9, 74)

Akte „Vermischte Nachrichten von der Consistorialjurisdiction auf den ganerblichen Gütern 1717 – 1723" (alte Aktennummer 135). (9, 78; Akte „Vermischte Nachrichten")

Akte „Kindtaufen in den ganerblichen Häusern betreffend" (alte Aktennummern 138 und 142) (10, 34)

Akte Nr. 131 / 186 (10, 45)

Akte Nr. 78 (10, 64)

Fach „Familie von Stein":

Akte „von Steins um 1800" (4, 37)

Akt „von Stein zu Ostheim – Lebensläufe" (7.4, 2)

Akte „Familienangelegenheiten v. Stein" (7.4, 8)

Akte „Familiensachen 1550 – 1638" (7.4, 20)

Akte „Briefe von Stein 1642 bis 1646" (7.4, 36)

Akte „Briefe Rosina Marias von Stein 1634 – 1637" (7.4, 48)

Akte „Die waldenfelsische Erbschaft 1633 – 1638" (7.4, 59)

Akte „Caspar Otto von Stein † 1704" (7.4, 75)

Akte „Christoph von Stein" (8.4, 20)

Akte „Verschiedene Familiensachen" (8.12, 27)

Akte „Caspar von Stein ca. 1545 – 1602" (11, 1)

Akte „Caspar von Stein 1590 – 1632" (11, 1)

Akte „Caspar von Stein † 1706" (11, 11)

Fach „Kriege":

Akte „Schriftverkehr Caspars von Stein" (8.11, 34)

Akte „Siebenjähriger Krieg" (alte Aktennummer 384). (12, 68)

Fach „Reichsritterschaft":

Akte „Reichsritter vor 1600" (4, 25)

Akte „Ritterschaft 1600 bis 1618" (4, 30)

Akte „Reichsritterschaft 1572 – 1639" (4, 31)

Akte „Reichsritter 1618/48" (4, 34)

„Akten der Ritterschaft von 1650 – 1669" (7.4, 38)

Akte „Reichsritterschaftliche Rechte" (12, 2)

Akte „Reichsritterschaft 1572 – 1599" (12, 5)

Akte „Schaumberg in Thundorf" (12, 64)

Akte „Nordheimer Amtsakten. Briefe und Verträge von 1803 bis 1810" (13, 8; Akte „Briefe 1803 – 1810")

Akte „Acta die von Kurpfalz Bayern versuchten Eingriffe in die Rechte und Privilegien der Fränkischen Reichsritterschaft betreffend 1803" (alte Aktennummer 94) (13, 11; Akte „Eingriffe 1803")

Akte „Acta über die neuerlichen Kurpfalzbayerischen Angriffe 1805/06 gegen die unmittelbare freie Reichsritterschaft" (13, 41; Akte „neuerliche Angriffe 1805/6")

Akte „Das Ende der Reichsritterschaft 1803 – 1808" (13, 47)

Akte „Herrschaftliche Acta, die erfolgte großherzoglich würzburgische Besitznahme der bisherigen unmittelbaren Reichsritterschaft betreffend. 1806" (13, 59)

Literaturverzeichnis

mit Vermerken, in welchem Kapitel und welcher Anmerkung die Literaturangaben (zum ersten Mal) vorkommen und wie sie weiterhin zitiert werden (Kurztitel):

WILHELM ABEL. Die Wüstungen des ausgehenden Mittelalters – ein Beitrag zur Siedlungs- und Agrargeschichte Deutschlands. Stuttgart, 19763. (Erstnennung: Kapitel **2**, Anmerkung **120**; weiter zitiert als: **Abel**)

AUGUST AMRHEIN (Bearb.) Reihenfolge der Mitglieder des adeligen Domstiftes zu Wirzburg, St. Kilians-Brüder genannt, von seiner Gründung bis zur Säkularisation 742 – 1803. AU 32 (1889), S. 1 – 315 (Einleitung und 1. Abtheilung) und AU 33 (1890), S. 1 – 380 (2. Abtheilung). (3, 88; z. B. Amrhein I)

ANONYMUS. Wechterswinkel, ehemaliges Cisterzienser-Frauen-Kloster: In:. Heimat-Blätter. Zwanglose Beilage zum "Rhön- und Streubote". 3. Jahrgang. 1934. (Nr. 9 – 18) S. 33 – 71 (Abdruck des anonymen Wechterswinkel-Artikels aus Kalender für katholische Christen (s. dort) und der Regesten aus dem Himmelsteinartikel (s. dort; S. 125 ff.)). (2, 113; Heimatblätter 1934)

ANONYMUS. Wechterswinkel, ehemaliges Cisterzienser-Frauen-Kloster im Regierungs-Bezirke Unterfranken und Aschaffenburg. In: Kalender für katholische Christen auf das Jahr 1870. 30. Jahrgang (1870). S. 95 – 102. (9, 31)

HANS-PETER BAUM. Der Lehenhof des Hochstifts Würzburg im Spätmittelalter (1303 – 1519) Eine rechts- und sozialgeschichtliche Studie. 4 Bände. Würzburg, 1990. (2, 7; Baum)

BAYERISCHE AKADEMIE DER WISSENSCHAFTEN (Hrgg.). Monumenta Boica. München, 1763 ff.. (2, 16; z. B. Monumenta Boica XXXIX)

LUDWIG BECHSTEIN. Geschichte und Gedichte des Minnesängers Otto von Botenlauben, Grafen zu Henneberg. Hrg. Heinrich Wagner. Neustadt a. d. A., 1995. (2, 21)

FRANZ J. BENDEL (Bearb. und Hrg.). Die Würzburger Diözesanmatrikel aus der Mitte des 15. Jahrhunderts. In: Würzburger Diözesangeschichtsblätter 2. Jg. 1934, 2. Heft, S. I – XXX und 1 – 46. (9, 42)

FRANZ GEORG BENKERT. Historisch-topographisch-statistische Beschreibung von dem Marktflecken Nordheim vor der Rhöne. Würzburg, 1821. (7.1, 52)

LUDWIG BENKERT. Bad Neustadt an der Saale. Die Stadtchronik. Bad Neustadt, 1985. (3, 76; Benkert, Bad Neustadt)

INGO FREIHERR VON BERCHEM. Entwicklung und heutiger Zustand der Grenze um die ehemalige thüringische Exklave Ostheim v. d. Rhön. In: JbHFG 9 (1994), S. 139 –175. (13, 80; von Berchem)

WILHELM FREIHERR VON BIBRA. Das Burggrafen-Amt des vormaligen Hochstiftes Würzburg. In: AU 25 (1881). Heft 2 und 3. S. 257 – 358. (2, 31; von Bibra)

JOHANN GOTTFRIED BIEDERMANN. Geschlechtsregister Der Reichsfrey unmittelbaren Ritterschaft Landes zu Franken löblichen Orts Rhön und Werra. Bayreuth, 1749. Nachdruck: 1989. (3, 2; Biedermann)

CARL BINDER. Das ehemalige Amt Lichtenberg vor der Rhön. Jena, 1896. Auch in: Zeitschrift des Vereins für Thüringische Geschichte und Altertumskunde. 16 - 18 (1893 - 95). Nachdruck: Sondheim v. d. Rh., 1982. (2, 19; Binder, Lichtenberg)

CARL BINDER. Sondheim vor der Rhön und seine Chronik. Wien 1884. (7.2, 4; Binder, Sondheim)

HARTMUT BOOCKMANN. Die Stadt im späten Mittelalter. München, 1986. (8.12, 61)

KARL BOSL. Die Reichsministerialität der Salier und Staufer; ein Beitrag zur Geschichte des hochmittelalterlichen deutschen Volkes, Staates und Reiches. Monumenta Germaniae Historica. 2. Band. Stuttgart, 1951. (1, 12)

KARL BOSL. Franken um 800. Strukturanalyse einer fränkischen Königsprovinz. München, 1959. (8.10, 2; Bosl, Franken um 800)

FRANZ BUNGERT. Chronik von Unsleben. Beiträge zur Geschichte des Dorfes. Unsleben, 2002. (8.12, 52)

RUDOLF VON BUTTLAR-ELBERBERG. Stammbuch der Althessischen Ritterschaft, enthaltend die Stammtafeln der im ehemaligen Kurfürstenthum Hessen ansässigen zur Althessischen Ritterschaft gehörigen Geschlechter. Kassel, 1888. (8.11, 19)

ANTON CHROUST. Geschichte des Grossherzogtums Würzburg (1806-1814). Die äussere Politik des Grossherzogtums (Veröffentlichungen der Gesellschaft für Fränkische Geschichte IX/1). Würzburg, 1932. (13, 56)

MARTIN THEODOR H. CONTZEN (Hrg.). Die Sammlungen des historischen Vereins für Unterfranken und Aschaffenburg zu Würzburg. 1. Abteilung: Bücher, Handschriften, Urkunden. Würzburg, 1856. (7.2, 57)

WERNER DETTELBACHER. Würzburg, ein Gang durch seine Vergangenheit. Würzburg, 1974. (2, 55)

KARL DINKLAGE. Fränkische Bauernweistümer (Veröffentlichungen der Gesellschaft für Fränkische Geschichte X/4). Würzburg, 1954. (10, 28)

OTTO DOBENECKER. Regesta Diplomatica Necnon Epistolaria Historiae Thuringiae. 4. Bde.. Jena, 1896 – 1939. (1, 13; z. B. Dobenecker III)

M[ICHAEL] DOEBERL. Entwickelungsgeschichte Bayerns. 3 Bde.. München, 1912 ff.. (13, 9)

MAX DOMARUS. Der Reichsadel in den geistlichen Fürstentümern. In: Hellmuth Rößler (Hrg.). Deutscher Adel 1555 – 1740. Büdinger Vorträge 1964. Darmstadt, 1965 (= Schriften zur Problematik der deutschen Führungsschichten in der Neuzeit, Bd. 2). S. 147 – 171. (4, 22; Domarus)

ERNST FRIEDRICH JOHANN DRONKE. Codex Diplomaticus Fuldensis. 1. Band. Kassel, 1850. Neudruck: Aalen, 1962. (3, 71; Dronke, CDF)

OSKAR DÜNISCH / JOSEF WABRA. Chronik von Steinach an der Saale. Steinach, 1988. (2, 76; Dünisch / Wabra)

KARL AUGUST ECKHARDT. Fuldaer Vasallengeschlechter im Mittelalter. Die von der Tann und ihre Agnaten (Beiträge zur hessischen Geschichte 6), Marburg, 1968. (2, 1; Eckhardt)

TRUDE EHLERT. Das Kochbuch des Mittelalters. Rezepte aus alter Zeit, eingeleitet, erläutert und ausprobiert. Düsseldorf, 2000. (7.4; Abb. 6)

WILHELM ENGEL (Bearb.). Urkundenregesten zur Geschichte der kirchlichen Verwaltung des Bistums Würzburg im hohen und späten Mittelalter (1136 – 1488). (Regesta Herbipolensia II; Quellen und Forschungen zur Geschichte des Bistums und Hochstifts Würzburg 9). Würzburg, 1954. (8.4, 10)

WILHELM ENGEL (Bearb.). Urkundenregesten zur Geschichte der Stadt Würzburg (1201 – 1401).(Regesta Herbipolensia I; Quellen und Forschungen zur Geschichte des Bistums und Hochstifts Würzburg 5) Würzburg, 1952. (3, 80; Engel, Urkundenregesten der Stadt Würzburg)

WILHELM ENGEL (Bearb.). Urkundenregesten zur Geschichte der Städte des Hochstifts Würzburg (1172 – 1413). (Regesta Herbipolensia III; Quellen und Forschungen zur Geschichte des Bistums und Hochstifts Würzburg 12). Würzburg, 1956. (2, 103; Engel, Urkundenregesten der Städte)

WILHELM ENGEL (Bearb.). Würzburger Urkundenregesten vor dem Jahre 1400. Würzburg, 1958 (1, 5; Engel, Urkundenregesten vor 1400)

PETER ENGERISSER. Von Kronach nach Nördlingen. Der Dreißigjährige Krieg in Franken, Schwaben und der Oberpfalz 1631 – 1635. Weißenstadt, 2004. (7.4, 41; Engerisser)

GINA FASOLI. Grundzüge einer Geschichte des Rittertums. In: Arno Borst (Hrg.). Das Rittertum im Mittelalter. Darmstadt, 1976. S. 198 – 211. (1, 17)

W[ALTHER] FÖRTSCH. Bilder aus Vergangenheit und Gegenwart der Stadt Ostheim vor der Rhön, Ostheim, 1909. (8.0, 5; Förtsch)

FRÄNKISCHES FREILANDMUSEUM BAD WINDSHEIM (Hrg.). Mühlen und Müller in Franken, 2. Auflage. Bad Windsheim, 1992. (8. 12; 47)

LORENZ FRIES. Chronik der Bischöfe von Würzburg 742 – 1495 (Hrgg. Ulrich Wagner et al.). Fontes Herbipolenses Bde. 1 - 6. 6 Bde.. Würzburg, 1992 ff.. (1, 3; z. B. Fries II)

LORENZ FRIES. Geschichte, Namen, Geschlecht, Leben, Thaten und Absterben der Bischöfe von Würzburg ... . Verlag Bonitas-Bauer. 1. Band. Würzburg, 1924. (3, 113)

WILHELM FÜßLEIN. Berthold der Siebte, Graf von Henneberg. Altenburg 1905. Erweiterter Nachdruck. Hrg. Henning v. Eckart. Köln, 1983. (1, 1; Füßlein)

LUDWIG GEHRING. Würzburger Chronik. 4. Bd.. Würzburg, 1927. (2, 55)

WILHELM GERMANN. D. Johann Forster[,] der Hennebergische Reformator[,] ein Mitarbeiter und Mitstreiter D. Martin Luthers. In urkundlichen Nachrichten nebst Urkunden zur Hennebergischen Kirchengeschichte. Festschrift zum 350jährigen Hennebergischen Reformationsjubiläum. Wasungen, 1894 (mit Urkundenanhang). (9, 68; Germann)

KARL GRÖBER (Hrg.). Die Kunstdenkmäler von Bayern. 3, 21. Bezirksamt Mellrichstadt. München, 1921. (8.0, 6)

KARL GRÖBER (Hrg.). Die Kunstdenkmäler von Bayern. 3, 22. Bezirksamt Neustadt a. d. Saale. München, 1922. (8.0, 6)

FRANZ GÜNTHER. Der Dreißigjährige Krieg und das deutsche Volk. Untersuchungen zur Bevölkerungs- und Agrargeschichte. 3. verm. Aufl.. Stuttgart, 1961 (7.4, 64)

JOHANN SEBASTIAN GÜTH. Poligraphia Meiningensis. Das ist Gründliche Beschreibung Der Uhr-alten Stadt Meiningen .... Gotha, 1676. Nachdruck: o. O., 1962. (3, 19; Güth)

HILMANN VON HALEM. Hertnid vom Stein zu Ostheim (1423/27 – 1491). Brandenburgischer Kanzler und Bamberger Domdekan. In: Pampuch / Schmidt / Trost. S. 78 – 80 und Körner / Schmidt. S. 72 – 74. (6, 1)

PETER HANKE. Ein Bürger von Adel. Leben u. Werk d. Julius von Soden 1754 – 1831. Würzburg, 1988. (8.2, 26; Hanke)

CARL HEFFNER. Würzburg und seine Umgebungen, ein historisch-topographisches Handbuch, illustrirt durch Abbildungen in Lithographie und Holzschnitt. Würzburg, 1871^2. (2, 39; Heffner)

ELFRIEDE HERDA / REINHOLD ALBERT. Ostheim vor der Rhön und seine Stadtteile Oberwaldbehrungen und Urspringen in historischen Ansichtskarten und Fotos. Ostheim, 2004. (8.3., Abb. 5; Herda / Albert)

RUDOLF HERRMANN. Zur Kirchenkunde des Amtes Lichtenberg im 16. Jahrhundert. In: Das Thüringer Fähnlein. Monatshefte für die mitteldeutsche Heimat. 1936. (Heft 5) S. 246 – 260. (8.0, 4)

REINHOLD W. F. HEUSINGER / GERWIN K. SOLF. Die Grafen von Wildberg und ihre Wappengenossen, sowie die Dynasten von Thundorf und Tannroda. Quellensammlung zu den Geschlechtern Wildberg, Thundorf, Hiltenburg, Alfeld und Tannroda. Bad Königshofen, 1998. (1, 15; Heusinger / Solf)

[FRANZ XAVER] HIMMELSTEIN. Das Frauenkloster Wechterswinkel. In: AU 15 (1860). Heft 1. S. 115 – 176. (2, 113; Himmelstein)

HERMANN HOFFMANN (Bearb.). Das älteste Lehenbuch des Hochstifts Würzburg 1303 – 1345. 2 Teilbände (Quellen und Forschungen zur Geschichte des Bistums und Hochstifts Würzburg 25, 1 + 2; 1. Teilband: Regesten; 2. Teilband: Register etc.). Würzburg, 1972/73. (2, 96; Hoffmann, Das älteste Lehenbuch I)

HERMANN HOFFMANN (Bearb.). Das Lehenbuch des Fürstbischofs Albrecht von Hohenlohe 1345 – 1372. 2 Teilbände (Quellen und Forschungen zur Geschichte des Bistums und Hochstifts Würzburg 33, 1 + 2; 1. Teilband: Regesten; 2. Teilband: Register etc.). Würzburg 1982 (2, 86; Hoffmann, Lehenbuch Hohenlohe I)

HANNS HUBERT HOFMANN. Der Adel in Franken. In: Hellmuth Rößler (Hrg.). Deutscher Adel 1430 – 1555. Büdinger Vorträge 1963. Darmstadt, 1965 (= Schriften zur Problematik der deutschen Führungsschichten in der Neuzeit, Bd. 1). S. 95 – 126. (4, 23)

HANNS HUBERT HOFMANN. Franken seit dem Ende des alten Reiches (HAB. Franken II / 2). München, 1955. (13, 1; Hofmann, Franken)

WALTER JAHN. Vor- und frühgeschichtliche Funde aus Ostheim. In: Stadt Ostheim v. d. Rhön (Hrg.). 400 Jahre Stadt Ostheim vor der Rhön. Ostheim, 1996. S. 36 – 51. (9, 54)

WOLFGANG JAHN (Hrg.). Edel und Frei. Franken im Mittelalter. Katalog zur Landesausstellung 2004. Pfalzmuseum Forchheim. 11. Mai bis 24. Oktober 2004. Stuttgart, 2004. (8.12, 62)

JOSEF KEHL. Chronik von Haßfurt, die Geschichte eines fränkischen Landstädtchens, Würzburg, 1948 (3, 93; Kehl)

HELMUT KIESEL. Chronik der Stadt Fladungen – anläßlich der 650-Jahrfeier der Stadterhebung. Fladungen, 1985. (8.12, 57)

RUDOLF M. KLOOS. Nachlaß Marschalk von Ostheim. Urkunden (Bayerische Archivinventare Band 38). Neustadt / Aisch, 1974. (8.7, 25)

LOTTE KÖBERLIN. Die Einungsbewegung des fränkischen Adels bis zum Jahre 1494. Inaugural-Dissertation. Erlangen, 1924. (4, 4)

HANS KÖRNER. Aus der Geschichte von Ostheim vor der Rhön. In: Pampuch / Schmidt / Trost. S. 7 – 34. (7.1, 5; Körner, Ostheim 1961)

HANS KÖRNER. Der Kanton Rhön und Werra der Fränkischen Reichsritterschaft. In: Josef-Hans Sauer (Hrg.). Land der offenen Fernen. Die Rhön im Wandel der Zeiten. Fulda, 1976. S. 53 – 113. (4, 1; Körner, Kanton Rhön und Werra)

HANS KÖRNER. Der Schloßbau in Völkershausen bei Mellrichstadt 1722 bis 1730. Ein Werk des Landkomturs Carl Frhr. v. Stein. In: Mainfränkisches Jahrbuch für Geschichte und Kunst 18 (1966). S. 161 – 183. (2, 10; Körner, Schloßbau in Völkershausen)

HANS KÖRNER. Die Familie von der Tann im 16. bis 18. Jahrhundert (ungedrucktes Manuskript). (2, 57; Körner, von der Tann)

HANS KÖRNER. Die Freiherren von Stein zu Nord- und Ostheim. In: Genealogisches Handbuch des in Bayern immatrikulierten Adels. Bd. 6. 1957. S. 314 – 337. (2, 11; Körner, „Genealogisches Handbuch")

HANS KÖRNER. Die Herren von der Tann auf Nordheim vor der Rhön. In: Gemeinde Nordheim v. d. Rhön (Hrg.). Festschrift zur 1200-Jahrfeier Nordheim v. d. Rhön [789 – 1989] vom 27. Februar 1989 bis 26. Februar 1990. Nordheim v. d. Rh., 1989. S. 53 – 64. (2, 57; Körner, Tann-Nordheim)

HANS KÖRNER. Dietrich Freiherr von Stein (1793-1867). Ein liberaler fränkisch-thüringischer Staatsmann im Vormärz und in der Revolution von 1848/49. In: Jahrbuch der Coburger Landesstiftung 1960. S. 59 – 154. (11, 22; Körner, Dietrich Freiherr von Stein)

HANS KÖRNER. Geschichte von Ostheim vor der Rhön. In: Stadt Ostheim v. d. Rhön (Hrg.). 400 Jahre Stadt Ostheim vor der Rhön. Ostheim, 1996. S. 13 – 35. (10, 15)

HANS KÖRNER. Ostheim vor der Rhön. Geschichte der Burgenstadt zwischen Thüringen und Franken (Mainfränkische Hefte 78). Würzburg 1983. (8.3, 1; Körner, Ostheim 1983)

HANS KÖRNER. 600 Jahre Sebastianskapelle in Mellrichstadt, eine Stiftung der Familie von Stein zu Nord- und Ostheim. In: Rhön- und Streubote, Mellrichstadt. Nr. 78 – 84. 30. 6. – 14. 7. 1956. (2, 119)

HANS KÖRNER. Völkershausen zwischen Rhön und Grabfeld. 600 Jahre im Besitz der Familie von Stein zu Nordheim und Ostheim. Ostheim, 1978. (7.2, 18; Körner, Völkershausen)

HANS KÖRNER / HUGO SCHMIDT (Hrgg.). Ostheim vor der Rhön. Geschichte, Land und Leute. Ostheim, 1982. (6, 1; Körner / Schmidt)

KARL-SIGISMUND KRAMER. Bauern und Bürger im nachmittelalterlichen Unterfranken, eine Volkskunde auf Grund archivalischer Quellen. Würzburg, 1957. (8.0, 3)

KARL THEODOR LAUTER. Die Entstehung der Exklave Ostheim vor der Rhön (Zeitschrift des Vereins für Thüringische Geschichte und Altertumskunde 43 (= NF 35)) 1941. S. 101 – 132; separater Nachdruck Sondheim v. d. Rhön, 1981. (13, 1; Lauter)

PAUL LEHFELDT / GEORG VOß. Bau- und Kunst-Denkmäler Thüringens. Großherzogthum Sachsen-Weimar-Eisenach. 4. Band (Verwaltungsbezirk Dermbach), Jena 1911. (Teil „Amtsgerichtsbezirk Ostheim v. d. Rhön", Nachdruck: Sondheim v. d. Rh., o.J.). (8.1, 2; Lehfeldt / Voß)

REINHOLD E. LOB. Die Wüstungen der bayerischen Rhön und des nordwestlichen Grabfeldes und ihre Bedeutung für die Periodisierung der Kulturlandschaftsgeschichte (Mainfränkische Studien Bd. 1). Würzburg, o. J.. (2, 101; Lob)

FRITZ LUCKHARD (Bearb.). Regesten der Herren von Ebersberg genannt von Weyhers in der Rhön (1170 – 1518). Fulda, 1963. (3, 68; Luckhard)

JOHANN CHRISTIAN LÜNIG. Codex Germaniae Diplomaticus, worinnen Viele vortreffliche, und zum Theil noch niemahls zum Vorschein gekommene, auch zur Illustration der Teutschen Reichs-Historie und Iuris Publici, höchstnöthige Documenta enthalten sind, Welche Die Röm. Kayserl. Majestät, Auch Chur-Fürsten und Stände des Heil. Römischen Reichs, ... concerniren. 1. Band. 1732. (2, 5)

JOHANN CHRISTIAN LÜNIG. Teutsches Reichs-Archiv 12 (Partis Specialis Continuatio III (Reichsritterschaft). 2. Absatz). (4, 6; Lünig, Reichsarchiv 12)

HEIDI-MELANIE MAIER (Hrg.). „Gestern Abend schlief er auf dem Sofa ein ..." Alltägliches Leben. (Landeszentrale für politische Bildung Thüringen (Hrg.). Quellen zur Geschichte Thüringens). Erfurt, 2004. (7.4, 71)

O. MEYER. In der Harmonie von Kirche und Reich. In: Peter Kolb / Ernst-Günter Krenig (Hrgg.). Unterfränkische Geschichte. Band 1. Würzburg, 1989. S. 205 – 253. (1,11)

JOHANNES MÖTSCH / KATHARINA WITTER. Die ältesten Lehnsbücher der Grafen von Henneberg. Weimar 1996. (2, 30; Mötsch / Witter)

HEINRICH MÜLLER. Der letzte Kampf der Reichsritterschaft um ihre Selbständigkeit (1790 – 1815) (Historische Studien. Heft 77). Berlin, 1910. (13, 10; Müller, Der letzte Kampf)

MICHAEL MÜLLER. Der Bezirk Mellerichstadt als Gau, Cent, Amt und Gemeinde beschrieben. Würzburg, 1879. Nachdruck [vermehrt um ein Orts- und Namenregister von Helmut Schlereth] Sondheim v. d. Rh., 1983. (2, 19; Müller, Bezirk Mellerichstadt)

MICHAEL MÜLLER. Die Wohlthätigkeits-Stiftungen zu Mellerichstadt (Bruchstück aus einer Materialiensammlung zur Geschichte Mellerichstadt's). Würzburg, 1858. (2, 114)

ANDREAS PAMPUCH / HUGO SCHMIDT / GEORG TROST (Hrgg.). Ostheim vor der Rhön und seine Burgen. Ostheim , 1961. (6, 1; Pampuch / Schmidt / Trost)

VOLKER PRESS. Kaiser Karl V., König Ferdinand und die Entstehung der Reichsritterschaft (Vorträge des Instituts für Europäische Geschichte Mainz 60). Wiesbaden, 1976. (4, 19)

Regierungsblatt für das Großherzogthum Würzburg. (13, 62)

Regierungsblatt für die Churpfalz-baierischen Fürstenthümer in Franken. (13, 6)

WILHELM REIN. Ein unbekanntes Kloster in Ostheim vor der Rhön Würzburger Diöcese. In: AU 16 (1863). S. 318 – 320. (9, 54)

ERWIN RIEDENAUER. Entwicklung und Rolle des ritterschaftlichen Adels. In: Peter Kolb / Ernst-Günter Krenig (Hrgg.).Unterfränkische Geschichte. Band 3. Würzburg, 1995. S. 81 – 130. (8.13, 1)

JOHANN WILHELM ROST. Versuch einer historisch-statistischen Beschreibung der Stadt und ehemaligen Festung Königshofen und des königlichen Landgerichts-Bezirks Königshofen. Würzburg, 1832. Neudruck: Bad Königshofen, 1967. (8.0, 7)

MALVE GRÄFIN ROTHKIRCH. Julius Graf Soden. Neustädtles, 1999. (8.2, 26)

ERICH RUDOLPH. Wie das Dörflein Sands nach dem Dreißigjährigen Krieg neu erstand. In: Mainfränkisches Jahrbuch für Geschichte und Kunst 1 (1949) (= AU 72). S. 200 – 204. (7.4, 56)

Sammlung Großherzoglich S. Weimar-Eisenachischer Gesetze, Verordnungen und Curricularbefehle in chronologischer Ordnung. 10. Bd.. Eisenach, 1854. (10, 72)

JOHANN FRIEDRICH SCHANNAT. Sammlung Alter Historischer Schrifften Und Documenten Auß unterschiedlichen Archiven wie auch raren Manuscripten zum Druck befördert. 1. Bd.. Fulda, 1725. (3, 69)

GERHARD SCHÄTZLEIN. Der Kampf der fränkischen Landstädte um ihre Unabhängigkeit. In: Jahrbuch 1979 des Landkreises Rhön-Grabfeld. S. 183 – 202. (3, 72)

GERHARD SCHÄTZLEIN. Filke, ein Ortsteil von Willmars. Ostheim, 1972. (7.1, 51; Schätzlein, Filke)

GERHARD SCHÄTZLEIN / REINHOLD ALBERT. Grenzerfahrungen. Bd. 2 („Bezirk Suhl – Bayern – Hessen. 1972 bis 1988"). Hildburghausen, 2002. (8.8, 2)

OSKAR FREIHERR VON SCHAUMBERG / (ERICH FREIHERR VON GUTTENBERG) / WILHELM ENGEL (Bearbb.). Regesten des fränkischen Geschlechts von Schaumberg. Ein Beitrag zur Geschichte der Itz- und Obermainlande, 2. Teile (Coburger Heimatkunde und Heimatgeschichte 2, 12 + 17) Coburg 1930/39. (2, 24; z. B. von Schaumberg / Engel, Regesten von Schaumberg II)

JOHANNES SCHENK. „Hauß-Cronika". (Schenk'sche Chronik I; ihre zwei Abschriften und Fortführungen: Schenk'sche Chroniken II und III; zusammen mit dem Ostheimer Stadtbuch auf CD digitalisiert erhältlich). (7.4, 74; z. B. Schenk'sche Chronik I)

KARL SCHÖPPACH / LUDWIG BECHSTEIN / GEORG BRÜCKNER (Bearbb.). Hennebergisches Urkundenbuch. 7. Bde.. Meiningen, 1842 - 1877. (1, 5; z. B. HUB IV)

JOHANN ADOLPH VON SCHULTES. Diplomatische Geschichte des Gräflichen Hauses Henneberg. 2 Teile. (2. Teil mit Urkundenbuch). Hildburghausen, 1788 / 1791. Nachdruck: Neustadt / Aisch, 1994. (1, 13; z. B. Schultes, D.G. I)

JOHANN ADOLPH VON SCHULTES. Historisch - statistische Beschreibung der gefürsteten Grafschaft Henneberg. 2 Bände in 6 Abteilungen. Hildburghausen, 1794 - 1815. Nachdruck: Neustadt / Aisch, 1999. (5, 5; z. B. Schultes, Beschreibung II)

MAX SCHWESER. Der Bürgerturm erzählt. Mellrichstadt, 1974. (8. 12, 87)

PAUL SÖRGEL. Der Ritterkanton an der Baunach in den Haßbergen. Hofheim i. Ufr., 1992. (1, 9; Sörgel)

JOSEF SPERL. Stadt und Festung Königshofen i. Grabfeld. Ein geschichtlicher Abriß. Bad Königshofen, 1974. (3, 77; Sperl)

Ostheimer Stadtbuch. Stadtarchiv Ostheim (zusammen mit den Schenk'schen Chroniken auf CD digitalisiert erhältlich). (7.4, 23; Ostheimer Stadtbuch)

EDMUND ERNST STENGEL (Bearb.). Urkundenbuch des Klosters Fulda. Bd. 1: Die Zeit der Äbte Sturmi und Baugulf (Veröffentlichungen der Historischen Kommission für Hessen und Waldeck X, l) Marburg, 1958 (8.13, 7)

[HEINRICH CHRISTIAN KASPAR THON.] Auf Acten und Urkunden gegründete Darstellung des gegenwärtigen Besitzstandes der ganerbschaftlichen Verfassung zu Ostheim, im Amte Lichtenberg, in Beziehung auf die von ihrem Ursprung her entwickelte herzoglich Sächsische Landeshoheit daselbst. Mit Urkunden Lit A. bis Mm. o. O., 1797. (9, 55; Thon)

MATTHIAS THUMSER. Hertnidt vom Stein (ca. 1427 – 1491). Bamberger Domdekan und markgräflich-brandenburgischer Rat. Karriere zwischen Kirche und Fürstendienst. Neustadt / Aisch, 1989. (6, 1; Thumser)

KARL TILCH. Als Stockheim sächsisch werden sollte. In: HJbRG 1989. S. 226 – 245. (13, 1 Tilch, Stockheim)

KARL TILCH. Die Territorialverhandlungen zwischen dem Königreich Bayern und dem Großherzogtum Sachsen-Weimar-Eisenach von 1824 bis 1873. In: HJbRG 1990. S. 291 - 313. (13, 63)

MANFRED TISCHLER. Die Leibeigenschaft im Hochstift Würzburg vom 13. bis zum beginnenden 19. Jahrhundert. Würzburg, 1963. (1, 8; Tischler)

ALEXANDER TITTMANN. Hassfurt. Der ehemalige Landkreis (HAB. Franken I / 33). München, 2002. (4, 1; Tittmann)

PETER VYCHITIL. Völkerwanderungszeit und Frühmittelalter. In: Vor- und Frühzeit Rhön-Grabfeld. Landratsamt Rhön-Grabfeld (Hrg.). Bad Neustadt, 1977. S. 60 – 68. (8.10, 2)

WERNER WAGENHÖFER. Die Bibra. Studien und Materialien zur Genealogie und zur Besitzgeschichte einer fränkischen Niederadelsfamilie im späten Mittelalter. (Veröffentlichungen der Gesellschaft für Fränkische Geschichte IX/45) Neustadt an der Aisch, 1998. (3, 89; Wagenhöfer)

HEINRICH WAGNER. Entwurf einer Genealogie der Grafen von Henneberg. In: JbHFG 11 (1996). S. 33 – 152. (3, 24; Wagner, Genealogie)

HEINRICH WAGNER. Feuerbock und Schwarzes Moor. Aus der Geschichte von Hausen, Roth und Hillenberg, Hausen v. d. Rh. 1990. (7.2, 24; Wagner, Feuerbock)

HEINRICH WAGNER. Geschichte der Zisterzienserabtei Bildhausen im Mittelalter (– 1525). Würzburg, 1976. (7.2, 81)

HEINRICH WAGNER. Mellrichstadt (HAB. Franken I / 29). München, 1992. (1, 14; Wagner, Mellrichstadt)

HEINRICH WAGNER. Neustadt a. d. Saale (HAB. Franken I / 27). München, 1982. (4, 1; Wagner, Neustadt)

Wegweiser aller Straßen, Gassen und Plätze in der großherzoglichen Haupt- und Residenzstadt Würzburg. Würzburg, 1805. (2, 55)

HELMUT WEIGEL. Franken im Dreißigjährigen Krieg. Versuch einer Überschau von Nürnberg aus. In: Zeitschrift für bayerische Landesgeschichte 5 (1932). S. 1 – 50 und 198 – 218. (12, 38)

GÜNTHER WÖLFING. Geschichte des Henneberger Landes zwischen Grabfeld, Rennsteig und Rhön. Hildburghausen 1992. (2, 35; Wölfing, Henneberger Land)

RAINER WOHLFEIL. Adel und Heerwesen. In: Hellmuth Rößler (Hrg.). Deutscher Adel 1555 – 1740. Büdinger Vorträge 1964. Darmstadt, 1965 (= Schriften zur Problematik der deutschen Führungsschichten in der Neuzeit, Bd. 2). S. 315 – 343. (4, 21)

NICK YAPP / DIRK KATZSCHMANN (Redakteur der deutschen Ausgabe). Lebensalltag im Mittelalter (Reisen in die Vergangenheit). Stuttgart 1997. (8.12, 63)

KARL ZEITEL. Die kirchlichen Urkunden im Kirchturmknopf der Michaelskirche zu Ostheim v. d. Rhön. In: JbHFG 19 (2004). S. 219 – 282. (9, 61)

EILHARD ZICKGRAF. Die gefürstete Grafschaft Henneberg-Schleusingen. Geschichte des Territoriums und seiner Organisation (Schriften des Instituts für geschichtliche Landeskunde von Hessen und Nassau. 22). Marburg, 1944. (2, 28; Zickgraf)

Abkürzungen der Zeitschriften etc.:

AU: Archiv des Historischen Vereins von Unterfranken und Aschaffenburg.

HAB: Historischer Atlas von Bayern.

HJbRG: Heimat-Jahrbuch des Landkreises Rhön-Grabfeld.

HUB: Hennebergisches Urkundenbuch.

JbHFG: Jahrbuch des Hennebergisch-Fränkischen Geschichtsvereins.

MJbKG: Mainfränkisches Jahrbuch für Kunst und Geschichte (AU-Nachfolgeveröffentlichung).

Dokumente aus folgenden Archiven wurden zu Rate gezogen:

Archiv der Freiherren von Stein in Völkershausen. (1, 4; AV); besonders:Kopialbuch I (2, 23; AV Cop. I)

Archiv des Evangelisch-Lutherischen Pfarramtes Sondheim v. d. Rh. (12, 57)

Archiv der Gemeinde Willmars (8.4, 15 und 8.11, 35)

Bayerisches Hauptstaatsarchiv München (8.8, 11; BayHStAM)

Bayerisches Staatsarchiv Bamberg (8.7, 2)

Bayerisches Staatsarchiv Coburg (1, 4; StACo)

Bayerisches Staatsarchiv Würzburg (2, 4; StAW)

Hessisches Staatsarchiv Marburg (bes. Tann-Archiv) (2, 56; StAMbg)

Landeskirchliches Archiv Bayern in Nürnberg (8.12, 68)

Stadtarchiv Ostheim v. d. Rh. (6, 10; z. B. StAO (Titel) VIII, (Nr.)4)

Thüringisches Hauptstaatsarchiv Weimar (13, 38)

Thüringisches Staatsarchiv Meiningen (7.1, 18; StAMgn)

Die Autoren:

Ingo Freiherr von Berchem

wurde am 5. Mai 1945 in Riederau am Ammersee geboren. Er besuchte das Gymnasium Landerziehungsheim Schondorf, teils als interner Schüler. Nach seinem Militärdienst, den er als Leutnant der Reserve abschloss, studierte er Latein und Englisch für das Lehramt an Gymnasien in Bonn und München. Seine Referendarzeit verbrachte er in Würzburg und Mellrichstadt und ist seit 1976 Lehrer in Mellrichstadt, wohnhaft in Ostheim v. d. Rhön. Inzwischen ist er Studiendirektor als Fachbetreuer Englisch bzw. Latein geworden und befindet sich in Altersteilzeit.

1970 heiratete er die Tochter eines englischen Freundes seines Vaters und hat zwei Töchter, einen Sohn und zwei Enkelinnen.

Mit vielen kleineren Beiträgen beteiligte er sich an schulischen Fragen, aber auch z. B. an der Diskussion um die leidige Rechtschreibreform, und verfasste zwei kleinere englische Textaufgabensammlungen. Schon seit seiner Schulzeit faszinierte ihn Geschichte, woraus sich in dieser grenzenreichen Region dann sein Hobby der Grenzstein-Suche, eine herrliche Beschäftigung in der freien Natur, entwickelte. Gleich ab 1976 interessierte er sich für die Grenze um die thüringische Exklave Ostheim, und nach der Wiedergründung des Hennebergisch-Fränkischen Geschichtsvereins, dessen Mitglied er wurde, schrieb er mehrere lokalhistorische Artikel für das Jahrbuch dieses Vereins und das Heimatjahrbuch des Landkreises Rhön-Grabfeld: über die Grenze der Exklave, Landwehren und Warttürme in unserer Gegend und über Verträge zwischen dem Hochstift Würzburg und den sächsischen Herzögen mit lokalem Bezug. Zur Zeit bearbeitet er die Verträge, die über die Herrschaft Maßbach und das Amt Königsberg (in Bayern) abgeschlossen wurden. An der Transkription des Ostheimer Stadtbuches hatte er entscheidenden Anteil durch die Übertragung großer Teile und die monatelange Redaktion des Gesamtwerks; ebenso übertrug und annotierte er die drei Schenk'schen Chroniken (s. Literaturverzeichnis). Seine Beteiligung an der Archäologischen Arbeitsgruppe Rhön-Grabfeld manifestierte sich u. a. im Verfassen einiger Teile von „Vorzeit - Spuren in Rhön Grabfeld", einem Werk anlässlich des dreißigjährigen Bestehens der Gruppe.

Sein Interesse für Geschichte vereinigt sich mit dem für Sprachen in seiner fast täglichen Beschäftigung mit Hieroglyphen, und mit dem für seine Familie in der Digitalisierung ihres Archivs, das allerdings winzig ist im Vergleich zum von-Stein'schen.

Gerhard Schätzlein

geboren am 2. Januar 1937 in Nürnberg, aufgewachsen in Gleisenau, Kreis Hassfurt. Nach Besuch der Volksschule dort und des Gymnasiums in Hassfurt, Studium an der Pädagogischen Hochschule in Bamberg.

1959 Übernahme der einklassigen Volksschule Filke. Seit 1974 war Schätzlein Oberlehrer an der Grundschule Willmars, seit 1979 Konrektor an der Grundschule Ostheim bis zur Pensionierung 2001.

1960 heiratete er Ingrid geb. Barth aus Mellrichstadt. Mit ihr hat er zwei Töchter, und mittlerweile vier Enkel.

Von 1980 bis 1996 war er als Bürgermeister der Gemeinde Willmars direkt mit den Problemen einer Grenzgemeinde betraut. Von 1972 bis 2001 war er Kreisrat im Kreistag Rhön-Grabfeld.

Seit 1974 veröffentlichte Schätzlein geschichtliche, heimatgeschichtliche und volkskundliche Beiträge in der Rhönwacht, im Jahrbuch des Kreises Rhön-Grabfeld und in der Presse. 1972 erschien die Broschüre „Filke, ein Ortsteil von Willmars, 1985 das Buch „Steinkreuze und Kreuzsteine im Landkreis Rhön- Grabfeld, 1994 „Hermannsfeld und Umgebung".

1996 erschien unter Schätzleins Mitwirkung die Broschüre „Führer für den Naturlehrpfad Fasanerie (Hermannsfeld), 1997 und 1998 verfasste er die Informationstafeln zu „Friedensweg" entlang des ehemaligen Grenzstreifens zwischen Thüringen und Bayern.

1992 erstellte Schätzlein zusammen mit Bärbel Rösch und vielen Helfern die Fotoausstellung „Grenzerfahrungen", aus der die erste Broschüre über die Grenze „Grenzerfahrungen 1945 bis 1990" veröffentlicht wurde.

In der Folge entstand die dreibändige Buchreihe „Grenzerfahrungen", 2000 Band I zusammen mit Barbara Rösch und Reinhold Albert, 2002 Band II, mit Reinhold Albert, 2005 Band III gemeinsam mit Reinhold Albert und Hans-Jürgen Salier. Durch den Zusammenbruch des Verlags bedingt erschienen geplante weitere Bände nicht mehr.

Fest eingeplant ist hingegen die Fortsetzung der Geschichte der Familie von Stein. Vorgesehener Titel: Die Freiherren von Stein zu Nordheim in Nordheim im Grabfeld und in Völkershausen. Das Buch soll gleichzeitig der erste Band einer Chronik der Gemeinde Willmars werden.

Noch lieferbare Bücher Gerhard Schätzleins

Erhältlich bei Druckerei Mack Preis: 15,20	Restexemplare beim Autor, Preis: 29,90 €	Restexemplare beim Autor, Preis: 31,90 €

Die Autoren sind zu erreichen per E-Mail:
Ingo Freiherr von Berchem: ingovonberchem@t-online.de
Gerhard Schätzlein: thesaurus@t-online.de